Equilíbrio Contratual e DEVER DE RENEGOCIAR

Anderson Schreiber

Equilíbrio Contratual e DEVER DE RENEGOCIAR

2ª edição
2020
2ª tiragem
2021

saraiva jur

saraiva EDUCAÇÃO | saraiva jur

Av. Paulista, 901, 3º andar
Bela Vista – São Paulo – SP – CEP: 01311-100

SAC | sac.sets@somoseducacao.com.br

Direção executiva	Flávia Alves Bravin
Direção editorial	Renata Pascual Müller
Gerência de projetos e produção editorial	Fernando Penteado
Planejamento	Josiane de Araujo Rodrigues
Novos projetos	Sérgio Lopes de Carvalho Dalila Costa de Oliveira
Edição	Clarissa Boraschi Maria (coord.) Iris Ferrão
Produção editorial	Verônica Pivisan Reis
Arte e digital	Mônica Landi (coord.) Camilla Felix Cianelli Chaves Claudirene de Moura Santos Silva Deborah Mattos Guilherme H. M. Salvador Tiago Dela Rosa
Projetos e serviços editoriais	Daniela Maria Chaves Carvalho Kelli Priscila Pinto Laura Paraíso Buldrini Filogônio Marília Cordeiro Nicoly Wasconcelos Razuk
Diagramação	Claudirene de Moura Santos
Revisão	Carmem Becker
Capa	Tiago Dela Rosa
Produção gráfica	Marli Rampim Sergio Luiz Pereira Lopes
Impressão e acabamento	Gráfica Paym

DADOS INTERNACIONAIS DE CATALOGAÇÃO NA PUBLICAÇÃO (CIP)
ANGÉLICA ILACQUA CRB-8/7057

Schreiber, Anderson
Equilíbrio contratual e dever de renegociar / Anderson Schreiber. – 2. ed. – São Paulo: Saraiva Educação, 2020.
504 p.

Bibliografia
ISBN 978-65-5559-110-1 (impresso)

1. Contratos – Direito – Brasil. 2. Direito Civil. I. Título.

CDD 347
20-0402 CDU 347.44(81)

Índice para catálogo sistemático:
1. Contratos : Direito : Brasil

Data de fechamento da edição: 23-7-2020

Dúvidas? Acesse www.editorasaraiva.com.br/direito

CL 606696 CAE 733257

Para a pequena Olivia.

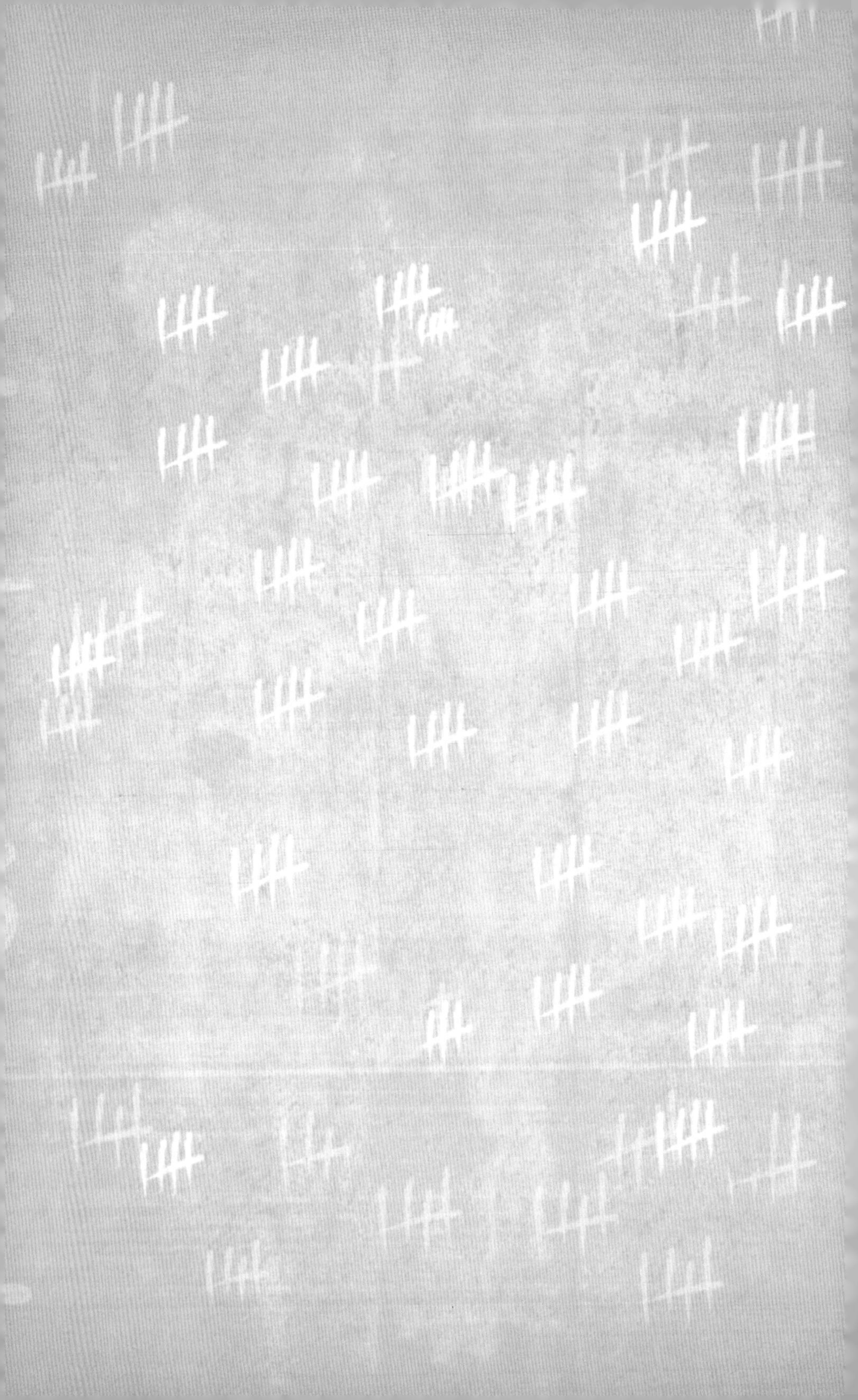

Apresentação à 2ª edição

Recebi, com alegria, o convite da Editora Saraiva para preparar a 2ª edição, revista e atualizada, da obra *Equilíbrio Contratual e Dever de Renegociar*. Trata-se da tese que defendi em meu concurso de titularidade na Universidade do Estado do Rio de Janeiro (UERJ), em 2017. Minha aprovação em 1º lugar não impediu que o tema despertasse muitos olhares de espanto: existe um dever de renegociar? Utilizei toda teoria que estava ao meu alcance para afirmar que sim. Três anos depois, a teoria foi ultrapassada pela prática. A pandemia provocada pelo coronavírus e as diferentes medidas governamentais que se fizeram necessárias para combatê-la produziram impacto severo sobre o cumprimento da imensa maioria dos contratos, em todo o mundo. O equilíbrio contratual tornou-se, de súbito, uma das principais preocupações da comunidade jurídica internacional. E um dever de renegociar fez-se urgente e necessário.

A pedido da Editora Saraiva, acrescentei a esta obra um epílogo intitulado *Impactos da Pandemia nas Relações Contratuais e Dever de Renegociar*, em que trato, tecnicamente, dos efeitos da pandemia sobre os contratos, examinando as diferentes hipóteses que se verificaram no direito brasileiro e suas consequências, que estão ainda em curso. Ali, proponho também alguns caminhos para remediar ou mitigar efeitos provocados pela pandemia nas relações contratuais. Aponto também alguns erros que se tornaram frequentes nestes tempos excepcionais, como aquele que consiste em tratar a pandemia sob um rótulo geral – *caso fortuito* ou *força maior*, para alguns autores; *acontecimento extraordinário e imprevisível*, para outros –, ignorando que nosso sistema jurídico não classifica fatos em tese, mas, ao contrário, parte sempre da análise do impacto específico e concreto em cada contrato (impossibilidade da prestação, excessiva onerosidade etc.) para, somente a partir daí, examinar e qualificar a causa do impacto verificado. Esses e outros equívocos habituais no tratamento do desequilíbrio contratual (que já eram apontados na 1ª edição) precisam ser corrigidos e evitados, sob pena de assistirmos a estragos ainda maiores nas relações contratuais. Mais do que nunca, o direito privado precisa oferecer caminhos que se afigurem, a um só tempo, previsíveis e responsáveis.

Anderson Schreiber

Agradecimentos

Este livro corresponde à minha tese de titularidade, apresentada e julgada em Concurso Público de Provas e Títulos para o cargo de Professor Titular de Direito Civil da UERJ – Universidade do Estado do Rio de Janeiro, em que tive a honra e a alegria de ser aprovado em 1º lugar. A banca examinadora, composta pelos Professores Luiz Edson Fachin (UFPR/STF), Paulo Mota Pinto (Coimbra), Paulo Luiz Netto Lôbo (UFAL/UFPE), Gustavo Tepedino (UERJ) e Heloísa Helena Barboza (UERJ), formulou sugestões que foram incorporadas a este texto final, com considerável ganho para os leitores. Sou grato, também, aos advogados e pesquisadores Felipe Ribas, Rafael Mansur, Jeniffer Gomes e Ana Verena, que me ajudaram com pesquisas jurisprudenciais e doutrinárias que ilustram os diferentes capítulos da obra. Aos amigos Carlos Nelson Konder e Milena Donato Oliva, agradeço pela leitura atenta do texto e pelas sugestões formuladas. A Nathalie Giordano, André Cintra e Guilherme Domingues, agradeço por toda a ajuda durante o período em que escrevi a tese. Se não tivessem assumido responsabilidades minhas em diferentes campos da vida, esta tese não teria sido escrita.

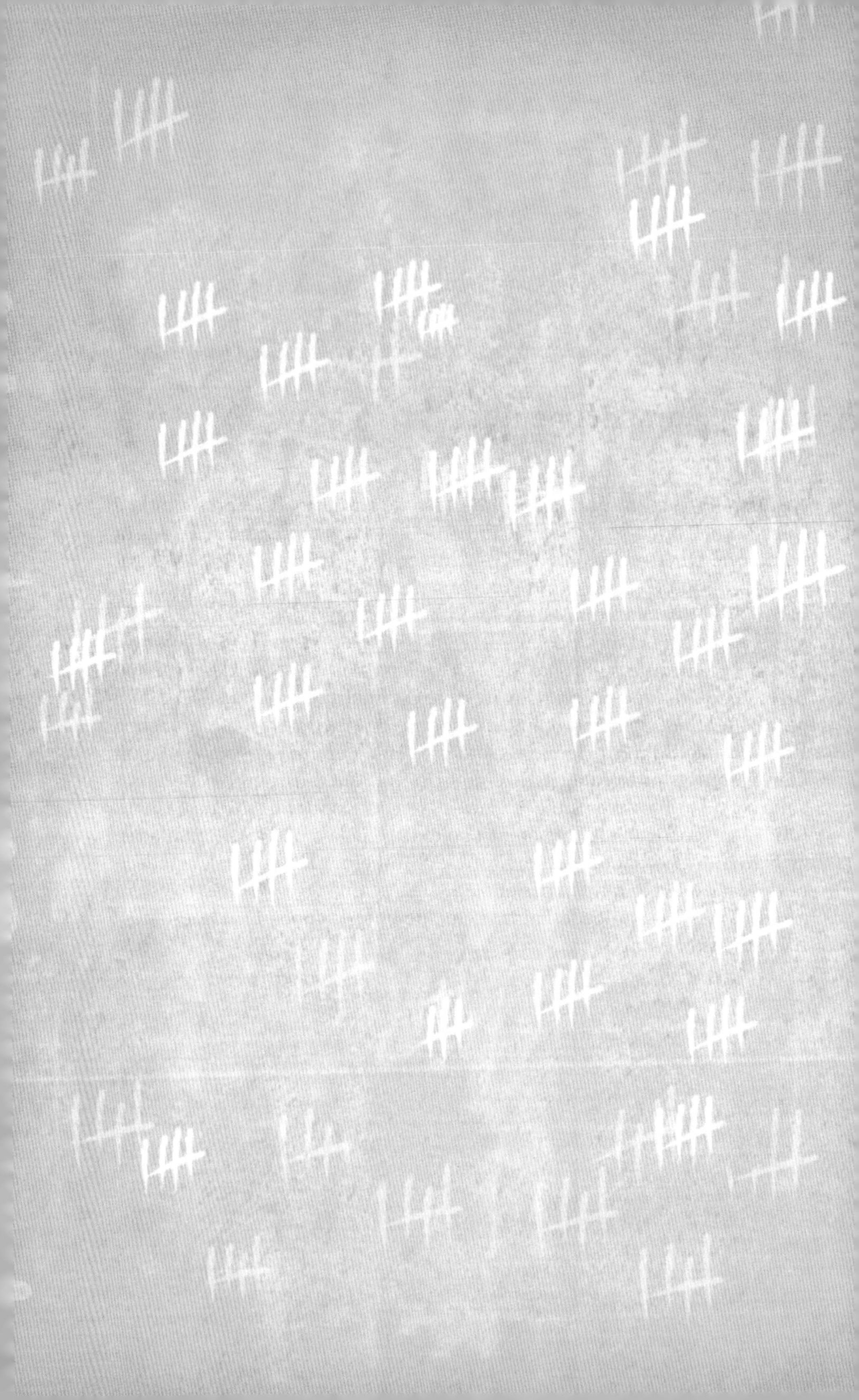

Índice

Capítulo III

Capítulo IV

Introdução

> "*A igualdade não gera guerras.*"
> Sólon, 638 a.C.-558 a.C.

Em 2008, a concordata do banco de investimentos norte-americano *Lehman Brothers* simbolizou o início de uma crise financeira mundial, cujos efeitos encontram-se ainda em curso.[1] Em menos de uma semana, as bolsas de valores de todo o mundo amargaram perdas de mais de quatro trilhões de dólares, dando origem a uma sucessão de bancarrotas por toda parte.[2] Já chamada de "a pior crise desde a Grande Depressão de 1929",[3] a crise de 2008 deflagrou uma série de debates em torno do papel dos mercados, da necessidade de sua regulação e da responsabilidade dos agentes financeiros.[4] Deu ensejo, também, a uma

---

1 Em meio à vasta literatura sobre a crise de 2008, ver, em especial, Joseph Stiglitz, *Freefall: America, Free Markets and the Sinking of the World Economy*, Nova Iorque: W.W. Norton, 2010; John Cassidy, *How Markets Fail: The Logic of Economic Calamities*, Nova Iorque: Farrar, Straus and Giroux, 2009; e Alain Blinder, *After the Music Stopped: The Financial Crisis, the Response and the Work Ahead*, Nova Iorque: Penguin, 2013; e, especificamente sobre o colapso do banco Lehman Brothers, Lawrence G. MacDonald e Patrick Robinson, *A Colossal Failure of Common Sense: The Inside Story of the Collapse of Lehman Brothers*, Nova Iorque: Crown, 2009. Em português, ver, especialmente, Paul Krugman, *A Crise de 2008 e a Economia da Depressão*, Rio de Janeiro: Campus Elsevier, 2009.

2 Outras empresas, como a gigante do mercado de seguros AIG, foram socorridas pelo Tesouro norte-americano, ou acabaram adquiridas por preços consideravelmente inferiores àqueles correspondentes ao seu valor de mercado nas semanas anteriores à deflagração da crise (ver a reportagem da BBC intitulada *Cronologia da Crise*, publicada em 2 de setembro de 2009 e disponível no *site* www.bbc.com).

3 Fabiano Canzian, *Desastre Global: Um Ano na Pior Crise desde 1929*, São Paulo: Publifolha, 2009. Na mesma direção, afirma Stiglitz: "*The Great Recession – clearly the worst downturn since the Great Depression seventy-five years earlier – has shattered these illusions. It is forcing us to rethink long-cherished views*" (*Freefall: America, Free Markets and the Sinking of the World Economy*, cit., p. xi).

4 Nas palavras de Alain Blinder, "*more than just the regulatory framework needs to change in the wake of the crisis, so does the way banks and other financial institutions do buisness. Let's not forget that it was shameful business practices, coupled with regulatory neglect, that got us into this mess*" (*After the Music Stopped: The Financial Crisis, the Response and the Work Ahead*, cit., p. 433 da obra que extrai seu título da famosa declaração do CEO do Citigroup, Chuck Prince, apenas alguns meses antes da deflagração da crise mundial

renovada discussão sobre concentração de renda e sobre distribuição de riquezas nos campos doméstico e internacional.[5] Desde então, diversos estudos – dentre os quais, o já célebre *Le capital au XXIe siècle*, do economista francês Thomas Piketty – têm procurado demonstrar, com dados de diferentes países, que o crescimento econômico global proporcionado pelo capitalismo não tem reduzido os níveis de desigualdade no mundo, chegando, por vezes, a agravá-los.[6]

Tal debate não tem se limitado ao mundo acadêmico. Muito ao contrário. No Brasil, um protesto contra o aumento das tarifas de transporte público, em junho de 2013, converteu-se em uma onda de manifestações que levou milhões de pessoas às ruas para exprimir uma insatisfação generalizada com a corrupção na classe política e a má qualidade dos serviços públicos, em contraposição às elevadas somas gastas pelos diferentes níveis de Governo.[7] Em alusão à Copa do Mundo de futebol que aconteceria no Brasil no ano seguinte, manifestantes erguiam cartazes em que informavam: "Só queremos Copa depois de saúde, educação, saneamento e transporte".[8]

As manifestações de 2013, no Brasil, não representaram um fato isolado. O Fórum Econômico Mundial as associou a outros movimentos ocorridos nos anos anteriores ao redor do mundo, como a *Ocupação de Wall Street* e a *Primavera Árabe*. Guardadas suas peculiaridades, todos esses movimentos têm como fonte comum um sentimento generalizado de insatisfação com a distribuição desigual das riquezas geradas pelo crescimento econômico.[9] Em suma, diante

---

de 2008: "*When the music stops... things will be complicated. But as long as the music is playing, you've got to get up and dance. We're still dancing*").

5 Ver, sobre o tema, Joseph Stiglitz, *O Preço da Desigualdade*, Lisboa: Bertrand, 2013; Thomas Piketty, *A Economia da Desigualdade*, Rio de Janeiro: Intrínseca, 2014; e Krugman, Piketty e Stiglitz, *Debate sobre a Desigualdade e o Futuro da Economia*, Lisboa: Relógio D'Água, 2015.

6 Thomas Piketty, *Le capital au XXIe siècle*, Paris: Le Seuil, 2013.

7 Sobre as manifestações de junho de 2013 no Brasil, ver Flavio Morgenstern, *Por Trás da Máscara: do Passe Livre aos Black Blocs, as Manifestações que Tomaram as Ruas do Brasil*, São Paulo: Record, 2015; Lia Beatriz Teixeira Torraca, *Democracia Encurralada: Reflexos das Manifestações de Junho de 2013*, Rio de Janeiro: Lumen Juris, 2016.

8 Ver, ainda sobre as manifestações de junho de 2013 no Brasil, chamada por alguns de "a Revolução dos 20 Centavos" em alusão ao valor do aumento nas passagens de ônibus no Rio de Janeiro, Carlos Vainer et al., *Cidades Rebeldes: Passe Livre e as Manifestações que Tomaram as Ruas do Brasil*, São Paulo: Boitempo, 2013.

9 Segundo o *Relatório de Competitividade Global* do Fórum Econômico Mundial: "*The recent wave of protests in Brazil, the several chapters of social revolts in the Arab World, and the Occupy Wall-Street Movement in the United States are some examples of how, if economic benefits are perceived to be unevenly redistributed within a society, riots or social discontent can*

da escassez de recursos provocada pela crise financeira mundial, o habitual discurso público em torno da necessidade de adoção de medidas dirigidas ao crescimento econômico parece ter cedido passagem a um anseio da população pela distribuição menos desigual dos frutos do crescimento alcançado até aqui. Há uma consciência generalizada, especialmente nos chamados países em desenvolvimento, de que a desigualdade social e econômica vem se intensificando ou, no mínimo, se mantendo em níveis incompatíveis com a riqueza disponível para os setores mais abastados da sociedade.[10] A igualdade substancial – bem sintetizada na fórmula de Rui Barbosa segundo a qual é preciso "aquinhoar desigualmente aos desiguais, na medida em que se desigualam"[11] –, valor consagrado na imensa maioria das Constituições contemporâneas, continua mais viva no papel que na realidade dos fatos. Em pleno século XXI, o tantas vezes invocado direito à igualdade ainda é um tema à espera de concretização.

A pergunta que nos cabe é: Qual o papel do direito dos contratos nesse contexto? O contrato, como se sabe, é instituto jurídico dos mais relevantes na

affect the capacity of individuals to contribute to and benefit from higher rates of economic growth" (*The Global Competitiveness Report 2013-2014 (full data edition)*, do *World Economic Forum*, disponível em www3.weforum.org). Em tradução livre: "A recente onda de protestos no Brasil, os vários capítulos de revoltas sociais no mundo árabe e o movimento *Occupy Wall Street* nos Estados Unidos são alguns exemplos de como, se os benefícios econômicos são percebidos como redistribuídos de forma desigual dentro de uma sociedade, protestos ou descontentamento social podem afetar a capacidade dos indivíduos de contribuir e se beneficiar de taxas mais altas de crescimento econômico".

10 Como registra Bauman: "Na era do Iluminismo, durante a vida de Francis Bacon, Descartes ou mesmo de Hegel, o padrão de vida em qualquer lugar da Terra nunca era mais que duas vezes superior àquele em vigor na região mais pobre. Hoje, o país mais rico, o Qatar, se vangloria de ter uma renda *per capita* 428 vezes maior que aquela do país mais pobre, o Zimbábue. E não nos esqueçamos que se trata, aqui, de comparações entre médias, por isso mesmo evocativas da jocosa receita do patê de coelho com carne de cavalo: pegue uma lebre e um cavalo... A obstinada persistência da pobreza no planeta que vive os espasmos de um fundamentalismo do crescimento econômico é bastante para levar as pessoas atentas a fazer uma pausa e refletir sobre as perdas diretas, bem como sobre os efeitos colaterais dessa distribuição da riqueza" (Zygmunt Bauman, *A Riqueza de Poucos Beneficia Todos Nós?*, trad. Renato Aguiar, Rio de Janeiro: Zahar, 2015, p. 9-10).

11 Rui Barbosa, *Oração aos Moços*, São Paulo: Hedra, 2009, que consistiu no discurso oferecido aos formandos da turma de 1920 da Faculdade de Direito do Largo de São Francisco. Na íntegra: "A regra da igualdade não consiste senão em aquinhoar desigualmente aos desiguais, na medida em que se desigualam. Nesta desigualdade social, proporcionada à desigualdade natural, é que se acha a verdadeira lei da igualdade. O mais são desvarios da inveja, do orgulho ou da loucura. Tratar com desigualdade a iguais, ou a desiguais com igualdade, seria desigualdade flagrante, e não igualdade real".

vida contemporânea.[12] Hoje, fala-se mesmo em "contratualização" das relações sociais ou em "pancontratualismo",[13] para designar a extensão do modelo contratual a relações antes governadas por outras espécies de estruturas: assim, o contrato imiscui-se no Direito de Família por meio dos acordos de convivência e pactos de união estável; no Direito das Sucessões, por meio de diferentes técnicas do chamado planejamento sucessório; no Direito Administrativo, por meio da gradativa migração de técnicas de império (desapropriação etc.) para instrumentos consensuais (*v.g.*, convênios e termos de cooperação), na esteira daquilo que já se denominou "fuga para o direito privado";[14] no Direito Processual e no exercício da jurisdição, por meio das cláusulas compromissórias e compromissos arbitrais; no próprio processo civil estatal pela novel figura dos negócios jurídicos processuais; e até no Direito Penal pela celebração de acordos de leniência e de colaboração premiada, tão em voga no Brasil de hoje.

O contrato, em resumo, está por toda parte, o que deveria reforçar a importância de sua instrumentalização à concretização dos valores fundamentais do ordenamento jurídico. Sendo inegável que a Constituição brasileira consagra os valores da solidariedade social e da igualdade substancial (arts. 3º, I e III, e 5º, *caput*),[15] não deveria, então, o contrato

---

12 Em estudo célebre, Günther Haupt chega a afirmar: "*Il contratto è il tipico e più important strumento di disciplina dei nostri traffici*" (*Sui rapporti contrattuali di fatto*, ed. it. de Giovanni Varanese, Turim: G. Giappichelli, 2012, p. 45).

13 O termo é de Franceso Galgano, *La categoria del contratto alle soglie del terzo millennio*, in *Contratto e impresa*, Pádua: Cedam, 2000, p. 919. Na mesma direção, Raffaelle Tommasini, *Dalle logiche di revisione del rapporto alle più articolate forme di gestione*, in *Sopravvenienze e dinamiche di riequilibrio tra controllo e gestione del rapporto contrattuale*, Turim: G. Giappichelli, 2003, p. 151.

14 Expressão cunhada já no título da tese de doutoramento de Maria João Estorninho, *A Fuga para o Direito Privado*, 2ª reimpr. Coimbra: Almedina, 2009, *passim*.

15 "Art. 3º Constituem objetivos fundamentais da República Federativa do Brasil: I – construir uma sociedade livre, justa e solidária; (...) III – erradicar a pobreza e a marginalização e reduzir as desigualdades sociais e regionais; (...) Art. 5º Todos são iguais perante a lei, sem distinção de qualquer natureza, garantindo-se aos brasileiros e aos estrangeiros residentes no País a inviolabilidade do direito à vida, à liberdade, à igualdade, à segurança e à propriedade (...)". Em doutrina, confira-se Gustavo Tepedino, *A Tutela da Personalidade no Ordenamento Civil-constitucional Brasileiro*, in *Temas de Direito Civil*, Rio de Janeiro: Renovar, 1999, p. 48: "Com efeito, a escolha da dignidade da pessoa humana como fundamento da República, associada ao objetivo fundamental de erradicação da pobreza e da marginalização, e de redução das desigualdades sociais, juntamente com a previsão do § 2º do art. 5º, no sentido da não exclusão de quaisquer direitos e garantias, mesmo que não expressos, desde que decorrentes dos princípios adotados pelo texto maior, configuram uma verdadeira cláusula geral de tutela e promoção da pessoa humana, tomada como valor máximo pelo ordenamento".

exercer, de algum modo, o papel de realizador dessa tábua axiológica solidarista e igualitária?

A pergunta tem permanecido estranha à imensa maioria dos estudos realizados no campo do Direito dos Contratos, não apenas no Brasil como em diversos países cujas Constituições dispõem em sentido semelhante. Forjado sob a influência decisiva do pensamento liberal e voluntarista consagrado com a Revolução Francesa,[16] o Direito dos Contratos contemporâneo continua, ainda, atrelado a uma defesa, por vezes exacerbada, da liberdade de contratar e do *pacta sunt servanda*, como antítese de qualquer interferência da ordem jurídica.[17] Mesmo entre os juristas que sustentam a eficácia normativa dos princípios constitucionais e sua direta aplicação às relações privadas,[18] pouco se tem falado

16 Como observou Michele Giorgianni, em sua conhecida aula inaugural na Universidade de Nápoles em 1961: "jusnaturalismo e racionalismo levaram a conceber o ordenamento jurídico, então entendido essencialmente como Direito Privado, em função do indivíduo e a considerá-lo como o conjunto dos direitos que a este cabem. No centro deste sistema, cujas origens ideais remontam justamente ao movimento renascentista, está o *sujeito* de direito, subvertendo-se, assim, a origem etimológica de tal termo, relacionada, ao contrário, a um estado de sujeição (*subiectum*). O direito subjetivo é por isso entendido como poder da vontade do sujeito, e no centro do sistema sobressai o contrato como a voluntária submissão do indivíduo a uma limitação da sua liberdade (...)" (O Direito Privado e as suas Atuais Fronteiras, in *Revista dos Tribunais*, p. 38. v. 747). Tanto o *Code Napoléon* como o Código Civil alemão (*Bürgerliches Gesetzbuch*), promulgado quase um século após aquele, sofreriam forte influência do ideário liberal burguês, como resta registrado na passagem de Günter Haupt: "*Soprattutto nel BGB esso esprime l'orgoglio di quella borghesia che, con la chiara percezione delle sue capacità e delle proprie responsabilità, rivendicava di poter decidere senza ostacoli dell'assunzione dei vincoli di diritto civile. La libertà contrattuale ne costituiva il fondamento che sembrava di per sé evidente e che perciò non aveva bisogno di una previsione normativa*" (*Sui rapporti contrattuali di fatto*, cit., p. 45).

17 Confira-se Luigi Ferri, Nozione giuridica di autonomia privata, in *Studi in onore di Francesco Messineo – per il suo XXXV anno d'insegnamento*, Milão: Dott. A. Giuffrè, 1959, p. 128. v. 4: "*Il campo ove opera l'autonomia privata è appunto quello degli interessi privati e gli interessi privati vengono determinati in via di esclusione; essi sono tutti quegli interessi di cui lo Stato non assume per sé; né impone ad altri, la tutela*".

18 A importância dessa transformação na metodologia de interpretação e aplicação do direito civil será detalhada no Capítulo I deste livro. Desde logo é de se notar, contudo, que, especificamente no Brasil, o pioneirismo na defesa da aplicabilidade direta das normas constitucionais e da chamada "eficácia horizontal" dos direitos fundamentais deve-se não aos estudiosos do direito constitucional, mas à doutrina civilista. Nas palavras de Ingo Wolfgang Sarlet, "merece ser sublinhado que os primeiros esforços efetivos para o tratamento do tema no Brasil foram empreendidos basicamente por alguns autores do Direito Privado. A doutrina constitucionalista, por sua vez, apenas algum tempo depois passou a se ocupar mais detidamente da matéria, colocando as relações entre os direitos fundamentais e o Direito Privado no centro da discussão, ao passo que a dogmática

sobre igualdade substancial no campo do Direito dos Contratos.[19] A gradativa superação da dicotomia entre direito público e direito privado, conquanto tenha contribuído para a chamada "socialização" desse último,[20] não parece ter sido ainda suficiente para assegurar uma visão do campo específico do Direito dos Contratos como terreno de efetiva realização do interesse social, especialmente quando se trata de garantir a redução de desigualdades, em uma perspectiva de concretização da igualdade substancial.[21]

---

do Direito Privado, pelo que se pode avaliar a partir da produção científica prevalente, acabou priorizando, a partir de uma perspectiva mais ampla, um Direito Civil-Constitucional, engendrado no âmbito de uma interpretação conforme a Constituição (...)" (A Influência dos Direitos Fundamentais no Direito Privado: o Caso Brasileiro, in António Pinto Monteiro et al. (org.), *Direitos Fundamentais e Direito Privado – Uma Perspectiva de Direito Comparado*, Coimbra: Almedina, 2007, p. 112, com nominais referências a "Gustavo Tepedino, Luiz Edson Fachin e Maria Celina Bodin de Moraes, apenas para citar alguns nomes mais expressivos e que podem ser considerados fundadores e principais representantes do movimento em prol de um Direito Civil-Constitucional", ob. cit., p. 113, nota de rodapé n. 3).

19 Não por outra razão o tema já foi chamado, na Itália, de "*nodo irrisolto*" do direito privado contemporâneo (Giovanni Chiodi, *La giustizia contrattuale – Itinerari della giurisprudenza italiana tra Otto e Novecento*, Milão: Giuffrè, 2009, p. xi).

20 "Indubitavelmente, estamos aqui diante de um fenômeno pelo qual – por vezes também com o uso de instrumentos previstos até mesmo no ordenamento liberal (por exemplo, a ordem pública, mencionada acima) – se tutelam os interesses de toda a sociedade, ou melhor, de certas categorias sociais como os consumidores ou os trabalhadores, no temor de que a liberdade negocial possa sacrificá-los. (...) Que, deste modo, o Direito Privado tenha perdido o caráter de tutela exclusiva do indivíduo para socializar-se, como se costuma dizer, não se poderia colocar em dúvida" (Michele Giorgianni, *O Direito Privado e as suas Atuais Fronteiras*, cit., p. 49).

21 Na advertência de Rubén Stiglitz: "*Por esencia, el contrato supone dos voluntades, independientes e iguales, que debaten libremente las condiciones de su acuerdo. Sin embargo, semejante situación se halla excepcionalmente realizada en la práctica. La contractación pone en evidencia que una de las partes, casi sempre, está económicamente en situación dominante, y que precisamente por ello es quien 'establece la lay del contrato'. Ello implica que una voluntad se subordina a otra. A lo expuesto se añade que la igualdad teórica de los contratantes, al discutir los términos de los conveninos, es ilusoria* (...)" (*Contratos – Teoría General*, II, Buenos Aires: Depalma, 1993, p. 271). Em igual sentido, Enzo Roppo, *O contrato*, Coimbra: Almedina, 1988, p. 38: "A disparidade de condições económico-sociais existente, para além do esquema formal da igualdade jurídica abstracta dos contraentes, determina, por outras palavras, disparidade de poder contratual entre partes fortes e partes débeis, as primeiras em condições de conformar o contrato segundo os seus interesses, as segundas constrangidas a suportar a sua vontade, em termos de dar vida a contratos substancialmente injustos: é isto que a doutrina baseada nos princípios de liberdade contratual e de igualdades dos contraentes, face à lei, procura dissimular, e é precisamente nisto que se manifesta a sua função ideológica". No

Revela-se emblemático, nessa direção, que um filósofo tão dedicado à elaboração de uma *teoria da justiça* que conjugue liberdade e igualdade, como John Rawls, tenha descartado um papel substancial ao Direito dos Contratos na realização da igualdade. Em uma espécie de divisão do trabalho, essas normas teriam o escopo de assegurar que os indivíduos e as associações fiquem "livres para realizar mais efetivamente os seus fins", com "a segurança de saber que, em uma outra parte do sistema social, estão sendo feitas as correções necessárias para preservar a justiça básica".[22] Como tantos outros pensadores, Rawls parece acreditar que o Direito dos Contratos limita-se a assegurar a liberdade dos

Brasil, ver Luiz Edson Fachin, *Teoria Crítica do Direito Civil*, Rio de Janeiro: Renovar, 2000, p. 297: "A denominada justiça contratual implica uma espécie de acesso de igualdade e de oportunidade: todo sujeito de direito pode contratar. Isso, entretanto, não pode levar a concluir que todos são efetivamente iguais, pois diz respeito a um conceito de justiça meramente formal."

22 John Rawls, *O Liberalismo Político*, São Paulo: Ática, 2000, p. 320-321: "A estrutura básica compreende, primeiro, as instituições que definem o pano de fundo social, incluindo também aquelas operações que ajustam e compensam constantemente as tendências inevitáveis de distanciamento em relação à justiça básica como, por exemplo, as operações de tributação da renda e da herança, destinadas a equilibrar a posse das propriedades. Essa estrutura também impõe, por meio do sistema legal, outro conjunto de normas que governa as transações e acordos entre os indivíduos e as associações (as leis contratuais etc.). As normas relativas a fraudes, à coação e congêneres fazem parte dessas regras e satisfazem os requisitos da simplicidade e praticabilidade. São formuladas de maneira a deixar os indivíduos e as associações livres para agir efetivamente visando a realizar seus fins, sem que estejam sujeitos a restrições excessivas. Concluindo: começamos com a estrutura básica e tratamos de ver como essa mesma estrutura deve fazer os ajustes necessários para preservar a justiça básica. Na verdade, o que procuramos é uma divisão do trabalho institucional entre a estrutura básica e as normas que se aplicam diretamente aos indivíduos e às associações, e que sejam obedecidas por eles nas transações particulares. Se essa divisão de trabalho puder ser estabelecida, os indivíduos e as associações ficam livres para realizar mais efetivamente os seus fins no interior da estrutura básica, com a segurança de saber que, em uma outra parte do sistema social, estão sendo feitas as correções necessárias para preservar a justiça básica". A referida passagem de Rawls tem sido discutida entre os filósofos do direito de todo o mundo, como registra Samuel Scheffer, Distributive Justice, the Basic Structure and the Place of Private Law, in *Oxford Journal of Legal Studies*, v. 35, n. 2 (2015), p. 218: "*Many readers, not unreasonably, have interpreted Rawls as asserting in this passage that contract law, by contrast with tax law, is not part of the basic structure. Some have gone further and attributed to him the view that the private law as a whole – including, for example, the law of property and the law of torts in addition to contract law – lies outside the basic structure. At the very least, Rawls seems to be saying that the distributive or redistributive aims of his 'difference principle', which requires the institutions of the basic structure to maximise the economic position of the worst-off social group, are to be achieved by the tax system, which clearly is part of the basic structure, rather than by contract law.*"

indivíduos de perseguirem seus próprios interesses, enquanto a realização dos demais valores que compõem a ideia de justiça, em especial a redistribuição das riquezas, seria realizada por outros setores do Direito, em particular o Direito Tributário. A autonomia privada restaria assim uma liberdade plena, governada apenas pela persecução de interesses individuais,[23] em nova roupagem da conhecida ideologia liberal-voluntarista.

Importantes objeções podem ser levantadas contra esse entendimento: além de uma evidente fratura na unidade do sistema jurídico, que isentaria o Direito dos Contratos da função sistêmica de concretização dos princípios constitucionais nas relações privadas,[24] já se observou, em perspectiva filosófica, que o Direito dos Contratos teria, ao menos, uma vantagem em relação ao Direito Tributário em um eventual papel de redução das desigualdades:

> Sob um regime fiscal redistributivo, a riqueza deve primeiro ser cobrada pelo Estado e depois redistribuída aos beneficiários do imposto. Cada um destes dois passos tem custos administrativos. Em contrapartida, se uma restrição redistributiva à liberdade contratual atinge seu propósito pretendido, ela causa uma transferência direta de riqueza de um grupo para

---

23 "*L'autonomia privata non è un potere conferito al singolo per il perseguimento di un scopo o di un fine che si imponga ad esso come scopo o fine necessario, non è cioè un potere cui corrisponde una funzione od un ufficio*" (Luigi Ferri, *Nozione giuridica di autonomia privata*, cit., p. 158).

24 Sobre o tema, é curial a lição de Pietro Perlingieri: "A tarefa da ciência jurídica é extrair uma ordem do caos legislativo e da grande quantidade dos textos de relevância jurídica e normativa e expressá-la em um sistema que nunca seja fim a si mesmo, que nunca tenha a pretensão de ser definitivo, mas que, ao contrário, tenha somente a função de composição tendencial e contingente das diversas partes, como construção do conjunto de elementos e de razões ao qual fazer referência para o controle das disposições vigentes que concorrem na individuação do próprio sistema. O que deve ser reafirmado com muita convicção é que o constitucionalismo 'transformou a configuração tradicional do sistema jurídico', transferindo o baricentro do próprio sistema, fundado atualmente sobre valores fortes, hierarquicamente prevalecentes e unitários para todo o ordenamento: valores que não devem mais ser emprestados da legislação ordinária caracterizada, como é, pela inconstância e, ainda por cima, pela natureza preponderantemente privatística e patrimonial. (...) Daí a impossibilidade de manter separadas a teoria da interpretação das leis ordinárias (...) e a teoria da interpretação das normas constitucionais. O parâmetro sistemático exige que o ordenamento seja interpretado na sua unidade; enquanto o parâmetro axiológico implica que os valores constitucionais, comunitários e internacionais avivem e tornem atuais normas individuais ou complexos de normas que devem ser sempre lidas e interpretadas, mesmo que aparentemente sejam claras" (Pietro Perlingieri, *O Direito Civil na Legalidade Constitucional*, ed. bras. org. por Maria Cristina De Cicco, Rio de Janeiro: Renovar, 2008, p. 592 e 596-597).

> outro sem qualquer mediação pelo Estado. Em igualdade de circunstâncias, isto significa uma redução dos custos administrativos.[25]

Alguns exemplos pontuais de uma atuação redistributiva do Direito dos Contratos têm sido vislumbrados em normas que instituem o salário mínimo, que reprimem a usura ou que limitam juros.[26] De modo geral, contudo, o Direito dos Contratos parece continuar, ainda, em busca da definição do seu papel na redução das desigualdades. A preocupação com a "justiça" material das relações contratuais, no Brasil, tem se restringido, quase sempre, aos campos caracterizados pela proteção aos chamados contratantes vulneráveis, de que é exemplo flagrante a figura do consumidor. Assim, difundem-se entre nós novas dicotomias, como aquela que distingue, de um lado, os *contratos de consumo* e, de outro, os *contratos empresariais*.[27] Mal compreendidas, tais distinções podem

---

25 Anthony Kronman, Contract Law and Distributive Justice, in *Yale Law Journal*, n. 89, 1979-1980, p. 509. No original: "*Under a redistributive tax scheme, wealth must first be collected by the state and then redistributed to the beneficiaries of the tax. Each of these two steps has administrative costs. By contrast, if a redistributive restriction on contractual freedom achieves its intended purpose, it causes a direct transfer of wealth from one group to another without any mediation by the state. Other things being equal, this means a reduction in administrative costs.*"

26 Anthony Kronman, Contract Law and Distributive Justice, cit., p. 507: "*Usury laws, minimum wage laws, rent control laws, and laws prohibiting racial discrimination in employment and the sale of real property all have, as one of their objectives, a redistribution of wealth in favor of traditionally disadvantaged groups. Each of these laws attempts to achieve its goal by imposing restrictions on the process of voluntary exchange.*" Em outra passagem, o autor acrescenta exemplos adicionais e esclarece: "*The object of each of these rules is to shift wealth from one group – lenders, sellers, landlords, employers – to another – borrowers, buyers, tenants, workers – presumably in accordance with some principle of distributive justice, by altering the terms on which individuals are allowed to contract. More generally, is it ever appropriate to use the law of contracts – understood in the broad sense in which I have been using the term – as an instrument of redistribution, or should the legal rules that govern the process of private exchange be fashioned without regard to their impact on the distribution of wealth in society?*" (ob. cit., p. 473).

27 Na lição de Antonio Junqueira de Azevedo: "Na esteira da consagração da noção de empresa em nosso Código, uma nova dicotomia toma corpo. Há, de um lado, contratos empresariais, que são aqueles celebrados entre empresários, pessoas físicas ou jurídicas, ou, ainda, entre um empresário e um não empresário, desde que este tenha celebrado o contrato com o fim de lucro. E, de outro lado, há os contratos existenciais ou não empresariais, firmados entre não empresários ou entre um empresário e um não empresário, sempre que para este a contratação não tenha objetivo de lucro. Dentre os contratos existenciais, encontram-se todos os contratos de consumo, bem como os contratos de trabalho, locação residencial, compra da casa própria e, de uma maneira geral, os que dizem respeito à subsistência da pessoa humana. São exemplos de contratos empresariais

acabar amparando tentativas de limitar a incidência de princípios constitucionais aos contratos de consumo, reeditando o entendimento de que os contratos empresariais consistem em latifúndios do liberalismo, nos quais a liberdade contratual poderia ser exercida sem qualquer controle de conteúdo pela ordem jurídica. Referida abordagem, calcada em visão formalista e categorial, acaba por se revelar antissistemática, na medida em que cava fosso profundo no universo das relações contratuais, fragmentando e, por consequência, restringindo a concretização dos valores constitucionais: aos contratantes em geral restaria uma liberdade de contratar tomada como fim em si mesma, imune a intervenções jurídicas de caráter material.[28] O objeto da sua contratação escaparia a avaliações da ordem jurídica e nem sequer um mínimo equilíbrio do contrato restaria assegurado às partes contratantes.

Contra isso é que têm surgido na doutrina civilista mais recente alusões a um *princípio do equilíbrio contratual*, também chamado *princípio da justiça contratual* ou *princípio da equivalência material dos contratos*, entre outras denominações.[29] Tal princípio teria o condão de retomar antigas tradições, como a cláusula *rebus sic stantibus* do direito medieval, para permitir o controle de conteúdo do contrato no direito contemporâneo. A "justiça" do contrato deixaria aquele campo que foi argutamente denominado por Jean Carbonnier "*le non-droit des contrats*" (*o não direito dos contratos*), para retornar ao campo de estudo dos civilistas.[30]

O que se tem visto, todavia, na experiência jurídica brasileira, é que as auspiciosas referências ao *princípio do equilíbrio contratual* acabam por se manter em um plano puramente nominal, exaurindo-se na aplicação de regras específicas dispostas pelo legislador, sempre em associação com algum vício ou lapso da vontade, como ocorre no instituto da lesão, contemplado no art.

---

os de agência, distribuição, fornecimento, transporte, *engineering*, consórcio interempresarial, franquia e os contratos bancários, dentre outros. Essa nova dicotomia, que defendemos é, a nosso ver, a verdadeira dicotomia contratual do século XXI" (nota de atualização a Orlando Gomes, *Contratos*, 26. ed. Rio de Janeiro: Forense, 2008, p. 231-232).

28 Em sentido diametralmente oposto a tal entendimento, observa Pietro Perlingieri: "A autonomia privada não é um valor em si e, sobretudo, não representa um princípio subtraído ao controle de sua correspondência e funcionalização ao sistema das normas constitucionais. Também o poder de autonomia, nas suas heterogêneas manifestações, é submetido aos juízos de licitude e de valor, através dos quais se determina a compatibilidade entre ato e atividade de um lado, e o ordenamento globalmente considerado, do outro" (Pietro Perlingieri, *Perfis do Direito Civil – Introdução ao Direito Civil Constitucional*, Rio de Janeiro: Renovar, 1999, p. 277).

29 As diferentes nomenclaturas serão passadas em revista no Capítulo I desta obra.

30 Jean Carbonnier et al., *L'évolution contemporaine du Droit des Contrats – Journées René Savatier (Poitiers, 24-25 octobre 1985)*, Paris: Presses Universitaires de France, 1986, p. 37.

157 do Código Civil, cuja incidência requer, além de uma prestação excessivamente onerosa, a configuração de um estado subjetivo de "necessidade" ou "inexperiência".[31] O princípio tão promissor converte-se em fórmula esvaziada de utilidade prática.

Daí a importância de se examinar, sob o prisma científico, o tema do equilíbrio contratual. Existe, de fato, um *princípio* do equilíbrio contratual na acepção técnica da palavra? Pode a noção de equilíbrio contratual ser aplicada além das regras específicas dispostas pelo legislador? Qual o modo e quais os instrumentos para sua atuação, quer na formação do contrato, quer durante o seu cumprimento? Quais remédios se oferecem para realizar seu propósito? As experiências jurídicas estrangeiras e internacionais têm algo a nos ensinar neste campo? Esses são os temas de que se ocupa esta obra, a qual restou dividida em quatro capítulos. No primeiro capítulo, pretende-se responder à indagação se há ou não um princípio do equilíbrio contratual no direito brasileiro. As noções básicas ali examinadas permitirão analisar, em detalhe, as melhores formas de solucionar o problema do desequilíbrio contratual originário do contrato, contemporâneo à sua formação – objeto do segundo capítulo – e o desequilíbrio contratual superveniente, tema de que se ocupa o terceiro capítulo. O último capítulo dedica-se ao exame do dever de renegociação, como remédio que vem sendo apontado em diversas experiências jurídicas estrangeiras e no cenário internacional como um dos mais eficientes para o reequilíbrio das relações contratuais desequilibradas. Acrescenta-se, ao final, uma síntese das conclusões alcançadas ao longo de todo o trabalho, a fim de permitir a pronta identificação e avaliação das principais propostas formuladas.

Uma última advertência afigura-se necessária. Pode soar estranho que, diante de problemas tão concretos quanto aqueles mencionados ao início dessa introdução, como a crise financeira mundial e o problema da intensificação das desigualdades econômicas e sociais no mundo contemporâneo, tenha se decidido examinar nesta obra algo tão abstrato quanto um "princípio". Não há razão para decepção. Como adverte Stefano Rodotà, são exatamente a dimensão global da atual crise econômica e a generalizada insatisfação com o estado atual de desigualdade na distribuição de rendas, aliadas à crença na possibilidade de uma outra realidade social, que vêm exigir que o olhar do jurista se

31 Esse modo de proceder da doutrina e da jurisprudência brasileiras será examinado em detalhe no Capítulo I deste livro. Tal reducionismo, registre-se, já havia sido objeto de crítica em Anderson Schreiber, O *Princípio do Equilíbrio das Prestações e o Instituto da Lesão*, in Sílvio de Salvo Venosa et al., *10 Anos do Código Civil – Desafios e Perspectivas*, São Paulo: Atlas, 2012, p. 138-160.

volte para os princípios e para o modo de reconstruí-los.[32] Como se verá ao longo desta obra, o princípio aqui perquirido ostenta imenso potencial transformador da realidade, como já se pode verificar em diferentes países.[33]

Não se pretende com isso, obviamente, resolver aquela que já foi chamada de "a eterna questão da desigualdade", em particular da desigualdade social e econômica, que "parece agora estar mais perto que nunca de se transformar no primeiro moto-perpétuo da história".[34] Para superar um desafio assim tão amplo, seria necessário conjugar diferentes instrumentos jurídicos e políticos, em esforço unitário e inédito. Esta obra visa apenas a oferecer, talvez, um primeiro e modesto passo para demonstrar que o Direito dos Contratos não apenas pode, mas também deve contribuir de algum modo para essa transformação, abandonando sua tradicional passividade, para não dizer suspeita, diante do tema da igualdade – um tema que, conquanto tenha sido sempre relevante, tornou-se, na realidade contemporânea, tão urgente quanto incontornável, diante da simples constatação de que, com os atuais recursos de que dispomos, já podemos resolvê-lo.[35]

32 "(...) *proprio la crisi economica e finanziaria, la sua dimensione globale, ha suscitato una rinnovata richiesta di mettere i principi al centro dell'attenzione politica e sociale, con un ampliamento di orizzonti che contrasta con la pretesa di escluderli da una visione del mondo dove la frammentazione convive con la concentrazione dei poteri, negando la possibilità stessa di costruire legami sociali e di riconoscere la rilevanza del pluralismo. Nei tempi della vita precaria, del rovesciamento dell'eguaglianza nel dilagare strutturale delle diseguaglianze, del ritorno a una povertà 'degradata', lo sguardo deve essere rivolto alla trama dei principi, e alle modalità della sua ricostruzione*" (Stefano Rodotà, *Solidarietà: un'utopia necessaria*, Roma-Bari: Laterza, 2014, p. 9).

33 Basta registrar, por ora, que a invocação do referido princípio tem se tornado frequente na Grécia para procurar mitigar o efeito vinculante de diferentes espécies de contrato diante do cataclisma financeiro que se abateu sobre aquele país em 2010, como decorrência da crise mundial iniciada em 2008. Sobre o tema, ver Nikolaos A. Davrados, Financial Turmoil as a Change of Circumstances under Greek Contract Law, in Başak Başoğlu (ed.), *The Effects of Financial Crises on the Binding Force of Contracts: Renegotiation, Rescission or Revision*, Nova Iorque: Springer, 2016, p. 154-155. De modo mais geral, destacam Ewoud Hondius e Hans Christoph Grigoleit em sua apresentação à obra *Unexpected Circumstances in European Contract Law*, Cambridge: Cambridge University Press, 2011: "*The recent financial crisis has caused many to question whether existing contracts may be adapted, terminated or renegotiated as a result of unexpected circumstances.*"

34 Zygmunt Bauman, *A Riqueza de Poucos Beneficia Todos Nós?*, cit., p. 13 e 19.

35 "*We are the first generation that can end poverty* (...)" (Ban Ki-moon, Secretário Geral da ONU, discurso proferido na Universidade Católica de Leuven, Bélgica, 28-5-2015).

Capítulo I

Há um Princípio do Equilíbrio Contratual?

> *"Erigir, entretanto, em regra geral de direito o princípio da equivalência objetiva seria um resultado desastroso para a segurança das convenções."*
>
> Arnoldo Medeiros da Fonseca,
> *Caso Fortuito e Teoria da Imprevisão*

Sumário: *1. Os novos princípios contratuais. 1.1. Boa-fé objetiva. 1.2. Função social do contrato. 1.3. Equilíbrio contratual. 2. Investigação sobre a natureza do equilíbrio contratual. 2.1. O que é um princípio do Direito dos Contratos? 2.2. O que é o equilíbrio contratual? 2.3. Princípio do equilíbrio contratual: conceituação. 3. Consequências de um princípio do equilíbrio contratual. 4. Qual liberdade de contratar? 5. Liberdade econômica e o chamado "princípio da intervenção mínima". 6. Instrumentos de tutela do equilíbrio contratual no Direito brasileiro. 7. Por uma abordagem "equilibrada" do equilíbrio contratual.*

1. Os novos princípios contratuais

A Constituição de 1988 inaugurou nova tábua axiológica que, aplicada não apenas indiretamente, mas também diretamente às relações privadas, tem resultado, nas últimas décadas, em profundas transformações no Direito Civil brasileiro.[1] Nosso Direito das Obrigações em particular, outrora sedimentado em

---

1 Contribuiu decisivamente para tanto o movimento de constitucionalização do Direito Civil, capitaneado por estudiosos que, desde a promulgação da Constituição de 1988, defenderam a construção de uma metodologia de interpretação e aplicação do Direito Civil comprometida com a mais ampla e profunda concretização do projeto constitucional. Nesse sentido, ver, por sua primordial importância, Gustavo Tepedino, *Premissas Metodológicas para a Constitucionalização do Direito Civil*, fruto da aula inaugural proferida no ano acadêmico de 1992 no salão nobre da Faculdade de Direito da UERJ, e atualmente publicado em Gustavo Tepedino, *Temas de Direito Civil*, Rio de Janeiro: Renovar, 2004, 3. ed., p. 1-22; e, antes disso, Gustavo Tepedino, *Pelo Princípio da Isonomia Substancial na Nova Constituição – Notas sobre a "Função Promocional do Direito"*,

torno de conceitos de acentuada generalização e de um rigoroso estruturalismo,[2]

publicado originalmente em 1987 na Revista *Atualidades Forense*, n. 112, e republicado na *Revista Trimestral de Direito Civil*, v. 52, Rio de Janeiro: Padma, 2012, p. 61-71; Maria Celina Bodin de Moraes, *A Caminho de um Direito Civil-Constitucional*, publicado na *Revista de Direito Civil, Imobiliário, Agrário e Empresarial*, v. 17, n. 65, São Paulo, 1993, p. 21-32; Luiz Edson Fachin, *Teoria Crítica do Direito Civil*, cit., e, antes disso, Luiz Edson Fachin, *Estabelecimento da Filiação e Paternidade Presumida*, Porto Alegre: Sergio Fabris, 1992, em que o autor já criticava o dogma da paternidade biológica cristalizada no Código Civil em prol de uma visão aberta à "verdade socioafetiva", na esteira dos novos valores constitucionais e de uma perspectiva sociológica do Direito; e Paulo Luiz Netto Lôbo, *Constitucionalização do Direito Civil*, in *Revista de Informação Legislativa*, ano 36, n. 141, jan./mar. 1999, p. 99-109, em que o autor retoma algumas premissas críticas já lançadas, especificamente em relação ao instituto do contrato, em obra anterior à Constituição de 1988 intitulada *O Contrato – Exigências e Concepções Atuais*, São Paulo: Saraiva, 1986. A preocupação com o desenvolvimento de um Direito Civil desprendido do individualismo proprietário e compromissado com a realização de valores sociais é também marcante na obra de Ricardo César Pereira Lira (ver, especialmente, A Aplicação do Direito e a Lei Injusta, in *Revista da Faculdade de Direito de Campos*, ano I, n. 1, jan./jun. 2000, p. 13-28). Esse amplo movimento nacional em prol da constitucionalização do Direito Civil conecta-se, em certa medida, à experiência vivida anteriormente por diversos países europeus que, a partir do fim da Segunda Guerra Mundial, decidiram editar constituições novas, capazes de refletir seu engajamento com a preservação da democracia, com a solidariedade social e com a proteção da dignidade humana, sendo certo que tal necessidade foi, por razões evidentes, sentida de modo mais intenso naqueles países cujos regimes autoritários restaram derrotados no conflito mundial, em especial Alemanha e Itália (como se sabe, a Constituição italiana foi promulgada já em 1947 e a Constituição alemã foi promulgada em 1949, devendo-se registrar que, naqueles países onde o autoritarismo perdurou, as novas Constituições só viriam algumas décadas mais tarde, como foi o caso da Constituição portuguesa de 1976 e a Constituição espanhola de 1978, frutos da derrubada dos regimes salazarista e franquista, respectivamente). Nesse contexto, a releitura do direito civil à luz dos novos valores consagrados na Constituição tornou-se imperativa para evitar a colisão entre os novos textos constitucionais, fundados em uma visão mais humanista e solidária do Direito, e as codificações civis, ainda inspiradas na ideologia liberal, individualista e patrimonialista que havia sido consagrada com a Revolução Francesa e as demais revoluções burguesas dos séculos XVIII e XIX. Merece especial destaque, nesse particular, a obra do jurista italiano Pietro Perlingieri, em especial *Il diritto civile nella legalità costituzionale*, Nápoles: E.S.I., 1984; e *Profili del diritto civile*, Nápoles: E.S.I., 1994. Para um relato da influência da construção perlingieriana no Brasil, seja permitido remeter a Anderson Schreiber, Direito Civil e Constituição, in *Direito Civil e Constituição*, São Paulo: Atlas, 2013, p. 5-24.

2 Nesse sentido, chega a afirmar Antunes Varela: "O direito das obrigações constitui deste modo o capítulo do direito civil – e talvez de todo o direito em geral – de técnica mais apurada, na fixação e fundamentação das soluções, na sistematização metódica das matérias e, principalmente, na transposição dos elementos facultados pela

aparentemente imune às alterações da conjuntura social e econômica do país,[3] passou a receber forte influxo de novas construções, inspiradas em valores antagônicos, em larga medida, àqueles situados à base da disciplina codificada do direito obrigacional, aí incluído o Direito dos Contratos.

Com a edição do Código Civil de 2002,[4] ganhou força na doutrina bra-

interpretação e integração das leis para o plano dogmático da aparelhagem conceitual. A ponto de a influência dos seus quadros lógico-categoriais se fazer sentir poderosamente, quer nos outros sectores do direito civil e do direito comercial, quer em outros ramos do direito público" (João de Matos Antunes Varela, *Das Obrigações em Geral*, 10. ed. Coimbra: Almedina, 2000, p. 29. v. I).

3 Referido caráter imutável atendia ao propósito deliberado da Pandectística alemã do século XIX (*Pandektenwissenschaft*), também chamada "jurisprudência dos conceitos" (*Bergriffsjurisprudenz*), que exerceu grande influência sobre as doutrinas contemporâneas do direito civil e segundo a qual "o trabalho intelectual dos juristas devia consistir sobretudo na construção de um sistema de conceitos jurídicos", ancorados em princípios imunes a "considerações de caráter ético, político ou económico" que, na visão dos grandes pensadores da época, "não são assuntos próprios dos juristas, enquanto tais" (António Manuel Hespanha, *Cultura Jurídica Europeia – Síntese de um Milénio*, Coimbra: Almedina, 2012, p. 415-417). Buscava-se, em suma, a construção de um sistema jurídico aplicável a partir de operações lógicas e silogismos automáticos, reservando-se à doutrina jurídica um papel de neutralidade, cientificamente adequada e independente do contexto social, naquilo que já foi chamado de "a definitiva alienação da ciência jurídica em face da realidade social, política e moral do direito" – frase atribuída à Franz Wieacker por Karl Larenz na obra *Metodologia da ciência do direito*, Lisboa: Calouste Gulbenkian, 2005, 4. ed., p. 29, conquanto o próprio Wieacker destaque, como fazem outros autores, que a Pandectística, inspirando-se no formalismo kantiano, refletia a consciência cultural do seu tempo, que encarava como fonte dos seus princípios estruturantes, de tal modo que "os seus conceitos fundamentais se fundaram numa ética autónoma do dever e da liberdade tal como correspondia à consciência ética da maior parte dos seus contemporâneos" (Franz Wieacker, *História do Direito Privado Moderno*, 3. ed. Lisboa: Fundação Calouste Gulbenkian, 2004, p. 504). A neutralidade desse conceitualismo, oposto ao reconhecimento da historicidade e relatividade dos conceitos jurídicos, atendia, de modo nada paradoxal, ao próprio interesse histórico da Pandectística, na medida em que a falta de unidade política da Alemanha do século XIX – só tendo se dado a unificação em 1871 – impedia que a legitimidade e a coercibilidade do Direito fossem amparadas em um corpo codificado de normas, como acontecera com o *Code* dos franceses, resultando no recurso a uma base de legitimação independente do contexto político, econômico e social. Para mais detalhes sobre o tema, sob a ótica do reconhecimento da historicidade do direito civil, ver Carlos Nelson Konder, Distinções Hermenêuticas da Constitucionalização do Direito Civil: O Intérprete na Doutrina de Pietro Perlingieri, in *Revista da Faculdade de Direito – UFPR*, Curitiba, v. 60, n. 1, jan./abr. 2015, p. 196.

4 As críticas ao projeto que deu origem ao Código Civil de 2002 e ao modo de sua aprovação, bem como ao teor da codificação, serão examinadas no Capítulo II desta obra.

sileira a alusão a "novos princípios contratuais", que seriam essencialmente três: (i) a boa-fé objetiva, (ii) a função social dos contratos e (iii) o equilíbrio contratual.[5] Tais princípios, embora atrelados aos valores solidaristas consagrados na Constituição, em oposição ao pensamento liberal-voluntarista que caracterizava a tradição do Direito Civil brasileiro,[6] teriam, para muitos autores, não o papel de se opor, mas tão somente de *temperar* a intensidade de aplicação dos princípios tradicionais do Direito dos Contratos, quais sejam, (i) a liberdade de contratar, (ii) a força obrigatória dos contratos (*pacta sunt servanda*); e (iii) a relatividade dos contratos.[7]

Apresentados em bloco, os "novos princípios contratuais" parecem formar uma tríade inseparável, não raramente sendo mencionados em conjunto em decisões judiciais.[8] Parte da nossa doutrina também os invoca em bloco,

---

5 Ver, por exemplo, Caio Mário da Silva Pereira, *Instituições de Direito Civil: Contratos*, 15. ed. Rio de Janeiro: Forense, 2011, p. 13, 19 e 25-26. v. III; Gustavo Tepedino, Novos Princípios Contratuais e Teoria da Confiança, in *Soluções Práticas de Direitos: Pareceres*, São Paulo: Revista dos Tribunais, 2012, p. 431, v. II; e Paulo Lôbo, *Direito Civil: Contratos*, São Paulo: Saraiva, 2011, p. 66-77, que os denomina "princípios sociais dos contratos". Na mesma direção, Antônio Junqueira de Azevedo, Relatório brasileiro sobre revisão contratual apresentado para as Jornadas Brasileiras da Associação Henri Capitant, in *Novos Estudos e Pareceres de Direito Privado*, São Paulo: Saraiva, 2009, p. 183; Teresa Negreiros, *Teoria do Contrato: Novos Paradigmas*, Rio de Janeiro: Renovar, 2002, p. 105-268; Milton Flávio Lautenschläger, Uma Análise Contemporânea dos Princípios Contratuais no Âmbito do Direito Brasileiro, in Sílvio de Salvo Venosa, Rafael Villar Gagliardi e Paula Magalhães Nasser (coord.), *10 Anos de Código Civil: Desafios e Perspectivas*, São Paulo: Atlas, 2012, p. 255; e Rodrigo Toscano de Brito, *Equivalência Material dos Contratos*, São Paulo: Saraiva, 2007, p. 5, o qual sintetiza: "Assim, não é demais lembrar que o princípio da equivalência material ou do equilíbrio econômico do contrato encontra-se perfilado ao lado de outros dois princípios sociais, quais sejam da função social e o da boa-fé objetiva.". Orlando Gomes não chega a mencionar o equilíbrio contratual dentre aqueles que denomina "princípios fundamentais do regime contratual", mas é emblemático que tenha inserido naquele campo um tópico dedicado à teoria da imprevisão, além de outras referências à mitigação do princípio da força obrigatória dos contratos (*Contratos*, 24. ed. Rio de Janeiro: Forense, 2001, p. 36-42).

6 Gustavo Tepedino, *Premissas Metodológicas para a Constitucionalização do Direito Civil*, cit., p. 1-22.

7 O tema da relação entre os novos princípios e os princípios tradicionais do Direito dos Contratos será examinado em mais profundidade adiante neste mesmo capítulo.

8 Confira-se, entre outros, STJ, 3ª Turma, REsp 1.119.740/RJ, Rel. Min. Massami Uyeda, 27-9-2011: "Todavia, ainda sob a égide do Código Civil de 1916, os pronunciamentos jurisdicionais já eram favoráveis à relativização dos contratos, à luz dos princípios da boa-fé, da função social e da equivalência, e que vieram a se concretizar com o advento do Novo Código Civil e do Código de Defesa do Consumidor. Dessa forma, os contratos

sobrepondo seus significados e combinando-os em sua aplicação, de tal maneira que, por vezes, se torna difícil precisar se lhes reserva significado efetivamente autônomo e papel próprio.[9] Uma análise detida revela, contudo, que cada um desses princípios, além de corresponder a conceito autônomo e percurso histórico peculiar, encontra-se, em nossa atual experiência jurídica, em um estágio de desenvolvimento inteiramente distinto dos demais.

1.1. Boa-fé objetiva

Examine-se, em primeiro lugar, a boa-fé objetiva. Lastreada em três enunciados normativos de caráter geral constantes da nova codificação civil (arts.

devem ser interpretados, para que se possa extrair a real declaração volitiva dos contratantes. Para tanto, além dos princípios da boa-fé, da função social e da equivalência, deve ser considerado, também, o tipo de contrato celebrado e seus efeitos". A mesma tendência se observa nos tribunais estaduais, como se pode ver, a título ilustrativo, de TJPR, 12ª Câmara Cível. Agravo de Instrumento 361214-2, Rel. Des. Costa Barros, 7-2-2007: "Ante estes fatos, verossímeis se demonstram as alegações da agravante, até porque há a possibilidade de ser configurado ao final a abusividade das cláusulas contratuais estabelecidas pelas agravadas, que preveem a possibilidade de renúncia (resilição unilateral), podendo ser apurado ainda um possível desrespeito aos princípios do equilíbrio contratual, da boa-fé objetiva e da função social do contrato".

9 Veja-se, a título ilustrativo, a opinião de Flavio Tartuce, *Função Social dos Contratos – Do Código de Defesa do Consumidor ao Código Civil de 2002*, São Paulo: Método, 2007, que, como outros autores, atribui "dupla eficácia" à função social do contrato, identificando sua chamada "eficácia interna" com a correção do desequilíbrio contratual, inclusive com a repressão à lesão, em que afirma incidir igualmente o princípio da boa-fé objetiva, de tal maneira que haveria entre lesão, função social do contrato e boa-fé objetiva uma "relação simbiótica" (ob. cit. p. 283-288). Veja-se, em outro exemplo, a passagem de Cristiano Chaves de Farias e Nelson Rosenvald, *Curso de Direito Civil: Parte Geral e LINDB*, 13. ed. São Paulo: Atlas, 2015, p. 556-557, em que a revisão judicial do contrato desequilibrado por força da lesão é defendida com base em "uma interpretação construtiva, apta a descortinar possibilidades eficazes de instrumentalização do instituto da lesão à função social do contrato e do necessário sentido ético (boa-fé objetiva)". Em semelhante direção, afirma Otavio Luiz Rodrigues Junior, *Revisão Judicial dos Contratos – Autonomia da Vontade e Teoria da Imprevisão*, São Paulo: Atlas, 2006, p. 137, ao tratar das circunstâncias que ensejam a aplicação da teoria da imprevisão: "Portanto, é ocioso teorizar de forma abstrata sobre quais seriam essas circunstâncias. A interpretação dos contratos, baseada nos princípios da autonomia privada, da prevalência da ordem pública, da boa-fé objetiva, do equilíbrio contratual (ou do sinalagma) e o da função social do contrato, fornecerá elementos para a solução prática de tais problemas, definindo se os eventos ou os fatos serão enquadráveis na resolução por inexecução culposa, na resolução por inexecução involuntária ou na teoria da imprevisão".

113, 187 e 422),[10] a boa-fé objetiva, que já havia adentrado o direito positivo brasileiro por meio do Código de Defesa do Consumidor, em 1990, e já se fizera sentir, mesmo antes disso, em nossa experiência jurisprudencial e doutrinária,[11] encontra-se em um estágio bastante consolidado no tocante à sua formulação dogmática e ao modo de sua aplicação. Embora nosso Código Civil não tenha definido conceitualmente a boa-fé objetiva, nem indicado parâmetros para sua conceituação, a farta produção existente em torno do tema na doutrina alemã e também portuguesa permitiu a gradativa delimitação do seu significado na experiência jurídica brasileira. Mesmo a vagueza de expressões abertas como "proteção à confiança e lealdade recíprocas" – fórmula herdada, como se sabe, do *Treu und Glauben* do Código Civil alemão (*BGB*, §242)[12] –, que trazia inquietação à parcela mais conservadora da doutrina brasileira, foi progressivamente contornada pela construção de um elenco de deveres de conduta impostos pela boa-fé, os quais resultam, por sua vez, em um conjunto de *situações-tipo*, *comportamentos inadmissíveis*, *condutas vedadas* e outras noções aplicativas que procuram assegurar maior uniformidade no manejo da boa-fé objetiva, sem prejuízo do seu caráter necessariamente aberto, contribuindo, assim, para sua operacionalidade concreta.[13]

---

10 "Art. 113. Os negócios jurídicos devem ser interpretados conforme a boa-fé e os usos do lugar de sua celebração. (...) Art. 187. Também comete ato ilícito o titular de um direito que, ao exercê-lo, excede manifestamente os limites impostos pelo seu fim econômico ou social, pela boa-fé ou pelos bons costumes. (...) Art. 422. Os contratantes são obrigados a guardar, assim na conclusão do contrato, como em sua execução, os princípios de probidade e boa-fé."

11 Merece destaque, nesse âmbito, o pioneirismo de Clóvis do Couto e Silva, *A Obrigação como Processo*, São Paulo: José Bushatsky, 1976, em que o autor, tratando da boa-fé objetiva, afirmava: "(...) a inexistência, no Código Civil, de artigo semelhante ao § 242 do *BGB* não impede que o princípio tenha vigência em nosso direito das obrigações, pois se trata de proposição jurídica, com significado de regra de conduta" (ob. cit., p. 30). Sobre o papel desempenhado pela boa-fé no direito obrigacional brasileiro, ver a obra abrangente de Judith Martins-Costa, *A Boa-fé no Direito Privado – Sistema e Tópica no Processo Obrigacional*, São Paulo: Revista dos Tribunais, 2000, especialmente p. 381-515. Registre-se, ainda, que há quem identifique como primeira ocorrência da boa-fé objetiva no plano normativo brasileiro o art. 131 do Código Comercial de 1850, que assim dispunha: "Art. 131. Sendo necessário interpretar as cláusulas do contrato, a interpretação, além das regras sobreditas, será regulada sobre as seguintes bases: 1 – a inteligência simples e adequada, que for mais conforme à boa fé, e ao verdadeiro espírito e natureza do contrato, deverá sempre prevalecer à rigorosa e restrita significação das palavras (...)".

12 "§242. Leistung nach Treu und Glauben. Der Schuldner ist verpflichtet, die Leistung so zu bewirken, wie Treu und Glauben mit Rücksicht auf die Verkehrssitte es erfordern."

13 Nessa direção, ao tratar do "conteúdo material" da boa-fé objetiva e da necessidade da

Também se tornou corriqueiro, entre nós, situar dentro do âmbito de incidência da boa-fé objetiva institutos específicos, que, sendo muitas vezes fruto da importação de modelos estrangeiros, já apresentavam contornos dogmáticos razoavelmente bem definidos, como aconteceu, por exemplo, com a *doutrina do adimplemento substancial* (*substantial performance*), com as chamadas *violações positivas do contrato* (*die positiven Vertragsverletzungen*) e com o denominado *inadimplemento antecipado* (também dito *inadimplemento anterior ao termo*),[14] entre outros. Ainda que referida importação revele-se, vez por outra, um tanto acrítica e até desnecessária – como ocorre especialmente com a *violação positiva do contrato*[15] –, o método de identificação de figuras intermediárias provou-

passagem da "ponderação teleológica à projecção do sistema", afirma António Menezes Cordeiro, *Da Boa-fé no Direito Civil*, Coimbra: Almedina, 1997, p. 648: "A actuação de boa-fé concretiza-se através de deveres de informação e de lealdade, de base legal, que podem surgir em situações diferenciadas, onde as pessoas se relacionem de modo específico. Esta proposição, facultada pelas investigações anteriores, propicia uma arrumação técnica mínima e permite, nessa medida, um apoio para o aprofundamento material do tema. A informação e a lealdade, por si, pouco dizem. Convertidas em objecto de deveres, elas deixam por esclarecer os seus teor e extensão e designadamente: o que visa a informação e com que diligência deve ser exercida e a que obedece a lealdade e quais os seus objectivos", após o que o autor lista diversos exemplos do que denomina "exercício inadmissível de posições jurídicas", gênero no qual insere modelos de comportamento vedados pela *exceptio doli*, pelo *nemo potest venire contra factum proprium*, pela *suppressio*, entre outras figuras intermediárias, sempre calcando mediatamente tais inadmissibilidades na boa-fé objetiva (ob. cit., p. 661-901).

14 Sobre essas construções, seja permitido remeter a Anderson Schreiber, A Tríplice Transformação do Adimplemento, in *Direito Civil e Constituição*, São Paulo: Atlas, 2013, p. 97-118. Especificamente sobre o inadimplemento antecipado, ver a obra de Aline de Miranda Valverde, *Inadimplemento Anterior ao Termo*, Rio de Janeiro: Renovar, 2009, *passim*. Especificamente sobre a violação positiva do contrato, ver Hermann Staub, Die positiven Vertragsverletzungen und ihren Rechtsfolgen, in *Festschrift für den XXVI Deutschen Juristentag*, Berlim: J. Guttentag, 1902, *passim*, e, no Brasil, Jorge Cesa Ferreira da Silva, *A Boa-fé Objetiva e a Violação Positiva do Contrato*, Rio de Janeiro: Renovar, 2002, também integralmente, e Renata Steiner, As Violações Positivas do Contrato de Hermann Staub: uma Breve Releitura da "Descoberta" Alemã do Século XX, in *Revista Trimestral de Direito Civil*, v. 47, Rio de Janeiro: Padma, 2011, p. 255-264. Por fim, sobre o adimplemento substancial, ver Anelise Becker, A Doutrina do Adimplemento Substancial no Direito Brasileiro e em Perspectiva Comparativista, in *Revista da Faculdade de Direito da Universidade Federal do Rio Grande do Sul*, Porto Alegre: Livraria do Advogado, v. 9, nov. 1993, p. 60-77.

15 "A amplitude, portanto, do conceito de mora no direito brasileiro torna discutível a utilidade, entre nós, da violação positiva do contrato, ou, mais tecnicamente, violação positiva da obrigação. (...) a releitura funcional do conceito de adimplemento, a exigir não apenas o cumprimento da prestação principal, mas a realização do escopo comum

-se, em geral, útil ao preenchimento material da cláusula geral de boa-fé objetiva, facilitando e consolidando sua aplicação no Brasil.

A boa-fé objetiva configura, em suma, uma noção jurídica que, não obstante recebida com algum receio, alcançou vasta operatividade em nosso direito obrigacional, expandindo-se, inclusive, para outros setores jurídicos, de tal modo que se tem tornado cada vez mais comum aludir, por exemplo, à "boa-fé objetiva processual"[16] ou à boa-fé objetiva no Direito Administrativo.[17] No Direito dos Contratos, mostra-se incontestável o seu papel, seja na imposição de novos parâmetros de conduta aos contratantes, seja no servir de fundamento normativo a numerosos institutos que têm promovido continuada oxigenação do nosso sistema jurídico.[18] O perigo que surge, atualmente, nesse campo é o de sua *superutilização*,[19] perigo esse que, embora possa representar, teoricamente, uma ameaça à sua própria utilidade – na medida em que uma noção que

---

perseguido pelas partes, afigura-se suficiente a solucionar as hipóteses de cumprimento defeituoso da prestação que, porventura, tenham escapado à noção legal de mora" (Gustavo Tepedino e Anderson Schreiber, *Código Civil Comentado*, v. IV – Direito das Obrigações: artigos 233 a 420, Álvaro Villaça Azevedo (coord.), São Paulo: Atlas, 2008, p. 343-344).

16 Confira-se Fredie Didier Jr., *Curso de Direito Processual Civil: Introdução ao Direito Processual Civil, Parte Geral e Processo de Conhecimento*, 17. ed. Salvador: JusPodivm, 2015, p. 104. v. 1: "Os sujeitos processuais devem comportar-se de acordo com a boa-fé, que, nesse caso, deve ser entendida como uma norma de conduta ('boa-fé objetiva')." O novo Código de Processo Civil consagra a aplicação do princípio da boa-fé no processo, ao afirmar, em seu art. 5º: "Aquele que de qualquer forma participa do processo deve comportar-se de acordo com a boa-fé." Sobre outros dispositivos da nova codificação processual que também revelam a incidência da boa-fé objetiva sobre a relação processual, seja consentido remeter a Anderson Schreiber, Boa-fé Objetiva no Novo Código de Processo Civil, in Aluisio Gonçalves de Castro Mendes, José Roberto dos Santos Bedaque, Paulo Cezar Pinheiro Carneiro e Teresa Arruda Alvim Wambier (coords.), *Estudos em Homenagem ao Ministro Luiz Fux* (no prelo).

17 "Positivada na Lei do Processo Administrativo Federal – Lei n. 9.784/99 –, em seu art. 2º, *caput*, e parágrafo único, inciso IV, o princípio da boa-fé objetiva, muito relevante no Direito Privado, se aplica às relações entre particulares e Administração Pública. O princípio, apesar de possuir conteúdo próprio, costuma incidir em conjunto com o princípio da segurança jurídica, reforçando-se reciprocamente. Intensas relações possui também com o princípio da moralidade, até porque, tal como ele, exige comportamentos leais tanto da Administração em relação ao particular como vice-versa" (Alexandre Santos de Aragão, *Curso de Direito Administrativo*, 2. ed. Rio de Janeiro: Forense, 2013, p. 69).

18 Judith Martins Costa, *Da Boa-fé no Direito Privado – Sistema e Tópica no Processo Obrigacional*, cit., p. 341-354.

19 Anderson Schreiber, A *Proibição de Comportamento Contraditório – Tutela da confiança e* venire contra factum proprium, 4. ed. São Paulo: Atlas, 2016, especialmente Capítulo 2.

a tudo serve não serve para nada –, é inteiramente oposto àquele de que se cogitava em um momento inicial: sua tímida aplicação.

1.2. Função social do contrato

Quando se observa a trajetória percorrida pela boa-fé objetiva na experiência jurídica brasileira, em comparação com os dois outros novos princípios contratuais, identifica-se verdadeiro abismo. A função social do contrato, que, no plano puramente teórico, prometia uma transformação até superior em suas dimensões àquela representada pelo advento da boa-fé objetiva, alterando, entre nós, o próprio fundamento axiológico da liberdade contratual, não encontrou ainda uma aplicação prática digna das suas potencialidades, configurando tema "até hoje enigmático e polêmico".[20] Ao contrário do que ocorreu com a boa-fé objetiva, a noção de função social do contrato adentrou o nosso direito positivo, pela primeira vez, com o Código Civil de 2002, em uma disposição normativa que, embora reconhecidamente cogente (art. 2.035, parágrafo único),[21] afigura-se demasiadamente genérica e desprovida de qualquer

20 A expressão é de Gustavo Tepedino: "Com efeito, a função social, sob a ótica individualista que caracterizou as codificações oitocentistas, não se configurava em princípio jurídico, mas traduzia-se em postulado metajurídico, o qual correspondia, em matéria contratual, ao papel que o contrato deveria desempenhar no fomento às trocas e à prática comercial como um todo. Provavelmente por tal circunstância histórica, arraigada intensamente à cultura jurídica dominante (associada ao excessivo apego à técnica regulamentar), a função social afigura-se tema até hoje enigmático e polêmico. Note-se que nem mesmo o advento do Código de Defesa do Consumidor, que deu ensejo a acalorado debate acerca da boa-fé objetiva, suscitou discussão em profundidade sobre a função social. Note-se que nem mesmo o advento do Código de Defesa do Consumidor, que deu ensejo a acalorado debate acerca da boa-fé objetiva, suscitou discussão em profundidade sobre a função social" (Notas sobre a Função Social dos Contratos, in Gustavo Tepedino e Luiz Edson Fachin (coords.), *O Direito e o Tempo: Embates Jurídicos e Utopias Contemporâneas. Estudos em Homenagem ao Professor Ricardo Pereira Lira*, Rio de Janeiro: Renovar, 2008, p. 395-396).

21 "Art. 2.035. A validade dos negócios e demais atos jurídicos, constituídos antes da entrada em vigor deste Código, obedece ao disposto nas leis anteriores, referidas no art. 2.045, mas os seus efeitos, produzidos após a vigência deste Código, aos preceitos dele se subordinam, salvo se houver sido prevista pelas partes determinada forma de execução. Parágrafo único. Nenhuma convenção prevalecerá se contrariar preceitos de ordem pública, tais como os estabelecidos por este Código para assegurar a função social da propriedade e dos contratos." Em doutrina, ver Luiz Edson Fachin, *Contratos na Ordem Pública do Direito Contemporâneo*, cit., p. 459-460: "Presentemente, a função social dos contratos é um preceito de ordem pública. Inválido, por isso, pode ser considerado qualquer negócio ou ato jurídico que contrariar essa disposição (...) Esse princípio legal

indicação de conteúdo material ou de parâmetros para sua delimitação conceitual (art. 421).[22]

Talvez por ser produto histórico de um pensamento filosófico que se pretendia anterior ao próprio dado normativo,[23] a função social do contrato ainda seja mantida pela imensa maioria da nossa doutrina em um plano puramente abstrato, sendo definida de modo tão amplo que seu significado passa a se confundir com aquele atinente à ordem jurídica em geral.[24] Assim, a função social do contrato acaba sendo mencionada frequentemente, entre nós, de modo pouco útil, como justificativa ética ou apoio principiológico para institutos jurídicos já consolidados no direito brasileiro, mesmo antes do seu advento.[25]

é aplicável a todas as espécies de contratos, tanto de direito privado quanto de direito público. É que no campo jurídico contemporâneo não há mais espaço para a separação absoluta entre o público e o privado."

22 "Art. 421. A liberdade contratual será exercida nos limites da função social do contrato." Registre-se que a atual redação do *caput* do art. 421 é fruto de alteração promovida pela Lei da Liberdade Econômica (Lei n. 13.874/2019). Dispunha a redação original: "A liberdade de contratar será exercida em razão e nos limites da função social do contrato". A referida lei substituiu a expressão "liberdade *de contratar*" por "liberdade *contratual*", atendendo à reivindicação de setores da doutrina que veem nas locuções significados distintos, reservando à primeira a liberdade de celebrar ou não um contrato, e à segunda a liberdade de estipulação do conteúdo contratual. Excluiu-se, ainda, a referência ao exercício da liberdade contratual "em razão" da função social do contrato, modificação de cunho mais ideológico que efetivamente aplicativo. A rigor, a vocação do princípio da função social para conformar internamente o conteúdo dos atos de autonomia privada não decorre de qualquer opção redacional do legislador ordinário, mas sim da opção valorativa do Constituinte originário de eleger como fundamento da República brasileira o *valor social da livre-iniciativa* (art. 1º, IV), influenciando decisivamente o próprio conceito de função social do contrato em nosso sistema jurídico.

23 Ver, por todos, José Fernando de Castro Farias, *A Origem do Direito de Solidariedade*, Rio de Janeiro: Renovar, 1998, especialmente p. 187-195 e 221-277.

24 Confira-se, por sua importância e corajoso pioneirismo no tema no Brasil, Flavio Tartuce, *Função Social dos Contratos – Do Código de Defesa do Consumidor ao Código Civil de 2002*, cit., p. 248: "Conceituamos o princípio da função social dos contratos como um regramento contratual, de ordem pública (art. 2.035, parágrafo único, do CC), pelo qual o contrato deve ser, necessariamente, analisado e interpretado de acordo com o contexto da sociedade."

25 Nessa direção, tem-se indicado como consequência da função social do contrato, por exemplo, a possibilidade de conversão do contrato nulo, a dispensa de escritura pública para alienação de imóveis com valor não superior a 30 salários mínimos, a limitação da taxa legal de juros moratórios e a nulidade de cláusulas de renúncia antecipada em contratos de adesão – todas matérias que encontram expressa previsão legal no Código

Nossa jurisprudência, por sua vez, refere-se nominalmente ao princípio da função social com frequência, mas tem encontrado dificuldade em empregá-la sem o caráter um tanto demagógico que, muitas vezes, se lhe imprime na prática advocatícia, onde a função social tem sido invocada ora como argumento para a defesa dos interesses patrimoniais e individuais dos próprios contratantes ou de seus concorrentes[26] – utilização que, note-se, contraria o caráter *social* da função que o legislador pretendeu expressamente atribuir ao contrato –, ora como fundamento para a absoluta desconsideração do próprio contrato, resultado que representa uma aplicação

Civil (arts. 170, 108, 406 e 424, respectivamente), limitando-se, aliás, em alguns casos, a pura repetição de normas que já constavam da codificação civil de 1916, a qual, como se sabe, não fazia qualquer referência à função social do contrato (Flavio Tartuce, *Função Social dos Contratos – Do Código de Defesa do Consumidor ao Código Civil de 2002*, cit., p. 239-398). Em sentido semelhante, a função social do contrato é usualmente apontada como fundamento da repressão às cláusulas abusivas, notadamente no campo do direito do consumidor: "Entende-se que o princípio da função social do contrato é um reforço ao princípio da equivalência das prestações, impondo o dever às partes de não inserir cláusulas abusivas nos contratos e assegurar trocas justas e úteis às próprias partes e, por consequência, à sociedade" (Roberta Densa, A Função Social do Contrato, in Sílvio de Salvo Venosa, Rafael Villar Gagliardi e Paula Magalhães Nasser (coord.), *10 Anos de Código Civil: Desafios e Perspectivas*, São Paulo: Atlas, 2012, p. 278). A função social do contrato é também invocada como fundamento para a repressão à usura e à agiotagem: "Se o contrato não serve a ambas as partes, mas apenas a uma delas, não cumpre sua função (social) interna e precisa ser corrigido. Exemplificando: se um consumidor contrata um compra e venda de um liquidificador, pagando o preço em doze vezes e com juros de cem por cento ao ano, esse contrato não está funcionando como compra e venda, mas como mútuo explicitamente abusivo, não servindo à circulação de mercadoria, mas à prática de agiotagem. Assim, não cumpre sua função (social) interna típica de contrato de compra e venda, violando o princípio do art. 421 do Código Civil, além de outros" (Roxana Cardoso Brasileiro Borges, Reconstrução do Conceito de Contrato: do clássico ao atual, in Giselda Maria Fernandes Novaes Hironaka e Flávio Tartuce (coord.), *Direito Contratual: temas atuais*, São Paulo: Método, 2007, p. 33).

26 Como ocorreu, por exemplo, na conhecida batalha jurídica travada entre grandes cervejarias brasileiras em torno da contratação do artista Zeca Pagodinho, em que a função social do contrato foi invocada como argumento para a obtenção de responsabilidade civil de terceiro por violação ao crédito. Confira-se trecho da referida decisão: "O art. 421 do Código Civil prevê o princípio da função social do contrato ao prescrever que '*A liberdade de contratar será exercida em razão e nos limites da função social do contrato*'. Ora, tal princípio não observado pela requerida ao aliciar o cantor contratado pela requerente e ao se comprometer a pagar eventual indenização que Zeca Pagodinho viesse a ser condenado. Ademais, a cooptação exercida pela ré constituiu patente ato de concorrência desleal, vedada pelo direito pátrio, o que impõe a sua responsabilidade pelos danos causados à autora" (TJSP, 5ª Câmara de Direito Privado, Apelação Cível 9112793-79.2007.8.26.0000, Rel. Des. J.L. Mônaco da Silva, 12-6-2013).

principiológica intensíssima, mas que se afasta da própria essência de um princípio setorial do Direito dos Contratos.[27] Parece, em suma, fazer falta nesse campo uma enumeração normativa de parâmetros de atendimento à função social do contrato, ao menos a título ilustrativo, exemplo que o Código Civil de 2002 bem poderia ter colhido da experiência brasileira em torno da função social da propriedade, que, embora já mencionada na Constituição de 1946, somente veio a ter efetiva aplicação prática com a Constituição de 1988, a qual, além de enunciar o princípio, passou a especificar, em certa medida, seu conteúdo, de modo a permitir a verificação concreta de que determinada propriedade imobiliária cumpre ou não cumpre sua função social (arts. 182, § 2º, e 186, I a IV).[28]

---

27 Vale registrar que a imensa maioria dos acórdãos fundados na função social do contrato em nossa jurisprudência dirige-se ao afastamento de restrições contratuais ao fornecimento de medicamentos ou realização de tratamentos e procedimentos médicos (próteses, *home care* etc.) em sede de contratos de plano de saúde. Confira-se, entre tantos outros, TJRJ, Apelação Cível 0035691-48.2015.8.19.0001, 30-11-2016; TJRJ, Apelação Cível 3607-57.2016.8.19.0001, 12-12-2016; TJPE, Apelação Cível 0054393-72.2010.8.17.0001, 14-6-2016; TJSC, Apelação Cível 2013.083953-5, 1º-10-2015; TJCE, Apelação Cível 0134729-64.2013.8.06.0001, 25-10-2016; TJMS, Apelação Cível 0013100-92.2012.8.12.0001, 19-8-2015.

28 "Art. 182 (...) § 2º A propriedade urbana cumpre sua função social quando atende às exigências fundamentais de ordenação da cidade expressas no plano diretor. (...) § 4º É facultado ao Poder Público municipal, mediante lei específica para área incluída no plano diretor, exigir, nos termos da lei federal, do proprietário do solo urbano não edificado, subutilizado ou não utilizado, que promova seu adequado aproveitamento, sob pena, sucessivamente, de: I – parcelamento ou edificação compulsórios; II – imposto sobre a propriedade predial e territorial urbana progressivo no tempo; III – desapropriação com pagamento mediante títulos da dívida pública de emissão previamente aprovada pelo Senado Federal, com prazo de resgate de até dez anos, em parcelas anuais, iguais e sucessivas, assegurados o valor real da indenização e os juros legais. (...) Art. 186. A função social é cumprida quando a propriedade rural atende, simultaneamente, segundo critérios e graus de exigência estabelecidos em lei, aos seguintes requisitos: I – aproveitamento racional e adequado; II – utilização adequada dos recursos naturais disponíveis e preservação do meio ambiente; III – observância das disposições que regulam as relações de trabalho; IV – exploração que favoreça o bem-estar dos proprietários e dos trabalhadores." Em doutrina, ver Gustavo Tepedino, A Função Social da Propriedade e o Meio Ambiente, in *Revista Trimestral de Direito Civil*, v. 37, Rio de Janeiro: Padma, 2009, p. 127-148; José Manuel de Arruda Alvim Netto, A Função Social da Propriedade, os Diversos Tipos de Direito de Propriedade e a Função Social da Posse, in Sílvio de Salvo Venosa, Rafael Villar Gagliardi e Paulo Magalhães Nasser (coords.), *10 Anos do Código Civil: Desafios e Perspectivas*, São Paulo: Atlas, 2012, p. 568-598; e Anderson Schreiber, A Função Social da Propriedade na Prática Jurisprudencial, in *Direito Civil e Constituição*, São Paulo: Atlas, 2013, p. 243-266.

Em que a pese a omissão do Código Civil de 2002, a melhor doutrina tem dado, nos últimos anos, passos importantes em prol do paralelismo entre a função social do contrato e a função social da propriedade, o que promete possibilitar sua efetiva realização, como instrumento de adequação do contrato ao atendimento de interesses sociais relevantes.[29] Por ora, no entanto, o estado do princípio da função social do contrato pode ser retratado como de um emprego nominal intenso, à luz de uma explícita consagração legislativa, mas de conteúdo aplicativo um tanto anárquico na nossa jurisprudência por ausência de uma precisa delimitação conceitual.

1.3. Equilíbrio contratual

Chega-se, por fim, ao chamado princípio do equilíbrio contratual. Aqui, a situação parece ainda mais desafiadora, a começar pela nomenclatura: não faltam propostas alternativas de denominação. Alude-se, nesse sentido, a *princípio do equilíbrio das prestações*, *princípio da equivalência material dos contratos*, *princípio do equilíbrio econômico do contrato*, *princípio do equilíbrio econômico-financeiro*, *princípio da igualdade material contratual*, *princípio da justiça contratual*, entre outras designações.[30] A esse grande mosaico terminológico corresponde uma produção

29 "(...) nos termos do art. 421 do Código Civil, toda situação jurídica patrimonial, integrada a uma relação contratual, deve ser considerada originariamente justificada e estruturada em razão de sua função social. Como ocorrido em relação à propriedade, opera-se a transformação qualitativa do contrato, que passa a consubstanciar instrumento para a concretização das finalidades constitucionais. Em definitivo, a função social – elemento interno do contrato – impõe aos contratantes a obrigação de perseguir, ao lado de seus interesses privados, interesses extracontratuais socialmente relevantes, assim considerados pelo legislador constitucional, sob pena de não merecimento de tutela do exercício da liberdade de contratar" (Gustavo Tepedino, *Notas sobre a Função Social dos Contratos*, cit., p. 403).

30 Assim, Rodrigo Toscano de Brito denomina o princípio como "equivalência material do contrato" (*Equivalência Material dos Contratos Civis, Empresariais e de Consumo*, cit., p. 1); Milton Flávio Lautenschläger refere-se ao princípio da "equivalência material das prestações contratuais" (*Uma Análise Contemporânea dos Princípios Contratuais no âmbito do Direito Brasileiro*, cit., p. 255); Cristiano Chaves de Farias e Nelson Rosenvald aludem ao princípio da "justiça contratual", afirmando que "o princípio da justiça contratual é revelado na composição harmoniosa quanto aos conteúdos jurídico e econômico do contrato, com base na equânime proporção entre forças antagônicas e na interação dos elementos contratuais de dimensões diferentes" (*Direito Civil: Contratos*, 3. ed. Salvador: JusPodivm, 2013, p. 229. v. 4); Paulo Nalin emprega a mesma expressão, vinculando-a também à boa-fé objetiva: "A justiça contratual, destarte, se baseia na equivalência econômica, e mais adiante, na boa-fé objetiva" (*Do Contrato: conceito pós-moderno*, 2. ed. Curitiba: Juruá, 2006, p. 145); Ana Cláudia Corrêa Zuin Mattos do

doutrinária e uma aplicação jurisprudencial absolutamente tímidas, quando se observa o tema sob a ótica de um autêntico *princípio*.

Com efeito, a menção dos tribunais a um princípio do equilíbrio contratual (ou nomes assemelhados) parece limitada a exercer uma função decorativa nos julgados, sendo empregado quase sempre para "introduzir" a aplicação dos institutos específicos da *lesão*, do *estado de perigo* e da *resolução ou revisão por onerosidade excessiva*, institutos que são expressamente disciplinados pelo Código Civil (arts. 156, 157, 317 e 478 a 480) e que, ainda que tragam não poucos desafios ao intérprete, dispensariam, a rigor, uma fundamentação principiológica no âmbito interno da própria codificação civil. Em pesquisa jurisprudencial subjacente a esta obra, não foi possível encontrar em nossos tribunais uma decisão sequer em que o princípio do equilíbrio contratual tenha desempenhado algum papel útil, que não aquele de simplesmente "confirmar" a aplicação de normas mais específicas já estabelecidas pelo legislador.[31] Na doutrina, a situação é semelhante: com raras exceções, os autores festejam o princípio do equilíbrio contratual, mas passam, logo em seguida, a tratar do funcionamento dos institutos específicos (lesão, estado de perigo etc.).[32]

Amaral refere-se à "igualdade material" dos contratos (O contrato de adesão na perspectiva do negócio jurídico, in *Revista do Direito Privado da UEL*, v. 2, n. 2, 2009, p. 7); entre outros tantos exemplos que se poderia acrescentar para demonstrar a ampla variabilidade terminológica que impera nesse campo.

31 Assim, as referências ao princípio acabam apenas ilustrando a aplicação do estado de perigo (art. 156) e da lesão (art. 157) – como se pode ver, a título ilustrativo, em TJRJ, 2ª Câmara Cível, Apelação Cível 0003712-12.2004.8.19.0209, 12-1-2011: "Complete-se, todavia, a análise do *elemento subjetivo da lesão*, em homenagem ao fato de que o direito dos contratos desafia uma 'hipercomplexidade axiológica', fruto da necessidade do convívio de princípios liberais (autonomia privada, relatividade, *pacta sunt servanda*) e sociais (boa fé objetiva, função social, eticidade e socialidade), a traduzir valores diferentes e eventualmente antagônicos. Por isto que o *princípio do equilíbrio contratual* deve mitigar o da autonomia privada e o da força obrigatória dos contratos, sem, contudo, derrogá-los" – ou dos dispositivos legais atinentes do desequilíbrio contratual superveniente (arts. 317 e 478 a 480), como se pode verificar, entre outros, em TJSP, 7ª Câmara de Direito Privado, Apelação Cível 0008260-55.2010.8.26.0248, Rel. Des. Rômolo Russo, 8-5-2015: "Como aplicação *do princípio do equilíbrio econômico*, a excessiva onerosidade superveniente, resultado de alteração das circunstâncias, dá ensejo à revisão ou à resolução dos contratos. A revisão judicial do contrato tem fundamento no art. 317 do Código Civil, localizado no título sobre o pagamento, ainda na parte geral das obrigações. A resolução, por sua vez, encontra-se prevista no art. 478 do Código Civil".

32 "O desequilíbrio econômico é exteriorizado e sancionado no Código Civil pelos modelos jurídicos da lesão e da alteração das circunstâncias. Em ambos há uma intromissão de fato ensejador de pactuação injusta ou que se evidencia em sua fase de execução,

O princípio fica, então, "esquecido", não se lhe atribuindo qualquer utilidade autônoma, como se servisse unicamente como uma espécie de apresentação de temas mais específicos, de aplicação pontual.

Tal cenário explica-se, em larga medida, pelo teor do Código Civil de 2002: ao contrário do que fez com a função social do contrato e com a boa-fé objetiva, noções enunciadas de modo aberto já na inauguração do capítulo dedicado aos contratos em geral (arts. 421 e 422), a codificação civil não aludiu nominalmente ao equilíbrio contratual, ao equilíbrio das prestações ou a qualquer outra expressão semelhante.[33] Tal princípio tem origem na doutrina, ora por dedução dos princípios constitucionais, ora por indução das normas regulamentares (regras)[34] constantes da legislação, em particular daquelas que tratam, na parte geral do Código Civil, da lesão e do estado de perigo (arts. 156 e 157),[35] e daquelas que contemplam, no livro dedicado ao Direito das

subtraindo a normalidade da contratação" (Cristiano Chaves de Farias e Nelson Rosenvald, *Direito Civil: Contratos*, cit., p. 234). Em sentido semelhante: "Embora não haja, no Código Civil, a formulação explícita do princípio do equilíbrio contratual, é patente a condenação do desequilíbrio, seja através da vedação da lesão, seja ao se permitir a resolução do contrato por excessiva onerosidade superveniente" (Leonardo Mattietto, O Princípio do Equilíbrio Contratual, in *Revista da Procuradoria Geral do Rio de Janeiro*, v. 64, Rio de Janeiro: CEJUR, 2009, p. 187).

33 Ao contrário, por exemplo, do nosso Código de Defesa do Consumidor que, elenca como princípio da Política Nacional das Relações de Consumo, a "harmonização dos interesses dos participantes das relações de consumo e compatibilização da proteção do consumidor com a necessidade de desenvolvimento econômico e tecnológico, de modo a viabilizar os princípios nos quais se funda a ordem econômica (art. 170, da Constituição Federal), sempre com base na boa-fé e equilíbrio nas relações entre consumidores e fornecedores".

34 A expressão "normas regulamentares" é empregada nesta obra como sinônimo de regra, em oposição às normas principiológicas ou simplesmente princípios, em consonância com o pensamento de Pietro Perlingieri: "*La regola è una norma che richiede un insieme sufficientemente specifico di comportamenti per la sua soddisfazione. La norma secondo la quale è obbligatoria una determinata vaccinazione è regola che impone un comportamento e può essere o no rispettata: se la vaccinazione è eseguita, la regola è rispettata; se non è eseguita, la regola è violata. Il principio è norma che impone la massima realizazzione di un valore. Sua caratteristica è la non definibilità in astratto delle fattispecie alle quali è applicabile* (...)" (*Manuale di diritto civile*, Nápoles: ESI, 2003, p. 9).

35 "Art. 156. Configura-se o estado de perigo quando alguém, premido da necessidade de salvar-se, ou a pessoa de sua família, de grave dano conhecido pela outra parte, assume obrigação excessivamente onerosa. Parágrafo único. Tratando-se de pessoa não pertencente à família do declarante, o juiz decidirá segundo as circunstâncias. Art. 157. Ocorre a lesão quando uma pessoa, sob premente necessidade, ou por inexperiência, se obriga a prestação manifestamente desproporcional ao valor da prestação oposta. § 1º Aprecia-se a desproporção das prestações segundo os valores vigentes ao tempo em que foi celebrado

Obrigações, a resolução e a revisão contratual por onerosidade excessiva (arts. 317 e 478 a 480).[36]

Nesses seis dispositivos legais, como se verá adiante, o Código Civil brasileiro reprimiu, em alguma medida, o desequilíbrio exagerado do contrato, fornecendo bases normativas específicas para que a doutrina civilista identificasse uma orientação geral da codificação em prol de relações contratuais equilibradas ou, ao menos, não exageradamente desequilibradas. É nessa acepção que os autores brasileiros aludem normalmente a um "princípio" do equilíbrio contratual – não um princípio que o Código Civil de 2002 tenha estampado às claras, como fez com a função social do contrato e a boa-fé objetiva, mas sim um princípio "implícito" extraído do conjunto de dispositivos específicos que reprimem o desequilíbrio originário ou superveniente das prestações.[37] Vê-se que, ao contrário do que ocorre com a boa-fé objetiva e a função social do contrato, o termo *princípio* é usualmente atribuído pela nossa

---

o negócio jurídico. § 2º Não se decretará a anulação do negócio, se for oferecido suplemento suficiente, ou se a parte favorecida concordar com a redução do proveito."

36 "Art. 317. Quando, por motivos imprevisíveis, sobrevier desproporção manifesta entre o valor da prestação devida e o do momento de sua execução, poderá o juiz corrigi-lo, a pedido da parte, de modo que assegure, quanto possível, o valor real da prestação. (...) Art. 478. Nos contratos de execução continuada ou diferida, se a prestação de uma das partes se tornar excessivamente onerosa, com extrema vantagem para a outra, em virtude de acontecimentos extraordinários e imprevisíveis, poderá o devedor pedir a resolução do contrato. Os efeitos da sentença que a decretar retroagirão à data da citação. Art. 479. A resolução poderá ser evitada, oferecendo-se o réu a modificar equitativamente as condições do contrato. Art. 480. Se no contrato as obrigações couberem a apenas uma das partes, poderá ela pleitear que a sua prestação seja reduzida, ou alterado o modo de executá-la, a fim de evitar a onerosidade excessiva."

37 Expressamente nesse sentido: "Não se argumente, entretanto, que, por não ter dicção expressa na lei, o princípio do equilíbrio contratual não estaria reconhecido no direito brasileiro. Como anota Riccardo Guastini, existe uma inteira classe de princípios implícitos, privados de uma mais sucinta formulação normativa, o que de forma alguma os exclui do ordenamento ou lhes retira a qualidade de princípios. Embora não haja, no Código Civil, a formulação explícita do princípio do equilíbrio contratual, é patente a condenação do desequilíbrio, seja através da vedação da lesão, seja ao se permitir a resolução do contrato por excessiva onerosidade superveniente" (Leonardo Mattietto, *O Princípio do Equilíbrio Contratual*, cit., p. 187). Em igual direção, Giuliana Bonanno Schunck, *A Onerosidade Excessiva Superveniente no Código Civil: Críticas e Questões Controvertidas*, São Paulo: LTr, 2010, p. 77-78: "Assim, muito embora não haja dúvidas de que o princípio do equilíbrio contratual foi acolhido pelo Código Civil, também não podemos negar que ele é um princípio implícito, que decorre da interpretação dos dispositivos acima mencionados (arts. 157, 156, 317 etc.), na medida em que não há no Código Civil nenhum dispositivo expresso que estabeleça o princípio do equilíbrio contratual".

doutrina ao equilíbrio contratual à moda dos tradicionais *princípios gerais de direito*, vistos como fonte de integração de lacunas, e não como diretriz autônoma a incidir mesmo na ausência de uma omissão normativa.[38] Talvez por essa razão, o princípio do equilíbrio contratual acabe surgindo no âmbito civil de modo muito contido, sempre circunscrito aos estreitos limites dessas seis normas regulamentares.

A primeira dificuldade que daí deriva reside no fato de que os enunciados das referidas normas regulamentares, ao indicar os requisitos necessários para sua incidência, não se limitavam a exigir uma objetiva desproporção no contrato. Em todos aqueles artigos, nossa codificação civil apegou-se em alguma medida à ideologia do liberal-voluntarismo jurídico, acostando ao desequilíbrio objetivo outros requisitos, de caráter subjetivo, ligados ao estado psicológico e anímico das partes no momento da contratação. Por exemplo, ao tratar da lesão e do estado de perigo, o legislador requer, além do desequilíbrio contratual, a identificação de uma situação de "inexperiência" ou "necessidade" do contratante afetado por esse desequilíbrio (art. 157), ou, ainda, sua premência em salvar-se de "grave dano conhecido pela outra parte" (art. 156).[39] E, mesmo ao

38 Sobre a distinção entre essas duas acepções, Gustavo Tepedino, *Premissas Metodológicas para a Constitucionalização do Direito Civil*, cit., p. 18: "Os princípios gerais de direito são preceitos extraídos implicitamente da legislação, pelo método indutivo. Quando a lei for omissa, segundo a dicção do artigo 4º da Lei de Introdução, o juiz decidirá o caso de acordo com a analogia e os costumes; e só então, na ausência de lei expressa e fracassada a tentativa de dirimir o conflito valendo-se de tais fontes, decidirá com base nos princípios gerais de direito. No caso dos princípios constitucionais, esta posição representaria uma subversão da hierarquia normativa e uma forma de prestigiar as leis ordinárias e até os costumes, mesmo se retrógrados e conservadores, em detrimento dos princípios constitucionais que, dessa maneira, só seriam utilizados em sede interpretativa na omissão do legislador, e após serem descartadas a analogia e a fonte consuetudinária". Seguindo o mesmo caminho, Luís Roberto Barroso, *Curso de Direito Constitucional Contemporâneo: os Conceitos Fundamentais e a Construção do Novo Modelo*, 2. ed. São Paulo: Saraiva, 2010, p. 204-205: "Os princípios – notadamente os princípios constitucionais – são a porta pela qual os valores passam do plano ético para o mundo jurídico. Em sua trajetória ascendente, os princípios deixaram de ser fonte secundária e subsidiária do Direito para serem alçados ao centro do sistema jurídico. De lá, irradiam-se por todo o ordenamento, influenciando a interpretação e aplicação das normas jurídicas em geral e permitindo a leitura moral do Direito".

39 "Art. 156. Configura-se o estado de perigo quando alguém, premido da necessidade de salvar-se, ou a pessoa de sua família, de grave dano conhecido pela outra parte, assume obrigação excessivamente onerosa. (...) Art. 157. Ocorre a lesão quando uma pessoa, sob premente necessidade, ou por inexperiência, se obriga a prestação manifestamente desproporcional ao valor da prestação oposta." O tema será tratado em mais detalhe no Capítulo II desta obra

disciplinar o desequilíbrio contratual superveniente, alude nosso Código Civil, em seu art. 478, à presença de "acontecimentos extraordinários e imprevisíveis",[40] sugerindo que apenas aquilo que haja escapado à previsão dos contratantes – à semelhança de um lapso da sua vontade originária[41] – pode dar ensejo à incidência do referido dispositivo legal.

Em nenhuma daquelas regras legais encontra-se o rechaçamento pelo Código Civil brasileiro ao desequilíbrio contratual por si só. Há sempre requisitos vinculados a vícios ou falhas de vontade. Vale dizer: os seis dispositivos recorrentemente citados por nossa doutrina como "fonte" ou "base" do princípio do equilíbrio contratual não reprimem o desequilíbrio objetivamente; reprimem-no apenas enquanto resultado de um vício ou lapso na manifestação de vontade dos contratantes. Trata-se, como se vê, de um cenário bastante distinto daqueles reservados à boa-fé objetiva e à função social do contrato.

Tal diferença de tratamento normativo pode ser explicada por razões históricas e ideológicas: a boa-fé objetiva nasce, em certa medida, como uma "concessão" interna ao liberalismo jurídico e econômico, voltada à preservação substancial dos negócios no ambiente comercial;[42] também a função social do

40 "Art. 478. Nos contratos de execução continuada ou diferida, se a prestação de uma das partes se tornar excessivamente onerosa, com extrema vantagem para a outra, em virtude de acontecimentos extraordinários e imprevisíveis, poderá o devedor pedir a resolução do contrato. Os efeitos da sentença que a decretar retroagirão à data da citação." O tema será tratado em mais detalhe no Capítulo III deste livro.

41 Nessa mesma linha, já se chegou, no passado, a associar o problema do desequilíbrio contratual superveniente a um "*error in futurum*", em indevida associação com a disciplina do erro como defeito do negócio jurídico. Como bem observa Pinto Monteiro: "Na verdade, o erro-vício consiste no desconhecimento ou numa falsa representação da *realidade*; se, pelo contrário, a falsa representação se reportar ao *futuro*, é a previsão que falha ou o quadro de acontecimentos *pressuposto* que não se verifica ou evolui em termos diferentes do previsto, caso em que será de recorrer ao instituto da *alteração das circunstâncias* e apurar se essa falsa representação reúne os pressupostos que este instituto requer para relevar juridicamente. (...) Por isso é largamente dominante a opinião segundo a qual o erro se reporta ao presente ou ao passado enquanto a pressuposição se refere ao futuro" (António Pinto Monteiro, *Erro e Vinculação Negocial* (*A propósito da Aplicação do Bem a Fim Diferente do Declarado*), 2ª reimp. Coimbra: Almedina, 2002, p. 17-18).

42 Daí o registro de Hans Hattenhauer, *Conceptos Fundamentales del Derecho Civil – Introducción Histórico-Dogmática*, Barcelona: Ariel, 1987, p. 91: "*Por Treu und Glauben entendemos el mandato de justificar em cualquier situación la confianza del outro en que quedarán a salvo la fidelidad y la rectitud, como es usual y necesario entre camaradas alemanes. En el pasado, por ignorancia liberal del Derecho, se entendía parcialmente por Treu und Glauben un arreglo equitativo de los intereses encontrados de las partes contratantes, lo que no era sino uma atrofia de su verdadero contenido. La exigencia de fidelidad representa mucho*

contrato, embora destinada à concretização de interesses socialmente relevantes diversos dos interesses individuais dos contratantes, exprime, em sua roupagem jurídica contemporânea, uma espécie de "fórmula intermediária" – noutro contexto já criticada como fruto de "profunda hipocrisia"[43] – que legitima a liberdade de contratar por meio do reconhecimento de sua utilidade social (supraindividual).[44] Por outro lado, um princípio do equilíbrio contratual, em "estado puro", poderia ser visto como uma oposição mais frontal ao pensamento liberal, na medida em que não incidiria sobre os comportamentos adotados pelas partes no cumprimento do contrato, nem diria respeito a repercussões externas da avença, mas atuaria sobre o próprio objeto do contrato, em uma intromissão considerada arriscada, porque apta a gerar "um resultado desastroso para a segurança das convenções".[45]

---

más que una mediócre limitación de los propios intereses; requiere una acción que en ningún momento pierda de vista la compenetración con los demás y, por ende, la gran comunidad (nacional) de la que somos responsables".

43 Foi a severa crítica de Orlando Gomes ao tratar da função social da propriedade: "Se não chega a ser uma mentira convencional, é um conceito ancilar do regime capitalista; por isso que, para os socialistas autênticos, a fórmula função social, sobre ser uma concepção sociológica e não um conceito técnico-jurídico, revela profunda hipocrisia pois 'mais não serve do que para embelezar e esconder a substância da propriedade capitalística'. É que legitima o lucro ao configurar a atividade do produtor de riqueza, do empresário, do capitalista, como exercício de uma profissão no interesse geral. Seu conteúdo essencial permanece intangível, assim como seus componentes estruturais. A propriedade continua privada, isto é, exclusiva e transmissível livremente. Do fato de poder ser desapropriada com maior facilidade e de poder ser nacionalizada com maior desenvoltura não resulta que a sua substância se estaria deteriorando" (*Direitos Reais*, 18. ed. Rio de Janeiro: Forense, 2001, p. 109).

44 Esse caráter intermediário ou híbrido consiste, aliás, em um dos grandes obstáculos à aplicação concreta da função social do contrato, já que, sem alterar a estrutura do instituto ainda erigida sobre a noção nuclear do acordo de vontades entre os contratantes, procura-se-lhe atribuir uma função social que está quase sempre ausente no fim perseguido pelas partes, fim que as conduz à própria contratação. A efetiva atribuição de uma função social fica, assim, a depender da atividade do intérprete, restrito em seus instrumentos de intervenção sobre o contrato, cuja estrutura continua exclusivamente dependente (na sua formação, cumprimento e extinção) da atuação voluntária das partes. O reconhecimento de uma função social do contrato acaba, assim, por soar artificial, estando o Direito ainda por descobrir instrumentos para sua concretização.

45 Arnoldo Medeiros da Fonseca, *Caso Fortuito e Teoria da Imprevisão*, 3. ed. Rio de Janeiro: Forense, 1958, p. 228, em que afirmava o catedrático da Faculdade Nacional de Direito: "A *equivalência objetiva das prestações* não pode, a nosso ver, ser elevada a uma condição normal da validade dos contratos, porque a lei não a estabelece. As necessidades do comércio jurídico exigem a estabilidade das obrigações assumidas. Demais, o contrato é um ato de previsão para o futuro. A lesão porventura experimentada no dia

Referido temor, solidamente presente no Brasil dos idos de 1970 – época em que, sob a égide da ditadura militar, foi redigido o projeto que daria origem, muitas décadas depois, ao Código Civil de 2002[46] –, não se podia dizer ainda inteiramente superado no ano da promulgação da nova codificação,[47] como, de resto, não se pode dizer tampouco nos dias atuais.[48] Não por outra razão, nossa doutrina atribui ênfase à necessidade de "harmonização" ou "conciliação" entre a nova e a velha principiologia do Direito dos Contratos: os novos princípios não são vistos como artífices de uma revolução axiológica, mas como instrumentos de temperança do rigor dos três princípios tradicionais da liberdade de contratar, do *pacta sunt servanda* e da relatividade dos contratos.[49]

---

do contrato pode-se transformar num excelente negócio, em virtude de circunstâncias posteriores. E como apurá-la seguramente? Qual a base a tomar? Se não há nenhum vício de consentimento, só excepcionalmente deve a lei intervir, limitando a liberdade de contratar, para impedir a *exploração injusta dos fracos pelos fortes*. Erigir, entretanto, em regra geral de direito o princípio da equivalência objetiva, seria um resultado desastroso para a segurança das convenções".

46 A tortuosa trajetória da codificação civil de 2002 será examinada em detalhe no Capítulo II deste livro.

47 Não deixa de ser merecedor de registro o fato de que o Código Civil de 2002 foi promulgado na fase final do Governo Fernando Henrique Cardoso, marcado no Brasil pela estabilização da economia, pelas privatizações e, no cenário internacional, por um alinhamento com países considerados de orientação "neoliberal".

48 Ainda hoje, parte da doutrina e parte da jurisprudência, embora minoritárias, insurgem-se contra o reconhecimento de um princípio do equilíbrio contratual: "Além disso, a referida decisão é clara ao afirmar que o 'equilíbrio econômico' não é um princípio incidente sobre todas as relações contratuais, já que a liberdade contratual se sobrepõe à necessidade de paridade econômica. Os contratos não são instrumentos para 'equilibrar economicamente as relações', mas para regulamentar as relações econômicas entre os particulares segundo as regras previstas no preceito criado voluntariamente entre as partes, salvo se a intenção das partes contrarie a função social típica ou caracterize um desvio social típico" (Gerson Luiz Carlos Branco, Elementos para Interpretação da Liberdade Contratual e Função Social: o Problema do Equilíbrio Econômico e da Solidariedade Social como Princípios da Teoria Geral dos Contratos, in Judith Martins-Costa, *Modelos de Direito Privado*, São Paulo: Marcial Pons, 2014, p. 286). No mesmo sentido, mas se referindo a um "princípio revisional" dos contratos desequilibrados, Luís Renato Ferreira da Silva, Revisão de Contratos no Código Civil: Reflexões para uma Sistematização das suas Causas à Luz da Intenção Comum dos Contratantes, in *Revista Eletrônica AD JUDICIA*, ano 1, n. 1, out./dez. 2013, p. 9: "Não há um princípio revisional, do contrário a lógica contratual fundada na vinculatividade dos pactos estaria subvertida".

49 "A tarefa do intérprete, diante da hipercomplexidade antes referida, é reconstruir o sistema contratual, com o impulso da entrada em vigor de um novo Código Civil, de forma a *conciliar* os princípios clássicos, de índole liberal, com os princípios contemporâneos, de índole social e tutelar, num equilíbrio o mais fiel possível ao compromisso que a esse

Tal contextualização histórica e ideológica, se não explica inteiramente, ao menos ajuda a compreender por que os três princípios que comporiam, no dizer quase unânime da doutrina brasileira, a nova tríade do Direito dos Contratos seguem caminhos tão diversos a partir da codificação civil de 2002: a boa-fé objetiva agiganta-se, em diferentes direções, suscitando até riscos de superutilização; a função social do contrato, ainda à cata de delimitação conceitual, cresce na jurisprudência diante da fluidez de seu conteúdo; e o equilíbrio contratual frustra sua própria menção como princípio, convertendo-se, tanto na produção doutrinária quanto jurisprudencial, em noção decorativa que se limita a remeter a um somatório de normas regulamentares já previstas pela codificação civil.

Observando o mesmo percurso sob outra ótica, talvez o dado mais surpreendente em toda essa trajetória seja a ausência de uma renúncia dos autores e tribunais brasileiros à apresentação do equilíbrio contratual como *princípio*. Contra a omissão do Código Civil em enunciar uma norma geral sobre o tema, contra a ausência de qualquer qualificativo semelhante a "equilibrado" no dispositivo legal que se ocupa dos requisitos de validade do negócio jurídico – em que se exige quanto ao "objeto" tão somente seja "lícito, possível, determinado ou determinável" (CC, art. 104, II) –, contra o tratamento substancialmente vazio de conteúdo aplicativo que se tem reservado, na prática, ao equilíbrio contratual, continua-se a chamar de *princípio* o que princípio não parece ser à primeira vista.

Ao mesmo tempo em que essa constatação pode revelar um sentimento "silencioso" da comunidade jurídica brasileira em prol do reconhecimento de uma diretriz geral de equilíbrio nos contratos, como concretização de normas fundamentais da Constituição, pode, por outro lado, revelar adesão inconsciente a uma espécie de *onda principiológica*, de caráter simplesmente formal,

respeito foi firmado na arena constitucional" (Teresa Negreiros, *Teoria do Contrato: Novos Paradigmas*, cit., grifou-se). Em sentido semelhante: "*Se não afasta* a incidência dos antigos princípios, esse novo quadro por certo *mitiga-lhes* a força, obrigando o intérprete a *conciliar* o antigo e o novo, conferindo maior ou menor importância a um ou outro princípio, conforme as peculiaridades do caso concreto e os interesses envolvidos" (Pedro Oliveira da Costa, Apontamentos para uma Visão Abrangente da Função Social dos Contratos, in Gustavo Tepedino (coord.), *Obrigações: Estudos na Perspectiva Civil-Constitucional*, Rio de Janeiro: Renovar, 2005, p. 52, grifou-se). Ainda nessa direção, tratando especificamente do equilíbrio contratual: "O princípio do equilíbrio econômico do contrato pode exercer também a sua função de *temperar* o rigor dos princípios clássicos do contrato, quando levados às últimas consequências" (Régis Fichtner, Contrato, in *Dicionário de filosofia do direito*, Rio de Janeiro: Renovar, 2009, p. 162).

que acaba por se aproveitar de qualquer oportunidade para criar um novo princípio, elevando a tal categoria normas setoriais de caráter regulamentar ou mesmo meras características estruturais de determinados institutos jurídicos[50] (que assim se sedimentam na nossa cultura jurídica independentemente de seu exame funcional, dificultando sua adequação histórico-relativa, como se verá adiante), ou, ainda, aspirações filosóficas de cunho individual que nem se sustentam sistematicamente no âmbito da ordem jurídica estabelecida, nem resultam em qualquer diferença prática na sua interpretação e aplicação aos casos concretos.

Aqui, é preciso evitar ambiguidades: ou o chamado princípio do equilíbrio contratual é realmente um princípio, de modo que sua utilidade ultrapassa as hipóteses específicas disciplinadas pelo legislador em normas regulamentares, ou sua aplicação exaure-se nessas normas específicas, representando mera duplicação que não justifica sua designação como princípio. Não há, pois, caminho intermediário: ou é princípio ou não o é. A importância dessa distinção não pode ser desprezada, tanto mais em uma experiência jurídica como a brasileira, em que o reconhecimento da normatividade dos princípios constitucionais e sua direta aplicação às relações privadas têm resultado em uma transformação tão profunda quanto alvissareira no campo do Direito Civil.[51] Daí por que se faz imperativo responder se há ou não há um princípio do equilíbrio contratual.

2. Investigação sobre a natureza do equilíbrio contratual

Para responder se há ou não há um princípio do equilíbrio contratual a guiar o Direito dos Contratos, é preciso, antes de tudo, definir o que se entende por *princípio*, tarefa que não se pode dizer simples diante da polissemia do termo e das definições nem sempre coincidentes entre o pensamento civilista e aquele construído a partir do estudo do Direito Constitucional. Em seguida, far-se-á necessário definir o que se entende por equilíbrio contratual, terreno igualmente dificultado pelas diferentes terminologias, inspiradas, por vezes, em distintas concepções, que resultam em significados diversos para a expressão. Somente então será possível concluir se há ou não um princípio do equilíbrio contratual.

---

50 Como acontece com o chamado princípio da especificação do penhor, que reflete, a rigor, mera característica estrutural daquele direito real de garantia e como acontece também, ver-se-á mais adiante, com o chamado princípio da relatividade dos contratos e outros princípios do Direito dos Contratos.

51 Ver nota de rodapé que inaugura o presente capítulo.

2.1. O que é um princípio do Direito dos Contratos?

Princípio é expressão que assume caráter polissêmico na experiência jurídica brasileira. Tratados no passado como sinônimo de diretriz de caráter político ou moral (metajurídico) desprovida de eficácia normativa, os princípios ganharam, como se sabe, renovada importância no direito contemporâneo.[52] A doutrina brasileira atual atribui caráter normativo aos princípios, aos quais reserva não raro *status* privilegiado no sistema jurídico,[53] mas define o que se deve entender por *princípio* com base em critérios que não se mostram uniformes. Há autores que conceituam princípios como normas de elevada abstração e generalidade (utilizando como critério, portanto, o teor do enunciado normativo)[54] outros tratam princípios como normas hierarquicamente mais elevadas (critério da posição vertical no sistema jurídico);[55] outros, ainda, referem-se a princípios como normas de "natureza anterior" às regras

---

52 Como esclarece Canotilho: "A teoria da metodologia jurídica tradicional distinguia entre normas e princípios (*Norm-Prinzip, Principles-rules, Norm und Grundsatz*). Abandonar-se-á aqui essa distinção para, em sua substituição, se seguir: (1) as regras e princípios são duas espécies de normas; (2) a distinção entre regras e princípios é uma distinção entre duas espécies de normas" (José Joaquim Gomes Canotilho, *Direito Constitucional*, Coimbra: Almedina, 1996, p. 166).

53 Confira-se, entre outros, Paulo Bonavides, *Curso de Direito Constitucional*, 11. ed. São Paulo: Malheiros, 2001, p. 257; José Afonso da Silva, *Curso de Direito Constitucional Positivo*, 38. ed. São Paulo: Malheiros, 2015, p. 96; e Luís Roberto Barroso, *Curso de Direito Constitucional Contemporâneo: os conceitos fundamentais e a construção do novo modelo*, 2. ed. São Paulo: Saraiva, 2010, p. 318.

54 Marcelo Harger, *Princípios Constitucionais do Processo Administrativo*, Rio de Janeiro: Forense, 2001, p. 16.

55 Paulo Bonavides, *Curso de Direito Constitucional*, 11. ed. São Paulo: Malheiros, 2001, p. 259: "Tudo quanto escrevemos fartamente acerca dos princípios, em busca de sua normatividade, a mais alta de todo o sistema, porquanto quem os decepa arranca as raízes da árvore jurídica (...) Daqui já se caminha para o passo final da incursão teórica: a demonstração do reconhecimento da superioridade e hegemonia dos princípios na pirâmide normativa; supremacia que não é unicamente formal, mas sobretudo material, e apenas possível na medida em que os princípios são compreendidos e equiparados e até mesmo confundido com os valores, sendo, na ordem constitucional dos ordenamentos jurídicos, a expressão mais alta da normatividade que fundamenta a organização do poder". No mesmo sentido, Carlos Ari Sundfeld, *Fundamentos de Direito Público*, 5. ed. São Paulo: Malheiros, 2014, p. 146: "O princípio jurídico é norma de hierarquia superior à das regras, pois determina o sentido e o alcance destas, que não podem contrariá-lo, sob pena de pôr em risco a globalidade do ordenamento jurídico". Ainda em igual direção, Alexandre Aboud, Princípio da Supremacia do Interesse Público sobre o Privado: Destruição, Reconstrução Ou Assimilação? in *Revista Jurídica Consulex*, ano XXII, n. 267, 2008, p. 63-64.

(critério da positividade)[56] ou como "mandamentos nucleares" (critério da centralidade ou posição horizontal no sistema jurídico),[57] havendo também aqueles que definem os princípios a partir da sua irradiação pelo ordenamento como fundamento de outras normas (critério da repercussão).[58]

Essa variabilidade semântica contribui para que, por vezes, seja denominada princípio alguma norma à qual o intérprete pretende simplesmente assegurar *status* mais elevado ou maior repercussão dentro do sistema jurídico. A definição de algo como princípio fica, assim, atrelada mais à avaliação individual do intérprete, em especial à sua visão subjetiva acerca da importância assumida pela norma em face de outras normas do mesmo sistema, que a características ou aspectos da norma em si.[59] Nessa direção, surgiram, por toda

---

56 Sérgio Sérvulo da Cunha, *Princípios Constitucionais*, 2. ed. São Paulo: Saraiva, 2013, p. 55: "Princípios jurídicos são princípios concernentes ao Direito, ou à ciência do Direito, ou à atividade dos operadores jurídicos. Interessam-nos aqui os princípios jurídicos concernentes ao Direito, que são pré-constitucionais, na medida em que a existência do Direito se entende implicada na existência da Constituição. A par de sua função lógica (fundante ou estruturante), para os sistemas prescritivos os princípios traduzem seus valores e são fontes de suas normas."

57 Celso Antônio Bandeira de Mello, *Curso de Direito Administrativo*, 20. ed. São Paulo: Malheiros, 2006, p. 902-903. "Princípio – já averbamos alhures – é, por definição, mandamento nuclear de um sistema, verdadeiro alicerce dele, disposição fundamental que se irradia sobre diferentes normas compondo-lhes o espírito e servindo de critério para sua exata compreensão e inteligência exatamente por definir a lógica e a racionalidade do sistema normativo, no que lhe confere a tônica e lhe dá sentido harmônico."

58 Karl Larenz, *Metodologia da Ciência do Direito*, 7. ed. Lisboa: Calouste Gulbenkian, 2014, p. 599: "Os princípios ético-jurídicos são pautas orientadoras da normação jurídica que, em virtude da sua própria força de convicção, podem 'justificar' decisões jurídicas. (....) Enquanto 'princípios' não são regras imediatamente aplicáveis aos casos concretos, mas ideias directrizes, cuja transformação em regras que possibilitem uma resolução tem lugar em parte pela legislação, em parte pela jurisprudência, segundo o processo anteriormente descrito da concretização e aperfeiçoamento de princípios mais especiais mediante a formação de grupo de casos."

59 Assim, por exemplo, há quem aluda a um "princípio constitucional da felicidade" (Pedro Lenza, Princípio Constitucional da Felicidade, in *Carta Forense*, 3-8-2009), inclusive já mencionado em decisões do STF, como se pode ver do seguinte exemplo: "O princípio constitucional da busca da felicidade, que decorre, por implicitude, do núcleo de que se irradia o postulado da dignidade da pessoa humana, assume papel de extremo relevo no processo de afirmação, gozo e expansão dos direitos fundamentais, qualificando-se, em função de sua própria teleologia, como fator de neutralização de práticas ou de omissões lesivas cuja ocorrência possa comprometer, afetar ou, até mesmo, esterilizar direitos e franquias individuais" (STF, 2ª Turma, RE 477.554 AgR/MG, Rel. Min. Celso de Mello, 16-8-2011). Há, ainda, quem se refira, por exemplo, ao

parte, propostas de maior rigor científico destinadas a precisar a definição de princípio. Exemplo célebre tem-se na construção de Robert Alexy, para quem os princípios consistem em "mandados de otimização" (nucleares ou não), compatibilizando-se com um cumprimento em diferentes graus de intensidade, a depender das circunstâncias existentes:

> *El punto decisivo para la distinción entre reglas y principios es que los principios son normas que ordenan que algo sea realizada en la mayor medida posible, dentro de las posibilidades jurídicas y reales existentes. Por lo tanto, los principios son mandatos de optimización, que están caracterizados por el hecho de que pueden ser cumplidos en diferente grado y que la medida debida de su complimiento non sólo depende de las posibilidades reales sino también de las jurídicas. El ámbito de las posibilidades jurídicas es determinado por los principios y reglas opuestos. En cambio, las reglas son normas que sólo pueden ser cumplidas o no. Si una regla és válida, entonces debe hacerse exactamente lo que ella exige, ni más ni menos. Por lo tanto, las reglas contienen determinaciones en el ámbito de lo fáctica y jurídicamente posible.*[60]

"princípio da reserva possível" para designar aquilo que consiste, mais tecnicamente, na teoria da reserva do possível (Luiz Alberto do Nascimento, *O Déficit democrático do controle judicial de políticas públicas*, São Paulo: USP (Dissertação de Mestrado), 2014, p. 92-97; Sérgio de Oliveira Netto, O Princípio da Reserva do Possível e a Eficácia das Decisões Judiciais, in *Revista da AGU*, v. 7, Brasília: Advocacia-Geral da União, 2002, p. 145-151; Antonio Rosa de Araújo, O Princípio da Reserva do Possível e Ponderação com Regras a ele Pertinentes, viagem na irrealidade do cotidiano financeiro, in Manoel Messias Peixinho, Isabella Franco Guerra e Firly Nascimento Filho (org.), *Os Princípios da Constituição de 1988*, 2. ed. Rio de Janeiro: Lumen Juris, 2006, p. 558-560; entre outros. Acrescente-se, ainda, que, por vezes, acabam sendo denominados "princípios" orientações de caráter didático ou estrutural, como se vê do "princípio da dualidade de partes" a que alude José Frederico Marques: "(...) do conceito processual de *parte*, alguns princípios são tirados. O primeiro deles é o denominado *princípio da dualidade de partes*; segundo o qual não existe processo sem que haja 'dois sujeitos em posições processuais contrárias' ('*judicium est actus trium personarum: judicis, actoris et rei*')" (*Instituições de Direito Processual Civil*, Campinas: Millennium, 1999, p. 149-150. v. II).

60 Em tradução livre: "O ponto decisivo para a distinção entre regras e princípios é que os princípios são normas que ordenam que algo seja realizado na maior medida possível, dentro das possibilidades jurídicas e reais existentes. Por isso, os princípios são mandados de otimização, que estão caracterizados pelo fato de que podem ser cumpridos em diferentes graus e que a medida devida do seu cumprimento não só depende das possibilidades reais, mas também das jurídicas. O âmbito das possibilidades jurídicas é determinado pelos princípios e regras opostos. Por outro lado, regras são normas que só podem ser cumpridas ou não. Se uma regra é válida, então se deve fazer exatamente o que ela exige, nem mais nem menos. Portanto, as regras contêm determinações no âmbito do

Não é essencialmente distinta a lição de Pietro Perlingieri:

> *Il "principio" è norma che impone la massima realizzazione di un valore. Sua caratteristica è la non definibilità in astratto delle fattispecie alle quali è applicabile: esso è sempre applicabile ad una nuova fattispecie, non compresa in altre norme, quando la valutazione della nuova fattispecie riceva senso soltanto mediante la realizzazione di quel valore che il principio afferma. Il principio si afferma non con un'unica intensità (si può essere più o meno liberi, eguali, protetti, ecc.) e non con un'unica soluzione (si può essere liberi, eguali o protetti in vari modi, sottoponendosi a varie regole, scegliendo diverse soluzioni, conciliando o sacrificando alcuni e non altri interessi, ecc.). In tal senso il principio è norma aperta ad una molteplicità di soluzioni.*[61]

Na esteira dessas e outras definições semelhantes, pode-se constatar que os princípios não consistem necessariamente em mandamentos nucleares de todo o sistema jurídico, admitindo-se a existência de princípios *setoriais*, destinados à realização de valores constitucionais em áreas específicas. Os prin-

---

fática e juridicamente possível". Trecho original de Robert Alexy, *Teoría de los Derechos Fundamentales*, Madri: Centro de Estudios Políticos y Constitucionales, 2002, p. 86-87. Na mesma direção, Ronald Dworkin, *Taking Rights Seriously*, 17. ed. Cambridge: Harvard University Press, 1999, p. 24-26: "*The difference between legal principles and legal rules is a logical distinction. Both sets of standards point to a particular decision about legal obligation in particular circumstances, but they differ in the character of the direction they give. Rules are applicable in all-or-nothing fashion. If the facts a rule stipulates are given, then either the rule is valid, in which case the answer it supplies must be accepted, or it is not, in which case it contributes nothing to the decision (...) This first difference between rules and principles entails another. Principles have a dimension that rules do not – the dimension of weight or importance. When principles intersect (the policy of protecting automobile consumers intersecting with principles of freedom of contract, for example), one who must resolve the conflict has to take into account the relative weight of each. This cannot be, of course, an exact measurement, and the judgment that a particular principle or policy is more important than another will often be a controversial one. Nevertheless, it is an integral part of the concept of a principle that it has this dimension, that it makes sense to ask how important or how weighty it is*".

61 Em tradução livre: "O princípio é norma que impõe a máxima realização de um valor. Sua característica é a não definibilidade em abstrato das *fattispecie* às quais é aplicável: ele é sempre aplicável a uma nova *fattispecie*, não compreendida em outras normas, quando a valoração da nova fattispecie receba sentido somente mediante a realização daquele valor que o princípio afirma. O princípio afirma-se com uma única intensidade (se pode ser mais ou menos livres, iguais, protegidos etc.) e não com uma única solução (se pode ser livres, iguais ou protegidos em vários modos, submetendo-se a várias regras, escolhendo diversas soluções, conciliando ou sacrificando alguns e não outros interesses etc.). Nesse sentido, o princípio é norma aberta a uma multiplicidade de soluções". Trecho original de Pietro Perlingieri, *Manuale di diritto civile*, cit., p. 9-10.

cípios setoriais encontram amparo em outros de maior generalidade, que se conectam de modo mais imediato ao valor que exprimem. Assim, por exemplo, a "paridade de armas" é princípio setorial do processo civil, que concretiza em uma área delimitada do Direito o princípio fundamental da igualdade, consagrado em nosso texto constitucional.[62]

Daí resulta, em primeiro lugar, que existem, de fato, princípios do Direito dos Contratos, os quais podem ser sinteticamente definidos como normas que impõem a máxima realização de um valor constitucional naquele setor jurídico específico. Desprovidos de definição abstrata de uma situação fática à qual sejam aplicáveis, os princípios do Direito dos Contratos ou simplesmente "princípios contratuais" aplicam-se não por meio de uma única solução ou com uma única intensidade, mas podem ser atendidos em diferentes graus de intensidade e por diferentes soluções, a depender das circunstâncias fáticas existentes.

A partir dessa definição, um reexame rigoroso dos princípios contratuais pode se revelar surpreendente. O princípio da relatividade dos contratos, por exemplo, ao exprimir uma eficácia relativa dos ajustes contratuais, em contraposição à eficácia absoluta usualmente reservada aos direitos reais, não parece ostentar verdadeira qualidade de princípio, uma vez que não impõe a máxima realização de um valor, mas reflete, simplesmente, uma característica estrutural do instituto do contrato – característica que, de resto, vem sendo mitigada ou afastada em um número cada vez mais amplo de hipóteses na ordem jurídica brasileira.[63] Em sentido semelhante, Pietro Perlingieri critica o assim

62 "A doutrina processual sempre subordinou a garantia do contraditório à igualdade das partes, a que hoje se denomina de 'paridade de armas', pois, para que as partes possam influir eficazmente na formação da decisão judicial, devem desfrutar das mesmas faculdades e nenhuma deve dispor, mais do que as outras, da possibilidade de oferecer alegações, propor e produzir provas" (Leonardo Greco, A busca da verdade e a paridade de armas na jurisdição administrativa, in *Revista CEJ*, v. 35, Brasília, 2006, p. 22). Na mesma direção, refere-se José Frederico Marques ao *princípio da igualdade das partes*, "que obriga dar a essa contraposição entre autor e réu uma equiparação de regime jurídico, permitindo-lhes utilizar armas iguais e meios de ataque ou defesa de idêntico valor ('*in judiciis debet servari aequalitas; non debet actori licere quod reo non permititur*')" (*Instituições de Direito Processual Civil*, cit., p. 149-150).

63 A relatividade dos contratos cede passagem à eficácia *erga omnes* em diferentes situações, envolvendo, por exemplo, o contrato de compra e venda com pacto de retrovenda (Código Civil, art. 507), o contrato de arrendamento rural (Lei n. 4.504/1964, art. 92, § 5º), o contrato de locação de imóvel urbano celebrado com cláusula de vigência em caso de alienação nos termos do art. 8º da Lei n. 8.245/1991, entre outras hipóteses. Também na eficácia vinculante do acordo de acionistas sobre a companhia (Lei das S.A., art. 118) vislumbra-se mitigação da relatividade dos contratos. O número crescente de hipóteses

chamado "princípio da liberdade das formas", que, a rigor, tampouco ostenta a qualidade de princípio, tratando-se de "*una semplice regolarità, una soluzione che ricorre spesso*" ("uma simples regularidade, uma solução que se repete com frequência").[64]

Há, ainda, alguma confusão entre princípios e cláusulas gerais, que consistem, na célebre definição de Engisch, em "uma formulação da hipótese que, em termos de grande generalidade, abrange e submete a tratamento jurídico todo um domínio de casos".[65] A boa-fé objetiva, por exemplo, é usualmente qualificada como cláusula geral, pois o sentido da norma aplicável afigura-se dependente de preenchimento pelo intérprete. Ao contrário do que ocorre em relação aos princípios – nos quais o parâmetro de valoração do comportamento (o valor que o princípio exprime) é certo, mas é incerto o nível de satisfação em concreto –, nas cláusulas gerais, o próprio parâmetro de valoração é incerto porque sua incompletude exige uma ulterior operação por parte do intérprete, a fim de que seja individualizada a norma aplicável. É, ainda uma vez, o ensinamento de Pietro Perlingieri:

> *(...) la clausola generale invece è un frammento vago di una disposizione dalla quale si deve ancora ricavare un significato applicabile e, soltanto dopo aver risolto tale problema, la norma si può dire individuata (principio o regola che sia). La norma è strumento di valutazione del comportamento: nel principio il parametro di valutazione è certo (è il valore che il principio comanda di attuare quanto piú è possibile) ma è incerto il livello di soddisfazione in concreto del valore; nella clausola generale è incerto il parametro di valutazione poiché la disposizione che contiene una clausola generale ha un significato vago. Occorre un*

em que a relatividade dos contratos é mitigada ou afastada tem contribuído para o rico debate em torno da preservação ou não da dicotomia entre direitos pessoais e direitos reais no direito civil contemporâneo. Sobre o tema, ver Roberta Mauro Media Maia, *Teoria Geral dos Direitos Reais*, São Paulo: Revista dos Tribunais, 2013, p. 246-262.

64 "*La libertà di forma è una semplice regolarità, una soluzione che ricorre spesso. Che in alcune fattispecie sia giustificato asserire che la forma è libera, non consente di sostenere che anche in altre ipotesi la forma sia libera – senza accertare le sue particolarità, gli interessi e i princípi coinvolti – perché cosí imporrebbe il 'principio': ogni disposizione sulle forma deve essere giustificata nel sistema*" (Pietro Perlingieri, *Manuale di diritto civile*, cit., p. 17).

65 Karl Engisch, *Introdução ao Pensamento Jurídico*, Lisboa: Calouste Gulbenkian, 2001, p. 229. Acrescenta o autor que o conceito multissignificativo de cláusula geral há de ser entendido "como conceito que se contrapõe a uma elaboração casuística das hipóteses legais. Casuística é aquela configuração da hipótese legal (enquanto somatório dos pressupostos que condicionam a estatuição) que circunscreve particulares grupos de casos na sua especificidade própria" (ob. cit., p. 228).

> *ulteriore procedimento per attribuire alla clausola un significato chiaro e, in conseguenza, per individuare e applicare la norma.*[66]

Deve-se resistir, aqui, todavia, à tentação de *reclassificar*, de acordo com sua natureza, os novos ou os velhos princípios contratuais. A uma, porque o problema que esta obra se propõe a enfrentar diz respeito exclusivamente ao equilíbrio contratual, de tal modo que os demais princípios assumem relevância apenas na medida de sua específica interação com o tema examinado. A duas, porque a distinção entre as espécies normativas não deve ser tratada à luz de uma abordagem mais formalista que substancial, demasiadamente servil ao formato do enunciado normativo. Nesse sentido, soa reconfortante a conclusão de Humberto Ávila que, conquanto festejado defensor da distinção entre princípios e regras, afirma:

> (...) as distinções que propugnam alternativas exclusivas entre as espécies normativas podem ser aperfeiçoadas. Alguns exemplos o evidenciam. Para alguns a irretroatividade é regra objetiva. Para outros, princípio. Para uns as imunidades são regras. Para outros, princípios. E assim sucessivamente, como os cavalheiros descritos por Lessa, que,

66 Em tradução livre: "(...) a cláusula geral, ao contrário, é um fragmento vago de uma disposição da qual se deve ainda extrair um significado aplicável, e, somente depois de se ter resolvido tal problema, a norma se pode dizer individualizada (princípio ou regra que seja). A norma é instrumento de valoração do comportamento: no princípio o parâmetro de valoração é certo (é o valor que o princípio comanda realizar tanto quanto possível), mas é incerto o nível de satisfação em concreto do valor; nas cláusulas gerais é incerto o parâmetro de valoração pois a disposição que contem uma cláusula geral tem um significado vago. É preciso um ulterior procedimento para atribuir à cláusula geral um significado claro e, consequentemente, para individualizar e aplicar a norma". Trecho original de Pietro Perlingieri, *Manuale di diritto civile*, cit., p. 17-18. Sobre o tema, no Brasil, ver Gustavo Tepedino, *Premissas Metodológicas para a Constitucionalização do Direito Civil*, cit., p. 9: "O legislador vale-se de cláusulas gerais, abdicando da técnica regulamentar que, na égide da codificação, define os tipos jurídicos e os efeitos deles decorrentes. Cabe ao intérprete depreender das cláusulas gerais os comandos incidentes sobre inúmeras situações futuras, algumas delas sequer alvitradas pelo legislador, mas que se sujeitam ao tratamento legislativo pretendido por se inserirem em certas situações-padrões: a tipificação taxativa dá lugar a cláusulas gerais, abrangentes e abertas". Ver, em igual sentido, Luiz Edson Fachin, Contratos na Ordem Pública do Direito Contemporâneo, in Gustavo Tepedino e Luiz Edson Fachin (coords.), *O Direito e o Tempo: Embates Jurídicos e Utopias Contemporâneas. Estudos em Homenagem ao Professor Ricardo Pereira Lira*, Rio de Janeiro: Renovar, 2008, p. 458-459: "A incidência das cláusulas gerais acarreta o desafio de apreender, diante de seus conteúdos omnicompreensivos, juízos que não sejam tão só apriorísticos, bem como princípios da ordem privada que foram elevados a preceitos de ordem pública (...)".

> caminhando um ao encontro do outro, em uma avenida na qual se erguia uma estátua armada de um escudo, de um lado de prata e de outro de ouro, furiosamente se engalfinharam, cada um sustentando ser o escudo somente do metal que podia ver do seu lado. Ora, o que não pode ser olvidado é o fato de que os dispositivos que servem de ponto de partida para a construção normativa podem germinar tanto uma regra, se o caráter comportamental for privilegiado pelo aplicador em detrimento da finalidade que lhe dá suporte, como também podem proporcionar a fundamentação de um princípio, se o aspecto valorativo for autonomizado para alcançar também comportamentos inseridos noutros contextos. Um dispositivo cujo significado preliminar determina um comportamento para preservar um valor, caso em que seria enquadrado como uma regra, permite que esse valor seja autonomizado para exigir outros comportamentos, não descritos, necessários à sua realização.[67]

Com efeito, no campo do Direito dos Contratos, a obrigatoriedade dos pactos, por vezes referida como princípio, poderia ser, hoje, retratada como mera característica estrutural dos contratos, traduzida pela *regra* de que o contrato obriga. Nessa perspectiva, o chamado princípio do *pacta sunt servanda* nem sequer princípio seria, revelando-se sintomático o fato de que outros institutos jurídicos também ostentam caráter obrigatório, como se vê, por exemplo, dos negócios jurídicos unilaterais em geral ou, em particular, do testamento. Nem por isso a doutrina alude a um princípio da obrigatoriedade dos negócios jurídicos unilaterais ou a um princípio da obrigatoriedade do testamento. A eficácia vinculante é tratada, nesses institutos, como aspecto estrutural que é, e não elevada ao *status* de princípio. Entretanto, não se pode deixar de reconhecer que o tratamento da obrigatoriedade do contrato como princípio explica-se pela trajetória histórica do instituto e pela influência do voluntarismo jurídico sobre a construção do Direito dos Contratos na Modernidade. Em termos substanciais, pelo próprio fato de que tanto regras quanto princípios derivam dos valores consagrados no ordenamento jurídico, é sempre possível perquirir, em alguma medida, uma conexão entre a espécie normativa específica e um valor reconhecido explícita ou implicitamente pela ordem jurídica: a mesma obrigatoriedade dos contratos, que deveria, a nosso ver, ser encarada como simples característica estrutural do negócio jurídico em geral, pode, igualmente, ser vista como derivação mais ou menos imediata, no campo

67 E conclui o Professor Titular de Direito Tributário da Faculdade de Direito da Universidade Federal do Rio Grande do Sul: "O que aqui se propõe é justamente a superação desse enfoque baseado numa alternativa exclusiva das espécies normativas, em favor de uma distinção baseada no caráter pluridimensional dos enunciados normativos (...)" (Humberto Ávilla, *Teoria dos Princípios*, 15. ed. São Paulo: Malheiros, 2014, p. 93-94).

contratual, do valor da segurança jurídica e, portanto, de um princípio mais abstrato, sem restar desprovida da sua própria conotação principiológica, na medida em que se enxergue ali uma imposição de máximo respeito ao vínculo contratual, como modelo de otimização a ser alcançado nesse setor específico, em balanceamento com os demais princípios incidentes.

Em outras palavras: a pesquisa axiológica (substancial), como já se podia entrever nas lições doutrinárias acima reunidas, antecede a própria identificação de um princípio como instrumento de veiculação de valores e, por conseguinte, a distinção das espécies normativas entre princípios e regras. O que releva, portanto, para a análise aqui empreendida, é identificar se há, por trás do chamado princípio do equilíbrio contratual, um *valor* cuja *máxima realização* seja imposta pela ordem jurídica brasileira. Para tanto, compete enfrentar outra definição talvez ainda mais tormentosa que aquela relativa aos princípios: a definição do próprio equilíbrio contratual.

2.2. O que é o equilíbrio contratual?

A doutrina brasileira mostra-se indecisa ao conceituar o equilíbrio contratual. A já mencionada pluralidade de expressões usadas para designá-lo – *equilíbrio das prestações*, *equivalência material do contrato*, *justiça contratual* etc. – parece corresponder a um conjunto de definições igualmente variáveis, acrescentando-se a isso uma elevada abstração na descrição do conceito e até alguma circularidade nas noções apresentadas. Por exemplo, muitos autores definem o equilíbrio por meio de uma remissão à "justiça contratual", à "justiça material" e a outras noções de caráter geral:

> Diante disso, pode-se dizer que o princípio da equivalência material ou do equilíbrio contratual é aquele pelo qual se deve buscar e manter a justiça contratual, objetivamente considerada, em todas as fases da contratação, independentemente da natureza do contrato, e sempre com base na eticidade, lealdade, socialidade, confiança, proporcionalidade e razoabilidade nas prestações.[68]
> Todas essas transformações pelas quais passou o contrato, como negócio jurídico, redimensionando o instituto, revelando novos princípios e contornos a ele inerentes, fizeram com que crescesse em importância o princípio da equivalência material das prestações (...). Por este princípio busca-se preservar a equação e o justo equilíbrio contratual.

68 Rodrigo Toscano de Brito, *Equivalência Material dos Contratos: Civis, Empresariais e de Consumo*, cit., p. 29.

> Afinal, em um país cujo projeto constitucional tem a justiça social como meta, o contrato, para ser obrigatório, precisa, antes de tudo, ser justo.[69]

Por sua vez, os autores que tratam do tema sob a designação de "justiça contratual", também apresentam conceitos que remetem a outras noções, inclusive à própria ideia de equilíbrio ou equivalência:

> Os critérios postulados ou pistas que indicam a justiça contratual são (i) a reciprocidade; (ii) a comutatividade; (iii) a equivalência material; (iv) a proporcionalidade; (v) a proibição de enriquecimento sem causa; (vi) a função social do contrato; e (vii) a distribuição de riscos e ônus. Via desse exercício, é possível inferir que o princípio da justiça contratual é revelado na composição harmoniosa quanto ao conteúdo jurídico e econômico do contrato, com base na equânime proporção entre forças antagônicas e na interação dos elementos contratuais de dimensões diferentes.[70]
>
> A ordem civil constitucional brasileira contemporânea não é conservadora, mas dirigente, propositiva, progressista, promocional e solidária. Portanto, no que se refere à teoria contratual, não é mais o valor da segurança jurídica que ocupa o lugar privilegiado, mas o valor da equidade, do equilíbrio, da justiça nas relações negociais. (...) Não é possível, na ordem jurídica atual, admitir-se que alguém se proponha a compor uma relação contratual e atue contrariamente à consecução dos fins daquele vínculo, assim como não se admite que um contrato bilateral e oneroso produza vantagens para apenas uma das partes, deixando a outra em situação de frustração e prejuízo.[71]

Não raro, as definições do equilíbrio contratual acabam por remeter à proteção dos contratantes vulneráveis:

> Inspirado na igualdade substancial, o princípio do equilíbrio econômico expressa a preocupação da teoria contratual contemporânea com o contratante vulnerável. Em face da disparidade de poder negocial entre os contratantes, a disciplina procura criar mecanismos de proteção da parte mais fraca, como é o caso do balanceamento das prestações. De acordo com esse princípio, a justiça contratual torna-se um

69 Nelly Maria Potter Welton, *Revisão e Resolução dos Contratos no Código Civil Conforme Perspectiva Civil-Constitucional*, Rio de Janeiro: Lumen Juris, 2009, p. 21.

70 Fernando Rodrigues Martins, *Princípio da Justiça Contratual*, 2. ed. São Paulo: Saraiva, 2011, p. 432.

71 Roxana Cardoso Brasileiro Borges, Contrato: Do clássico ao contemporâneo. A reconstrução do conceito, in Giselda Maria Fernandes Hironaka e Flávio Tartuce (coord.), *Direito Contratual: Temas Atuais*, São Paulo: Método, 2007, p. São Paulo: Revista dos Tribunais, 2007, p. 27-28.

> dado relativo não somente ao processo de formação e manifestação da vontade dos declarantes, mas sobretudo relativo ao conteúdo e aos efeitos do contrato, que devem resguardar um patamar mínimo de equilíbrio entre as posições econômicas de ambos os contratantes.[72] Inspirado, assim, na igualdade substancial, o princípio do equilíbrio econômico expressa a preocupação da nova teoria contratual com o contratante mais fraco, sendo certo que, diante do constatado desequilíbrio entre consumidores e fornecedores no mercado de consumo, a Lei 8.078/90 alçou a vulnerabilidade do consumidor à categoria de princípio do estatuto consumerista, na forma do seu artigo 4º.[73]

Outras vezes, remete-se explicitamente à definição do equilíbrio contratual a outros princípios, como a boa-fé objetiva e função social do contrato:

> Com os novos ares que oxigenam o estudo dos contratos nascidos sobre a égide do estado social em substituição ao estado liberal de direito, admitimos realmente a existência de um princípio que tenha por objetivo preservar a equivalência entre as prestações como desdobramento consequencial, a um só tempo, da função social dos contratos e da boa-fé objetiva.[74]
> Pelo princípio da *reciprocidade ou equivalência das condições*, nos contratos bilaterais, ou unilaterais onerosos, deve existir certo equilíbrio

72 Teresa Negreiros, *Teoria do Contrato: Novos Paradigmas*, cit., p. 157.

73 Raquel Bellini de Oliveira Salles, O Desequilíbrio da Relação Obrigacional e a Revisão dos Contratos no Código de Defesa do Consumidor: Para um Cotejo com o Código Civil, in Gustavo Tepedino (coord.), *Obrigações: Estudos a Perspectiva Civil-Constitucional*, Rio de Janeiro: Renovar, 2005, p. 314. Em sentido semelhante, embora reconhecendo a distinção entre equilíbrio contratual e proteção do contratante vulnerável, parte da doutrina os associa em sua aplicação ou enxerga complementariedade entre os conceitos: "Embora o equilíbrio do contrato e a proteção do contratante vulnerável sejam situações interdependentes, ambos não se confundem, apesar de refletirem aspectos diferenciados de uma mesma problemática. (...) Embora exista esta distinção inicial, é importante ressaltar que o equilíbrio e a proteção ao contratante mais fraco acabam adquirindo aspectos complementares, pois a existência de um contrato harmonioso nas obrigações de cada participante parece indicar que estes se encontravam em uma posição de simetria (no sentido de que se desenvolve entre sujeitos iguais, ou com igualdade de armas) para negociar os termos da troca. Nesse caso, não se caracterizou uma situação de assimetria de um dos contratantes capaz de levá-lo à conclusão de um pacto desfavorável para si. Da mesma maneira, um contrato objetivamente desequilibrado parece indicar a existência de uma situação de inferioridade de umas das partes" (Rafael Renner, *Novo Direito Contratual: A Tutela do Equilíbrio Contratual no Código Civil*, Rio de Janeiro: Freitas Bastos, 2007, p. 57-58).

74 Marco Aurélio Bezerra de Melo, *Curso de Direito Civil: Teoria Geral dos Contratos*, São Paulo: Atlas, 2015, p. 119. v. III, t. I.

> nas prestações dos contratantes, desde o momento da estipulação até o momento de seu cumprimento. Se um fator externo rompe esse equilíbrio, estará autorizada a intervenção. Para outros, como o contrato desempenha uma *função social e econômica*, o desequilíbrio da sociedade e da economia autorizam a revisão.[75]
> É ainda em nome da necessidade de se fazer uma apreciação dos contratos em termos da sua função social se advoga a intervenção naqueles contratos comutativos em que haja desequilíbrio entre as prestações em consequência do aproveitamento da situação de premente necessidade, da inexperiência de uma das partes, ou do perigo de grave dano que ela corra: para estes casos, fala-se em lesão e em estado de perigo, que são outras duas hipóteses típicas de contratos iníquos.[76]

Há, ainda, aqueles autores que aludem ao equilíbrio contratual, sob essa denominação ou outra equivalente, mas não chegam a defini-lo, bem como aqueles que o abordam a partir dos efeitos reservados pelo Código Civil às hipóteses específicas que a codificação regula: "A teoria da imprevisão cede espaço ao princípio do equilíbrio contratual, baseado na correção jurídica e fática (se possível) do contrato, ou, em caso extremo, em sua resolução, preservando-se as prestações já exauridas".[77]

Em que pese a variedade de abordagens e definições, pode-se extrair um ponto comum entre praticamente todas as conceituações apresentadas pela doutrina brasileira: a preocupação em concretizar, de algum modo, nas relações contratuais os valores constitucionais, em especial a igualdade substancial e a solidariedade social.[78] Parece, hoje, uníssono o reconhecimento de que a tra-

---

75 Sílvio de Salvo Venosa, *Direito Civil: Teoria Geral das Obrigações e Teoria Geral dos Contratos*, São Paulo: Atlas, 2001, p. 414. v. II,

76 Fernando Noronha, *O Direito dos Contratos e Seus Princípios Fundamentais*, São Paulo: Saraiva, 1994, p. 86.

77 Otavio Luiz Rodrigues Junior, *Revisão Judicial dos Contratos – Autonomia da Vontade e Teoria da Imprevisão*, 2. ed., São Paulo: Atlas, 2006, p. 145.

78 Confira-se, nesse sentido, Teresa Negreiros, *Teoria do Contrato*, cit., p. 156: "A vedação a que as prestações contratuais expressem um desequilíbrio real e injustificável entre as vantagens obtidas por um e por outro dos contratantes, ou, em outras palavras, a vedação a que se desconsidere o sinalagma contratual em seu perfil funcional, constitui expressão do princípio consagrado no art. 3º, III, da Constituição: o princípio da igualdade substancial". Em igual sentido, Rodrigo Toscano de Brito, *Equivalência Material dos Contratos: Civis, Empresariais e de Consumo*, cit., p. 63-63: "Assim sendo, e considerando o entrelaçamento real das normas constitucionais e civis – o que se extrai do conteúdo civil da Constituição –, pode-se afirmar que não só as partes na formação do contrato mas também o julgador, quando chamado para compor um eventual conflito,

dicional fórmula de Alfred Fouillée, segundo a qual "*qui dit contractuel dit juste*",[79] não se conforma à ordem jurídica contemporânea, fazendo-se necessário perquirir as razões para o merecimento de tutela da liberdade contratual fora daquele esquema puramente formal no qual o contrato em si se bastava como fundamento de legitimidade.[80] A passagem de uma autonomia da vontade, considerada como fim em si mesma, para uma autonomia privada funcionalizada à concretização dos valores fundamentais do ordenamento jurídico[81] atinge em cheio o instituto do contrato, cuja proteção passa a depender não apenas de sua utilidade social (função social do contrato), mas também do fato de que possa exprimir um exercício da autonomia privada dirigido à consideração do outro (boa-fé objetiva) e à construção de uma relação objetivamente equilibrada. É nesse último aspecto que ascende em importância o reconhecimento de um *princípio do equilíbrio contratual*, como meio de assegurar que o merecimento de tutela dos contratos restará permanentemente condicionado à verificação de que seu objeto afigura-se equilibrado.

Importa pouco, nesse sentido, a ausência de previsão legal que consagre o princípio do equilíbrio contratual em termos gerais em nosso Código Civil. Outros princípios reconhecidos no direito brasileiro não encontram dispositivo legal ou mesmo constitucional explícito que lhes sirva de suporte: o princípio da segurança jurídica, por exemplo, não encontra um enunciado normativo que o consagre abertamente.[82] Nem se faz necessário, aqui, recorrer

---

devem seguir os princípios constitucionais aqui realçados, com o fito de encontrar e determinar o equilíbrio da contratação, notadamente à luz do art. 3º, III, da Constituição que exige a manutenção de uma relação justa, igual e equilibrada, em detrimento da igualdade formal."

79 Em tradução livre: "quem diz contratual diz justo".

80 Nesse sentido, a conclusão de Luiz Edson Fachin, *Contratos na Ordem Pública do Direito Contemporâneo*, cit., p. 458: "Quem diz contratual não mais diz justo, diante da superação do modelo formal de contrato (...)".

81 Sobre o tema, ensina Pietro Perlingieri: "(...) *l'individuazione del fondamento costituzionale dell'autonomia negoziale non può essere disancorata dalla natura degli interessi per i quali essa è in concreto esplicata. Poiché ogni interesse è correlabile ad un valore, l'analisi degli interessi consente d'individuare quali fra essi estrinsecano valori che hanno nella Carta costituzionale il loro riconoscimento e la loro tutela. Pertanto, il fondamento costituzionale dell'autonomia negoziale va individuato alla luce di molteplici supporti normativi, in ragione della natura degli interessi affidati alle singole esplicazioni di autonomia e dei valori costituzionali ai quali questi interessi sono riconducibili*" (*Autonomia negoziale e autonomia contrattuale*, Nápoles: E.S.I., 2000, p. 333).

82 "Normas não são os textos nem o conjunto deles, mas os sentidos construídos a partir da interpretação sistemática de textos normativos. Daí se afirmar que os dispositivos se constituem no objeto da intepretação; e as normas, no seu resultado. O importante é

às já mencionadas disposições regulamentares que, contemplando a lesão, o estado de perigo e outros institutos específicos, parecem exprimir a preocupação do legislador com a manutenção de relações contratuais minimamente equilibradas. O caminho que se impõe é justamente o inverso: cumpre, em uma perspectiva compromissada com a realização dos valores constitucionais nas relações privadas, verificar se há na Constituição as razões materiais para o reconhecimento de um princípio do equilíbrio contratual.

Não há dúvida de que nosso texto constitucional, ao mesmo tempo que alberga a livre iniciativa e a propriedade privada, caracteriza-se pela adoção de uma tábua axiológica solidarista, elegendo como fundamentos do nosso Estado Democrático de Direito a dignidade da pessoa humana e os valores sociais do trabalho e da livre iniciativa (art. 1º, III e IV). Dentre seus objetivos fundamentais elege a construção de uma sociedade livre, justa e solidária (art. 3º, I). Consagra, ainda, o direito de todos à igualdade formal e material (art. 5º, *caput*) e determina que a ordem econômica "tem por fim assegurar a todos existência digna, conforme os ditames da justiça social" (art. 170, *caput*). Dentre os princípios da ordem econômica, nossa Constituição insere, ainda, "a redução das desigualdades regionais e sociais" (arts. 3º, III, e 170, VII).[83]

Todos esses valores devem se exprimir, de alguma maneira, no campo do Direito dos Contratos. A boa-fé objetiva, como já visto, assegura uma relação transparente entre os contratantes, calcada na lealdade recíproca e na mútua confiança, enquanto a função social, como também já destacado, impõe o

---

que não existe correspondência entre norma e dispositivo, no sentido de que sempre que houver um dispositivo haverá uma norma, ou sempre que houver uma norma deverá haver um dispositivo que lhe sirva de suporte. Em alguns casos há norma mas não há dispositivo. Quais são os dispositivos que preveem os princípios da segurança jurídica e da certeza do Direito? Nenhum. Então há normas, mesmo sem dispositivos específicos que lhes deem suporte físico" (Humberto Ávilla, *Teoria dos Princípios*, cit., p. 50).

83 "Art. 1º A República Federativa do Brasil, formada pela união indissolúvel dos Estados e Municípios e do Distrito Federal, constitui-se em Estado Democrático de Direito e tem como fundamentos: (...) III – a dignidade da pessoa humana; IV – os valores sociais do trabalho e da livre iniciativa (...). Art. 3º Constituem objetivos fundamentais da República Federativa do Brasil: I – construir uma sociedade livre, justa e solidária; III – erradicar a pobreza e a marginalização e reduzir as desigualdades sociais e regionais; (...) Art. 5º Todos são iguais perante a lei, sem distinção de qualquer natureza, garantindo-se aos brasileiros e aos estrangeiros residentes no País a inviolabilidade do direito à vida, à liberdade, à igualdade, à segurança e à propriedade (...) Art. 170. A ordem econômica, fundada na valorização do trabalho humano e na livre iniciativa, tem por fim assegurar a todos existência digna, conforme os ditames da justiça social, observados os seguintes princípios: (...) VII – redução das desigualdades regionais e sociais".

atendimento a interesses exteriores ao contrato que assumam relevância social, redimensionando, em determinados casos, seus efeitos. Até aí, todavia, o objeto do contrato, seu conteúdo material, continua intocável. O princípio do equilíbrio contratual afigura-se, assim, necessário para que o projeto constitucional não se exprima de modo meramente parcial no campo das relações contratuais. Seu reconhecimento restaura preocupações situadas nas mais profundas raízes da tradição jurídica romano-germânica, como bem ilustra a *laesio enormis* originada no direito justinianeu ou a fórmula medieval da *cláusula rebus sic stantibus*.[84] A impressionante longevidade desses institutos,[85] que, de tempos em tempos, ressurgem na produção doutrinária e jurisprudencial de países tão distintos em seus substratos culturais parece indicar que o Direito Civil contemporâneo, de modo geral, ainda procura lidar com um déficit deixado pelo primado do liberal-voluntarismo jurídico no que diz respeito à garantia de relações contratuais mais – conquanto se evite o termo – justas,[86] aqui entendidas como equilibradas ou, de forma mais precisa, não excessivamente desequilibradas.[87]

Não foi por outra razão que o "regresso" ao princípio do equilíbrio contratual chegou a ser apontado por Franz Wieacker como uma das mais importantes contribuições do século XX para a evolução do Direito das Obrigações:

---

84 Ambos os institutos serão estudados, detalhadamente, nos capítulos subsequentes deste livro.

85 Sobre esse aspecto em particular, ver Rena van den Bergh, *The Long Life of Laesio Enormis*, *in Studia Universitatis Babes-Bolyai Jurisprudentia*, 2012, p. 35-52. Em igual sentido: "*Si è soprattutto notato che la tradizione della laesio enormis* è sempre molto viva negli ordinamenti moderni europei e soprattutto nella dottrina privatistica" (Aleksander Grebieniow, La laesio enormis e la stabilità contrattuale, in *Revue Internationale des Droit de l'Antiquité*, Presses Universitaires de Liège, v. 61, 2014, p. 215).

86 A expressão traz sempre o perigo dos particularismos a que Perlingieri denomina "interpretações unilaterais da juridicidade", mas pode-se identificar relativo consenso na atualidade em torno de uma noção mínima de justiça entendida como "garantia, promoção e tutela dos direitos civis: os fundamentais e invioláveis de natureza existencial e os econômicos que, mesmo tendo um conteúdo variável (propriedade e iniciativa econômica), representam, nos seus conteúdos mínimos, institutos caracterizadores do sistema das relações intersubjetivas e, portanto, valores do mesmo, ainda que deva ser realizado em função e no respeito à liberdade, dignidade e segurança da pessoa" (Pietro Perlingieri, *O Direito Civil na Legalidade Constitucional*, cit., p. 26).

87 Nessa direção, pode-se invocar a lição de Bauman, segundo a qual a noção de justiça pode ser mais bem percebida em oposição a uma forma específica de injustiça: "Em qualquer cenário social particular, o padrão de justiça, por assim dizer, é evocado, insinuado ou mesmo ditado pela forma de injustiça, no momento percebida como ofensiva, dolorosa e enraivecedora – e, por isso, a que mais apaixonadamente se deseja superar e eliminar; em suma, a 'justiça' é entendida como negação de um caso específico de 'injustiça'" (Zygmunt Bauman, *A Riqueza de Poucos Beneficia Todos Nós?*, cit., p. 77-78).

> O acontecimento mais importante quanto a aspectos fundamentais foi talvez o regresso da jurisprudência ao princípio da "equivalência material". O positivismo, desprezando a antiga tradição – que vinha da ética social de Aristóteles, passando pela escolástica, até o jusracionalismo –, tinha deixado de atribuir qualquer influência à equivalência material das prestações nos contratos bilaterais.[88]

Mais que o conjunto de regras específicas com que o legislador brasileiro parece procurar evitar um desequilíbrio excessivo das relações contratuais, são os valores constitucionais, com toda sua carga histórico-cultural, que vêm impor o reconhecimento de um princípio setorial voltado a garantir a formação e o desenvolvimento de relações materialmente equilibradas no campo do Direito dos Contratos. Supera-se, assim, a tradicional postura de indiferença da ordem jurídica ao conteúdo dos contratos. Se, no exame abstrato de validade do contrato, a lei contenta-se com a possibilidade, determinabilidade e licitude do seu objeto (art. 104, III, do Código Civil), seu merecimento de tutela em concreto exige mais: que tal objeto afigure-se equilibrado.[89] Impende, todavia, definir o que se deve entender por contrato equilibrado, daí derivando o preciso significado do princípio do equilíbrio contratual.

---

88 Franz Wieacker, *História do Direito Privado Moderno*, trad. A. M. Botelho Hespanha, Lisboa: Calouste Gulbenkian, 1993, p. 599. Em sentido semelhante, embora não tão intenso, registra Manuel Carneiro da Frada que o progressivo controle judicial do conteúdo dos contratos é uma tendência dos nossos tempos (*Contratos e Deveres de Proteção*, Coimbra: Almedina, 1994, p. 21).

89 Tal escopo, registre-se, foi perseguido num passado recente por meio do manejo da noção de causa do contrato (*causa contractus*). Em que pese a importância do debate científico em torno da referida noção, sua ampla polissemia e a ausência de menção à causa como elemento do contrato em nosso Código Civil atual, bem como em seu antecessor, desestimulam uma via de investigação do problema do equilíbrio contratual fundada em construções causalistas. Mesmo na doutrina italiana, que tradicionalmente enxergava o desequilíbrio contratual como um defeito da causa (concreta) do contrato, tem-se rejeitado, mais recentemente, a invocação da causa como fundamento do reequilíbrio, observando-se que "*l'eccessiva onerosità non impedisce l'attuazione dell'interesse perseguito dal contratto, non incide cioè sulla sua causa concreta*" (Cesare Massimo Bianca, *Diritto civile*, 2. ed. Milão: Giuffrè, 2012, p. 420. v. V). Assim, conquanto consista em tema apaixonante, tem-se reconhecido que "*la causa contractus è istituto attorno al quale molto si è discusso nel tempo senza tuttavia raggiungere un approdo sereno, unanimemente condiviso e soprattutto risolutivo. Forse è colpa di Napoleone che l'ha codificata o forse è colpa del nostro legislatore del '42 che ha voluto ereditarla dall'esperienza francese, modificandola, ma non chiarendone in definitiva la sostanza. Resta il fatto che ad oggi non si può ancora dire che la cause del contratto abbia una fisionomia definita e nemmeno una conclamata utilità*" (Matilde Girolami, *L'artificio della causa contractus*, Pádua: Cedam, 2012, p. 1-2).

2.3. Princípio do equilíbrio contratual: conceituação

Cumpre, desde logo, afastar certas confusões que têm contribuído para a diminuta aplicação do princípio do equilíbrio contratual no direito brasileiro. Não se trata, em primeiro lugar, de um mecanismo de *redistribuição de riquezas* que permita ao intérprete reordenar, de acordo com sua *própria concepção de justiça*, as transferências patrimoniais que integram o contrato. Tamanha discricionariedade, se, de um lado, permitiria mais célere e eficiente redução das desigualdades sociais, como ordena a Constituição, acabaria – em se tratando de um princípio setorial de Direito dos Contratos que se aplica caso a caso e à falta de um critério substancial para a redistribuição mencionada – inevitavelmente por "autorizar intepretações tendenciosas, quanto ao aspecto distributivo, retirando a margem de confiança e liberdade que as pessoas deveriam esperar dos órgãos públicos".[90] Daí por que não se adota, nesta obra, as nomenclaturas "princípio da justiça contratual" ou "princípio da justiça material dos contratos", preferindo-se a referência ao equilíbrio contratual.[91]

Não se trata tampouco de reequilibrar posições *subjetivas* dos contratantes, concedendo-se ao intérprete a discricionariedade para majorar ou reduzir vantagens asseguradas no contrato com o escopo de compensar situações de desvantagem em que as partes possam se inserir, por características próprias que trazem consigo, como suas inaptidões pessoais ou vulnerabilidades. Assim, se o contratante é ou não "consumidor", é ou não pessoa "superendividada", é ou não pessoa "idosa", é ou não pessoa economicamente "mais fraca" que a contraparte são todas questões que, sem nenhum prejuízo da sua importância, devem ser tratadas por instrumentos próprios – legalmente previstos ou extraídos por

---

90 Fernando Rodrigues Martins, *Princípio da Justiça Contratual*, cit., p. 160.

91 Na mesma direção, rejeita-se nesta obra a circunscrição do tema do desequilíbrio contratual a uma questão de "equidade", assim entendida no sentido aristotélico de justiça do caso concreto ou "corretivo do justo legal" (Aristóteles, Ética a Nicômaco, São Paulo: Nova Cultural, 1996, p. 212), primeiro porque não se trata de solução de caráter casuísta e externa, destinado a corrigir excessos da ordem jurídica em casos gritantes ou "shocking cases", na expressão de Rona Serozan, General Report on the Effects of Financial Crises on the Binding Force of Contracts: Renegotiation, Rescission or Revision, in Başak Başoğlu (ed.), *The Effects of Financial Crises on the Binding Force of Contracts: Renegotiation, Rescission or Revision*, Nova Iorque: Springer, 2016, p. 9. Trata-se, ao contrário, de um mandamento que decorre internamente da própria ordem jurídica, como visto no corpo do texto. Ademais, é certo que o direito contemporâneo continua ainda em busca de uma precisa delimitação do que já foi chamado de "misterioso ruolo" da equidade (Giovanni Chiodi, *La giustizia contrattuale – Itinerari della giurisprudenza italiana tra Otto e Novecento*, cit., p. xii).

interpretação das normas de tutela das vulnerabilidades. Não configuram objeto do princípio do equilíbrio contratual, tal como aqui contemplado.[92]

Registre-se que o referido entendimento, ainda que possa soar frustrante diante das numerosas situações de desigualdade subjetiva que acabam por se refletir no campo contratual, assegura incidência mais ampla, e não mais restrita, ao princípio do equilíbrio contratual. Isso porque uma equiparação de posições subjetivas depende, sempre, de um *critério de distinção* a ser empregado na avaliação comparativa entre os sujeitos contratantes. Assim, é idoso o contratante a partir de certa idade, ou consumidor o contratante que consiste em destinatário final de um produto ou serviço (ou equiparados). É a partir desses elementos que se identifica, por presunção, uma vulnerabilidade, merecedora de especial proteção pela ordem jurídica. O princípio do equilíbrio contratual não fornece qualquer critério de distinção entre os contratantes. Tais critérios derivam de outros instrumentos jurídicos, que, embora também possam se inspirar nos valores constitucionais da igualdade substancial e da solidariedade social, oferecem, como se sabe, consequências próprias (*e.g.*, nulidade das cláusulas abusivas estabelecidas em desfavor do consumidor).[93] Embora em um plano muito abstrato tais mecanismos possam figurar ao lado do princípio do equilíbrio contratual como meios de concretização de relações contratuais substancialmente igualitárias, confundir as funções desempenhadas por esses instrumentos com aquela a que se destina o princípio em análise resulta em uma visão amesquinhada desse último, porque restringe sua incidência àquelas relações contratuais em que se identifique algum fator subjetivo de disparidade entre as partes.

Com isso, acaba-se por reeditar antigos espaços de imunidade no exercício da liberdade contratual, deixando à margem da incidência dos novos princípios

92 O tema será tratado com maior detalhamento nos capítulos seguintes.

93 Em igual direção, Otavio Luiz Rodrigues Junior, *Revisão Judicial dos Contratos*, cit., p. 215, o qual, inspirando-se em passagem do Ministro Aldir Passarinho Júnior, afirma que "a imprevisão mostra-se inconfundível com as cláusulas abusivas. A revisão dos contratos de consumo por onerosidade excessiva superveniente dá-se por efeito da alteração das circunstâncias, não pelo teor estático dos dispositivos contratuais, cujos vícios podem ser coibidos pelas técnicas de invalidade". Em sentido contrário, ver, por exemplo, Fernando Rodrigues Martins, *Princípio da Justiça Contratual*, cit., p. 281, que chega a inserir a defesa do consumidor como um dos fundamentos informadores da "justiça contratual": "Nessa vertente, portanto, a contemplação da justiça contratual ante a Constituição Federal indica que os fundamentos informadores são basicamente: (i) a dignidade da pessoa humana, (ii) a liberdade, (iii) a igualdade, (iv) a segurança, (v) a informação, (vi) a defesa do consumidor, (vii) a ordem econômica e, por fim (viii) os objetivos constitucionais perseguidos pela República".

contratuais – e, por derivação, dos próprios princípios constitucionais – todo o universo, por exemplo, de relações interempresariais, em que restaria legitimado o retorno do mais exacerbado liberal-voluntarismo, em dissonância com a tábua axiológica da Constituição.[94] O princípio do equilíbrio contratual, tal qual aqui delineado, não consiste em uma proteção especial, dirigida apenas àquelas pessoas que se situem, permanente ou episodicamente, em situação de vulnerabilidade. Trata-se de um princípio aplicável a *todo e qualquer* contrato, ancorado na contínua avaliação de merecimento de tutela do seu objeto, desde o nascimento até a extinção da relação contratual.

Não se deve, portanto, condicionar a incidência do princípio do equilíbrio contratual a "falhas" ou "defeitos" na formação do acordo de vontades ou a particulares situações de "assimetria informacional" entre os contratantes (para usar expressão que tem se tornado frequente em nossa doutrina), como se a passagem de um consenso puramente formal a um *consenso informado* servisse para solucionar o problema do desequilíbrio dos contratos.[95] O que se pretende, na atualidade, não é tão somente assegurar uma informação correta para o exercício consciente da liberdade contratual, mas verificar o merecimento de tutela do próprio conteúdo contratual. Não deve haver, nesse sentido, confusão entre o princípio do equilíbrio contratual e o princípio da boa-fé objetiva, o qual guarda significado próprio e escopo de atuação distinto.[96]

---

94 Sintomático, nesse sentido, o projeto de Código Comercial atualmente em tramitação no Congresso Nacional, o qual, reincidindo no velho mito da completude das codificações, pretende impedir a incidência de princípios sobre as relações interempresariais, declarando textualmente em seu art. 8º: "Nenhum princípio, expresso ou implícito, pode ser invocado para afastar a aplicação de qualquer disposição deste Código ou da lei".

95 Em percuciente análise da evolução de leis especiais e normas comunitárias no direito italiano recente, Pietro Perlingieri identifica, nesse sentido, três "fases" distintas: "*una prima, caratterizzata da un c.d. consenso formalmente legale, relativa all'art. 1341 c.c., la quale dovrebbe ritenersi conclusa per sempre; una seconda fase, del c.d. consenso informato, e quindi della trasparenza, la quale, però, non sembra sufficiente, se fine a se stessa; ed un'ultima fase, attualissima, degli ultimi dieci-quindici anni, non soltanto della informazione corretta ma del contenuto contrattuale che sia, in senso lato, meritevole di tutela secondo l'ordinamento*" (*Il diritto dei contratti fra persona e mercato – Problemi del diritto civile*, Nápoles: ESI, 2003, p. 447).

96 Já advertia, nessa direção, Orlando Gomes, inspirado em Messineo, que "é preciso distinguir a razão de política legislativa, que inspira a medida, da razão técnico-jurídica. A equidade, a boa-fé, a proibição de abuso de direito e tantas outras noções gerais podem ser admitidas como a razão que teria levado o legislador a abrir essa exceção ao princípio da força obrigatória dos contratos. Tecnicamente, não justificam o instituto" (*Contratos*, cit., p. 40). Como se verá adiante, no Capítulo III desta obra, mesmo no direito português, em que o legislador, ao tratar do desequilíbrio superveniente do

Em outras palavras, o princípio em estudo dirige-se ao equilíbrio do objeto do contrato. Por objeto do contrato não se deve compreender tão somente as suas prestações principais. Ao intérprete cumprirá observar não apenas o somatório das prestações principais e acessórias, mas todo o complexo conjunto de direitos, faculdades, obrigações, ônus e outras situações jurídicas derivadas do contrato[97] – direitos e obrigações em sentido *lato* –, com vistas a identificar o seu reflexo concreto sobre os contratantes.[98] O que ao princípio em tela interessa

---

contrato, mencionou expressamente a boa-fé, tal menção tem sido criticada pela melhor doutrina ao argumento de que tratar do tema do desequilíbrio à luz da boa-fé "é desfocar a questão. Se se tem direito, exigi-lo é um ato correto. A questão é prévia, reside no próprio conteúdo da vinculação, que ficou abalada pela superveniência da alteração anormal. (...) No plano objetivo, a boa-fé traduz-se em regras de conduta. Mas aqui não se traçam regras de conduta, faz-se uma valoração do conteúdo tomado por si. (...) Não se regula a conduta, valora-se diretamente o conteúdo, e é em decorrência da valoração negativa deste que se cria a impugnabilidade da relação, no sentido da resolução ou modificação desta" (José de Oliveira Ascensão, Alteração das Circunstâncias e Justiça Contratual no Novo Código Civil, in *R. CEJ*, n. 25, Brasília, abr./jun. 2014, p. 65).

97 Nas palavras de Luiz Edson Fachin, em entrevista à Carta Forense: "A segurança jurídica é muito importante, mas não se esgota no âmbito da estabilidade formal do pactuado. Ela também diz respeito ao aspecto material da garantia do equilíbrio entre direitos, deveres, ônus e benefícios distribuídos às partes ao longo de todo o processo contratual. Pensar em segurança jurídica como estabilidade meramente formal é uma visão reducionista do fenômeno, pois o contrato se insere em um processo obrigacional dinâmico no qual a estabilidade da relação de equilíbrio engendrada no momento da celebração deve, sem embargo, ser mantida, ainda que com modificação do formalmente pactuado. Trata-se de uma dimensão material da segurança. De outro lado, a segurança jurídica deve abarcar também a higidez do ordenamento jurídico centrado nos direitos fundamentais constitucionalmente garantidos. Não há segurança jurídica formal do contrato contra a segurança jurídica na proteção dos direitos fundamentais. Isso significa que um contrato que, desde a gênese, contraria princípios dessa natureza, não atende aos preceitos normativos mais básicos do ordenamento. Para esse contrato, não há, mesmo, segurança jurídica formal, porque ofende o cerne de todo o sistema jurídico" (Entrevista à Carta Forense: *Contrato e Ordem Pública*, 2-12-2009, disponível em www.cartaforense.com.br).

98 Evidentemente, em se tratando de contratos coligados, a análise há de ser estendida a todos os contratos em coligação. Recorda-o expressamente Fernanda Paes Leme: "(...) tais efeitos presumidamente equivalentes dizem respeito ao completo negócio. Vale dizer, compreende, não só as prestações principais, mas também as ditas secundárias e instrumentais, ônus, prerrogativas, enfim, todas as situações jurídicas derivadas do contrato e, também a coligação contratual. Nessa última hipótese, eventual equilíbrio ou falta deste pressupõe a verificação do conjunto de pactos realizados, especialmente quando houver uma união com dependência entre eles. Isso porque, mesmo que cada um dos contratos pertencentes da rede tenha um sinalagma próprio, pode ocorrer de o equilíbrio estar no conjunto contratual, de sorte que um pacto individualmente considerado pode aparentar

não são as situações jurídicas em si, mas as suas consequências *econômicas*,[99] ou seja, os sacrifícios econômicos suportados e os benefícios econômicos auferidos pelas partes em virtude dos direitos e obrigações, sempre *lato sensu*, que compõem o contrato.[100] Por essa razão, preferiu-se não se adotar nesta obra a tradicional nomenclatura "equilíbrio das prestações", pois se pretende enfatizar que não se trata tão somente de avaliar as prestações em sentido estrito. Mais: não se limita o equilíbrio contratual, na perspectiva aqui adotada, aos contratos com prestações correspectivas, como poderia sugerir aquela expressão; aplica-se por força de sua matriz constitucional a toda e qualquer espécie de contrato, sendo certo que o próprio Código Civil reconhece, em ao menos uma passagem, a possibilidade de reequilíbrio de contratos unilaterais.[101]

Assim, o princípio do equilíbrio contratual não está adstrito a mero reforço daquilo que já derivaria da própria noção de comutatividade, centrada sobre o vínculo correspectivo entre prestações.[102] Sua aspiração é mais ampla que a mera valorização de um dado estrutural já presente na ordem jurídica brasileira. Destina-se a impedir não somente que um contratante sofra sacrifício econômico desproporcional ao benefício econômico obtido – o que se pode denominar desequilíbrio contratual *vertical*, porque constatado a partir

---

desequilíbrio, sem que esse seja real" (*Princípio do Equilíbrio Funcional dos Contratos*, Tese de Doutorado, Rio de Janeiro: UERJ, 2016, p. 256-257). Na jurisprudência, ver, por todos, STJ, 5ª T., AgRg no REsp 1206723/MG, Rel. Min. Jorge Mussi, 17-5-2012: "Nesse contexto, a interdependência, a conexidade ou a estreita vinculação dos referidos contratos restam claras e evidente, haja vista a unidade dos interesses representados, principalmente os de natureza econômica, constituindo o que a doutrina convencionou denominar de contratos coligados. (...) Logo, embora seja possível visualizar de forma autônoma cada uma das figuras contratuais entabuladas, exsurge cristalina a intervinculação dos acordos firmados, revelando a inviabilidade da revisão estanque e individualizada de contratos que estão coligados por uma função econômica comum".

99 Outras consequências, de caráter não econômico (morais, afetivas etc.), podem influenciar na aplicação de institutos próprios, mas não se confundem com o problema do equilíbrio contratual, como se verá no capítulo seguinte deste livro.

100 Neste livro, portanto, examina-se a questão da proporcionalidade "não no equilíbrio das prestações senão no *equilíbrio dos sacrifícios*" que o contrato impõe sobre os contratantes, para usar uma expressão de Miguel Maria de Serpa Lopes, *Curso de Direito Civil: Fontes das obrigações: Contratos*, v. III, Rio de Janeiro: Freitas Bastos, 2001, p. 54-55, em passagem na qual o autor procura dissecar os vários sentidos possíveis da relação de equivalência.

101 Trata-se do art. 480 do Código Civil, que admite em contratos unilaterais a redução da prestação ou a alteração do modo de executá-la quando se tornar excessivamente onerosa. Tal dispositivo será analisado em detalhe no Capítulo III desta obra.

102 A noção de comutatividade e sua relação com o equilíbrio contratual serão detalhadas no Capítulo 2 desta obra.

da comparação entre as dimensões econômicas dos direitos e obrigações recíprocos que compõem o objeto do contrato –, mas também que sofra sacrifício econômico desproporcional ao assumido – o que se pode denominar desequilíbrio contratual *horizontal*, porque verificado a partir do agravamento do sacrifício econômico imposto ao contratante no tempo, entre o momento da formação do contrato e o momento da sua execução.[103]

Enquanto o desequilíbrio contratual vertical pressupõe um contrato cujo objeto seja composto de direitos e obrigações recíprocos (contrato bilateral), o desequilíbrio contratual horizontal pode ocorrer em contratos bilaterais ou unilaterais.[104] É exemplo de norma dirigida à proteção contra o desequilíbrio contratual vertical o art. 478 do Código Civil. É exemplo de repreensão ao desequilíbrio contratual horizontal não apenas o art. 480 da codificação, restrito aos contratos unilaterais, mas também o art. 317, aplicável tanto a contratos unilaterais quanto bilaterais.[105] Todos esses conceitos serão examinados em detalhe nos Capítulos II e III desta obra, de modo que não há necessidade de desenvolvê-los mais, por ora.

---

103 Um paralelo dessa construção na doutrina estrangeira pode ser encontrado em Carlo G. Terranova, *L'eccessiva onerosità nei contratti – artt. 1467-1469*, Milão: Giuffrè, 1995, p. 126: "*La disciplina dell'eccessiva onerosità, pur con modalità diverse nei contratti unilaterali rispetto a qulli corrispettivi, reagisce comunque ed in ogni caso ad un particolare aggravio dell'impegno economico di una delle parti e, di rimando, nella sola seconda ipotesi, anche alla correlativa alterzione del programmato equilibrio di valore delle prestazioni*".

104 Sobre tal possibilidade, ver, entre outros autores estrangeiros, Cesare Massimo Bianca, *Diritto civile*, cit., p. 421: "*Se quindi eventi straordinari e imprevedibili aggravano in misura sproporzionata il sacrificio economico del debitore, sconvolgendo l'originaria portata dell'impegno assunto, si giustifica un rimedio che consenta l'equa riduzione della prestazione dovuta*".

105 Da aplicação do art. 317, aliás, poderia se cogitar mesmo fora do campo estritamente contratual, pois a referida norma incide, em teoria, também sobre os negócios jurídicos unilaterais. Daí por que, a rigor, se poderia aludir não apenas a um princípio do equilíbrio contratual, mas também, de modo mais abrangente, em um *princípio do equilíbrio negocial*. Registre-se, entretanto, que todas as demais normas do nosso ordenamento jurídico que tratam do equilíbrio restringem sua aplicação ao campo contratual. Mesmo os arts. 156 e 157 do Código Civil, aplicáveis em tese a todos os negócios jurídicos, aludem expressamente à presença da "outra parte" (art. 156), quando não à "prestação oposta" (art. 157), de modo que autolimitam sua incidência ao campo dos contratos. Além disso, na jurisprudência brasileira, somente se encontram casos concretos relativos a negócios jurídicos bilaterais – contratos, portanto –, de modo que, em que pese a possibilidade teórica de construção de um princípio do equilíbrio negocial, o que exigiria a análise dos negócios jurídicos unilaterais em suas particularidades, parece certo que é no campo contratual que a incidência do princípio do equilíbrio produz efeitos concretos, razão pela qual, em homenagem ao dado realista, optou-se nesta obra pela restrição do campo de estudo aos contratos e, como consequência, ao uso da expressão "equilíbrio contratual".

Ainda no tocante às espécies de desequilíbrio, pode-se proceder a uma ulterior distinção, não a título puramente taxonômico, mas no afã de ilustrar a amplitude do princípio do equilíbrio contratual e facilitar a compreensão do seu modo de aplicação em diferentes momentos da relação contratual, conforme se verá nos próximos capítulos. Trata-se da distinção entre desequilíbrio contratual *originário* e desequilíbrio contratual *superveniente*. Originário é o desequilíbrio contratual já existente no momento de formação do contrato. Superveniente é o desequilíbrio contratual surgido *a posteriori*, após a formação do contrato.[106] A doutrina estrangeira alude, em igual sentido, ao desequilíbrio *genético* e ao desequilíbrio *funcional* do contrato (no curso do seu *funcionamento* ou no desenvolvimento de sua *função*)[107] – nomenclatura que aparece também na obra de alguns autores nacionais,[108] razão pela qual, a fim de se evitar confusão, não se adota nesta obra a nomenclatura "princípio do equilíbrio

106 Na mesma direção, em comentário ao art. 157 do Código Civil, afirma-se: "Daí dever-se apreciar a lesão segundo os valores vigentes ao tempo da celebração do negócio jurídico (art. 157, § 1º). Se a onerosidade excessiva decorre de fatos posteriores à celebração do vínculo, não há que se falar em lesão, invocando-se a resolução ou revisão contratual em razão do desequilíbrio das prestações do contrato decorrente de fatos supervenientes à sua realização" (Gustavo Tepedino, Heloisa Helena Barbosa e Maria Celina Bodin de Moraes (coords.), *Código Civil Interpretado: Conforme a Constituição da República*, Rio de Janeiro: Renovar, 2004, p. 295. v. I). Dentre os manuais, confira-se Cristiano Chaves de Farias e Nelson Rosenvald, *Direito Civil: Contratos*, cit., p. 236-237: "Não se confunda: se a desproporção das prestações e, consequentemente, a excessiva onerosidade puderem ser depreendidas das próprias disposições contratuais, há lesão – que é contemporânea à declaração de vontade; se, ao revés, a onerosidade excessiva deflui de fatos posteriores, supervenientes à declaração de vontade, não há lesão, sendo caso de revisão contratual, com base na teoria da onerosidade excessiva ou da quebra da base objetiva do negócio jurídico".

107 Ver, entre outros, Francesco Santoro Passarelli, *Dottrine generali del diritto civile*, Nápoles: Jovene, 1985, p. 183, que, de resto, situa o desequilíbrio superveniente do contrato entre os "*vizi funzionali della causa*". A relação entre o desequilíbrio superveniente e a causa do contrato, forte na doutrina italiana, será analisada no Capítulo III desta obra.

108 Assim, Ricardo Lira, em texto de 1985, já afirmava: "O sinalagma pode ser genético ou funcional, segundo se considere, no primeiro caso, o momento da formação do contrato, no segundo caso, a vida de relação nascida do contrato. Prestação e contraprestação nascem, na origem, coligadas pela interdependência e devem seguir assim, durante a execução contratual, durante a fase estática da relação. As obrigações recíprocas das partes não se autonomizam após o nascimento. Se assim fosse, o comprador estaria obrigado a pagar o preço pelo simples fato de havê-lo prometido, independentemente da satisfação pelo vendedor da contraprestação correspondente: a entrega da coisa vendida" (Ricardo Pereira Lira, A Onerosidade Excessiva nos Contratos, in *Revista de Direito Administrativo*, v. 159, Rio de Janeiro: FGV, jan./mar. 1985, p. 10-11).

funcional do contrato".[109] Os arts. 156 e 157 do Código Civil são exemplos de normas que contemplam situações de desequilíbrio contratual originário ou genético. Os arts. 317 e 478 a 480 da codificação são exemplos de normas que contemplam o desequilíbrio contratual superveniente ou funcional, o mesmo se podendo dizer de algumas normas da legislação especial, como o art. 19 da Lei do Inquilinato.[110] Conjugando-se tal distinção com aquela feita anteriormente, verifica-se que o desequilíbrio contratual superveniente pode ser vertical ou horizontal, enquanto o desequilíbrio contratual originário é sempre vertical. Também esse ponto restará mais bem desenvolvido nos Capítulos II e III, adiante.

Por ora, a visão panorâmica dessas múltiplas possibilidades de incidência do princípio do equilíbrio contratual tem apenas a função de permitir identificar o núcleo essencial do seu conceito, que consiste, em síntese, em evitar que qualquer contratante venha a sofrer sacrifício econômico *desproporcional* em decorrência do cumprimento das obrigações que compõem o objeto do seu contrato. Não se trata, dessa forma, de exigir uma igualdade absoluta entre prestações ou mesmo de exigir uma rigorosa equivalência objetiva entre direitos e obrigações atribuídos pelo contrato a cada uma das partes. Tamanha exigência não apenas representaria uma limitação excessiva à livre iniciativa em uma economia de mercado, caracterizada pela flutuação de preços e valores segundo "leis" de oferta e procura, mas comprometeria também a própria utilidade do contrato como instituto jurídico, na medida em que, a qualquer mínimo desvio de uma equivalência rigorosa, a relação contratual, dirigida à concretização do objetivo comum dos contratantes, haveria de ser interrompida "*a causa della necessità di procedere a continui addattamenti del regolamento contrattuale*."[111] Daí por que a expressão "princípio da equivalência material" ou "princípio da equivalência das prestações" não se afigura adequada, na medida em que a questão não é tanto de

109 De resto, toda e qualquer análise do contrato deve se dar, na atualidade, em perspectiva funcional, donde aludir a um princípio do equilíbrio funcional, além de redundante, poderia resultar na falsa impressão de que outros aspectos do contrato prescindem, em seu exame, da análise de sua função.

110 Todas essas normas e seus precisos efeitos, além de suas convergências e dissonâncias, serão analisados nos Capítulos II e III desta obra.

111 Ou seja, "em virtude da necessidade de proceder a contínuas adaptações do regulamento contratual". Tradução livre de trecho da obra de Cosimo D'Arrigo, *Il controllo delle sopravvenienze nei contratti a lungo termine*, in Raffaele Tommasini, *Sopravvenienze e dinamiche di riequilibrio tra controllo e gestione del rapporto contrattuale*, Turim: G. Giappichelli, 2003, p. 557. O tema será retomado, com maior detalhamento, no Capítulo IV desta obra.

equivalência (igual valor), mas sim de equilibrar (do latim, *aequi librare*, sopesar) ou, mais precisamente, de prevenir manifestas desproporções ou desequilíbrios macroscópicos.[112]

Também não se trata, como se poderia imaginar em primeira leitura de algumas passagens doutrinárias, de reprimir ou condenar o "ganho elevado" ou o "lucro exagerado" por parte de qualquer dos contratantes.[113] Não importa, a rigor, a dimensão do benefício econômico obtido por um contratante, mas sim a dimensão do sacrifício econômico imposto ao outro contratante[114] e, embora as duas noções frequentemente se conectem, nem sempre o aumento exorbitante do lucro corresponde à imposição de um sacrifício desproporcional à contraparte, sendo igualmente verdadeira a recíproca, como se verá adiante no estudo da "extrema vantagem" mencionada pelo Código Civil em seu art. 478.[115]

O princípio do equilíbrio contratual, como aqui apresentado, resume-se, assim, a veicular um controle de proporcionalidade de caráter interno e objetivo (econômico) do contrato. Não é por outra razão que a melhor doutrina estrangeira, por vezes, associa o equilíbrio contratual ao princípio da proporcionalidade:

> *Per quanto attiene al rapporto tra diritti ed obblighi, il principio di proporzionalità vige nel senso non di imporre una equivalenza delle prestazioni, ma di vietare una sproporzione macroscopica e ingiustificata*

112 A ideia de que relevam apenas desequilíbrios *excessivos* já estava presente na *laesio enormis* romana, para cuja configuração exigia-se, como já visto, um elevado descompasso ("superior à metade") entre o valor do imóvel e o preço pago. A noção de "excessividade" sempre esteve, portanto, em alguma medida, associada à repreensão do desequilíbrio contratual na tradição romano-germânica e volta à tona na teoria da *eccessiva onerosità* do Código Civil italiano, que, conforme se verá oportunamente, serviu de principal modelo para o Código Civil brasileiro nessa matéria.

113 "Com efeito, à luz do princípio da igualdade substancial, pressuposto – como é notório – da justiça social, o contrato não deve servir de instrumento para que, sob a capa de um equilíbrio meramente formal, as prestações em favor de um contratante lhe acarretem um lucro exagerado em detrimento do outro contratante" (Teresa Negreiros, *Teoria do Contrato*, cit., p. 156).

114 No mesmo sentido, em perspectiva comparada, afirmam Ewoud Hondius, Hans Christoph Grigoleit et al., *Unexpected Circumstances in European Contract Law*, cit., p. 645: "*It appears that one-sided windfall profits arising from the contract do not elicit the same inclination for equitable compensation as excessive losses*".

115 Sobre a extrema vantagem, ver Capítulo III desta obra.

> *tra queste. Il principio finiscie con il valere al fine di evitare eventuali sproporzioni eccessive.*[116]

A alusão à proporcionalidade não deve ser vista como vetor autônomo, substitutivo da alusão aos princípios constitucionais já mencionados a título de fundamentação do equilíbrio contratual.[117] Ao contrário, são precisamente

---

116 Em tradução livre: "No que diz respeito à relação entre direitos e obrigações, o princípio da proporcionalidade vigora no sentido não de impor uma equivalência das prestações, mas de vedar uma desproporção macroscópica e injustificada entre estas. O princípio acaba tendo a finalidade de evitar eventuais desproporções excessivas" (Pietro Perlingieri, *Il diritto dei contratti fra persona e mercato*, cit., p. 454). Acrescenta, ainda, Perlingieri que a proporcionalidade e a razoabilidade não se confundem, pois "*la sfera di operatività del principio di proporzionalità nei contratti appare costituita da un collegamento tra elementi di raffronto omogenei, comparabili e quantificabili. La proporzionalità tende ad essere un principio, che ha valenza sul piano quantitativo e determina, ma non sempre, la conseguenza della riduzione del contratto. Viceversa, quando il collegamento è tra elementi disomogenei, non comparabili che coinvolgono interessi non quantificabili, ad esempio, non patrimoniali, ne consegue un bilanciamento tra questi, che non può tradursi sul pinao della quantità, ma esige necessariamente una valutazione qualitativa. In queste ipotesi entrano in funzione sia il principio della ragionevolezza sia il principio dell'adeguatezza*" (ob. cit., p. 448-449).

117 Ainda uma vez, Pietro Perlingieri, *Il diritto dei contratti fra persona e mercato*, cit., p. 447: "*La proporzionalità nell'ordinamento giuridico comunitario, in realtà, descrive la natura proporzionale del sistema, ma non assurge a regola, salvo casi eccezionalissimi, e quasi sempre legati alla proporzione tra violazione dell'obbligo e sanzione; ma allorquando il principio di proporzionalità è utilizzato in altre prospettive ed in altri casi, esso, piuttosto che essere la ragione delle decisione, diventa descrittivo e fa rinvio, nel contenuto sostanziale, ad altri princípi.*" Ver, no mesmo sentido, a crítica de Gustavo Tepedino, A Razoabilidade e a sua Adoção à Moda do Jeitão, in *Revista Brasileira de Direito Civil*, v.v. 8, 2016, p. 5-6: "A prescindir da discussão quanto às semelhanças ou diferenças estruturais e funcionais entre proporcionalidade e razoabilidade – conceitos equivalentes para alguns autores e, para outros, dirigidos à valoração quantitativa e qualitativa, respectivamente – tem-se invocado acriticamente a razoabilidade como parâmetro final de decisões difíceis, identificando-a ora como boa-fé objetiva; ora como reação ao abuso de direito; ora como sinônimo de equidade; ora como a justiça no caso concreto a partir da experiência pessoal do magistrado, expressão do seu dever soberano de temperar a letra fria da lei. Tudo isso no louvável propósito de aprimorar a prestação jurisdicional, mas em grave prejuízo da segurança jurídica. (...) O resultado é tornar a razoabilidade reforço hermenêutico ocioso ou, pior, revelador de valoração subjetiva do magistrado, à moda de antiga anedota que considerava que os grandes conflitos acabam sendo decididos, pelo magistrado experiente, de acordo com o jeitão da controvérsia. Para se evitar tal anomalia, cabe à doutrina do direito privado aprofundar o debate destinado à fixação de parâmetros objetivos para a imprescindível utilização da razoabilidade, que levem em conta (i) a autonomia conceitual em relação às demais categorias; e (ii) os valores e princípios do próprio ordenamento jurídico, sem valorações subjetivas que acabam por desvirtuar a sua força como critério hermenêutico".

tais princípios que atribuem sentido material ao *controle* de proporcionalidade pretendido pelo princípio setorial do equilíbrio contratual. É, com efeito, o princípio constitucional da solidariedade que rejeita um sacrifício imposto a outrem, de modo desproporcional ao benefício auferido ou ao próprio sacrifício originariamente assumido. A igualdade substancial caminha nessa mesma direção, uma vez que, "em termos dogmáticos, a igualdade imbrica com a proibição do arbítrio",[118] evitando-se que a liberdade contratual resulte desavisadamente (arbitrariamente, portanto) em uma situação de desigual sacrifício entre as partes contratantes.

Assim, o *controle* de proporcionalidade que já se faz sentir em outros campos do direito civil – como na relação entre o inadimplemento e sanção pecuniária consubstanciada na cláusula penal (Código Civil, art. 413) ou, ainda, na relação entre inadimplemento e exercício do direito de resolução (teoria do adimplemento substancial) – passa a se estender ao conteúdo do contrato por força do princípio do equilíbrio contratual. Esse o seu papel na principiologia contratual.

3. Consequências de um princípio do equilíbrio contratual

Visto que se deve reconhecer um princípio do equilíbrio contratual no direito brasileiro, convém examinar as consequências desse reconhecimento. Seu advento rompe com a tradicional indiferença do Direito dos Contratos ao conteúdo das avenças, introduzindo parâmetro substancial para a avaliação da chamada "justiça" do contrato. Supera-se, assim, aquele antigo método liberal-voluntarista, que procura solucionar todos os conflitos surgidos na relação contratual a partir da própria vontade subjetiva dos contratantes, em uma constante e artificial remissão ao acordo originário de vontades.[119] Tudo de forma a vedar qualquer influência "externa" sobre o contrato.[120] É emblemático, nesse sentido, o raciocínio hoje aplicado para a solução do desequilíbrio superveniente do contrato: procura o intérprete, diante da constatação

118 António Menezes Cordeiro, *Da Boa Fé no Direito Civil*, cit., p. 1273.

119 Já se observou, nesse sentido, que o direito dos contratos, em sua versão liberal-voluntarista, funcionaria sempre em perspectiva "*backward-looking or historical, concerned with how agreements are made*", mas não com suas consequências (Anthony Kronman, *Contract Law and Distributive Justice*, cit., p. 476).

120 Giovanni Chiodi alude, nesse sentido, ao que denomina "*la golden rule del liberalismo economico: non solo le parti dovevano tener fede ai contratti, ma anche il giudice non poteva modificare i contratti e le obbligazioni assunte sotto il prestesto dell'equità*" (*La giustizia contrattuale – Itinerari della giurisprudenza italiana tra Otto e Novecento*, cit., p. xxiii).

do desequilíbrio, imaginar como teriam se comportado os contratantes, a quem teriam atribuído aquele risco se tivessem previsto sua ocorrência, para, então, com base nessa *vontade virtual* das partes, proceder à alocação do ônus excessivo surgido após a celebração do contrato. Tal modo de proceder gera resultados cientificamente frágeis e, em alguns casos, verdadeiramente arbitrários, conforme se verá nos próximos capítulos.

A superação da exclusividade de um método de solução de desequilíbrios de caráter formal-voluntarista no Direito dos Contratos por meio da abertura a um método de solução substancial-realista contribui, em última análise, para uma progressiva transformação da própria noção de contrato na contemporaneidade. A definição do contrato como acordo de vontades dirigido à criação, modificação ou extinção de obrigações[121] centra o núcleo essencial do instituto sobre a conjugação das vontades individuais, em construção que se afigura insuficiente na atualidade, diante da constatação de que o contrato não configura, no mais das vezes, uma livre opção do contratante, mas uma autêntica necessidade da vida contemporânea. Enquanto, no passado, ainda se podia compreender historicamente a adesão à lógica liberal subjacente às soluções jurídicas segundo a qual o contratante "contratou porque quis", o certo é que, hoje, em um cenário de *supercontratualização* das relações sociais e econômicas, frequentemente o contratante não contrata porque *quer*, mas porque *precisa*. Sem o contrato, o contratante é privado do acesso a bens e serviços essenciais à sua existência digna e à sua própria inserção na comuni-

---

121 Definição consagrada, em termos substanciais, pelo art. 1.101 do Code Napoléon, que influenciou e continua a influenciar sobremaneira nossa doutrina civilista: "*Le contrat est un accord de volontés entre deux ou plusieurs personnes destiné à créer, modifier, transmettre ou éteindre des obligations.*" Entre nós, ver Clóvis Beviláqua, *Codigo Civil dos Estados Unidos do Brasil Commentado por Clóvis Beviláqua*, v. IV, Rio de Janeiro: Livraria Francisco Alves, 1917, p. 240: "O Codigo Civil não nos oferece uma definição de contracto; mas, tendo definido acto juridico (art. 81), forneceu-nos os elementos precisos para fixarmos a noção geral desta especie de actos jurídicos. Devemos definir contracto o accordo de vontades para o fim de adquirir, resguardar, modificar ou extinguir direitos." Em igual direção, Caio Mário da Silva Pereira, "o contrato é um acordo de vontades, na conformidade da lei, e com a finalidade de adquirir, resguardar, transferir, conservar, modificar ou extinguir direitos" (*Instituições de Direito Civil: Contratos*, cit., p. 7). Ajustando, em parte, o conceito, ver Darcy Bessone de Oliveira Andrade, *Do contrato*, Rio de Janeiro: Forense, 1960, p. 29: "Êste é o verdadeiro conceito do contrato, que com ligeira modificação, pode assim exprimir-se em vernáculo: 'O contrato é o acôrdo de duas ou mais pessoas para, entre si, constituir, regular ou extinguir uma relação jurídica de natureza patrimonial'".

dade em que vive. Nesse contexto, não contratar significa, em larga medida, ser excluído da sociedade contemporânea.[122]

Em tal contexto, o princípio do equilíbrio contratual não pode assumir um papel de mera temperança de uma exacerbada liberdade de contratar. Não se trata de impor um "limite externo" à autonomia privada, nem de exercer um policiamento judicial dos contratos para verificar se as partes se ativeram às fronteiras de um círculo de atuação em que a vontade atuaria livremente. O princípio do equilíbrio contratual redimensiona, a rigor, a liberdade contratual,[123] definindo qual liberdade de contratar afigura-se consentânea com a ordem jurídica brasileira.

4. Qual liberdade de contratar?

Nem o mais ferrenho defensor do liberalismo jurídico contenta-se com a mera declaração de vontade dos contratantes para assegurar validade e eficácia aos contratos. A declaração de vontade nunca foi tomada em sentido puramente procedimental. As circunstâncias em que se deu a emissão dessa declaração sempre tiveram alguma importância. Na imagem forte de Anthony Kronman, "*if someone has spoken the sacred oath with a gun at his head*",[124] não há justificativa para que o contrato seja considerado válido e eficaz, ainda que todas as

---

122 Trata-se, no entendimento de Bauman, de um reflexo inerente à sociedade de consumo: "No dia seguinte ao ultraje do 11 de Setembro, G.W. Bush, clamando para que os americanos superassem o trauma e voltassem ao normal, não encontrou prescrição melhor que dizer 'Voltam a comprar'. O nível de nossa atividade de compra e a tranquilidade com que jogamos fora um objeto de consumo para substituí-lo por um 'novo e aperfeiçoado' é que serve de medida essencial do nosso status social e do nosso placar na competição para ter sucesso na vida. Para todas as dificuldades com que deparamos no caminho trilhado para nos afastar dos problemas e nos aproximar da satisfação, nós buscamos a solução nas lojas. (...) Completude do consumidor significa completude na vida. Eu compro, logo existo. Comprar ou não comprar já não é mais a questão" (Zygmunt Bauman, A *Riqueza de Poucos Beneficia Todos Nós?*, cit., p. 66-67).

123 Como afirma Perlingieri, "*la libertà, in un ordinamento sociale e solidaristico, deve essere regolata, conformata ai valori di fondi ai quali l'ordinamento si ispira. (...) Necessario, quindi, è trovare una disciplina del contratto che sia compatibile con la libertà di mercato, non intensa però come libertà incondizionata*" (Pietro Perlingieri, *Il diritto dei contratti fra persona e mercato – Problemi del diritto civile*, cit., p. 467).

124 Em tradução livre: "se alguém tiver proferido o juramento sagrado com uma arma na cabeça". A expressão é usada por Anthony Kronman, *Contract Law and Distributive Justice*, cit., p. 477, em alusão à origem da abordagem formalista do consenso pelo Direito dos Contratos contemporâneo, situada nas fórmulas verbais do Direito Romano.

formalidades necessárias à manifestação de vontade tenham sido rigorosamente seguidas.[125] Faltar-lhe-ia voluntariedade em sentido substancial.

A divergência entre os defensores do pensamento liberal-voluntarista e os defensores de um princípio do equilíbrio contratual é, como se vê, uma divergência parcial: ambos concordam que o contrato precisa ser "justo", mas enquanto os primeiros sustentam que "justo" é o livremente desejado, os segundos entendem que para que seja considerado "justo", além de livremente desejado, o contrato precisa ser objetivamente equilibrado. O artifício empregado pelo liberalismo jurídico consistiu, essencialmente, em travestir o desequilíbrio objetivo em vício subjetivo, na medida em que o contrato desequilibrado atrai a reação da ordem jurídica, mas apenas se restar provado que o desequilíbrio não foi livremente desejado pelas partes.

Nesse cenário, o ônus da prova do vício subjetivo recai sempre sobre aquele que sofre o desequilíbrio do contrato, ônus do qual precisa se desincumbir demonstrando que sua vontade não fora livremente manifestada. O desequilíbrio, por si só, não basta para atrair qualquer remédio jurídico. Foi exatamente essa a orientação seguida pela nossa codificação de 2002, que, conforme se verá adiante, limitou-se a reprimir o desequilíbrio enquanto resultado de um vício ou falha na manifestação de vontade do contratante prejudicado, a qual deve restar rigorosamente demonstrada por esse último. Tal atribuição do ônus probatório não tem razão de ser em uma economia de mercado, guiada por um parâmetro utilitarista nas relações econômicas.[126] Com efeito, a presunção há de ser que todos os contratantes buscam ingressar em relações economicamente equilibradas. O desequilíbrio pode ser "desejado", mas derivará de um propósito específico, como a prática de uma liberalidade ou a assunção de um risco. Tais atitudes são, todavia, vistas com cautela pela própria ordem jurídica, que não as presume, como se pode ver, a título ilustrativo, quer da disciplina da doação (paradigma dos contratos unilaterais),[127] quer da disciplina dos contratos aleatórios.[128]

---

125 Anthony Kronman, *Contract Law and Distributive Justice*, cit., p. 477.

126 Como explica Mario Barcellona, em perspectiva centrada sobre o conceito de causa, "*in un sistema che coniuga insieme libertà contrattuale e libero mercato, il compito, che per l'aspetto qui considerato è assegnato al giudizio causale, consiste, propriamente, nel verificare che l'esercizio della prima sia avvenuto sotto il vincolo del paradigma utilitario proprio del secondo*" (*Della causa – Il contratto e la circolazione della ricchezza*, Pádua: Cedam, 2015, p. 390).

127 "Art. 541. A doação far-se-á por escritura pública ou instrumento particular. Parágrafo único. A doação verbal será válida, se, versando sobre bens móveis e de pequeno valor, se lhe seguir *incontinenti* a tradição."

128 Arts. 458 a 461 do Código Civil, que, conforme se verá adiante, exigem a assunção do risco pelo contratante.

Assim, como se verá detalhadamente mais adiante, ao tratar do desequilíbrio originário ou superveniente, a ordem jurídica deveria, no mínimo, fazer presumir o vício ou falha de vontade a partir do objetivo desequilíbrio do contrato, sem atribuir ao contratante prejudicado qualquer ônus da prova adicional. A atribuição de referido ônus destoa da própria diretriz seguida pelo legislador brasileiro que, como dito, não presume liberalidades, nem assunção de riscos. Nessa direção, chegava a afirmar expressamente o Projeto Ítalo-Francês de Obrigações e Contratos, de 1927:

> Art. 22: (1) Se as obrigações de um dos contraentes são de todo desproporcionais às vantagens que ele extrai do contrato ou à prestação do outro contraente, *de maneira que, segundo as circunstâncias, deva presumir-se que o seu consenso não tenha sido suficientemente livre*, o juiz pode, mediante pedido da parte lesada, anular o contrato ou reduzir a obrigação. (...)[129]

A desproporção entre as prestações consubstancia, de fato, indício de um consentimento que não foi "suficientemente livre",[130] razão pela qual se impõe,

---

129 Grifou-se. Tradução livre do original: "*Art. 22: (1) Se le obbligazioni di uno dei contraenti sono del tutto sproporzionate ai vantaggi che egli trae dal contratto o alla prestazione dell'altro contraente, di maniera che, secondo le circostanze, debba presumersi che il suo consenso non sia stato sufficientemente libero, il giudice può, su domanda della parte lesa, annullare il contratto o ridurre l'obbligazione. (...)*". Conquanto nunca tenha entrado em vigor, referido projeto é até hoje referência em matéria de Direito das Obrigações e dos Contratos.

130 Observa Anthony Kronman que, mesmo em uma perspectiva liberal, a voluntariedade do acordo não depende apenas da manifestação de vontade em si, mas das circunstâncias em que tal manifestação é emitida: "*In assessing the voluntariness of an agreement, it is not enough merely to determine that the agreement was motivated by a deliberate decision of some sort; we also want to know something about the circumstances under which it was given. (...) Whenever a promisor complains that his agreement was coerced and therefore oughy not to be enforced, he should be understood as claiming that the agreement was given under circumstances that rendered it involuntary. In making an argument of this sort, a promisor may point to many different circumstances or conditions: he may say, for example, that his agreement was involuntary because he kacked the mental and emotional capacities required to appreciate its consequences; or a promisor may claim that he was threatened or deceived by the other party, or that his agreement was given at a time he was hard-pressed for cash and therefore had no choice but to accept the terms proposed by the promisee; or a promissor may assert that his agreement was involuntary because he, unlike the other party, was ignorant of certain facts which, if known at the time of contracting, would have led him to make a different agreement or no agreement at all; or he may say that he other party had a monopoly of some scarce resource – the only water hole or the best cow or the strongest shoulders in town – a monopoly which enabled him to dictate terms of sale to the promisor, making their agreement what is sometimes called a*

no mínimo, um raciocínio baseado em presunção de vício ou falha da vontade a partir do desequilíbrio, conforme se verá, detalhadamente, no capítulo seguinte desta obra. O ingresso em uma relação contratual desequilibrada sugere, até prova em contrário, que não ocorreu um pleno exercício da liberdade contratual ou que tal exercício não se deu com base em um consentimento livre, consciente e informado.[131] Tem-se até aí, cumpre notar, uma construção ancorada na própria liberdade de contratar. Trata-se, em outras palavras, de um expediente próprio do liberalismo, mas de um liberalismo que deixa de ser puramente procedimental ou formal para passar a ser substancial, preocupado com um exercício material ou real da liberdade: uma liberdade efetiva.

Esse primeiro passo, todavia, não basta ao Direito contemporâneo. A presunção sempre poderá ser afastada pela prova negativa (de que não houve vício ou lapso da vontade), o que exclui a incidência de institutos erigidos pelo legislador com base em vícios do consentimento e outras estruturas típicas do pensamento liberal-voluntarista. Uma ordem jurídica comprometida com uma autonomia privada que não seja um valor em si mesma, mas seja tutelada apenas na medida em que sirva de instrumento à realização dos valores fundamentais do ordenamento jurídico – que protege, ao lado da liberdade, a igualdade substancial e a solidariedade social, entre outros valores –, não pode se contentar com a mera ausência de vício ou falha da vontade. Tal ausência por si só não torna merecedor de tutela o concreto exercício de autonomia privada, tanto mais se resulta em um contrato objetivamente equilibrado. Há que se perquirir a razão material que torna aquele contrato, ainda

---

'contract of adhesion'. In some of these cases, the circumstances allegedly making the promisor's agreement involuntary is an incapacity of the promisor himself – his insanity, youth, ignorance or impecuniousness. In others, the involuntariness of the promisor's agreement is attributable to an act by the other party – a fraudulent deception or threat of physical harm. Finally, in some cases, it is the other party's monopolization of a scarce resource and the market power he enjoys as a result which (it is claimed) renders the promisor's agreement involuntary. In each case, however, the promisor is asserting that his agreement, although deliberately given, lacked voluntariness because of circumstances under which it was made – circumstances that in one way or another restricted his range of alternatives to a point where the promisor's choice could be said to be free in name only" (*Contract Law and Distributive Justice*, cit., p. 478-479).

131 "O Direito não procura uma igualdade negocial absoluta como regra: basta ver que admite a figura dos negócios gratuitos. Mas o desequilíbrio deve ser esclarecido e livremente querido por quem o sofra. Esta necessidade de conhecimento, face à desvantagem, estende-se às vicissitudes que, supervenientemente, possam atingir situações contratuais ou similares, em princípio estáticas" (António Menezes Cordeiro, *Da Boa Fé no Direito Civil*, cit., p. 651).

assim, merecedor de proteção à luz do ordenamento jurídico (e.g., prática legítima de uma liberalidade, assunção legítima de risco).

Daí por que forçoso rejeitar a consagrada orientação segundo a qual a relação de equilíbrio entre vantagens e desvantagens econômicas decorrentes de direitos e obrigações assumidos no contrato é *puramente subjetiva*, no sentido de ser livremente fixada pelas partes. Afirma-se, nesse sentido, que, em uma economia de mercado, o valor das prestações é definido pela sua utilidade para as partes, de tal modo que "*le prestazioni di un contratto di scambio risultano bilanciate in un rapporto di adeguatezza, e non di 'equilibrio' o 'equivalenza', ossia in un giusto rapporto di reciproca convenienza la cui valutazione è rimessa completamente alle parti*".[132] Conclui-se, dessa forma, que "*l'idea della necessità che venga rispettato un 'giusto' rapporto di scambio fra i valori delle prestazioni contrattuali appare estranea ai sistemi che si ispirano ai princìpi dell'economia di mercato (...) perché nella logica di questi sistemi viene a mancare il criterio obiettivo di valuztazione delle singole prestazioni*".[133]

Referido caminho apresenta algumas desvantagens relevantes. Primeiro, conduz à necessária admissão de um espaço de arbítrio entre os contratantes, que, à falta de demonstração de um vício ou falha da vontade, restariam livres para estabelecer relações desequilibradas justificadas tão somente pelo exercício de uma vontade "sem razão". Daí deriva, na prática, uma impossibilidade de

132 Em tradução livre: "as prestações de um contrato de troca resultam equilibras em uma relação de adequação, e não de 'equilíbrio' ou 'equivalência', ou seja, em uma justa relação de recíproca conveniência cuja valoração é deixada completamente às partes". Trecho original de Serafino Gatti, L'adeguatezza fra le prestazioni nei contratti con prestazioni corrispettive, in *Rivista di diritto commerciale*, 1963, v. I, p. 443.

133 Em tradução livre: "a ideia da necessidade de que venha respeitado uma 'justa' relação de troca entre os valores das prestações contratuais parece estranha aos sistemas que se inspiram no princípio da economia de mercado (...) porque na lógica destes sistemas vem a faltar o critério objetivo de valoração das prestações individuais." Trecho original de Raffaella Lanzillio, *Regole del mercato e congruità dello scambio contrattuale*, in *Contratto e impresa*, Pádua: Cedam, 1985, p. 309. No Brasil, ver, em defesa desse posicionamento, Paulo Roberto Roque Antônio Khouri, *A Revisão Judicial dos Contratos no Novo Código Civil, Código do Consumidor e Lei 8.666/93: a onerosidade excessiva superveniente*, São Paulo: Atlas, 2006, p. p. 149-150: "Essa ideia de equilíbrio tem necessariamente como ponto de referência o próprio conteúdo contratual que as partes, dentro da liberdade de contratar, estipularam no momento da celebração da avença. Não é função do instituto objeto deste livro salvaguardar os interesses de nenhuma das partes quanto a uma contratação que no próprio ato de celebração já se mostrava desvantajosa para uma delas. Essa 'desvantagem' em princípio insere-se no próprio risco das partes; apenas excepcionalmente, como nos casos das relações de consumo ou da lesão, pode traduzir-se em invalidade".

controle judicial,[134] ou, em outras palavras, uma genuína imunidade, na medida em que toda e qualquer controvérsia relativa ao desequilíbrio objetivo do contrato resta pré-excluída pela consagração de uma relação subjetivamente estabelecida que, dispensando justificativa adicional à simples manifestação de vontade, impede qualquer avaliação pelo juiz – visto, nesse contexto, como "um estranho" à relação contratual.[135] Repele-se, nessa abordagem, qualquer interferência sobre aquilo que já foi chamado de um "*spazio gelosamente costodito dai contraenti e assolutamente impenetrabile, perché affare privato insuscettibile di ogni intervento esterno*".[136] O desequilíbrio do contrato resta, desse modo, à margem de qualquer espécie de consequência jurídica.

Em segundo lugar, a admissão de um equilíbrio puramente subjetivo conduziria – como, hoje, tem conduzido – à presunção de que tudo quanto não foi contemplado pelas partes representa risco assumido, salvo se demonstrado que tal risco era, ao tempo da formação do contrato, "imprevisível".[137] A presunção

---

134 Confira-se, por sua importância, a passagem de Mota Pinto, para quem "acresce que o acordo dos particulares é, no domínio jurídico-privado, determinante para a ponderação e avaliação do peso relativo de certos bens, sobretudo no domínio patrimonial – o que, aliás, não tem de basear-se em mais do que a simples, e humilde, constatação de que é em muitos casos impossível definir ou apurar objectivamente em muitos casos o que é a justiça material nas transacções entre particulares (por ex., o 'preço justo' do contrato)" (Paulo Mota Pinto, A Influência dos Direitos Fundamentais sobre o Direito Privado Português, in António Pinto Monteiro et al. (org.), *Direitos Fundamentais e Direito Privado – Uma Perspectiva de Direito Comparado*, Coimbra: Almedina, 2007, p. 153).

135 "*En efecto: mientras las dos voluntades deben interpretarse en la armonía entre sí, evitando que uno de los contratantes aventaje al otro, la norma en estudio puede hacer pensar al juez que puede manejar el acto según sus puntos de vista personales, provocando con ello una injusta ventaja de una de las partes, en perjuicio de la otra, con el vano intento de establecer – él que es un extraño – la compensación y equilibrio de intereses de quienes habiéndose obligado personalmente son los únicos que pueden y deben ocuparse de sus negocios y derechos, los cuales el juez debe proteger escrupulosamente, tal como los hayan querido originar y desenvolverlos*" (Giuseppe Stolfi, *Teoría del Negocio Jurídico*, trad. Jaime Santos Briz, Madri: Revista de Derecho Privado, 1959, p. 294). Em direção semelhante, fala-se em "*intrusioni*" do juiz no âmbito reservado à autonomia privada, como registra Carlo G. Terranova, *L'eccessiva onerosità nei contratti*, in Piero Schlesinger (org.), *Il Codice Civile. Commentario*, Milão: Giuffré, 1995, p. 104.

136 Em tradução livre: "espaço invejosamente custodeado pelos contraentes e absolutamente impenetrável, porque negócio privado insuscetível de qualquer intervenção externa" (Fabrizio Volpe, *La giustizia contrattuale tra autonomia e mercato*, Nápoles: E.S.I., 2004, p. 23, em perspectiva crítica).

137 Os vários sentidos do termo "imprevisível" na doutrina brasileira serão examinados, em detalhe, no Capítulo III desta obra, no âmbito do estudo do desequilíbrio contratual superveniente.

acabaria, portanto, por ser oposta àquela que seria de se esperar do tratamento que a ordem jurídica reserva aos contratos aleatórios e à questão do risco: todo o risco de desequilíbrio não contemplado no contrato restou, pelo silêncio dos contratantes, *assumido*, salvo se provado que, sendo imprevisível, não era passível de assunção. Tal presunção, que atinge, em cheio, o problema do desequilíbrio contratual superveniente, afigura-se não apenas contrária à ordem jurídica – que rejeita, como já visto, a assunção silenciosa de riscos e que não atribui, em regra, ao silêncio a aptidão para criar obrigações (Código Civil, art. 111)[138] – mas também atentatória da lógica econômica em um cenário de contratações cada vez mais complexas e duradouras.

Com efeito, os adeptos da análise econômica do direito têm destacado que a elaboração de contratos que contemplassem todos os riscos previsíveis e os distribuíssem entre as partes consubstanciaria prática antieconômica, na medida em que elevaria demasiadamente os chamados custos de transação. Afirma-se, nesse sentido, que uma rigorosa e detalhada descrição de todas as possibilidades de ações que deveriam ser adotadas para atualizar o conteúdo

---

138 "Art. 111. O silêncio importa anuência, quando as circunstâncias ou os usos o autorizarem, e não for necessária a declaração de vontade expressa." A doutrina comenta tal dispositivo legal, ressaltando que o silêncio, em regra, não cria obrigação: "O silêncio, por si só, desvinculado de outros elementos, nada representa que interesse ao mundo jurídico. Sucede, entretanto, que, por força mesmo das circunstâncias em que se haja verificado, possível seja interpretado como manifestação de vontade" (Eduardo Ribeiro de Oliveira, Comentários ao Novo Código Civil: Dos bens. Dos fatos jurídicos. Do negócio jurídico. Disposições gerais. Da representação. Da condição. Do termo e do encargo: Arts. 79 a 137, v. II, in Sálvio de Figueiredo Teixeira (org.), *Comentários ao Novo Código Civil*, Rio de Janeiro: Forense, p. 236-237). Destaca, já no campo do Direito dos Contratos, Clóvis Beviláqua, *Código Civil dos Estados Unidos do Brasil comentado por Clóvis Beviláqua*, cit., p. 246. v. IV: "Do silencio do oblato não se póde concluir que tenha acceito a proposta, senão nos casos em que não ha costume de acceitar, de modo expresso, ou em que o pollicitante dispensou a resposta á sua oferta". Acrescenta, sobre o tema, Sílvio de Salvo Venosa, *Direito Civil: Parte Geral*, 12. ed. São Paulo: Atlas, 2012, p. 366-367: "No direito moderno, em que pesem várias correntes, o silêncio é tido, em regra, como fato ambíguo, que por si só não representa manifestação de vontade: quem cala não nega, mas também não afirma. Na verdade, o silêncio apenas produz efeitos quando acompanhado de outras circunstâncias ou condições. O silêncio de um contratante só pode induzir manifestação de vontade, aquiescência de contratar, se naquelas determinadas circunstâncias, inclusive pelos usos e costumes do lugar, pode intuir-se uma manifestação volitiva. (...) Desse modo, não se pode admitir que quem pura e simplesmente silencia em face de proposta de contrato a aceita (*qui tacet consentire videtur* – quem cala consente). Também é de se rejeitar, dados os inúmeros inconvenientes, a situação de quem cala, quando podia e devia falar, aceita (*qui tacet, ubi loqui potuit ac debuit, consentire videtur* – quem cala quando poderia ou deveria falar consente)".

do contrato seria "em termos econômicos excessivamente custosa; ou, melhor dizendo, os estados de natureza poderiam ser descritos detalhadamente somente mediante custos vertiginosos".[139] Na mesma direção já se registrou que "ninguém de bom senso iria contratar a 20 ou 30 anos se, no programa económico-financeiro subjacente tivesse de integrar variáveis de tipo político ou de tipo económico, nacional e/ou internacional".[140]

O problema, aliás, não se limita à previsão dos riscos que podem comprometer o cumprimento do contrato, mas se estende por diferentes aspectos da relação contratual que possam variar em função de ocorrências futuras. Por exemplo, em estudo que lhes rendeu o Prêmio Nobel de Economia em 2016, Oliver Hart e Bengt Holmström, tratando das premiações por performance nos contratos, afirmaram:

> (...) *it may be difficult to write a sufficiently detailed contract ex ante, specifying exactly what aspect of performance will be rewarded. Finally, even if such a contract could be written, it may be difficult to enforce it, because a third party (e.g., a judge) may not be able to verify the performance ex post. In view of the difficulties involved in writing and enforcing detailed contracts, it is not surprising that many of the contracts we actually observe are highly incomplete.*[141]

---

139 Tradução livre do trecho de Fabrizio Volpe, *La giustizia contrattuale tra autonomia e mercato*, cit., p. 200, em que se lê "*una rigorosa e dettagliata descrizione di tutte le possibili azioni che dovrebbero essere intraprese per attualizzare il contenuto contrattuale sarebbe, in termini economici, eccessivamente costosa; o, per meglio dire, gli stati di natura potrebbero essere descritti dettagliatamente soltanto affrontando costi vertiginosi*". O mesmo autor acrescenta: "*Ne consegue la formula per la quale le parti aggiungeranno una clausola relativa ad una determinata circostanza soltanto se il costo della sua predisposizione è inferiore al beneficio che ci si attende*". Sob o prisma econômico, não é verdadeira, portanto, a afirmação tão corriqueira em nossa doutrina de que "os fatos imprevisíveis, por outro lado, são aqueles que as partes não previram no momento da celebração do contrato, caso contrário não teriam contratado, ou já teriam incluído no contrato meios de evitar eventuais prejuízos que tais fatos pudessem acarretar às partes" (Giuliana Bonanno Schunck, *A Onerosidade Excessiva Superveniente no Código Civil*, cit., p. 94).

140 António Menezes Cordeiro, Contratos públicos: subsídios para a dogmática administrativa, com exemplo no princípio do equilíbrio financeiro, in *Cadernos O Direito*, n. 2, Coimbra: Almedina, 2007, p. 111.

141 Em tradução livre: "(...) pode ser difícil redigir um contrato suficientemente detalhado *ex ante*, especificando exatamente qual aspecto do desempenho será recompensado. Por último, mesmo que tal contrato pudesse ser redigido, pode ser difícil aplicá-lo, porque um terceiro (por exemplo, um juiz) pode não ser capaz de verificar o desempenho *ex post*. Tendo em conta as dificuldades inerentes à elaboração e execução de contratos detalhados, não é de estranhar que muitos dos contratos que observamos sejam muito

De fato, os adeptos da análise econômica do Direito sustentam que a celebração de contratos de longo prazo tem se tornado cada vez mais frequente na realidade contemporânea justamente por reduzir os custos de transação, em comparação com a celebração de numerosos e sucessivos contratos de curto prazo.[142] Pressupor que, em tais contratações, as partes estariam alocando entre si todos os riscos futuros não mencionados no contrato é economicamente irreal.[143] Tamanha previsão tornaria tão elevado o custo de elaboração do contrato que contrariaria a própria razão pela qual as partes buscam, usualmente, celebrar contratos de longo prazo. A incompletude do contrato não deveria ser interpretada como uma remissão de tudo quanto não foi contemplado ao acordo originário de vontades tal qual formulado, mas, ao contrário, uma explícita opção das partes por uma "abertura ao futuro", com a busca de soluções apenas se e à medida que eventuais riscos se verificarem e alterações supervenientes surgirem, conforme será visto nos capítulos subsequentes.

Especificamente em relação ao tema do desequilíbrio contratual, pode-se adiantar que a ausência de menção no contrato a tal ou qual desproporção futura, ou aos fatores que podem ocasioná-la, não deve ser interpretada como uma manifestação tácita de vontade das partes no sentido de que assumiram o risco da referida superveniência ou que distribuíram tal risco de um ou outro modo. Se não há menção, não o há ordinariamente porque, previsível ou não, aquela circunstância pareceu às partes improvável ou nem sequer atentaram à sua possibilidade no momento da conclusão do negócio (isto é, não prevista,

---

incompletos" (Trecho original de Oliver Hart and Bengt Holmström, *Contract Theory*, Kungl. Vetenskaps-Acadmien – The Royal Swedish Academy of Sciences, 10-10-2016, disponível em nobelprize.org).

142 Ronald Harry Coase, La natura dell'impresa, in *Impresa, mercato e diritto* (trad. it. da obra *The Firm, the Market and the Law*), Bolonha: Il Mulino, 1995, p. 79.

143 Como bem observa Carlos G. Terranova, é o direito que, por razões práticas, se vale de certa ficção ao assumir que o cumprimento de um contrato se dará, no futuro, exatamente como pactuado: "*Dal punto di vista logico e della analisi del fatto negoziale non vi è alcun dubbio che la concreta portata degli accordi subisce necessariamente, e per definizione, l'incidenza dello svolgeri del tempo e dei fatti umani. (...) La puntuale osservanza di un patto non può essere pretesa che nell'atto stesso in cui il patto viene stipulato. Quando invece sussiste un (sensibile) intervallo fra il momento della decisione e quello dell'esecuzione, l'esecuzione non è e non può essere, per definizione, (del tutto) conforme alla programmazione, ma è qualcosa di diverso che incide su di un contesto storicamente nuovo e concreto, al momento dell'accordo soltanto prefigurato. Il diritto, che trae linfa dalle exigenze pratiche, concella in una certa misura questa fondamentale constatazione; e così, la difformità fra programmazione ed esecuzione viene ritenuta rilevante soltanto in relazione ad alcuni parametri o criteri rigorosamente predeterminati*" (*L'eccessiva onerosità nei contratti*, cit., p. 238).

embora previsível) ou, ainda, o valor do contrato não justificava um exercício tão profundo e detalhado acerca dos possíveis cenários futuros. Em quaisquer dessas hipóteses, o desequilíbrio contratual pode ocorrer e não se há de presumir aí que foi "desejado" ou que seu risco foi voluntariamente assumido pelas partes: ao intérprete caberá, na forma que será detalhada nos capítulos seguintes, buscar lidar com referido desequilíbrio à luz de parâmetros objetivos.

O importante, por ora, é registrar que o princípio do equilíbrio contratual redimensiona a liberdade de contratar, na medida em que introduz controle de proporcionalidade no conteúdo do contrato, reagindo tanto ao seu desequilíbrio originário quanto superveniente. Tal reação da ordem jurídica – conquanto possam, como se verá adiante, variar os remédios especificamente disponibilizados – não depende de vícios ou falhas da vontade, nem resta afastada por presunções de assunção de riscos que contrariam a lógica econômica contemporânea e divergem das diretrizes valorativas adotadas pela ordem jurídica brasileira.

5. Liberdade econômica e o chamado "princípio da intervenção mínima"

Contra todo esse movimento de releitura da noção de liberdade contratual insurgiu-se, em 2019, o legislador brasileiro ao aprovar a chamada Lei da Liberdade Econômica (Lei n. 13.874/2019), fruto da conversão da Medida Provisória n. 881/2019, editada pela Presidência da República. A referida lei e a medida provisória que lhe deu origem parecem ter sido animadas pela tentativa de lidar com a prolongada estagnação econômica e as altas taxas de desemprego, notadamente por meio da redução da burocracia necessária para pequenos e médios empreendedores desenvolverem suas atividades.[144] Segundo

144 Confira-se trecho da exposição de motivos da MP: "Existe a percepção de que no Brasil ainda prevalece o pressuposto de que as atividades econômicas devam ser exercidas somente se presente expressa permissão do Estado, fazendo com que o empresário brasileiro, em contraposição ao resto do mundo desenvolvido e emergente, não se sinta seguro para produzir, gerar emprego e renda. Como resultado, o Brasil figura em 150ª posição no ranking de Liberdade Econômica da Heritage Foundation/*Wall Street Journal*, 144ª posição no ranking de Liberdade Econômica do Fraser Institute, e 123ª posição no ranking de Liberdade Econômica e Pessoal do CatoInstitute. Esse desempenho coaduna com a triste realidade atual de mais de 12 milhões de desempregados, a estagnação econômica e a falta de crescimento da renda real dos brasileiros nos últimos anos. A realidade urge uma ação precisa, mas cientificamente embasada, de caráter imediato e remediador. (...) Assim, dez direitos para situações concretas foram elaborados no corpo de uma Declaração de Liberdade Econômica, com o objetivo de

o art. 1º da Lei n. 13.874/2019, "*fica instituída a Declaração de Direitos de Liberdade Econômica, que estabelece normas de proteção à livre-iniciativa e ao livre exercício de atividade econômica e disposições sobre a atuação do Estado como agente normativo e regulador, nos termos do inciso IV do* caput *do art. 1º, do parágrafo único do art. 170 e do* caput *do art. 174 da Constituição Federal*".[145]

Além de instituir regras gerais de Direito Econômico e veicular importantes novidades no Direito Público, a Lei da Liberdade Econômica promoveu uma série de modificações no Código Civil, especialmente em matéria contratual.

Entre estas modificações figura a inclusão de um novo parágrafo único no art. 421, em que se lê: "*Nas relações contratuais privadas, prevalecerão o princípio da intervenção mínima e a excepcionalidade da revisão contratual*". A norma parece especificar, no campo contratual, uma diretriz geral constante do próprio corpo da Lei da Liberdade Econômica, que institui como um de seus princípios "*a intervenção subsidiária e excepcional do Estado sobre o exercício de atividades econômicas*" (art. 2º, III). O equívoco do legislador, em ambos os preceitos, salta aos olhos. Não existe, na ordem jurídica brasileira, um "princípio da intervenção mínima" que possa ser consagrado no Código Civil como lei ordinária que é. A intervenção do Estado nas relações contratuais de natureza privada afigura-se, independentemente de ideologias políticas, imprescindível, quer para assegurar a força vinculante dos contratos, quer para garantir a incidência das normas jurídicas, inclusive das normas constitucionais, de hierarquia superior à Lei da Liberdade Econômica.[146] O legislador parece ter se

---

alterar em caráter emergencial a realidade do Brasil. São os direitos do brasileiro contra um Estado irracionalmente controlador. Eles primeiramente afetam relações microeconômicas específicas, que repercutirão macroeconomicamente, especialmente em favor dos mais vulneráveis, por sua expansividade por todos os setores: nada foi enunciado de maneira a privilegiar um em detrimento do outro, como o espírito da verdadeira economia de mercado demanda."

145 Ilustrativos do escopo da lei são, ainda, alguns dos parágrafos do art. 1º: "§ 1º O disposto nesta Lei será observado na aplicação e na interpretação do direito civil, empresarial, econômico, urbanístico e do trabalho nas relações jurídicas que se encontrem no seu âmbito de aplicação e na ordenação pública, inclusive sobre exercício das profissões, comércio, juntas comerciais, registros públicos, trânsito, transporte e proteção ao meio ambiente. § 2º Interpretam-se em favor da liberdade econômica, da boa-fé e do respeito aos contratos, aos investimentos e à propriedade todas as normas de ordenação pública sobre atividades econômicas privadas."

146 Na mesma direção, confira-se: Gustavo Tepedino e Laís Cavalcanti, *Notas sobre as alterações promovidas pela Lei n. 13.874/2019 nos artigos 50, 113 e 421 do Código Civil*, in Luis Felipe Salomão, Ricardo Villas Bôas Cueva e Ana Frazão (coords.), *Lei de Liberdade Econômica e seus impactos no Direito Brasileiro*, São Paulo: Revista dos Tribunais, 2020, p. 505.

deixado levar aqui por uma certa acepção ideológica que enxerga o Estado como inimigo da liberdade de contratar, quando, na verdade, a presença do Estado – e, por conseguinte, do próprio Direito – afigura-se necessária para assegurar o exercício da referida liberdade.[147]

A preocupação com indevidas interferências heterônomas no conteúdo contratual também parece ter se refletido no novo art. 421-A do Código Civil:

> Art. 421-A. Os contratos civis e empresariais presumem-se paritários e simétricos até a presença de elementos concretos que justifiquem o afastamento dessa presunção, ressalvados os regimes jurídicos previstos em leis especiais, garantido também que:
> I – as partes negociantes poderão estabelecer parâmetros objetivos para a interpretação das cláusulas negociais e de seus pressupostos de revisão ou de resolução;
> II – a alocação de riscos definida pelas partes deve ser respeitada e observada; e
> III – a revisão contratual somente ocorrerá de maneira excepcional e limitada.

O art. 421-A e seus parágrafos presumem os contratos como "paritários e simétricos" e reforçam a importância de se respeitar a alocação de riscos realizada pelos contratantes, entre outras medidas que simplesmente reforçam noções há muito defendidas pela doutrina e aceitas pela jurisprudência.[148] Merece destaque o inciso III do artigo, que estabelece que a revisão contratual "*somente ocorrerá de maneira excepcional e limitada*" – repetindo a ideia de "*excepcionalidade da revisão contratual*", já afirmada pelo artigo imediatamente anterior (parágrafo único do art. 421). Conforme se verá mais adiante nesta obra, declarar que a revisão é "*excepcional*" não tem qualquer efeito, pois o próprio Código Civil fixa quais são os requisitos para o remédio revisional

---

147 Conclusão similar é alcançada pela doutrina constitucionalista, ao analisar o já referido art. 2º, III, da Lei da Liberdade Econômica: "Na ordem constitucional brasileira, a intervenção do Estado na economia não é excepcional, mas frequente e necessária, não apenas para corrigir as chamadas 'falhas de mercado', como também para promover objetivos centrais da Constituição que o mercado não atende, como a promoção da igualdade material e da justiça social" (Daniel Sarmento, *Pode ser subsidiária e excepcional a intervenção do Estado sobre o exercício de atividades econômicas? O artigo 2º, III, da Lei nº 13.874/19 e a Constituição*, in Luis Felipe Salomão, Ricardo Villas Bôas Cueva e Ana Frazão (coords.), *Lei de Liberdade Econômica e seus impactos no Direito Brasileiro*, São Paulo: Revista dos Tribunais, 2020, p. 155).

148 Para uma análise detalhada do conteúdo do dispositivo, seja consentido remeter a Anderson Schreiber, *Comentários ao art. 421-A*, in Anderson Schreiber et al., *Código Civil Comentado:* doutrina e jurisprudência, 2. ed. Rio de Janeiro: Forense, 2020.

(arts. 317 c/c 478) e esses requisitos não foram alterados pela Lei da Liberdade Econômica. Assim, a revisão continua sendo o que sempre foi: nem regra, nem exceção, mas tão somente um instituto jurídico cuja aplicação permanece subordinada a presença dos requisitos que o próprio Código Civil enuncia expressamente.[149]

6. Instrumentos de tutela do equilíbrio contratual no Direito brasileiro

A legislação brasileira ocupa-se, em diferentes momentos, do desequilíbrio do contrato. Enquanto as leis especiais (*e.g.*, Lei do Inquilinato, Lei de Licitações, Código de Defesa do Consumidor) revelam uma tendência à objetivação do tema, conforme se detalhará mais adiante, a abordagem reservada à matéria pelo Código Civil de 2002 assumiu nítido caráter voluntarista: tanto o desequilíbrio originário quanto o superveniente foram contemplados, em termos gerais, por meio de instrumentos centrados sobre vícios ou falhas de vontade.[150] Mesmo institutos que assumiam, historicamente, caráter objetivo, como ocorre com a lesão, foram redesenhados com fortes tintas voluntaristas. Como se verá nos capítulos sucessivos, tais instrumentos, assim formatados, acabam tendo aplicação excepcional, tornando infrutíferas as tentativas de assegurar um ambiente contratual mais equilibrado.

Impõe-se, desse modo, uma releitura sistemática que, conjugando os diferentes instrumentos espalhados pelo ordenamento jurídico brasileiro, procure identificar não apenas novas hipóteses de aplicação, mas também novos remédios, voltados a assegurar a mais efetiva tutela do equilíbrio contratual. Nessa direção, será interessante notar como a abordagem subjetivista do desequilíbrio

---

149 Questão que será objeto de estudo detido nos capítulos dedicados ao desequilíbrio contratual originário e superveniente.

150 "Na sequência de uma evolução secular que parte do voluntarismo, entra-se numa época caracterizada pela ahistoricidade. O indivíduo, por sua razão, constrói em pura abstração uma ordem universal. O fundamento do negócio só pode ser encontrado na vontade, na modalidade de 'autonomia da vontade'. E se o fundamento é a vontade, a variação dos pressupostos torna-se irrelevante. Só os vícios da vontade podem pôr em causa aquilo que a soberania da vontade, justamente, determinou. Dá-se assim a perda da fundamentação na realidade. E isso é acompanhado pela afirmação da inatingibilidade da Justiça. A injustiça do conteúdo não releva, pelo que a lesão é afastada como instituto jurídico. A posição é reforçada pelo subjetivismo kantiano, que conflui afinal para o enciclopedismo, não obstante pontos de partida gnoseológicos muito diferentes" (José de Oliveira Ascensão, *Alteração das Circunstâncias e Justiça Contratual no Novo Código Civil*, cit., p. 60).

contratual, que o vincula a patologias da vontade, resulta em consequências jurídicas que fulminam inteiramente o contrato, como a anulação e a resolução do contrato.[151] Como se verá adiante, tais remédios extremos são, habitualmente, colocados à disposição da parte prejudicada pelo desequilíbrio, a qual, ao contrário, pretende frequentemente a preservação da relação contratual, desde que reequilibrada. De hábito, a solução terminativa não atende ao interesse do contratante onerado pelo desequilíbrio, nem concretiza os valores da igualdade e da solidariedade social. Resulta, frequentemente, em um fator de coerção à preservação de uma relação contratual desequilibrada, na medida em que o contratante interessado no reequilíbrio vê-se constantemente diante de uma espada de Dâmocles, capaz de pôr fim à vida do contrato.

De outro lado, a revisão do contrato, vista como instrumento mais efetivo de tutela do equilíbrio contratual, por permitir a sua preservação, desperta repulsa da doutrina mais tradicional, avessa à intervenção do Poder Judiciário nos pactos privados. Como se verá ao longo desta obra, há, entre a medida terminativa e a revisão judicial, novos remédios que, se adequadamente desenvolvidos, permitem incentivar as próprias partes à solução do desequilíbrio, mantendo-se a intervenção judicial como instrumento subsidiário. Assim, o chamado *dever de renegociação* pode e deve ser imposto às partes em casos de desequilíbrio superveniente, como já o fazem normas de *soft law* que têm servido de parâmetro para a resolução de conflitos internacionais.[152]

A própria intervenção judicial, contudo, deve ser examinada de maneira científica, sem preconceitos, verificando se são realistas ou não os temores da doutrina – advertência que, de resto, vale para todo o tema do equilíbrio contratual, não raro embebido em impressões e mitos que não encontram respaldo em nosso sistema jurídico e em ameaças que se revelam irreais quando se observa o que ocorre cotidianamente no tratamento jurisprudencial da matéria.

7. Por uma abordagem "equilibrada" do equilíbrio contratual

Uma análise do equilíbrio contratual no direito brasileiro não pode prescindir do exame da jurisprudência construída em torno dos específicos instrumentos de tutela do novo princípio do Direito dos Contratos.[153] Para esta obra,

---

151 O tema será examinado nos Capítulos II e III desta obra.

152 O tema será examinado, em detalhe, no Capítulo IV desta obra.

153 Valioso exemplo de esforço neste sentido pode ser encontrado no estudo de Rafael Mansur de Oliveira, Um Panorama Jurisprudencial da Onerosidade Excessiva, in *Revista Fórum de Direito Civil – RFDC*, n. 17, jan./abr. 2018, p. 11-44.

foram examinados, no total, 499 acórdãos, proferidos principalmente entre os anos de 2003 e 2016. O exame dos dados permite algumas constatações que vão de encontro a certas impressões e receios frequentemente suscitados no debate em torno do problema do desequilíbrio contratual no Brasil.

Primeiro, a imensa maioria dos precedentes judiciais nega a configuração do desequilíbrio originário ou superveniente do contrato. Nossos tribunais têm reservado interpretação restritiva aos requisitos estabelecidos pela legislação para a identificação de contratos desequilibrados. Isso explica por que os números de acolhimentos de pleitos baseados em desequilíbrio do contrato afiguram-se relativamente baixos no Brasil. Tomando-se como base as 499 decisões mencionadas, apenas 131 – cerca de um quarto, portanto – reconhecem a presença de desequilíbrio contratual.

Além de restritiva, nossa jurisprudência revela-se extremamente criteriosa naquelas hipóteses em que procede à intervenção judicial no contrato. A imensa maioria das decisões judiciais que segue o caminho da revisão limita-se a adaptar índices de reajuste – por exemplo, substituindo indexações à cotação da moeda estrangeira por índices diversos[154] – ou a readequar prazos contratuais,[155] ou a alterar obrigações acessórias,[156] revelando nítido propósito de se restringir à modificação mínima indispensável ao reequilíbrio do contrato e afastando, assim, do "risco de uma espécie de excessiva onerosidade em contrário",[157] a gravar demasiadamente

154 Confira-se, entre outros, TJRJ, Apelação Cível 0003002-81.1999.8.19.0042, Rel. Des. Marco Aurélio Bezerra de Mello, 28-9-2011; e TJSP, Apelação 1183242-0/l, Rel. Des. Carlos Alberto Garbi, 20-10-2008.

155 Entre outros, TJSP, Apelação 0001987-42.2011.8.26.0566, Rel. Des. Miguel Petroni Neto, 12-12-2013; TJRJ, Apelação Cível 0002851-15.2012.8.19.0025, Rel. Des. Cristina Tereza Gaulia, 13-8-2015; e TJSP, Apelação 9232941-85.2008.8.26.0000, Rel. Des. Álvaro Torres Júnior, 6-2-2012.

156 Entre outros, TJRJ, Apelação 0004490-12.2009.8.19.0207, Rel. Des. Ricardo Couto de Castro, 16-2-2011; e STJ, AgRg no Ag 1.200.055/SP, Rel. Min. Massami Uyeda, 19-11-2009.

157 Sobre o tema, destaca Raffaelle Tommasini, *Dalle logiche di revisione del rapporto alle più articolate forme di gestione*, cit., p. 560-561: "*Infine, si pone il problema se il dovere di procedere al riallineamento delle prestazioni possa condurre al risultato di vincolare l'obbligato ad un rapporto contrattuale oggettivamente equo, ma divenuto economicamente troppo impegnativo. Si profila, in sostanza, il rischio di una sorta di eccessiva onerosità 'all'incontrario', nel senso che l'esecuzione del rapporto (rinegoziato) potrebbe divernie particolarmente gravosa non per la parte a carico della quale si è verificata la sopravvenienza, bensì per la controparte, tenuta ad aumentare correlativamente la controprestazione fin oltre le proprie disponibilità*".

o contratante favorecido pelo desequilíbrio. Desse modo, conquanto existam, como em qualquer matéria, casos tautológicos, o receio de uma intervenção judicial que "reescreva" o contrato, transformando-o em algo que se distancia do interesse comum das partes, revela-se infundado à luz da observação do que normalmente acontece em nossa jurisprudência. A realidade jurisprudencial brasileira parece caracterizada, nesse campo, por uma atuação criteriosa, para não dizer tímida.

De outro lado, o que se conclui, do exame das decisões judiciais, é que não se afigura rara, entre nós, a invocação "oportunista" do desequilíbrio contratual. Nossos tribunais deparam-se, vez por outra, com alegações de desequilíbrio formuladas por contratantes inadimplentes, que jamais suscitaram excessiva onerosidade em relação às respectivas prestações até o momento em que se tornaram réus em ação judicial ou arbitragem, aparentemente pretendendo apenas retardar o pagamento da dívida.[158] O desequilíbrio torna-se, assim, uma espécie de argumento-padrão de defesa, especialmente em tempos de crise econômica, calcado mais em uma descrição pessimista do cenário nacional que propriamente em alguma desproporção sofrida concretamente no objeto do contrato.[159] Essa abordagem é estimulada pelo nosso Código Civil, que, tutelando o equilíbrio contratual tão somente por meio de institutos marcados por noções subjetivas (*inexperiência*, *necessidade* etc.), incentiva a exploração argumentativa de situações de fragilidade, em uma ampla confusão de conceitos que misturam a questão do desequilíbrio contratual com "vulnerabilidades" e "fraquezas", fazendo apelo, não raro, a vagas noções de "justiça" e "equidade".[160] Por

---

158 Confira-se, a título de exemplo, TJRS, Apelação Cível 0409697-82.2014.8.21.7000, Rel. Des. Giuliano Viero Giuliato, 12-12-2016, em que aquele tribunal analisou alegação de lesão formulada por sociedade pecuarista devedora de certa quantia a um agricultor de quem havia adquirido milho para a alimentação dos suínos de sua produção. Sustentava a sociedade pecuarista, em sua apelação, que, ao contrário do que havia entendido o magistrado de primeiro grau, configurava-se em seu caso a lesão, uma vez que, na formação do contrato, não lhe havia "restado opção, senão acatar a imposição de negociar seu débito, através da nota promissória, com valor, aplicação de juros e vencimento impostos pelo apelado, considerando a urgente necessidade de manter a sua criação, objeto de sustentabilidade da empresa apelante". A corte negou provimento à apelação, destacando que a companhia pecuarista assumira o débito e se tornara responsável pelo pagamento, sem que houvesse, no caso, qualquer prova de uma cobrança ilegítima de valores por parte do agricultor.

159 Situação semelhante ocorre em outros países em que se registra que "*il debitore talora invoca l'onerosità per giustificare la propria inerzia*" (Rodolfo Sacco e Giorgio De Nova, *Il contratto*, 2. ed. Milão: Giuffrè, 2012, p. 717. t. II).

160 Evoque-se aqui aquela que já era a esperança de Larenz: "*Con todo, quizá no sea infundada nuestra esperanza de que precisamente ahora, cuando es tan grande la inclinación por una*

vezes, tais argumentos, embora atécnicos, convencem as cortes, alimentando uma aplicação paternalista do instituto, que escapa a parâmetros objetivos e desafia qualquer tentativa de imprimir uniformidade ao conjunto das decisões judiciais proferidas nesse campo.

Em suma, a análise dos dados jurisprudenciais, ao mesmo tempo que demonstra a inexistência dos fantasmas que assombravam o pensamento liberal-voluntarista, revela outros perigos que decorrem de uma confusão entre a tutela do equilíbrio contratual e um assistencialismo subjetivista, que reedita a proteção contra vícios da vontade, disfarçando o equilíbrio contratual em tema típico de setores protetivos – o que acaba por consagrar a ideia de que, em geral, as relações contratuais não precisariam ser equilibradas.

Em matéria de equilíbrio contratual, cumpre, em síntese, afastar crenças infundadas e opiniões extremadas de parte a parte. Com o perdão do trocadilho, já passa da hora de a doutrina e a jurisprudência brasileiras trabalharem em prol de uma abordagem "equilibrada" do equilíbrio contratual, fundada em um controle objetivo de proporcionalidade do contrato, que não se detenha nos muros do liberalismo, nem exprima uma intervenção estatal de caráter paternalista sobre o pactuado pelas partes.[161] As premissas teóricas lançadas neste capítulo inaugural podem ajudar no itinerário, mas a real utilidade de um princípio do equilíbrio contratual somente pode ser demonstrada no exame em separado dos dois momentos em que tal princípio atua: o desequilíbrio originário e o desequilíbrio superveniente à formação do contrato.

---

pura jurisprudencia de equidad, la práctica sentirá de nuevo la necesidad de bases un poco más firmes" (Karl Larenz, *Base del Negocio Juridico y Cumplimento de los Contratos*, trad. Carlos Fernandez Rodriguez, Madri: Editorial Revista de Derecho Privado, 1956, p. 36-37).

161 Pode-se retomar aqui, em alguma medida, a lição de Jean Carbonnier na introdução à obra *L'évolution contemporaine du Droit des Contrats*, cit., p. 33, em que o Professor Emérito da Universidade de Paris II registrou: "*Ici, pourtant, il se pourrait bien qu'elle reste oscillante, car il y a un débat, qui n'est pas prêt de s'éteindre, comme entre deux principes, entre la liberté et l'autorité moins abstraitement entre la force obligatoire du contrat et le pouvoir d'intervention de la loi. Que, depuis trente ou quarante ans, une évolution se soit dessiné dans le débat, c'est probable. Mais, plutôt que le triomphe d'un principe sur l'autre, elle a eu pour cause des changements de conception sous chacun des deux principes.*" Confira-se em igual direção na doutrina francesa mais recente, Rémy Cabrillac, *Crises finacières et contrats: le droit positif français refuse la révision d'un contrat devenu déséquilibré mais le projet de réforme entr'ouvre la porte à l'imprévision*, in Başak Başoğlu (ed.), *The Effects of Financial Crises on the Binding Force of Contracts: Renegotiation, Rescission or Revision*, Nova Iorque: Springer, 2016, p. 143, que alude a "*un compromis satisfaisant entr'ouvrant la porte à la révision judiciaire d'un contrat devenu déséquilibré sans menacer la sécurité juridique*".

Capítulo II

Desequilíbrio Contratual Originário

"Why should a sane and rational person knowingly pay more than the market price for something?"[1]

Patrick Atiyah, *The Rise and Fall of the Freedom of Contracts*

SUMÁRIO: *1. Desequilíbrio originário do contrato no direito brasileiro. 2. Breve síntese dos antecedentes: da laesio enormis ao Projeto de Lei n. 635/1975. 3. A lesão no Código Civil de 2002. 4. Cinco propostas de interpretação do art. 157 conforme a Constituição. 4.1. Primeira proposta interpretativa: rejeição do dolo de aproveitamento, abuso, malícia ou mero conhecimento. 4.2. Segunda proposta interpretativa: interpretação ampliativa da inexperiência e necessidade. 4.3. Terceira proposta interpretativa: inexperiência ou necessidade como enumerações exemplificativas de rol numerus apertus. 4.4. Quarta proposta interpretativa: presunção do requisito subjetivo a partir do requisito objetivo e redimensionamento do ônus probatório. 4.5. Quinta proposta interpretativa: aferição objetiva do desequilíbrio contratual originário. 5. Consequências das propostas interpretativas apresentadas. 6. Fundamentos sistemáticos para a reinterpretação da lesão: prazo decadencial e incapacidade do pródigo. 7. Estado de perigo: aplicabilidade das propostas interpretativas apresentadas para a lesão. 8. Efeitos da lesão e do estado de perigo: anulabilidade e oferta de reequilíbrio. 9. Revisão judicial do negócio jurídico celebrado em lesão ou estado de perigo. 10. Desequilíbrio contratual originário além da lesão e estado de perigo.*

1. Desequilíbrio originário do contrato no direito brasileiro

O desequilíbrio contratual originário ou genético é aquele que se verifica já ao tempo da formação do contrato. Não advém, portanto, de qualquer modificação – imprevisível ou não – das circunstâncias nas quais o contrato fora celebrado. O contrato já nasce em estado de desequilíbrio. Trata-se do

1 Em tradução livre: "Por que uma pessoa sensata e racional conscientemente pagaria mais do que o preço de mercado por alguma coisa?"

que se tem chamado de "contratos leoninos", "contratos injustos", "*contratti iniqui*", "*unfair contracts*", e assim por diante.[2]

No Brasil, à parte leis especiais que serão analisadas mais adiante, o desequilíbrio originário do contrato restou expressamente contemplado pelo Código Civil de 2002 por meio dos institutos da lesão (art. 157) e do estado de perigo (art. 156), disciplinados no capítulo dedicado aos Defeitos do Negócio Jurídico. Em ambos os institutos, o desequilíbrio originário integra a descrição da hipótese fática que atrai sua incidência. Na lesão, alude a codificação civil à assunção de uma obrigação que tem por objeto "prestação manifestamente desproporcional ao valor da prestação oposta" (art. 157, *in fine*), a revelar que se trata necessariamente de negócios jurídicos de caráter bilateral – contratos, portanto. Já no estado de perigo, o legislador refere-se à assunção de "obrigação excessivamente onerosa" (art. 156, *in fine*), o que poderia suscitar dúvida quanto à extensão de sua aplicabilidade aos negócios jurídicos unilaterais, mas a referência do mesmo dispositivo legal ao conhecimento do risco de dano "pela outra parte" revela que a lei brasileira estava a tratar de contratos, em ambos os casos. Os dois institutos assentam, portanto, com diferenças que serão detalhadas mais à frente, sobre a noção de sacrifício econômico excessivo por parte de um dos contratantes.

O estado de perigo, como também se verá mais adiante, pode ser visto como um desdobramento ou especificação do instituto mais geral da lesão, de longa tradição em nossa experiência jurídica. De fato, embora os arts. 156 e 157 não encontrem correspondência no Código Civil brasileiro de 1916, não consistem exatamente em fruto *ex novo* do Código Civil de 2002. Conquanto ausente da codificação anterior, a lesão já encontrava expressa guarida no direito brasileiro que antecede à nova codificação civil e nunca deixou de estar presente, de algum modo, na cultura jurídica brasileira, como se verá a seguir.

2 Para as diversas denominações, em perspectiva comparatista, ver Hein Kötz e Salvatore Patti, *Diritto Europeo dei Contratti*, Milão: Giuffrè, 2006, p. 229-231. Entre nós, destaca Fernando Noronha: "Quando estivermos perante o que se poderia chamar de contratos manifestamente iníquos, por o desequilíbrio entre prestação e contraprestação ser evidente e gritante logo desde o momento da celebração do contrato, este não deverá valer pelo menos em dois casos: quando tiver havido aproveitamento de situação de premente necessidade da outra parte, ou da inexperiência desta, e quando uma das partes só houver contratado premida pela necessidade de afastar um perigo atual. Estes são os casos ditos de lesão e de estado de perigo, tal como vêm caracterizados no Projeto de Código Civil" (*O direito dos Contratos e seus Princípios Fundamentais*, cit., p. 232-233).

2. Breve síntese dos antecedentes: da *laesio enormis* ao Projeto de Lei n. 635/1975

O instituto da lesão encontra origem na *laesio enormis* do Direito Romano, que assentava exclusivamente na desproporção objetiva entre as prestações contratadas. Remete, assim, à passagem do Código de Justiniano, que autorizava a rescisão do contrato de compra e venda de bem imóvel sempre que o vendedor alienasse o bem por preço "menor que a metade do seu valor".[3] A *laesio* romana não era encarada como um vício do consentimento ou um defeito qualquer da vontade do contratante; consistia no resultado de uma análise puramente objetiva, calcada na disparidade entre o valor da venda e o seu justo preço.[4]

---

3 No original: "*Rem maions pretii si tu vel pater tuus minoris pretii distraxit, humanum est, ut vel prctium te restituente emptoribus fundum venditum recipias auctoritate intercedente iudicis, vel, si emptor elegcrit, quod deest iusro pretio recipies minus autem pretium cssc videtur, si nee dimidia pars veri pretii soluta sit.*" Trata-se da conhecida *lex secunda* do Livro IV, Título XLIV, do Código de Justiniano (C. 4, 44, 2), sobre cuja origem tanta tinta verteram os romanistas europeus. Ver, sobre o tema, entre outros, Aleksander Grebieniow, *La laesio enormis e la stabilità contrattuale*, cit., p. 196. No Brasil, remeta-se a José Carlos Moreira Alves, *Direito Romano*, v. II, Rio de Janeiro: Forense, 1999, p. 159-160, em que se afirma: "Justiniano, interpolando duas constituições atribuídas a Diocleciano e uma de Graciano estabeleceu que, se alguém vendesse coisa móvel por preço inferior à metade do seu valor justo, daria margem ao que, na Idade Média, se denominou *laesio enormis* (lesão enorme), podendo o vendedor requerer ao juiz a rescisão da venda, salvo se o comprador preferisse pagar o que faltava para alcançar o justo valor da coisa". A interpolação de Justiniano, que deu origem à *lex secunda*, representou uma inovação substancial no direito romano e atendeu a razões históricas bem definidas, como esclarece Reinhard Zimmermann: "*C. 4, 44, 2 seems to fit in well with Justinian's concept of an absolutist welfare state. Christian teaching, as well as stoic moral philosophy, demanded an infusion of ethics and of humanitas into the law and it was in this spirit that the Emperor was supposed to render aid to the weak and poor and to relax the rigours of the law. The feeling for the importance of clarity and the educational value of firm and severe legal rules made way for the urge to show consideration and avoid harsh results in individual cases by allowing equitable exceptions. C. 4, 44, 2 was designed to meet a special crisis. Justinian's ruthless taxation policy tended to force peasant farmers to sell their smallholdings and it is obvious that this situation lent itself to exploitation by urban capitalists, keen to invest their wealth in assets of a more stable value than money. The farmers in their predicament had no bargaining power at all and were often forced to sell their property at far below its real value. It is in this situation that Justinian felt compelled to intervene and to make a remedy available to the seller*" (*The Law of Obligations – Roman Foundations of the Civilian Tradition*, Cidade do Cabo: Juta & Co., 1992, p. 261).

4 O tema seria objeto, entre nós, da célebre tese de titularidade do Professor Caio Mario da Silva Pereira, intitulada *Lesão nos Contratos Bilaterais*, na qual afirmou: "A justiça imperial vai buscar numa desproporção entre o valor do objeto e o preço pago um novo

Esse caráter objetivo da *laesio* manteve-se presente na experiência de diversas localidades durante a Idade Média,[5] chegando ao moderno Direito Português, na esteira do seu apego à tradição romanista e à forte influência do direito canônico, que reprimia abertamente a usura. Assim, as Ordenações Filipinas, sancionadas ao fim do século XVI, reproduziam expressamente o critério da "metade do justo preço" para fins de caracterização da lesão, estendendo-a a todos os contratos de compra e venda, e não apenas àqueles relativos a bens imóveis.[6] Das Ordenações Filipinas a lesão passaria ao ordenamento

---

motivo de invalidade do contrato. E, quando o faz, não indaga se o comprador usou de manobras dolosas, ou se o vendedor laborou em erro quanto ao preço da coisa. O que pretendeu foi estabelecer um relativo equilíbrio entre o valor real e o preço da venda. Foi, assim, instituído um critério objetivo de apuração, que se refletia na validade do contrato. Foi conceituada a lesão como um vício de apuração objetiva do próprio contrato, inconfundível com os defeitos subjetivos, preexistentes no direito comum (...) O que se observa com a *laesio enormis* no Direito Romano é isto: foi criada como um vício objetivo do próprio contrato, e como tal aplicada" (*Lesão nos Contratos*, 6. ed. Rio de Janeiro: Forense, 2001, p. 34-35).

5 Sobre a *laesio enormis* durante a Idade Média, ver especificamente David McIlroy, *Mediaeval Commercial Canon Law & (and) Morality: Its Application to Today's World*, 132 *Law & Justice – The Christian Law Review*, 1997, p. 9-21; e, também, Aphonse Squillante, *The Doctrine of Just Price – Its Origin and Development*, in *Commercial Law Journal* 74, 1969, p. 333-335. Aspecto relevante é desenvolvido por Reinhard Zimmermann, que registra que a aplicação da *laesio enormis* na jurisprudência medieval ampliou significativamente o seu campo de incidência: "*The same problems can crop up with regard to other contracts, too: a house may have been let for a rental far in excess of anything that is fair and reasonable or that is normally asked for houses of that kind. Conversely, the lessor may have been forced to agree to a rent amounting to not even half of what he should normally be able to receive. All these and a variety of other questions began to be asked in medieval jurisprudence; and as the principle expressed in C. 4, 44, 2 was generally accepted, it is clear in which way the answers were premised. A breathtaking expansion of the institute of laesio enormis took place, in the course of which all the arbitrary restrictions of the imperial constitution were thrown off: relief came to be granted not only to the vendor but also to the purchaser; the scope of application of the rule was extended from the sale of land to that of houses and of movables (this was supported by the general word 'rem'); it was adopted from sale into all kinds of other contracts, including, for instance, letting and hiring, compromise, exchange and even donation. There has, however, hardly ever been unanimity about how far one could go; most of these questions were hotly debated, the answers depending, largely, on how much the individual authors were attracted by the idea of equality in exchange, and on how faithfully they tried to apply and interpret the sources of Roman law*" (Reinhard Zimmermann, *The Law of Obligations – Roman Foundations of the Civilian Tradition*, cit., p. 262-263).

6 Ordenações Filipinas, Livro IV, Título XIII. Registre-se que as Ordenações Filipinas faziam referência ao fato de o vendedor ter sido "enganado além da metade do justo preço", mas reservavam ao termo "enganado" uma definição objetiva. Confira-se a

jurídico brasileiro, preservando, desde os primeiros passos do direito civil nacional, seu caráter objetivo. A Consolidação das Leis Civis, de Teixeira de Freitas, por exemplo, tratava da lesão nos seguintes termos:

> Art. 359. Todos os contractos, em que se dá, ou deixa, uma cousa por outra, podem ser rescindidos por acção da parte lesada, se a lesão fôr enorme: isto é, se exceder metade do justo valor da cousa.[7]

Registre-se que o dispositivo da Consolidação abordava a lesão em caráter geral, aplicável a todos os contratos bilaterais, diversamente da *laesio* romana, que, como visto, restringia-se aos casos de venda de imóveis, e da versão consagrada nas Ordenações Filipinas, que se limitava ao âmbito da compra e venda. Essa trajetória progressiva da lesão no direito brasileiro viria a ser, porém, interrompida abruptamente pelo Código Civil de 1916. A lesão era vista com receio por Clóvis Beviláqua, autor do anteprojeto da nossa primeira codificação, e por muitos outros juristas da época, influenciados pelo liberalismo jurídico que chegava, não sem certo atraso, ao Brasil do início do século XX. O próprio Beviláqua sustentaria, durante os trabalhos da Comissão Especial da Câmara dos Deputados, que a lesão era instituto útil "nas épocas em que o Estado necessita de exercer uma tutela mais direta e contínua sobre a vida privada dos indivíduos, porque esses não se sentem assaz fortes contra a prepotência e contra a cobiça, e porque entre as classes sociais há um verdadeiro contraste". Ao contrário, num Estado em que a igualdade civil encontrava-se assegurada, entendia o jurista cearense que as transações econômicas "devem ser entregues à lei da oferta e da procura".[8]

---

específica passagem: "E entende-se o vendedor ser enganado além da metade do justo preço, se a cousa vendida valia por verdadeira e commum estimação ao tempo do contracto dez cruzados, e foi vendida por menos de cinco". Daí a maior parte da doutrina portuguesa da época atribuir à lesão caráter objetivo, na esteira da tradição romana e da repressão à usura, característica do direito canônico. Sobre o tema, afirmou Manuel Antônio Coelho da Rocha: "Diz-se haver lesão nos contratos comutativos todas as vezes que uma das partes não recebe o equivalente daquilo que dá. Se as leis permitissem rescindir os contratos por qualquer pequena desproporção, poucos contratos seriam seguros, as disputas multiplicar-se-iam, e o comércio e as necessidades mais ordinárias da vida sofreriam muito. (...) Com razão, pois, só se permite rescindir os contratos, intervindo lesão enorme, isto é, engano em mais de a metade daquele valor que a parte por comum estimação devia receber, por se presumir erro, ou dolo – Ordenação, Liv. 4, Tít. 13, pr." (*Instituições de Direito Civil*, São Paulo: Saraiva, 1984, p. 419. t. II).

7 Augusto Teixeira de Freitas, *Consolidação das Leis Civis*, 3. ed. Rio de Janeiro: Garnier, 1896, p. 242.

8 Projeto de Código Civil Brasileiro – Trabalhos da Comissão Especial da Câmara dos Deputados, VI, p. 8.

Por essas razões, a lesão não encontrou acolhida no anteprojeto de Clóvis Beviláqua.[9]

Já o estado de perigo, embora mencionado a seu modo no referido anteprojeto, acabou suprimido pela Comissão Revisora.[10] Prevaleceu, de modo geral, o entendimento defendido por Rui Barbosa de que invalidades fundadas na desproporção das prestações afiguravam-se incompatíveis com "uma época, que reclama imperiosamente a livre circulação do comércio, e a segurança do direito de propriedade".[11] Com isso, o legislador brasileiro de 1916 mostrou-se fiel ao liberal-individualismo que tanto influenciara o Código Civil francês, sua principal fonte de inspiração:

> A razão última e profunda da abolição da figura em consideração, no entanto, é de fundo ideológico: o legislador brasileiro de 1916 foi fiel ao individualismo na elaboração do Código, mostrando-se ainda mais radical do que a própria grande fonte de sua inspiração, o legislador francês de 1804. Efetivamente, o Código brasileiro, que expressou a influência do individualismo e do liberalismo econômico, típicos do

9 Debate semelhante havia ocorrido, cerca de um século antes, na França, durante os debates em torno do *Code* em que, contrariando a opinião de Portalis, favorável à lesão, Berlier invocou a liberdade contratual para criticar duramente o instituto, dizendo-o contrário ao interesse público, na medida em que torna insegura a aquisição da propriedade, e contra o crédito, na medida em que abre porta para que os devedores escapem às suas responsabilidades. Conquanto confinada à disciplina da compra e venda, a lesão adentrou a codificação francesa, para o que teria sido decisiva a intervenção de Napoleão, segundo a qual "não há venda quando não se recebe o equivalente ao que se dá" (Cecilia Vite, *Usura – La lésion en los contratos*, Cidade do Mexico: Porrúa, 2008, p. 191-193).

10 Sobre o tema, registrou Moreira Alves: "O estado de perigo, de que trata o art. 154 do Projeto, era objeto do art. 121 do Projeto Clóvis Beviláqua – é certo que em termos algo diversos, e com solução diferente: o negócio jurídico presumia-se nulo por vício da vontade, enquanto não ratificado, depois de passado o perigo – e foi suprimido pela Comissão Revisora, sem que se saibam os motivos que a isso conduziram" (José Carlos Moreira Alves, *A Parte Geral do Projeto de Código Civil Brasileiro*, São Paulo: Saraiva, 1986, p. 108).

11 Rui Barbosa, *Obras Completas de Rui Barbosa: Código Civil Parecer Jurídico*, Rio de Janeiro: Ministério da Educação e Cultura, 1968, p. 150-151. v. XXII, t. III: "E demais, a restituição supõe lesão, de onde nasceu o brocardo – *minor non restituitur tanquam minor, sed tanquam loesus* – e o Projeto não admite, nem racional e praticamente podia admitir, a lesão como vício dos contratos em uma época, como a atual, em que os contratos comutativos, sobretudo a compra e venda, são tão frequentes; em uma época, que reclama imperiosamente a livre circulação do comércio, e a segurança do direito de propriedade. Se a lesão não é vício dos contratos, fica extinta a diferença entre as ações rescisórias e as ações de nulidade. Se o ato é válido, nada mais absurdo e iníquo do que permitir anulá-lo".

> século XIX e dos corolários lógicos da Revolução Francesa, alcançando à condição de pilastra básica do Direito Obrigacional o princípio *pacta sunt servanda*, eliminou, por isso mesmo, a possibilidade de rescisão dos contratos por lesão. Enfim, dentro da sistemática acolhida pela codificação civil, cada indivíduo no gozo da plena liberdade de contratar deve ser o único juiz de seu próprio interesse.[12]

A lesão restou, desse modo, abolida em nosso direito positivo, mas continuou a frequentar o espaço acadêmico e doutrinário.[13] Confirmando o enraizamento de sua inspiração em nossa cultura jurídica, o tema viria a ressurgir em nosso direito positivo algumas décadas depois, mais precisamente na esfera penal. O Decreto-Lei n. 869, de 18 de novembro de 1938, tipificou os chamados crimes contra a economia popular, definindo o delito de usura real ou pecuniária, nos seguintes termos:

> Art. 4º Constitui crime da mesma natureza a usura pecuniária ou real, assim se considerando:
> a) cobrar juros superiores à taxa permitida por lei, ou comissão ou comissão ou desconto, fixo ou percentual, sobre a quantia mutuada, além daquela taxa;
> b) obter ou estipular, em qualquer contrato, abusando da premente necessidade, inexperiência ou leviandade de outra parte, lucro patri-

12 Carlos Alberto Bittar Filho, *Da Lesão no Direito Brasileiro Atual*, Rio de Janeiro: Renovar, 2002, p. 102-103. Em igual sentido, Silvio Rodrigues, *Direito Civil: Parte Geral*, 25. ed. São Paulo: Saraiva, 1995, p. 218. v. 1: "Entre nós a lesão, como vimos, era disciplinada pela codificação Filipina, foi banida pelo direito positivo pelo Código Civil de 1916. Tal monumento legislativo, vindo de um período de exaltação ao princípio da autonomia privada, fundava-se na ideia de que o contratual é necessariamente justo, por isso que desejado pelas partes".

13 Contra a exclusão da lesão, manifestou-se, já ao seu tempo, Lacerda de Almeida, *O Código Civil Visto por Alto ou Reparos Críticos de Doutrina a Várias de suas Disposições Mostrando o Modo como Foram Tratadas no Código as Differentes Matérias de que se Occupa o Direito Civil*, Rio de Janeiro: J. Ribeiro dos Santos, 1921, p. 68: "A lesão enorme, por exemplo, foi excluída do Codigo por mero snobismo, e se não foi eliminada tambem a curatela dos prodigos, na faina de respeitar a liberdade de cada um se fazer mendigo e suicida, deve-se em grande parte – desculpem-me a immodestia – à minha cooperação e esforços na Commissão Revisora: o projecto Bevilacqua não a mencionava". Mais modernamente, mas ainda antes da codificação civil de 2002, ver Wilson de Andrade Brandão, *Lesão e Contrato no Direito Brasileiro*, Rio de Janeiro: Aide, 1991. p. 151: "Observa-se, portanto, que o equilíbrio das prestações parece estar subentendido em nosso sistema jurídico. E o instituto da lesão, ainda que banido, continua a informar nosso direito obrigacional, como freio à injustiça do contrato".

monial que exceda o quinto do valor corrente ou justo da prestação feita ou prometida.[14]

A criação do delito da usura real fez ressurgir no espírito dos juristas de então toda a tradição da *laesio enormis*.[15] O art. 4º, alínea *b*, do Decreto-Lei n. 869 foi apontado como fonte normativa para a restauração do instituto da lesão no direito privado.[16] Se era reprimido no campo penal, o lucro patrimonial excessivo parecia exigir também alguma consequência na esfera civil, mais precisamente no direito contratual. Nesse sentido, o art. 4º do Decreto-Lei n.

---

14 A usura real foi mantida no art. 4º da Lei n. 1.521, de 26 de dezembro de 1951, que permanece ainda hoje em vigor: "Art. 4º. Constitui crime da mesma natureza a usura pecuniária ou real, assim se considerando: a) cobrar juros, comissões ou descontos percentuais, sobre dívidas em dinheiro superiores à taxa permitida por lei; cobrar ágio superior à taxa oficial de câmbio, sobre quantia permutada por moeda estrangeira; ou, ainda, emprestar sob penhor que seja privativo de instituição oficial de crédito; b) obter, ou estipular, em qualquer contrato, abusando da premente necessidade, inexperiência ou leviandade de outra parte, lucro patrimonial que exceda o quinto do valor corrente ou justo da prestação feita ou prometida. Pena: detenção, de 6 (seis) meses a 2 (dois) anos, e multa, de cinco mil a vinte mil cruzeiros".

15 "O dec. n. 869, incriminando a usura real, veio ressuscitar, em nosso direito, embora limitadamente, o instituto da *lesão*, que o Código Civil banira e consiste na excessiva desproporção entre a prestação e a contraprestação num contrato bilateral, que, por isso mesmo, é declarado insubsistente. Desde que uma das partes *abusa da premente necessidade, inexperiência ou leviandade da outra*, para auferir ou estipular lucro demasiado, o contrato é nulo no tocante á percepção ou estipulação do excesso, como expressamente dispõe o § 3.º do art. 4.º (...)" (Nelson Hungria, *Dos crimes Contra a Economia Popular: Das vendas a Prestações com Reserva de Dominio*, Rio de Janeiro: Jacintho, 1939, p. 171). Confira-se, na mesma direção, Basileu Ribeiro Filho, *A Lesão nos Atos Jurídicos: Tese de Concurso para Livre Docente de Cadeira de Instituições de Direito Civil e Comercial da Faculdade Nacional de Ciências Econômicas*, 1948, Rio de Janeiro: Aurora, p. 5: "A lei economia popular (decreto-lei 869, de 18 de novembro de 1938) consagrou o instituto geral da lesão, sob sua forma de 'lesão subjetiva'." Em época mais recente, registrou Arnaldo Rizzardo, *Da ineficácia dos Atos Jurídicos e da Lesão no Direito*, Rio de Janeiro: Forense, 1983, p. 127: "A lesão defendida pela doutrina e vigente nas legislações que a adotam existe em nosso direito através da usura real".

16 Nesse sentido, Silvio Rodrigues afirmava que, "depois de um intervalo de mais de vinte anos, a Lei de Proteção à Economia Popular (Dec.-lei n. 869, de 18-11-1938, substituído pela Lei n. 1.521, de 26-12-1951) trouxe uma regra que abriu novamente as portas da sistemática jurídica nacional ao instituto da lesão" (*Direito Civil: Parte Geral*, cit., p. 218-219). Em igual sentido, Wilson de Andrade Brandão, *Lesão e Contrato no Direito Brasileiro*, Rio de Janeiro: Freitas Bastos, 1964, p. 218: "Nesse sentido é que reencontramos, no art. 4.º, letra b, e § 3º, do Decreto-lei n. 869, de 1938 (hoje Lei n. 1.521, de 1951), o instituto da lesão em nosso direito. Essa disposição representa o resultado atual da luta que empreendeu nosso legislador contra os atos lesionários".

869, de 1938 – e, em igual direção, o art. 4º da Lei n. 1.521, de 1951, que veio a substituí-lo, mantendo a tipificação penal da usura real – chegou a ser chamado de "disposição legal de natureza bifronte, pois apresenta reflexos tanto na esfera do Direito Público, quando na do Direito Privado".[17] Advertiu-se que à intenção do legislador brasileiro de punir o delito de usura "não podia ficar estranha a consequência cível".[18] E, assim, concluiu a doutrina civilista que, pela via penal, "surgiu, dentro do direito positivo brasileiro, a possibilidade de a vítima de um contrato realizado em tais condições promover o seu desfazimento (Código Civil de 1916, art. 145, II) ou pleitear a devolução daquilo que ultrapassasse o justo preço (Lei n. 1.521, art. 4º, § 3º)".[19]

Esse renascimento da lesão no direito civil brasileiro, ancorado na tipificação penal do crime de usura real, sofreu duas significativas influências do Decreto-Lei n. 869/1938. Em primeiro lugar, ao contrário do direito à "rescisão" a que aludiam o Direito Romano e as Ordenações Filipinas,[20] a consequência reservada à lesão, pelos defensores da sua restauração no direito civil brasileiro, passou a ser a nulidade, efeito inevitável do caráter penalmente ilícito da conduta praticada.[21] Se a estipulação do preço injusto no contrato implica delito, o seu próprio objeto havia de ser ilícito e a ilicitude do objeto implicava,

---

17 Carlos Alberto Bittar Filho, *Da Lesão no Direito Brasileiro Atual*, cit., p. 105.

18 Caio Mário da Silva Pereira, *Lesão nos Contratos*, cit., p. 163, que, tratando do instituto da lesão, complementa: "Teremos que excogitar de seu contorno numa lei que é nimiamente penal, embora de consequências cíveis, porque é nesta lei que o instituto se corporificou em nosso direito, de maneira mais ampla e genérica".

19 Silvio Rodrigues, *Direito Civil: Parte Geral*, cit., p. 219.

20 A rescisão é efeito ainda hoje associado à lesão em diversos países, como se pode ver, a título ilustrativo, do Código Civil italiano: "Art. 1448 (...) Se vi è sproporzione tra la prestazione (att.166) di una parte e quella dell'altra, e la sproporzione è dipesa dallo stato di bisogno di una parte, del quale l'altra ha approfittato per trarne vantaggio, la parte danneggiata può domandare la rescissione del contratto".

21 Pontes de Miranda, *Tratado de Direito Privado*, 2. ed. Rio de Janeiro: Borsoi, 1962, p. 352-354. t. XXXVIII: "Tudo que excede a taxa legal é infração da lei sôbre usura (Decreto n. 22.626, de 7 de abril de 1933, arts. 1.º, 2.º e 6.º) e é crime (Lei n. 1.521, de 26 de dezembro de 1951, art. 4.º, a), 1.ª parte, onde se explicita que a usura tanto pode ser com a exigência de juros em dinheiro como em outro bem, *verbis* 'usura pecuniária ou real'). (...) O que é nulo é a declaração de vontade, no tocante ao proibido. Trata-se de nulidade parcial (Código Civil, art. 153, 1ª parte: 'A nulidade parcial de um ato não o prejudicará na parte válida, se este for separável'). A separação, aí, é de ordem contabilística. Se há bem que foi entregue, ou que vai ser entregue, como juros, avalia-se, para se saber ao certo se foi respeitado o limite máximo. Todos os cálculos são permitidos para se chegar à convicção de que não houve infração à lei. Quanto à figura penal, esta independe de maior ou menor excesso. Se houve violação da Lei, houve crime".

como ainda hoje implica, nulidade do negócio jurídico. Nesse sentido, explicava Caio Mario da Silva Pereira:

> Esse é o delito de usura real, isto é, o instituto penal da lesão. Sua projeção juscivilística é manifesta. Delito, ilícito penal. E, como é nulo o ato jurídico quando for ilícito o seu objeto, aí teríamos a nulidade dos contratos em que uma das partes, abusando da premente necessidade, inexperiência ou leviandade da outra, obtém lucro patrimonial excedente de um quinto do valor corrente ou justo.[22]

A segunda influência do Decreto-Lei n. 869/1938 sobre o ressurgimento da lesão no campo civilista foi a perda do caráter exclusivamente objetivo do instituto. Antes vinculada puramente ao desequilíbrio das prestações, a lesão passou a gravitar em torno da conduta do contratante que age "abusando" da "premente necessidade, inexperiência ou leviandade de outra parte", nos termos do art. 4º do Decreto-Lei n. 869/1938. Ao apreender a lesão sob o prisma criminal, o legislador brasileiro precisou "subjetivar" o instituto, convertendo-o em conduta individual reprovável, elemento necessário à definição de um novo tipo penal. De situação objetivamente injusta, como era tratada no direito romano e nas Ordenações Filipinas, a lesão passou a ser compreendida, no direito penal brasileiro, como um comportamento "abusivo" do contratante, e essa conotação acabou empregada também na sua retomada no campo civil, conformando-se o instituto ao pensamento liberal-voluntarista ainda então dominante na seara privada, como, de resto, já havia ocorrido em diversas experiências jurídicas europeias.[23] A lesão aproximou-se, assim, do dolo e da coação, não tardando para que passasse a ser defendida sua inclusão entre os vícios do consentimento:

> O ato lesionário revela a existência de um querer defeituoso, sem se confundir com os demais vícios do consentimento, como veremos. (...)

---

22 Caio Mário da Silva Pereira, *Lesão nos Contratos*, cit., p. 167.

23 Para mais detalhes, ver Miquel Martín-Casals, *From laesio enormis to Unfair Advantage: a Shift in the Contractual Paradigm*, in Wolfgang Wiegand, Thomas Koller e Hans Peter Walter, *Tradition mit Weitsicht. Festschrift für Eugen Bucher zum 80*, Berna: Schultess, 2009, p. 499-527. Segundo a síntese de Aleksander Grebieniow, o modelo que combina ao requisito objetivo da desproporção a requisitos subjetivos ligados ao aproveitamento do estado de fraqueza de uma das partes, "è emerso dapprima nella codificazione tedesca (§138, 2), è stato poi assunto dal CO svizzero (art. 21), dal Progetto italo-francese del Codice delle obbligazioni e dei contratti del 1927 (art. 22), dal Codice delle obbligazioni polacco del 1933 (art. 42) e dal Codice civile italiano del 1942 (art. 1448)." (*La laesio enormis e la stabilità contrattuale*, cit., p. 209).

> se caracteriza por outros fundamentos, que desvirtuam a vontade e fazem emitir um querer defeituoso. São a necessidade, a premência temporária ou permanente, a inexperiência, a leviandade que conduzem a querer ou consentir em determinada transação lesiva. A vontade não se expõe livremente. Um fator estranho leva-a a atuar. Um vício que tira-lhe a autonomia plena e verdadeira.[24]

A produção doutrinária das décadas seguintes à edição do Decreto-Lei n. 869/1938 revela que a primeira influência da fonte penal – a nulidade – veio a ser gradativamente mitigada, surgindo importantes vozes na doutrina civilista para defender a maior adequação do instituto à "rescisão" ou à "anulabilidade", consequência que já era reservada aos vícios do consentimento do qual a lesão vinha se aproximando.[25] Essa mesma aproximação, que amenizava a primeira influência da fonte penal, intensificava a segunda influência da abordagem criminalista – a coloração subjetivista da lesão –, pois acabava por situar definitivamente o instituto no campo dos defeitos do negócio jurídico.

O "abuso" da "necessidade" ou "inexperiência" do contratante lesado acabaria, assim, por assumir preponderância em relação ao próprio desequilíbrio objetivo das prestações. O parâmetro de um "quinto do valor corrente ou justo da prestação feita ou prometida", trazido pelo Decreto-Lei n. 869/1938, foi sendo pouco a pouco descartado na análise da doutrina civilista, não faltando passagens que ressaltavam a dificuldade de se fixar um parâmetro

---

24 Arnaldo Rizzardo, *Da Ineficácia dos Atos Jurídicos e da Lesão no Direito*, cit., p. 108-110. Na mesma direção, e também escrevendo antes do Código Civil de 2002, Wilson de Andrade Brandão, *Lesão e Contrato no Direito Brasileiro*, Rio de Janeiro: Aide, 1991, p. 101.

25 Nessa direção, a lição de Serpa Lopes: "Vícios de consentimento: êrro, dolo, coação e lesão. Vícios de vontade são aquêles defeitos que tocam a manifestação da vontade, tornando-a efêmera, em razão do que prejudicando a perfectibilidade jurídica do ato, pela sua anulabilidade" (José Maria de Serpa Lopes, *Curso de Direito Civil: dos Contratos em Geral*, Rio de Janeiro: Freitas Bastos, 1954, p. 44. v. III). Também aludindo à anulabilidade como efeito da lesão, Fernando Noronha, *O Direito dos Contratos e seus Princípios Fundamentais*, cit., p. 235: "São contratos iníquos estes em que se configuram a lesão ou o estado de perigo. Pode-se dizer que neles faltam condições para a realização da justiça formal, e não que a vontade do prejudicado seja propriamente defeituosa. (...) É esta situação de injustiça, que é preciso demonstrar, que constitui o verdadeiro fundamento da anulabilidade do negócio celebrado". Em defesa da rescisão, observava Carvalho de Mendonça: "É, pois, mister que encaremos o vício da lesão como mais atenuado dos vícios do contrato. A ação que dêle resulta não é mesmo uma ação de nulidade e sim sòmente de rescisão, pois que ela visa a retração ou desfazimento de uma obrigação em si válida" (Manuel Inácio Carvalho de Mendonça, *Doutrina e Prática das Obrigações*, 4. ed. Rio de Janeiro: Forense, 1959, p. 222. t. II).

objetivo comum (um quinto, um terço, um meio etc.) para a aferição do lucro excessivo em todos os gêneros de negócios e enfatizavam uma "tendência das legislações mais modernas" a deixar "ao prudente critério do julgador" a aferição do referido desequilíbrio:

> Aqui depara o estudioso com o delicado problema, pois sempre se julgou difícil apurar, objetivamente, qual o preço verdadeiro ou o preço justo. Mas, de qualquer maneira, o vício só se caracteriza quando o desnível entre as prestações é acentuado, variando, de uma legislação para outra, a tarifação da diferença. Por vezes, o legislador deixa ao juiz ampla margem para decidir se houve desproporção notável entre a contribuição dos contratantes.[26]
>
> Por muito tempo tarifada matematicamente pela lei, a tendência das legislações mais modernas é no sentido de deixar ao prudente critério do julgador a verificação, do efetivo desequilíbrio entre as prestações. (...) observa-se uma tendência ao abandono da estimação *a priori* do desequilíbrio, próprio da *laesio ultra dimidium* romana e da lesão francesa, para, mediante o emprego unicamente de conceitos jurídicos indeterminados, tais como considerável, evidente, notável desproporção, desvantagem exagerada, deixar-se ao juiz a verificação, conforme circunstâncias de cada caso, da medida em que a desproporção é lesiva.[27]

A ausência de critério objetivo para a avaliação do desequilíbrio contribuía para que não se cogitasse, à época, de intervenção judicial no contrato, como forma de corrigir os excessos da contratação. Na visão liberal, à falta de parâmetros claros oferecidos pelo legislador, deixar o conteúdo do contrato ao sabor da avaliação do magistrado significaria lhe reservar demasiado poder em oposição à autonomia privada.[28] O temor encontrava eco na seara econômica, em que se afiguravam preocupantes os efeitos da lesão em uma realidade marcada pelo fenômeno inflacionário, que, ao depreciar o valor da moeda muito rapidamente,

---

26 Silvio Rodrigues, *Direito Civil: Parte Geral*, cit., p. 217.

27 Anelise Becker, *Teoria Geral da Lesão nos Contratos*, São Paulo: Saraiva, 2000, p. 112.

28 Arnoldo Medeiros da Fonseca, *Caso Fortuito e Teoria da Imprevisão*, cit., p. 228. Registre-se que mesmo as chamadas "*courts of equity*" da experiência jurídica do *common law* rejeitavam interiamente a intervenção judicial dos contratos como se pode ver do registro de Joseph Story: "*For courts of equity, as well as courts of law, act upon the ground that every person who is not, from his peculiar condition or circumstances, under disability, is entitled to dispose of his property in such manner and upon such terms as he chooses: and whether his bargains are wise and discreet, or profitable or unprofitable, or otherwise, are considerations, not for courts of justice, but for the party himself to deliberate upon*" (*Commentaries on Equity Jurisprudence as Administred in England and Amercia*, 1. ed. Boston: Little, Brown & Co., 1873, § 244, p. 257. v. I).

dificultava, já em alguns meses ou poucos anos, a avaliação da relação de equilíbrio fixada originariamente entre as prestações. Tais circunstâncias resultavam na forte rejeição a qualquer poder revisional por parte do juiz, admitindo-se a alteração do contrato, como meio de correção do desequilíbrio, apenas por acordo entre as partes. A intervenção do juiz nos contratos desequilibrados chegava, nesse contexto, a ser considerada "contrária à moral".[29]

Tem-se, assim, na produção doutrinária de 1940 em diante, um redesenho progressivo da lesão, que deixa de ser o instituto objetivo calcado na *laesio enormis* dos romanos para se tornar um vício da vontade, centrado sobre o elemento subjetivo do *aproveitamento* da necessidade e inexperiência de um dos contratantes, a ser demonstrado pela parte prejudicada. O efeito, para a maior parte da doutrina, haveria de ser a anulação, remédio análogo ao aplicado ao dolo e aos demais defeitos do negócio jurídico.[30] A lesão, como se vê, apequenou-se, convertendo-se, mesmo para aqueles que defendiam sua reintrodução no direito civil brasileiro, em um defeito do negócio jurídico, de aplicação difícil e excepcional.[31]

Como resultado dessa trajetória, o Projeto de Lei n. 635, de 1975, voltado à criação de um novo Código Civil brasileiro, em substituição à codificação de 1916, tratou expressamente da lesão em sua *Parte Geral*, no capítulo dedicado aos defeitos do negócio jurídico. Em síntese, o referido Projeto (a) fixou o núcleo conceitual do instituto sobre a contratação realizada sob "premente necessidade" ou "inexperiência" de uma das partes; (b) deixou de aludir a

---

29 Decisiva aí a influência do pensamento civilista francês sobre a experiência brasileira, conforme registra Othon Sidou: "A França destaca-se como infensa à teoria revisionista numa coerência que vem doutrinalmente, não será demais repetir, dos dois de seus mais notáveis civilistas, Domat e Pothier, numa época, séculos XVII e XVIII, portanto da Idade Moderna, em que a cláusula *rebus sic stantibus* merecia plena acolhida por outros povos e pelos direitos canônico e internacional. A moral – salienta Ripert – manda que se não maneje o contrato como uma ação social em que o juiz tem o direito de tirar tal ou qual consequência" (José Maria Othon Sidou, *Resolução Judicial dos Contratos (Cláusula Rebus Sic Stantibus) e Contratos de Adesão: no direito vigente e no projeto de Código Civil*, 3. ed. Rio de Janeiro: Forense, 2000, p. 46).

30 Código Civil de 1916: "Art. 92. Os atos jurídicos são anuláveis por dolo, quando este for a sua causa." E o art. 147 da mesma codificação reiterava: "Art. 147. É anulável o ato jurídico: (...) II. Por vício resultante de erro, dolo, coação, simulação, ou fraude (art. 86 a 113)."

31 Ponto já sustentado em Anderson Schreiber, O Princípio do Equilíbrio das Prestações e o Instituto da Lesão, in Sílvio de Salvo Venosa, Rafael Villar Gagliardi e Paulo Magalhães Nasser (coords.), *10 Anos do Código Civil: Desafios e Perspectivas*, São Paulo: Atlas, 2012, p. 138-160.

qualquer espécie de parâmetro ou baliza objetiva para a aferição da chamada desproporção manifesta entre as prestações; e (c) estipulou como efeito primordial da lesão a anulabilidade do negócio jurídico. Ao lado da lesão, o Projeto de Lei n. 635/1975 tratou, também como defeito do negócio jurídico, do "estado de perigo", configurado a partir da assunção de prestação excessivamente onerosa por pessoa premida pela necessidade de salvar a si ou pessoa de sua família de grave dano conhecido pela outra parte.

Como se sabe, o Projeto de Lei n. 635/1975 foi duramente criticado, já ao seu tempo, uma vez que a comissão encarregada da tarefa de elaborar o texto do referido Projeto, embora formada por juristas brilhantes, fora convocada por um governo autoritário e conservador, durante o período mais severo da ditadura militar brasileira, tendo, assim, trabalhado sob a expressa premissa de "não dar guarida no Código senão aos institutos e soluções normativas já dotados de certa sedimentação e estabilidade".[32] O resultado foi um texto que tinha muito pouco de realmente novo, limitando-se, em diversos setores, a repetir as normas do Código Civil de 1916, com pontuais alterações de linguagem (algumas delas, para pior).[33]

Embora aprovado pela Câmara dos Deputados em 1983, o Projeto de Lei n. 635/1975 foi abandonado diante do início do processo de redemocratização do país e passou quase duas décadas esquecido no Congresso Nacional. Sua tramitação foi retomada surpreendentemente em 2001, momento em que a conveniência de uma nova codificação era vista com reservas pela maior parte da doutrina civilista[34] e uma nova Constituição democrática, aprovada pela Assembleia Constituinte em 1988, já havia consagrado valores humanistas e solidaristas que vinham revolucionando a interpretação e aplicação do direito civil brasileiro.[35] Chegou-se, nesse sentido, a sustentar, com sólidos fundamentos,

32 Miguel Reale, *O Projeto de Código Civil – Situação Atual e Seus Problemas Fundamentais*, São Paulo: Saraiva, 1986, p. 76.

33 Essa viria a ser uma das razões pelas quais o Código Civil resultante acabaria sendo chamado de "cópia mal feita" do seu antecessor (Maria Celina Bodin de Moraes, O Direito Civil-Constitucional, in Margarida Maria Lacombe Camargo, *1988-1998: Uma Década de Constituição*, Rio de Janeiro: Renovar, 1998, p. 127).

34 "No Brasil, o desencanto com a codificação alcançou os civilistas que já haviam participado de outras tentativas de novas codificações civis, no início da década de sessenta do século XX, a exemplo de Orlando Gomes e Caio Mário da Silva Pereira. O Código Civil de 2002 não conseguiu estancar essa linha de tendência, o que deixa no ar a pertinência de sua utilidade, em sociedade com intensas mudanças" (Paulo Lôbo, *Direito Civil – Parte Geral*, 2. ed. São Paulo: Saraiva, 2010, p. 13-14).

35 Sobre o movimento de constitucionalização do direito civil e seus efeitos na experiência jurídica brasileira, seja consentido remeter ao Capítulo I desta obra, em que o tema restou abordado.

a inconstitucionalidade do Projeto de codificação.[36] Votado às pressas, sem efetivo debate com a comunidade jurídica nacional, o referido Projeto deu origem ao Código Civil promulgado em 2002, último ano do Governo Fernando Henrique Cardoso. A nova codificação foi recebida pela melhor doutrina como "um duro golpe na recente experiência constitucional brasileira".[37] Aos juízes, aos advogados, ao intérprete de modo geral, restou:

> A espinhosa tarefa de temperar o desastre, aplicando diretamente o Texto Constitucional, seus valores e princípios, aos conflitos de direito civil, de modo a salvaguardar o tratamento evolutivo que tem caracterizado as relações jurídicas do Brasil contemporâneo.[38]

Repleto de insuficiências e desatualidades, o Código Civil de 2002 nasceu velho. Entre a elaboração do texto original e sua aprovação decorreram trinta anos de transformações sociais e jurídicas profundas.[39] No que diz respeito especificamente ao instituto da lesão, é notável a disparidade entre o cenário histórico de 1975 e aquele de 2002: por exemplo, o controle da inflação pelo Plano Real desde 1994 mitigava um dos grandes temores que haviam conduzido, como já destacado, a uma versão tímida e excepcional da lesão no Projeto de Lei n. 635. Na mesma direção, a edição de um Código de Defesa do Consumidor, em 1990, no qual já havia restado assegurado ao consumidor o direito à "modificação de cláusulas contratuais que estabeleçam prestações despropor-

36 Nessa direção, Luiz Edson Fachin e Carlos Eduardo Pianovski Ruzyk, Um Projeto de Código Civil na contramão da Constituição, in *Revista Trimestral de Direito Civil*, v. 4, Rio de Janeiro: Padma, 2000, p. 243-263.

37 Gustavo Tepedino, O Novo Código Civil: Duro Golpe na Recente Experiência Constitucional Brasileira, editorial à *Revista Trimestral de Direito Civil*, v.v. 7, Rio de Janeiro: Padma, 2001, que, com alguma esperança, concluía: "Do Presidente da República espera-se o gesto nobre, que o fará entrar para a História como um grande estadista: o veto integral ao projeto".

38 Gustavo Tepedino, O *Novo Código Civil: Duro Golpe na Recente Experiência Constitucional Brasileira*, cit., loc. cit.

39 "Se válido o apotegma segundo o qual as leis começam a envelhecer no dia mesmo de sua publicação, o Projeto de Código Civil Brasileiro será um manuscrito senecto. Começou a ter tramitação legislativa, como Projeto 634/75, na Casa de origem, em 1975, por iniciativa do Poder Executivo, com base em Anteprojeto de uma Comissão de eminentes juristas (...) Remetido ao Senado Federal em 1984, foram nessa Câmara Alta efetuadas modificações, em razão do que retornou à Câmara dos Deputados, como Projeto 118, e aí se encontra. Nunca é bom esquecer a sentença de Eliezer Rosa na Carta-prefácio à obra *Ciência e Ação*, de Luiz Machado Guimarães: "Mudar um código é, talvez, fácil. Mas construir uma doutrina sobre ele é difícil" (José Maria Othon Sidou, *Resolução Judicial dos Contratos (cláusula rebus sic stantibus) e Contratos de Adesão*, cit., p. 100).

cionais ou sua revisão em razão de fatos supervenientes que as tornem excessivamente onerosas" (art. 6º, V), fazia com que a interferência do Poder Judiciário no conteúdo do contrato – antes vista como inadmissível – já não pudesse mais ser tratada como inovação preocupante ou dado estranho ao direito positivo brasileiro. O retorno da lesão ao direito civil brasileiro deu-se, assim, com larga desatualização, restando o instituto aprisionado em disposição normativa que refletiu o momento histórico de sua elaboração, mas que se afigura acanhada à luz das potencialidades do instituto no direito contemporâneo.

3. A lesão no Código Civil de 2002

O art. 157 do Código Civil de 2002 define a lesão:

> Art. 157. Ocorre a lesão quando uma pessoa, sob premente necessidade, ou por inexperiência, se obriga a prestação manifestamente desproporcional ao valor da prestação oposta.
> § 1º Aprecia-se a desproporção das prestações segundo os valores vigentes ao tempo em que foi celebrado o negócio jurídico.
> § 2º Não se decretará a anulação do negócio, se for oferecido suplemento suficiente, ou se a parte favorecida concordar com a redução do proveito.

A codificação de 2002, como se vê, consagrou a roupagem subjetivista da lesão, distanciando-se da tradição romana.[40] Além do requisito objetivo da desproporção manifesta entre as prestações (que de núcleo conceitual passou a ser apenas um dos requisitos da lesão), o Código Civil exigiu também um requisito subjetivo: a "premente necessidade" ou "inexperiência" do contratante prejudicado. Tal orientação encontrou a crítica severa de

40 A mesma via foi trilhada, registre-se, por algumas codificações que lhe serviram de modelo. Por exemplo, o *BGB*, em seu § 138 dispõe que "um negócio jurídico que infrinja os bons costumes é nulo", acrescentando, em seguida, que "nulo é, especialmente, o negócio jurídico pelo qual alguém, explorando o estado de necessidade, a situação ou a inexperiência do outro, faz prometer ou conceder, para si, ou para terceiro, contra uma prestação, vantagens patrimoniais cujo valor exceda de tal modo à prestação que, de acordo com as circunstâncias, as vantagens patrimoniais estão em manifesta desproporção com a prestação" (tradução de Souza Diniz, *Código Civil Alemão*, Rio de Janeiro: Record, 1960, p. 40). No original: "§ 138. Sittenwidriges Rechtsgeschäft; Wucher. *(1) Ein Rechtsgeschäft, das gegen die guten Sitten verstößt, ist nichtig. (2) Nichtig ist insbesondere ein Rechtsgeschäft, durch das jemand unter Ausbeutung der Zwangslage, der Unerfahrenheit, des Mangels an Urteilsvermögen oder der erheblichen Willensschwäche eines anderen sich oder einem Dritten für eine Leistung Vermögensvorteile versprechen oder gewähren lässt, die in einem auffälligen Missverhältnis zu der Leistung stehen*".

Orlando Gomes, para quem, quando se atribui ao instituto natureza de vício do consentimento, "esvazia-se o conceito de lesão, conservando-se apenas o nome".[41] Após examinar codificações estrangeiras que seguiam o mesmo caminho do atual Código Civil brasileiro, o jurista baiano concluiu: "A fidelidade dessas legislações à tese individual retira-lhes, ademais, a significação prática que poderia ter a transformação em direito positivo de um princípio de justiça contratual".[42]

A conclusão ainda se faz atual. Mais de dez anos após a edição do Código Civil de 2002, a aplicação jurisprudencial do instituto da lesão tem sido, entre nós, diminuta. Pesquisa de jurisprudência realizada para esta obra revela que, entre os anos de 2003 e 2016, o Superior Tribunal de Justiça analisou apenas sete casos concretos envolvendo o instituto da lesão, tendo havido reconhecimento da sua caracterização em somente três deles.[43] Nos tribunais estaduais,

---

41 Orlando Gomes, *Transformações Gerais do Direito das Obrigações*, São Paulo: Revista dos Tribunais, 1980, p. 33.

42 Orlando Gomes, *Transformações Gerais do Direito das Obrigações*, cit., p. 38.

43 Transcrevem-se, a seguir, trechos pertinentes desses três julgados: "(...) Ficou evidente a abusividade da vantagem na resolução da avença, porquanto, no momento do distrato – realizado cinco dias após a contratação – o serviço de advocacia sequer havia principiado. Tal circunstância, aliada à inexperiência da parte autora em assuntos jurídicos revela a existência de vício no ajuste, caracterizando hipótese de lesão" (STJ, 3ª Turma, AgRg no AREsp 843.265/RS, Rel. Min. Marco Aurélio Bellizze, 23-6-2016); "(...) A lesão, defeito do ato jurídico, apesar de não ter constado expressamente do CC de 1916, como o fez o Código de 2002, por sua íntima relação com a noção de justiça contratual, já funcionava, na vigência do diploma anterior, como instrumento apto a assegurar o equilíbrio negocial em sentido amplo. (...) O instituto da lesão se caracteriza pelo desrespeito à cláusula geral da boa-fé pelo agente que a provoca, atitude que antecede e independe de qualquer previsão legal do instituto. (...) Quando o acordo extrajudicial é, em tese, prejudicial à parte hipossuficiente em desvantagem excessiva, as portas do Judiciário não podem permanecer fechadas, sob o risco de perpetuar a desproporcionalidade entre o dano e o seu ressarcimento. (...) A situação de desequilíbrio na relação entre as partes, incontestável, marcado pela indiscutível inexperiência da vítima, sem a assistência de um profissional ou pessoa esclarecida no momento de formalização da transação, é capaz de fundamentar o reconhecimento do direito à prestação originalmente não prevista no negócio, no caso dos autos, uma pensão mensal vitalícia" (STJ, 4ª Turma, REsp 1.183.315/ES, Rel. Min. Luis Felipe Salomão, 3-12-2015); "(...) Consubstancia lesão a desproporção existente entre as prestações de um contrato no momento da realização do negócio, havendo para uma das partes um aproveitamento indevido decorrente da situação de inferioridade da outra parte. (...) O instituto da lesão é passível de reconhecimento também em contratos aleatórios, na hipótese em que, ao se valorarem os riscos, estes forem inexpressivos para uma das partes, em contraposição àqueles suportados pela outra, havendo exploração da situação de inferioridade de um contratante. (...) Ocorre lesão na hipótese em que um advogado,

também não é expressivo o número de acórdãos acolhendo pleitos fundados na lesão nesse arco temporal de quase quinze anos.[44]

A alegação da lesão em sede judicial é inibida pelas dificuldades inerentes à demonstração de um estado de "inexperiência" ou "necessidade" do contratante lesado – argumento normalmente visto, já de antemão, com certa antipatia pelo Poder Judiciário por seu viés vitimista e assistencialista, especialmente em um campo no qual as relações são presumidamente paritárias. Ainda que decida enveredar por tal caminho, superando o esforço probatório, o autor da demanda logrará como resultado a anulação do negócio jurídico, efeito que, no mais das vezes, não lhe interessa, nem é simples nas suas consequências por sua eficácia *ex nunc*.[45] Assim, frequentemente, pode o contratante lesado prefere amargar o prejuízo que "perder" o contrato.

---

valendo-se de situação de desespero da parte, firma contrato *quota litis* no qual fixa sua remuneração *ad exitum* em 50% do benefício econômico gerado pela causa" (STJ, 3ª Turma, REsp 1.155.200/DF, Rel. Min. Massami Uyeda, Red. p/ acórdão Min. Nancy Andrighi, 22-02-2011).

44 Por exemplo, no Tribunal de Justiça do Estado do Rio de Janeiro, de 2003 a 2016, foram encontrados 66 (sessenta e seis) acórdãos debatendo alegação de lesão, tendo sido reconhecida a configuração do instituto em 21 (vinte e um) deles. No Tribunal de Justiça do Estado de São Paulo, foram encontrados 120 (cento e vinte) acórdãos tratando do tema, no mesmo período, tendo sido a lesão reconhecida em 24 (vinte e quatro) acórdãos. No Tribunal de Justiça de Santa Catarina, dos 26 (vinte e seis) acórdãos encontrados, somente 4 (quatro) reconheceram o vício. Por fim, das 25 (vinte e cinco) decisões colhidas no Tribunal de Justiça do Distrito Federal e dos Territórios, 7 (sete) consideraram o negócio examinado atingido pela lesão. Foram excluídos dessas estatísticas os julgados envolvendo o Código de Defesa do Consumidor, em que a referência à lesão surge, quase sempre, como argumento decorativo, restando a nulidade da cláusula contratual ou do contrato como um todo alcançada por meio da aplicação de normas específicas da legislação consumerista.

45 A doutrina mais crítica chega a aludir, nesse sentido, a "possíveis inconvenientes, como por exemplo, na hipótese factível de já haver a prestação extorquida passado a terceiros. Seria uma cadeia de nulidades suscetível de abalar a estabilidade das relações jurídicas sucessivamente criadas" (Arnaldo Rizzardo, *Da Ineficácia dos Atos Jurídicos e da Lesão no Direito*, cit., p. 252, o qual critica a consequência legal reservada à lesão: "diversamente, pensamos que o negócio deve ser mantido, respeitando-se, assim, o princípio da conservação do contrato. Na verdade, bem examinados a gênese e o desenvolvimento da relação jurídica estabelecida, é fácil concluir que, se uma das partes de antemão pretendeu tirar vantagens excessivas, impossivelmente se pode admitir que a outra haja querido deixar-se prejudicar. Observa-se, em consequência, que o primeiro momento do negócio é inatacável, e, por isso mesmo, deve ser preservado. Quer dizer, o contrato em si, como vínculo, tem toda validade. As prestações reciprocamente entregues é que, por sua disparidade, revelam o consentimento defeituoso do pactuante lesado e a deslealdade de quem dele se aproveitou").

Não bastassem todas essas dificuldades, a maior parte da doutrina brasileira ainda acrescenta novos requisitos para a caracterização da lesão que não constam da literalidade do art. 157: (a) o "abuso" por parte do contratante beneficiado, consubstanciado na sua "malícia" ou "exploração" da contraparte; ou (b) o chamado "dolo de aproveitamento", assim entendido o aproveitamento consciente da situação anormal da outra parte para fins lucrativos, ainda que não haja a intenção específica de explorar tal circunstância; ou, ao menos, (c) o "conhecimento" da situação de necessidade ou inexperiência por parte de quem se beneficia do desequilíbrio. Confira-se, nessa direção, um breve apanhado de trechos doutrinários:

> O requisito subjetivo consiste no que a doutrina chama de *dolo de aproveitamento* e afigura-se, como dizem os diplomas legislativos, na circunstância de uma das partes *aproveitar-se* da outra pela inexperiência, leviandade ou estado de premente necessidade.[46]
>
> O elemento subjetivo consiste, como já observado, e em consonância com o art. 157, no *abuso* da premente necessidade, da inexperiência (ou leviandade) do lesado.[47]
>
> Não obstante, valeu-se o legislador nacional das mesmas fontes onde se inspiraram os legisladores alemão, suíço e italiano, exigindo para caracterizar o delito da usura real, e portanto a figura da lesão, a presença de dois elementos diversos: um elemento objetivo, representado pela desproporção entre as prestações, e um elemento subjetivo, revelado pelo *comportamento censurável* de uma das partes, ao *abusar* da leviandade, da necessidade ou da inexperiência do outro contratante.[48]
>
> O segundo elemento, subjetivo, por muitos denominado "dolo de aproveitamento", é pertinente à inexperiência da parte, sua ingenuidade, circunstâncias que, *conhecidas* do outro contratante, levam-no *a procurar* o ganho desmesurado à custa do despreparo da outra.[49]
>
> Exige-se, também, que a desproporção resulte da *exploração* da necessidade, inexperiência ou leviandade de uma das partes, o que constitui, sem dúvida, um dado de caráter subjetivo.[50]

---

46 Sílvio de Salvo Venosa, *Direito Civil: Parte Geral*, cit., p. 436 (grifou-se).

47 Arnaldo Rizzardo, *Introdução ao Direito e Parte Geral do Código Civil*, 8. ed. Rio de Janeiro: Forense, 2015, p. 603 (grifou-se).

48 Silvio Rodrigues, *Direito Civil: Parte Geral*, cit., p. 219. v. 1 (grifou-se).

49 Washington de Barros Monteiro e Ana Cristina de Barros Monteiro França Pinto, *Curso de Direito Civil: Parte Geral*, 45. ed. São Paulo: Saraiva, 2016, p. 286. v. 1 (grifou-se).

50 Darcy Bessone, *Do Contrato: Teoria Geral*, Rio de Janeiro: Forense, 1987, p. 271 (grifou-se).

> Além do elemento objetivo (prestação desproporcional), a lei exige, para caracterizar a lesão especial, que o lesionário tenha se *aproveitado* da inexperiência do lesado ou que este tenha agido premido pela necessidade (elementos subjetivos).[51]
>
> Basta, portanto, que a parte que se beneficia *conheça* a situação de inferioridade, sendo desnecessária a intenção do agente de obter lucro exagerado. Note-se, pois, que o elemento subjetivo diz respeito à vítima, não ao beneficiário.[52]

O ônus probatório a ser superado pelo contratante lesado torna-se, dessa forma, ainda mais severo que o exigido pela letra da lei, o que contribui para que sejam tão raras, entre nós, decisões judiciais aplicando o instituto da lesão, como já visto. O incremento do ônus probatório denota, ainda, o apego da nossa doutrina a um excessivo voluntarismo, em contrariedade aos valores constitucionais.[53] Tudo somado, o retorno da lesão ao direito positivo brasileiro parece ter se dado sem uma real repercussão prática, frustrando, de certo modo, não apenas o esforço historicamente realizado para a retomada do tema em ambiente civilista, mas também as potencialidades do instituto para a concretização do princípio do equilíbrio contratual no momento originário da formação do contrato.

4. Cinco propostas de interpretação do art. 157 conforme a Constituição

É possível extrair do art. 157 uma interpretação diversa daquela que lhe reserva a maior parte da doutrina brasileira, a fim de assegurar uma abordagem do instituto da lesão que não se afigure tão vinculada à tradição liberal-voluntarista e que permita, em alguma medida, a concretização dos valores constitucionais veiculados por meio do princípio do equilíbrio contratual, que encontra na lesão importante instrumento. Nessa direção, passa-se, a seguir, ao detalhamento de cinco propostas interpretativas.

---

51 Nelson Nery Junior e Rosa Maria de Andrade Nery, *Instituições de Direito Civil*, São Paulo: Revista dos Tribunais, 2015, p. 236-237. v. I, t. II (grifou-se).

52 Nelson Rosenvald e Cristiano Chaves de Farias, *Curso de Direito Civil: Parte Geral e LINDB*, cit., p. 555-556 (grifou-se).

53 Nas palavras de Rodrigo Toscano de Brito, "fica uma sensação no ar de que se sabe que se deve respeitar o princípio da equivalência material, mas um pé atrás, ainda na teoria clássica do contrato, de culto pleno ao *pacta sunt servanda*, é o que talvez explique a timidez com que é tratado um tema tão importante para a realidade contratual e, por paradoxal que possa parecer, para a sua própria sobrevivência" (*Equivalência Material dos Contratos*, cit., p. 41).

4.1. Primeira proposta interpretativa: rejeição do dolo de aproveitamento, abuso, malícia ou mero conhecimento

Em primeiro lugar, cumpre afastar exigências relativas à demonstração de abuso ou dolo de aproveitamento por parte do contratante beneficiado. Seu agir não é objeto do art. 157 do Código Civil, que se restringe a tratar do estado de inexperiência ou necessidade do contratante prejudicado. Na mesma direção, já se observou que, "se o código não exigiu explícita ou implicitamente tal requisito, exigi-lo seria contrariar a lei, verdadeira interpretação *contra legem*".[54]

Nem o mero conhecimento ou cognoscibilidade do estado de inexperiência ou necessidade deve ser exigido, pois, ao contrário do que fez no art. 156 – em que, tratando do estado de perigo, empregou a expressão "conhecido da outra parte"[55] –, o legislador não mencionou, ao disciplinar a lesão, qualquer requisito relativo ao contratante beneficiado, limitando-se a abordar o tema sob a

---

54 Vladimir Mucury Cardoso, *Revisão Contratual e Lesão à luz do Código Civil de 2002 e da Constituição da República*, Rio de Janeiro: Renovar, 2008, p. 235, em trecho no qual sustenta ser imprópria a exigência de "aproveitamento ou abuso" para fins de caracterização da lesão: "Entendemos, ao revés, que tendo em vista o texto normativo, não há que se perquirir aproveitamento ou abuso; a lesão estará configurada a partir da desproporção manifesta e da premente necessidade ou inexperiência do prejudicado. (...) se o código não exigiu explícita ou implicitamente tal requisito, exigi-lo seria contrariar a lei, verdadeira interpretação *contra legem*, em conflito com o intuito que exsurge do novo diploma civilístico de conferir à lesão o mais amplo campo de incidência possível – por isso não a restringiu a searas específicas, como os códigos francês e espanhol, nem previu um número excessivo de circunstâncias difíceis de reunir, como fez o código italiano". No mesmo sentido, Carlos Eduardo Pianovski Ruzyk e Frederico Eduardo Zenedin Glitz, *A Lesão nos Contratos e a Nova Codificação Civil Brasileira: uma análise crítica a partir do princípio da justiça contratual*, cit., p. 32: "Louvável, nada obstante isso, a não exigência pelo Código Civil do 'dolo de aproveitamento' por parte do lesionador. O conceito tradicional de lesão, como se sabe, concerne a 'aproveitamento, por parte do contratante beneficiado, de uma situação de inferioridade em que então se encontrava o prejudicado', resultando em excessiva desproporção entre prestações. Trata-se, entretanto, como visto, de ponto não pacífico, havendo quem sustente que, sem embargo do silêncio da regra quanto ao dolo de aproveitamento – ou, ao menos, quanto a um aproveitamento consciente –, seria ele exigível, bem como posições intermediárias que admitem presunção relativa de aproveitamento consciente, haja vista não se poder presumir boa-fé por parte de quem contrata, impondo à outra parte onerosidade excessiva. Melhor se afigura, todavia, a hermenêutica que, no silêncio da regra, dispensa a exigência de dolo ou de aproveitamento consciente, independente de qualquer presunção, caracterizando-se lesão especial, em que o elemento subjetivo diz respeito somente ao lesionado".

55 "Art. 156. Configura-se o estado de perigo quando alguém, premido da necessidade de salvar-se, ou a pessoa de sua família, de grave dano conhecido pela outra parte, assume obrigação excessivamente onerosa."

ótica do contratante que padece da excessiva onerosidade.[56] Tal postura normativa nada tem de surpreendente, pois, diferentemente do que ocorre em vícios como o erro – calcado em falsa representação da realidade, que é interna ao sujeito contratante, de tal modo que o legislador vem exigir a perceptibilidade ou cognoscibilidade do erro a partir das "circunstâncias do negócio" –, a lesão exige, para sua configuração, um elemento que já é objetivo: a excessiva onerosidade, perceptível pelo contratante favorecido por definição, conforme se verá adiante.

Em resumo: a configuração da lesão no direito brasileiro deve prescindir do abuso, dolo, malícia ou aproveitamento do contratante favorecido, ou mesmo do seu conhecimento efetivo ou potencial em relação ao específico estado da contraparte. A lesão vem, na letra da lei, em defesa do contratante lesado por inexperiência ou necessidade, dizendo seus requisitos exclusivo respeito a esse último. Independe, por isso mesmo, das intenções, propósitos ou estado mental do contratante beneficiado pelo desequilíbrio originário.

Até aqui, note-se, não se está a defender qualquer interpretação extensiva do art. 157 da codificação civil, mas mero respeito aos limites da sua literalidade, não competindo ao intérprete, diante de norma regulamentar, adicionar requisitos estranhos às possibilidades do texto que não possam ser extraídos de uma interpretação sistemática da ordem jurídica atualmente vigente. Trata-se de mera correção hermenêutica, que nada tem de realmente inovador.

4.2. Segunda proposta interpretativa: interpretação ampliativa da inexperiência e necessidade

As expressões *inexperiência* e *necessidade*, empregadas pelo art. 157 do Código Civil, não devem ser interpretadas de modo restritivo. Não se pode incorrer no equívoco de encarar a lesão como um instrumento restrito à proteção do contratante "débil", "vulnerável" ou "mais fraco".[57] Não é correto

56 Confira-se, ainda uma vez, o teor da norma: "Art. 157. Ocorre a lesão quando uma pessoa, sob premente necessidade, ou por inexperiência, se obriga a prestação manifestamente desproporcional ao valor da prestação oposta".

57 Confira-se na jurisprudência, a título meramente exemplificativo, TJSP, 7ª Câmara de Direito Privado, Apelação Cível 9165982-06.2006.8.26.0000, Rel. Des. Miguel Brandi, 23-2-2011: "Como se vislumbrou nas minudências do caso, no negócio entabulado o autor se afastou da conduta do 'justo contrato', estando patente o desequilíbrio entre as partes contratantes, ante a vulnerabilidade e fragilidade que se encontrava a ré frente ao autor". Em igual direção, TJSP, 2ª Câmara de Direito Empresarial, Apelação Cível 0137498-18.2012.8.26.0100, Rel. Des. Ramon Mateo

afirmar, nesse sentido, que a lesão é "proteção dada a contraente em posição de inferioridade".[58] Já alertava Caio Mario da Silva Pereira que a necessidade exigida para a configuração da lesão "não é a miséria, a insuficiência habitual de meios para prover à subsistência própria ou dos seus. Não é a alternativa entre a fome e o negócio. Deve ser a *necessidade contratual*".[59]

Júnior, 11-4-2016: "Quanto ao mérito, melhor sorte não colhem os apelantes. O perfil vulnerável e de inexperiência do primeiro autor, para a celebração de negócios jurídicos de grande vulto, é de difícil caracterização". Ainda no mesmo sentido, decidiu o TJRJ, 10ª Câmara Cível, Apelação Cível 0167409-81.2009.8.19.0001, Rel. Des. Patrícia Ribeiro Serra Vieira, 31-10-2012: "Levando-se em conta os documentos e relatos testemunhais em tal sentido, acima destacados, restaria caracterizado o instituto civil da lesão, na forma do artigo 157 do Código civil vigente, diante dos termos do negócio jurídico firmado entre as partes, consideradas as circunstâncias do negócio e características do imóvel (requisito objetivo), em especial as condições adversas e inexperiência da parte mais frágil – pequeno comerciante, doente (portador do vírus HIV) e morador do cortiço (requisito subjetivo) – conforme mencionado pelo próprio réu". Em outro acórdão, o mesmo tribunal alude à "vítima, que é hipossuficiente e vulnerável, e, por isso mesmo, não dispunha de condições de avaliar as implicações da celebração daquela avença. Nesse contexto, é cabível a aplicação do artigo 157 do Código Civil para reconhecer a lesão e a anulação da composição amigável, haja vista a recusa do apelado em complementar o pagamento, bem como do artigo 39, IV, da Lei n. 8.078/90" (TJRJ, 3ª Câmara Cível, Apelação Cível 0021888-11.2010.8.19.0021, Rel. Des. Helda Lima Meireles, 29-02-2012). Veja-se, ainda, decisão do Tribunal de Justiça do Estado de Sergipe: "De uma análise minuciosa do feito, observo que não há falar-se em inexperiência ou premente necessidade da empresa embargante, uma vez que não restou configurada sua vulnerabilidade, tampouco o dolo de aproveitamento exigido para a configuração do instituto" (TJSE, 1ª Câmara Cível, Apelação Cível 2008201085, Rel. Des. Roberto Eugenio da Fonseca Porto, j. 31-3-2008). Em doutrina, Rafael Renner, *Novo Direito Contratual: a tutela do equilíbrio contratual no Código Civil*, cit., p. 236, alude, ao tratar da lesão, à "proteção do contratante mais fraco". Também Vladmir Cardoso refere-se a "estado de inferioridade do lesado" e a uma ínsita preocupação da lesão com "a tutela do contratante vulnerável", ao afirmar: "A lesão, objeto do nosso estudo, traz ínsita a preocupação com a tutela do contraente vulnerável, haja vista que constitui elemento subjetivo da figura em análise o estado de inferioridade do lesado, manifestado na 'premente necessidade' de contratar ou na 'inexperiência (art. 157)" (*Revisão Contratual e Lesão à luz do Código Civil de 2002 e da Constituição da República*, cit., p. 136). Washington de Barros Monteiro e Ana Cristina de Barros Monteiro França Pinto advertem que o requisito subjetivo da lesão (inexperiência) "deve apresentar-se como efetiva hipossuficiência naquela concreta situação em que as partes se encontram" (*Curso de Direito Civil: Parte Geral*, cit., p. 286).

58 TJSP, 2ª Câmara de Direito Empresarial, Apelação Cível 0206048-02.2011.8.26.0100, 3-2-2014.

59 E arrematava: "Ainda que o lesado disponha de fortuna, a necessidade se configura na

Trata-se de consequência da interpretação sistemática da ordem jurídica brasileira. Com efeito, uma abordagem restritiva dos termos *inexperiência* e *necessidade* conduziria, entre nós, à inutilidade da lesão, pois o direito brasileiro já conta com instrumentos – até mais eficientes, diga-se – para a tutela do equilíbrio contratual em relação ao chamado contratante vulnerável. O Código de Defesa do Consumidor, como já visto, assegura ao consumidor "a modificação das cláusulas contratuais que estabeleçam prestações desproporcionais" (art. 6º, V), independentemente de qualquer requisito subjetivo. O art. 51, inciso IV, do mesmo diploma torna nulas (não já anuláveis) as cláusulas contratuais que "estabeleçam obrigações consideradas iníquas, abusivas, que coloquem o consumidor em desvantagem exagerada, ou sejam incompatíveis com a boa-fé ou a equidade". E não se trata apenas de remédios aplicáveis ao campo consumerista, uma vez que a Medida Provisória n. 2.172-31, de 23 de agosto de 2001, estabeleceu a nulidade de "estipulações usurárias", retirando validade, por exemplo, aos "lucros ou vantagens patrimoniais excessivos, estipulados em situação de vulnerabilidade da parte, caso em que deverá o juiz, se requerido, restabelecer o equilíbrio da relação contratual, ajustando-os ao valor corrente, ou, na hipótese de cumprimento da obrigação, ordenar a restituição, em dobro, da quantia recebida em excesso, com juros legais a contar da data do pagamento indevido".[60]

Todas essas normas já oferecem ao contratante vulnerável, consumidor ou não, remédios mais poderosos que a lesão para a tutela do equilíbrio contratual.

impossibilidade de evitar o contrato. Um indivíduo pode ser milionário. Mas, se num momento dado ele precisa de dinheiro contado, urgente e insubstituível, e para isto dispõe de um imóvel a baixo preço, a necessidade que o leva a aliená-lo compõe a figura da lesão" (Caio Mário da Silva Pereira, *Lesão nos Contratos*, cit., p. 165).

60 Confira-se, na íntegra, o dispositivo: "Art. 1º São nulas de pleno direito as estipulações usurárias, assim consideradas as que estabeleçam: I – nos contratos civis de mútuo, taxas de juros superiores às legalmente permitidas, caso em que deverá o juiz, se requerido, ajustá-las à medida legal ou, na hipótese de já terem sido cumpridas, ordenar a restituição, em dobro, da quantia paga em excesso, com juros legais a contar da data do pagamento indevido; II – nos negócios jurídicos não disciplinados pelas legislações comercial e de defesa do consumidor, lucros ou vantagens patrimoniais excessivos, estipulados em situação de vulnerabilidade da parte, caso em que deverá o juiz, se requerido, restabelecer o equilíbrio da relação contratual, ajustando-os ao valor corrente, ou, na hipótese de cumprimento da obrigação, ordenar a restituição, em dobro, da quantia recebida em excesso, com juros legais a contar da data do pagamento indevido. Parágrafo único. Para a configuração do lucro ou vantagem excessivos, considerar-se-ão a vontade das partes, as circunstâncias da celebração do contrato, o seu conteúdo e natureza, a origem das correspondentes obrigações, as práticas de mercado e as taxas de juros legalmente permitidas".

Nesse cenário, restringir o instituto da lesão à proteção do contratante vulnerável, vinculando a *inexperiência* e a *necessidade* a um estado qualquer de hipossuficiência, significaria limitar o acesso a certo instrumento de tutela a contratantes que já dispõem de outros, de eficácia mais intensa. Tratar-se-ia de uma conclusão ilógica e de uma interpretação frágil à luz do imperativo de coerência e utilidade do sistema jurídico. Ademais, como instituto incorporado à disciplina geral do negócio jurídico no Código Civil, a lesão não pode restar dependente de uma relação de desigualdade entre as partes como condição da sua incidência. A *inexperiência* e a *necessidade* de que trata o art. 157 devem ser interpretadas de modo isento, a partir do estado possivelmente momentâneo dos contratantes. Nesse sentido, uma necessidade pontual pode ser suficiente, desde que vinculada geneticamente ao desequilíbrio das prestações. Uma pessoa jurídica, de vasto capital, pode se encontrar em ocasional necessidade ou se apresentar, para certos tipos de contratos, em situação de inexperiência.

Mais: *inexperiência* e *necessidade* devem ser encaradas em perspectiva funcional, para abranger todas aquelas situações em que a parte ingressa em um contrato manifestamente desequilibrado por circunstâncias que lhe retiravam a plena consciência da excessiva onerosidade assumida (inexperiência *lato sensu*) ou lhe impunham, mesmo diante de tal consciência, a contratação (necessidade *lato sensu*). Em ambas as situações, o que está em jogo é a própria voluntariedade do acordo de vontades: o ingresso em um contrato desequilibrado por quem não *conhece* plenamente o desequilíbrio ou, embora o conhecendo, *necessita*, por circunstâncias externas, assumi-lo produz inegável déficit de vontade na contratação.[61]

61 Daí a aproximação a que se procede, por vezes, em estudos de direito comparado entre a lesão da tradição romano-germânica e a "*unconscionability*" do *common law*. Sobre o tema, ver a instigante passagem de Julian Hermida, *Convergence of Civil Law and Common Law Contracts in the Space Field*, in 34 Hong Kong Law Journal, 2004, p. 360-361: "*Civil law also recognises a defence called 'lesion', which is relatively similar to the common law unconscionability defence. This defence traces its origin to the Roman law doctrine of laesio enormis where enforcement was refused for contracts where the disparity of value was objectively considerable. This defence may be invoked when a party, exploiting the need or inexperience of the other, obtains disproportionately advantageous terms. Its acceptance as a fundamental principle of contract law in the vast majority of civil law countries was due to certain ethical ideas taken to require a fair exchange of values in a stratified social structure. Instead of talking about procedural and substantive unconscionability, civil law codes speak of objective (the disproportionate terms) and subjective (the disproportionate bargaining power). Additionally, in both civil law and common law the court must analyse this phenomenon at the moment of the formation of the contract and not during the course of performance. Despite the differences in the denomination, both legal institutions are very similar and pursue the same objectives*".

Desse modo, uma interpretação ampliativa dos termos *inexperiência* e *necessidade* configura meio relevante de atuação do princípio do equilíbrio contratual no momento da formação do contrato, e permite que a lesão, como defeito do negócio jurídico, desempenhe efetivo papel na garantia de um consentimento livre, não apenas formal, mas também substancialmente.

4.3. Terceira proposta interpretativa: inexperiência ou necessidade como enumerações exemplificativas de rol *numerus apertus*

Ainda na mesma direção, é possível interpretar a menção do art. 157 do Código Civil à *inexperiência* e *necessidade* como enumeração de caráter exemplificativo, e não taxativo, de modo a se vislumbrar ali um elenco *numerus apertus* de situações que podem dar ensejo à caracterização da lesão. Alguns dados normativos oferecem subsídios para o embasamento dessa proposta interpretativa. Convém recordar, em primeiro lugar, a legislação penal que reprime a usura real – origem, como se viu, da restauração da lesão no direito civil brasileiro –, a qual inclui no rol de situações que podem caracterizar o crime não apenas a necessidade ou inexperiência, mas também a "leviandade" da parte prejudicada.[62] A leviandade é definida pela doutrina penalista como "a irreflexão na avaliação das obrigações assumidas" ou o "descaso pelas consequências ulteriores dos próprios atos".[63] Do direito concorrencial pode-se extrair, ainda, a noção de "dependência econômica", como um indicativo de

62 Recorde-se o disposto no art. 4º, alínea *b*, da Lei n. 1.521, de 26 de dezembro de 1951: "Art. 4º. Constitui crime da mesma natureza a usura pecuniária ou real, assim se considerando: (...) b) obter, ou estipular, em qualquer contrato, abusando da premente necessidade, inexperiência ou leviandade de outra parte, lucro patrimonial que exceda o quinto do valor corrente ou justo da prestação feita ou prometida. Pena: detenção, de 6 (seis) meses a 2 (dois) anos, e multa, de cinco mil a vinte mil cruzeiros".

63 Confira-se, a título ilustrativo, o magistério de Elias de Oliveira, *Crimes contra a economia popular e o júri tradicional: (Doutrina, jurisprudência e legislação) Lei n. 1.521, de 26 de dezembro de 1951*, Rio de Janeiro: Freitas Bastos, 1952, p. 180: "A *leviandade* é a irreflexão na avaliação do alcance das obrigações assumidas ou o descaso pelas consequências ulteriores dos próprios atos, ou a imprudência em não medir a extensão das responsabilidades, decorrentes da transação realizada, ou a insensatez em não calcular os embaraços futuros na execução do compromisso exorbitante". Na mesma direção, ensinava Nelson Hungria: "Finalmente, refere-se a lei à *leviandade*, que significa, na espécie, o descaso pelas consequências ulteriores dos próprios atos (Liszt-Schmidt). Age *levianamente* aquele que, por incúria, indiferença ou falta de suficiente reflexão, não dá importância às consequências que lhe possam advir da sua conduta" (*Dos Crimes contra a Economia Popular: Das vendas a prestações com reserva de domínio*, cit., p. 171).

imprescindibilidade do negócio, derivada da falta de "alternativa equivalente".[64] Na experiência internacional da *soft law*, há o exemplo dos *Princípios do Unidroit para os Contratos Comerciais Internacionais*, que apresentam rol ainda mais amplo ao tratar da chamada *gross disparity*, instituto assemelhado à nossa lesão. Confira-se o disposto no seu art. 3.2.7:

> *Art. 3.2.7 (Gross Disparity).*
> *(1) A party may avoid the contract or an individual term of it if, at the time of the conclusion of the contract, the contract or term unjustifiably gave the other party an excessive advantage. Regard is to be had, among other factors, to (a) the fact that the other party has taken unfair advantage of the first party's dependence, economic distress or urgent needs, or of its improvidence, ignorance, inexperience or lack of bargaining skill; and (b) the nature and purpose of the contract (...).*[65]

Note-se que a norma transcrita alude não apenas a situações de "*inexperience*" ou "*urgent needs*" – similares à nossa inexperiência ou necessidade –, mas menciona, ainda, situações como "*improvidence*" (improvidência ou imperícia), "*dependence*" (dependência) e "*lack of bargainning skill*" (falta de habilidade de negociar), chegando mesmo a arrolar o "*economic distress*" (dificuldade econômica) da parte prejudicada como situações que permitem a reação jurídica contra o desequilíbrio contratual originário. Toda essa enumeração constante do art. 3.2.7 dos *Princípios do Unidroit*, afigura-se declaradamente

---

64 Tratado doutrinariamente no Brasil, o estado de dependência econômica de empresas fornecedoras ou clientes, "por não dispor de alternativa equivalente", encontra expressa previsão na Lei Portuguesa de Concorrência (Lei n. 19/2012, art. 12). Na doutrina brasileira mais recente, ver Felipe Ramos Ribas Soares, *O Abuso da Dependência Econômica nos Contratos de Distribuição: aplicação do remédio do art. 51, § 2º, do CDC e a manutenção do equilíbrio econômico do contrato*, dissertação de Mestrado – Faculdade de Direito, Universidade do Estado do Rio de Janeiro, Rio de Janeiro, 2016, p. 58-90.

65 "Art. 3.2.7 (Vantagem excessiva) (1) Uma parte pode anular o contrato ou uma de suas cláusulas se, no momento da sua conclusão, o contrato ou a cláusula concedia à outra parte uma vantagem excessiva. Devem ser considerados, entre outros fatores: (a) que a outra parte tenha obtido injusta vantagem por se aproveitar do estado de dependência, de dificuldade econômica, de necessidade premente, de imperícia, de ignorância, de inexperiência ou de falta de habilidade de negociar da primeira parte; e (b) a natureza e o fim do contrato. (2) O tribunal pode, a pedido da parte lesada, adaptar o contrato ou a cláusula, com o fim de torná-lo conforme as exigências da boa-fé em matéria comercial. (3) O tribunal pode igualmente adaptar o contrato ou a cláusula, a pedido da parte que tenha recebido a notificação de anulação, desde que o notificante seja prontamente informado e antes que tenha agido razoavelmente em consequência da notificação. As disposições do Artigo 3.13(2) são aplicáveis" (Tradução de Lauro Gama Jr., disponível no sítio eletrônico www.unidroit.org).

exemplificativa, como se pode verificar do uso da expressão "*among other factors*" (entre outros fatores) e da vasta produção da doutrina internacional, especialmente a europeia, em torno da referida norma.[66]

O fato de que o Código Civil brasileiro, em seu art. 157, não tenha empregado expressão semelhante a "*among other factors*" não deve representar obstáculo a uma interpretação que reserve caráter exemplificativo às expressões *inexperiência* e *necessidade*. No direito brasileiro contemporâneo, não faltam exemplos de enunciações normativas às quais doutrina e jurisprudência têm atribuído caráter ilustrativo mesmo à falta de um explícito posicionamento nesse sentido por parte do legislador, sendo notório o exemplo do rol *numerus apertus* das entidades familiares, extraído do art. 226 da Constituição, que alude expressamente apenas ao casamento, à união estável e à família monoparental.[67] Nessa mesma direção, a menção do art. 157 à inexperiência ou necessidade não deve ser compreendida como rol taxativo, mas sim como enumeração meramente exemplificativa, a fim de que tais expressões não acabem servindo de obstáculo à apreciação de situações semelhantes que possam não ter tido a fortuna de adentrar o literal enunciado da norma.[68]

Situações não contempladas podem atender à teleologia do art. 157 do Código Civil, que, conforme já sustentado, dirige-se não a proteger de modo assistencialista contratantes vulneráveis, mas sim a assegurar que a manifestação

---

66 O caráter exemplificativo do elenco é destacado, entre outros, por Francesco Galgano, que, ao comparar os termos dos *Princípios do Unidroit* com o tratamento reservado à lesão pelo ordenamento jurídico italiano, afirma: "*Più generale portata ha la Gross disparity di cui all'art. 3.10 dei Principi dei contratti commerciali internazionali elaborati da Unidroit: il contratto affetto di sensibile squilibrio fra le prestazioni può essere annullato per il solo fatto del sensibile squilibrio, a prescindere dalle possibili ragioni che lo abbiano generato, elencate dalla norma a titolo solo esemplificativo*" (*Il contratto*, Pádua: Cedam, 2. ed., 2011, p. 550).

67 Ver, por todos, Paulo Lôbo, Entidades familiares constitucionalizadas: para além do *numerus clausus*, in *Jus Navigandi*, Teresina, ano 7, n. 53, jan. 2002.

68 Em sentido algo semelhante, Teresa Negreiros emprega o termo "inferioridade" (expressão aqui não adotada pelo já mencionado risco de se recair em uma abordagem assistencialista e misericordiosa frequentemente atribuída à lesão na experiência jurídica brasileira) para abarcar diferentes situações em rol não exaustivo: "Além da noção-chave de necessidade, a situação de inferioridade como elemento da lesão é caracterizada pelos ordenamentos jurídicos que acolhem o instituto através da descrição de outros estados referentes à pessoa do declarante. Assim, fala-se em inexperiência, leviandade, dependência e outras situações típicas de inferioridade, constituindo-se desta forma uma lista que, não devendo ser considerada exaustiva, é contudo um subsídio útil para o juiz, a cujo arbítrio, em última análise, cabe definir, casuisticamente, o que se deve entender por inferioridade" (Teresa Negreiros, *Teoria do Contrato*, cit., p. 196).

de vontade dos contratantes possa exprimir uma liberdade substancial, e não puramente formal. Nesse sentido, uma interpretação ampliativa dos termos inexperiência e necessidade pode não se afigurar suficiente, devendo-se admitir a aplicação do instituto da lesão a outras situações (como a "*lack of bargaining skill*") que comprometam total ou parcialmente a livre formação do consentimento, resultando em uma excessiva onerosidade para um dos contratantes. O rol do art. 157 deve, em suma, ser considerado não taxativo, *numerus apertus*.

4.4. Quarta proposta interpretativa: presunção do requisito subjetivo a partir do requisito objetivo e redimensionamento do ônus probatório

Em uma perspectiva compromissada com a atuação do princípio do equilíbrio contratual – e, consequentemente, com a concretização dos valores constitucionais da solidariedade e da igualdade substancial – na formação do contrato, cumpre redimensionar o ônus da prova do requisito subjetivo da lesão. Também aqui deve ser aplicada a conhecida teoria da *carga dinámica de la prueba* – mal traduzida no Brasil, registre-se, como teoria da "carga dinâmica da prova" – para se reconhecer uma distribuição dinâmica do ônus probatório.[69] Se, à primeira vista, o contratante lesado seria a parte em melhores

69 Fredie Didier Júnior et al., *Curso de Direito Processual Civil: Teoria da Prova, Direito Probatório, Decisão, Precedente, Coisa Julgada e Tutela Provisória*, 11. ed. Salvador: JusPodivm, 2016, p. 110. v. 2: "Ônus é o encargo cuja inobservância pode colocar o sujeito numa situação de desvantagem. Não é um dever e, por isso mesmo, não se pode exigir o seu cumprimento. Normalmente, o sujeito a quem se impõe o ônus tem *interesse* em observá-lo, justamente para evitar essa situação de desvantagem que pode advir da sua inobservância. Ônus da prova é, pois, o encargo que se atribui a um sujeito para demonstração de determinadas alegações de fato. Esse encargo pode ser atribuído (i) pelo legislador, (ii) pelo juiz ou (iii) pela convenção das partes. A atribuição feita pelo legislador é prévia e estática (invariável de acordo com as peculiaridades da causa); a distribuição feita pelo juiz e pelas partes é considerada *dinâmica*, porque feita à luz de uma situação concreta". No mesmo sentido, Alexandre Freitas Câmara adverte que: "Em regra, porém, o ônus da prova incumbe a quem alega, e é assim que deve compreender o disposto no art. 373. Casos há, porém, em que a lei inverte o ônus da prova, como já visto (inversão *ope legis* do ônus probatório). E além disso há casos em que se admite a inversão do ônus da prova por decisão judicial (inversão *ope iudicis* do ônus probatório). Este fenômeno que já há algum tempo vem regulado no Código de Defesa do Consumidor (art. 6º, VIII), mas que recebe tratamento adequado e completo nos §§ 1º e 2º do art. 373, os quais trazem para o sistema processual civil brasileiro, definitivamente, a teoria da distribuição dinâmica do ônus da prova (ou, como alguns chamam, teoria da

condições de demonstrar seu estado subjetivo de necessidade ou inexperiência no momento da contratação, tal assertiva inverte-se na medida em que o próprio ingresso em um contrato manifestamente desequilibrado serve de indício do especial estado subjetivo requerido pelo art. 157 do Código Civil. Na provocação de Patrick Atiyah:

> *Why should a sane and rational person knowingly pay more than the market price for something? Unless he wants to make a present to the other party to the transaction there must be a strong presumption that if there is a serious unfairness in the value of two parties' performance it is because one, at least, of the parties did not enter into the transaction fully appreciating the circumstances.*[70]

A passagem do jurista britânico mostra-se aplicável, *mutatis mutandis*, ao cenário brasileiro. Por que alguém celebraria um contrato flagrantemente desequilibrado? Ao contrário do que ocorre nos vícios tradicionais do consentimento (erro, dolo e coação), o negócio lesivo exprime uma relação *objetivamente defeituosa*, manifestamente desequilibrada, na qual nenhuma pessoa ingressaria, em regra, ressalvadas certas situações que se afiguram excepcionais em sua frequência negocial, como a intenção de praticar uma liberalidade ou de assumir um risco – situações que podem, evidentemente, legitimar a assunção de excessiva onerosidade no exercício da autonomia privada, mas que, se não restaram

---

carga dinâmica da prova, designação que parece inadequada por ser uma tradução equivocada da expressão castelhana – a teoria aqui apresentada nasceu na doutrina argentina – *carga dinamica de la prueba*, sendo relevante lembrar que a palavra ônus não existe na língua espanhola, motivo pela qual a expressão "ônus da prova" é, em espanhol, *carga de la prueba*). Pois o § 1º do art. 373 estabelece que nos casos em que haja previsão legal (como é o previsto no art. 6º, VIIII, do CDC há pouco mencionado) ou 'diante de peculiaridades da causa relacionadas à impossibilidade ou à excessiva dificuldade de cumprir o encargo' probatório que em regra lhe caberia, 'ou à maior facilidade de obtenção da prova do fato contrário', pode o juiz modificar a atribuição dos ônus probatório, por decisão (evidentemente) fundamentada" (*O Novo Processo Civil Brasileiro*, 2. ed. São Paulo: Atlas, 2016, p. 233-234).

70 Patrick Atiyah, *The Rise and Fall of the Freedom of Contracts*, Oxford: Clarendon Press, 1979, p. 288. Em tradução livre: "Por que uma pessoa sensata e racional, conscientemente, pagaria mais do que o preço de mercado por alguma coisa? A menos que pretenda fazer um presente à outra parte na transação, deve existir uma forte presunção de que, se houver uma injustiça grave entre os valores das prestações das partes, é porque uma, pelo menos, das partes não entrou no negócio considerando plenamente as circunstâncias". Em outra passagem da mesma obra, o autor destaca que até o século XVIII, na Inglaterra, "*the law was inevitably and fundamentally concerned about the fairness of exchange*" (ob. cit, p. 168).

expressas no contrato, o contratante favorecido tem, ao menos em teoria, tantas condições de demonstrar quanto o contratante lesado, o que justifica uma distribuição dinâmica do ônus probatório à luz da cada caso concreto.

E, quanto maior o desequilíbrio entre as prestações contratadas, mais intensa deve ser a presunção de que a parte lesada celebrou o negócio jurídico sem a plena compreensão dos seus efeitos (inexperiência *lato sensu*) ou restou compelida, mesmo assim, a celebrá-lo por circunstâncias fáticas que escapam à normalidade da vida negocial (necessidade *lato sensu*). Se o contratante beneficiado não é necessariamente responsável por esse estado de inexperiência ou necessidade em sentido amplo, tampouco se justifica que seja favorecido com ganho manifestamente desproporcional ao valor da contraprestação que se obriga a realizar.[71]

---

71 O que poderia atrair, em última análise, discussões acerca da aplicação da vedação ao enriquecimento sem causa, tendo em vista a falta de causa justificadora *lato sensu* para o recebimento do ganho desproporcional. O instituto da vedação ao enriquecimento sem causa tem, todavia, aplicação subsidiária no Brasil, por força do disposto no art. 886 do Código Civil, segundo o qual "Não caberá a restituição por enriquecimento, se a lei conferir ao lesado outros meios para se ressarcir do prejuízo sofrido". Conquanto seu emprego venha sendo objeto de contínua expansão na experiência jurídica brasileira (sobre o tema, ver, especialmente, Carlos Nelson Konder, Enriquecimento sem causa e pagamento indevido, in Gustavo Tepedino (coord.), *Obrigações – Estudos na Perspectiva Civil-Constitucional*, Rio de Janeiro: Renovar, 2005, p. 372-373, que aponta uma "tendência a informar o princípio (de proibição do enriquecimento sem causa) de grande generalidade e abrangência"), parece correto afirmar que, na temática em exame, o princípio do equilíbrio contratual atua em momento anterior, corrigindo o desequilíbrio do contrato e evitando, por isso mesmo, a produção de um enriquecimento "injustificado", de modo que a questão relativa à incidência da vedação ao enriquecimento sem causa e a consequente aplicação do remédio restitutório não chega a se colocar. Discute-se, todavia, como se verá no capítulo seguinte, se a alegação tardia de um desequilíbrio contratual (após o cumprimento do contrato) pode dar ensejo à *actio in rem verso*. Há, ainda sobre o mesmo tema, quem associe o ganho desproporcional decorrente da lesão a um problema de ausência de causa. Sustentava, nesse sentido, o jurista português Coelho da Rocha verificar-se a "lesão nos contratos comutativos todas as vezes que uma das partes não recebe o equivalente daquilo que dá", de modo que, se um dos contratantes dá um valor de 20, recebendo apenas 10, os outros 10 traduziriam uma "obrigação sem causa" (Manuel António Coelho da Rocha, *Instituições de Direito Civil Português*, Rio de Janeiro: Garnier, 1907, p. 428. v. II). O recurso à causa, que poderia se afigurar útil em um contexto de não positivação do instituto da lesão, perdeu força no direito brasileiro atual, quer pela existência de norma específica, quer pela polissemia da noção de causa, fonte de uma série de controvérsias não enfrentadas pelo legislador brasileiro, que manteve o silêncio da codificação de 1916 sobre o tema. De todo modo, a associação entre o desequilíbrio contratual e a causa, especialmente intensa na doutrina italiana, também será examinada no capítulo seguinte.

O requisito subjetivo previsto no art. 157 da codificação civil não chega, assim, a ser suprimido – o que se revela impossível em sede de operação puramente hermenêutica –, mas sua presença deixa de anteceder logicamente a verificação do desequilíbrio contratual, para ser presumida a partir desse último. Na atual prática jurisprudencial brasileira, a desproporção manifesta do contrato, muitas vezes nem sequer chega a ser apreciada por se entender ausente a prova do estado subjetivo de premente necessidade ou inexperiência. O que se propõe aqui é uma inversão desse itinerário: a verificação de uma manifesta desproporção no objeto do contrato deve anteceder logicamente o exame da necessidade ou inexperiência, pois a presença de manifesto desequilíbrio contratual *faz presumir*, em sua exata medida, que a contratação se deu sem a plena consciência dos seus efeitos (inexperiência *lato sensu*) ou por força das circunstâncias (necessidade *lato sensu*). Conquanto não haja eliminação do requisito legal de caráter subjetivo, o requisito legal de caráter objetivo assume, desse modo, proeminência na aferição da lesão, em consonância com a passagem de um voluntarismo jurídico, de exacerbado teor subjetivista, para um solidarismo jurídico, de viés mais objetivo.

4.5. Quinta proposta interpretativa: aferição objetiva do desequilíbrio contratual originário

Ainda na mesma toada, é de se defender uma aferição objetiva, pelo intérprete, do desequilíbrio contratual originário. Como já visto, entendimento frequente no Brasil e no exterior é aquele segundo o qual o equilíbrio do contrato configura matéria de exclusiva disposição entre as partes, guiadas por uma avaliação de caráter puramente subjetivo e, portanto, imune a qualquer espécie de controle pelo intérprete. Sustenta-se, em síntese, que "è, di regola, irrilevante lo squilibrio economico tra le prestazioni: domina, in sede di formazione del contratto, il principio dell'autonomia contrattuale, e ciascuno è libero di contrattare a condizioni a sé svantaggiose e vantaggiose per la controparte".[72]

Segundo essa abordagem, o valor de mercado do bem objeto da contratação não consistiria em parâmetro válido para analisar se há ou não desproporção manifesta no contrato, não devendo o intérprete e, mais especificamente, o juiz promover "intrusões" em uma relação de proporcionalidade estabelecida

72 Em tradução livre: "é, em regra, irrelevante o desequilíbrio econômico entre prestações: impera, em sede de formação do contrato, o princípio da autonomia contratual, e qualquer um é livre para contratar em condições desvantajosas a si ou vantajosas para a contraparte". Trecho original de Francesco Galgano, *Il contratto*, cit., p. 547.

de modo *puramente subjetivo* pelas partes.[73] Mais uma vez, tem-se a impressão de que a construção jurídica atrelada ao voluntarismo exacerbado acaba por caminhar rumo aos meandros obscuros de um subjetivismo inacessível, que desafia qualquer razoável capacidade probatória por parte do contratante lesado, reduzindo drasticamente o campo de incidência da lesão. Tal posicionamento revela-se, a toda evidência, incompatível com o princípio do equilíbrio contratual e, por conseguinte, com a concretização da igualdade substancial e da solidariedade nas relações contratuais.

Cumpre aplicar especificamente ao instituto da lesão a conclusão já alcançada no capítulo anterior da presente obra, acerca da impossibilidade de se considerar que o contrato é equilibrado pelo simples fato de que teria atendido à vontade das partes, soberanas no estabelecimento da relação de proporcionalidade entre as utilidades que pretendem extrair do contrato para si próprias.[74] O valor de mercado consiste, assim, em parâmetro objetivo para a aferição do desequilíbrio originário do contrato. Trata-se simplesmente de recorrer na avaliação do equilíbrio contratual às balizas que se extraem daquilo que ordinariamente acontece, por se presumir que os contratantes buscam, de hábito, contratar à luz dos valores ordinários do mercado, ainda que com alguma variação a maior ou a menor. Como observa a doutrina estrangeira:

> *So it is assumed, in the upshot, that in a competitive market parties will usually agree on fair terms. This is why the law can legitimately refer to common usage to determine what terms would be fair. (...) The usual case is the normative standard for the single case. This understanding of common usage can also help to explain why the fair price is represented as the competitive market price. It was argued above that common usage is one important source for the law's knowledge about fair terms.*

---

73 Registrando, criticamente, alusões da doutrina italiana a "*intrusioni*" do juiz no âmbito reservado à autonomia privada, Carlo G. Terranova, *L'eccessiva onerosità nei contratti*, cit., p. 104.

74 Em perspectiva comparatista, Reinhard Zimmermann destaca que os tribunais alemães têm igualmente se insurgido contra esse equilíbrio *subjetivo* do contrato, em que pese o disposto no BGB: "*The code, in other words, proceeds from the assumption that, as long as both parties are in a position to assess their circumstances properly and to draw the appropriate conclusions from such an assessment, their contractual arrangements have to be given effect to. However, the courts have not always been happy to accept the results of such far-reaching party autonomy. On the one hand, they have begun to infer exploitation of one of the enumerated weaknesses, if the disproportion in the price is obvious and the contract therefore grossly unfair and inequitable. The greater the disproportion, the more willing the courts have become to conclude that there is, for instance, inexperience or indiscretion*" (*The Law of Obligations – Roman Foundations of the Civilian Tradition*, cit., p. 268-269).

> *The next step seems evident: the market price is the usual price, the price which results from common usage, from a multiplicity of deliberations about the fair price.*[75]

Nesse sentido é que se afirma que, em uma economia de mercado, "*value is not established, but rather it is discovered by the contracting parties*".[76] É certo que os preços estabelecidos em contratos sofrem a influência não apenas do preço médio do mercado, mas também das chamadas razões econômicas individuais (grau de necessidade do bem, grau de urgência na sua disponibilidade, amplitude das alternativas para sua obtenção, perspectivas de ganhos com o bem etc.), mas tal aspecto apenas reforça a necessidade de demonstração das razões de fato que podem justificar no caso concreto uma grosseira desproporção em relação ao mercado, não servindo, bem ao contrário, para justificar a chancela jurídica a uma relação de proporcionalidade puramente subjetiva e incontrolável.

Preciosa, nessa direção, a construção de Mario Barcellona, para quem, embora os valores de troca não sejam medidos a partir de uma *substantia* imutável dos bens, subordinam-se inegavelmente a uma dupla contingência: "à contingência do mercado (= demanda e oferta do valor de uso no tempo e no lugar da troca) e à contingência dos seus atores (= urgência da necessidade de obter um determinado valor de uso e da necessidade de conseguir valor de troca)".[77] Não se trata, portanto, de promover um "*irrigidimento 'sostantivo'*

---

75 Florian Rödl, *Contractual Freedom, Contractual Justice and Contract Law (Theory)*, in *Law and Contemporary Problems*, v. 76, n. 2 (2013), p. 69. Em tradução livre: "Assim, supõe-se, em última análise, que, em um mercado competitivo, as partes geralmente contratam em termos justos. É por isso que a lei pode legitimamente se referir ao preço médio para determinar quais termos seriam justos. (...) O preço médio é o padrão normativo para o caso concreto. Esta compreensão do preço médio também pode ajudar a explicar por que o preço justo é representado como o preço de mercado competitivo. Argumentou-se acima que o preço médio é uma fonte importante para o conhecimento da lei sobre preços justos. O próximo passo parece evidente: o preço de mercado é o preço usual, o preço que resulta do uso comum, de uma multiplicidade de deliberações sobre o preço justo".

76 Em tradução livre: "o valor não é estabelecido, mas sim descoberto pelas partes contratantes". Trecho original de Florian Rödl, *Contractual Freedom, Contractual Justice and Contract Law (Theory)*, cit., p. 69.

77 Tradução livre do trecho original de Mario Barcellona, *Della causa – Il contratto e la circolazione della ricchezza*, cit., p. 394: "(...) *alla contingenza del mercato (= domanda e offerta del valore d'uso nel tempo e nel luogo dello scambio) e alla contingenza dei suoi attori (= urgenza del bisogno di procurarsi un determinato valore d'uso e del bisogno di conseguire valore di scambio)*."

dello scambio e del mercato"[78], mas de reconhecer no controle de proporcionalidade inerente ao equilíbrio contratual um instrumento "para a revelação (*rectius*: para a repressão ao ocultamento) da 'razão' que, em concreto, preside a circulação da riqueza organizada pelo contrato, e, portanto, para evitar que os particulares se subtraiam ao postulado do paradigma utilitário sem se sujeitar às restrições previstas para esse fim".[79]

Nesse cenário, os valores de mercado funcionam como parâmetro objetivo para a aferição da proporcionalidade interna ao contrato, presumindo-se que os contratantes não buscaram se afastar enormemente desse parâmetro inerente a uma economia capitalista.[80] A ordem jurídica não veda, por outro lado,

---

78 Em tradução livre: "enrijecimento 'substantivo' da troca e do mercado" (Mario Barcellona, *Della causa – Il contratto e la circolazione della ricchezza*, cit., loc. cit.).

79 Tradução livre do trecho original de Mario Barcellona, *Della causa – Il contratto e la circolazione della ricchezza*, cit., p. 394-396. "*per il disvelamento (rectius: per la repressione dell'occultamento) della 'ragione' che in concreto presiede alla circolazione della ricchezza organizzata dal contratto, e dunque per scongiurare che i privati si sottraggano al postulato del paradigma utilitario senza sottostare ai vincoli all'uopo previsti.*" Em outra passagem, baseando-se na noção de causa, aduz o Professor da Universidade da Catânia: "*Pertanto, quanto alla irriconoscibilità corrispettiva del prezzo non venga utilmente giustapposto il di più, che si affianca al prezzo irriconoscibile come corrispettivo e che dà conto della 'ragione' del contratto, il giudice non potrà esimersi da una dichiarazione di nullità che sanzioni il pervicace occultamento della reale causa negoziale o dello spirito liberale*" (ob. cit., p. 396).

80 O conceito de valor de mercado não é isento de controvérsias, mas há relativo consenso de que se trata de "*a value based upon the price that a hypothetical purchaser would pay to a hypothetical seller*" em uma operação de troca naquele mercado específico – a determinação do valor de mercado depende, portanto, do momento e do local em que a operação ocorre, além de numerosas variáveis que interferem naquele mercado específico, mas, de modo geral, tem se reconhecido a possibilidade de determinar o valor de mercado de operações de troca em economias capitalistas, desde que não se tenha a expectativa de encontrar "*some absolute and inherent market value but rather a measure of price of these various rights and interests in relation to real or hypothetical people at a given time*" (M. G. Kemp, The Meaning of Market in Fair Market Value, in *University of British Columbia Legal Notes* 2.6, 1958, p. 594). Em relação à aplicação do conceito de valor de mercado ao Direito, tem-se destacado, ainda, que os tribunais, em busca da determinação do valor de mercado, especialmente para fins fiscais, "*have at times painfully, analysed and weighed the persuasiveness of the widely varying estimates of value submitted before them. We know from the beginning that the statutory value we seek is a market value, i.e., a value based upon the price that a hypothetical purchaser would pay to a hypothetical seller (...) if the courts could direct themselves to a precise definition of this market, rather than their usual concern with the multitudinous intricacies of the mechanics of evaluation, the relative merits of the value evidence could more easily be discerned. The problem is made more difficult because of two other closely related concepts, utility and cost. Grossly simplifying these conceptions it may be said that utility can be thought of as the worth to the*

que as partes, em um contrato, distanciem-se até enormemente dos valores de mercado, desde que a razão de ser (*ratio*) desse distanciamento afigure-se identificável ao intérprete – afastando a presunção antes referida – e merecedora de tutela à luz do ordenamento.[81] À falta dessa *ratio*, porém, deve o intérprete pautar-se pelo uso ordinário, bem sintetizado na fórmula de James Gordley: "*It is true that no one will pay more or charge less than the market price if they know what the market price is and are physically able to use the market*".[82]

Uma relação de proporcionalidade estabelecida de modo puramente subjetivo afigura-se ilusória, na medida em que o próprio valor da utilidade pretendida pelas partes é predefinido pelas leis de mercado e as influencia inevitavelmente na busca pela contratação. Há, por certo, bens desprovidos de valor de mercado, os quais, por sua singularidade, somente podem ter valor estimativo (como os originais do primeiro livro, nunca publicado, de um autor já falecido), ou bens a cujo valor de mercado pode-se acrescer valor afetivo (joias de família, itens de colecionador etc.), mas isso, além de excepcional na realidade do tráfego negocial, não afasta, como demonstram os estudiosos do tema, a parametrização com base no valor de mercado de bens semelhantes, em caráter aproxi-

owner because of the capacity of an asset to perform or satisfy needs, or its 'value in use'. Cost may be thought of as the sacrifice necessary to acquire the assets; as distinct from utility, the advantage expected to result from ownership, and market value, the price this advantage will command in exchange. Since it is customary to measure all of these concepts in terms of money, and since in cases of unique property, utility and cost may be the only evidence of market value, the distinction often becomes vague. Any theory of appraisal must accept the subjective nature of value, and, before attempting to determine the quantum of value (in accordance with the principles of adjective law) a clear meaning must be attached. The property for which we seek a fair market value is not merely a physical concept but also a series of rights or interests in a thing. We should not, therefore, expect to find some absolute and inherent market value but rather a measure of price of these various rights and interests in relation to real or hypothetical people at a given time" (ob. cit., p. 593-594). Ainda sobre o valor de mercado, ver Tsilly Dagan, *The Currency of Taxation*, in *Fordham Law Review*, 84.6, 2016, p. 2.537-2.564; e Richard D. Boltuck, *An Economic Analysis of Dumping*, in *Journal of World Trade Law*, v.v. 21, issue 5, 1987, p. 45-54.

81 Afirma-se, nesse sentido, que "*il focus del giudizio si sposta dalla convenienza dello scambio alla trasparenza dell'accordo*" (Mario Barcellona, *Della causa – Il contratto e la circolazione della ricchezza*, cit., p. 393).

82 Em tradução livre: "É verdade que ninguém vai pagar mais ou cobrar menos do que o preço de mercado se souber qual é o preço de mercado e for capaz de acessar o mercado". O trecho original encontra-se em James Gordley, *Contract Law in the Aristotelian Tradition*, in Peter Benson (ed.), *The Theory of Contract Law: New Essays*, Cambridge: Cambridge University Press, 2000, p. 315. Ver, ainda sobre o tema, James Gordley, Equality in Exchange, in *California Law Review* 69, 1981, p. 1587-1656.

mativo, ou do próprio bem objeto do contrato, em caráter futuro ou especulativo,[83] nem impede o controle da proporcionalidade do contrato, com atenção ao fim perseguido pelas partes com a contratação, de modo a se evitar a excessiva onerosidade a que alude nossa codificação civil. O que se rejeita, em síntese, é a ideia de uma relação de equivalência puramente subjetiva, secretamente determinada pelas partes e imune a qualquer espécie de controle de merecimento de tutela por parte do intérprete.[84] Trata-se, em última análise, de uma exigência prática, pois, como esclarece, ainda uma vez, a doutrina norte-americana, "*to measure the value of what is transferred in terms of its market price makes sense because courts can take notice of market prices in a way in which they cannot take notice of the subjective benefits of a transaction*".[85]

Não bastassem todos os argumentos científicos em prol do emprego do valor de mercado como parâmetro para a aferição do desequilíbrio contratual originário, o direito brasileiro contém disposição normativa expressa nessa mesma direção. Com efeito, o § 1º do art. 157, por vezes ignorado pela doutrina em seu potencial hermenêutico, afirma expressamente que a desproporção entre as prestações deve ser avaliada "segundo os valores vigentes ao tempo em que foi celebrado o negócio jurídico".

---

83 "*So even in the first transaction of a new commodity, the parties try to anticipate the purchasing power that the good will command in similar transactions. With this, the parties try to anticipate the market price. And a given competitive market price is just the outcome of a multiplicity of such anticipations; it is a multiplicity of judgments about the value of a commodity. Given that a competitive market price exists, it represents common usage. Common usage provides the relevant standard of contractual fairness also with regard to price. The competitive market price is an instantiation of common usage*" (Florian Rödl, *Contractual Freedom, Contractual Justice and Contract Law (Theory)*, cit., p. 69-70).

84 Em sentido semelhante, Arnaldo Rizzardo, *Da Ineficácia dos Atos Jurídicos e da Lesão no Direito*, cit., p. 255: "Não há como ignorar-se que o justo preço, como expressão jurídico-econômica, adotada em seu máximo rigor, representa os custos na obtenção do produto acrescidos de um lucro razoável. Coincide, assim, com o '*fair price*' dos ingleses. Embora nem todas as coisas possam submeter-se a esse processo de avaliação, constitui ele inarredável paradigma no cálculo dos preços dos bens econômicos em geral, sejam os de produção ou intermediário, sejam os de consumo. Essa análise afasta, por conseguinte, a ideia de que o valor das coisas e o preço delas, em quaisquer circunstâncias, determinam-se pelo maior ou menor grau de interesse de quem as pretenda adquirir".

85 Em tradução livre: "medir o valor do que é alienado em termos de seu preço de mercado faz sentido, porque os tribunais podem tomar conhecimento dos preços de mercado, o que não lhes é possível em relação aos benefícios subjetivos de uma transação". Trecho original de James Bernard Murphy, Equality in Exchange, in *American Journal of Jurisprudence*, v. 47, 2002, p. 91, embora, registre-se, o autor defenda a insuficiência da objetiva aproximação dos valores de mercado como critério para assegurar, sob o ponto de vista da moralidade, a equidade do contrato.

> Art. 157. (...)
> § 1º Aprecia-se a desproporção das prestações segundo os valores vigentes ao tempo em que foi celebrado o negócio jurídico.

O uso da expressão "vigentes" sugere algo que vige, que vigora, que está em vigor objetivamente e independentemente da intenção subjetiva das partes, em alusão que somente pode ser interpretada como referência ao valor de mercado. Dessa forma, para verificar se um dos contratantes obrigou-se "a prestação manifestamente desproporcional ao valor da prestação oposta", como exige o *caput* do art. 157, será forçoso recorrer aos usos comuns, aos valores "vigentes" (§ 2º), que, em uma economia de mercado, consubstanciam-se no *valor de mercado* da prestação contratada, considerado tal valor ao tempo da formação do contrato e de acordo com as particularidades de todo o complexo contratual, aí incluído o escopo comum dos contratantes.[86]

Problema relevante diz respeito, porém, à mensuração do distanciamento do valor de mercado para fins de caracterização da desproporção *manifesta* ou, como prefere a linguagem do art. 157 do Código Civil, da onerosidade *excessiva* que o legislador exige para a configuração da lesão. Algumas legislações estrangeiras, mesmo atribuindo roupagem voluntarista ao instituto da lesão, preservaram o parâmetro objetivo da tradição da *laesio enormis* romana.[87] O atual Código Civil italiano, por exemplo, ao tratar do que denomina "*rescissione per lesione*" (rescisão por lesão), exige o aproveitamento de um "*stato di bisogno*" (estado de necessidade) da parte lesada, mas só admite a invocação do instituto se a "*lesione*" exceda "*la metà*" (a metade) do valor que a prestação cumprida ou prometida pela parte prejudicada tinha ao tempo da contratação.[88]

---

86 Nessa direção, Carlos Alberto Bittar Filho, *Da Lesão no Direito Brasileiro Atual*, cit., p. 105-106: "O preço corrente, enfim, é aquele ditado pela lei da oferta e da procura por ocasião e no lugar, representando a correspondência, com pequena margem de variação, com o valor de outros negócios semelhantes, em condições normais, sem a maléfica influência do abuso ou da necessidade premente de uma das partes".

87 Advirta-se que as referências que se seguem não constituem, naturalmente, um estudo de direito comparado, que exigiria o uso de metodologia própria (ver, por todos, Leotin Jean Constantinesco, *Il Metodo Comparativo*, 2. ed. Turim: Giappichelli, 2000, *passim*) e transcenderia os limites do presente trabalho. Exprimem, ainda assim, um conjunto relevante de informações extraído dos estudos de comparatistas estrangeiros que se dedicaram aos temas abordados. Sua finalidade aqui não é retratar o funcionamento dos institutos mencionados em suas respectivas realidades jurídicas, mas simplesmente noticiar alguns aspectos desse funcionamento, já observados pela doutrina especializada, como forma de estimular uma maior reflexão em torno do tema no Brasil.

88 "Art. 1448. *Azione generale di rescissione per lesione. Se vi è sproporzione tra la prestazione (att.166) di una parte e quella dell'altra, e la sproporzione è dipesa dallo stato di bisogno di*

Há, ainda, legislações estrangeiras que não consagraram textualmente um parâmetro objetivo, mas que assistem à recuperação do critério romano em sua atual jurisprudência. Assim ocorre, por exemplo, na Polônia, onde, embora o Código Civil atual não estabeleça um parâmetro objetivo para a avaliação da excessiva desproporção entre as prestações (art. 388),[89] os tribunais têm afirmado que uma diferença que "supera a metade do valor da prestação contraposta" constitui, para o juiz, o ponto de referência para o estabelecimento de uma desproporção de natureza excessiva.[90]

Caminho semelhante é seguido por parte dos comentaristas dos já mencionados *Princípios do Unidroit para os Contratos Comerciais Internacionais*, que também invocam o critério romano (excesso em mais da metade do valor da contraprestação) na interpretação do seu art. 3.2.7, que trata da chamada "*gross disparity*"[91] – embora seja de se registrar que a interpretação oficial para o referido dispositivo sustenta que a disparidade excessiva consiste naquela que "seja tão grande a ponto de chocar a consciência de uma pessoa razoável".[92]

---

una parte, del quale l'altra ha approfittato per trarne vantaggio, la parte danneggiata può domandare la rescissione del contratto. L'azione non è ammissibile se la lesione non eccede la metà del valore che la prestazione eseguita o promessa dalla parte danneggiata aveva al tempo del contratto (...)."

89 "*Art. 388 § 1. If one of the parties, exploiting a forced situation or the inefficiency or inexperience of the other party, in exchange for its own performance accepts or stipulates for itself or for a third party a performance the value of which at the time the contract is executed grossly exceeds the value of its own performance, the other party may demand that its performance be reduced or that the performance due to it be increased, and if both are extremely difficult, it may demand that the contract be declared 2 invalid. § 2. The above rights expire two years after entering into agreement.*" Tradução do original por Jan Andrzejewski, *Vicious Circle of Noninfluence as a Result of Progressive Positivism in Area of Private Law: A Polish Example Of Exploitation (Article 388 of the Civil Code – "K.C.")*, disponível no sítio eletrônico da Universidade Adam Mickievicz de Pozna (Polônia): www.prawo.amu.edu.pl.

90 I CKN 1090/00, LEX nr 81890 (19-09-2002) e V ACa 171/13, LEX nr 1345524 (19-9-2013). Para uma análise do tema, com fartas referências também à doutrina polonesa que sustenta, mesmo à falta de norma expressa, o cabimento do critério objetivo para avaliação da desproporção, ver Aleksander Grebieniow, *La laesio enormis e la stabilità contrattuale*, cit., p. 202.

91 Confira-se, entre outros, Ulrich Drobnig, *Protection of the Weaker Party*, in Michael Joachim Bonell e Franco Bonelli (org.), *Contratti commerciali internazionali e principi Unidroit*, Milão: Giuffré, 1997, p. 230; e Ernst Kramer, *Die Gültigkeit der Verträge nach den Unidroit Principles of International Commercial Contracts*, in *ZEUP – Zeitschrift für Europäisches Privatrecht*, 7, Munique: Beck, 1999, p. 222.

92 "*As the term 'excessive' advantage denotes, even a considerable disparity in the value and the price or some other element which upsets the equilibrium of performance and counter-performance is not sufficient to permit the avoidance or the adaptation of the contract under this*

Estudos realizados em perspectiva histórica e comparada apontam outros parâmetros, como a superação dos dois terços do valor justo que, no entendimento dos canonistas, configurava a chamada *laesio enormissima*,[93] ou o critério dos "*sept douzièmes*" (sete doze avos) extraído da disciplina das vendas de imóveis no Código Civil francês,[94] ou, ainda, o critério de "*más de la cuarta parte del valor de las cosas*" (mais da quarta parte do valor das coisas) empregado pelo Código Civil espanhol ao tratar da lesão em contratos celebrados por tutores.[95]

No Brasil, a mensuração do distanciamento do valor de mercado para fins de caracterização da desproporção *manifesta* necessária à configuração da lesão foi deixada à discricionariedade judicial na análise do caso concreto.[96] Tal

---

Article. What is required is that the disequilibrium is in the circumstances so great as to shock the conscience of a reasonable person" (comentários oficiais do Unidroit ao artigo 3.2.7, disponíveis em www.unidroit.org).

93 "*Dimidia pars veri pretii was not always perceived to be a sensible limit of laesio enormis and thus different (equally arbitrary) criteria were set: two-thirds for the region of Wurttemberg, the charmingly extravagant figure of five-twelfths in the French code civil; and canon law even made special provision for what was called laesio enormissima–where the lesion 'longe dimidium justi pretii excedat*'" (Reinhard Zimmermann, *The Law of Obligations – Roman Foundations of the Civilian Tradition*, cit., p. 264). No Brasil, ver, entre outros, César Fiuza, *Direito Civil*, 11. ed. Belo Horizonte: Del Rey, 2008, p. 236: "Foi devido aos canonistas que se criou a chamada *laesio enormissima*, sem fundamento na Lei romana. Quando o vendedor era enganado além de dois terços do valor da coisa, considerava-se que os princípios que reagiam a lesão enorme eram insuficientes para atender a essa situação, engendrando-se novos: a lesão enormíssima não apenas viciava o contrato, tornando-o rescindível, mas ia além, importando sua inexistência, como ato jurídico. Corolário disto era negar-se ao comprador a faculdade de completar o justo preço, por ser insanável o vício".

94 "*Article 1.674. Si le vendeur a été lésé de plus de sept douzièmes dans le prix d'un immeuble, il a le droit de demander la rescision de la vente, quand même il aurait expressément renoncé dans le contrat à la faculté de demander cette rescision, et qu'il aurait déclaré donner la plus-value.*"

95 "*Artículo 1.291. Son rescindibles: 1.º Los contratos que pudieren celebrar los tutores sin autorización judicial, siempre que las personas a quienes representan hayan sufrido lesión en más de la cuarta parte del valor de las cosas que hubiesen sido objeto de aquéllos. (...).*" Sobre a tortuosa trajetória da lesão no direito civil espanhol, ver Maria Mercedes Alberruche Díaz-Flores, *La Rescisión por Lesión en el Derecho Civil Español*, Madri: La Ley Actualidad, 2010, p. 211-303.

96 Registre-se, desde logo, que é diversa da lesão a situação contemplada no art. 500 do Código Civil, que, tratando da compra e venda de imóveis *ad mensuram*, determina: "§ 1º Presume-se que a referência às dimensões foi simplesmente enunciativa, quando a diferença encontrada não exceder de um vigésimo da área total enunciada, ressalvado ao comprador o direito de provar que, em tais circunstâncias, não teria realizado o negócio." O critério do um vigésimo aí estabelecido como indício de irrelevância da

opção, se, por um lado, oferece a vantagem de permitir uma aplicação mais flexível do instituto,[97] acaba, por outro lado e conforme se percebe a partir da análise das decisões judiciais sobre o tema, esvaziando a importância do requisito objetivo e conduzindo, às vezes, à sua mesclagem com o requisito subjetivo.[98]

---

falta de correspondência entre as medidas reais do imóvel e aquelas declaradas no contrato atende a finalidade específica e diversa, não podendo ser aplicado, sequer analogicamente, como parâmetro objetivo para a configuração da lesão.

97 O que resulta, por vezes, em julgados bastante díspares em matéria de parâmetros numéricos: por exemplo, o Tribunal de Justiça do Distrito Federal, ao analisar caso envolvendo a alegação de lesão em contrato de alienação de vaga de garagem, concluiu que "a diferença entre o valor que a autora apontou como justo (R$ 23.000,00 por vaga) e o valor de fato praticado (R$17.000,00), corresponde a um deságio de aproximadamente 26,1%. Considerando que a formação de preços depende da conjunção de interesses das partes, não se pode considerar, à luz das circunstâncias concretas, que a variação apontada na petição inicial se caracterize como anormal. Não considero, portanto, que a aludida diferença possa configurar a manifesta desproporcionalidade exigida para a configuração da lesão" (TJDFT, Apelação 0044642-45.2007.8.07.0001, Des. Rel. Humberto Adjuto Ulhôa, j. 9-2-2011). Por outro lado, o Tribunal de Justiça do Estado de São Paulo já concluiu que a alienação de um bem imóvel avaliado em R$ 73.000,00 por R$ 25.000,00 (34,24% do valor de mercado) "configura lesão enorme, sendo de rigor a anulação do negócio jurídico. Observa-se que o preço pago correspondeu a menos da metade do valor do imóvel, sem qualquer justificativa para tanto" (TJSP, 9ª Câmara de Direito Privado, Apelação Cível 9131888-61.2008.8.26.0000, Rel. Des. Antonio Vilenilson, 25-6-2013). O Tribunal de Justiça do Estado do Rio de Janeiro, por sua vez, não considerou apto a caracterizar a lesão a venda de um imóvel por R$ 50.000,00, argumentando que os genitores da autora da demanda haviam adquirido o mesmo imóvel, alguns anos antes, por R$ 17.000,00, valor equivalente a 34% daquele valor (TJRJ, 16ª Câmara Cível, Apelação Cível 0191144-07.2013.8.19.0001, Rel. Des. Eduardo Gusmão Alves de Brito Neto, 22-11-2016).

98 Confira-se, a título ilustrativo, TJRJ, 15ª Câmara Cível, Apelação Cível 0032043-51.2001.8.19.0001, Rel. Des. José Pimentel Marques, 25-6-2003, em que se concluiu: "É justamente essa lealdade que o banco não teve, objetivando, clara e indiscutivelmente, lesar o apelado, consoante disposto no art. 157 do Código Civil. O autor, inexperiente, aceitou fazer uso de crédito que lhe foi posto à disposição, sem qualquer explicação, obrigando-se a prestação manifestamente desproporcional ao que lhe seria concedido pelo recorrente, sem que fosse instruído acerca das condições em que o negócio lhe era proposto. A lesão repetiu-se na novação, movido o apelado pela necessidade, consequência do desastroso negócio anterior. *Caracterizadas a inexperiência e a necessidade, é mesmo desnecessário enfocar a desproporção na prestação*." (grifou-se). Tal confusão verifica-se, por vezes, também na doutrina: "O emprego de conceitos jurídicos indeterminados (*standards*), como instrumentos essencialmente dúcteis que são, mostra-se indiscutivelmente mais próprio do que o tarifamento para uma valoração realista do caso concreto. Uma das vantagens do emprego de tais conceitos a fim de verificar a relevância jurídica da desproporção entre as partes reside no fato de que possibilitam ao juiz verificar a gravidade da

Com efeito, a maior parte das decisões judiciais brasileiras, à falta de um parâmetro seguro para a avaliação da desproporção, parece se frear sobre o exame dos requisitos subjetivos da lesão (necessidade ou inexperiência), nem sequer adentrando a discussão da desproporcionalidade objetiva do contrato. Em outras palavras, o cerne do debate jurisprudencial em ações propostas com base no art. 157 do Código Civil pátrio tem sido, quase sempre, a configuração ou não de um estado de necessidade ou inexperiência do contratante, via habitual de afastamento da incidência do instituto da lesão, de tal modo que a questão da desproporcionalidade objetiva acaba por não ser abordada ou por ficar em segundo plano. Confiram-se, a título ilustrativo, algumas passagens de acórdãos proferidos por nossos tribunais:

> Além de o falecido empresário ser, irrecusavelmente pessoa experiente, logicamente os contratos mencionados nos autos lhe trouxeram vantagens econômicas. De toda sorte, ante a não caracterização da inexperiência, não se mostra necessária a incursão sobre o tema relativo à desproporção das prestações (tal como garantias contratuais, contingências, endividamento, compensação de dívidas, pagamento do sinal, valores dos contratos de locação, entre outros).[99]

> De início, não há falar em lesão. Em nenhum ponto da inicial os requerentes afirmaram ter sido o negócio celebrado sob premente necessidade. Além disso, a condição de advogado do coautor afasta qualquer alegação de inexperiência sobre negócios jurídicos. Assim, não foram preenchidos os requisitos do art. 157, *caput*, do Código Civil.[100]

> Ademais, os pedidos autorais que também não podem ser acolhidos sob o prisma do instituto da lesão enorme, eis que refinanciamento reiterado das faturas do cartão de crédito descaracteriza a necessidade premente de contratar e a inexperiência do contratante, requisitos do art. 157 do CC/2002.[101]

---

desproporção de forma mais consentânea possível com as circunstâncias concretas, com a real situação de cada parte, de modo a permitir que o tipo e o grau de desvantagem à qual está submetida a parte vulnerável condicionem o grau exigido de disparidade valorativa entre as prestações. Noutras palavras, trata-se de sopesar equilíbrio subjetivo e objetivo, pois a qualidade do lesionário não pode ser extraída da simples desproporção objetiva do contrato, mas do contexto, do quadro de circunstâncias considerado pelo Direito" (Anelise Becker, *Teoria Geral da Lesão nos Contratos*, cit., p. 113-114).

99 TJSP, 2. Câmara de Direito Empresarial, Apelação Cível 0137498-18.2012.8.26.0100, Rel. Des. Ramon Mateo Júnior, 11-4-2016.

100 TJSP, 5ª Câmara de Direito Privado, Apelação Cível 0021537-19.2012.8.26.0071, Rel. Des. J.L. Mônaco da Silva, 11-11-2015.

101 TJRJ, 11ª Câmara Cível, Apelação Cível 0012903-74.2010.8.19.0208, Rel. Des. Cesar Felipe Cury, 23-11-2016.

As partes mantêm contrato de locação comercial há mais de três décadas, sendo que a Apelante perdeu o prazo para a renovatória, estabelecido no artigo 51, § 5º, da Lei 8.245/91. As partes, então, resolveram celebrar novo contrato de locação, fixando o valor do aluguel em R$ 15.000,00. Diz a Apelante que a pessoa que celebrou o contrato em seu nome era inexperiente e que somente aceitou o valor do aluguel estipulado pela Apelada em razão da aflição ante a iminência de ter que deixar o local onde exerce suas atividades há mais de três décadas. (...) Os documentos acostados aos autos demonstram que houve negociação entre as partes antes da assinatura do contrato, inclusive, com modificações na minuta apresentada pela Apelada. Outrossim, ficou demonstrado que a Apelante foi assessorada juridicamente em todos os momentos da celebração do contrato (fls. 112/113 e 146/147). Não ficou demonstrada, portanto, a existência dos requisitos para que seja reconhecida a lesão na celebração do negócio jurídico, devendo prevalecer o princípio do *pacta sunt servanda.*[102]

Com relação ao art. 157, tratador do instituto da lesão, também não é possível verificar nos autos a caracterização dos requisitos de "premente necessidade", nem mesmo da "inexperiência". A um, porque o primeiro Apelante, na condição de sócio do Escritório de Advocacia, poderia se utilizar de empréstimos bancários; e, a dois, em razão de que um advogado, por possuir formação jurídica e ser sabedor, portanto, da ilegalidade da exigência de juros usurários, não pode, *in casu*, ser tachado como inexperiente.[103]

Em relação à alegação de lesão, também não prospera na hipótese, notadamente, por não ter ficado demonstrada nenhuma premente necessidade (art. 157 do CC/2002), eis que se tratava de realização de negócio de alta quantia, tratando-se de uma Construtora, sendo incabível a alegação de inexperiência ou ingenuidade do Réu, para fechar o negócio.[104] Para configuração da lesão enorme, instituto previsto no art. 157 do Código Civil, o negócio jurídico deve evidenciar a necessidade premente ou a inexperiência do contratante, requisitos estes que, *in casu*, não foram demonstrados, pois o autor, de forma livre e voluntária, contraiu o financiamento para a compra de um veículo, ciente do valor das prestações e dos encargos incidentes sobre o ajuste, o que indica não se tratar de pessoa inexperiente ou necessitada.[105]

---

102 TJRJ, 22. Câmara Cível, Apelação Cível 0080338-80.2005.8.19.0001, Rel. Des. Odete Knaack de Souza, 20-10-2010.

103 TJSC, 4ª Câmara de Direito Comercial, Apelação Cível 2011.076305-8, Rel. Des. José Carlos Carstens Köhler, j. 3-4-2012.

104 TJDFT, 3. Turma Cível, Apelação Cível 0050844-62.2012.8.07.0001, Rel. Des. Getúlio de Moraes Oliveira, j. 19-9-2013.

105 TJDFT, 4ª Turma Cível, Apelação Cível 0004645-66.2009.8.07.0007, Rel. Des. Cruz Macedo, j. 12-1-2011.

> A lesão se configura quando uma pessoa, sob premente necessidade, ou por inexperiência, se obriga a prestação manifestamente desproporcional ao valor da prestação oposta, nos termos do art. 157 do Código Civil (CC), o que não é verificado no caso dos autos. O contrato não foi estabelecido sob premente necessidade, e não há como se acolher a alegação de inexperiência da apelante, na medida em que é empresária reconhecida do ramo sucroalcooleiro, sendo razoável a conclusão de que, por atuar no ramo, entendeu os termos pactuados quando da celebração do contrato.[106]

> Portanto, essa desproporção entre o valor recebido e a renúncia ao direito de pleitear indenização complementar poderia, em princípio, indicar a existência de lesão. Contudo, há de se considerar que, com o acordo, a recorrida recebeu o dinheiro imediatamente, evitando anos de discussão judicial e, mais do que isso, a incerteza quanto ao êxito da ação. Além disso, não se pode cogitar a inexperiência da recorrida, visto que estava sendo representada por advogado, que teve participação ativa na transação, assistindo na negociação de valores e assinando o próprio acordo. Em suma, considerando as peculiaridades e os interesses envolvidos na negociação, bem como que qualquer acordo pressupõe renúncias recíprocas, o comportamento de ambas as partes se afigura absolutamente razoável, dentro de um padrão de conduta socialmente aceitável. Conclui-se, pois, pela ausência do requisito subjetivo essencial à caracterização da lesão.[107]

A consagração normativa de uma margem fixa de distanciamento do valor de mercado ajudaria a reverter esse cenário, mas esbarraria em dificuldades evidentes, vinculadas à volatilidade dos mercados, às especificidades do objeto da contratação e assim por diante. Tais dificuldades tornam prudente a remissão do tema à avaliação judicial, centrada, por definição, sobre as circunstâncias de cada caso concreto.[108] Trata-se, afinal, de *quaestio facti*. Não se deve, porém, correr o risco de substituir o subjetivismo das partes por um casuísmo igualmente inacessível, desprovido de qualquer parametrização

---

106 TJSP, 31ª Câmara de Direito Privado, Apelação Cível 0044635-52.2013.8.26.0506, Rel. Des. Adilson de Araujo, 20-9.2016.

107 STJ, 3. Turma, REsp 1.265.890/SC, Rel. Min. Nancy Andrighi, 1º-12-2011.

108 Como observa Zimmermann: "*One may well be sceptical about the reintroduction of rigid and (necessarily) arbitrary limitations of the freedom of the parties to fix their price, on the model of the historical laesio enormis. C. 4, 44, 2 was a relatively crude attempt to strike a balance between invicem se circuniscribere and equality in exchange. Some degree of flexibility will have to be built into the modern remedies, in order to allow the judge to take into consideration the specific (objective and subjective) circumstances of the case*" (Reinhard Zimmermann, *The Law of Obligations – Roman Foundations of the Civilian Tradition*, cit., p. 270).

científica e carente de fundamentação na motivação das decisões judiciais. Daí se mostrar importante, em sede doutrinária, a indicação de critérios que auxiliem a magistratura em sua tarefa. Nesse sentido, é certo que a variação superior a 50% do valor de mercado – a célebre *ultra dimidium iusti pretii* –, extraída da experiência milenar da *laesio enormis*, configura indicativo útil ao intérprete na aferição objetiva do desequilíbrio contratual originário,[109] não se devendo aí enxergar, todavia, um parâmetro fixo. Circunstâncias específicas, de caráter também objetivo, como a escassez do bem objeto da contratação ou a sua repentina valorização diante de situação passageira (*v.g.*, o temor de uma epidemia que sobreleva o valor de um medicamento), podem seguramente justificar variações até superiores à indicada, conquanto influenciem, a rigor, no próprio valor de mercado do bem, que deve ser avaliado em sua concreta especificidade e, como ordena o já mencionado § 1º do art. 157, segundo "os valores vigentes ao tempo em que foi celebrado o negócio jurídico". A observância de cada mercado específico afigura-se indispensável à adequada valoração do manifesto desequilíbrio.

Nessa esteira, já decidiram nossos tribunais que configuram lesão a alienação de imóvel por preço equivalente a 10% de seu valor de mercado[110] ou

109 Na mesma direção, afirma José de Oliveira Ascensão: "Aliás, era o que se passava já com a clássica lesão enorme. Exigia-se uma desproporção superior a 50% do valor. É um antecedente de bom senso, que deve ser tido em conta" (*Alteração das Circunstâncias e Justiça Contratual no Novo Código Civil*, cit., p. 65). Isso não significa que o critério seja indisputável, suscitando, ao contrário, diferentes questões já presentes nas obras dos glosadores e pós-glosadores: "*Take, for example, the case where the purchaser is the disadvantaged party. How does one apply a remedy that has been designed for the reverse situation and therefore allows the seller to rescind the contract if he has obtained less than half of the true price? Should one give the purchaser the same option if he has had to pay more than double? Let us assume the 'true value' of the object sold to be 100. The vendor would then enjoy the protection of the law if the purchase price was 49 or less, the purchaser only if it was 201 or more. Thus, on this construction, the purchaser seems to lose out, for from a purely arithmetical point of view the margin of what the law still expects him to tolerate before he can avail himself of a remedy is exactly double of what is laid down in the case of the vendor: the vendor can rescind if he has been overcharged by more than 50, whilst the purchaser must have been overcharged by more than 100. This is the reason why the glossators and commentators tended to reject the purely geometrical method (as they called it) of assessment if the purchaser had suffered laesio enormis and favoured an arithmetical calculation: the purchaser should be entitled to the remedy if he had had to pay more than the true value plus half, i.e., in our example, more than 150. On purely logical grounds, neither of these approaches can be faulted, and thus the dispute was never conclusively resolved*" (Reinhard Zimmermann, *The Law of Obligations – Roman Foundations of the Civilian Tradition*, cit., p. 263).

110 TJSP, 11ª Câmara de Direito Privado, Apelação Cível 0004635-32.2010.8.26.0274, Rel. Des. Renato Rangel Desinano, 17-9-2015, embora forte no requisito subjetivo:

o reajuste de mensalidade em percentual correspondente a 165%.[111] Não se trata, como se vê, de consagrar fórmulas matemáticas ou promover rígidas indexações.[112] O que se deve perquirir, no exame da lesão, são desproporções manifestas em relação ao valor de mercado que não possam ser explicadas nem pelas razões objetivas que o influenciam, nem pelas razões subjetivas (*e.g.*, prática de liberalidade ou assunção de risco) que justificariam, à luz da ordem jurídica, uma grosseira disparidade em relação ao valor ordinariamente praticado.

5. Consequências das propostas interpretativas apresentadas

As propostas interpretativas apresentadas têm como consequência, em primeiro lugar, uma profunda alteração na abordagem hoje reservada à lesão no direito brasileiro, na medida em que (a) extirpam do seu âmbito a exigência de requisitos subjetivos não contemplados pelo legislador (malícia, abuso, dolo de aproveitamento ou conhecimento da outra parte acerca da inexperiência ou necessidade do contratante lesado); (b) oferecem interpretação ampliativa às expressões *inexperiência* e *necessidade* contidas no art. 157 do Código Civil e (c) propugnam uma compreensão da sua enunciação como parte de um rol *numerus apertus*; (d) estabelecem a presunção do requisito subjetivo previsto pelo legislador brasileiro a partir do requisito objetivo consubstanciado no manifesto desequilíbrio do contrato; e, finalmente, (d) permitem uma aferição objetiva do referido desequilíbrio à luz do parâmetro dos valores de mercado. De modo geral, tais propostas possibilitam a superação do subjetivismo exagerado com que se tem interpretado o art. 157 do

"De fato, a autora é pessoa de pouca instrução e, por premente necessidade ou por inexperiência, vendeu seu único imóvel por valor ínfimo, equivalente a 10% do valor apurado no laudo de fls. 137/174, estando configurado o vício da lesão, nos termos do art. 157 do Código Civil".

111 "Na hipótese presente, o desproporcional aumento da mensalidade, sem indicação dos parâmetros utilizados para se chegar a um reajuste de 165%, importa em lesão, vício do consentimento que traduz no abuso praticado contra um dos contratantes em condições desiguais, seja porque a necessidade lhe impõe a contratação, seja porque a sua inexperiência o leva a contratar" (TJRJ, 17ª Câmara Cível, Apelação Cível 0134593-85.2005.8.19.0001, Rel. Des. Fabricio Paulo Bagueira Bandeira Filho, 27-6-2007).

112 O próprio valor de mercado, com exceção daqueles bens sujeitos a permanente precificação em ambiente exclusivo de venda e aquisição (*e.g.*, ações negociadas em Bolsas de Valores), está sujeito a constantes variações e não se apresenta usualmente como um valor fixo, mas, antes, como uma faixa de preços.

Código Civil na experiência jurídica brasileira, subjetivismo que decorre mais da influência histórica do pensamento liberal-voluntarista sobre a retomada da lesão no âmbito do direito civil do que propriamente do enunciado da norma contida na atual codificação.

Com isso, atribui-se à lesão, de um lado, um papel mais substancial no atendimento da própria finalidade normativa que inspira sua inclusão entre os defeitos do negócio jurídico, tutelando-se a formação de um acordo de vontades que se revele fruto de um consenso substancial e não apenas formal, isento de uma influência desmedida de circunstâncias externas à contratação. De outro lado, conforma-se a interpretação do dispositivo legal às normas constitucionais que consagram a igualdade substancial e a solidariedade, permitindo sua incidência efetiva sobre o campo do Direito dos Contratos, por meio do princípio setorial do equilíbrio contratual.

Tais propostas interpretativas afiguram-se, ademais, coerentes com outras passagens do Código Civil, como se verá a seguir.

6. Fundamentos sistemáticos para a reinterpretação da lesão: prazo decadencial e incapacidade do pródigo

A tentativa de atribuir caráter mais objetivo ao instituto da lesão encontra fundamentos sistemáticos no âmbito da própria codificação civil. Auxilia, por exemplo, no caminho interpretativo traçado até aqui, observar a norma que disciplina o prazo decadencial quadrienal aplicável ao exercício do direito potestativo de anulação por defeitos do negócio jurídico. O art. 178 estipula como termo inicial da contagem do prazo quadrienal, no caso da coação, o "dia em que ela cessar". Muito diversamente, no tocante à lesão, o dispositivo fixa como termo inicial do mesmo prazo o "dia em que se realizou o negócio jurídico", seguindo a regra aplicável aos defeitos do negócio jurídico em geral.

> Art. 178. É de quatro anos o prazo de decadência para pleitear-se a anulação do negócio jurídico, contado:
> I – no caso de coação, do dia em que ela cessar;
> II – no de erro, dolo, fraude contra credores, estado de perigo ou lesão, do dia em que se realizou o negócio jurídico (...).

A diferenciação é sintomática: ao contemplar a coação, o legislador reconhece que o negócio jurídico defeituoso advém preponderantemente de um estado de especial submissão em que, por força de um fator externo, se encontra o coagido, submetido que está a uma situação involuntária, de tal modo que a própria lei somente permite que a fluência do prazo decadencial para anulação se inicie após a cessação desse estado (art. 178, I). Na lesão, ao contrário, o legislador não enxergou razão suficiente para aplicar raciocínio semelhante. Poderia, naturalmente, determinar que o prazo decadencial fosse contado a partir da cessação do estado subjetivo de inexperiência ou necessidade, em que a parte se encontrava, imposto também aqui por circunstâncias externas ao negócio, o que se mostraria coerente com a abordagem voluntarista que procura vestir a lesão com a roupagem típica de um vício do consentimento.[113] O legislador brasileiro, entretanto, optou por eleger como termo inicial do prazo decadencial a data da celebração do negócio jurídico desequilibrado (art. 178, II), revelando, embora indiretamente, que o requisito relativo ao estado subjetivo do contratante lesado não deve assumir peso preponderante na disciplina da lesão.

O inciso III do mesmo art. 178 do Código Civil parece confirmar tal entendimento, ao determinar que, no caso dos atos praticados por incapazes, o prazo decadencial para a anulação conta-se "do dia em que cessar a incapacidade".

> Art. 178. É de quatro anos o prazo de decadência para pleitear-se a anulação do negócio jurídico, contado:

---

113 É o que sustenta, *de lege ferenda*, Rafael Renner, *Novo Direito Contratual: a tutela do equilíbrio contratual no Código Civil*, cit., p. 235-236, nota de rodapé n. 547: "O termo inicial do prazo decadencial merecia, de *lege ferenda*, uma alteração para que constasse regra semelhante ao termo inicial do negócio celebrado sob coação. Isso porque a lesão especial, regulada pelo Código, requer a conjugação de dois elementos: o objetivo e o subjetivo, sendo este caracterizado pela situação de inferioridade da vítima. Pode ocorrer, contudo, que após os quatro anos da conclusão do contrato desequilibrado a situação de inferioridade não tenha sido eliminada e, portanto, não poderia a vítima contestar a validade do pactuado. À luz da proteção do contratante mais fraco, essa seria a melhor solução, ou seja, condicionar o termo inicial do prazo decadencial para a propositura da ação de anulação à eliminação da situação de inferioridade". Registre-se, ainda, como terceira via, a posição daqueles autores que sustentam que o prazo deve ser contado do momento da execução do contrato: "Por outro lado, foram desconsiderados os ensinamentos da moderna doutrina comparada e legislações recentes, como o Código húngaro de 1960 (art. 236), o peruano de 1984 (art. 1454), ou o Projeto de Unificação da Legislação Civil e Comercial da Argentina (art. 4030), que indicam que o momento inicial da contagem do prazo deve ser não o da celebração do ato, mas o da execução da prestação, que é quando efetivamente se produz o prejuízo. É nesse momento que a magnitude da exploração revela-se com maior intensidade, por quanto a miséria da vítima, em vez de se aliviar, agrava-se mais ainda. Da maneira em que foi estabelecido, cai-se na contradição de que o prazo de caducidade pode, eventualmente, começar a correr, antes de que seja exigível a prestação que constitui a base da ação" (Julio Alberto Díaz, *O Instituto da Lesão no Projeto de Código Civil Brasileiro*, *Revista da Faculdade de Direito da Universidade Federal de Minas Gerais*, n. 36, 1999, p. 269-279).

(...)
III – no de atos de incapazes, do dia em que cessar a incapacidade.

Assim como faz em relação à hipótese de coação, o legislador adota, no caso da incapacidade relativa (geradora da anulabilidade), termo inicial correspondente ao dia em que cessa o estado de incapacidade. Ora, e o que é a incapacidade relativa, em termos substanciais, senão um conjunto predeterminado de situações em que a ordem jurídica reserva proteção a um sujeito de direito à luz de um presumido estado de inexperiência ou necessidade? Os maiores de dezesseis anos e menores de dezoito anos, os ébrios habituais e outras categorias enumeradas no art. 4º do Código Civil são contemplados com especial proteção pela ordem jurídica, que pressupõe, a partir de certas condições subjetivas, que o livre exercício da autonomia por aquele sujeito, sem o auxílio do assistente, poderia lhe causar prejuízos. Veja-se, por exemplo, a situação do pródigo (art. 4º, IV), definido já nas Ordenações Filipinas como "a pessoa que desordenadamente gasta e destrói sua fazenda" (Livro IV, Título 103, § 6º).[114] Pródigo é, portanto, aquele que gasta imoderadamente, que assume obrigações superiores às suas forças, que assume obrigações injustificadas à luz do benefício recebido em contrapartida, comprometendo a sua subsistência e a de sua família.[115]

Uma abordagem subjetivista da lesão a aproximaria, sempre em termos substanciais e abstraindo as diferenças estruturais entre os institutos jurídicos aqui contemplados, da incapacidade do pródigo. Em ambos os casos a ordem jurídica estaria protegendo sujeitos que, por razões exclusivamente subjetivas,

114 "Na definição que se lê na *Ordenação* do Livro IV, tít. 103, § 6º, há uma ideia bem nítida do que é pródigo: aquele que desordenadamente gasta e destrói sua fazenda. A origem desta *capitis diminutio* vai prender-se ao direito romano, que, considerando o patrimônio individual uma copropriedade da família, capitulava como prejudicial ao interesse do grupo familiar a dilapidação da fortuna" (Caio Mário da Silva Pereira, *Introdução ao Direito Civil: Teoria Geral de Direito Civil*, 24. ed. Rio de Janeiro: Forense, 2011, p. 238-239).

115 "Pródigo é aquêle que, desordenadamente, gasta e destrói a sua fazenda, reduzindo-se à miséria por sua culpa. Essa definição legal corresponde à que oferecem Aubry et Rau, e que se tornou clássica em direito civil: *celui qui, par déréglement d'espirit ou de moeurs, dissipe sa fortune en excessives et folles dépenses.*" (Clóvis Beviláqua, *Teoria Geral ou Direito Civil*, 7. ed. Rio de Janeiro: Paulo de Azevedo, 1955, p. 83). Na mesma linha, a lição de Francisco Amaral, *Direito Civil: Introdução*, 8. ed. Rio de Janeiro: Renovar, 2014, p. 286-287: "Pródigos são os que gastam desordenadamente, destruindo seus recursos tendo família, mais especificamente, cônjuge, descendente. Estão sujeitos à curatela (CC, art. 1767, V), não podendo, sem a presença do curador respectivo, praticar quaisquer atos que não sejam de mera administração (CC, art. 1.782)."

assumem obrigações patrimoniais injustificáveis à luz das contraprestações prometidas. A única diferença seria, ao fim das contas, o caráter mais duradouro da prodigalidade se comparada à inexperiência ou necessidade do contratante lesado. Daí por que o termo inicial do prazo decadencial de quatro anos para a anulação do negócio jurídico viciado por lesão precisaria, nessa linha de raciocínio, ter seguido a mesma via trilhada para a incapacidade: a contagem a partir do dia em que cessasse o estado de inexperiência ou necessidade.

Não foi essa, repita-se, a opção legislativa seguida pelo Código Civil brasileiro, que preferiu manter o termo inicial do prazo decadencial na data de celebração do negócio jurídico desequilibrado. A escolha legislativa, no cenário delineado, deve ser explicada sistematicamente à luz da conclusão de que lesão assume feição mais objetiva, distanciando-se de uma particular condição do sujeito que o conduz a dilapidar seu patrimônio – esta já objeto da proteção jurídica reservada ao pródigo. A interpretação que procura atribuir roupagem mais objetiva à lesão aplica-se também ao estado de perigo, e vem dialeticamente reforçada pela análise do seu tratamento jurisprudencial, como se passa a demonstrar.

7. Estado de perigo: aplicabilidade das propostas interpretativas apresentadas para a lesão

O estado de perigo é previsto no art. 156 do Código Civil:

> Art. 156. Configura-se o estado de perigo quando alguém, premido da necessidade de salvar-se, ou a pessoa de sua família, de grave dano conhecido pela outra parte, assume obrigação excessivamente onerosa.
> Parágrafo único. Tratando-se de pessoa não pertencente à família do declarante, o juiz decidirá segundo as circunstâncias.

Sua aplicação também não tem sido frequente na prática jurisprudencial brasileira. Na pesquisa realizada para esta obra, foram identificados, no arco temporal de 2003 a 2016, apenas dois acórdãos no Superior Tribunal de Justiça sobre o tema, sendo que somente um deles reconheceu a configuração do estado de perigo.[116] Nos tribunais estaduais, os números são também

116 STJ, 3ª Turma, REsp 1.361.937/SP, Rel. Min. Nancy Andrighi, j. 5-10-2013; e STJ, 3ª Turma, REsp 918392/RN, Rel. Min. Nancy Andrighi, j. 11-3-2008. O Superior Tribunal de Justiça mencionou, ainda, a configuração do estado de perigo em um terceiro acórdão, mas a matéria ali em discussão era a indenização devida por publicidade enganosa (STJ, 3ª Turma, REsp 1.329.556/SP, Rel. Min. Ricardo Villas Bôas Cueva, j.

diminutos.[117] Instituto vizinho à lesão, o estado de perigo dela se aproxima quer pela inserção entre os defeitos do negócio jurídico, quer pela composição mista, dividida em requisitos de caráter objetivo e de caráter subjetivo. A proximidade justifica-se na medida em que ambas as noções desempenham idêntico papel na codificação civil: colocar em xeque a validade de contratos que impõem, desde o início, excessiva onerosidade a uma das partes, levada à contratação por força das circunstâncias. Algumas diferenças estruturais, contudo, revelam-se claramente a partir da comparação entre a disciplina jurídica da lesão (art. 157) e aquela reservada ao estado de perigo (art. 156), conquanto nem sempre realçadas pela nossa doutrina.

Primeiramente, o art. 156 alude a uma "obrigação excessivamente onerosa" assumida por uma das partes, divergindo da linguagem adotada no art. 157, que trata, como já visto, de uma "prestação manifestamente desproporcional ao valor da prestação oposta". A diferença poderia sugerir o emprego de critérios valorativos distintos, na medida em que a excessiva onerosidade não exige, necessariamente, um exame comparativo com a contraprestação assumida – podendo-se, inclusive, cogitar teoricamente de obrigações excessivamente onerosas no âmbito de contratos unilaterais e gratuitos, como se verá no exame do art. 480 do Código Civil,[118] a ser realizado no capítulo seguinte desta obra, ou, ainda, no âmbito de negócios jurídicos unilaterais, aos quais se aplica toda a disciplina dos defeitos traçada nos arts. 138 a 165 da codificação.[119] A cogitação cede, em parte, diante do fato de que o próprio art. 156,

25-11-2014). Registre-se que, diante da imensa maioria dos recursos envolvendo alegação de estado de perigo, o Superior Tribunal de Justiça invoca sua Súmula 7, deixando de reexaminar o suporte fático-probatório do caso.

117 No Tribunal de Justiça do Estado do Rio de Janeiro, no mesmo lapso de quase quinze anos, foram identificados 29 acórdãos tratando do estado de perigo, e apenas 12 reconhecendo sua configuração. No Tribunal de Justiça do Estado de São Paulo, foram identificados 42 acórdãos, havendo o reconhecimento do estado de perigo em 16 deles. No Tribunal de Justiça do Estado de Santa Catarina, foram identificados 29 acórdãos sobre o tema, com 10 acórdãos reconhecendo a configuração do instituto. E, finalmente, no Tribunal de Justiça do Distrito Federal e dos Territórios, foram encontrados 33 acórdãos versando sobre a matéria e apenas 2 acórdãos em que o estado de perigo restou reconhecido.

118 "Art. 480. Se no contrato as obrigações couberem a apenas uma das partes, poderá ela pleitear que a sua prestação seja reduzida, ou alterado o modo de executá-la, a fim de evitar a onerosidade excessiva."

119 As diferenças entre uma abordagem centrada sobre a excessiva onerosidade e sobre a relação de equivalência entre as prestações serão detalhadas no Capítulo III desta obra, dedicado ao desequilíbrio contratual superveniente.

ao tratar do estado de perigo, alude à presença da "outra parte", razão pela qual se conclui que o legislador pretendeu, como já registrado ao início do presente capítulo, tratar ali de negócios jurídicos bilaterais (contratos). De todo modo, a doutrina brasileira tem tratado a distinção entre o requisito objetivo da lesão e do estado de perigo como distinção de mera redação, ressaltando a necessidade de coerência sistemática entre duas figuras tão similares em sua função. Nessa direção, já observava Othon Sidou:

> Não entendemos a arrumação que o Código dispensa ao estado de perigo antecipando-o à lesão em seus articulados; e muito menos porque os separa em seções distintas do capítulo sobre os "Defeitos do negócio jurídico", ao lado do erro, do dolo, da coação e da fraude contra credores. Ambos, lesão e estado de perigo, decorrem da necessidade premente; ambos são objeto de obrigações excessivamente gravosa, ou desproporcional ao valor da prestação oposta; ambos provêm de prática usurária. Juntá-los numa só seção, tal como aparece no Anteprojeto Caio Mario – "Da lesão e do estado de perigo" –, seria lógico.[120]

120 José Maria Othon Sidou, Lesão Contratual e Estado de Perigo (arts. 156 e 157 do Código Civil), in *Revista da Academia Brasileira de Letras Jurídicas*, v.v. 23, Rio de Janeiro: Academia, 1985, p. 86. Registre-se que houve tentativa de eliminar a previsão do estado de perigo na tramitação do projeto de Código Civil no Congresso Nacional. Como relata José Carlos Moreira Alves: "A respeito desses dois institutos novos, a disciplina a eles dada pelo Projeto original não sofreu qualquer alteração. Às emendas n. 187 e 183 – que propunham a supressão do art. 154 do Projeto original, relativo ao estado de perigo, por entender que esse instituto, em última análise, se confundia com a lesão – assim respondeu o relatório da Comissão Revisora: 'Os dois institutos – o do estado de perigo e o da lesão – não se confundem. O estado de perigo ocorre quando alguém se encontra em perigo, e, por isso, assume obrigação excessivamente onerosa. (...) A lesão ocorre quando não há estado de perigo, por necessidade de salvar-se; a 'premente necessidade' é, por exemplo, a de obter recursos. Por outro lado, admitindo o § 2º do art. 155 a suplementação da contraprestação, isso indica que ela só ocorre em contratos comutativos, em que a contraprestação é um dar (e não um fazer). A lesão ocorre quando há usura real. Não há lesão, ao contrário do que ocorre com o estado de perigo, que vicie a simples oferta. Ademais, na lesão não é preciso que a outra parte saiba da necessidade ou da inexperiência; a lesão é objetiva. Já no estado de perigo é preciso que a parte beneficiada saiba que a obrigação foi assumida pela parte contrária para que esta se salve de grave dano (leva-se em conta, pois, elemento subjetivo). Por isso, a existência dos dois institutos, pois só o estado de perigo ou só a lesão não bastam para cobrir todas as hipóteses que se podem configurar" (*A Parte Geral do Projeto de Código Civil Brasileiro*, cit., p. 143-144). Com efeito, o exame dos trabalhos legislativos em torno do projeto do atual Código Civil permite identificar proposta de emenda para eliminação do correspondente ao atual artigo 156 (emenda 20, proposta pelo Senador Gabriel Hermes), justificada da seguinte forma: "O instituto da lesão (art. 157), a rigor,

Uma segunda diferença, de caráter mais relevante, pode, todavia, ser identificada na comparação entre as disciplinas normativas da lesão e do estado de perigo: diz respeito ao requisito subjetivo. Enquanto a literalidade do art. 157, como já visto, exime-se de avaliar o comportamento do contratante favorecido, não exigindo a presença de abuso ou dolo de aproveitamento, nem sequer o *conhecimento* do estado de inexperiência ou necessidade, o *caput* do art. 156 afirma expressamente que o grave dano que ameaça o contratante em estado de perigo, ou a pessoa de sua família, deve ser "conhecido pela outra parte". Nessa esteira, a doutrina brasileira insere a "cognoscibilidade do dano" entre os requisitos de configuração do estado de perigo:

> Já no segundo, o conhecimento pela outra parte do estado de perigo em que se encontrava a vítima é essencial à configuração do instituto. Em caso de desconhecimento do mesmo, não há que se falar em anulação do negócio, uma vez que a parte beneficiada não estará agindo de má-fé.[121]

A opção pela inserção do conhecimento da contraparte como requisito do estado de perigo revela incoerência por parte do legislador. Tal incoerência não chega a ser desastrosa, tendo em vista que ao contratante desfavorecido sempre restará a possibilidade teórica de recorrer à lesão, demonstrando uma "premente necessidade", inclusive de salvar-se de grave dano[122] (já aí não necessariamente "conhecido pela outra parte"). Entretanto, a falta de

---

bastaria para proteger a pessoa inexperiente ou em estado de necessidade, que fosse obrigada a efetuar um negócio de que lhe resultasse prejuízo" (*O Projeto de Código Civil no Senado Federal*, Brasília: Senado Federal, 1998, p. 162). A rejeição se deu com base na seguinte justificativa: "Ora, além de estar previsto o estado de perigo no art. 156 e a lesão no art. 157, os dois conceitos não se confundem, como salientou a Comissão elaboradora do Anteprojeto" (*O Projeto de Código Civil no Senado Federal*, Brasília: Senado Federal, 1998, p. 371).

121 Ana Luiza Maia Nevares, O Erro, o Dolo, a Lesão e o Estado e Perigo no Novo Código Civil, in Gustavo Tepedino (coord.), *A Parte Geral do Novo Código Civil: Estudos na Perspectiva Civil-constitucional*, 2. ed. Rio de Janeiro: Renovar, 2003, p. 294.

122 "Quem quer que pretenda examinar com menos superficialidade o preceito do novo Código Civil sobre o 'estado de perigo' – uma inovação na lei brasileira, não porém uma novidade na doutrina e na legislação forâneas –, há de partir do estudo sobre a lesão no direito obrigacional, uma vez que esta é o gênero de que o outro é a espécie. De começo, há de se depreender também que a lesão tem seu fulcro na premente necessidade. Em decorrência, todo fato empreendido em estado de perigo é suscetível de ensejar lesão, e toda lesão de direito decorre de uma situação de premente necessidade" (José Maria Othon Sidou, *Lesão Contratual e Estado de Perigo (arts. 156 e 157 do Código Civil)*, cit., p. 79).

uma orientação normativa uniforme atinge em cheio aquelas hipóteses de assunção de obrigação excessivamente onerosa para salvar de grave dano um familiar (art. 156, *caput*) ou outra pessoa próxima ainda que não integre a família do contratante (art. 156, parágrafo único). Como a abertura da ordem jurídica a pessoas distintas do contratante somente surge na disciplina normativa do estado de perigo, condiciona-se, pela literalidade do art. 156, ao requisito do conhecimento pela outra parte. Assim, em um exemplo acadêmico, quem vende por preço excessivamente inferior ao valor de mercado seus bens a fim de reunir, com urgência, o valor necessário à realização de cirurgia de seu pai, sem que disso tenha conhecimento o adquirente, não estaria enquadrado nem na lesão nem no estado de perigo e não poderia, assim, pleitear a anulação do negócio celebrado em desequilíbrio, tampouco o complemento do preço. Já se a cirurgia fosse em si próprio, o alienante poderia invocar a lesão, nos termos do art. 157 do Código Civil.

A exigência do conhecimento da outra parte no art. 156 não apenas abre porta para inconsistências, mas suscita reflexão crítica sobre a própria conveniência de uma dicotomia entre estado de perigo e lesão. Sendo certo que ambos os institutos dirigem-se à realização da mesma finalidade, melhor seria que fossem regidos por uma disciplina estruturalmente uniforme, evitando-se tratamento distinto para hipóteses semelhantes. Mais que isso: talvez melhor fosse reuni-los, *de lege ferenda*, em um único e mesmo instituto.

Dessa premissa deriva a conveniência de linhas interpretativas que aproximem o quanto possível a lesão do estado de perigo, evitando-se as incongruências que poderiam ser geradas pela aplicação de institutos estruturalmente distintos, embora tão próximos em sua finalidade. Naturalmente, tal assertiva pode descambar na extensão do requisito da cognoscibilidade à lesão ou, quiçá, na retomada do velho "dolo de aproveitamento", de modo a aproximar o instituto da lesão da roupagem aparentemente mais subjetivista do estado de perigo, como, de fato, ocorre em nossa doutrina, nos termos já examinados. Tratar-se-ia de uma opção possível sob o ponto de vista lógico-formal, ainda que insustentável, a nosso ver, sob o prisma axiológico-substancial, tendo em vista os valores consagrados na Constituição, conforme também já destacado.

Talvez por atentar para esse último aspecto, a jurisprudência brasileira parece vir preferindo o caminho da objetivação do estado de perigo: se não chegam a dispensar o "conhecimento da outra parte", nossos tribunais têm facilitado a prova do preenchimento desse requisito, extraindo sua presença das simples circunstâncias objetivas que rodeiam a contratação. Nessa direção, tem-se tornado corriqueiro, entre nós, o reconhecimento judicial do estado de perigo em casos de cobrança por internação hospitalar acompanhado da afirmação de que o conhecimento da outra parte (clínica, hospital etc.) decorre da própria "gravidade da doença" ou de outras circunstâncias concretas:

> Portanto, estão presentes os elementos do estado de necessidade e a parte autora evidentemente tinha conhecimento do grave perigo e de que a obrigação somente se deu no intuito de salvação, tanto porque não foi assinado o termo de responsabilidade comum nos casos de internação particular voluntária.[123]
>
> Nesse passo, é sabido que para a configuração do estado de perigo devem estar presentes três requisitos imprescindíveis, quais sejam, (i) a premente necessidade de salvar a si ou a alguém de sua família de grave dano; (ii) o conhecimento deste dano pela outra parte no momento da celebração do negócio jurídico e (iii) a onerosidade excessiva da obrigação assumida. O primeiro requisito resta claro pelo frágil estado de saúde da irmã das Autoras, que lamentavelmente veio a óbito. O segundo se extrai pelo próprio conhecimento técnico do Réu, que era quem mais tinha conhecimento do estado de saúde de seu paciente. O terceiro requisito, por fim, é constatado pelo próprio valor das diárias hospitalares (cerca de R$ 10.000,00), valor este muito acima da capacidade de pagamento da esmagadora maioria dos cidadãos.[124]
>
> Vê-se que o segundo autor buscou internar a autora no Hospital Santa Tereza, pelo SUS, porém diante da inexistência de vagas, assumiu os encargos da internação particular. Não foi por opção que o segundo autor aderiu ao contrato, mas, sim, porque durante vários dias, confor-

---

123 TJSP, 32.2. Câmara de Direito Privado, Apelação Cível 1026210-70.2015.8.26.0576, Rel. Des. Kioitsi Chicuta, 1º-9-2016.

124 TJRJ, 3. Câmara Cível, Apelação Cível 0040150-37.2008.8.19.0002, Rel. Des. Luiz Fernando Ribeiro de Carvalho, 14-3-2013. Registre-se que o Superior Tribunal de Justiça já adotou entendimento semelhante ao tratar de cheques-caução exigidos na entrada de hospitais ou postos de emergência, por meio dos quais o emitente assume a obrigação de arcar com custos superiores ao valor de mercado, muitas vezes sem sequer discutir o montante exigido, tudo no afã de garantir e agilizar o atendimento de um parente ou amigo em situação crítica de saúde. Embora não tenha chegado a aplicar o instituto do estado de perigo na referida hipótese, aquela corte tratou do tema a partir da análise da "causa" do título de crédito, em oposição ao seu tradicional caráter abstrato: "No caso em exame, a recorrida não nega a emissão do cheque para garantir o tratamento de seu marido. Entretanto, nega haver efetuado despesa em valor equivalente ao do cheque. Não seria razoável em cheque dado como caução para tratamento hospitalar ignorar-lhe a causa. Do contrário, gera-se desequilíbrio entre as partes. O devedor, em situação de necessidade quedar-se-ia à mercê do hospital, compelido a emitir cheque no valor exigido pelo prestador do serviço" (STJ, REsp 796.739/MT, Min. Rel. Humberto Gomes de Barros, j. 27-3-2007).

> me documentos trazidos aos autos buscou a rede pública de saúde visando o restabelecimento da saúde da primeira autora, cujo quadro exigia internação e cirurgia, e não logrou êxito. A obrigação era desproporcional para os autores, que são hipossuficientes e tal situação era conhecedora do Hospital Santa Tereza, que mesmo ciente da fragilidade dos autores, quis obter lucro com o pagamento das despesas. Dessa forma, resta claro que o contrato foi celebrado com vício de vontade, já que o Hospital Santa Teresa tinha ciência que o segundo autor só assinou os documentos para salvar a vida de sua esposa. Portanto, patente a existência de estado de perigo.[125]

> Quanto ao primeiro, segundo e quarto requisitos retrodestacados (necessidade de salvar-se, atualidade do dano e o conhecimento do estado perigo pela outra parte), indubitavelmente restaram demonstrados, ante a gravidade da doença que acometeu a Autora e a urgência da implantação do marcapasso, para fins de preservar sua vida.[126]

Como se vê, em sentido diametralmente oposto à codificação – que reserva tratamento menos objetivo ao estado de perigo ao requerer que o potencial de dano seja "conhecido da outra parte" –, nossa jurisprudência parece tratar o estado de perigo em uma abordagem mais objetiva que aquela reservada à lesão, pois, enquanto, em relação ao primeiro instituto, chega a presumir, a partir de circunstâncias fáticas, o "conhecimento" da contraparte exigido pelo Código Civil, não adota igual abertura ao examinar casos envolvendo o segundo instituto, nos quais, muito ao contrário, chega a requerer prova de "aproveitamento" da contraparte quando a lei não exige tal requisito. Esse aparente paradoxo explica-se, de um lado, pela própria trajetória histórica da lesão, marcada, como já visto, pelo seu retorno ao direito positivo sob veste penal e pelas mutações sofridas pelo instituto com o propósito de conformar-se à visão jurídica dominante, de caráter liberal e individualista; de outro lado, pelo fato de que, no estado de perigo, o requisito subjetivo exigido pela lei – a sujeição a um "grave dano" de que o contratante pretenda salvar a si ou a pessoa de sua família – possui um quê de objetividade, na medida em que a configuração da ameaça de dano é extraída de circunstâncias objetivas, como a necessidade de uma cirurgia emergencial ou de um atendimento médico urgente, ou de se salvar de uma catástrofe natural, como uma enchente que se aproxima ou um desmoronamento iminente, e assim por diante. A alegação torna-se, desse modo, mais "controlável" pelo magistrado que aquela invocação mais genérica de "necessidade" ou "inexperiência", atraindo, a partir da

125 TJRJ, 19ª Câmara Cível, Apelação Cível 0009539-49.2006.8.19.0042, Rel. Des. Cláudio Brandão de Oliveira, 25-3-2013.

126 TJMG, 18ª Câmara Cível, Apelação Cível 3785030-45.2013.8.13.0024, Rel. Des. Roberto Vasconcellos, 18-8-2015.

sua comprovação pelas cortes, um olhar menos rigoroso em relação ao requisito subjetivo do estado de perigo na sua parcela relativa ao conhecimento da contraparte.[127]

A constatação de que nossas cortes judiciais já promovem, em certa medida, uma leitura mais objetiva do estado de perigo, além de reforçar tal possibilidade em relação à lesão, em uma perspectiva que procura assegurar tratamento uniforme aos institutos, influencia uma última e relevante discussão no complexo imbricamento entre as duas figuras: aquela que diz respeito aos seus respectivos efeitos legais. Enquanto o art. 157 do Código Civil contempla claramente, em seu § 2º, a consequência da lesão – qual seja, a anulabilidade do negócio jurídico, que pode ser evitada com oferta de complemento pela parte favorecida ou concordância com a redução do seu proveito –, o art. 156 é absolutamente silente em relação aos efeitos do estado de perigo. Nem mesmo a anulabilidade do negócio jurídico é ali mencionada, sendo apenas extraída de dispositivo bem posterior na estrutura do Código Civil (art. 178, II),

127 Há mesmo decisões em segunda instância em que o requisito do conhecimento acerca do estado de perigo não chega sequer a ser discutido: "*In casu*, restou evidenciado que os autores, ao emitirem o título, encontravam-se flagrantemente abalados, revelando o estado de perigo, que nitidamente viciou o consentimento quanto à sua aludida emissão. Dispõe o art. 156, do Código Civil: Art. 156. Configura-se o estado de perigo quando alguém, premido da necessidade de salvar-se, ou a pessoa de sua família, de grave dano conhecido pela outra parte, assume obrigação excessivamente onerosa. Ou seja, configura-se estado de perigo a assunção de obrigação excessivamente onerosa motivada pela necessidade de salvar-se, ou salvar pessoa de sua família, de grave dano conhecido da outra parte. Note-se, ainda, que a obrigação deve ser excessivamente onerosa, independentemente da situação financeira da parte, afinal, o estado de perigo não visa garantir a justiça distributiva, mas a justiça nas relações contratuais. Sendo assim, é evidente que a exigência de cheque caução, para fins de internação hospitalar, configura abuso do direito de cobrança do hospital diante do estado de necessidade e da excepcional vulnerabilidade da paciente e das pessoas próximas a ela, até porque o direito de cobrar e receber pelos serviços prestados deve ser exercido em ação própria na qual serão cobrados os valores efetivamente devidos, e não o valor aleatoriamente exigido a título de caução" (TJRJ, Embargos Infringentes nº 0041603-36.2009.8.19.0001, Des. Rel. Renata Machado Cotta, j. 22-5-2013). Em semelhante direção: "Um perigo corrido pela própria pessoa ou por alguém da família (...) deve ser a causa determinante de um negócio jurídico que se contrata em bases excessivamente onerosas. É justamente para escapar ao risco de dano pessoal grave que o negócio se consuma. A declaração de vontade é emitida com o direto propósito de obter meios para se safar do perigo (...). Tal como na *vis compulsiva*, o declarante submetido ao estado de perigo não tem, praticamente, condições para declarar livremente sua vontade negocial. Nos ordenamentos jurídicos em que não há previsão específica do estado de perigo, a doutrina costuma enquadrá-lo no regime da coação (Humberto Theodoro Júnior)" (TJSC, Apelação 2009.075313-9, de Caçador, Rel. Des. Rodrigo Collaço, j. 23-8-2012).

que trata do prazo decadencial de quatro anos para anulação dos negócios jurídicos em virtude de defeito.[128] A omissão legislativa tem sido, mais uma vez, contornada por meio do forte paralelo entre o estado de perigo e a lesão, reconhecendo a maior parte da doutrina brasileira a anulabilidade do negócio jurídico celebrado em estado de perigo, bem como a possibilidade de oferta de complemento ou redução do proveito como meio de se evitar a mencionada anulação: "Assim, em virtude da mesma *ratio legis*, será possível aplicar a regra consubstanciada no § 2º do art. 157 do Código Civil de 2002 aos casos de contratos celebrados em estado de perigo".[129]

Tal entendimento evidencia não apenas a proximidade entre lesão e estado de perigo, mas desvela alguma relação de gênero e espécie entre as duas figuras. Assim, no texto do Código Civil, há, de um lado, o dispositivo que contempla a lesão como situação geral de necessidade ou inexperiência daquele que celebra negócio jurídico desequilibrado, prescrevendo-lhe certos efeitos; e, de outro lado, o dispositivo que contempla o estado de perigo como uma situação particular de necessidade, à qual se acresce exigência adicional (conhecimento da outra parte) e uma ulterior possibilidade de extensão aos familiares, sem se preocupar em enunciar efeito algum. Como o texto legal nem sempre se pode dizer tecnicamente consistente, mesmo essa relação de gênero e espécie, se verdadeira, resta mal ajambrada, na medida em que a descrição do estado de perigo (art. 156) antecede a disciplina da lesão, em mais uma pequena contribuição do Código Civil para o cenário confuso que reina na matéria. O que se pode extrair, todavia, de útil desse complexo tecido normativo é a necessidade de uma abordagem que não dissocie lesão e estado de perigo, mas os aproxime, seja no tocante aos seus requisitos, seja no tocante aos seus efeitos.

Assim, são aplicáveis ao estado de perigo as propostas interpretativas já apresentadas para a lesão, devendo-se presumir, a partir do desequilíbrio objetivo do contrato, a sujeição a perigo, que, de resto, se configura, em uma perspectiva sistemática, como espécie de necessidade *lato sensu*. Ademais, também nos casos envolvendo estado de perigo o desequilíbrio objetivo do contrato deve ser aferido a partir de parâmetros de mercado, sendo, por isso mesmo, de se presumir que, tendo celebrado contrato manifestamente desproporcional, conhecia o contratante favorecido a especial necessidade (estado

---

128 "Art. 178. É de quatro anos o prazo de decadência para pleitear-se a anulação do negócio jurídico, contado: (...) II – no de erro, dolo, fraude contra credores, estado de perigo ou lesão, do dia em que se realizou o negócio jurídico".

129 Ana Luiza Maia Nevares, *O Erro, o Dolo, a Lesão e o Estado de Perigo no Código Civil de 2002*, cit., p. 291.

de perigo) que acometia a contraparte, ressalvada sempre a possibilidade de demonstração daquelas razões que tornem o contrato desequilibrado merecedor de tutela à luz da ordem jurídica.

Para os fins de atuação de um princípio do equilíbrio contratual, não basta, todavia, uma reinterpretação dos requisitos da lesão e do estado de perigo; são os efeitos legais da lesão e do estado de perigo que oferecem maior interesse, na medida em que podem abrir caminho a uma abordagem que não insista em instrumentos sancionatórios, repressivos e extintivos, mas privilegie mecanismos aptos a obter, do modo mais eficiente possível, o reequilíbrio do contrato originariamente desequilibrado.

8. Efeitos da lesão e do estado de perigo: anulabilidade e oferta de reequilíbrio

Como já visto, o Código Civil reserva tanto à lesão quanto ao estado de perigo o efeito consubstanciado na anulabilidade do negócio jurídico (art. 171, II). Trata-se da consequência típica dos defeitos do negócio jurídico em nossa codificação civil. Considerada um efeito intenso, embora de menor impacto que a nulidade, a anulabilidade, como se sabe, não pode, ser decretada de ofício e tem eficácia não retroativa (art. 177). Ocorre que, como também já foi mencionado, anular o negócio jurídico, muitas vezes, não interessa na prática ao contratante prejudicado pelo desequilíbrio. Como destaca Anelise Becker:

> (...) o interesse da parte contratante tutelada, na maior parte das vezes, não está em colocar fim ao contrato mediante a arguição de uma invalidade, bem pelo contrário: muitas vezes somente impugnará o contrato se tiver a certeza de que será mantido. Em que pese eventualmente injusta, na medida em que satisfaz suas necessidades, interessa-lhe a conservação da avença, que, em resposta aos ditames da justiça e da utilidade contratuais, deve ser apenas modificada. Assim, se o contrato proporciona ao lesado, por meio da prestação do outro contratante, o bem que é preciso para satisfazer sua necessidade, tem uma função socialmente útil; embora injusto, se o contrato ainda é útil, realiza um interesse que merece ser tutelado.[130]

Daí por que o próprio Código Civil admite – em dispositivo relativo à lesão, também aplicável ao estado de perigo –, que a anulação seja evitada, em determinadas circunstâncias, pela modificação do negócio jurídico, de modo

130 Anelise Becker, *Teoria Geral da Lesão nos Contratos*, cit., p. 165.

a se eliminar o desequilíbrio originário. Confira-se, ainda uma vez, o teor do § 2º do art. 157:

> Art. 157. (...)
> § 2º Não se decretará a anulação do negócio, se for oferecido suplemento suficiente, ou se a parte favorecida concordar com a redução do proveito.[131]

Note-se que o § 2º do art. 157 não chega a aludir à possibilidade de modificação *pelo juiz* do negócio jurídico desequilibrado. Sua redação abre, literalmente, duas hipóteses: (a) seja oferecido suplemento suficiente a afastar o desequilíbrio ou (b) "concordar" o contratante favorecido com a redução do seu proveito. A primeira hipótese sugere iniciativa do contratante favorecido, interessado em evitar a anulação, por meio de uma oferta de complementação. A concessão pelo legislador de tal oportunidade ao contratante favorecido não deixa de ser instigante – como já notou Arthur Hartkamp ao analisar hipótese semelhante contida no Código Civil holandês[132] –, pois confirma que o legislador não pretendeu, de fato, reagir a uma conduta maliciosa ou a um "dolo de aproveitamento". Fosse esse o caso, não haveria justificativa para se atribuir ao contratante que age dolosamente a faculdade de simplesmente retificar o negócio, escapando a outras consequências como a condenação em perdas e danos, a exemplo, aliás, do que faz nosso Código Civil ao disciplinar o defeito do dolo (arts. 145-150). Mesmo quando meramente acidental o dolo, a ordem jurídica não isenta o agente do dever de ressarcir as perdas e danos (art. 146 c/c art. 149), que podem naturalmente superar o proveito obtido.[133]

---

131 A possibilidade de modificação do contrato, por iniciativa das partes, como mecanismo que permite evitar a anulação encontra origem no art. 22(2) do Projeto Ítalo-francês de Código de Obrigações e Contratos, de 1927, que jamais chegou a entrar em vigor, tendo, todavia, influenciado outras codificações europeias.

132 Confira-se Arthur Hartkamp, *Law of Obligations*, in J. Chorus et al. (org.), *Introduction to Dutch Law*, Alphen aan den Rijn 2006, p. 152 e ss.; e do mesmo autor Judicial Discretion Under the New Civil Code of the Netherlands, in *American Journal of Comparative Law* 40 (1992), p. 561 e ss. Em ambos os trabalhos, o autor destaca que, embora o instituto holandês do abuso das circunstâncias tenha sido tratado sob viés subjetivista, como espécie de comportamento doloso – distanciando-se, portanto, da tradição romana da *laesio enormis* –, o direito holandês assegura não apenas à vítima, mas também ao *laedens* o direito de requerer a modificação do contrato, aspecto que se revela "algo contraditório" com aquele tratamento normativo.

133 Com efeito, é apenas na hipótese do dolo do representante legal de uma das partes que o Código Civil restringe o dever de reparar do representado à "importância do proveito que teve", como se depreende claramente dos dispositivos legais pertinentes: "Art. 145. São os negócios jurídicos anuláveis por dolo, quando este for a sua causa. Art. 146.

Daí por que a previsão de uma "saída" para a parte favorecida pelo desequilíbrio, desacompanhada do dever de ressarcir os danos sofridos pela outra parte, atesta que, aos olhos da lei, não há malícia, abuso ou dolo a justificar consequências jurídicas mais severas que a simples complementação ou redução do proveito. Tal aspecto confirma, por assim dizer, a vocação objetiva da lesão, distinguindo-a dos – ou, ao menos, dentre os – defeitos do negócio jurídico.

Todavia, é a segunda hipótese prevista no art. 157, § 2º, do Código Civil que se afigura mais interessante para os fins desta obra, por revelar que a proposta de modificação do negócio jurídico não precisaria partir necessariamente da parte beneficiada pelo desequilíbrio. Bastaria ao contratante favorecido "concordar", não se esclarecendo, nessa hipótese, de quem exatamente advém a oferta. A interpretação mais óbvia seria seguramente a que atribui tal iniciativa ao contratante prejudicado, mas não afrontaria a interpretação literal do dispositivo legal concluir que não apenas a parte prejudicada tem a faculdade de efetuar a proposta de reequilíbrio, evitando a anulação do negócio jurídico, mas também pode fazê-lo o juiz que, no seu contínuo exercício de composição do conflito, atue proativamente, indagando se as partes não preferem modificar o contrato a vê-lo anulado.[134] Nessa direção, consigna o Enunciado 149 da III Jornada de Direito Civil, organizada pelo Centro de Estudos Judiciários do Conselho da Justiça Federal:

> Em atenção ao princípio da conservação dos contratos, a verificação da lesão deverá conduzir, sempre que possível, à revisão judicial do negócio jurídico e não à sua anulação, sendo dever do magistrado incitar os contratantes a seguir as regras do art. 157, § 2º, do Código Civil.

O dolo acidental só obriga à satisfação das perdas e danos, e é acidental quando, a seu despeito, o negócio seria realizado, embora por outro modo (...) Art. 149. O dolo do representante legal de uma das partes só obriga o representado a responder civilmente até a importância do proveito que teve; se, porém, o dolo for do representante convencional, o representado responderá solidariamente com ele por perdas e danos".

134 Nesse sentido, sustenta Judith Martins-Costa, A Revisão dos Contratos no Código Civil Brasileiro, in *Roma e America – Diritto Romano Comune*, n. 16, 2003, p. 154: "Na interpretação desse especial caso de modificação do pactuado uma questão extremamente tormentosa diz, diretamente, com a fonte da revisão: estará cingida – como faz crer a *littera* da lei – ao âmbito da autonomia privada, afastada a possibilidade da intervenção heterônoma no contrato, por ato judicial? É que, segundo o Código Civil, diante da perspectiva de ver o negócio anulado por ato judicial, a parte a quem beneficia a lesão tem a alternativa de 'oferecer suplemento suficiente', ou, a parte lesada, de 'concordar com a redução do proveito', cabendo ao juiz, naturalmente, apreciar a 'suficiência', ou não, do suplemento. Desde aí já resta atribuído um papel ativo ao juiz que deve propor oferecimento de suprimento ou redução do proveito".

Cumpre, contudo, ir além de uma interpretação puramente literal nessa matéria. Parcela minoritária da doutrina brasileira já vem sustentando a possibilidade de revisão judicial mesmo *contra* a vontade da parte beneficiada pelo desequilíbrio nos casos de lesão e estado de perigo:

> É necessário, pois, ampliar a norma legal por meio da interpretaÁão, para se autorizar ao juiz realizar a justiÁa no caso concreto, modificando equitativamente o contrato, com vista a privilegiar o equilíbrio entre as prestações e a satisfação dos legítimos interesses das partes.[135]

A possibilidade de revisão judicial dos negócios jurídicos celebrados em lesão ou estado de perigo, independentemente e até mesmo contra a vontade da parte beneficiada, não encontra, por certo, amparo na literalidade do art. 157, mas tampouco a contraria frontalmente, na medida em que o § 2º pode estar simplesmente enunciando uma hipótese de defesa contra anulação em favor do contratante favorecido, não descartando eventual atuação do juiz em prol da conservação do negócio jurídico, se for possível detectar outras normas que amparem tal atuação. E, de fato, a aplicabilidade da revisão judicial aos negócios jurídicos maculados pela lesão ou estado de perigo justifica-se sistematicamente à luz do próprio Código Civil e de outras normas que compõem a ordem jurídica brasileira. É o que se passa a demonstrar.

9. Revisão judicial do negócio jurídico celebrado em lesão ou estado de perigo

No âmbito interno da própria codificação civil, verificam-se diversas passagens em que o legislador admite a revisão judicial dos contratos atingidos pelo desequilíbrio contratual sem condicionar tal revisão à concordância de ambos os contratantes. É o que se vê não apenas no campo do desequilíbrio superveniente do contrato – em que o art. 317 do Código Civil tem sido reconhecido como fonte da possibilidade de revisão judicial do contrato, conforme se detalhará no capítulo seguinte –, mas também em relação a vícios originários que afetam o objeto do contrato ao tempo da sua formação. Nessa direção, é de se conferir, por exemplo, a norma contida no art. 442 do Código Civil, que atribui à parte prejudicada o direito de "reclamar o abatimento do preço" da coisa recebida com vício redibitório. O vício redibitório dá ensejo, portanto, a uma alteração do valor da prestação correspondente à transmissão

135 Vladimir Mucury Cardoso, *Revisão Contratual e Lesão*, cit., p. 408-409.

da coisa, por decisão judicial, sem necessidade de concordância da parte beneficiada pelo sobrevalor recebido em troca do bem defeituoso.[136]

Em sentido semelhante, o art. 455 do Código Civil garante ao evicto, no caso de evicção parcial, mas considerável, o direito de exigir "a restituição da parte do preço correspondente ao desfalque sofrido" – restituição que ocorre, também, por decisão judicial, sem necessidade de concordância por parte daquele que responde pela evicção.[137] Em mais um exemplo, o art. 500 do Código Civil atribui ao comprador, na hipótese de compra e venda *ad*

---

136 "O adquirente pode, em vez de rejeitar a coisa, rescindindo o contrato, pedir abatimento do valor ajustado. É a segunda ação pelos vícios da coisa, a *quanti minoris* ou estimatória a que já aludimos. O adquirente, uma vez escolhida a ação para garantia do vício da coisa, não pode mais tornar à outra ação; sua escolha é irrevogável. A escolha da ação é, porém, um facto exclusivo da vontade do adquirente lesado pelo vício da coisa" (Manuel Inácio Carvalho de Mendonça, *Doutrina e Prática das Obrigações*, cit., p. 379-380). Na mesma direção, afirma Carvalho Santos: "O Código faculta ao adquirente, que tenha verificado vício ou defeito oculto na coisa alienada, escolher o caminho que melhor convenha aos seus interesses. (...) Quer dizer: se preferir reclamar o abatimento do preço, conservando a cosia, o adquirente poderá fazê-lo. Para tanto basta intentar, ao em vez da ação redibitória, a ação *quanti minoris*" (João Manoel de Carvalho Santos, *Código Civil Interpretado*, 3. ed. Rio de Janeiro: Freitas Bastos, 1945, p. 368-369. v. XV). Veja-se, ainda, a passagem de Arnoldo Wald: "Na hipótese de vício redibitório, o adquirente tem opção entre a rescisão do contrato com devolução do preço (ação redibitória), acrescido tão somente das despesas (sendo o alienante de boa fé) ou das despesas e perdas e danos (sendo o alienante de má fé) e o pedido de abatimento do preço, mantida a vigência do contrato (ação estimatória ou *quanti minoris*). São as ações edilícias. A liberdade de optar é a mais ampla possível, em nosso direito, ao contrário do que acontece em outras legislações, que concedem ao juiz o poder de transformar, conforme o caso, a ação redibitória em estimatória, independente da vontade do autor" (Arnoldo Wald, *Curso de Direito Civil Brasileiro: Obrigações e Contratos*, 12. ed. São Paulo: Revista dos Tribunais, 1995, p. 232-233. v. 2).

137 "A evicção pode ser parcial, e se for considerável, segundo a lei, poderá o evicto optar entre a rescisão do contrato e a restituição da parte do preço correspondente ao desfalque sofrido. (...) A opção é do adquirente, não podendo haver oposição do alienante, ainda que considere não ser considerável a evicção parcial" (Paulo Lôbo, *Direito Civil: Contratos*, cit., p. 154). Era já a opinião de Pontes de Miranda: "A alternatividade pode ser pela propositura da ação redibitória, e não pela ação de diminuição da contraprestação, ou vice-versa; ou pelo pedido da redibição ou da diminuição da contraprestação. Se o outorgado comunica ao outorgante que o bem recebido tem vício de objeto, sem escolher a redibição e a minoração da contraprestação, pode o outorgante notificá-lo para que escolha, ou para que se pronuncie sôbre a redibição. No segundo caso, o silêncio do outorgado significa que não quer a redibição, posto que lhe continue a prestação à diminuição da contraprestação, se cabe" (Francisco Cavalcanti Pontes de Miranda, *Tratado de Direito Privado*, cit., p. 282-283. t. XXXVIII).

mensuram de bem imóvel cuja área efetiva não corresponda àquela ajustada no contrato, o direito de exigir o "abatimento proporcional do preço". Tal abatimento proporcional do preço é determinado judicialmente, sem que se exija para tanto a concordância do vendedor.[138]

Todas essas hipóteses exprimem um reequilíbrio do contrato em virtude de vícios originários (jurídicos ou materiais) do negócio e ocorrem sem necessidade de consenso entre as partes, por iniciativa do contratante prejudicado e por decisão judicial. Têm-se, em todos os exemplos citados, instrumentos de tutela que atuam em situações patológicas, caracterizadas pela existência de um vício já presente ao tempo da formação do negócio jurídico – exatamente como ocorre na lesão e no estado de perigo. Também a legislação especial caminha nesse sentido, bastando recordar, a esse título, o Código de Defesa do Consumidor, que assegura ao consumidor o direito à "modificação das cláusulas contratuais que estabeleçam prestações desproporcionais" (art. 6º, V).

Vê-se, assim, que, por razões sistemáticas, a revisão judicial do contrato, por iniciativa do contratante prejudicado, exsurge como remédio possível em face da lesão e do estado de perigo, à luz da ordem jurídica brasileira. Convém notar, a propósito, que diversos códigos estrangeiros mais recentes têm seguido esse caminho. Por exemplo, o Código Civil y Comercial argentino, de 2014, embora se filiando à concepção da lesão como exploração da necessidade, debilidade psíquica ou inexperiência da contraparte, possibilita que, diante da lesão, venha a ser pleiteada a nulidade "*o la modificación de los actos jurídicos*" ("ou a modificação dos atos jurídicos"), nos termos do seu art. 332:

---

138 Note-se que aqui não se está invocando o critério numérico empregado pelo art. 500 para desconsiderar diferenças de medida do imóvel, mas tão somente evidenciando que a correção pelo juiz da eventual falta se dá sem necessidade de concordância da outra parte. Confira-se a lição da doutrina: "O *caput* do art. 500, sob análise, cuida da venda de imóvel *ad mensuram*, com estipulação do preço por medida de extensão ou por determinação da respectiva área. Não correspondendo essa área, em qualquer dos casos apontados, às dimensões dadas, abrem-se ao comprador duas opções: ou exerce o direito de exigir o complemento da área, reclamando, ante eventual impossibilidade, a resolução do contrato; ou exerce o direito de exigir o abatimento proporcional do preço" (Álvaro Villaça Azevedo, *Comentários ao Novo Código Civil*, Rio de Janeiro: Forense, 2008, p. 216. v. VII). No mesmo sentido, afirma Paulo Lôbo: "Na venda *ad mensuram* o comprador prejudicado é dotado de direito potestativo, podendo escolher uma das seguintes pretensões: a) complemento da área; b) resolução do contrato; c) abatimento do preço. A complementação da área depende de possibilidade real para realizá-la. (...) Somente o comprador pode exercer a escolha dentre as pretensões referidas. Não pode o juiz denegá-la, por entender cabível outra. Do mesmo modo, o vendedor não pode rejeitá-la por entender que a escolhida ser-lhe-á mais prejudicial" (Paulo Lôbo, *Direito Civil: Contratos*, cit., p. 237-238).

> *Artículo 332. Lesión. Puede demandarse la nulidad o la modificación de los actos jurídicos cuando una de las partes explotando la necesidad, debilidad síquica o inexperiencia de la otra, obtuviera por medio de ellos una ventaja patrimonial evidentemente desproporcionada y sin justificación.*
> *(...)*
> *El afectado tiene opción para demandar la nulidad o un reajuste equitativo del convenio, pero la primera de estas acciones se debe transformar en acción de reajuste si éste es ofrecido por el demandado al contestar la demanda. (...)*[139]

Na mesma linha, o Código Civil do Paraguai, de 1985, também atribui ao prejudicado a possibilidade de "*demandar la nulidad del contrato o su modificación equitativa*" ("demandar a nulidade do contrato ou sua modificação equitativa"), como se vê de seu art. 671:

> *Art. 671. Si uno de los contratantes obtiene una ventaja manifiestamente injustificada, desproporcionada con la que recibe el otro, explotando la necesidad, la ligereza o la inexperiencia de este, podrá el lesionado, dentro de dos años demandar la nulidad del contrato o su modificación equitativa. La notable desproporción entre las prestaciones hace presumir la explotación, salvo prueba en contrario.*
> *El demandado podrá evitar la nulidad ofreciendo esa modificación, que será judicialmente establecida, tomando en cuenta las circunstancias al tiempo del contrato y de su modificación.*[140]

E, para ficar em apenas mais um exemplo, os *Princípios do Unidroit* afirmam, na já mencionada hipótese de *gross disparity*, que a parte prejudicada poderá requerer que o tribunal venha a "adaptar o contrato ou a cláusula, com o fim

---

139 Em tradução livre: "Art. 332. Lesão. Pode-se demandar a nulidade ou a modificação dos atos jurídicos quando uma das partes explorando a necessidade, debilidade psíquica ou inexperiência da outra, tiver obtido por meio disso uma vantagem patrimonial evidentemente desproporcional e injustificada. (...) O afetado tem a opção de pleitear nulidade ou um reajuste equitativo do acordo, mas a primeira dessas ações deve ser transformada em ação de reajuste se este é oferecido pelo demandado ao contestar a demanda. (...)"

140 Em tradução livre: "Art. 671. Se um dos contratantes obtém uma vantagem manifestamente injustificada, desproporcional com a que recebe do outro, explorando a necessidade, a leviandade ou a inexperiência deste, pode o lesado, dentro de dois anos, demandar a nulidade do contrato ou sua modificação equitativa. A desproporção notável entre as prestações faz presumir a exploração, salvo prova em contrário. O demandado poderá evitar a nulidade oferecendo esta modificação, que será judicialmente estabelecida, tomando em consideração as circunstâncias ao tempo do contrato e de sua modificação."

de torná-lo conforme as exigências da boa-fé em matéria comercial".[141] É o que consta da parte final do art. 3.2.7:

> Art. 3.2.7 (Vantagem excessiva)
> (...)
> (2) O tribunal pode, a pedido da parte lesada, adaptar o contrato ou a cláusula, com o fim de torná-lo conforme as exigências da boa-fé em matéria comercial.
> (3) O tribunal pode igualmente adaptar o contrato ou a cláusula, a pedido da parte que tenha recebido a notificação de anulação, desde que o notificante seja prontamente informado e antes que tenha agido razoavelmente em consequência da notificação. As disposições do Artigo 3.13(2) são aplicáveis.[142]

A própria disposição do atual § 2º do art. 157 do Código Civil brasileiro, que permite evitar a anulação por meio da apresentação ou aceitação de uma oferta de reequilíbrio, encontra raízes históricas no já mencionado art. 22 do Projeto Ítalo-francês de Código de Obrigações e Contratos, de 1927, que previa expressamente, como regra geral, a possibilidade de o juiz anular o contrato ou "*ridurre l'obbligazione*" ("reduzir a obrigação"):

> *Art. 22 (1) Se le obbligazioni di uno dei contraenti sono del tutto sproporzionate ai vantaggi che egli trae dal contratto o alla prestazione dell'altro contraente, di maniera che, secondo le circostanze, debba presumersi che il suo consenso non sia stato sufficientemente libero, il giudice può, su domanda della parte lesa, annullare il contratto o ridurre l'obbligazione. (2) L'azione di annullamento deve essere intentata entro l'anno dalla conclusione del contratto. Essa può esser evitata mediante l'offerta che faccia l'altra parte di pagare un supplemento che sia riconosciuto sufficiente dal giudice. (...)*[143]

---

141 No original: "*adapt the contract or term in order to make it accord with reasonable commercial standards of fair dealing*". Tradução de Lauro Gama Jr., disponível no sítio eletrônico www.unidroit.org.

142 No original: "*Article 3.2.7 (Gross disparity) (...) (2) Upon the request of the party entitled to avoidance, a court may adapt the contract or term in order to make it accord with reasonable commercial standards of fair dealing. (3) A court may also adapt the contract or term upon the request of the party receiving notice of avoidance, provided that that party informs the other party of its request promptly after receiving such notice and before the other party has reasonably acted in reliance on it. Article 3.2.10(2) applies accordingly.*" Tradução de Lauro Gama Jr., disponível no sítio eletrônico www.unidroit.org.

143 Em tradução livre: "Art. 22: (1) Se as obrigações de um dos contraentes são de todo desproporcionais às vantagens que ele extrai do contrato ou à prestação do outro

Essa possibilidade de "redução" da obrigação, que remete, por sua vez, à antiga *reductio ad aequitatem* do direito medieval,[144] exprime a possibilidade de revisão judicial do pacto desequilibrado, permitindo a manutenção do contrato, consequência que se mostra preferível à sua anulação. Com efeito, a abertura interpretativa para a revisão judicial revela-se ainda mais necessária quando se observa que o remédio principal reservado pelo Código Civil brasileiro à lesão e ao estado de perigo, qual seja, a anulação do negócio jurídico, possui desvantagens numerosas. Primeiro: produz a ruptura da relação negocial, que, como já visto, não interessa, frequentemente, à parte prejudicada – basta pensar no exemplo do contratante que já se programou com seus recursos humanos e econômicos para o cumprimento daquele contrato ou, ainda, no exemplo do contrato com um importante cliente. Muitas vezes, o rompimento da relação negocial prejudica duplamente o contratante lesado ou em estado de perigo, pois, além de ter ingressado em um contrato desequilibrado, vê-se privado de prestações com cujo recebimento já contava.[145]

Além disso, a anulação, ao resultar no desfazimento da relação negocial com eficácia *ex nunc*, produz efeitos que não são simples de se estimar economicamente, na medida em que não representam necessariamente o integral retorno ao *status quo ante*. Trata-se, por fim, de uma ação judicial de elevado potencial de conflituosidade. Isso porque a propositura de uma demanda anulatória, mormente quando fundada em elementos de caráter subjetivo que se estendam à contraparte (aproveitamento, exploração, abuso etc.), tende a

---

contraente, de maneira que, segundo as circunstâncias, deva presumir-se que o seu consenso não tenha sido suficientemente livre, o juiz pode, mediante pedido da parte lesada, anular o contrato ou reduzir a obrigação. (2) A ação de anulação deve ser proposta dentro de um ano da conclusão do contrato, podendo ser evitada mediante a oferta feita pela contraparte de pagar um complemento que seja reconhecido como suficiente pelo juiz."

144 "*Nel medioevo, sulla scorta delle idee di giustizia commutativa formulate da Aristotele e San Tommaso, l'equilibrio tra le prestazioni era considerato un requisito di validità dei contratti. In questa prospettiva lo squilibrio originario tra le prestazioni rendeva il contratto suscettibile di caducazione per lesione; il venir meno successivo dell'equilibrio come conseguenza del mutamento delle circostanze poteva invece condurre a reductio ad aequitatem del contratto. Questa intera tradizione entrò però in profonda crisi nel XIX secolo, come conseguenza dell'affermarsi delle idee liberali, della libertà degli scambi in un libero mercato*" (Paolo Gallo, *Sopravvenienza contrattuale e problemi di gestione del contratto*, cit., p. 437).

145 "A invalidade total, ensejando uma dupla restituição, do preço e do bem fornecido, assim como determinado pela teoria clássica das invalidades, apenas desencoraja o comprador a impugnar o contrato a si lesivo e, por isso, não é a medida mais adequada em se tratando de normas de caráter protetivo" (Anelise Becker, *Teoria Geral da Lesão nos Contratos*, cit., p. 167).

ganhar contornos acusatórios nas peças que compõem os autos, como via necessária para dirimir questões de difícil comprovação documental (houve ou não houve dolo de aproveitamento, sabia ou não sabia do perigo que recaía sobre a outra parte etc.), daí resultando, não raro, o acirramento de ânimos das partes e o encerramento precoce de qualquer possibilidade de retomada da relação negocial.

Por essas razões, a parte prejudicada deixa, muitas vezes, de propor ação anulatória; se o que pretende é tão somente afastar a excessiva onerosidade ou desproporção manifesta entre as prestações, reequilibrando o negócio jurídico celebrado, busca a via de um acordo extrajudicial. E, quando frustrada tal alternativa pela recusa ou silêncio da contraparte, simplesmente suporta o prejuízo. Com isso, surge um espaço de ausência de efetividade da norma jurídica, que contribui para a manutenção de um ambiente negocial alheio aos valores fundamentais do ordenamento. Não se podendo admitir tais esferas de imunidade,[146] impõe-se, de fato, reconhecer, ao lado da anulabilidade do negócio jurídico, a possibilidade de sua revisão judicial nos casos de lesão e estado de perigo, independentemente da concordância da parte favorecida pelo desequilíbrio.

Tal conclusão parece contrariar a previsão da "*excepcionalidade da revisão* contratual", proclamada pelo novo parágrafo único do art. 421 e reafirmada pelo inciso III do igualmente novo art. 421-A.[147] Ambos os dispositivos foram inseridos no Código Civil em 2019, pela Lei da Liberdade Econômica, fruto da já mencionada medida provisória editada pela Presidência da República naquele

146 Na célebre lição de Pietro Perlingieri: "*Ogni fatto della realtà sociale, anche il più semplice e apparentemente insignificante, ha giuridicità. L'insieme di regole e princípi che costituisce l'ordinamento giuridico individua sempre almeno un profilo di rilevanza giuridica del fatto. Taluni asseriscono che vi sarebbero fatti giuridicamente irrilevanti: è una teoria retaggio del passato, del diritto come garante delle situazioni acquisite, dell'ordinamento costruito soltanto per regole e non per princípi. I c.d. fatti 'giuridicamente irrilevanti' in realtà o sono fatti riolevanti (quali esercizio di libertà), ma non preordinati all'efficacia, oppure non sono fatti. Il respiro di una formica non è un fatto giuridicamente irrilevante: semplicemente non è un fatto. 'Fatto' non è un termine con un unico significato: il 'fatto' oggetto del giudizio di una scienza naturale non è il 'fatto' oggetto di una scienza pratica (come il diritto), per la quale fatto è qualunque evento che richiami l'idea della convivenza (o della relazionalità). Il fatto concreto è sempre giuridicamente rilevanti*" (Pietro Perlingieri, *Manuale di diritto civile*, cit., p. 55).

147 "Art. 421. (...) Parágrafo único. Nas relações contratuais privadas, prevalecerão o princípio da intervenção mínima e a excepcionalidade da revisão contratual. Art. 421-A. Os contratos civis e empresariais presumem-se paritários e simétricos até a presença de elementos concretos que justifiquem o afastamento dessa presunção, ressalvados os regimes jurídicos previstos em leis especiais, garantido também que: (...) III – a revisão contratual somente ocorrerá de maneira excepcional e limitada."

mesmo ano. Conforme já se destacou, a declaração de uma "excepcionalidade" da revisão é, em termos de direito positivo, estéril, na medida em que não restaram alterados os requisitos legais para a revisão, constantes do próprio texto do Código Civil (arts. 317 c/c 478). A revisão, portanto, não se tornou um remédio excepcional, como também não é um remédio a ser aplicado em regra; é simplesmente um remédio a ser aplicado quando presentes os pressupostos que o Código Civil continua a exigir para sua incidência. Nesse sentido, a alteração legislativa não tem o condão de modificar a preferência pelo remédio revisional, que, preservando a relação contratual, atende, a princípio, com maior intensidade ao interesse das próprias partes.

A preferência pela revisão pode ser extraída, ademais, dos valores fundantes do ordenamento jurídico. Como visto no primeiro capítulo deste livro, o princípio do equilíbrio contratual, como concretização dos princípios da igualdade substancial e da solidariedade consagrados no texto constitucional (preâmbulo; art. 3º, I; art. 5º, *caput*; etc.), dirige-se à formação e ao desenvolvimento de relações contratuais equilibradas. A Constituição tem, ainda, como um de seus fundamentos, os "valores sociais do trabalho e da livre iniciativa" (art. 1º, IV), reconhecendo, assim, o Constituinte que o exercício da liberdade individual dos contratantes não é tutelado por si só, como valor autônomo, mas representa vetor de uma utilidade social que se afigura, esta sim, objeto de proteção da ordem jurídica. O exercício da liberdade de contratar é protegido, portanto, como atividade voltada a um resultado socialmente útil, afastando-se remédios terminativos quando outros, capazes de conservar aquela utilidade, possam ser aplicados.[148] Daí toda a construção contemporânea em torno da ideia de conservação dos negócios jurídicos, que o próprio Código Civil de 2002 reconhece em alguma medida ao dispor, em seus arts. 183 e 184, acerca das limitações incidentes sobre a invalidação dos negócios jurídicos:

> Art. 183. A invalidade do instrumento não induz a do negócio jurídico sempre que este puder provar-se por outro meio.

---

148 Há quem invoque, nessa mesma direção, a função social do contrato: "A revisão do contrato, em vez de sua extinção por meio da anulação, atende, ainda, a outro princípio vetor da nova ordem contratual: a função social do contrato, inferida a partir da função social da propriedade e do princípio da solidariedade. Com efeito, o contrato produz efeitos concretos, ainda que mediatos, a uma coletividade indeterminada, que pode ser mais ou menos ampla, podendo ser mais interessante, à luz de sua função social, que seja mantido e cumprido, desde que a partir de bases que atendam à justiça comutativa" (Carlos Eduardo Pianovski Ruzyk e Frederico Eduardo Zenedin Glitz, A Lesão nos Contratos e a Nova Codificação Civil Brasileira: uma análise crítica a partir do princípio da justiça contratual, in *Revista Trimestral de Dierito Civil*, Rio de Janeiro: Padma, 2003, p. 37-38. v. 15).

> Art. 184. Respeitada a intenção das partes, a invalidade parcial de um negócio jurídico não o prejudicará na parte válida, se esta for separável; a invalidade da obrigação principal implica a das obrigações acessórias, mas a destas não induz a da obrigação principal.

Tais dispositivos explicitam a busca pelo salvamento do negócio jurídico inválido diante de uma invalidade meramente parcial, instrumental ou acessória. Aplicando tal orientação aos negócios jurídicos afetados pela lesão e pelo estado de perigo, tem concluído a doutrina especializada que, "sempre que possível, como insistentemente se refere, o intérprete deve preferir sanar (superar) a invalidade do negócio jurídico, conferindo-lhe máxima expansão de eficácia, na exata tentativa de sua salvação".[149]

Significa dizer que, no caso específico do negócio jurídico afetado por lesão e estado de perigo, vícios que, à luz dos dispositivos legais, tais quais interpretados anteriormente, assentam principalmente sobre a excessiva onerosidade incidente sobre o contratante prejudicado, a anulabilidade haveria de se restringir à parcela que provoca o desequilíbrio, sempre que destacável do todo.[150] Chegar-se-ia, assim, por outro caminho, a uma solução de efeitos práticos similares àquela disponibilizada pela *reductio ad aequitatem* ou simplesmente pela revisão judicial do contrato.

10. Desequilíbrio contratual originário além da lesão e estado de perigo

Como visto, uma abordagem centrada sobre o princípio do equilíbrio contratual permite redimensionar, pela via interpretativa, o tratamento atualmente reservado pelo Direito brasileiro à lesão e ao estado de perigo. Despidos de contornos excessivamente subjetivistas, tais defeitos do negócio jurídico

---

149 Alexandre Guerra, *Princípio da Conservação dos Negócios Jurídicos – A Eficácia Jurídico-Social como Critério de Superação das Invalidades Negociais*, Coimbra: Almedina, 2016, p. 121, sendo que, em termos mais gerais, afirma o mesmo autor que, "a nosso ver, a conformação atual do tratamento dispensado pelo Direito para os vícios do consentimento (anulabilidade) traz na sua raiz o desejo do legislador de que o intérprete envide esforços para garantir a preservação do negócio jurídico. Revela o regime das anulabilidades por mais de uma vez que deve o intérprete conduzir-se concreta e eficazmente no sentido de que confira primazia ao Princípio da conservação dos negócios jurídicos (...)" (ob. cit., p. 111).

150 Nessa direção, sustenta Anelise Becker, *Teoria Geral da Lesão nos Contratos*, cit., p. 167, que, em vez de anular integralmente o negócio jurídico, "mais conveniente tem-se mostrado a redução do preço até o nível lícito ou, uma vez já pago este, a determinação da restituição do excesso".

podem se tornar instrumentos relevantes para a tutela do equilíbrio contratual no momento da formação do contrato.[151] *De lege lata*, continuarão, todavia, caracterizados em alguma medida por aspectos subjetivos (necessidade, inexperiência etc.), ainda que interpretados ampliativamente, pois de tais aspectos o intérprete não se pode afastar inteiramente, seja pelos limites da linguagem dos dispositivos legais que tratam da matéria, seja pela própria topologia dos institutos, acolhidos pela codificação civil brasileira como espécies de defeitos do negócio jurídico e geradores de um efeito anulatório compatível com tal tratamento normativo. A investigação promovida nessa sede impõe, contudo, indagação ulterior: há, em relação ao desequilíbrio contratual originário, algum espaço de incidência para o princípio do equilíbrio contratual que transcenda as figuras da lesão e do estado de perigo?

Duas ordens de razão nos conduzem à resposta afirmativa. Primeiro: concluir que o princípio do equilíbrio contratual limita-se a se exprimir, no campo do desequilíbrio originário, por meio desses dois defeitos do negócio jurídico, significaria apequenar demasiadamente sua importância, asfixiando um relevante meio concretizador dos valores constitucionais da igualdade e da solidariedade no ambiente contratual. Os defeitos do negócio jurídico constituem, talvez, o núcleo mais acentuadamente voluntarista da Teoria Geral do Direito Civil. O travestimento do candente tema do desequilíbrio contratual originário em apenas dois defeitos do negócio jurídico, com todas as dificuldades inerentes à sua configuração – e, relembre-se, de diminuta aplicação prática em nossa experiência jurisprudencial –, significaria permitir a redução do solidarismo contratual ao antigo voluntarismo que insiste em remeter todas as diferentes situações que surgem no decorrer da vida contratual a um acordo de vontades mitificado em sua amplitude e em suas possibilidades.[152] Em última

---

151 Convém recordar aqui a aguda observação de Aleksander Grebieniow, que, após analisar as semelhanças e diferenças entre o instituto romano da *laesio enormis* e as distintas versões da lesão incorporadas nos códigos europeus contemporâneos, conclui: "*Sebbene in dottrina si sottolinei l'inderogabilità del presupposto soggettivo della fattispecie della sproporzione contrattuale, dall'inquadramento della lesione nella categoria dei vizi del consenso risulterebbe del tutto l'incompatibilità dei suoi presupposti con le sanzioni questi previste. Queste svolgono una funzione del tutto diversa mirano ad assicurare una libera espressione di volontà, mentre l'istituto della lesione è diretto contro l'ingiustificata sproporzione fra le prestazioni contrattuali*" (*La laesio enormis e la stabilità contrattuale*, cit., p. 209).

152 A concretização da solidariedade acabaria, assim, restrita a "situações secundárias ou marginais" em uma abordagem incompatível com a sua posição no sistema jurídico, como já advertiu Stefano Rodotà: "*Il diramarsi del principio di solidarietà nei luoghi più diversi del sistema istituzionale smentisce inoltre l'opinione che esso altro non sia che il residuo di epoche trascorse o che le sue tracce siano rinvenibili in situazioni secondarie o marginali*" (*Solidarietà: un'utopia necessaria*, cit., 2014, p. 57).

análise, estar-se-ia negando relevância jurídica autônoma ao princípio do desequilíbrio contratual originário, que restaria reduzido a regras traçadas no campo dos defeitos do negócio jurídico[153] e não encontraria, por isso mesmo, qualquer *fattispecie* desvinculada de vícios da vontade, os quais já atraem, só por si, reações da ordem jurídica.

Em segundo lugar, parece possível, ainda uma vez, recorrer à análise sistemática do próprio Código Civil para concluir que, se algum estado de necessidade ou inexperiência é imprescindível para a obtenção da invalidade do negócio jurídico, o mesmo não se verifica para a revisão judicial do contrato originariamente desequilibrado. Em numerosos dispositivos, a codificação civil acolhe a noção de que os contratos bilaterais não se caracterizam apenas pela existência de obrigações de ambas as partes, mas também, em regra, por um elo funcional entre essas obrigações, de tal modo que a obrigação de uma das partes é a "razão de ser" da obrigação da outra.[154] Esse vínculo de interdependência finalística entre as obrigações recíprocas – o conhecido sinalagma[155] – é

153 Como lembra Pietro Perlingieiri, "*la regola è quindi una scelta tra molteplici opportunità di realizzazione del principio*" (*Manuale di diritto civile*, cit., p. 10).

154 "O que é relevante considerar, no contrato bilateral, é que a prestação de cada uma das partes tem por razão de ser, e nexo lógico, a prestação do outro contratante. Melhor se diria que a obrigação de um contratante tem como causa a prestação do outro contratante. (...) Comutativo é o contrato bilateral oneroso, no qual a estimativa da prestação a ser recebida por qualquer das partes pode ser efetuada no mesmo ato em que o contrato se aperfeiçoa. (...) Na ideia de comutatividade se insere, de certo modo, a de equivalência das prestações" (Silvio Rodrigues, *Direito Civil*, 23. ed. São Paulo: Saraiva, 1995, p. 27-31. v. 3). Nas palavras de Arnaldo Rizzardo: "Em suma, no contrato bilateral ou oneroso prepondera a vinculação de uma prestação à outra, o que é característico do sinalagma, termo que etimologicamente significa reciprocidade, ou contrato com reciprocidade" (*Contratos*, Rio de Janeiro: Forense, 2006, 6. ed., p. 68). Ver, ainda, Sílvio de Salvo Venosa, *Direito Civil*, 3. ed. São Paulo: Atlas, 2003, p. 392. v. 3: "Contratos bilaterais, ou com prestações recíprocas, são os que, no momento de sua feitura, atribuem obrigações a ambas as partes, ou para todas as partes intervenientes. Assim é a compra e venda. O vendedor deve entregar a coisa e receber o preço; o comprador deve receber a coisa e pagar o preço. Cada contratante tem o direito de exigir o cumprimento do pactuado da outra parte. Sua característica é o sinalagma, ou seja, a dependência recíproca de obrigações". Na mesma direção Nelson Rosenvald e Cristiano Chaves de Farias, *Curso de Direito Civil: Contratos*, cit., p. 255: "Ao contrato bilateral – como se extrai da literalidade da expressão – a mera bilateralidade das obrigações para ambos os contratantes, mas a correspectividade e a reciprocidade entre elas. É essencial à bilateralidade a caracterização do sinalagma, no sentido de uma obrigação ser a causa da outra".

155 Sobre o tema, ver Ricardo Pereira Lira, A *Onerosidade Excessiva nos Contratos*, cit., p. 10: "O sinalagma é o liame recíproco existente entre a prestação e a contraprestação. São contratos sinalagmáticos, bilaterais, ou com prestações recíprocas, aqueles de que

atestado, por exemplo, pelo art. 476 do Código Civil, que consagra entre nós a *exceptio non adimpleti contractus*, impedindo que, nos contratos bilaterais, um contratante exija o implemento da obrigação do outro, antes de cumprida a sua própria.[156] Os artigos que detalham a disciplina dos vícios redibitórios (arts. 441-446) e o direito à resolução em caso de inadimplemento (art. 475), entre outros dispositivos, também são exemplos de que o legislador pressupõe um vínculo sinalagmático nos contratos bilaterais que são, em regra, comutativos.[157]

Os contratantes são, naturalmente, livres para firmar contratos aleatórios, em que, não obstante a bilateralidade, inexiste o vínculo sinalagmático entre as obrigações, ao menos em termos que possam ser estimados pelas partes ao tempo da formação do contrato.[158] Em outras palavras, nos contratos aleatórios,

---

fluem, ao mesmo tempo e para cada uma das partes, obrigações e direitos a prestações recíprocas, ligadas entre si por uma relação de interdependência".

156 "Art. 476. Nos contratos bilaterais, nenhum dos contratantes, antes de cumprida a sua obrigação, pode exigir o implemento da do outro."

157 "A natureza sinalagmática da relação explica por que uma das partes pode prevenir o perigo de a outra parte não cumprir a sua prestação correspondente, através da dita exceção do contrato não cumprido e da exceção do adimplemento imperfeito, *exceptio non rite adimpleti contractus*. É ainda o sinalagma funcional que explica a possibilidade de resolução contratual pelo inadimplemento, resolução contratual pela impossibilidade superveniente e, finalmente, resolução contratual pela onerosidade excessiva" (Ricardo Pereira Lira, *A Onerosidade Excessiva nos Contratos*, cit., p. 11).

158 "São aleatórios os contratos em que a prestação de uma das partes não é precisamente conhecida e suscetível de estimativa prévia, inexistindo equivalência com a da outra parte. Além disto, ficam dependentes de um acontecimento incerto. Há uma corrente doutrinária tradicional que situa a noção de contrato aleatório na existência da álea bilateral. Mas a evolução desse tipo de negócio o desautoriza. Basta que haja o risco para um dos contratantes" (Caio Mário da Silva Pereira, *Instituições de Direito Civil: Contratos*, cit., p. 57). Também nesse sentido: "Nos contratos aleatórios, há incerteza para as duas partes sobre se a vantagem esperada será proporcional ao sacrifício. Os contratos aleatórios expõem os contraentes à alternativa de ganho ou perda. O equivalente, como reza o Código Civil francês, consiste '*dans la chance de gain ou de pert pour chacune des parties*'. Aleatório é, em suma, o contrato em que, seguramente, é incerto o direito à prestação, como no jogo, a duração desta, como na renda vitalícia, ou a individualização da parte que vai supri-la, como na aposta (Scordino)" (Orlando Gomes, *Contratos*, Rio de Janeiro: Forense, 1996, p. 74). Confira-se, ainda, Manuel Inácio Carvalho de Mendonça, *Doutrina e Prática das Obrigações*, cit., p. 222: "Nos contratos aleatórios as vantagens e perdas dependem mais ou menos do caso fortuito. Seu fim é expor as partes a mútua alternativa de ganho ou de perda, conforme um acontecimento incerto se verifique ou não. Dessa alternativa resulta então a desigualdade nos equivalentes a prestar. Pois bem, essa eventualidade que os contratantes sabem existir e assumem voluntária e livremente é que se chama o risco e o risco é a essência do contrato aleatório."

os contratantes assumem risco, ou elegendo um contrato tipicamente aleatório (*e.g.*, seguro)[159] ou celebrando contrato cujo objeto recaia sobre a existência ou quantidade de "coisas ou fatos futuros" (arts. 458-459) ou, ainda, sobre o estado incerto de "coisas existentes, mas expostas a risco" (arts. 460-461). Embora extremamente categorizada – e, portanto, incapaz de dar conta de todas as espécies atualmente existentes de contratos aleatórios (como as chamadas operações em mercados futuros, entre outros) – e merecedora já há algum tempo de reforma legislativa, a disciplina dos contratos aleatórios no Código Civil de 2002 revela uma diretriz que vem sendo mantida e até reforçada pela doutrina e pela jurisprudência brasileiras, qual seja, a exigência de que o contratante "assuma" o risco (arts. 458 e 460), tome "a si o risco" (art. 459), ou, em outras palavras, que exprima sua vontade no sentido de inserir a álea de que trata o contrato em sua própria esfera patrimonial. Tem-se destacado, nesse particular, a importância do atendimento ao dever de informação, a fim de se permitir ao contratante uma assunção consciente e informada do risco, como expressão daquilo que já foi denominado "princípio da transparência".[160] A assunção do risco deve, de todo modo, ser inequívoca, pois a ninguém pode se presumir atribuído um risco não assumido:

> Ressalte-se que, nos contratos aleatórios pela vontade das partes, se exige a declaração expressa da vontade no sentido de introduzir o risco na relação contratual, não bastando, pois, a vontade tácita dos contraentes. Desta feita, para que um contrato comutativo certo se torne aleatório não basta que os contratantes conheçam a existência do risco e, a despeito disso, não façam qualquer reserva; ao revés, revela-se imprescindível que as partes, consensualmente, declarem de forma expressa sua vontade de introduzir o risco na equação contratual.[161]

---

159 "A álea pode resultar da própria natureza do pacto, como nos casos de seguro, jogo e aposta, loteria etc., ou da vontade das partes, como a aquisição contratual de uma colheita futura. Nesta última hipótese, a prestação seria naturalmente comutativa mas, em virtude de vontade expressa das partes, submete-se à introdução do elemento aleatório" (Maria Luiza Pereira de Alencar Mayer Feitosa, O Contrato como Regulador e como Produtor de Riscos, in *Prima Facie – Direito, História e Política*, v. 6, 2005, p. 67).

160 "O princípio da transparência, orientado para a correta formação da vontade contratual, externa-se no dever de informação que tem como objetivo alcançar o consentimento informado e, através dele, a autodeterminação representada pelo poder de escolha" (Maria Cristina de Cicco, A Pessoa e o Mercado, in Gustavo Tepedino (org.), *Congresso Internacional de Direito Civil-Constitucional*, São Paulo: Atlas, 2008, p. 108-109).

161 Paula Greco Bandeira, *Contratos Aleatórios no Direito Brasileiro*, Rio de Janeiro: Renovar, 2010, p. 71-72. Mais à frente, a mesma autora emprega o exemplo da compra e venda para afirmar: "Em caso de dúvida quanto à celebração de contrato de compra e

> Conforme o escopo ajustado, é incerta a vantagem ou a desvantagem das partes, de modo a qualificar o contrato como aleatório. No entanto, o evento incerto é previsto no momento da contratação, quando as partes exprimem o conhecimento do risco a que estão sujeitas, delimitando, dessa maneira, os limites da incerteza quanto ao cumprimento contratual. (...) A álea, no contrato aleatório, deve ser prevista de acordo com a vontade das partes, como no caso da venda aleatória de coisa futura, seguro, renda vitalícia, jogo ou aposta, e caracteriza o próprio objeto contratado. Os sujeitos contratantes projetam e calculam o risco a que estão sujeitos nos contratos aleatórios, bem como a influência em seu patrimônio caso ocorram as variáveis que podem ocorrer no decurso do contrato. Arriscam, por vontade própria, de acordo com as regras pactuadas, a incerteza de benesse ou perda econômica.[162]

Daí decorre que os contratos bilaterais são, em regra, comutativos.[163] E a própria definição de contrato comutativo já pressupõe relação de interdependência entre as obrigações ajustadas e, portanto, uma relação de proporcionalidade entre as mesmas:

---

venda de coisa futura ou de compra e venda da esperança, se presume o primeiro, tendo em vista que o negócio aleatório pela vontade das partes deve resultar de manifestação de vontade expressa e inequívoca dos contratantes, em consonância com a parte final do art. 483 do Código Civil: 'salvo se a intenção das partes era de concluir contrato aleatório'" (ob. cit., p. 96).

162 Adalberto Pimentel Diniz de Souza, *Risco Contratual, Onerosidade Excessiva & Contratos Aleatórios*, Curitiba: Juruá, 2015, p. 46-47. O mesmo autor esclarece: "Quando o jogador procura uma casa de apostas, ele certamente conhece o recurso financeiro de que dispõe para empenhar no jogo. De outro lado, o prêmio deve estar à disposição do ganhador. No seguro, as partes têm o conhecimento de que, se o infortúnio ocorrer, a respectiva indenização deve ser paga. O segurador calcula, previamente, o risco a que está exposto e, em função desse elemento, fixa o prêmio a ser pago ao segurado. Ou ainda, se o pescador for contratado a entregar ao adquirente todo o produto de sua pesca, seja qual for o resultado, por certo será estabelecido preço hábil a tornar vantajoso ao pescador realizar a pesca em determinado lugar. Há, desse modo, no momento da contratação, mesmo quando são contratadas prestações sujeitas a evento incerto, a projeção ou estimativa do que pode ocorrer no curso da execução do contrato. (...) Assim, no tocante aos contratos aleatórios, integra a contratação e faz parte desse modelo contratual o conhecimento prévio do risco, da incerteza" (ob. cit., p. 32-33).

163 Nesse sentido deve ser interpretada a lição de Carvalho de Mendonça: "Contracto bilateral é uma especie particular de contracto, em que são essenciaes a prestação e a contraprestação. Nesses contractos o fim é a troca de prestações e por isso elles são commutativos e reciprocos. De modo que ha contracto bilateral sempre que as partes se obriguem reciprocamente – *ultro citroque obligationum*, na phraze de Ulpiano" (Manoel Ignácio Carvalho de Mendonça, *Doutrina e Pratica das Obrigações ou Tratado Geral dos Direitos de Credito*, Curitiba: Typ. E Lith, 1908, p. 763).

> Comutativos são aqueles contratos em que não só as prestações apresentam uma relativa equivalência, como também as partes podem avaliar, desde logo, o montante das mesmas.[164]
>
> Comutativo é o contrato, diversamente do aleatório, quando a vantagem a ser obtida pelas partes contratantes consiste numa coisa certa e determinada, embora sem escapar aos riscos relativos à coisa, nem à oscilação sôbre o seu valor, mas tudo isso como circunstâncias independentes do contrato.[165]
>
> "O que não se pode pôr em dúvida, por outro lado, é que quando o legislador subdivide os contratos a título oneroso em comutativos e aleatórios ele tem em vista a obrigação de cada uma das partes, deixando ver claramente se a obrigação de um contratante é equivalente da prestação do outro, o contrato é comutativo, sendo aleatório se o equivalente consiste em uma probabilidade de ganho ou perda.[166]

Tal relação de "equivalência" (*rectius:* proporcionalidade) entre direitos e obrigações recíprocos é precisamente o que caracteriza os contratos comutativos.[167] E a referida relação somente pode ter como parâmetro, em uma economia de mercado, os preços habitualmente praticados. Como já visto, a orientação doutrinária segundo a qual tal relação de proporcionalidade seria matéria de livre disposição entre as partes, imune a qualquer interferência do Direito, condenaria o objeto do contrato a um limbo subjetivista inacessível,[168] impossibilitando qualquer verificação de uma relação de proporcionalidade no momento originário de formação do contrato e permitindo "abusos" que restariam à margem da atuação da ordem

---

164 Silvio Rodrigues, *Direito Civil*, São Paulo: Saraiva, 1997, 25. ed., p. 122. v. 3.

165 Miguel Maria de Serpa Lopes, *Curso de Direito Civil: dos Contratos em Geral*, cit., p. 31.

166 João Manoel de Carvalho Santos, *Código Civil Interpretado*, Rio de Janeiro: Freitas Bastos, 1945, 3. ed., p. 414. v. XV.

167 Chega-se a afirmar que "a comutatividade, nos contratos, é princípio essencial de Direito, porque exige a equivalência das prestações e o equilíbrio delas, no curso das contratações, pois, por ele, as partes devem saber, desde o início negocial, quais serão seus ganhos e suas perdas, importando esse fato a aludida equipolência das mencionadas prestações" (Álvaro Villaça Azevedo, O novo Código Civil Brasileiro: tramitação; função social do contrato; boa-fé objetiva; teoria da imprevisão e, em especial, onerosidade excessiva (laesio enormis), in Arruda Alvim, Joaquim Portes de Cerqueira César e Roberto Rosas (org.), *Aspectos Controvertidos do novo Código Civil: Escritos em homenagem ao Ministro José Carlos Moreira Alves*, São Paulo: Revista dos Tribunais, 2003, p. 36).

168 Seja consentido remeter ao Capítulo I, em que o tema foi enfrentado com maior detalhamento.

jurídica – problema que, no passado, já se tentou combater por meio do conceito de *causa*.[169]

Em suma, os contratos bilaterais, sendo, em regra, comutativos, assentam sobre uma relação de proporcionalidade entre as obrigações recíprocas, à luz dos usos comuns em uma economia de mercado. Assim, se os contratantes celebram um contrato bilateral comutativo, que, em virtude dos direitos e obrigações recíprocos que compõem o seu objeto, impõe a um dos contratantes sacrifício econômico desproporcional ao benefício econômico correspondente, à luz dos parâmetros de mercado vigentes ao tempo da sua formação, tal contrato afigura-se desprovido de merecimento de tutela na exata medida do excesso.[170] Seu cumprimento somente seria exigível na presença de alguma circunstância autorizadora do desequilíbrio (*e.g.*, assunção de risco ou prática de liberalidade), cujo ônus probatório recai sobre o contratante favorecido pelo desequilíbrio.[171]

---

169 Nesse sentido, ver Torquato Castro, *Da Causa do Contrato*, Recife: Jornal do Comércio, 1947; e Paulo Barbosa de Campos Filho, *O Problema da Causa no Código Civil Brasileiro*, São Paulo: Max Limonad, s.d. Na doutrina italiana, ver, especialmente, Emilio Betti, *Causa del negozio giuridico*, in *Novissimo digesto italiano*, III, Turim: Utet, 1961, p. 32-39; Salvatore Pugliatti, *Diritto civile: Metodo – Teoria – Pratica*, Milão: Giuffrè, 1951, p. 75-120; e Michele Giorgianni, *La causa del negozio giuridico*, Milão: Giuffrè, 1974. No específico sentido do texto, ver Mario Barcellona, param quem "*l'insindacabilità del giudizio di convenienza, che sembrerebbe dover precludere qualsiasi apprezzamento causale del sinallagma contrattuale, ha, però, fondamento nella soggezione del potere di autonomia al paradigma utilitario che il giudizio causale è proprio deputato a verificare: nella logica degli ordinamenti moderni la convenienza abita lo spazio dell'utile. (...) Come prima si è accennato, in un sistema che coniuga insieme libertà contrattuale e libero mercato, il compito, che per l'aspetto qui considerato è assegnato al giudizio causale, consiste, propriamente, nel verificare che l'esercizio della prima sia avvenuto sotto il vincolo del paradigma utilitario proprio del secondo. E poiché non si dà atto di disposizione della propria ricchezza che non sia mosso da una qualche ragione, tale compito si risolve nel negare 'forza di legge' agli atti di autonomia che, non ostentando tale ragione, impediscono siffatta verifica*" (*Della causa – Il contratto e la circolazione della ricchezza*, cit, p. 388-390).

170 Nas palavras de Celia Weingarten, "*el justo equilibrio de los intereses es inmanente al contrato. La obtención de la finalidad contractual presupone la subsistencia del equilibrio económico, para evitar que arroje resultados economicamente irrazonables o juridicamente intolerables*" (La equidad como principio de seguridad económica de los contratantes, in *Revista de Direito do Consumidor*, n. 39, São Paulo: Revista dos Tribunais, jul./set. 2001, p. 36).

171 Vale aqui a afirmação de Fabrizio Volpe, para quem se trata de "*rintracciare uno squilibrio non soltanto 'eccessivo', ma anche 'ingiustificabile' (...)*" (*La giustizia contrattuale tra autonomia e mercato*, cit., p. 193).

Nesse contexto, a revisão judicial do contrato originariamente desequilibrado não pode estar restrita às situações em que a parte logra demonstrar um vício subjetivo da vontade (necessidade, inexperiência, sujeição a perigo). A comutatividade exclui, por definição, tudo quanto transborda da relação de proporcionalidade entre os efeitos econômicos dos direitos e obrigações recíprocos.[172] Ao juiz competirá, no exercício do controle de merecimento de tutela do concreto exercício da autonomia negocial, identificar e eliminar tal excesso, o que corresponde, em outras palavras, a rever judicialmente o contrato – não uma revisão aberta a redesenhos e reformulações, como já se teve ocasião de enfatizar,[173] mas uma revisão judicial cingida ao expurgo da manifesta desproporcionalidade identificada no objeto do contrato.[174]

Em conclusão: independentemente da configuração dos defeitos do negócio jurídico consubstanciados na lesão e no estado de perigo, que afetam a validade do negócio jurídico, atraindo como consequência a sua anulabilidade, o contrato originariamente desequilibrado sujeita-se à revisão judicial para expurgo do excesso, por força não apenas dos princípios constitucionais que incidem diretamente sobre as relações privadas, mas também em virtude da própria noção de comutatividade revisitada sob lentes constitucionais. Embora o legislador pátrio tenha inserido no âmago da lesão e do estado de perigo requisitos de ordem subjetiva, parece inegável que o fez por estar disciplinando defeitos do negócio jurídico, cuja principal consequência consiste na anulabilidade do negócio, alternativa drástica que impede a continuidade da relação entre as partes e as restitui, em alguma medida, a uma situação pretérita (ausência de negócio jurídico). O reequilíbrio contratual, ao revés, configura medida que se volta para o futuro e que, além de se conformar à própria noção de comutatividade contratual, concretiza os valores constitucionais de igualdade

172 Em direção semelhante, Ruy Rosado de Aguiar Júnior afirma: "Não é preciso buscar, fora da própria natureza jurídica do contrato bilateral, fundamento para estabelecer, como requisito de eficácia continuada do contrato, a presença de condições que assegurem a equivalência e a finalidade objetivamente procurada" (*Extinção dos Contratos por Incumprimento do Devedor (Resolução)*, Rio de Janeiro: Aide, 1991, p. 150).

173 Ver capítulo anterior desta obra.

174 Em sentido semelhante, Mario Barcellona, ao estudar a específica *ratio* da *lesione enorme* no direito italiano, destaca que "*allo stesso modo delgi altri vizi della volontà, il dispositivo rescissorio agisce in via previa rispetto al giudizio causale: quando si dia, lo stato di bisogno qualificato dalla lesione enorme recide il rapporto tra negozio e voluntas, ma, proprio per questo, si può ritenere che la sua assenza non vale ad esonerare l'atto di autonomia dall'esigenza della sua trasparenza causale*" (*Della causa – Il contratto e la circolazione della ricchezza*, cit., p. 401).

substancial e solidariedade, ao assegurar um controle de proporcionalidade interno ao contrato, ao mesmo tempo em que permite sua conservação.[175]

Dito ainda de outro modo, caso haja, objetivamente, uma desproporção manifesta no âmbito de um contrato comutativo, não se deve exigir, para a correção do desequilíbrio (revisão judicial do contrato), que a parte prejudicada prove que adentrou o contrato desequilibrado por necessidade ou inexperiência ou por uma particular situação de perigo. Muito ao contrário, a presunção deveria ser sempre de que as partes pretenderam ingressar em um contrato equilibrado. Não é a correção do desequilíbrio, mas a sua não correção que deveria exigir a prova de um especial estado subjetivo das partes (deliberada assunção de risco, graciosidade etc.). O desequilíbrio é que se mostra, objetivamente, anormal. Onde quer que as partes não tenham assumido deliberada e justificadamente a ocorrência ou o risco de ocorrência de um desequilíbrio manifesto, tal desequilíbrio deve ser corrigido, facultando-se a qualquer dos contratantes a via da revisão judicial.

Seja consentido retomar, aqui, o ponto de partida desse itinerário: se há, como afirma a doutrina brasileira contemporânea, um princípio do equilíbrio contratual, e se tal princípio é um princípio na correta acepção da palavra, sua aplicação às relações privadas não pode se limitar àquelas hipóteses disciplinadas especificamente pelo legislador, em que um contratante tenha *abusado* ou *explorado* ou, ainda, de qualquer modo *se aproveitado* da *inexperiência*, da *necessidade* ou da *fragilidade* do outro. A incidência do princípio deve ser mais ampla, não podendo ficar sujeita à demonstração de vícios subjetivos que maculem a vontade dos contratantes. O princípio do equilíbrio contratual exprime uma concretização de mandamento constitucional, não uma tardia concessão à vontade das partes. Não há aí, repita-se, um caminho intermediário: ou bem o ordenamento jurídico brasileiro contemporâneo rejeita a manifesta desproporção entre as prestações por si mesma, ou o equilíbrio contratual não é um princípio, mas mera consequência do velho e revelho tributo à vontade dos contratantes.

---

175 Não parece ser diversa a opinião de Pietro Perlingieri, *Il diritto dei contratti fra persona e mercato – Problemi del diritto civile*, cit., p. 455-456, à luz do ordenamento jurídico italiano: "*Il problema consiste nel verificare se, anche in chiave di giudizio di meritevolezza, può valere non soltanto il criterio della ragionevolezza – cioè la proporzionalità qualitativa nel bilanciamento tra interessi non soltanto patrimoniali –, ma anche la proporzionalità in senso (soltanto) quantitativo, quale strumento di controllo dell'autonomia privata. (...) Il principio di proporzionalità dovrebbe, inoltre, valere prescindendo sia dall'adempimento dell'obbligo di informazione e di trasparenza, e di parità di trattamento, sia da ogni considerazione relativa all'integrità del consenso ed alla capacità di agire dei contraenti (altrimenti, com'è già stato giustamente sottolineato, non si applicherebbe il principio di proporzionalità bensí la normativa sul vizio del volere, che è altra cosa).*"

Capítulo III

Desequilíbrio Contratual Superveniente

Contractus qui habent tractum successivum
et dependentiam de futuro rebus sic stantibus intelliguntur.

Sumário: *1. Antecedentes teóricos. 1.1. Cláusula rebus sic stantibus. 1.2. Teoria da pressuposição. 1.3. Teorias da base do negócio. 1.4. A chamada "alteração das circunstâncias". 1.5. Teoria da imprevisão. 1.6. Doctrine of frustration. 1.7. Teoria da excessiva onerosidade. 2. Desequilíbrio contratual superveniente no direito brasileiro. 3. A abordagem do Código Civil brasileiro de 2002. 4. Requisitos do desequilíbrio contratual superveniente no Código Civil. 4.1. Contratos de execução continuada ou diferida. 4.2. Fato superveniente, extraordinário e imprevisível. 4.3. Onerosidade excessiva. 4.4. Extrema vantagem. 5. Análise comparativa dos requisitos de configuração do desequilíbrio contratual superveniente no Código Civil e nas leis especiais: um cenário inconsistente e fragmentado. 6. Propostas interpretativas. 6.1. Primeira proposta interpretativa: deslocamento da centralidade da imprevisibilidade/extraordinariedade para a centralidade do desequilíbrio, com presunção relativa de imprevisibilidade/extraordinariedade. 6.2. Segunda proposta interpretativa: aferição objetiva do desequilíbrio contratual superveniente. 6.3. Terceira proposta interpretativa: dispensa do recurso à "álea normal do contrato". 6.4. Quarta proposta interpretativa: a extrema vantagem como indicativo para a revisão do contrato. 6.5. Quinta proposta interpretativa: passagem da análise estrutural e abstrata dos contratos de duração continuada ou diferida para a análise funcional e concreta do elemento temporal. 7. Conclusão parcial: consequências das propostas interpretativas apresentadas. 8. Remédios: resolução e revisão do contrato. 8.1. Sexta proposta interpretativa: revisão como remédio preferencial. 8.2. Revisão judicial do contrato. 8.3. Resolução do contrato. 9. Síntese: como proceder diante de casos de desequilíbrio contratual superveniente. 9.1. Onerosidade excessiva direta. 9.2. Onerosidade excessiva indireta. 9.3. Dupla onerosidade excessiva. 10. Antítese: arbitrariedade judicial e judicialização excessiva. 10.1. Arbitrariedade judicial. 10.2. Judicialização excessiva.*

1. Antecedentes teóricos

O problema do desequilíbrio contratual superveniente à formação do contrato, já denominado "um dos mais tormentosos" do direito privado contemporâneo,[1] tem sido debatido não apenas em numerosas experiências jurídicas nacionais, mas também no plano internacional. O tema, que concerne, em última análise, à própria "relação entre o Direito e a realidade",[2] costuma ser abordado sob diferentes nomenclaturas – *imprevisão*, *quebra da base do negócio*, *desequilíbrio entre prestações*, *alteração das circunstâncias*, *superveniência contratual*, hardship, *excessiva onerosidade*, entre outras –, que refletem, a rigor, diferentes concepções teóricas sobre o fenômeno, ora lhe atribuindo tratamento mais abrangente, ora mais restritivo, ora, ainda, lhe reservando apenas um tratamento diverso.

A análise da matéria em cada ordenamento jurídico deve partir necessariamente do dado normativo, mas revisitar, ainda que de modo sintético, as principais construções teóricas em torno do tema auxilia o intérprete, não por lhe oferecer uma teoria dominante ou majoritariamente aceita (que nem sequer existe nesse campo) apta a prevalecer contra a eventual opção legislativa, mas sim por lhe fornecer subsídios que podem ser úteis na interpretação e aplicação das normas integrantes de seu próprio sistema jurídico, bem como na sua análise crítica com vistas a eventuais reformas legislativas. É sob esse enfoque puramente científico – e não sob o enfoque de um estudo comparativo das soluções normativas oferecidas por cada ordenamento e sua concreta aplicação[3] –, que se passa ao estudo sintético das principais teorias desenvolvidas em torno do tema do desequilíbrio contratual superveniente.

1.1. Cláusula *rebus sic stantibus*

A origem comum de todas as teorias modernas situa-se, declaradamente, na cláusula *rebus sic stantibus*, do direito medieval.[4] A expressão – já

1 Giovanni Chiodi, *Giustizia contrattuale – Itinerari della giurisprudenza italiana tra otto e novecento*, cit., p. xxiii.

2 José de Oliveira Ascensão, Alteração das Circunstâncias e Justiça Contratual no Novo Código Civil, in *R. CEJ*, n. 25, Brasília, abr./jun. 2014, p. 60: "Partimos da observação de Flume de que a problemática que envolve o que se chama em geral de 'base do negócio' concerne à relação entre o negócio jurídico e a realidade. Podemos até falar mais vastamente na relação entre o Direito e a realidade, pois aflora aqui o princípio geral segundo o qual todo o Direito ancora na realidade. O Direito não é um ordenamento segregado; tem, como dizemos, 'pés de terra'".

3 Leotin Jean Constantinesco, *Il metodo comparativo*, cit., *passim*.

4 Confira-se, por todos, Ricardo Pereira Lira, A *Onerosidade Excessiva nos Contratos*, cit., p. 12: "Os precedentes do instituto da onerosidade excessiva se encontram na cláusula *rebus sic stantibus*, obra dos canonistas e pós-glosadores: '*contractus qui habent tractum sucessivum et dependentiam de futuro rebus sic stantibus intelliguntur*'".

denominada um nome "*latinamente brutto ma concettualmente energico*"[5] – provém da abreviação do brocardo latino segundo o qual *contractus qui habent tractum successivum et dependentiam de futuro rebus sic stantibus intelliguntur*, exprimindo, em essência, a ideia de um condicionamento implícito[6] dos vínculos consensuais duradouros à persistência do estado de fato existente ao tempo do pacto.[7] O Direito Romano desconhecia uma formulação semelhante, ao menos em termos amplos.[8] Embora alguns estudiosos identifiquem, já na Antiguidade, fontes que defendiam a mitigação dos rigores da obrigatoriedade dos pactos por alterações das circunstâncias fáticas em situações específicas[9] – como no exemplo dado por Cícero da mitigação da obrigação do depositário de retornar a espada ao

5 Em tradução livre: "latinamente feio, mas conceitualmente enérgico". A expressão é de Cogliolo, conforme registra José Maria Othon Sidou, *Resolução Judicial dos Contratos (cláusula rebus sic stantibus) e Contratos de Adesão*, cit., p. 8.

6 "*Clausola rebus sic stantibus is in reality an assumed (implied) tacit clause according to which the contract is binding as long as the circumstances existing at the stage of the conclusion of the contract remain substantially the same. If the assumption fails the contract is to be revised*" (Rona Serozan, *General Report on the Effects of Financial Crises on the Binding Force of Contracts: Renegotiation, Rescission or Revision*, cit, p. 10).

7 Carlos G. Terranova, *L'eccessiva onerosità nei contratti*, cit., p. 6. Há alguma controvérsia acerca da melhor tradução da expressão, que pode ser apresentada da seguinte forma: "Contratos que têm trato sucessivo ou dependência do futuro devem ser compreendidos como se assim permanecessem as coisas". Por sua vez, Otávio Luiz Rodrigues Júnior fornece a seguinte tradução: "Os contratos que têm trato successivo ou a termo ficam subordinados, a todo tempo, ao mesmo estado de coisas" (*Revisão Judicial dos Contratos – Autonomia da Vontade e Teoria da Imprevisão*, São Paulo: Atlas, 2006, p. 35).

8 A ausência de um princípio geral sobre a alteração de circunstâncias no Direito Romano "não pode ser desinserida do conjunto mais vasto da Ciência Jurídica e da ordem romanas. A regra da eficácia jurídica das alterações das circunstâncias era desconhecida, como princípio, no Direito romano, não por se tratar de alterações desse tipo, mas por estar em jogo um princípio geral. Na falta de um modo de pensar jurídico sistemático não cabe, sem violência, falar em princípios gerais" (Antônio Menezes Cordeiro, *Da Boa Fé no Direito Civil*, Coimbra: Almedina, 2001, p. 940).

9 Boselli lembra, nesse sentido, passagens de filósofos como Cícero (*De officiis*, livro III, 95) e Sêneca (*De beneficiis*, livro IV, cap. XXIV e cap. XXV), e Othon Sidou inicia seu conhecido estudo com a referência ao Código de Hammurabi, rei da Babilônia, elaborado por volta de 1.770 a.C., no qual se lia: "Se alguém tem um débito a juros, e uma tempestade devasta o campo ou destrói a colheita, ou por falta d'água não cresce o trigo no campo, ele não deverá nesse ano dar trigo ao credor, deverá modificar sua tábua de contrato e não pagar juros por esse ano." Confira-se, respectivamente, Aldo Boselli, *La risoluzione del contratto per eccessiva onerosità*, Turim: Torinese, 1952, p. 6; e José Maria Othon Sidou, *Resolução Judicial dos Contratos (cláusula* rebus sic stantibus*) e Contratos de Adesão*, cit., p. 3.

proprietário que se torna insano[10] –, o florescimento da cláusula *rebus sic stantibus*, como instituto de caráter geral, é próprio da experiência jurídica medieval,[11] que "não reconhecia o primado da vontade individual; esta não era então respeitável senão nos limites da fé, da moral e do bem comum".[12]

De fato, já considerada "*one of the most interesting, and potentially most dangerous, inroads into pacta sunt servanda*",[13] a cláusula *rebus sic stantibus* foi amplamente reconhecida e aplicada durante larga parcela da Idade Média.[14] Esse cenário começa a se alterar a partir do século XVII, quando a Escola Jusnaturalista, promovendo a laicização do direito e sua releitura racionalista, consagra o primado da autonomia da vontade. Como registra John Gilissen,

> já no início do século XVII, o teólogo espanhol Suarez (1548-1617) insistia sobre o livre-arbítrio e considerava que a regra *pacta sunt servanda* era o princípio de base de todo o direito natural. Mas foi sobretudo o jurista holandês Grócio que desenvolveu a nova teoria: a vontade é soberana; o respeito da palavra dada é uma regra de direito natural; *pacta sunt servanda* é um princípio que deve ser aplicado não apenas entre os indivíduos, mas mesmo entre as nações.[15]

O referido ideário voluntarista, desenvolvido ao longo do século XVIII, influencia intensamente as grandes codificações europeias, como se vê da redação original do art. 1.134 do *Code Napoléon*: "*Les conventions légalement*

---

10 No original: "*Si gladium quis apud te sana mente deposuerit, repctat insaniens, reddere peccatum sit, officium non reddere*" (Cícero, *De officiis*, Livro III, 93. Disponível em: www.thelatinlibrary.com).

11 Sua origem precisa afigura-se, todavia, incerta, havendo autores que a situam nas fontes canônicas, em particular na consolidação de leis formulada entre os anos de 1140 e 1142 por Graciano, monge e professor da Escola de Bolonha – os conhecidos *Decretum Gratiani*, também denominados *Concordia discordantium canonum* – enquanto outros estudiosos atribuem a autoria aos pós-glosadores, como Bartolo De Sassoferrato (1314-1357) e Baldo De Ubaldis (1327-1400). Sobre o tema, ver Giuseppe Osti, Clausola rebus sic stantibus, in *Novissimo digesto italiano*, tomo III, Turim: UTET, 1959, p. 354.

12 John Gilissen, *Introdução Histórica ao Direito*, 3. ed. Lisboa: Calouste Gulbenkian, 2001, p. 737, em que completa o autor: "Os interesses da comunidade familiar, religiosa ou econômica, ultrapassam os dois indivíduos que a compõem".

13 Em tradução livre: "uma das mais interessantes, e potencialmente mais perigosas, invasões ao *pacta sunt servanda*". A expressão original é de Reinhard Zimmermann, *The Law of Obligations – Roman Foundations of the Civilian Tradition*, cit., p. 579.

14 Ainda Reinhard Zimmermann, *The Law of Obligations – Roman Foundations of the Civilian Tradition*, cit., p. 579-582.

15 John Gilissen, *Introdução Histórica ao Direito*, cit., p. 737-738.

formées tiennent lieu de loi à ceux qui les ont faites".[16] A construção de uma teoria contratual centrada sobre a força obrigatória dos contratos alcança o seu ápice no século XIX, com a Escola da Exegese:

> Respondendo, de resto, perfeitamente às concepções políticas e econômicas de então: o individualismo e o liberalismo. As fórmulas "*laissez faire, laissez passer*" e a lei da oferta e da procura repousam essencialmente sobre a liberdade contratual. É a idade de ouro da liberdade absoluta das convenções entre vendedores e compradores, entre patrões e operários, entre senhorios e inquilinos etc., com a consequência da obrigação de as executar, mesmo se elas se revelassem injustas ou socialmente graves ou perigosas. Pois, então, estava-se convencido de que todo o compromisso livremente querido era justo.[17]

Não havia aí qualquer espaço para a mitigação do efeito vinculante dos contratos em virtude de acontecimentos supervenientes, menos ainda para a sua revisão por cortes judiciais. O Estado, incluindo o Estado-juiz, não devia interferir no direito dos contratos, senão para emprestar sua força coercitiva em caso de eventual descumprimento pelo devedor:

> Valeria invocar a feliz imagem de Lassale, retomada por Gramsci, do Estado *veilleur de nuit*, vigia da noite: um hipotético vigia noturno de uma obra em construção, com o seu indefectível radinho de pilha, cuja intervenção se limitava a bloquear eventuais e inoportunos invasores. Sua atuação limitava-se à repressão do ilícito, sem que sequer lhe fosse dado conhecer o que se estava a erguer naquele canteiro de obras para cuja segurança ele devotava, leal e cegamente, a sua existência.[18]

O século XX vem trazer uma forte reação a esse cenário. Diferentes pensadores vinham denunciando, desde a segunda metade do século anterior, os abusos cometidos em nome da liberdade contratual, revelando que a vontade do empregado desempenhava pouco ou nenhum papel nos contratos celebrados com o empregador, que, como contratante economicamente mais forte, acabava por impor sua própria vontade ao indivíduo necessitado de um emprego – uma liberdade, portanto, "autofágica", na medida em que seu exercício acabava por

16 Em tradução livre: "As convenções legalmente formadas tem lugar de lei entre aqueles as fizeram". O dispositivo corresponde ao atual art. 1.103, que mantém, ainda hoje, a ideia de que os contratos possuem *força de lei* entre os contratantes: "*Les contrats légalement formés tiennent lieu de loi à ceux qui les ont faits*".

17 John Gilissen, *Introdução Histórica ao Direito*, cit., p. 738-739.

18 Gustavo Tepedino, *Temas de Direito Civil*, 1. ed. Rio de Janeiro: Renovar: 1999, p. 204.

resultar em menos liberdade.[19] Movimentos sociais já vinham exigindo melhores condições de trabalho, impondo, desse modo, limites ao livre exercício da autonomia da vontade e promovendo greves gerais que paralisavam a economia em busca do reconhecimento de novos direitos. É nesse contexto que começam a ser retomados os estudos em torno da cláusula *rebus sic stantibus*, com o desenvolvimento de novas vertentes teóricas que, embora permeadas por elementos que buscavam a adesão do pensamento voluntarista dominante, já traziam em si a fagulha de uma nova visão das relações contratuais.

Ainda na primeira metade do século XX, a eclosão das duas Grandes Guerras Mundiais interrompe, em diversas regiões, o fornecimento de alimentos básicos e abala profundamente a economia dos países envolvidos diretamente no conflito.[20] Mesmo após a cessação das batalhas, a reconstrução das nações é árdua: a inflação atinge níveis exorbitantes no pós-guerra, especialmente nos países derrotados. A primeira metade do século XX confronta o homem contemporâneo com a sua própria fragilidade, demonstrando a insuficiência do liberal-individualismo econômico e jurídico.[21] Em âmbito internacional e nas diferentes experiências jurídicas nacionais, busca-se tutelar novos valores como a dignidade da pessoa humana, a solidariedade e a igualdade substancial.[22] Tais valores afetam

---

19 Enzo Roppo, O *Contrato*, cit., p. 38.

20 Ver Tony Judt, *Postwar: A History of Europe since 1945*, Londres: Penguin, 2006, especialmente p. 13-40, em que o autor tratado do que denomina "the legacy of war".

21 Alain Finkielkraut, A *Humanidade Perdida – Ensaio sobre o século XX*, São Paulo: Ática, 1998, *passim*.

22 Nessa direção, Maria Celina Bodin de Moraes, O Princípio da Solidariedade, in *Estudos na Perspectiva Civil-Constitucional*, Rio de Janeiro: Renovar, 2010, p. 237: "Se o século XIX foi, reconhecidamente, o século do triunfo do individualismo, da explosão de confiança e orgulho na potência do indivíduo, em sua criatividade intelectual e em seu esforço particular, o século XX presenciou o início de um tipo completamente novo de relacionamento entre as pessoas, baseado na solidariedade social – consequência da reviravolta, na consciência coletiva e na cultura de alguns países europeus, decorrente das trágicas experiências vivenciadas ao longo da Segunda Grande Guerra". Sobre a dignidade da pessoa humana e suas diferentes acepções, ver Ingo Wolfgang Sarlet, *Dignidade da pessoa humana e direitos fundamentais na Constituição Federal de 1988*, Porto Alegre: Livraria do Advogado, 2001, p. 38-39; Gustavo Tepedino, A *tutela da personalidade no ordenamento civil-constitucional brasileiro*, cit., p. 23-54; Maria Celina Bodin de Moraes, O conceito da dignidade humana: substrato axiológico e conteúdo normativo, in Ingo Wolfgang Sarlet (org.), *Constituição, Direitos Fundamentais e Direito Privado*, 2. ed., rev. e ampl. Porto Alegre: Livraria do Advogado, 2006, p. 107-149; e, mais recentemente, Daniel Sarmento, *Dignidade da Pessoa Humana: Conteúdo, Trajetórias e Metodologia*, Belo Horizonte: Forum, 2016, *passim*.

profundamente o direito dos contratos e abalam o primado da força obrigatória dos pactos.[23]

Com efeito, diferentes teorias desenvolvem-se, em diferentes países, nesse arco temporal que vai do início da segunda metade do século XIX até o fim da primeira metade do século XX, de modo a retomar a tradição da *rebus sic stantibus* e aperfeiçoá-la.[24] Todas essas teorias buscam, em alguma medida, dar solução ao mesmo problema: saber quando e em que medida uma alteração superveniente à formação do contrato pode afetar seu efeito vinculante. A própria delimitação do objeto investigado já denota alguma contestação à obrigatoriedade inexorável dos contratos, contestação que somente se faz possível historicamente em um cenário de reação ao voluntarismo exacerbado que vinha prevalecendo no período imediatamente anterior. Assim, para entender adequadamente essas teorias, faz-se necessário compreender que sua formulação se dá em um momento em que o pensamento voluntarista é ainda amplamente dominante.[25] Por essa razão, seus fundamentos identificam-se,

23 Se o Direito Civil do século XIX orgulhava-se do brocardo latino *pacta sunt servanda*, a doutrina do século XX passou a garimpar em fontes históricas a possível adoção da cláusula *rebus sic stantibus* de modo a associá-la, por diversos matizes, aos fundamentos das distintas formulações que, tendo na genial teoria da pressuposição de Windscheid posição precursora, em plena Escola Pandectista germânica, se desdobrariam nos diversos contextos históricos e legislativos que, ao longo de décadas, passariam a admitir a mitigação da intangibilidade dos pactos, em favor de outros valores igualmente caros à ordem jurídica" (Gustavo Tepedino em prefácio a Antonio Pedro Medeiros Dias, *Revisão e Resolução do Contrato por Excessiva Onerosidade*, cit., p. i).

24 Historicamente, verifica-se que a produção doutrinária em torno do tema torna-se especialmente candente no pós-guerra. A tal propósito, afirma Alfredo de Almeida Paiva que a "cláusula *rebus sic stantibus* (...) depois de permanecer esquecida durante longo período de predominância essencialmente individualista, passou por novo e fecundo ressurgimento com o advento da guerra de 1914-1918, que tão profundas alterações e desequilíbrios produziu em todos os setores da atividade humana" (*Aspectos do Contrato de Empreitada*, Rio de Janeiro: Forense, 1955, p. 56). Em igual direção, Giovanni Chiodi, ao tratar da acentuada importância do tema do desequilíbrio contratual superveniente na Europa durante o final do século XIX e início do século XX, destaca: "basti solo pensare agli effetti devastanti sull'economia causati dallo scoppio della prima guerra mondiale" (*Giustizia contrattuale – Itinerari della giurisprudenza italiana tra otto e novecento*, cit., p. xxiii). Confirmando, contudo, que a História não consiste em uma trajetória sempre linear, o *Allgemeines Landrecht* bávaro, de 1756, já havia chegado a incorporar textualmente a referência à cláusula *rebus sic stantibus* (título IV, cap. XV, par. 12). Sobre a disposição do Código bávaro e sua influência, ver Carlo G. Terranova, *L'eccessiva onerosità nei contratti*, cit., p. 10.

25 "Perante a evidência dos excessos, procuraram-se formas de os conter. Mas os instrumentos oferecidos pela ordem normativa, como o erro, eram claramente insuficientes.

não raro, com os fundamentos do próprio voluntarismo, mas resultam em um efeito oposto: a mitigação da eficácia vinculante do acordo de vontades. São, nesse sentido, revolucionárias.

1.2. Teoria da pressuposição

A primeira dessas teorias que merecem registro é a *teoria da pressuposição* de Windscheid, apresentada de modo sistemático em 1850 na sua obra *Die Lehre des römischen Rechts von der Voraussetzung*.[26] Para Windscheid, a pressuposição, que pertence ao campo das autolimitações da vontade, pode ser definida como "uma condição não desenvolvida. Com isso quer dizer-se que a relação jurídica originada através da declaração de vontade é feita depender de um certo estado de coisas", de tal modo que "se o estado de coisas pressuposto não existir ou não se concretizar ou deixar de existir, a relação jurídica constituída através da declaração de vontade não se mantém a não ser sem, ou melhor, contra a vontade do declarante".[27] O interessado, todavia, somente pode alegar a pressuposição "quando da sua declaração de vontade se possa reconhecer que sob a sua declaração de vontade está uma outra, a verdadeira, i. é, quando, na sua declaração de vontade, o motivo se tenha elevado a pressuposição".[28] Vale dizer: a pressuposição só pode ser invocada quando seja cognoscível pela outra parte.

A teoria de Windscheid, que chegou a ser incorporada ao primeiro projeto do *BGB*, acabou dali retirada por força das numerosas críticas que atraiu de

---

Por isso se tentaram ao tempo outras construções, quer para obstar o desequilíbrio originário, quer o superveniente. Essas tentativas tinham porém um limite, dentro dos pressupostos da época: só podiam ser de índole subjetiva, porque só poderiam assentar em defeitos do consentimento. (...). Todas elas procuram uma justificação subjetiva para acorrer à alteração anormal das circunstâncias" (José de Oliveira Ascensão, *Alteração das Circunstâncias e Justiça Contratual no Novo Código Civil*, cit., p. 60).

26 Bernhard Windscheid, *Die Lehre des römischen Rechts von der Voraussetzung*, Düsseldorf: Buddeus, 1850. A construção de Windscheid é considerada pioneira por romper, em alguma medida, com as construções anteriores que, ao longo da primeira metade do século XIX, procuravam conduzir o tema do desequilíbrio contratual à teoria do erro. Ver Paolo Gallo, *Sopravvenienza contrattuale e problemi di gestione del contratto*, cit., p. 14.

27 Tradução de António Menezes Cordeiro de trecho de Bernhard Windscheid, *Die Lehre des römischen Rechts von der Voraussetzung*, cit., p. 1-2 (*Da Boa fé no Direito Civil*, cit., p. 970).

28 Tradução de António Menezes Cordeiro de trecho de Bernhard Windscheid, *Die Lehre des römischen Rechts von der Voraussetzung*, cit., p. 6 (*Da Boa fé no Direito Civil*, cit., p. 970).

juristas renomados, como Otto Lenel.[29] Para Lenel, a teoria de Windscheid procurava criar uma figura intermediária entre os motivos subjetivos do contratante e a condição. A tentativa era falha, na visão de Lenel, porque uma de duas situações ocorreria: ou a contraparte do negócio desconhecia por completo a pressuposição, ou, conhecendo-a, não esteve disposta, no momento da conclusão do negócio, a subordinar a essa pressuposição a sua eficácia, tomando-a como mero assunto particular da outra parte. Em qualquer dos casos, estar-se-ia submetendo a contraparte a uma condição que não foi aceita. Acatar a pressuposição significaria, nesse sentido, confundir os motivos unilaterais com as condições, abrindo as portas do Direito à insegurança.[30] A visão de Lenel provou-se demasiadamente severa com a construção windscheidiana, a qual, mesmo que com alguma dose de subjetivismo, consiste, ainda hoje, no principal instrumental teórico para a solução de problemas ligados ao desaparecimento superveniente das premissas da contratação nos sistemas jurídicos de *civil law*, tema que as teorias do desequilíbrio contratual deixariam, com o tempo, de contemplar, concentrando-se sobre a questão da correspondência econômica entre as prestações.

1.3. Teorias da base do negócio

A teoria de Windscheid viria a ser retomada e reformulada por Paul Oertmann na construção da sua célebre *teoria da base do negócio* (*Geschäftsgrundlage*), publicada em 1921.[31] Para Oertmann, a base do negócio consistiria na:

> Representação mental de uma das partes no momento da conclusão do negócio jurídico, conhecida em sua totalidade e não rechaçada pela outra parte, ou a comum representação das diferentes partes sobre a existência ou surgimento de certas circunstâncias nas quais se baseia a vontade negocial.[32]

29 Otto Lenel, *Die Lehre von der Voraussetzung (im Hinblick auf den Entwurf eines bürgerlichen Gesetzbuches)*, AcP 74 (1889), p. 213-239.

30 Para detalhes acerca da crítica de Otto Lenel à teoria da pressuposição, ver António Manuel da Rocha e Menezes Cordeiro, *Da Boa-fé no Direito Civil*, cit., 1997, p. 973-975.

31 Paul Oertmann, *Die Geschäftsgrundlage – Ein neuer Rechtsbegriff*, Leipzig: Scholl, 1921.

32 Tradução livre da reprodução em espanhol de passagem original de Oertmann contida em Karl Larenz, *Base del Negocio Jurídico y Cumplimento de los Contratos*, cit., p. 7: "(...) *representación mental de una de las partes en el momento de la conclusión del negocio jurídico, conocida en su totalidad y no rechazada por la otra parte, o la común representación de las diversas partes sobre la existencia o aparición de ciertas circunstancias, en las que se basa la voluntad negocial*".

Se tais circunstâncias não existem ou desparecem posteriormente, sem que se tenha assumido o risco do seu desaparecimento, o contratante prejudicado poderia resolver o contrato ou, em se tratando de contrato de trato sucessivo, denunciá-lo.[33]

A teoria da base do negócio teve grande acolhida na Alemanha, o que se deve também ao momento econômico do país, que, após sair derrotado da Primeira Guerra Mundial, amargava os maiores índices de inflação de sua história.[34] A teoria de Oertmann, contudo, reincidia, de certo modo, na mesma crítica feita à construção windscheidiana, por se centrar sobre "*el análises sicológico del contenido de la voluntad y de las representaciones mentales de las partes contratantes*".[35] Chegou-se, mais recentemente, a afirmar que a construção de Oertmann, ao lançar o "mote" da "base do negócio", representou uma inovação "mais linguística que substantiva".[36]

Como a teoria da pressuposição de Windscheid, a teoria da base do negócio de Oertmann não definia quais eram as circunstâncias que poderiam ser consideradas como "base" do negócio, remetendo expressamente a sua identificação à vontade das partes. E, embora mais conservadora que a teoria da pressuposição por exigir que a representação mental do outro contratante fosse efetivamente conhecida – e não simplesmente cognoscível, como sustentava Windscheid –, a teoria de Oertmann continuava a sujeitar o contratante à frustração do particular propósito subjetivo do outro contratante, desde que a representação mental desse último não tivesse sido rechaçada no momento da celebração do negócio. Nesse sentido, revelava-se, nas palavras

---

33 O Tribunal Supremo do Reich, embora aplicando a teoria de Oertmann, passou a reconhecer à parte prejudicada uma espécie de exceção, um direito a negar o cumprimento da sua prestação por força de sua "inexigibilidade", e, ainda, "em muitos casos, uma pretensão de reajuste" pelo próprio tribunal "segundo critérios de equidade" (Karl Larenz, *Base del Negocio Jurídico y Cumplimento de los Contratos*, cit., p. 7-8).

34 "O governo alemão decidiu imprimir dinheiro para pagar os salários dos trabalhadores alemães do Rühr que faziam greve contra a ocupação francesa. O ritmo da inflação chegou a ser da ordem de 50% ao dia. Nesse ambiente conturbado, Hitler tentou um golpe malogrado em Munique, como chefe do pequeno Partido Nacional Socialista (NSDAP), e também os comunistas (KPD) fizeram uma tentativa frustrada de tomar o poder. Entre 1920 e o final de 1923, a inflação disparou, até se transformar em uma hiperinflação desconhecida em qualquer experiência econômica precedente" (Osvaldo Coggiola, *Alemanha 1918-1924 – Hiperinflação e Revolução*, São Paulo: LCTE, 2000, p. 34).

35 Em tradução livre: "a análise psicológica da vontade e das representações mentais das partes contratantes". A passagem é de Karl Larenz, *Base del Negocio Jurídico y Cumplimento de los Contratos*, cit., p. 5.

36 António Menezes Cordeiro, *Contratos Públicos*, cit., p. 57.

de Karl Larenz, uma teoria muito ampla, ao mesmo tempo em que se revelava muito limitada, na medida em que "*se ocupa de lo que las partes se han representado, no de lo que es necesario objetivamente para la consecución de la finalidad contractual común a ambas*".[37]

Parte da doutrina alemã procurou, em sentido oposto à abordagem subjetiva ou psicológica que caracteriza as teorias de Windscheid e Oertmann, desenvolver teorias fundadas em elementos objetivos, no afã de atribuir maior segurança ao trabalho das cortes judiciais. Tais construções reconectavam-se, em maior ou menor medida, à tradição medieval da cláusula *rebus sic stantibus* e trabalhavam, em geral, com a noção de fim do contrato, ainda que se mantivesse, em alguns casos de modo puramente nominal, a referência à vontade dos contratantes. São exemplos a *teoria da vontade eficaz*, de Erich Kaufmann, que considerava que a vontade de cada contratante dirigia-se necessariamente à "finalidade essencial" do tipo contratual,[38] ou, ainda, a *teoria da reserva virtual*, de Paul Krückmann, que defendia que qualquer contratante, independentemente de ter conhecimento ou não, submetia-se à cláusula *rebus sic stantibus* como elemento imanente à sua declaração de vontade, salvo se a ela tivesse se oposto expressamente, daí decorrendo possibilidade de resolução do contrato em qualquer hipótese de "falta de sentido, fim ou objeto", originária ou superveniente, como consequência de uma variação imprevisível das circunstâncias.[39] A ideia de fim ou finalidade do contrato foi também explorada por Locher, para quem a resolução justificava-se sempre que existissem ou surgissem circunstâncias que impedissem que, mediante o negócio jurídico, se pudesse alcançar a finalidade que as partes perseguiam, afigurando-se irrelevante se a preservação das circunstâncias originárias havia ou não ingressado na representação mental dos contratantes.[40]

A combinação das teorias subjetivas e objetivas em uma construção unitária e sistemática foi a essência da célebre contribuição de Karl Larenz ao

---

37 Em tradução livre: "se ocupa do que as partes tenham representado, não do que é necessário objetivamente para a consecução da finalidade contratual comum a ambas". Trecho original de Karl Larenz, *Base del Negocio Jurídico y Cumplimento de los Contratos*, cit., p. 20.

38 Erich Kaufmann, *Das Wesen des Völkerrechts und di clausula rebus sic stantibus*, Tübingen: Mohr, 1911.

39 Paul Krückmann, Clausula rebus sic stantibus, Kriegsklausel, Streikklausel, in *Archiv für die civilistische Praxis*, 116, Tübingen: Mohr, 1918, p. 157 e ss.

40 Eugen Locher, Geschäftsgrundlage und Geschäftszweck, in *Archiv für die civilistische Praxis*, 121, Tübingen: Mohr, 1923, p. 1 e ss.

tema da alteração superveniente.[41] Após analisar minuciosamente a jurisprudência alemã e as diversas teorias formuladas por seus conterrâneos, Larenz propõe uma dupla significação para a base do negócio:

> Em primeiro lugar, como a base "subjetiva" da determinação da vontade de uma ou ambas as partes, como uma representação mental existente ao se concluir o negócio que tenha influenciado grandemente na formação dos motivos. Em segundo lugar, como a base 'objetiva do contrato (enquanto complexo de sentido inteligível), ou seja, como o conjunto de circunstâncias cuja existência ou persistência pressupõe devidamente o contrato – saibam ou não os contratantes –, já que, se assim não fosse, não se lograria o fim do contrato, o propósito das partes contratantes e a subsistência do contrato não teria "fim, sentido ou objeto".[42]

Para Larenz, as duas bases do negócio seguiam disciplinas distintas, pertencendo, à luz da dogmática jurídica, a campos diversos: enquanto a base subjetiva entrava "no campo dos motivos e há de se conceber juridicamente dentro da teoria do erro sobre os motivos e dos 'vícios de vontade'",[43] a base objetiva do negócio referia-se, ao contrário, "a questão de se, todavia, pode se realizar o fim do contrato e a intenção conjunta das partes contratantes; há de ser estudada na teoria da inépcia, da impossibilidade superveniente e da consecução do fim".[44] Enquanto a base subjetiva suscitava discussão acerca

---

41 Karl Larenz, *Geschäftsgrundlage und Vertragserfüllung*, Munique: Beck, 1951. Para a tradução em espanhol, ver Karl Larenz, *Base del Negocio Jurídico y Cumplimento de los Contratos*, tradução de Carlos Fernandez Rodriguez, Madri: Editorial Revista de Derecho Privado, 1956, *passim*.

42 Tradução livre do trecho da edição em espanhol no qual se lê: "(...) *en primer lugar, como la base 'subjetiva' de la determinación de la voluntad de una o ambas partes, como una representación mental existente al concluir o negocio que ha influído grandemente en la formación de los motivos. En segundo lugar, como la base 'objetiva' del contrato (en cuanto complejo de sentido inteligibile), o sea, como el conjunto de circunstancias cuja existencia o persistencia presupone debidamente el contrato – sépanlo o no los contratantes –, ya que, de no ser así, no se lograría el fin del contrato, el propósito de las partes contratantes y la subsistencia del contrato no tendría 'sentido, fin u objeto'*" (Karl Larenz, *Base del Negocio Jurídico y Cumplimento de los Contratos*, cit., p. 37).

43 Tradução livre do trecho da edição em espanhol no qual se lê: "(...) *en el campo de los motivos y ha de concebirse jurídicamente dentro de la teoría del error en los motivos y de los 'vícios de la voluntad'*" (Karl Larenz, *Base del Negocio Jurídico y Cumplimento de los Contratos*, cit., p. 38).

44 Tradução livre do seguinte trecho da edição em espanhol: "(...) *a la cuestión de si todavía puede realizarse el fin del contrato y la intención conjunta de las partes contratantes; ha de estudiarse en la teoría de la ineptitud, de la posterior imposibilidad y de la consecución del fin*" (Karl Larenz, *Base del Negocio Jurídico y Cumplimento de los Contratos*, cit., p. 38).

das expectativas das partes em relação à exigibilidade do contrato, a base objetiva abrangia, na visão de Larenz, duas espécies de problemas: (a) a destruição da relação de equivalência (*Äquivalenzstörung*); e (b) a impossibilidade de realizar o fim do contrato (*Zweckvereitelung*).

A teoria da base do negócio de Larenz suscitou, em um primeiro momento, diversas críticas da doutrina alemã, chegando-se a afirmar que seu sucesso foi mais intenso no exterior que em sua pátria de origem.[45] De certo modo, a construção de Larenz não logrou superar as críticas que já eram dirigidas às teorias subjetivas e objetivas. Ao contrário, ao atribuir duplo sentido – subjetivo e objetivo – à base do negócio, Larenz atraiu críticas de autores situados em ambos os lados da discussão, além de suscitar dúvidas quanto à compatibilidade entre as duas significações propostas e quanto à conveniência da reunião de temas tão distintos sob uma única rubrica. Por muitos anos, sua construção acabou restando confinada, na Alemanha, ao âmbito acadêmico,[46] tendo a jurisprudência germânica preferido resolver as questões atinentes à alteração das circunstâncias em que se celebrou o contrato por meio de um farto recurso à boa-fé objetiva como fundamento para a inexigibilidade do cumprimento.

Fora da Alemanha, muito embora a expressão "base do negócio" tenha se notabilizado e alcançado numerosas menções nominais em diversos países, dentre os quais o Brasil, tais referências normalmente não são utilizadas para designar propriamente a teoria de Larenz – ou mesmo aquela de Oertmann –, mas parecem indicar simplesmente uma visão menos subjetivista do problema da alteração superveniente das circunstâncias existentes ao tempo da contratação.[47] Sobre esse aspecto, Menezes Cordeiro chega a

45 Para António Menezes Cordeiro, "pode-se considerar que a construção de Larenz perdeu terreno em sua terra de origem, embora, mais tarde, tivesse conhecido alguma recuperação legislativa. Em Portugal, ela manteve, por mera inércia, a atenção de alguns autores, embora, e bem, seja desconhecida da jurisprudência, que apenas a cita como referência" (*Contratos Públicos*, cit., p. 62).

46 Aqui pode ter desempenhado algum papel a trajetória pessoal de Larenz, que se tornou um dos juristas mais conhecidos da chamada *Kieler Schüle* (Escola de Kiel), grupo de jovens juristas que, ligados ao regime nazista, assumiu as cátedras de professores demitidos pelo Nacional-socialismo. A posição partidária de Larenz acabou influenciando certa rejeição tardia às suas ideias no ambiente universitário na segunda metade do século XX. Sobre o tema, ver o ensaio biográfico de Ralf Krassek, Karl Larenz (1903-1993), especialista en derecho privado durante el nacionalsocialismo y en la Alemania de posguerra, in *Academia – Revista sobre enseñanza del Derecho*, ano 5, número 9, Buenos Aires, 2007, p. 55-75.

47 É nesse sentido que, como se verá adiante, nossa jurisprudência costuma afirmar que o Código Civil brasileiro acolhe a teoria da imprevisão, enquanto o Código de

concluir que "a base do negócio tornou-se uma fórmula vazia", que "traduz, apenas, um espaço de discussão: ela corresponde, no fundo, ao próprio fenômeno da alteração das circunstâncias, seja qual for a solução para ele encontrada".[48] Entretanto, a reforma normativa do Direito das Obrigações de 2001/2002 (*Schuldrechtsreform*), que resultou na alteração do texto do *BGB*, inspirou-se, em larga medida, na teoria da base do negócio de Larenz, o que vem atraindo renovado interesse pela sua construção, como se verá mais adiante.

1.4. A chamada "alteração das circunstâncias"

A experiência jurídica alemã influenciou fortemente o tratamento do tema em diversos países. Exemplo relevante para os fins deste livro é aquele de Portugal, em que muitos autores célebres adotaram expressamente a teoria da pressuposição de Windscheid[49] e, mais tarde, a teoria da base do negócio, "primeiro, ainda, sob a designação de pressuposição e, depois, em termos diretos".[50] Também a jurisprudência alemã, fundada na boa-fé objetiva, atraiu a atenção dos doutrinadores portugueses. O Código Civil português de 1966 parece ter tentado conjugar essas diferentes abordagens de origem germânica à luz do seu próprio dado cultural, ao estatuir, em seu art. 437º, que:

Defesa do Consumidor adotaria a teoria da base do negócio pelo simples fato de dispensar o requisito da imprevisibilidade.

48 António Menezes Cordeiro, *Contratos Públicos*, cit., p. 62. Sem prejuízo do registro, outros autores têm enxergado influência da teoria da base do negócio em países como Áustria, Grécia e mesmo Portugal: "*In essence, the doctrine of Wegfall der Geschäftsgrundlage states that the binding character of the contract is suspended if the fundamental expectations of the parties are not fulfilled. These expectations may relate to matters already present at the time of contracting or to later events. Relief is only granted on the basis of Wegfall der Geschäftsgrundlage if the expectations are not accounted for in the contract or in more specific rules of law. If a case of Wegfall der Geschäftsgrundlage can be established, the court can either adjust the contractual obligation or allow a party to terminate the contract. The doctrine of Wegfall der Geschäftsgrundlage has been influential in many other jurisdictions, e.g. in Austria, Greece, Italy and Portugal*" (Ewoud Hondius e Hans Christoph Grigoleit (coords.), *Unexpected Circumstances in European Contract Law*, cit., p. 7-8).

49 Guilherme Alves Moreira, *Instituições de Direito Civil Português*, Coimbra: Imprensa da Universidade, 1907, p. 496 e ss. v. I.

50 António Menezes Cordeiros, *Contratos Públicos*, cit., p. 59, em que menciona como exemplos os trabalhos de Manuel de Andrade, *Teoria geral da relação jurídica*, 1960, p. 403 e ss. v. 2; Luís Solano Cabral de Moncada, *Lições de Direito Civil*, 1957, p. 397 e ss.; e João de Matos Antunes Varela, *Ineficácia do testamento e vontade conjectural do testador*, 1950, p. 263 e ss., entre outros.

> Se as circunstâncias em que as partes fundaram a decisão de contratar tiverem sofrido uma alteração anormal, tem a parte lesada direito à resolução do contrato, ou à modificação dele segundo juízos de equidade, desde que a exigência das obrigações por ela assumidas afete gravemente os princípios da boa fé e não esteja coberta pelos riscos próprios do contrato.[51]

O mesmo dispositivo acrescenta, em sua segunda parte, que, "requerida a resolução, a parte contrária pode opor-se ao pedido, declarando aceitar a modificação do contrato nos termos do número anterior".[52]

Como se vê, o art. 437º da codificação lusitana reserva papel determinante ao princípio da boa-fé, em uma escolha legislativa que, embora tenha sido acolhida no passado,[53] tem sido criticada por parte da atual doutrina portuguesa, como um recurso derivado da influência da experiência alemã que se torna, porém, desnecessário à luz da positivação da matéria. Nessa direção, adverte argutamente José de Oliveira Ascensão:

> O recurso à boa-fé foi um expediente dos intérpretes germânicos, na ausência de base legal. Mas em rigor o expediente não era fundado. Como nota Flume, não se ganha nada com o recurso à boa-fé. Pelo art.

51 Sobre o dispositivo, ensina José de Oliveira Ascensão, *Alteração das Circunstâncias e Justiça Contratual no Novo Código Civil*, cit., p. 60: "Apesar da diferença de formulação, 'base do negócio' e 'circunstâncias em que as partes fundaram a sua decisão de contratar' (ou de negociar) são exatamente o mesmo. Ambas correspondem ao termo alemão Geschäftsgrundlage. São aquelas circunstâncias que levaram as partes a contratar, de comum acordo, e a contratar assim. Fazem com que o contrato seja o que é, de modo que seria injusto manter as partes vinculadas se essas circunstâncias sofressem modificação essencial."

52 Caminho semelhante, mas diverso daquele seguido pelo nosso Código Civil de 2002, que, como se verá adiante, permite ao réu evitar a resolução desde que se ofereça ele próprio a "modificar equitativamente as condições do contrato" (art. 479).

53 Assim, Vaz Serra, após mencionar "diferentes teorias que têm sido propostas para fundamentar a resolução dos contratos por alteração das circunstâncias", conclui: "Todas elas afinal o que pretendem é pôr o direito de acordo com a justiça e a equidade e reconhecer, por isso, um direito de resolução ou de modificação do contrato quando circunstâncias imprevisíveis alterem tão profundamente a relação entre as prestações que não possa razoavelmente exigir-se o cumprimento do contrato nos termos em que foi feito. O mesmo é dizer que a resolução ou modificação do contrato se fundam no princípio da boa-fé: não procede de boa fé o contraente que exige do outro uma prestação que a alteração de circunstâncias tornou inexigível" (Adriano Paes da Silva Vaz Serra, *Resolução ou Modificação dos Contratos por Alteração das Circunstâncias*, Lisboa: s. n., 1957, p. 16-17).

> 437/1 do CC português citado, o vício estaria em exigir o cumprimento. É desfocar a questão. Se se tem direito, exigi-lo é um ato correto. A questão é prévia, reside no próprio conteúdo da vinculação, que ficou abalada pela superveniência da alteração normal. A boa-fé trazida para fora do seu âmbito próprio. No plano objetivo, a boa-fé traduz-se em regras de conduta. Mas aqui não se traçam regras de conduta, faz-se uma valoração do conteúdo tomado por si. A nosso ver, continuar a recorrer à boa-fé, havendo preceito legal, é anacrônico. Mantém como explicação atual o que foi um mero expediente. Não se regula a conduta, valora-se diretamente o conteúdo, e é em decorrência da valoração negativa deste que se cria a impugnabilidade da relação, no sentido da resolução ou modificação desta.[54]

Os tribunais portugueses, todavia, continuam, ainda hoje, referindo-se à boa-fé no julgamento dos casos concretos, mantendo fidelidade ao texto do dispositivo legal.[55] Além da alusão à boa-fé objetiva, o art. 437º sofreu, como

54 José de Oliveira Ascensão, *Alteração das Circunstâncias e Justiça Contratual no Novo Código Civil*, cit., p. 65. Registre-se que idêntica mesclagem entre boa-fé objetiva e equilíbrio dos contratos tem sido vista na análise do desequilíbrio contratual superveniente no Brasil, em que mesmo à falta de referência do nosso Código Civil à boa-fé, diversos autores têm associado os temas, afirmando: "À procura do 'equilíbrio contratual', na sociedade de consumo moderna, o direito destacará o papel da lei como limitadora e como verdadeira legitimadora da vontade. A lei passará a proteger determinados interesses sociais, valorizando a confiança depositada no vínculo, as expectativas e a boa-fé das partes contratantes" (Claudia Lima Marques, *Contratos no Código de Defesa do Consumidor: o Novo Regime das Relações Contratuais*, São Paulo: Revista dos Tribunais, 2006, p. 210). Em semelhante direção, registra Ruy Rosado de Aguiar Júnior: "A onerosidade excessiva é, na verdade, um caso de inexigibilidade de conduta, pois o devedor age voluntariamente contra o dever derivado do contrato, mas o faz em razão dos fatos extraordinários modificativos" (*Extinção dos Contratos por Incumprimento do Devedor, Resolução*, cit., p. 158). Em sentido contrário à mesclagem entre boa-fé objetiva e equilíbrio contratual, afirma Pietro Perlingieri: "*Il principio (di proporzionalità) dovrebbe, alresí, prescindere dalla clausola generale di buona fede* (...)" (*Il diritto dei contratti fra persona e mercato*, cit., p. 456).

55 Nesse sentido, confira-se a posição do Supremo Tribunal de Justiça de Portugal em casos recentes: "A possibilidade de modificação ou alteração dos contratos com apelo ao art. 437º, n. 1, do Código Civil, confronta dialecticamente dois princípios; o da autonomia privada, que impõe o cumprimento pontual do contrato que mais não é que a execução do programa negocial, e o princípio da boa fé, que visa assegurar o equilíbrio das prestações de modo a que a uma das partes não seja imposta uma desvantagem desproporcionada que favoreça a contraparte" (Supremo Tribunal de Justiça de Portugal, Revista 876/12.9TBBNV-A.L1.S1, Rel. Fonseca Ramos, j. 28-1-2015). A mesma corte decidiu que "na verificação (ou não) de uma mudança que objectivamente possa tornar excessivamente oneroso ou difícil para uma ou outra parte o cumprimen-

enfatiza a própria doutrina portuguesa, influência das teorias subjetivistas de Windscheid e Oertmann, conforme se verifica da expressa menção às circunstâncias em que as partes "fundaram a decisão de contratar", inequívoca remissão à vontade originária dos contratantes e às suas representações mentais.[56] Tal viés é temperado por alguns elementos de teor mais objetivo que o legislador lusitano de 1966 inseriu no mesmo dispositivo, como a referência à "alteração anormal" das circunstâncias e aos "riscos próprios do contrato", que funcionariam como limitações à tendencial amplitude e fluidez daquelas teorias subjetivistas.

1.5. Teoria da imprevisão

Ao lado da sólida tradição alemã, das teorias da pressuposição e da base do negócio, de matriz doutrinária, ergue-se a tradição francesa, da *teoria da imprevisão*, de matriz jurisprudencial. Embora a experiência medieval da cláusula *rebus sic stantibus* fosse bem conhecida dos juristas franceses, o forte compromisso do *Code* com a ideologia liberal, caracterizada pela não interferência do Estado nas relações contratuais, e o intenso positivismo que se seguiu à sua promulgação[57] levaram a doutrina e a jurisprudência francesas a rejeitar qualquer mitigação da obrigatoriedade dos pactos em virtude de alterações supervenientes. Tornou-se

---

to daquilo a que se encontrava obrigado ou cuja ocorrência provoque um desequilíbrio acentuado entre as prestações correspectivas (quando se trate de contrato de execução sucessiva (e) ou prolongada e não de execução instantânea) de tal modo que coloque em causa princípios da boa fé negocial (em sentido objectivo)" (Supremo Tribunal de Justiça de Portugal, Revista 138/2001.S1, Rel. Mário Mendes, j. em 13-11-2014).

56 António Menezes Cordeiro, *Contratos Públicos*, cit., p. 73-74.

57 A expressão "positivismo" é aqui tomada no sentido de positivismo legalista, como o define António Manuel Hespanha, *Cultura Jurídica Europeia*, cit., p. 398-399: "No campo jurídico, este movimento integrava-se harmonicamente na campanha contra a incerteza e a confusão do direito tradicional, casuísta, dependente da teologia e da moral. Mas atingia também a proliferação de sistemas puramente especulativos de direito natural, surgidos no decurso do século XVIII. Ou seja, dirigia-se tanto contra a vinculação do direito à religião e à moral, como contra a sua identificação com especulações do tipo filosófico, como as que eram correntes nas escolas jusracionalistas. Contra uma coisa e contra a outra, proclamava-se a necessidade de um saber jurídico dirigido para 'coisas positivas'. Só que várias escolas entenderam de forma diversa o que fossem 'coisas positivas'. Para uns, positiva era apenas a lei, pelo que o saber jurídico tinha de incidir unicamente sobre ela, explicando-a e integrando-a (positivismo legalista)". Sobre o intenso positivismo legalista que se seguiu à promulgação do *Code* na França, ver Anna Di Robilant e Ugo Mattei, Les longs adieux: la codification italienne et le Code Napoléon dans le déclin du positivisme étatique, in *Revue Internationale de Droit Comparé*, v. 56, n. 4, 2004, p. 847-864.

célebre o caso do *Canal de Craponne*, de 1876, em que a *Cour de Cassation* analisou o contrato por meio do qual Adam Craponne obrigara-se, em 1576, a construir um canal de irrigação e a mantê-lo, em contrapartida a uma quantia a ser paga à vista pela construção e outra a ser paga pelos sucessivos beneficiários, pelo tempo que durasse o uso do canal. A importância originariamente estabelecida como contrapartida pelo uso da construção depreciou-se, todavia, ao longo daqueles três séculos, tornando-se "irrisória" e comprometendo a viabilidade da manutenção do canal.[58] A sentença original de 1873 chegou a autorizar a revisão do contrato, mas restou cassada pela *Cour de Cassation* em 1876, ao argumento de que o art. 1.134 do Código Civil francês, ao afirmar que o contrato faz lei entre as partes, importa que:

> Em caso algum, compete aos tribunais, por muito équa que lhes possa parecer sua decisão, tomar em consideração o tempo e as circunstâncias para modificar as convenções das partes e substituir por novas, cláusulas que foram livremente aceitas pelos contratantes.[59]

É no direito administrativo francês que, mais tarde, tem início a mitigação desse entendimento.[60] Não se encontrando sob a sujeição de uma norma tão rígida quanto o art. 1.134 do Código Civil e se beneficiando do fato de que o brocardo latino do *pacta sunt servanda* era "*largement ignoré*" (amplamente

---

58 Émilie Labrot, *L'Imprévision – Étude comparée droit public-droit privé des contrats*, Paris: L'Harmattan, 2016, p. 107.

59 Corte de Cassação Francesa, 6 de março de 1876, *apud* António Menezes Cordeiro, *Da Boa Fé no Direito Civil*, Coimbra: Almedina, 1997, p. 956.

60 Como observa Ripert: "Se nos voltarmos agora para o lado do direito público, veremos que a jurisprudência administrativa não julgou violar os princípios do direito acomodando um contrato às necessidades da execução. Desde antes da guerra, posta em presença de concessões de longa duração ou de ajustes de trabalhos públicos, ela relevava em certos casos o concessionário contra erros desculpáveis de apreciação, concedendo-lhe uma revisão de preços. (...) Mas é preciso não deduzir que a jurisprudência administrativa tenha consagrado o direito arbitrário de revisão pelo juiz. Ela considerou simplesmente que a execução do serviço público devia ser assegurada antes de tudo. A administração tinha assim providenciado para o contrato de concessão; visto que êste contrato não pode continuar a ser normalmente executado, abre-se um período extracontratual em que a exploração se fará noutras condições. Sem dúvida esta construção jurídica não está ao abrigo da crítica, principalmente porque no cálculo das vantagens e dos encargos não se faz completa abstração da situação contratual, mas tem pelo menos a vantagem de desligar o concessionário dum contrato tornado esmagador para êle" (Georges Ripert, *A Regra Moral nas Obrigações Civis*, trad. Osório de Oliveira, São Paulo: Saraiva, 1937, p. 143 e p. 145)

ignorada) pela teoria geral dos contratos administrativos,[61] o *Conseil d'État* passou a admitir a modificação dos contratos celebrados com entes públicos em razão de uma alteração imprevisível que afetasse o equilíbrio econômico original do ajuste. Em 30 de março de 1916, por exemplo, o *Conseil d'État* analisou conflito derivado de um contrato de concessão celebrado entre a Prefeitura de Bordeaux e a *Compagnie Générale d'Eclairage* daquela cidade. Argumentava a companhia que, desde a assinatura do contrato, o custo do carvão havia quintuplicado em razão da ocupação pelas tropas alemãs das principais regiões de extração daquela matéria-prima, o que havia tornado o contrato desequilibrado. O *Conseil* decide, então, que, nessas novas circunstâncias, em razão do interesse público na continuidade do serviço, a companhia é obrigada a manter o contratado, mas tem o direito de ser indenizada pela variação de custos que excede a álea econômica normal.[62] A jurisprudência ulterior da mesma corte administrativa tratou de precisar os requisitos para a aplicação desse entendimento, em particular o fato de que:

> *Les événements affectant l'exécution du contrat doivent être imprévisibles. Il peut s'agir de circonstances économiques, de phénomènes naturels ou de mesures prises par les pouvoirs publics, mais dans tous les cas ils doivent déjouer les prévisions qui pouvaient raisonnablement être faites lors de la conclusion du contrat.*[63]

61 Émilie Labrot, *L'Imprévision – Étude comparée droit public-droit privé des contrats*, cit., p. 108.

62 Confira-se o relato oficial disponível no sítio eletrônico do *Conseil d'État*: "*A cette occasion, le Conseil d'État jugea qu'en principe le contrat de concession règle de façon définitive les obligations du concessionnaire et du concédant et que la variation du prix des matières premières du fait des circonstances économiques constitue un aléa du marché que doit assumer le concessionnaire. Toutefois, lorsque l'économie du contrat se trouve absolument bouleversée, comme en l'espèce où l'augmentation du coût de la fabrication du gaz du fait du prix du charbon dépassait les limites extrêmes de ce qui avait pu être envisagé par les parties, le concessionnaire ne peut être tenu d'assurer le fonctionnement du service dans les conditions prévues à l'origine. Il convenait, pour mettre fin à des difficultés temporaires, de rechercher une solution qui tienne compte de l'intérêt général, exigeant la continuation du service, mais aussi des circonstances particulières. Aussi, le Conseil d'État décida que la compagnie restait tenue d'assurer le service mais qu'elle avait le droit d'être indemnisée de la part des conséquences pécuniaires de la situation de force majeure qui excédait l'aléa économique normal*" (Disponível em: www.conseil-etat.fr).

63 Em tradução livre: "os acontecimentos que afetam a execução do contrato devem ser imprevisíveis. Pode se tratar de circunstâncias econômicas, de fenômenos naturais ou de medidas adotadas pelos poderes públicos, mas, em qualquer caso, devem escapar às previsões que poderiam razoavelmente ser feitas quando da celebração do contrato" (Relato oficial do *Conseil d'État*, disponível em www.conseil-etat.fr, na seção *Les décisions les plus importantes du Conseil d'État*). O direito à indenização foi gradativamente

Tal construção, batizada de *théorie de l'imprévision*, teve sua aplicação intensificada nos anos seguintes, ampliando-se a sensibilidade da jurisprudência administrativa aos efeitos físicos e econômicos decorrentes do conflito mundial.[64] A *théorie de l'imprévision* influenciou parte da doutrina civilista francesa, mas os chamados tribunais judiciários ou comuns (não administrativos) continuavam fiéis a uma visão absoluta do *pacta sunt servanda*. Tornou-se necessária uma intervenção legislativa para que a teoria da imprevisão ganhasse aplicação a contratos privados cujo cumprimento havia sido afetado pela Primeira Guerra: assim surgiu a conhecida *Loi Failliot*, de 21 de janeiro de 1918, que permitiu a resolução dos contratos comerciais concluídos antes do início do conflito mundial, desde que tivessem por objeto a entrega de mercadorias ou gêneros em prestações sucessivas ou diferidas, e que um dos contratantes demonstrasse ter sofrido prejuízos exagerados em virtude da guerra.[65] Sucederam-se leis semelhantes, aplicáveis aos contratos de seguros e de aquisição de imóveis a prestação (1919) e aos contratos de arrendamento (1924), bem como leis tratando da revisão dos preços de aluguel (1925) e de reajuste de salários (1938), entre outros diplomas inspirados na teoria da imprevisão, que permitiram a resolução ou modificação de contratos privados.[66]

---

substituído por um direito ao reajuste do contrato e o fundamento da continuidade do serviço público cederia, pouco a pouco, passagem ao fundamento do equilíbrio contratual. Sobre o tema, confira-se Rémy Cabrillac, *Crises finacières et contrats: le droit positif français refuse la révision d'un contrat devenu déséquilibré mais le projet de réforme entr'ouvre la porte à l'imprévision*, cit., p. 139.

64 Nesse sentido, afirma Émilie Labrot, *L'Imprévision – Étude comparée droit public-droit privé des contrats*, cit., p. 38: "*La théorie de l'imprévision est un théorie historique, alors consacrée dans un contexte d'instabilité générée par la Grande guerre.* "

65 Nos termos dos dispositivos inaugurais da referida *Loi Failliot*: "Art. 1º Durante a duração da guerra e até a sua expiração, por um prazo de três meses a partir da cessação das hostilidades, os dispositivos excepcionais desta lei são aplicáveis nos negócios e nos contratos de caráter comercial às partes ou a uma delas somente, concluídos antes de 1º de agosto de 1914, e que consistiam, seja na entrega de mercadorias ou gêneros, seja em outras prestações, sucessivas ou apenas adiadas. Art. 2º Independentemente de causas resolutórias de direito civil ou de convenções particulares, os negócios e contratos mencionados no artigo anterior podem ser rescindidos a pedido de qualquer das partes, se provado que por motivo do estado de guerra a execução das obrigações de um dos contratantes envolve encargos que lhe causam prejuízos cuja importância ultrapassa de muito as previsões razoavelmente feitas à época do ajuste" (tradução de José Maria Othon Sidou, *Resolução Judicial dos Contratos (cláusula rebus sic stantibus) e Contratos de Adesão*, cit., p. 48). Sobre a *Loi Failliot*, registrou Orlando Gomes: "Esse diploma legal constitui marco decisivo na evolução do pensamento jurídico no tocante à questão da força obrigatória dos contratos, uma vez que consagra a ideia nova da imprevisão" (*Contratos*, cit., p. 37).

66 José Maria Othon Sidou, *Resolução Judicial dos Contratos (cláusula rebus sic stantibus) e Contratos de Adesão*, cit., p. 49.

De modo geral, todavia, os tribunais judiciários franceses relutaram, até muito recentemente, em reconhecer a possibilidade de resolução ou revisão dos contratos privados por força de fatos imprevisíveis.[67] Somente em 2016, por força da reforma do direito dos contratos, a teoria da imprevisão foi introduzida no *Code*, mais especificamente em seu art. 1.195, em que se lê:

> Se uma mudança das circunstâncias imprevisível ao tempo da conclusão do contrato torna a execução excessivamente onerosa para uma parte que não tenha aceitado assumir o respectivo risco, pode tal parte demandar uma renegociação do contrato à contraparte. Ela continua a executar suas obrigações durante a renegociação. Em caso de recusa ou fracasso da renegociação, as partes podem acordar pela resolução do contrato, na data e nas condições que determinem, ou demandar de comum acordo ao juiz que proceda à sua adaptação. Na falta de acordo dentro de um prazo razoável, o juiz pode, a pedido de uma parte, revisar o contrato ou extingui-lo na data e nas condições que determine.[68]

A teoria da imprevisão recebeu, mesmo antes de sua consagração normativa, grande acolhida fora do território francês, influenciando o direito administrativo de diversos países e, por vezes, também o seu direito privado.[69]

---

67 Sob a perspectiva comparatista, registrava-se que o forte apego dos tribunais judiciários franceses ao *pacta sunt servanda* nessa matéria "*surprend les juristes étrangers*" (Philipp Hujo, *Force majeure et Imprévision – Une analyse comparatiste entre le droit français, le droit anglais et le droit allemande*, Munique: Grin, 2007, p. 20). Em abordagem histórica, destaca-se, todavia, que o entendimento dos tribunais judiciários franceses poderia ser explicado pelos abusos cometidos pelas cortes judiciais durante o *Ancien Régime* (Antonis Karampatzos, *Supervening Hardship as Subdivision of the General Frustration Rule: A Comparative Analysis with Reference to Anglo-American, German, French and Greek Law*, in *European Review of Private Law* 2-2005, Alphen aan den Rijn: Kluwer Law International, p. 137). Aqui, parece em tudo aplicável a lição de Markesinis em sua conhecida aula inaugural de 1996 na Universidade de Oxford: "*legal history goes hand in hand with comparative law*" (Basil Markesinis, *The Comparatist: or a Plea for a Broader Legal Education*, in *Yearbook of European Law*, 1, 1996, p. 261-281, v. 15).

68 Redação dada ao art. 1.195 pela Ordonnance n. 2016-131, de 10-2-2016.

69 Por exemplo, a jurisprudência brasileira, anteriormente ao Código Civil de 2002, mas também ainda hoje, abunda em referências à "teoria da imprevisão" ao tratar do desequilíbrio superveniente em contratos privados. A título de exemplo: STJ, REsp 293.864/SE, Min. Rel. Antônio de Pádua Ribeiro, j. 7-3-2002; STJ, REsp 1.321.614/SP, Min. Rel. Ricardo Villas Bôas Cuevas, j. 16-12-2014.

1.6. *Doctrine of frustration*

O *common law* também não se mostra alheio à interferência de acontecimentos futuros sobre a relação contratual. O tema surge naquela tradição jurídica atrelado à chamada *doctrine of frustration* (literalmente, doutrina da frustração), que se desenvolveu na jurisprudência inglesa, tendo sido reconhecida, pela primeira vez, em 1903 no célebre caso *Krell v. Henry*. Os fatos eram, em síntese, os seguintes: um grande cortejo fora organizado para os dias 26 e 27 de junho de 1902, a fim de celebrar a coroação do Rei Eduardo VII, a primeira coroação britânica em mais de sessenta anos, havendo sido divulgado que o referido cortejo passaria pela Pall Mall, uma avenida de Londres que se situa a apenas alguns quarteirões do Palácio de Buckingham. Uma semana antes, *Mister* Krell, proprietário de um apartamento em Pall Mall, aluga a *Mister* Henry seu imóvel, com vista para a avenida, por um valor significativo. Alguns dias depois, o futuro Rei adoece, adiando-se indefinidamente a coroação. *Mister* Henry, não tendo mais interesse na locação, recusa-se a efetuar o pagamento do aluguel, o que leva *Mister* Krell a acioná-lo em juízo. A corte inglesa entendeu que, embora não estivesse exatamente diante de um caso de "*impossibility*" (impossibilidade) – já que o pagamento do aluguel pelo imóvel continuava se afigurando possível –, tratava-se de hipótese análoga à impossibilidade, por ter restado "*frustrated*" (frustrado) o "*foundation of the contract*" (fundamento do contrato), consubstanciado na passagem do cortejo.[70] Casos similares foram analisados em seguida, como *Chandler v. Webster*,[71] formando um conjunto de precedentes denominado sinteticamente "*coronation cases*" (casos da coroação), que está na base da *doctrine of frustration*, aceita e aplicada também pela jurisprudência dos Estados Unidos da América e do Canadá.[72]

Há evidentes paralelos entre a *doctrine of frustration* e a teoria da pressuposição de Windscheid: ambas operam, em certa medida, sobre uma suposição das partes acerca de certo estado de coisas que deveria se manter ou ocorrer no futuro, não sendo raro que as cortes inglesas e americanas aludam, nesse tema, àquilo que denominam uma "*implied condition*" (condição implícita).[73]

---

70 *Krell vs. Henry*, 1903, 2 K.B. 740 (C.A.). Para comentários adicionais sobre o caso, ver, entre outros, R. G. McElroy e Glanville Williams, *The Coronation Cases – I*, in *Modern Law Review* 4.4, 1941, p. 241-260.

71 *Chandler v. Webster*, 1904, 1 K.B. 493.

72 Para um panorama da aplicação da *doctrine of frustration* na experiência do *common law*, ver Andrew Schwartz, A Standard Clause Analysis of the Frustration Doctrine and the Material Adverse Change Clause, in *UCLA Law Review* 57.3, 2010, p. 804.

73 "*La implied condition que todas estas sentencias admiten no es otra cosa que lo que la declaración, según su sentido, contiene; esto es, una suposición exigida por la 'naturaleza' del*

A exemplo do que ocorreu com a pressuposição em solo alemão, a *doctrine of frustration* atraiu, desde sua criação, críticas severas, não faltando autores que defendem sua abolição, em virtude da insegurança que suscitaria sobre as relações comerciais.[74] Ainda hoje, doutrina e jurisprudência advertem que sua aplicação somente pode incidir sobre "*a sufficiently severe case*"[75] (um caso suficientemente severo) e que a incidência da construção deve ser "*rather strictly limited*" (bem estritamente limitada).[76]

Atualmente, pode-se afirmar que a aplicação da *doctrine of frustration* na experiência do *common law*, como defesa apta a isentar o devedor do cumprimento da sua obrigação, depende da presença de quatro elementos: "*the party seeking to be excused must show that (1) its principal purpose in making the contract was (2) totally frustrated (or nearly so) by an (3) extraordinary and (4) exogenous event*".[77] Como se vê, o que interessa à mencionada doutrina é um evento

---

contrato (su sentido racional y su tipica peculiaridad), y que tiene su justificación en el mismo contrato. Es evidente que en muchos casos el contrato se celebra bajo la implied condition de que la prestación sea posible en el momento del cumplimiento y de que el fin del contrato pueda realizarse entonces" (Karl Larenz, *Base del Negocio Juridico y Cumplimento de los Contratos*, cit., p. 117-118).

74 Nesse sentido, após indagar se a noiva continua obrigada a arcar com a confecção de seu vestido mesmo se o noivo vem a padecer tragicamente antes do casamento e se o cego continua obrigado a arcar com os custos de instrução do seu cão-guia mesmo após retomar miraculosamente a visão, conclui Nicholas Weiskopf: "*In the end, viable legal principles governing excuse from contractual obligation must comport with prevailing commercial understanding. The basic human instinct is that one should normally not be responsible for the non-performance of an act rendered impossible without his fault. Decisional law, the desirability of contractual certainty, and the commercial mores implicated by risk allocation, suggest the contrary where the excuse proffered for non-performance is merely one of frustration in fact. However sad her predicament, the bride in the Wedding Dress Hypothetical should not be excused from her contract with the dressmaker*" (Frustration of Contractual Purpose: Doctrine or Myth, in *St. John's Law Review* 70.2, 1996, p. 271).

75 Andrew Schwartz, *A Standard Clause Analysis of the Frustration Doctrine and the Material Adverse Change Clause*, cit., p. 804.

76 Thomas Roberts, Commercial Impossibility and Frustration of Purpose: A Critical Analysis, in 16 *Canadian Journal of Law & Jurisprudence* 129, 2003, p. 144-145.

77 Em tradução livre: "a parte que pretenda ser escusada deve demonstrar que (1) sua principal finalidade para celebrar o contrato foi (2) totalmente *frustrated* (ou praticamente isso) por um (3) evento extraordinário e (4) exógeno". O trecho original é de Andrew Schwartz, *A Standard Clause Analysis of the Frustration Doctrine and the Material Adverse Change Clause*, cit., p. 802-803. O autor acrescenta que "*the case law establishes a very high bar for each of these elements and, accordingly, parties that seek to avoid their contracted-for performance on the ground of frustration almost never succeed in making the extremely strong showing demanded of them*" (ob. cit., p. 803).

extraordinário e externo às partes que torne inviável o cumprimento do contrato "não porque circunstâncias modificativas desequilibrem a prestação em face da contraprestação (...) mas pura e simplesmente porque o contrato perdeu sentido e se esvaiu na própria impossibilidade de vigorar" por força de "um evento que, se previsto, impediria a conclusão do contrato à mingua de sentido teleológico".[78] Nesse sentido é que se costuma invocar a célebre passagem de Lord Radcliffe segundo a qual o cumprimento do contrato, diante dos novos acontecimentos, "*would render it a thing radically different from that which was undertaken in the contract. Non haec in foedera veni. It was not this that I promised to do*".[79]

A *doctrine of frustration* vincula-se, assim, àquilo que já foi denominado inalcançabilidade do fim do contrato, e não exatamente ao desequilíbrio contratual[80] – sendo importante notar que, muito embora as duas matérias tenham sido fundidas pelo pensamento alemão,[81] não se afiguram necessariamente interligadas, como se verá adiante. De modo geral, o *common law* tem se revelado avesso a atribuir relevância jurídica ao desequilíbrio superveniente

78 José Maria Othon Sidou, *Resolução Judicial dos Contratos (Cláusula Rebus Sic Stantibus) e Contratos de Adesão: no Direito Vigente e no Projeto de Código Civil*, cit., p. 69.

79 Em tradução livre: "tornaria o cumprimento do contrato algo radicalmente diferente daquilo que foi prometido no contrato. *Non haec in foedera veni*. Não foi isso que eu prometi fazer." Segue-se o trecho completo no original: "*By this time it might seem that the parties have become so far disembodied spirits that their actual persons should be allowed to rest in peace. (...) So perhaps it would be simpler to say at the outset that frustration occurs whenever the law recognises that without default of either party a contractual obligation has become incapable of being performed because the circumstances in which performance is called for would render it a thing radically different from that which was undertaken by the contract. Non haec in foedera veni. It was not this that I promised to do*" (*Lord Radcliffe* in *Davis Contractors Ltd. V. Fareham Urban District Council* (1956) A.C. 965, p. 728).

80 Em perspectiva comparada, explica Karampatzos que, diferentemente do que ocorre nos Estados Unidos e, em parte, na Inglaterra, onde prevalece um sistema de mercado puro, essencialmente liberal, o pensamento jurídico alemão é intensamente influenciado pela chamada *soziale Marktwirtschaft* (economia social de mercado), que tem prevalecido na Alemanha desde o fim da Segunda Guerra Mundial. Assim, inúmeros parâmetros sociais são impostos não apenas política, mas juridicamente, para evitar abusos de poder econômico (Antonis Karampatzos, *Supervening Hardship as Subdivision of the General Frustration Rule: A Comparative Analysis with Reference to Anglo-American, German, French and Greek Law*, cit., p. 120).

81 Especialmente por meio de Karl Larenz, em seu declarado intuito de aproveitar a construção do *common law* em torno da *frustration*, assim como institutos de diversas outras experiências jurídicas europeias, no afã de elaborar uma teoria da base do negócio que se revelasse abrangente e sólida: ver Karl Larenz, *Base del Negocio Jurídico y Cumplimento de los Contratos*, cit., especialmente p. 116-130.

do contrato – mesmo nos Estados Unidos, em que o *Uniform Commercial Code* acolhe a noção de "*impracticability*" (inviabilidade),[82] os tribunais têm sido rigorosos na sua aplicação[83] e a imensa maioria dos casos, incluindo aqueles relacionados à inflação acentuada durante a Guerra do Vietnã, ao fechamento do Canal de Suez e à elevação súbita do preço do petróleo, não têm resultado em afastamento da exigência estrita de cumprimento do contrato.[84]

---

82 A noção de "*impracticability*" é construída a partir do §2-615 do *Uniform Commercial Code*, que assim dispõe: "*§ 2-615. Excuse by Failure of Presupposed Conditions. Except so far as a seller may have assumed a greater obligation and subject to the preceding section on substituted performance: (a) Delay in delivery or non-delivery in whole or in part by a seller who complies with paragraphs (b) and (c) is not a breach of his duty under a contract for sale if performance as agreed has been made impracticable by the occurrence of a contingency the non-occurrence of which was a basic assumption on which the contract was made or by compliance in good faith with any applicable foreign or domestic governmental regulation or order whether or not it later proves to be invalid. (b) Where the causes mentioned in paragraph (a) affect only a part of the seller's capacity to perform, he must allocate production and deliveries among his customers but may at his option include regular customers not then under contract as well as his own requirements for further manufacture. He may so allocate in any manner which is fair and reasonable. (c) The seller must notify the buyer seasonably that there will be delay or non-delivery and, when allocation is required under paragraph (b), of the estimated quota thus made available for the buyer*".

83 Sobre o tema, esclarece Stephen G. York, The Impracticability Doctrine of the U.C.C., in *Duquesne Law Review* 29.2, 1991, p. 222-223: "*There is an identifiable procedure courts will utilize when analyzing a case under the impracticability doctrine. Courts will answer one or two questions in determining if the defense of impracticability exists. A court faced with this issue will first consider whether the disruptive event, that is, the event which has allegedly made performance impracticable, was reasonably foreseeable by the parties at the time of contracting. If the event is deemed to have been foreseeable, then this 'fact' is dispositive, thereby foreclosing discharge. However, if the court believes that the disruptive event was not reasonably foreseeable, then the impracticability defense may be established – depending. In this latter situation, the court will query whether the occurrence of the disruptive event made performance impossible. If performance has not been made impossible, then the defense has not been established and the promisor's contractual obligations will not be discharged. Thus, the impracticability defense will be established if, and only if, the disruptive event was not reasonably foreseeable and if the event made performance impossible.*"

84 "*The common law has no developed doctrine of dissolving or adapting a contract because of hardship, but in the United States, at least, the Uniform Commercial Code has accepted and enacted into positive law the almost totally undeveloped doctrine of 'impracticability.' Thus far, however, the mere lack of equilibrium between the contracting parties caused by supervening events has not been a ground for relief. The dramatic inflation during the period of the Vietnam War produced many cases, but no relief was supplied by the courts. The convulsions in petroleum prices that drove up the price of petroleum products and the costs of energy, produced many cases, was relief rarely granted, and these rare cases are generally cited only to be criticized. The same lack of relief greeted the cases where coal prices tumbled when the petroleum*

De todo modo, a experiência do *common law* nesse campo revela-se útil, no mínimo como exemplo de alguma mitigação do *pacta sunt servanda* mesmo em uma experiência cultural menos vinculada à influência religiosa da repressão à usura[85] e por meio de uma atuação jurisprudencial intensamente pragmática.[86]

1.7. Teoria da excessiva onerosidade

Merece, ainda, menção o desenvolvimento do tema na experiência jurídica italiana, onde o problema da alteração superveniente das circunstâncias,

---

market became relatively free of the control of the petroleum cartel. Other convulsions, such as the closure of the Suez canal in 1956 and again in 1967 produced no relief for those whose performances became drastically more costly. (...) Would a mere huge increase in cost, without the requirement of a different mode of performance, be a sufficient ground for a finding of impracticability in American law? With the exceptions of a few cases that have been cited mostly to be criticized as aberrations, American cases do not permit any excuse based on increased cost alone, even where the market is affected by unforeseen calamities" (Joseph M. Perillo, Hardship and its Impact on Contractual Obligations: A Comparative Analysis, in *Saggi, Conferenze e Seminari* 20. Disponível em: www.cisg.law.pace.edu).

85 Tal influência religiosa, registre-se, não pode ser desconsiderada na repressão ao desequilíbrio contratual nos países da tradição romano-germânica. A influência do pensamento católico sobre a abordagem jurídica do tema pode ser bem visualizada na seguinte passagem de Francisco de Vitoria, considerado o fundador da Escola de Salamanca: "*si alguien da a alguien su dinero para que se la guarde, es lícito. Pero sin embargo si le da a aquél para que se beneficie con él, peca, como dijimos sobre los cambistas, que quien les da dinero, peca, porque lo da para usos ilícitos, a saber, para hacer usuras, puesto que los cambistas las realizan. Pues dice santo Tomás formalmente que si alguien confiara su dinero al usurero el cual no tiene de otro modo de dónde ejerciera las usuras, o que entregara con esta intención: para que se beneficiara de ello abundantemente por usura, diera materia para pecar; de donde también él mismo sería partícipe de la culpa. Pero si a algún usurero que tiene de otro modo de donde ejercer las usuras, le entrega su dinero que se guarde más seguro, no peca, sino que utiliza al hombre pecador para el bien*" (Francisco de Vitora, *Contratos y Usura*, Pamplona: Eunsa, 2006, p. 255-256).

86 Sobre as características do "sistema jurídico anglo-americano", ver, por todos, Konrad Zweigert e Hein Kötz, *Introduzione al diritto comparato*, v.v. I, Milão: Giuffrè, 1998, p. 220-332, nas quais se destaca, entre outros aspectos, que "*per i giuristi del continente europeo il diritto inglese è sempre stato qualcosa di insolito e misterioso. Ad ogni passo si incontrano istituti giuridici, procedimenti e tradizioni ai quali non si riesce a paragonare nulla di simile proveniente dal familiare mondo del diritto continentale. Soprattutto nel sistema di diritto inglese non si riesce a trovare ciò che a volte può sembrare un pressuposto indefettibilie di un sistema giuridico funzionante: l'esistenza di un codice civile, di un codice di commercio, di un codice di procedura civile, insomma, di un sistema di concetti giuridici construito ed elaborato in modo razionale. Al loro posto il giurista continentale trova una tecnica giuridica che non si interessa primariamente di interpretare la legge, di analizzare i problemi concreti al fine di 'riordinarli nel sistema', ma che si occupa soprattutto di precedenti e di casi tipici, che mira ad un'attenta discussione dei problemi più sensibile alla vita reale e che preferisce argomentare in modo concreto e storico, piuttosto che in modo astratto e sistematico*" (ob. cit., p. 221).

embora encontrando origem na mesma tradição medieval da cláusula *rebus sic stantibus* que inspirou os doutrinadores dos demais países europeus, seguiu trajetória particular.[87] Na perspectiva italiana, a questão nasce intensamente associada à hipótese tradicional de resolução contratual por impossibilidade superveniente da prestação, o que levou o Código Civil italiano, de 1942, a disciplinar o tema em seção denominada "*dell'eccessiva onerosità*" (da excessiva onerosidade).[88] A expressão, que realça a dificuldade de cumprimento da prestação que onera de modo exorbitante o devedor, já havia sido empregada em leis especiais anteriores, relacionadas aos efeitos da guerra.[89] A disciplina

87 Nesse sentido, afirma Paolo Gallo: "*La disciplina codicistica dell'eccessiva onerosità sopravvenuta introdotta dal nostro codice del 1942 era però da considerarsi sicuramente innovativa, oltre che all'avanguardia nel panorama europeo dell'epoca*" (*Sopravvenienza contrattuale e problemi di gestione del contratto*, Milão: Giuffrè, 1992, p. 105). Em igual direção, a avaliação de Menezes Cordeiro, para quem "a lei italiana seguiu, de certo modo, uma via própria. Não utilizou os quadros da velha cláusula *rebus sic stantibus* do Direito comum, nem os da imprevisão administrativa francesa, nem as múltiplas construções que, a partir de meados do século XIX, viriam da Alemanha. Recorreu, antes, a uma ideia formal dita onerosidade excessiva" (*Contratos Públicos*, cit., p. 54).

88 "*In sostanza, con la (nuova) disposizione dell'art. 1467 il legislatore introduce, in modo espresso e in via generale, il principio dell'implicita soggezione dei contratti con prestazioni corrispettive alla clausola rebus sic stantibus (sulle tracce del diritto comune se si vuole, quindi in collegamento con una tradizione per nulla estranea alla matrice giuridica più spiccatamente italiana). L'istituto della risoluzione per eccessiva onerosità viene così inquadrato, a livello sistematico, nell'ambito dei modi di risoluzione del contratto e la sua esplicita previsione legislativa realizza un ulteriore affinamento della sensibilità dell'ordinamento rispetto ai fenomeni che interessano lo svolgimento del rapporto sinallagmatico nel tempo. Se si considera unitariamente la disciplina del Capo XIV, relativo alla 'risoluzione del contratto', all'insegna delle forme di tutela predisposte dall'ordinamento contro le vicende perturbatrici del sinallagma, si potrebbe così muovere, idealmente, dalla risoluzione per impossibilità sopravvenuta della prestazione, dove il difetto nell'esecuzione del contratto e perciò la crisi del sinallagma assumono aspetti macroscopici, privando di qualsiasi significato economico la vicenda contrattuale (ma v'è anche l'ipotesi dell'impossibilità parziale e di quella soltanto temporanea), per passare alla risoluzione per inadempimento, in cui il difetto dell'esecuzione consiste nella mancanza della prestazione (apprezzabile mediante il criterio dell' interesse della parte in bonis creditrice), per giungere infine, come una sorta di ultima tappa, alla risoluzione per eccessiva onerosità, in cui la prestazione sulla quale l'evento supravvenuto ha inciso non è certo carente o priva di senso tout court, ma risulta fortemente pregiudicata nel suo valore economico (in relazione alla corrispettività originariamente fissata delle parti)*" (Vicenzo Roppo, *Trattato del contratto*, Milão: Giuffrè, 2006, p. 618-619. v. 5).

89 Embora tenha se tornado célebre em todo o mundo a *Lei Failliot*, de 1918, a Itália já havia editado em 1915 um pacote de normas que mitigavam o *pacta sunt servanda* em virtude dos efeitos da guerra: "*Il 24 maggio 1915 l'Italia dichiarò guerra all'Austria.*

traçada no Código Civil italiano aproxima-se, por um lado, da tradição francesa, inclusive pela expressa referência do art. 1.467 do *codice civile* aos "*avvenimenti straordinari e imprevedibili*" (acontecimentos extraordinários e imprevisíveis) que resultam na excessiva onerosidade,[90] mas, por outro lado, sua interpretação assumiu, desde cedo, características peculiares. Em especial, a doutrina italiana esforçou-se, desde os primórdios da codificação de 1942, por atribuir aos arts. 1.467 a 1.469 uma interpretação tão objetiva quanto possível, distanciando-se, na identificação do seu fundamento, do apego excessivo à vontade originária dos contratantes para situar o tema no campo da *causa*.[91] Afirma-se, nessa direção, que, se o propósito do legislador italiano foi assegurar a realização em concreto das específicas utilidades programadas pelas partes em sua relação contratual, "*allora non si può non concludere che l'istituto dell'eccessiva onerosità trova il suo fondamento nella causa in concreto del contratto*".[92]

Emblema di un sostanzioso pacchetto di leggi speciali emesse in relazione all'evento bellico, diversamente dalla Francia (lo avrebbe fatto notare con una non dissimulata punta di rammarico Trib. Milano, 13 gennaio 1916), il governo italiano emanò il d. luog. 27 maggio 1915, il cui art. 1 scandiva a chiare lettere che 'a tutti gli effetti dell'art. 1226 c.c., la guerra è considerata come caso di forza maggiore, non solo quando renda impossibile la prestazione, ma anche quando la renda eccessivamente onerosa, purché l'obbligazione sia stata assunta prima della data di mobilitazione generale.' L'eccessiva onerosità sopravvenuta faceva il suo ingresso nell'ordinamento italiano: che questo fosse più o meno trionfale dipendeva dalle opzioni ermeneutiche" (Giovanni Chiodi, *La giustizia contrattuale – Itinerari della giurisprudenza italiana tra Otto e Novecento*, cit., p. xxiv).

90 O ponto comum entre as experiências francesa e italiana explica-se pela adoção, ao tempo da elaboração da codificação italiana, de "*notevoli cautele, tese a limitare al massimo il temuto vulnus al principio dell'inderogabilità degli impegni contrattuali*" (Luciana Cabella Pisu, I rimedi contro l'eccessiva onerosità sopravvenuta, in Giovanna Visintini, *Trattato della responsabilità contrattuale*, Pádua: Cedam, 2009, p. 538. v. I).

91 Confira-se Augusto Pino, *L'eccessiva onerosità delle prestazione*, Pádua: Cedam, 1952, p. 127, que alude à excessiva onerosidade como "*vizio funzionale della causa*". Na mesma direção, ver, entre tantos outros, Giuseppe Mirabelli, *Dei contratti in generale*, Turim: UTET, 1980, p. 582; e Giovanna Casella, *La risoluzione del contratto per eccessiva onerosità sopravvenuta*, Turim: UTET, 2001, p. 5. Também associando o desequilíbrio do contrato à causa, mas em uma perspectiva que vincula o tema ao abuso do direito, ver Mario Barcellona, *Della causa – Il contratto e la circolazione della ricchezza*, cit., p. 563-572.

92 Em tradução livre: "então, não se pode não concluir que o instituto da excessiva onerosidade encontra o seu fundamento na causa *in concreto* do contrato". O trecho original é de Angelo Riccio, Eccessiva onerosità – Arts. 1467-1469, in *Commentario del codice civile*, libro IV, Francesco Galgano (cur.), Bologna: Zanichelli, 2010, p. 33-34. Na síntese de Maddalena Codella: "*l'eccessiva onerosità, al pari della impossibilità sopravvenuta e dell'inadempimento, rappresenta una ipotesi di difetto funzionale della causa in quanto lo squilibrio delle prestazioni determina una anomalia nel funzionamento della corrispettività,*

Em que pese a conhecida polissemia do termo *causa*,[93] e as críticas que se sucederam a essa abordagem,[94] o certo é que tal enquadramento da onerosidade excessiva deu origem, na Itália, a toda uma corrente mais objetiva, centrada no comprometimento do fim comum a que se dirige o contrato, aproximando-se, em parte, da construção do jurista alemão Locher.[95] Doutrina e jurisprudência italianas têm também reservado considerável espaço à teoria da pressuposição de Windscheid,[96] embora sua aplicabilidade seja limitada àquela hipótese em que o fim contratual torna-se irrealizável em virtude da supressão ou alteração de uma circunstância específica a que reste subordinado o contrato, ainda que implicitamente[97] – hipótese que tem sido, corretamente, tratada como "*cosa diversa*" do desequilíbrio contratual.[98]

---

impedendo così, la realizzazione del risultato economico-giuridico cui il contratto era diretto" (*Le sopravvenienze contrattuali: profili di diritto interno e comparato*, Università degli studi del Salerno, tesi, disponível no Arquivo Aberto da Universidade de Salerno: elea.unisa.it). Na jurisprudência italiana, a *Cassazione*, em diversos precedentes, já associou explicitamente o tratamento da excessiva onerosidade como o tema da causa: ver decisões reunidas e comentadas em Rita Rolli, Il rilancio della causa del contratto: la causa concreta, in *Contratto e impresa*, Pádua: Cedam, 2007, p. 416-454.

93 Sobre as diferentes correntes acerca da causa e a "polivalência" do conceito, ver Maria Celina Bodin de Moraes, A Causa dos Contratos, in *Revista Trimestral de Direito Civil*, v. 21, Rio de Janeiro: Padma, 2005, p. 95-119.

94 Por todos, Cesare Massimo Bianca, *Diritto Civile*, cit., p. 419-420.

95 Sobre o tema, afirma Enrico Gabrielli, *L'eccessiva onerosità sopravvenuta*, Turim: G. Giappichelli, 2012, p. 24, que enfatiza o caráter objetivo das teorias que identificam a excessiva onerosidade como um problema de causa do negócio jurídico: "*La teoria oggettiva che si è manifestata con varietà di sfumature concettuali, viceversa, muove prevalentemente dalla considerazione della causa del negozio e fa leva sulla mancata realizzazione della funzione economica assegnata al contratto e quindi si fonda su un difetto funzionale dello scambio*". O autor examina, ainda, diferentes críticas formuladas contra as propostas causalistas (ob. cit., p. 24-27).

96 "*La pressuposizione, peraltro, pur se non specificamente dedotta come condizione, costituisce specifico e oggettivo presupposto di efficacia del contratto assumendo, per entrambe le parti – o anche per una sola di esse, ma con riconoscimento da parte dell'altra – valore determinante ai fini del mantenimento del vincolo contrattuale, 'il cui mancato verificarsi legitima l'esercizio del recesso' (Cass. civ., sez. un., 2 ottobre 2012, n. 16728, GCM, 2012, 10, p. 1174)*" (Ricardo Mazzon, *Risarcimento del danno per inadempimento contrattuale*, Santarcangelo di Romagna: Maggioli, 2014, p. 36).

97 Nessa direção, Paolo Gallo chega a afirmar: "*L'ordinamento nel quale l'irraggiungibilità dello scopo contrattuale assume maggiormente rilevanza è probabilmente quello italiano. In Italia, pur in mancanza di un qualsiasi riscontro normativo, e nonostante l'ostilità della dottrina specie meno recente, ha infatti trovato applicazione la teoria della presuposizione proposta da Windscheid*" (*Sopravvenienza contrattuale e problemi di gestione del contratto*, cit., p. 297).

98 Como bem esclarece Bianca, em matéria de excessiva onerosidade, "*inadeguato è poi il*

Conquanto seja possível concluir que há amplas zonas de intersecção entre as diferentes construções teóricas examinadas,[99] caracterizadas pelo substrato cultural de seus respectivos países de origem, o modelo italiano assume relevância na presente análise por ter influenciado intensamente a redação do Código Civil brasileiro de 2002, como se verá a seguir.

2. Desequilíbrio contratual superveniente no direito brasileiro

Embora a discussão sobre os efeitos do desequilíbrio superveniente do contrato venha ocupando os juristas europeus desde a segunda metade do século XIX, o tema só ganhou força no Brasil a partir das primeiras décadas do século XX.[100] O Código Civil brasileiro de 1916 era silente acerca da matéria, cujo desenvolvimento ocorreu mais na jurisprudência que na doutrina.[101] A teoria da imprevisão, que no direito francês não havia produzido tanto eco nos tribunais cíveis, passou a ser citada por nossas cortes no enfrentamento de

---

richiamo alla presupposizione. La presupposizione designa infatti quei presupposti specifici, quelle circostanze particolari, alle quali di volta in volta può essere subordinato il singolo contratto pur senza un'esplicita menzione delle parti. L'istituto della eccesiva onerosità concerne invece le condizioni di mercato de di vita sociale ossia i pressuposti oggettivi generali. La norma sull'eccessiva onerosità ha attribuito diretta rilevanza a tali presupposti subordinando il mantenimento del vincolo contrattuale alla persistenza delle normali condizioni di mercato e di vita sociale che incidono sull'economia del contratto" (Cesare Massimo Bianca, *Diritto Civile*, cit., p. 420, v. V).

99 A doutrina comparatista destaca, na mesma direção, que "*it must be pointed out that all the theoretical instruments overlap with each other*", *de tal maneira que, por vezes*, "*it is difficult to make a clear distinction between these overlying implements*" (Rona Serozan, *General Report on the Effects of Financial Crises on the Binding Force of Contracts: Renegotiation, Rescission or Revision*, cit., p. 9).

100 Confirmando, de certa forma, a *boutade* de Millôr Fernandes, para quem "quando uma ideologia fica bem velhinha vem morar no Brasil" (Millôr Fernandes, *100+100*, Sergio Augusto (org.), Rio de Janeiro: IMS, 2014).

101 Em meados do século XX, ainda era quase absoluto o apego de nossos civilistas à intangibilidade do contrato, como se pode ver, a título ilustrativo, da passagem de Miranda Carvalho, "(...) o Código Civil não adotou a teoria da imprevisão como capaz de destruir a fé dos contratos, antes a repele, de um modo geral, pelo art. 1091 e só a admite em casos expressos, entre os quais a empreitada não figura, de sorte que o empreiteiro, na falta de acordo com o empreitador, fica na contingência iniludível de executar o contrato de empreitada pelo preço aí fixado, subsistam ou não as condições econômicas e outras, vigentes ao tempo da celebração do mesmo e então imprevisíveis ou imprevistas" (E. V. de Miranda Carvalho, *Contrato de Empreitada*, Rio de Janeiro: Freitas Bastos, 1953, p. 180-181).

problemas relacionados ao desequilíbrio contratual superveniente.[102] Já em 1938, o Supremo Tribunal Federal brasileiro, ao negar provimento ao Recurso Extraordinário 2.675, reconheceu a possibilidade de revisão do contrato diante de fatos imprevisíveis.[103]

Naquele julgamento, o Ministro Eduardo Espínola sustentou, em substancioso voto, a possibilidade de acolhimento no Brasil das chamadas "teorias revisionistas", tendo em vista que o direito brasileiro não continha "nenhuma regra que permita, de modo expresso, a cláusula *rebus sic stantibus* nem, tão pouco, qualquer regra que a proíba de modo terminante". Daí extraiu Espínola a "possibilidade de se reduzir a obrigação ou de a invalidar, pela mudança radical da situação", tendo sido seguido, nos seus fundamentos, pelos demais Ministros da corte.[104] O Supremo Tribunal Federal voltaria a analisar o tema nas décadas seguintes, mantendo seu entendimento de que "a regra *pacta sunt servanda* sofre temperamentos já tantas vezes explicitados em circunstâncias extraordinárias".[105] A maior parte dos casos viria motivada por aquilo que a própria corte denominou "inundação inflacionária", como se vê do seguinte acórdão proferido em 1964:

> Os recorrentes alegam que contrataram com a recorrida vender-lhe dum prédio em construção um apartamento. Houve aumento do preço da construção, pelo aumento do preço de materiais e os recorrentes foram obrigados a acionar a compradora para o necessário reajusta-

---

102 Para decisões judiciais da primeira metade do século XX debatendo a possibilidade de revisão do contrato em virtude de desequilíbrio provocado por motivos imprevisíveis, ver Arnoldo Medeiros da Fonseca, *Caso Fortuito e Teoria da Imprevisão*, cit., p. 310-321.

103 STF, Pleno, RE 2.675, Rel. Min. Laudo de Camargo, Rel. *ad hoc* Min. Costa Manso, j. 5-1-1938.

104 Para uma análise do julgado, tido como "marco do ingresso brasileiro no rol dos 'revisionistas'", ver José-Ricardo Pereira Lira, A Onerosidade Excessiva no Código Civil e a Impossibilidade de Modificação Judicial dos Contratos Comutativos sem Anuência do Credor, in Gustavo Tepedino e Luiz Edson Fachin (coords.), *O Direito e o Tempo*, cit., p. 438-439.

105 STF, Agravo de Instrumento 12.472, Rel. Min. Philadelpho Azevedo, j. 3-9-1945. Para a enumeração dos principais casos do Supremo Tribunal Federal envolvendo o tema, ver Fernanda Paes Leme, *Princípio do Equilíbrio Funcional dos Contratos*, cit., p. 56-59, em que a autora conclui que "a maioria dos julgados – quinze, de um total de dezenove – versava sobre contrato de empreitada a preço fixo, seja nos termos do artigo 1.246 do Código Civil, seja nos termos do artigo 55, parágrafo 1º, da Lei 4.591, de 1964; um julgado versava sobre revisão do pensionamento derivado de ato ilícito; dois julgados versavam sobre assinaturas permanentes de jornais; e um julgado versava sobre alteração de política tributária" (ob. cit., p. 59).

> mento, ficando reconhecido em Juízo a diferença alegada. (...) Mas o tema central a ser apreciado é o do ajuste do preço, comum em época de inundação inflacionária. E os recorrentes, diante dêsse quadro de insegurança econômica, alegam o reajustamento em nome da força maior, pelo imprevisto da situação *rebus sic stantibus*. Hoje em dia, como se vê em Ripert, em Gaston Maurin, em Giuseppe Capoerassi, que fala que o universo jurídico está dominado em parte *da un sistema rigoroso de stati de necessità* ('*L'ambiguità nel diritto contemporâneo*') – se estende a teoria da imprevisão aos contratos. É o que também se verifica em juristas nacionais, como Arnoldo Medeiros (Aspectos da evolução da teoria dos contratos). Parece-me indisputável que se ficou evidenciado o aumento do preço, por perícia, e se este é uma decorrência de uma situação imprevisível, as soluções dadas ao caso contrariam a realidade já enfrentada pela jurisprudência.[106]

Se a jurisprudência brasileira já mencionava, com frequência, a cláusula *rebus sic stantibus* e a teoria da imprevisão,[107] a consagração normativa das construções que embasavam o direito à revisão judicial do contrato só viria bem mais tarde por meio de leis especiais, merecendo especial destaque o Código de Defesa do Consumidor, de 1990, que assegura ao consumidor direito à revisão de cláusulas contratuais "em razão de fatos supervenientes que as tornem excessivamente onerosas" (art. 6º, V, *in fine*).[108] O código consumerista

106 STF, RE 55.516/GB – Guanabara, Min. Rel. Cândido Motta, j. 30-4-1964.

107 Embora cláusula *rebus sic stantibus* e teoria da imprevisão não se confundam em suas origens históricos e significados, houve forte associação das duas noções no Brasil, uma vez que a teoria da imprevisão tornou-se conhecida entre nós como uma espécie de versão contemporânea do instituto medieval. Nessa direção, chega a afirmar Arnoldo Wald: "É pertinente assinalar, embora haja quem distinga a cláusula *rebus sic stantibus* da teoria da imprevisão, que não vemos razão para fazer tal distinção, uma vez que o legislador reconheceu tratar-se da mesma técnica. Em verdade, a cláusula *rebus sic stantibus* foi renovada, no direito moderno, sob o nome de teoria da imprevisão, e exprime 'conceito amortecedor', isto é, ideia-força que limita a autonomia da vontade no interesse da comutatividade dos contratos. Tem por finalidade, portanto, assegurar a equivalência das prestações das partes quando, por motivo imprevisível, uma delas se tornou excessivamente onerosa" (O Equilíbrio Econômico-Financeiro e a Revisão dos Contratos, in Thiago Ferreira Cardoso Neves (coord.), *Direito & Justiça Social: por uma Sociedade mais Justa, Livre e Solidária*, São Paulo: Atlas, 2013, p. 295).

108 Lei n. 8.078, de 11 de setembro de 1990: "Art. 6º São direitos básicos do consumidor: (...) V – a modificação das cláusulas contratuais que estabeleçam prestações desproporcionais ou sua revisão em razão de fatos supervenientes que as tornem excessivamente onerosas". Embora leis anteriores já autorizassem a revisão em matérias específicas e dentro de certos limites – como se pode ver do exemplo da Lei n. 6.649, de 16 de maio de 1979, que autorizava, em seu art. 49, § 5º, a revisão judicial do aluguel após cinco anos

não exige que o fato superveniente seja imprevisível, razão pela qual a jurisprudência brasileira tem insistido em enxergar ali uma concretização da *teoria da base do negócio jurídico*,[109] ainda que não se possa identificar no dispositivo legal mencionado qualquer elemento típico das construções teóricas de Oertmann ou Larenz.[110] Também a Lei n. 8.245, de 1991, conhecida como Lei do Inquilinato, distanciou-se da teoria da imprevisão ao assegurar às partes do

---

de vigência do contrato de locação –, o Código de Defesa do Consumidor foi a primeira norma a consagrar a possibilidade de revisão judicial do contrato em termos gerais e em um universo amplo de relações jurídicas (relações de consumo). Sobre o tema, em doutrina, ver Paulo Lôbo, *Direito Civil: Contratos*, cit., p. 71: "A equivalência material é objetivamente aferida quando o contrato, seja na sua constituição, seja na sua execução, realiza a equivalência das prestações, sem vantagens ou onerosidades excessivas originárias ou supervenientes para uma das partes. No direito brasileiro, a norma que melhor a expressa, na ordem positiva, é o inciso V do art. 6º do CDC, que prevê *a modificação das cláusulas contratuais que estabeleçam prestações desproporcionais ou sua revisão em razão de fatos supervenientes que as tornem excessivamente onerosas*".

109 Confira-se, entre tantos outros, STJ, REsp 1.321.614, Min. Rel. Ricardo Villas Bôas Cueva, j. 16-12-2014: "Com efeito, a teoria da base objetiva tem por pressuposto a premissa de que a celebração de um contrato ocorre mediante consideração de determinadas circunstâncias, as quais, se modificadas no curso da relação contratual, determinam, por sua vez, consequências diversas daquelas inicialmente estabelecidas, com repercussão direta no equilíbrio das obrigações pactuadas. (...) Em que pese sua relevante inovação, tal teoria, ao dispensar, em especial, o requisito de imprevisibilidade, foi acolhida em nosso ordenamento apenas para as relações de consumo, que demandam especial proteção". Em igual sentido, TJRJ, Apelação 0005117-47.2006.8.19.0069, Des. Rel. Mario Guimarães Neto, j. 27-8-2007: "O entendimento emanado deste Tribunal é no sentido de se admitir a revisão destes contratos, aplicando-se a 'teoria da base objetiva', prevista no art. 6º, V do CDC, como suporte a decisão revisional. Tal teoria prevê a revisão das cláusulas contratuais em razão de fatos supervenientes que as tornem excessivamente onerosas, o que difere da teoria da imprevisão, inaplicável ao presente caso, eis que a desvalorização da moeda era fato previsível". Veja-se, ainda, TJRJ, Apelação 00258114-76.2009.8.19.0209, Des. Rel. Conceição A. Mousnier, j. 12-6-2013: "Mediante a situação acima exposta, nos moldes em que fora firmado o contrato, forçoso é concluir pelo necessário ajuste a fim de que a relação contratual seja reequilibrada, por meio da aplicação da Teoria da Base objetiva do negócio, prevista no artigo 6º, V do CDC".

110 Ao contrário: tanto o Código de Defesa do Consumidor quanto as normas que viriam posteriormente, incluindo aí o Código Civil de 2002, deixam de abordar, ao lado do tema do desequilíbrio contratual, o tema da inalcançabilidade do escopo contratual, que consiste em parte relevante da teoria da base do negócio. O mesmo ocorreu na Itália, onde Paolo Gallo chegou a afirmar que a codificação daquele país, embora se abeberando em fontes alemãs, "*taglia completamente fuori un'altra fattispecie sicuramente rilevante, vale a dire l'irragiungibilità dello scopo contrattuale*" (*Sopravvenienza contrattuale e problemi di gestione del contratto*, cit., p. 106).

contrato de locação o direito à revisão do preço do aluguel, para "ajustá-lo ao preço de mercado", após três anos de vigência do contrato "ou do acordo anteriormente celebrado" (art. 19). Ainda nos anos noventa, a Lei n. 8.666, de 1993, que institui normas para licitações e contratos da Administração Pública, assegurou ao contratado o direito à preservação do "equilíbrio econômico-financeiro inicial" do contrato diante de diferentes situações (arts. 57, § 1º; 58, § 2º; 65, II, *d*, e § 6º).[111]

A principal peculiaridade do direito brasileiro, nesse campo, talvez resida no fato de que essa experiência das leis especiais dos anos noventa, de caráter mais objetivo, não foi levada em consideração pelo Código Civil de 2002, que acabou refletindo construção diversa, ainda dotada de elementos de viés subjetivista – em especial, a referência à imprevisão, que dominava o tema em nossos tribunais ao tempo da elaboração do projeto da nova codificação.

3. A abordagem do Código Civil brasileiro de 2002

Em matéria de desequilíbrio contratual superveniente, o Código Civil brasileiro de 2002 seguiu um modelo normativo estrangeiro bem definido: o Código Civil italiano de 1942. Com efeito, as disposições dos arts. 478 a 480 do Código Civil brasileiro encontram paralelo praticamente literal nas normas contidas no Livro Quarto, Título II, Capítulo XIV, Seção III, do

111 "Art. 57. A duração dos contratos regidos por esta Lei ficará adstrita à vigência dos respectivos créditos orçamentários, exceto quanto aos relativos: (...) § 1º Os prazos de início de etapas de execução, de conclusão e de entrega admitem prorrogação, mantidas as demais cláusulas do contrato e assegurada a manutenção de seu equilíbrio econômico-financeiro, desde que ocorra algum dos seguintes motivos, devidamente autuados em processo (...) Art. 58. O regime jurídico dos contratos administrativos instituído por esta Lei confere à Administração, em relação a eles, a prerrogativa de: (...) § 2º Na hipótese do inciso I deste artigo, as cláusulas econômico-financeiras do contrato deverão ser revistas para que se mantenha o equilíbrio contratual. (...) Art. 65. Os contratos regidos por esta Lei poderão ser alterados, com as devidas justificativas, nos seguintes casos: (...) II – por acordo das partes: (...) d) para restabelecer a relação que as partes pactuaram inicialmente entre os encargos do contratado e a retribuição da administração para a justa remuneração da obra, serviço ou fornecimento, objetivando a manutenção do equilíbrio econômico-financeiro inicial do contrato, na hipótese de sobrevirem fatos imprevisíveis, ou previsíveis porém de consequências incalculáveis, retardadores ou impeditivos da execução do ajustado, ou, ainda, em caso de força maior, caso fortuito ou fato do príncipe, configurando álea econômica extraordinária e extracontratual. (...) § 6º Em havendo alteração unilateral do contrato que aumente os encargos do contratado, a Administração deverá restabelecer, por aditamento, o equilíbrio econômico-financeiro inicial."

Código Civil italiano de 1942, dedicadas ao tratamento da "*eccessiva onerosità*". Assim, o art. 479 da codificação brasileira reproduz na íntegra a parte final do art. 1.467 da codificação italiana. Na mesma direção, o art. 480 do Código Civil brasileiro repete, com pequena diferença de linguagem, o disposto no art. 1.468 do Código Civil italiano. E o art. 478 da codificação brasileira – considerado a principal norma na matéria – reproduz, com algumas poucas diferenças, o disposto na parte inicial do art. 1.467 da codificação italiana.

O quadro abaixo auxilia a visualizar a notável semelhança entre as normas mencionadas:

Código Civil brasileiro (2002)	Código Civil italiano (1942)
Art. 478. Nos contratos de execução continuada ou diferida, se a prestação de uma das partes se tornar excessivamente onerosa, com extrema vantagem para a outra, em virtude de acontecimentos extraordinários e imprevisíveis, poderá o devedor pedir a resolução do contrato. Os efeitos da sentença que a decretar retroagirão à data da citação.	*Art. 1.467. Nei contratti a esecuzione continuata o periodica ovvero a esecuzione differita, se la prestazione di una delle parti è divenuta eccessivamente onerosa per il verificarsi di avvenimenti straordinari e imprevedibili, la parte che deve tale prestazione può domandare la risoluzione del contratto, con gli effetti stabiliti dall'art. 1458. (...)*[112]
Art. 479. A resolução poderá ser evitada, oferecendo-se o réu a modificar equitativamente as condições do contrato.	*Art. 1.467 (...) La parte contro la quale è domandata la risoluzione può evitarla offrendo di modificare equamente le condizioni del contratto.*[113]
Art. 480. Se no contrato as obrigações couberem a apenas uma das partes, poderá ela pleitear que a sua prestação seja reduzida, ou alterado o modo de executá-la, a fim de evitar a onerosidade excessiva.	*Art. 1.468. Nell'ipotesi prevista dall' articolo precedente, se si tratta di un contratto nel quale una sola delle parti ha assunto obbligazioni, questa può chiedere una riduzione della sua prestazione*

112 Em tradução livre: "Art. 1.467. Nos contratos de execução continuada ou periódica ou, ainda, de execução diferida, se a prestação de uma das partes torna-se excessivamente onerosa pela ocorrência de acontecimentos extraordinários e imprevisíveis, a parte que deve tal prestação pode pleitear a resolução do contrato, com os efeitos estabelecidos pelo art. 1.458". O art. 1.458 a que faz referência o art. 1.467 do Código Civil italiano trata dos efeitos retroativos da resolução: "*Art. 1.458. La risoluzione del contratto per inadempimento ha effetto retroattivo tra le parti, salvo il caso di contratti ad esecuzione continuata o periodica, riguardo ai quali l'effetto della risoluzione non si estende alle prestazioni già eseguite. La risoluzione, anche se è stata espressamente pattuita, non pregiudica i diritti acquistati dai terzi, salvi gli effetti della trascrizione della domanda di risoluzione*".

113 Em tradução livre: "Art. 1.467. (...) A parte contra qual é pleiteada a resolução pode evitá-la oferecendo-se a modificar equitativamente as condições do contrato".

Código Civil brasileiro (2002)	Código Civil italiano (1942)
	ovvero una modificazione nelle modalità di esecuzione, sufficienti per ricondurla ad equità.[114]

Há, por outro lado, algumas diferenças pontuais que merecem atenção. Por exemplo, o Código Civil brasileiro deixou de reproduzir os dispositivos que completam, na codificação italiana, a disciplina da "*eccessiva onerosità*" e que aludem ao risco contratual. Assim, foram suprimidos na versão brasileira: (i) o trecho do art. 1.467 que impede a parte onerada de pleitear a resolução quando "a superveniente onerosidade resta abrangida pela álea normal do contrato";[115] e (ii) o art. 1.469, segundo o qual a disciplina da "*eccessiva onerosità*" não se aplica aos contratos aleatórios por sua natureza ou por vontade das partes.[116]

Outra diferença importante é que o legislador brasileiro entendeu por bem acrescer aos requisitos necessários à configuração do direito à resolução o requisito da "extrema vantagem" para a contraparte (art. 478), elemento ausente da disciplina italiana (art. 1.467). Como se verá mais adiante, a noção de "extrema vantagem" tem gerado desconforto na aplicação do instituto, havendo, inclusive, quem recomende simplesmente ignorar a expressão empregada pelo nosso legislador. Há, ainda, que se mencionar que os artigos da codificação italiana são redigidos sob títulos que aludem, de um lado (art. 1.468), ao "*contratto con obbligazioni di una sola parte*" (contrato com obrigações de uma só parte) e, de outro (art. 1.467), ao "*contratto con prestazioni corrispettive*" (contrato com prestações correspectivas), sendo certo que, na ausência de alusão semelhante por parte do Código Civil brasileiro, o tema vem usualmente tratado entre nós sob a ótica da tradicional distinção entre contratos bilaterais e unilaterais.[117]

---

114 Em tradução livre: "Art. 1.468. Nas hipóteses previstas no artigo antecedente, em se tratando de contrato no qual apenas uma das partes assumiu obrigações, esta pode pedir uma redução da sua prestação ou uma modificação nas modalidades de execução, suficiente para reconduzi-la à equidade".

115 "*Art. 1.467 (...) La risoluzione non può essere domandata se la sopravvenuta onerosità rientra nell'alea normale del contratto (...)*"

116 "*Art. 1.469 Contratto aleatorio. Le norme degli articoli precedenti non si applicano ai contratti aleatori per loro natura (1879) o per volontà delle parti (1448, 1472).*"

117 Como observa Ricardo Lira, ao analisar a codificação civil italiana, "a expressão 'contratos com prestações correspectivas', empregada pelo Código Civil italiano (art. 1.467), é mais abrangente que a de 'contratos sinalagmáticos', pois alcança aqueles contratos

Por fim, merece registro a existência do art. 317 do Código Civil brasileiro, que não encontra correspondente na codificação italiana. Tal dispositivo, embora inspirado no combate à desvalorização monetária, como se verá adiante, foi redigido em termos amplos o suficiente para adquirir, por esforço doutrinário e jurisprudencial, papel relevante no âmbito da proteção contra o desequilíbrio superveniente, especialmente ao abrir as portas do sistema jurídico brasileiro à revisão judicial do contrato, conforme também será detalhado mais à frente.

Por ora, pode-se registrar que o tecido normativo brasileiro em matéria de desequilíbrio contratual superveniente guarda peculiaridades relevantes, mas sofreu inegável influência do modelo consagrado na codificação civil italiana. Não deixa de ser impressionante que o arco temporal de mais de meio século entre aquela codificação, editada em 1942, e o Código Civil brasileiro de 2002 não tenha impedido que nosso Poder Legislativo chancelasse, sem qualquer discussão mais profunda, os dispositivos relativos ao tema.[118] O resultado, como se verá a seguir, foi uma listagem de requisitos que tem ensejado acesa controvérsia, gerando uma aplicação desprovida de uniformidade e coerência na prática jurisprudencial brasileira.

4. Requisitos do desequilíbrio contratual superveniente no Código Civil

Da própria análise da disciplina normativa da resolução contratual por onerosidade excessiva – em especial, da literalidade do art. 478 do Código Civil –, a doutrina extrai os requisitos de sua aplicação, quais sejam, (a) contrato "de execução continuada ou diferida"; (b) excessiva onerosidade para uma das partes; (c) com "extrema vantagem" da outra parte; e (d) "em virtude de acontecimentos extraordinários e imprevisíveis". Passa-se à análise de cada requisito, em separado.

4.1. Contratos de execução continuada ou diferida

O art. 478 do Código Civil começa por restringir seu campo de incidência aos "contratos de execução continuada ou diferida". A doutrina brasileira

---

denominados 'bilaterais imperfeitos' (como o depósito oneroso e o mútuo remunerado, nos quais existe reciprocidade de prestações econômicas, mas não ocorre uma relação de interdependência entre tais prestações)" (Ricardo Pereira Lira, *A Onerosidade Excessiva nos Contratos*, cit., p. 10).

118 Sobre a apressada aprovação do Código Civil brasileiro de 2002 e a desatualidade de seu projeto original, ver capítulo anterior desta obra.

denomina contrato de execução diferida aquele em que "a prestação das partes não se dá de um só jato, porém a termo, não ocorrendo a extinção enquanto não se completar a *solutio*".[119] É o exemplo da compra e venda celebrada com previsão de pagamento do preço a termo futuro. De outro lado, afirma-se que contratos de execução continuada:

> São os duradouros, em suas duas modalidades: os de execução continuada propriamente dita, com a permanência contínua da mesma situação, a exemplo da prestação do locador, e os de execução periódica, como o contrato de fornecimento de mercadoria ou de assistência técnica em datas certas ou eventuais.[120]

O que caracteriza os contratos de execução continuada "é o fato de que os pagamentos não geram a extinção da obrigação, que renasce", sendo certo que "a duração ou continuidade da obrigação não é simplesmente suportada pelo credor, mas é querida pelas partes contratantes".[121] Exemplo típico é o contrato de locação, em que a cessão do uso e gozo do bem infungível se prolonga no tempo (prestação prolongada), enquanto o pagamento do aluguel ocorre em períodos sucessivos (prestação periódica), não assumindo efeito extintivo da relação contratual, que prossegue até o advento do termo final ou outra causa terminativa.

A classificação acima sintetizada não é uníssona na doutrina, havendo, por exemplo, quem enxergue os contratos de execução periódica como uma espécie do gênero dos contratos de execução diferida, tendo em vista que a prestação se cumpre, ainda que sucessivas vezes, em momentos delimitados no tempo.[122] De modo geral, pode-se afirmar que os contratos de execução

---

119 Caio Mário da Silva Pereira, *Instituições de Direito Civil*, cit., p. 60. v. III. Aduz, sobre o tema, Antônio Junqueira de Azevedo: "Nos contratos de execução diferida, há interesse ou necessidade de que o adimplemento ocorra *em um determinado momento*, após a celebração da avença. O tempo funciona, assim, como fator de fixação da 'sede temporal', um *termo* assinalado à execução da prestação, marcando a distância entre o ato constitutivo da relação jurídica e o ato de adimplemento" (Contrato de opção de venda de participações societárias. Variação imprevisível do valor da coisa prometida em relação ao preço de mercado. Possibilidade de revisão por onerosidade excessiva com base nos arts. 478 a 480 do Código Civil em contrato unilateral, in *Novos Estudos e Pareceres de Direito Privado*, São Paulo: Saraiva, 2009, p. 207).

120 Ruy Rosado de Aguiar Júnior, *Comentários ao Novo Código Civil*, v. VI, t. II, in Sálvio de Figueiredo Teixeira (coord.), *Comentários ao Novo Código Civil*, Rio de Janeiro: Forense, 2011, p. 885.

121 Caio Mário da Silva Pereira, *Instituições de Direito Civil*, cit., p. 60. v. III.

122 Nessa direção, ver Judith Martins-Costa, A *Revisão dos Contratos no Código Civil Brasileiro*, cit., p. 157, para quem "contratos instantâneos de execução diferida" são aqueles "em

continuada e de execução diferida a que alude o art. 478 do Código Civil opõem-se aos contratos de execução imediata, assim entendidos aqueles cujo cumprimento se segue *incontinenti* à sua celebração.[123] Nos contratos de execução imediata ou instantânea, a ausência do decurso do tempo entre a celebração e o cumprimento da avença impediria a alteração das circunstâncias fáticas existentes num e noutro momento,[124] afastando, por tal razão, qualquer discussão sobre o desequilíbrio contratual superveniente.[125] É nos contratos cujo cumprimento se estende no tempo que o tema em análise se situa.[126]

que a prestação está sujeita a um termo (prazo), sendo protraída no tempo, podendo se realizar em um só instante, mais ou menos longínquo em relação ao momento da conclusão, em ao único, ou num momento 'recortados' em prestações. Neste caso, cada uma das prestações (parcelas) que é paga, determina a extinção parcial do débito, até a extinção do débito com a consequente extinção do contrato" (ob. cit., nota de rodapé 84).

123 São, em outras palavras, contratos "nos quais falta tempo relevante entre a formação do vínculo e o cumprimento das prestações" (Araken de Assis, *Da Resolução por Onerosidade Excessiva*, in Arruda Alvim e Thereza Alvim (coords.), *Comentários ao Código Civil Brasileiro*, Rio de Janeiro: Forense, 2007, p. 708. v. V).

124 No dizer de Gabriela Tabet, os contratos de execução imediata ou instantânea "não se coadunam com o instituto, visto que, por não possuir execução que se protraia no tempo, não está sujeito à superveniência de fato novo" (Obrigações Pecuniárias e Revisão Obrigacional, in Gustavo Tepedino (coord.), *Obrigações: Estudos na Perspectiva Civil-Constitucional*, Rio de Janeiro: Renovar, 2005, p. 355-356). Em igual sentido, mas sob o enfoque das relações de consumo, afirma Raquel Bellini de Oliveira Salles: "O primeiro requisito atine à prestação a ser revisada, que deve ser duradoura ou periódica. As obrigações instantâneas não sofrem a ação do tempo para resultar excessivamente onerosas por motivos supervenientes" (*O Desequilíbrio da Relação Obrigacional e a Revisão dos Contratos no Código de Defesa do Consumidor: Para um Cotejo com o Código Civil*, cit., p. 322).

125 Parte da doutrina brasileira afirma se tratar de uma "impossibilidade lógica". Nesse sentido, Rafael Renner, *Novo Direito Contratual: a tutela do equilíbrio contratual no Código Civil*, cit., 2007, p. 130; e Judith Martins-Costa, *Comentários ao Novo Código Civil*, Sálvio de Figueiredo Teixeira (coord.), Rio de Janeiro: Forense, 2003, p. 301-302. v. V, t. I; entre outros. Na mesma direção, afirma Marco Aurélio Bezerra de Melo, *Curso de Direito Civil: Teoria Geral dos Contratos*, cit., p. 385-386: "Nos chamados contratos instantâneos, não há possibilidade de um fato superveniente provocar desequilíbrio contratual, pois o intervalo de tempo entre a contratação e a sua execução é condição para que a onerosidade excessiva superveniente se manifeste".

126 A doutrina nacional e estrangeira costuma destacar que, quanto maior o intervalo temporal, maior o risco de desequilíbrio contratual superveniente: "*I rischi di un mutamento delle circostanze tali da creare una divaricazione tra il regolamento contrattuale per definizione statico ed immutabile e la realtà in continua evoluzione saranno tanto maggiori quanto più lungo è l'intervallo di tempo che intercorre tra il momento della conclusione e quello della esecuzione*" (Paolo Gallo, *Sopravvenienza contrattuale e problemi di gestione del contratto*, cit., p. 4).

Há, assim, que se concluir que, ao aludir aos "contratos de execução continuada ou diferida", o legislador brasileiro terá seguramente desejado abarcar todas as espécies de relações contratuais cujo cumprimento se estende no tempo,[127] ainda que minimamente.[128] O art. 478 deve ser compreendido, em síntese, como norma de afastamento dos contratos de execução imediata, e não como seleção de algumas espécies de contratos de execução temporalmente alongada.[129] Os debates em torno da classificação temporal dos contratos exprimem, nessa matéria, um dissenso mais terminológico que substancial, não devendo as diferentes classificações propostas na doutrina ser vistas como fator de restrição da incidência da codificação civil no tocante ao desequilíbrio contratual superveniente. Ainda que a menção exclusiva aos "contratos de execução continuada ou diferida" possa ser vista como certo reducionismo legislativo diante da ampla categorização doutrinária, tem razão Francisco Marino quando afirma que o legislador, no art. 478, tomou a parte pelo todo,[130] empregando a expressão "contratos de execução continuada ou diferida" no sentido de qualquer contrato cujo cumprimento se estenda no tempo.[131]

---

127 Em igual direção, afirma Luiz Gastão Paes de Barros Leães, Resolução por Onerosidade Excessiva, in *Revista de Direito Mercantil, Industrial, Econômico e Financeiro*, v. 140, out./dez. 2005, p. 32: "A lei brasileira manteve a incidência do mecanismo da excessiva onerosidade nos contratos de execução diferida, mas não fez menção, na primeira hipótese de incidência, senão aos 'contratos de execução continuada', sem fazer referência aos contratos de execução periódica, por achar essa referência desnecessária. Com efeito, nos contratos de execução continuada são presumidos todos os tipos de contrato de duração – contratos de execução parcelada, repetida, periódica ou não, e contínua – em que existe uma *distantia temporis* entre o momento de sua estipulação e o início e o desenvolvimento de sua execução".

128 "O contrato de cumprimento instantâneo, como é elementar, não se amolda à problemática da excessiva onerosidade. Esta surge com o decorrer de certo tempo, ainda que muito próxima à feitura do contrato" (Sílvio de Salvo Venosa, *Direito Civil: Teoria Geral das Obrigações e Teoria Geral dos Contratos*, 13. ed. São Paulo: Atlas, 2013, p. 491). Na doutrina estrangeira, ver Rodolfo Sacco e Giorgio De Nova, *Il contratto*, tomo II, cit., p. 706: "*Non si richiede, peraltro, che l'intervallo di tempo sia particolarmente lungo*".

129 Era já, de resto, a lição consagrada na obra de Silvio Rodrigues, onde se lê que "a resolução por onerosidade excessiva tem por campo apenas o contrato de execução continuada ou diferida no futuro, o que equivale a excluir de seu alcance o contrato de execução imediata" (*Direito Civil*, 28. ed. São Paulo: Saraiva, 2002, p. 132. v. 3).

130 Francisco Paulo de Crescenzo Marino, Classificação dos Contratos, in Gilberto Hadad Jabur e Antonio Jorge Pereira Júnior (coord.), *Direito dos Contratos*, São Paulo: Quartier Latin, 2006, p. 32.

131 Laura Coradini Frantz alude, nesse sentido, à necessidade de "existência de um 'hiato temporal' entre a conclusão do contrato e sua execução" (*Revisão dos Contratos: elementos para sua construção dogmática*, São Paulo: Saraiva, 2007, p. 108).

Tais contratos são, por vezes, chamados no Brasil de "contratos de duração",[132] tomando-se de empréstimo a célebre expressão empregada pelo jurista italiano Giorgio Oppo em 1943: "*i contratti di durata*".[133] Aqui, como em qualquer parte, é preciso cautela com a importação da terminologia, pois a expressão original designa categoria específica de contratos em que a duração da prestação integra a própria causa do contrato, uma vez que à "*durata corrisponde, sempre sotto il profilo causale, um interesse o bisogno durevole cui appunto il contratto soddisfa*".[134] Trata-se, portanto, de categoria restritiva em que a duração do cumprimento não surge como dado fático, consequencial, mas como elemento da causa contratual, enquanto, no tema do desequilíbrio superveniente das prestações, o decurso do tempo desempenha, diversamente, um papel de fator da realidade necessário a possibilitar a alteração das circunstâncias que desencadeia sua aplicação.[135]

A maior parte da doutrina brasileira parece pouco atenta a esse aspecto, limitando-se a uma enunciação categorial dos contratos aos quais seria aplicável o art. 478 do Código Civil, sem observar tais contratos em perspectiva concreta, dinâmica e funcional. O resultado dessa abordagem é que se deixa de enfrentar questões práticas importantes, como a aplicabilidade ou não do dispositivo mencionado aos contratos de execução imediata ou instantânea

---

132 Confira-se, entre outros, Carlos Roberto Gonçalves, *Direito Civil Brasileiro: contrato e atos unilaterais*, 7. ed. São Paulo: Saraiva, 2010, p. 197: "Como é intuitivo, o primeiro pressuposto para que se possa invocar a onerosidade excessiva é que se trate dos denominados *contratos de duração*, nos quais há um intervalo de tempo razoável entre a sua celebração e a completa execução". Também empregam a expressão Cristiano Chaves de Farias e Nelson Rosenvald, *Curso de Direito Civil: Contratos*, cit., p. 560; Paulo Roberto Roque Antônio Khouri, A *Revisão Judicial dos Contratos no Novo Código Civil, Código do Consumidor e Lei 8.666/93: a onerosidade excessiva superveniente*, cit., p. 49; e Paulo Magalhães Nasser, *Onerosidade Excessiva no Contrato Civil*, São Paulo: Saraiva, 2011, p. 128-129.

133 Giorgio Oppo, I contratti di durata, in *Rivista del diritto commerciale e del diritto generale delle obbligazioni*, 1943, 1, Milão: Vallardi, p.143-180.

134 Em tradução livre: à "duração corresponde, sempre sob o perfil causal, um interesse ou necessidade duradoura a qual justamente o contrato atende". Trecho original de Giorgio Oppo, *I contratti di durata*, in *Scritti giuridici, Obbligazioni e negozio giuridico*, Pádua, 1992, p. 248. v. III.

135 O desequilíbrio, como já visto, pode ser encarado como elemento perturbador da causa do contrato, mas o decurso do tempo, quando encarado como aspecto substancial do requisito mencionado pela parte inicial do art. 478 do Código Civil brasileiro, desempenha o papel de mero cenário que possibilita o desequilíbrio, não se devendo exigir, por isso mesmo, que o prolongamento do tempo seja necessariamente elemento integrante da causa do contrato.

que, por alguma razão, acabam não sendo cumpridos prontamente ou, embora com pronta execução, não alcançam imediatamente o seu fim (*e.g.*, uma compra e venda à vista com pagamento efetuado em cheque que não se logra descontar por força de greve do setor bancário).[136]

Ainda como resultado dessa abordagem abstrata e categorial, a doutrina brasileira deixa de enfrentar questões relevantes atinentes às diferentes formas de execução dos contratos que se prolongam no tempo e seus efeitos sobre o desequilíbrio contratual superveniente: por exemplo, pode invocar o desequilíbrio contratual a parte de um contrato de execução diferida que efetuou o pagamento de sua prestação à vista, antecipando os recursos para que a contraparte fizesse frente ao custo necessário à realização da sua respectiva prestação? Ou, ao contrário, além de um contrato em curso, faz-se também necessário que a prestação do contratante que invoca o desequilíbrio contratual esteja pendente de cumprimento?

Tais indagações revelam que as classificações abstratas dos contratos conforme sua duração podem induzir o intérprete a exagerada simplificação, quando não a erro. Com efeito, contratos de execução diferida podem conter prestações de execução imediata para uma das partes, diferida para outra ou diferidas para ambas, e a doutrina brasileira parece ignorar qualquer consequência dessas diferenciações para fins de tutela do equilíbrio contratual, ao contrário do que ocorre em outras experiências jurídicas, como se verá oportunamente. Nossa jurisprudência tampouco se ocupa desses temas, refletindo uma abordagem puramente estrutural e abstrata do requisito relativo aos "contratos de execução continuada ou diferida".[137]

---

136 O tema será examinado, detalhadamente, mais adiante.

137 É o que se pode verificar de alguns exemplos jurisprudenciais como STJ, 4ª Turma, REsp 936.741/GO, Rel. Min. Antônio Carlos Ferreira, 3-11-2011, em que se concluiu: "No caso *sub judice*, deve-se reconhecer que: (i) os contratos em discussão não são de execução continuada ou diferida, mas contratos de compra e venda de coisa futura, a preço fixo". Ver, ainda, STJ, 3ª Turma, REsp 783.520/GO, Rel. Min. Humberto Gomes de Barros, 7-5-2007: "No caso, as partes celebraram contrato de compra e venda, a preço fixo, para entrega futura. Tal acerto cabe no conceito de 'execução diferida'. (...) A obrigação assumida pelos recorrentes era de execução diferida, ou seja, para ser cumprida em momento futuro (*emptio rei sperata*)". Em âmbito estadual, ver TJRJ, 8ª Câmara Cível, Apelação Cível 0002125-15.2006.8.19.0037, 27-2-2013: "Com efeito, a cessão de cotas celebrada entre as partes litigantes se trata de contrato de execução continuada, pois as parcelas referentes às cotas da sociedade empresária seriam pagas em vinte e cinco prestações, entretanto não se vislumbra onerosidade excessiva em desfavor do ora recorrente".

4.2. Fato superveniente, extraordinário e imprevisível

A doutrina brasileira é uníssona em afirmar que o art. 478 do Código Civil exige que o desequilíbrio contratual decorra de um fato superveniente, extraordinário e imprevisível.[138] Por superveniente entende-se o fato que ocorre após a conclusão do contrato, não havendo debate doutrinário a respeito no Brasil; é o seu caráter extraordinário e imprevisível que domina a produção doutrinária em torno do tema, discutindo-se, em especial, se as expressões são empregadas como sinônimos[139] ou se, ao contrário, *extraordinário* e *imprevisível* são qualificações distintas em seu significado,[140] havendo, ainda,

138 Ver, a título ilustrativo, Orlando Gomes, *Contratos*, 17. ed. Rio de Janeiro: Forense, 1996, p. 179; Caio Mário da Silva Pereira, *Instituições de Direito Civil: Contratos*, cit., p. 141; e Paulo Magalhães Nasser, *Onerosidade Excessiva no Contrato Civil*, cit., p. 105-106.

139 Nesse sentido, afirma expressamente Araken de Assis: "A disposição reproduz, e na mesma ordem, os adjetivos empregados pelo art. 1.467 do CC italiano; todavia, não exibem relevo autônomo, reduzindo-se o parâmetro do 'extraordinário' aos quadrantes ditados pelo 'imprevisível'. Criticável que seja a redundância, bem se compreende a ênfase do legislador. Importará, assim, a anormalidade ou anomalia do evento, a alteração 'que escapa à regra, a que produz um sobressalto, um acidente, no curso ordinário ou série natural de acontecimentos" (Araken de Assis, *Da Resolução por Onerosidade Excessiva*, cit., p. 716-717). Na mesma direção, Laura Coradini Frantz registra a "prescindibilidade da referência à extraordinariedade do fato", que, a seu ver, exprimiria autêntica "redundância" com o requisito da imprevisibilidade (*Revisão dos Contratos: elementos para sua Construção Dogmática*, cit., p. 123-124). Adalberto Pimentel Diniz de Souza, *Risco Contratual, Onerosidade Excessiva & Contratos Aleatórios*, cit., p. 156, defende a sinonímia, argumentando que as expressões "podem ser entendidas com equivalência" e acrescenta que, "na prática, o que é extraordinário é lançado em reforço ao que é imprevisível, o que justifica, inclusive, a utilização conjunta das duas expressões". José de Oliveira Ascensão, debruçando-se sobre a dicção do Código Civil brasileiro, afirma que "Quem negocie na Califórnia pode lembrar que todo o território está sujeito a outro terremoto arrasador, dada a magnitude da falha sísmica aí existente. E nem com isso o terremoto deixa de ser um acontecimento objetivamente imprevisível. É nesse sentido que o art. 478/1 fala em acontecimentos extraordinários e imprevisíveis. O extraordinário, que qualifica sem dúvida o acontecimento, confirma o entendimento objetivo. Há inteira harmonia entre os dois qualificativos, porque é por ser extraordinário que o acontecimento é imprevisível; e como traduz uma marcha dos fatos que não se pode prever, o acontecimento é extraordinário" (*Alteração das Circunstâncias e Justiça Contratual no Novo Código Civil*, cit., p. 63).

140 Nessa direção, sustenta, entre outros, Orlando Gomes: "requer-se o concurso de extraordinariedade e da imprevisibilidade", de modo que ao fato superveniente "não basta que seja imprevisível, porque, sendo normal, pouco importa que as partes não o tenham previsto" (*Contratos*, cit., p. 215).

autores que identificam diferença teórica entre as expressões, mas sustentam sua equivalência prática.[141] Aqueles que defendem a diversidade de sentido debatem, ainda, se o art. 478 exige cumulativamente a extraordinariedade e a imprevisibilidade – como decorre da interpretação literal da partícula "*e*" – ou se, diversamente, a exigência é alternativa. O mosaico se torna ainda mais complexo quando se observa que o art. 317 não alude a qualquer extraordinariedade, limitando-se a mencionar "motivos imprevisíveis",[142] o que, para parte da doutrina, equivale aos "acontecimentos extraordinários e imprevisíveis" do art. 478.[143]

A variedade de opiniões em torno desses temas é tamanha, que não constitui tarefa simples desenhar um quadro sistemático da matéria na doutrina brasileira. Pode-se dizer, de modo geral, que nossa doutrina define o fato *extraordinário* como aquele que escapa ao curso normal dos acontecimentos, divergindo do que se afigura comum na vida ordinária.[144] Assim, catástrofes naturais,

---

141 É a posição de Ruy Rosado de Aguiar Júnior, para quem "embora seja possível identificar a diferença (p. ex.: a queda da barragem será sempre um fato extraordinário, embora as circunstâncias possam evidenciar, dados os sinais e os alarmes, que fosse um fato previsível já ao tempo da contratação), a verdade é que na prática os dois conceitos são tratados como se tivessem o mesmo significado. 'Extraordinário e imprevisível' funcionam como os conceitos de 'caso fortuito e força maior', distinguíveis teoricamente, mas usados na nossa prática de modo a tratar indistintamente as situações" (*Comentários ao Novo Código Civil*, cit., 2011, p. 900. v. VI, t. II).

142 "Art. 317. Quando, por motivos imprevisíveis, sobrevier desproporção manifesta entre o valor da prestação devida e o do momento de sua execução, poderá o juiz corrigi-lo, a pedido da parte, de modo que assegure, quanto possível, o valor real da prestação."

143 Nessa direção, afirma Paulo Magalhães Nasser, *Onerosidade Excessiva no Contrato Civil*, cit., p. 133-134: "De antemão, mostra-se válido reiterar que os 'motivos imprevisíveis' extraídos do art. 317 e os 'acontecimentos extraordinários e imprevisíveis' constantes do art. 478 consistem exatamente no mesmo requisito (...)". Idêntica posição foi adotada pelo jurista português José de Oliveira Ascensão, ao examinar o Código Civil brasileiro, no alvorecer da nova codificação: "Há neste caso, uma especificação no objecto, mas não há contradição entre os preceitos. Os 'motivos imprevisíveis' são os 'acontecimentos extraordinários e imprevisíveis' do art. 478/1. O art. 317 não os qualifica como extraordinários, mas dissemos já que esta qualificação está implícita na da imprevisibilidade, porque é por serem extraordinários que os acontecimentos são imprevisíveis" (*Alteração das Circunstâncias e Justiça Contratual no Novo Código Civil*, cit., p. 106).

144 Na definição de Julio Alberto Díaz, "um acontecimento é extraordinário quando sua ocorrência não obedece ao curso normal, ou estatisticamente comum da vida ordinária". O autor acrescenta que tanto pode se tratar de um "acontecimento positivo (suceder o que não costuma suceder), quanto negativo (não acontecer o que costuma acontecer)" (A Teoria da Imprevisão no Novo Código Civil Brasileiro, *Revista de Direito Privado*,

guerras e epidemias constituiriam, ao menos naqueles países em que tais eventos não se verificam com frequência, fatos extraordinários. Tratar-se-ia, portanto, da aplicação de um *critério objetivo de probabilidade*, baseado em estatísticas ou na simples observação daquilo que ordinariamente acontece.[145]

O caráter objetivo da extraordinariedade serviria precisamente para distingui-la da imprevisibilidade. Enquanto se considera extraordinário aquilo que escapa objetivamente à sucessão habitual dos acontecimentos, o fato imprevisível seria aquele que as partes não puderam subjetivamente antever.[146] A imprevisibilidade "possui, portanto, natureza originalmente relativa e identifica-se com a capacidade de os contratantes representarem a ocorrência futura de um determinado evento", enquanto a extraordinariedade assume feição objetiva, vinculando-se ao que é estaticamente improvável.[147] Haveria, assim, fatos extraordinários previsíveis e fatos ordinários imprevisíveis.[148]

n. 20, São Paulo: Revista dos Tribunais, out./dez. 2004, p. 205). Em sentido semelhante, Nelly Potter, *Revisão e Resolução dos Contratos no Código Civil conforme perspectiva civil-constitucional*, cit., p. 113.

145 Na síntese de Luiz Gastão Paes de Barros Leães: "é extraordinário o evento que se afasta do curso regular das coisas" (A Onerosidade Excessiva no Código Civil, in *Revista de Direito Bancário e do Mercado de Capitais*, São Paulo: Revista dos Tribunais, v. 31, jan.-mar. 2006, p. 22).

146 "A previsibilidade deve ser entendida em sentido relativo, como a razoável possibilidade de representação de um acontecimento incerto, devendo-se reconhecê-la nos eventos ordinários. Todavia, não se pode dizer que os eventos extraordinários sejam sempre imprevisíveis, podendo existir para estes uma possibilidade de previsão" (Laura Coradini Frantz, *Revisão dos Contratos*, cit., p. 123).

147 Antônio Pedro Medeiros Dias, *Revisão e Resolução do Contrato por Excessiva Onerosidade*, cit., p. 45. A distinção inspira-se na doutrina italiana, sendo de se conferir, nessa direção, a lição de Carlo G. Terranova, *L'eccessiva onerosità nei contratti*, cit., p. 130-131: "È imprevedibile l'evento il cui verificarsi resulta logicamente improbabile (si pone al di fuori della probabile verificabilità); è straordinario l'evento il cui verificarsi appare statisticamente improbabile (si colloca al di là della normale portata degli eventi). Il dato dell'imprevedibilità attiene dunque al profilo soggetivo dela capacità di rappresentazione di um evento probabile; il dato della straordinarietà riguarda invece il profilo oggettivo della ripetibilità dell'accadimento rispetto ad un ordine consueto".

148 Para ilustrar a diferença entre os conceitos de imprevisibilidade e extraordinariedade, a doutrina especializada invoca o exemplo da passagem do cometa Halley pelo sistema solar: "Trata-se de um evento extraordinário, tendo em vista ocorrer apenas uma vez a cada 75,3 anos (ou seja, consiste certamente em acontecimento fora da ordem comum dos eventos), mas não imprevisível, na medida em que se sabe exatamente quando serão as próximas passagens do cometa pelo sistema solar" (Antônio Pedro Medeiros Dias, *Revisão e Resolução do Contrato por Excessiva Onerosidade*, cit., p. 45).

O critério distintivo, baseado na objetividade do caráter extraordinário e na subjetividade do caráter imprevisível, tem sido duplamente contestado na doutrina estrangeira, em especial italiana: tem-se demonstrado não apenas que o juízo de imprevisibilidade tende a se tornar objetivo, por força da impossibilidade de perquirir a representação mental das partes ao tempo da contratação, mas também que a aferição de extraordinariedade funda-se, em larga medida, na percepção subjetiva que temos do que ordinariamente acontece. Preciosa nesse sentido a passagem crítica de Paolo Tartaglia:

> (...) *il criterio della straordinarietà è sicuramente di natura obbiettiva, perché si riferisce a una contrapposizione straordinario-ordinario, che ha riguardo a leggi esterne, quanto meno di carattere statistico. Il secondo criterio, la imprevedibilità, ha certamente una radice soggettiva, in quanto fa riferimento alla fenomenologia della conoscenza. Ma, come la straordinarietà non può venire giudicata se non col metro delle nostre conoscenze sul modo di prodursi degli eventi, la prevedibilità transcende il campo della mera soggettività perché non si aprezza con riguardo all'individuo che ha stipulato il contratto, bensí con riferimento all'uomo medio.*[149]

A discussão em torno da distinção entre extraordinariedade e imprevisibilidade associa-se ao debate em torno do método de aferição da imprevisibilidade. Em relação a esse tema em particular, situam-se, de um lado, autores que defendem que a imprevisibilidade deve ser aferida por meio do exame da capacidade subjetiva daqueles contratantes específicos ou suas aptidões pessoais (imprevisibilidade *in concreto*),[150] enquanto há, de outro lado, autores que

149 Em tradução livre: "(...) o critério da extraordinariedade é seguramente de natureza objetiva, porque se refere a uma contraposição extraordinário-ordinário, que diz respeito a leis externas, ao menos de caráter estatístico. O segundo critério, a imprevisibilidade, tem certamente uma raiz subjetiva, na medida em que faz referência à fenomenologia do conhecimento. Entretanto, como a extraordinariedade não pode vir julgada senão com o metro dos nossos conhecimentos sobre o modo de se produzirem os eventos, a previsibilidade transcende o campo da mera subjetividade porque não se aprecia com relação ao indivíduo que estipulou o contrato, mas sim com referência ao homem médio". Trecho original de Paolo Tartaglia, *Onerosità eccessiva ed appalto*, Milão: Giuffré, 1983, p. 162-163.

150 Nessa direção, Ruy Rosado de Aguiar Júnior, *Comentários ao Novo Código Civil*, cit., p. 900. v. VI, t. II: "Não basta que os fatos sejam possíveis (a guerra, a crise econômica sempre são possíveis), nem mesmo certos (a morte). É preciso que haja notável probabilidade de que o fato, com seus elementos, atue eficientemente sobre o contrato, devendo o conhecimento das partes incidir sobre os elementos essenciais desse fato e da sua força de atuação sobre o pactuado. Para esse juízo, devem ser consideradas as condições

defendem ser imprevisível apenas aquele acontecimento que não pudesse ser previsto por *qualquer* pessoa (imprevisibilidade *in abstracto*).[151] Ainda nessa última direção, parte da doutrina tem sustentado que a imprevisibilidade deve ser encarada sob o prisma de um parâmetro objetivo de diligência: o "homem médio", o "homem razoável" ou o *bonus pater familias*.[152] Assim, somente poderia ser invocada a imprevisibilidade em relação aos fatos que *não deveriam ter sido previstos* no exercício da diligência normal do "bom pai de família".

---

objetivas do contrato e as pessoais dos contratantes, seus conhecimentos e aptidões (previsibilidade em concreto). A probabilidade, para ter relevância jurídica, deve ter um certo grau (notável probabilidade), porque o conhecimento deve abranger os elementos essenciais do futuro causador da onerosidade e a força dos seus efeitos sobre o contrato. (...) Se o contratante, atendendo ao cuidado que dele se poderia exigir, não teve condição de pensar o fato e seus elementos essenciais (a inflação e o grau da inflação; a crise política e a sua duração; a crise política e os seus efeitos sobre o contrato; a alteração das regras de câmbio etc.), o fato é imprevisível". No direito português, ver, em igual sentido, Luís A. Carvalho Fernandes, *A Teoria da Imprevisão no Direito Civil Português*, Lisboa: Quidjuris, 2001, p. 108: "Definido assim o que se deve entender por imprevisibilidade, resta resolver outro aspecto que tem íntima conexão com este – o do critério de aferição da imprevisibilidade. Neste campo duas orientações são possíveis: ou se avalia a imprevisibilidade em concreto, por referência à pessoa dos contraentes, ou se tem em conta o que um homem médio poderia prever naquelas circunstâncias. (...) A este respeito é inteiramente aceitável o argumento tirado pelo Dr. Rocha de Gouveia por aplicação analógica do § 3º do artigo 717 do Código Civil. Aceite que este preceito consagra o critério da apreciação da culpa em concreto, princípio plenamente justificado pela consideração de nos contratos 'as partes serem eleitas uma pela outra em consideração das suas qualidades normais, pelo que é com elas que devem contas', entendemos que se pode afirmar que razões idênticas são de invocar em matéria de determinação da imprevisibilidade da alteração".

151 "Ademais, não basta que o fato seja imprevisível para a parte prejudicada; deve haver uma imprevisibilidade genérica, atinente ao cenário econômico em que foi formulado o contrato. O exame do caráter imprevisível das circunstâncias passa pela qualificação do evento em sua acepção objetiva, deixando de lado quaisquer considerações valorativas dos contratantes" (Nelson Eizirik e Marcus de Freitas Henriques, Notas sobre a Revisão dos Contratos, in André Fernandes Estevez e Marcio Felix Jobim (org.), *Estudos de Direito Empresarial: homenagem aos 50 anos de docência do Professor Peter Walter Ashton*, São Paulo: Saraiva, 2012, p. 228). Na experiência estrangeira, ver, por exemplo, Carlo Braccianti, *Degli efetti della eccessiva onerosità sopravveniente nei contratti*, Milão: Giuffrè, 1946, p. 90.

152 É a posição defendida por Otavio Luiz Rodrigues Junior, *Revisão Judicial dos Contratos*, cit., p. 136: "Se a teoria exige a ocorrência de eventos futuros, não se pode basear numa maior ou menor capacidade de antevê-los, como faz crer sua interpretação literal. Assim, o homem será punido por não profetizar ou ver antes de todos o rumo dos acontecimentos. O que se exige, na verdade, é o cálculo e a prudência nos negócios. Numa expressão, a diligência normal de um bom pai de família".

Tomada nesse sentido, a imprevisibilidade aproxima-se, inegavelmente, da extraordinariedade, uma vez que, aos olhos do homem médio, tudo quanto não escape ao curso habitual dos acontecimentos afigura-se, em última análise, previsível, especialmente diante dos avanços da tecnologia.[153]

Ao mesmo tempo em que as construções objetivas em torno da imprevisibilidade vêm celebradas como superação do voluntarismo – por se distanciar em alguma medida da esfera psicológica ou anímica dos contratantes ao tempo da celebração do contrato –, acabam por resultar em diminuição significativa do campo de incidência da resolução e revisão contratual por onerosidade excessiva, já que muitos acontecimentos que podem efetivamente ter deixado de ser previstos por condições subjetivas dos contratantes não poderão ser considerados medianamente imprevisíveis.[154] Vale dizer: a superação do voluntarismo desempenharia aqui justamente o papel que mais se associa à defesa exacerbada da vontade dos contratantes, qual seja, a máxima preservação do contrato em seus termos originais.

Além disso, a substituição do contratante concretamente considerado pela figura abstrata do homem médio tem sido criticada por parte da doutrina, que, sem necessariamente negar as desvantagens de uma aferição subjetiva da imprevisibilidade, cogita de hipóteses que se revelariam de difícil solução à luz do paradigma abstrato: menciona-se, nessa direção, o exemplo do contratante integrante do Poder Legislativo, para quem dada alteração da legislação pode não ser imprevista, ou, ainda, do contratante ligado ao alto comando das Forças Armadas, para quem a eclosão de uma guerra com país vizinho tampouco se mostrará imprevisível. Em casos assim, a aplicação do parâmetro abstrato do homem médio poderia acabar resultando na aplicação da proteção contra a onerosidade excessiva mesmo em favor de um contratante que concretamente *sabia* do acontecimento futuro.[155]

---

153 Isso porque "*los nuevos riesgos especificamente modernos ya no son naturales sino artificiales, en el sentido de que surgen como subproducto social y cada vez es mayor la posibilidad de preverlos y asegurarse contra ellos*" (Luiz M. Martinez Velencoso, *La alteración de las circunstancias contractuales*, Madri: Civitas, 2003, p. 93).

154 Como adverte Julio Alberto Díaz, ao tratar da imprevisibilidade, "se a esta característica fosse dado um caráter absoluto, a aplicabilidade do instituto seria praticamente nula, pois não existe acontecimento que, em abstrato, não possa ser previsto pelo homem, a não ser que por imprevisão entenda-se não *se* o fato irá acontecer, mas *quando*" (A Teoria da Imprevisão no Novo Código Civil Brasileiro, in *Revista de Direito Privado*, n. 20, out./dez. 2004, p. 206).

155 Nelson Borges, *A Teoria da Imprevisão no Direito Civil e no Processo Civil*, São Paulo: Malheiros 2002, p. 308. Na mesma direção, na doutrina portuguesa, era já a opinião de

O embate entre os defensores da aferição *in concreto* e os defensores da aferição *in abstracto* da imprevisibilidade tem dado ensejo, a título de solução intermediária, a uma terceira abordagem que sustenta a necessidade de uma aferição com base em fatores mistos, que combinam a capacidade e aptidão subjetiva das partes (ou, um pouco mais abstratamente, a qualidade dos contratantes) com fatores objetivos, como a natureza do contrato, as condições do mercado, o objeto da prestação, o conjunto de informações disponíveis às partes no momento da contratação, entre outros.[156] Assim, imprevisível seria aquilo que não pode ser "legitimamente esperado" pelas partes no momento da conclusão do ajuste, levando-se em conta as suas características subjetivas, incluindo a "sofisticação dos contratantes", mas também as objetivas circunstâncias do negócio, as características do ramo de atividade no qual a prestação devida se encontra inserida, a natureza do contrato etc.[157]

Esse verdadeiro mosaico de opiniões doutrinárias torna-se ainda mais angustiante quando se observa a produção jurisprudencial em torno da matéria. Os diferentes entendimentos sobre o que signifique exatamente um fato extraordinário e imprevisível têm resultado em decisões conflitantes nos tribunais brasileiros. Tome-se, por exemplo, a desvalorização cambial da moeda brasileira frente ao dólar: na fundamentação das decisões, afirma-se ora a "previsibilidade da modificação da política cambial" e da desvalorização do Real, qualificando o fato como "previsível" (ainda que apto a gerar excessiva onerosidade em relações de consumo),[158] ora se declara textualmente que a desvalorização do Real em relação ao dólar norte-americano "representa fato imprevisível".[159] A mesma indefinição verifica-se em relação a outros acontecimentos como as altas inflacionárias, ora consideradas previsíveis e ordinárias na economia brasileira,[160] ora tidas como aptas a ensejar o reajuste das

---

Alfredo José Rodrigues Rocha de Gouveia, Da Teoria da Imprevisão nos Contratos Civis, in *Revista da Faculdade de Direito da Universidade de Lisboa* (Suplemento), 1, 1958, p. 26.

156 Rafael Renner, *Novo Direito Contratual: A Proteção do Equilíbrio Contratual no Código Civil de 2002*, cit., p. 233-234.

157 Expressão desse entendimento pode ser vista no Enunciado n. 479, aprovado na *V Jornada de Direito Civil* organizada pelo Centro de Estudos Jurídicos do Conselho da Justiça Federal: "A revisão do contrato por onerosidade excessiva fundada no Código Civil deve levar em conta a natureza do objeto do contrato. Nas relações empresariais, observar-se-á a sofisticação dos contratantes e a alocação de riscos por eles assumidas com o contrato".

158 STJ, REsp 609.329/PR, Min. Rel. Raul Araújo, j. 18-12-2012.

159 STJ, REsp 1348081/RS, Min. Rel. João Otávio de Noronha, j. 2-6-2016.

160 STJ, REsp 744.446, Min. Rel. Humberto Martins, j. 17-4-2008.

prestações, diante de seu caráter intenso e repentino[161] – entendimento, de resto, compartilhado por países vizinhos, com experiência econômica semelhante à brasileira.[162]

---

161 STJ, REsp 94.962, Min. Rel. Sálvio de Figueiredo Teixeira, j. 25-6-1998. Tal entendimento, aliás, tem longa tradição na jurisprudência brasileira, como se pode ver do acórdão proferido pelo Supremo Tribunal Federal em 1979 no julgamento do Recurso Extraordinário 85.714, no qual nossa suprema corte concluiu: "A aplicação da cláusula *rebus sic stantibus* não importa na negativa de vigência do art. 1.246 do Código Civil, se ocorre aumento imprevisível do surto inflacionário, depois de celebrado o contrato de empreitada e no prazo de execução das obras". Em seu voto, destacou o Relator: "Dizer-se que a inflação já era notória não constitui resposta suficiente para a questão suscitada. A inflação era notória. Mas desenvolvia-se em lenta ascensão. De súbito (...) tornou-se avassaladora. (...) A aceleração desse movimento inflacionário não podia ser previsto, pelo menos nos termos em que se verificou" (STF, 1ª Turma, RE 85.714, Min. Rel. Soares Muñoz, j. 19-6-1979, *in RTJ* 96/667). No Superior Tribunal de Justiça, ver, ainda, o acórdão proferido no julgamento do Recurso Especial 8.473: "Certamente é mui ponderável o argumento do v. aresto, de que a 'álea econômica, com suas conhecidas flutuações em ciclo de moeda instável, inobstante os inopinados impactos de medidas monetárias ditadas pelo Governo Central, não tipificam fenômenos de força maior ou caso fortuito, no experimentado mundo negocial da construção civil, capazes de conduzir à teoria da imprevisão' (da ementa, fls. 127). Realmente. Mas também inegável que no período inicial do Plano Cruzado a expectativa geral, do povo como dos empresários com raras exceções, era de que o fenômeno inflacionário estava contido ou, quando menos, reduzido a proporções razoáveis, de molde a justificar a contratação de construções a preços fixos, com previsão apenas de juros de 12% pela tabela Price" (STJ, REsp 8473/RJ, 4ª Turma, Min. Rel. Athos Carneiro, j. 23-10-1991, *DJ* 25-11-1991).

162 Afigura-se emblemático o caso da Argentina, em que os tribunais, em geral receosos de aplicar a "*teoría de la imprevisión*" a casos de desvalorização da moeda por força do fenômeno inflacionário, têm aberto exceções a esse posicionamento, como se pode ver no tocante à hiperinflação de 1975 (o chamado "Rodrigazo"), à hiperinflação de 1981 (crise da "tablita cambiaria"), à hiperinflação de 1989 e assim por diante. Sobre o tema, ver o levantamento de Ricardo Osvaldo Larroza, Imprevisión Contractual, in Rubén Stiglitz, *Contratos – Teoría General*, II, cit., p. 343-393, especialmente p. 370-386, concluindo o autor: "*Señaleremos que si bien la inflación es un flagelo que en los últimos cuarenta años azotó a nuestro país casi sin interrupción, lo cierto es que los tribunales desde un comienzo fueron siempre reacios a aceptar que se dieran – ante tal depreciación – los presupuestos básicos de esta teoría, postura que fundaban supuestamente en que se debía descartar el factor de imprevisibilidad. (...) No obstante, aun dentro del curso de ese constante processo de envilecimiento de la moneda pueden sobrevenir hechos que lo tornen desmesuradamente grave, y esa depreciación relativamente controlada se trasforme en una vertiginosa pérdida del poder adquisitivo de nuestra moneda. Cuando ello sucede, nadie se halla en condiciones de aprehender el salto brusco e inopinable de la caída del signo monetario en grado tan extraordinario, al punto que escapa a la esfera de actuación del más prudente de los contratantes*" (ob. cit., p. 370-372).

Esse cenário disforme repete-se, em alguma medida, na discussão sobre o efeito atribuído ao fato imprevisível e extraordinário, qual seja, a excessiva onerosidade para uma das partes.

4.3. Onerosidade excessiva

Não há, no regime geral da excessiva onerosidade previsto no Código Civil, a determinação de um parâmetro em relação ao qual se poderia afirmar que a prestação se torna excessivamente onerosa. Ao contrário do que faziam as legislações baseadas na experiência romana da *laesio enormis*, como as Ordenações Filipinas que se referiam a preços fixados "além da metade do justo preço" ou a própria legislação brasileira de caráter especial, que já chegou a elencar critérios como "o quinto do valor corrente ou justo da prestação feita ou prometida" (Decreto-lei n. 869/1938), o Código Civil de 2002 deixou a cargo do prudente arbítrio do juiz a aferição, nas hipóteses concretas, do agravamento do sacrifício econômico do contratante necessário à configuração da excessiva onerosidade dos contratos em geral.[163]

O resultado é um conjunto de precedentes inteiramente disforme. Variações de 500% já foram consideradas, entre nós, inaptas a configurar excessiva onerosidade.[164] Em matérias específicas, como reajuste de planos de saúde, ainda que contratualmente previstos, os mesmos tribunais afirmam ora que um reajuste de 50% do valor anteriormente cobrado torna "nítida a onerosidade excessiva em desfavor do consumidor",[165] ora entendem que o mesmo

---

163 O art. 620 do Código Civil, relativamente ao contrato de empreitada, constitui exceção a essa regra, estabelecendo que, se ocorrer diminuição no preço do material ou da mão de obra superior a um décimo do preço global convencionado, poderá o dono da obra solicitar a sua revisão, para que lhe seja assegurada a diferença apurada.

164 STJ, REsp 831808, Min. Rel. Nancy Andrighi, j. 18-5-2006: "Finalmente, sustenta a recorrente a necessidade de revisão do contrato originariamente firmado entre as partes, à medida que aquele se tornou excessivamente oneroso. Com efeito, de acordo com as razões de recurso especial, as partes contrataram a dação em pagamento de uma unidade e meia de apartamentos em pagamento ao terreno cedido pela recorrida, sendo que, àquele ponto, as metragens do terreno cedido e das futuras unidades residenciais eram equivalentes. Contudo, as alterações da obra, que já foram sistematicamente relatadas, fizeram com que cada apartamento terminasse com área cerca de cinco vezes maior do que a original. (...) O reconhecimento de tal circunstância, qual seja, a previsão contratual acerca da valorização dos apartamentos e da disciplina a ser seguida em face dessa circunstância, não pode dar ensejo à revisão contratual, pois descaracterizada a alegada onerosidade excessiva da prestação devida pela construtora, ora recorrente."

165 TJMG, Embargos Infringentes 0950385-66.2010.8.13.0024, Des. Rel. Estevão Lucchesi, j. 28-4-2016.

percentual de 50% revela-se inapto a "acarretar ônus excessivos para uma das partes".[166]

A doutrina esforça-se por auxiliar na tarefa, procurando, ao menos, uma definição conceitual de onerosidade excessiva, mas também aí a controvérsia grassa. Há alguns poucos pontos em que se pode identificar consenso. É uníssona a doutrina brasileira ao registrar que a onerosidade excessiva não se confunde com o caso fortuito ou de força maior, porquanto não corresponde à impossibilidade superveniente da prestação, mas à mera dificuldade em efetuá-la.[167] A obviedade da assertiva é mais aparente que real, na medida em que os estudos sobre o caso fortuito e de força maior têm ampliado, cada vez mais, a noção de impossibilidade para transcender a mera impossibilidade física ou natural, passando a abranger também uma "impossibilidade econômica", caracterizada pela falta de razoabilidade do custo envolvido na realização da prestação.[168] Tal entendimento ganha corpo com os avanços tecnológicos, que vão reduzindo cada vez mais o campo do que é realmente impossível,

166 TJMG, Apelação 2359179-33.2006.8.13.0024, Des. Rel. Alvimar de Ávilla, j. 22-1-2014.

167 Era já a lição de Arnoldo Medeiros da Fonseca: "O *caso fortuito* ou *fôrça maior* só libera quando acarreta a impossibilidade absoluta ou objetiva de executar; enquanto que, em matéria de *imprevisão*, se atende também à impossibilidade subjetiva ou onerosidade excessiva da prestação" (*Caso fortuito e Teoria da Imprevisão*, cit., p. 346). Na mesma direção: "A *onerosidade excessiva* da prestação é apenas obstáculo ao cumprimento da obrigação. Não se trata, portanto, de inexecução por *impossibilidade*, mas de *extrema dificuldade*. Contudo, não se pode dizer que é voluntária a inexecução por motivo de excessiva onerosidade. Mas, precisamente porque não há impossibilidade, a resolução se realiza por motivo diverso" (Orlando Gomes, *Contratos*, cit. p. 178). Ver, ainda, Miguel Maria de Serpa Lopes, *Curso de Direito Civil*: obrigações em geral, 6. ed. Rio de Janeiro: Freitas Bastos, 1995, p. 372-373. v. II: "Dessa impossibilidade superveniente, dois problemas podem surgir: ou são acontecimentos impeditivos do adimplemento de prestação de tal força que geram a impossibilidade absoluta em cumpri-la, ou são circunstâncias posteriores, que de tal forma alteram as condições econômicas, em face das predominantes ao tempo do contrato, a ponto de provocar a ruptura da equivalência de valores, tão essencial aos contratos. No primeiro caso, surge o caso fortuito e a força maior; no segundo, a imprevisão (...)". A mesma distinção é tradicionalmente seguida no exterior, como se pode verificar, por exemplo, da distinção na experiência alemã entre a *Unmöglichkeit* (Impossibilidade) e a *Störung der Geschäftsgrundlage* (distúrbio na base do negócio) ou, ainda, entre *la force majeure* (força maior) e *l'imprévision* (imprevisão) na experiência francesa. Ver, entre outros, Émilie Labrot, *L'Imprévision – Étude comparée droit public-droit privé des contrats*, cit., p. 29-30.

168 Recorde-se que o Código Civil brasileiro define o caso fortuito ou de força maior em seu art. 393, parágrafo único, não incluindo na definição legal seu efeito sobre a prestação (impossibilidade): "Art. 393. (...) Parágrafo único. O caso fortuito ou de força maior verifica-se no fato necessário, cujos efeitos não era possível evitar ou impedir".

reduzindo certas impossibilidades a questões de custo e acesso às novas tecnologias.[169] Bem ilustra essa corrente de pensamento o conhecido caso do anel (*ring paradigm*), formulado por Heck, em que o devedor que se obriga a entregar um anel o deixa cair no fundo de um lago: a impossibilidade de cumprimento da prestação não é fática, física, absoluta, mas relativa aos custos necessários para a operação de recuperação do anel, se comparada ao valor da prestação de entrega do bem.[170] Trata-se, portanto, de cálculo econômico, não já de impossibilidade natural.[171]

Não por outra razão, alguns autores estrangeiros sustentaram, ao seu tempo, que o problema da alteração das circunstâncias em que se celebra um contrato prescindia da necessidade de norma específica autorizando o rompimento

---

169 Doutrina estrangeira tem sustentado, nessa direção, que "*a distinction between these two types of impossibility (physical and economic) not only appears to be misguided, but would also be very difficult to achieve, thus severely impairing the postulate of certainty and predictability of the law. Indeed, the transition from one category to the other is fluent: first, any factual or physical impossibility also has economic consequences and can be converted into (or expressed in) money. Second, a physical or factual impediment may only excuse the obligor if it cannot reasonably be overcome, i.e., at reasonable additional cost*" (Christoph Brunner, *Force Majeure and Hardship under General Contract Principles – Exemption for Non-Performance in International Arbitration*, Austin: Wolters Kluwer, 2009, p. 215).

170 Para algumas elucubrações em torno da hipótese, com vistas à distinção entre impossibilidade e excessiva onerosidade, ver Antonis Karampatzos, *Supervening Hardship as Subdivision of the General Frustration Rule: A Comparative Analysis with Reference to Anglo-American, German, French and Greek Law*, cit., p. 130-144, em que o autor conclui que o caso do anel representa exemplo de impossibilidade econômica, sustentando que a excessiva onerosidade, diversamente, configuraria "*something in-between*" a impossibilidade econômica e as dificuldades ordinárias em realizar a prestação. Nessa mesma direção parece caminhar o *BGB*, após a reforma do direito obrigacional de 2002 (§275, II).

171 Nessa linha de aproximação, tem sido defendido em sede internacional que a extinção por força maior não seja automática, como ocorre no direito brasileiro, a fim de evitar incertezas e permitir eventuais reajustes para possibilitar o cumprimento, ainda que parcial, da prestação: "*The notice requirement is strict, in that even if a non-performance is fundamental, it does not automatically ('ipso facto') terminate a contract. (...) The principle of a strict notice requirement is especially appropriate in international commercial transactions, as it removes uncertainties which would be disproportionate to the inconvenience which the aggrieved party may suffer by having to give notice. (...) Thus, as long as the obligee has not given notice of termination, the obligor is still obliged and entitled to effect performance after the temporary impediment has ceased to exist.*" (Christoph Brunner, *Force Majeure and Hardship under General Contract Principles – Exemption for Non-Performance in International Arbitration*, cit., p. 369). No caso do desequilíbrio do contrato, o dever de pronta informação encontra expressa consagração em diversas normativas internacionais e estrangeiras, como se verá no Capítulo IV deste livro.

da eficácia vinculante, bastando para tanto o recurso a uma versão "estendida" ou "alargada" da impossibilidade prestacional.[172] Ainda em alguns países, a excessiva onerosidade é tratada por parte da doutrina como uma "impossibilidade atenuada".[173] Os comentários oficiais ao art. 6.2.2 dos *Princípios do Unidroit*, que trata da *hardship* – instituto similar à excessiva onerosidade superveniente –, chegam a afirmar que:

> *In view of the respective definitions of hardship and force majeure (see art. 7.1.7) under these Principles there may be factual situations which can at the same time be considered cases of hardship and of force majeure. If this is the case, it is for the party affected by these events to decide which remedy to pursue.*[174]

Nessa esteira, perderia nitidez a fronteira antes traçada entre o fortuito e a excessiva onerosidade, embora a doutrina brasileira continue firme na distinção.[175]

Fora desse pequeno círculo de consenso, o debate sobre o que significa exatamente a "excessiva onerosidade" parece interminável. Para parte da doutrina, trata-se de um agravamento notável no "*custo*" da própria prestação, entre o momento da conclusão do contrato e o momento do cumprimento.[176]

---

172 Sobre essas construções, ver António Menezes Cordeiro, *Contratos Públicos*, cit., p. 56.

173 "*E in questa prospettiva è quase naturale rappresentare l'eccessiva onerosità come un ostacolo all'esecuzione di una prestazione di natura analoga all'impossibilità, anche se con intensità diversa, giungendo a parlare dell'eccessiva onerosità come di un'impossibilità attenuata*" (Luciana Cabella Pisu, *I rimedi contro l'eccessiva onerosità sopravvenuta*, cit., p. 551). Em igual sentido, Angelo De Martini, Eccessiva onerosità della prestazione, diminuita utilità della controprestazione e principio di corrispettività nella dinamica del contratto, in *Giurisprudenza completa della Corte suprema di Cassazione – Sezioni Civili*, 1951, p. 687. v. 3, I.

174 Em tradução livre: "em vista das respectivas definições de *hardship* e força maior (ver art. 7.1.7) no âmbito desses Princípios, é possível haver situações fácticas que possam ao mesmo tempo ser consideradas hipóteses de hardship e de força maior. Nesse caso, é à parte afetada por esses eventos que compete decidir que remédio perseguir".

175 Recorde-se que, entre nós, não apenas os fundamentos normativos da impossibilidade e da excessiva onerosidade afiguram-se diversos (e.g., arts. 234, 248 x arts. 478-480 do Código Civil), mas também seus efeitos mostram-se distintos, na medida em que a impossibilidade conduz à resolução automática da relação obrigacional, enquanto a resolução por excessiva onerosidade, como também a revisão judicial do contrato, dependem de iniciativa da parte.

176 "A onerosidade corresponde a um agravo quantitativo notável no custo da prestação" (Ruy Rosado de Aguiar Júnior, *Comentários ao Novo Código Civil*, cit., p. 908. v. VI, t. II). Em igual sentido, Antônio Junqueira de Azevedo, *Contrato de opção de venda de participações societárias. Variação imprevisível do valor da coisa prometida em relação ao*

Outros autores não aludem ao custo, mas ao "*valor*" da prestação.[177] Para uma terceira parcela da doutrina, a excessiva onerosidade diz respeito à "perda" ou "destruição" da relação de equivalência entre as prestações do contrato – compara-se, portanto, não o *custo* ou *valor* da prestação ao longo do tempo, mas sim a relação existente entre as prestações no momento originário e ao tempo da execução.[178] Há, ainda, autores que vinculam a excessiva onerosidade à impossibilidade de realização do fim contratual ou "finalidade legitimamente esperada da relação obrigacional".[179]

A análise se complica ainda mais quando se leva em consideração o fato de que o legislador brasileiro, ao menos na literalidade do art. 478, não exigiu apenas a excessiva onerosidade, mas elegeu como condição de aplicabilidade do dispositivo a "extrema vantagem" para a outra parte.

4.4. Extrema vantagem

Inovando em relação ao Código Civil italiano que lhe serviu de inspiração, o Código Civil brasileiro exige, em seu art. 478, a configuração de "extrema

preço de mercado. Possibilidade de revisão por onerosidade excessiva com base nos arts. 478 a 480 do Código Civil em contrato unilateral, cit., p. 207: "Como entender a 'excessiva onerosidade' da prestação? Ela se caracteriza pelo *agravamento quantitativamente relevante do custo econômico da prestação*, perceptível no momento da execução do contrato e *excedente em relação à oscilação própria do tipo contratual*".

177 "Para a resolução de contrato é preciso, em primeiro lugar, que seja excessiva a diferença de valor do objeto da prestação entre o momento de sua perfeição e o da execução" (Orlando Gomes, *Contratos*, 26. ed. Rio de Janeiro: Forense, 2009, p. 214). Na mesma direção: "A 'excessiva onerosidade' é para a parte devedora da prestação cujo valor se alterou, tornado manifestamente desproporcional a relação entre o valor ajustado para a prestação devida e aquele a ser pago no momento do adimplemento (...)" (Judith Martins-Costa, *Comentários ao Novo Código Civil*, cit., p. 303-304).

178 "A onerosidade excessiva revela-se na perda substancial do equilíbrio econômico do contrato. Ela revela uma *desproporção macroscópica e injustificada*. Objetivamente, então, não faz sentido falar em onerosidade excessiva sem que o equilíbrio do contrato se encontre gravemente afetado" (Paulo Roberto Roque Antônio Khouri, *A Revisão Judicial dos Contratos no Novo Código Civil, Código do Consumidor e Lei 8.666/93: a onerosidade excessiva superveniente*, cit., p. 73).

179 Nesse sentido, ver, entre outros, Paulo Nasser: "A onerosidade excessiva configura-se quando há a destruição da equivalência material das prestações a cargo dos contratantes, não permitindo a uma das partes – ou a todas – a realização da finalidade legitimamente esperada no processo obrigacional. Essa frustração do escopo contratual perseguido pelas partes é resultado de uma alteração brusca e arrebatadora da economia do contrato, exigindo um sacrifício extremo do devedor para cumprimento da avença, de proporções que fogem à razoabilidade" (Paulo Magalhães Nasser, *Onerosidade Excessiva no Contrato Civil*, cit., p. 149).

vantagem" para um dos contratantes, em contrapartida à excessiva onerosidade suportada pela parte prejudicada.[180] O requisito parece situar o modelo brasileiro em uma posição *sui generis*, já que a exigência não encontra paralelo nas codificações que serviram de paradigma normativo para a elaboração do projeto do Código Civil de 2002. Ao requerer a configuração de uma "extrema vantagem" para um dos contratantes, a codificação brasileira parece ter dado guarida à antiga posição doutrinária que associava a proteção contra o desequilíbrio superveniente da prestação ao princípio geral de vedação ao enriquecimento sem causa.[181]

---

180 Na Itália, não apenas o Código Civil não alude à extrema vantagem; também a doutrina afirma: "*ai fini della configurazione oggettiva dell'eccessiva onerosità è irrilevante il sopravvenuto grande vantaggio del creditore*" (Angelo Riccio, *Eccessiva onerosità – Arts. 1467-1469*, cit., p. 161).

181 Nesse sentido, Arnoldo Medeiros da Fonseca apontava como um dos requisitos para a aplicação da chamada teoria da imprevisão o "enriquecimento inesperado e injusto para o credor, como consequência direta da superveniência imprevista", afirmando que "quando a superveniência imprevista apenas acarreta para o devedor uma onerosidade maior, mas em nada vem melhorar a situação do credor, que apenas pretende os benefícios esperados e decorrentes do contrato, não haverá iniquidade nenhuma em exigir do primeiro o cumprimento da obrigação livremente assumida, pois o direito, no conflito de interesses a que aquela dá lugar, não tem nenhuma razão para preferir o sacrifício do segundo. (...) Todavia, quando a superveniência imprevista e imprevisível, alterando profundamente o ambiente objetivo anterior, além de acarretar o sacrifício extremo do devedor, constitui para o credor uma fonte de enriquecimento inesperado, será conforme aos ditames da justiça manter a obrigatoriedade do contrato? Não se verificará, assim, um enriquecimento injusto, por ser para o credor decorrente do acaso, enquanto para o devedor é causa de ruína? Porque é necessário reconhecer: não é o contrato a verdadeira fonte desse enriquecimento; mas a superveniência imprevista. E se é legítimo assegurar coativamente a execução de um direito convencionado, constituirá talvez uma suprema injustiça permitir que assim se vá proporcionar a uma das partes, pelas circunstâncias supervenientes, vantagens novas e inesperadas, à custa da ruína e do sacrifício do outro contratante" (Arnoldo Medeiros da Foncesa, *Caso Fortuito e Teoria da Imprevisão*, cit., p. 236). Seguido essa linha na doutrina mais atual, ver Paulo Magalhães Nasser, *Onerosidade Excessiva no Contrato Civil*, cit., p. 78-79: "Em nosso sentir, afigura-se de basilar importância para identificação do princípio da equivalência material das prestações e do equilíbrio contratual o exame do instituto do enriquecimento sem causa. (...) temos que o instituto do enriquecimento sem causa, hoje, é pedra angular do sistema de preservação do equilíbrio contratual e da equivalência material das prestações". Em igual sentido, Andrea Cristina Zanetti, *Princípio do Equilíbrio Contratual*, São Paulo: Saraiva, 2012, p. 279: "A onerosidade excessiva traduz-se no enriquecimento inesperado e injusto do contratante que não provém do contrato firmado, mas sim dos efeitos decorrentes do fato superveniente e imprevisível".

Tal abordagem, que se refletiu sobre o Projeto de Código de Obrigações de 1965, o qual aludia a "lucro exagerado" do outro contratante, não chegou a encontrar consagração no nosso sistema normativo.[182] Ainda hoje, todavia, na jurisprudência brasileira a tutela contra a onerosidade excessiva vem acompanhada, por vezes, de considerações sobre o "enriquecimento indevido" ou "ilícito" da contraparte.[183] Tais expressões são também empregadas pela doutrina ao tratar da extrema vantagem,[184] havendo, ainda na atualidade, autores que associam expressamente o desequilíbrio contratual superveniente e a vedação ao enriquecimento sem justa causa contida no art. 884 do Código Civil[185] – o que, em perspectiva comparatista, já foi denominado "um curioso hibridismo".[186]

---

182 José Maria Othon Sidou, *Resolução Judicial dos Contratos (Cláusula Rebus Sic Stantibus) e Contratos de Adesão: no Direito Vigente e no Projeto de Código Civil*, cit., p. 101.

183 Confira-se, entre outros, TJRJ, Apelação Cível 2000.001.19949, Rel. Des. Carlos Lavigne de Lemos, j. 24-4-2001: "Arrendamento mercantil. Contrato com prestações vinculadas à variação cambial. Revisão. Possibilidade. Violenta desvalorização da moeda do país face à estrangeira adotada, provocando desequilíbrio contratual, elevando de forma desproporcional o preço final do produto. Caracteriza a onerosidade excessiva, em função do enriquecimento indevido de uma das partes em prejuízo da outra. Aplicação da teoria da imprevisão".

184 "*Exagerada vantagem para a outra parte*: trata-se do enriquecimento indevido, do lucro exorbitante aproveitado pela parte contratante que não sofre a onerosidade excessiva, e que reflete, de conseguinte, num considerável aumento patrimonial a seu favor" (João Hora Neto, A Resolução por Onerosidade Excessiva no Novo Código Civil: uma quimera jurídica?, *Revista da ESMESE*, n. 4, 2003, p. 44). Em igual direção, Nelson Eizirik; Marcus de Freitas Henriques, Notas sobre a Revisão dos Contratos, in André Fernandes Estevez e Marcio Felix Jobim (org.), *Estudos de Direito Empresarial*, cit., p. 227: "A existência de oneração excessiva para uma das partes acarreta enriquecimento indevido para a outra, caso a obrigação tenha que ser cumprida conforme originalmente pactuada".

185 "Assim, em resumo, as modificações supervenientes que atingem o contrato podem ensejar pedido judicial de revisão do negócio jurídico, se ainda possível manter o vínculo com modificações nas prestações (arts. 317 e 479 do CC), ou de resolução, nos termos dos arts. 317 e 478, a ser apreciado tendo em conta as cláusulas gerais sobre o enriquecimento injusto (art. 884), a boa-fé (art. 422) e o fim social do contrato (art. 421), se houver modificação da base do negócio que signifique quebra insuportável da equivalência ou a frustração definitiva da finalidade contratual objetiva" (Carlos Roberto Gonçalves, *Direito Civil Brasileiro: Contrato e Atos Unilaterais*, cit., 2010, p. 53).

186 A expressão foi empregada por José de Oliveira Ascensão, *Alteração das Circunstâncias e Justiça Contratual no Novo Código Civil*, cit., p. 61: "Não obstante o silêncio legal, desenvolvera-se no Brasil, por pressão do fenômeno inflacionário, nos planos doutrinário e jurisprudencial, uma corrente favorável à admissão da relevância da onerosidade excessiva superveniente por implicação de fatos imprevisíveis. As fundamentações

A associação entre o desequilíbrio superveniente do contrato e a vedação ao enriquecimento sem causa, embora possa ter sido útil para "justificar" a interferência na relação contratual em um cenário de voluntarismo exacerbado, acaba por reduzir demasiadamente o campo de incidência da proteção contra a excessiva onerosidade. A doutrina mais atual destaca que, em se exigindo a configuração de extrema vantagem, "casos típicos de aplicação da teoria da imprevisão, como os contratos de fornecimento de produtos que se tornam inviáveis pela imprevisível indisponibilidade de insumos no mercado, poderão ser afastados da proteção dessa teoria, pois, em princípio, a parte adquirente dos produtos não terá qualquer vantagem excessiva como decorrência dos problemas que afetaram a atividade produtiva da parte fornecedora".[187] Além disso, como recorda Ruy Rosado de Aguiar Júnior, "os fatos modificativos extraordinários incidem quase sempre igualmente sobre as duas partes, tornando inviável a prestação, sem que disso decorra vantagem para a outra; assim, a guerra, as revoluções, os planos de intervencionismo econômico, etc.".[188]

As críticas ao requisito da extrema vantagem se mostram tão contundentes que parcela dos autores brasileiros chega a sugerir seja simplesmente ignorada.[189] Nessa direção, na *IV Jornada de Direito Civil*, organizada em 2006 pelo Centro de Estudos Jurídicos do Conselho da Justiça Federal, foi aprovado o Enunciado n. 365, com o seguinte teor:

---

que se apresentavam eram muito variadas. Tendencialmente, apelava-se à teoria da imprevisão. Outros retomavam a cláusula *rebus sic stantibus*. João Baptista Villela desenvolveu a teoria da base negocial. Há ainda um curioso hibridismo com o enriquecimento sem causa: o objetivo mínimo a atingir seria afastar o enriquecimento sem causa da contraparte".

187 Antonio Celso Fonseca Pugliese, *Teoria da Imprevisão e o novo código civil*, cit., p. 15-16. O autor afirma, ainda, que a exigência de extrema vantagem lança sobre a parte prejudicada "um novo e pesado ônus processual, qual seja o de produzir provas sobre benefícios econômicos auferidos pela outra parte, muitas vezes sem qualquer acesso aos documentos e informações necessários para a identificação desses benefícios".

188 Ruy Rosado de Aguiar Júnior, *Extinção dos contratos por incumprimento do devedor*, cit., p. 152.

189 Ver, entre outros, João Hora Neto: "O requisito da *extrema vantagem para a outra parte* (art. 478), consoante já demonstrado, se traduz em algo completamente desarrazoado, uma vez que a comprovação da onerosidade excessiva por si só basta para atestar-se o desequilíbrio do contrato, até porque há inúmeras situações em que a onerosidade excessiva é patente sem que haja *extrema vantagem para a outra parte*, ou melhor, o lucro indevido" (*A Resolução por Onerosidade Excessiva no Novo Código Civil: uma quimera jurídica?*, cit., p. 50).

> A extrema vantagem do art. 478 deve ser interpretada como um elemento acidental da alteração de circunstâncias, que comporta a incidência da resolução ou revisão do negócio por onerosidade excessiva, independentemente de sua demonstração plena.

Como "elemento acidental" que dispensa "demonstração plena", a extrema vantagem deixaria, a rigor, de integrar o rol de requisitos do art. 478 do Código Civil, interpretação que afasta as dificuldades inerentes à sua verificação, mas tem o grave "inconveniente" de divergir inteiramente da linguagem da norma em comento. Ao intérprete não compete simplesmente ignorar as expressões constantes do dispositivo legal, o que, tecnicamente, somente poderia ser alcançado por meio da impugnação parcial à validade da norma, não já pela via puramente interpretativa.

Para tentar superar esse obstáculo, parte da doutrina brasileira que se ocupa do tema tem sustentado que, embora se trate inegavelmente de um requisito exigido pelo Código Civil, "a extrema vantagem frequentemente nada mais será do que a consequência automática da onerosidade excessiva".[190] Trata-se, em outras palavras, de mero reflexo da onerosidade excessiva: verificado que esta última incide sobre um dos contratantes, o outro contratante estaria *ipso facto* diante de uma extrema vantagem,[191] na medida em que estaria na iminência de obter uma prestação por valor inferior ao valor que seria necessário para obter a mesma prestação naquele momento, à luz das condições de mercado. Afirma-se, nessa direção:

> Considerando que o requisito (extrema vantagem), embora impróprio, consta no art. 478, pode-se interpretar essa exigência da seguinte forma: poderia o contratante que não é prejudicado (credor) pela onerosidade excessiva conseguir realizar no mercado um contrato nas mesmas condições?[192]
>
> Assim sendo, na grande maioria das hipóteses envolvendo contratos sinalagmáticos, a extrema vantagem consistirá na circunstância de a brusca alteração da proporcionalidade entre as prestações ficar a cargo exclusivamente de uma das partes, protegendo a outra de quais-

---

190 Antônio Pedro Medeiros Dias, *Revisão e Resolução do Contrato por Excessiva Onerosidade*, Rio de Janeiro: UERJ (dissertação de Mestrado), p. 71 (no prelo).

191 Paulo Khouri chega a afirmar que "a excessiva onerosidade de um contratante é exatamente a vantagem extrema do outro" (Paulo Roberto Roque Antônio Khouri, *A Revisão Judicial dos Contratos no Novo Código Civil, Código do Consumidor e Lei 8.666/93: a onerosidade excessiva superveniente*, São Paulo: Atlas, 2006, p. 77).

192 Laura Coradini Frantz, *Revisão dos Contratos*, cit., p. 142.

> quer mudanças no cenário, por mais drásticas e graves que sejam. Em tais circunstâncias, a manutenção do vínculo contratual representa, por si só, uma circunstância extremante vantajosa para a contraparte, pois qualquer avença da mesma natureza, celebrada no novo contexto, jamais alcançaria aqueles termos.[193]
>
> Em verdade, a melhor forma de se buscar mitigar esta exigência tornando-a conforme os ditames do ordenamento, a nosso sentir, é considerar que em situações de graves alterações conjunturais, em que o equilíbrio funcional do negócio jurídico é partido, a manutenção *tout court* do contrato já representaria, por si só, extrema vantagem para o credor, pois certamente ele não teria celebrado um contrato com tais termos se as condições fossem outras. (...) Assim, pode-se dizer que com a alteração do cenário econômico do contrato em vista de circunstâncias supervenientes, extraordinárias e imprevisíveis, não se conseguiria celebrar o que pelo vínculo já se firmou, de modo que a própria existência e manutenção da avença naquelas condições já constituem situação de extrema vantagem. Nesta vereda, resta claro que a conservação e permanência do contrato nas mesmas bases iniciais são, em si, um excelente negócio, extremamente vantajoso, na medida em que qualquer obrigação com a mesma natureza, em vista do novo contexto, jamais seria celebrada com aqueles termos.[194]

Situar a avaliação da "extrema vantagem" no momento da execução do contrato, argumentando que o contratante beneficiado não conseguiria celebrar contrato idêntico nas vigentes condições no mercado significa desconsiderar, em certa medida, a atuação preventiva do referido contratante. A celebração de um contrato de execução não imediata representa, em larga medida, uma tentativa do contratante de assegurar determinada posição econômica, prevenindo-se contra futuras alterações do mercado. Suponha-se, por exemplo, que um contratante interessado em assegurar a aquisição de certos insumos pelo preço atual celebre contrato de compra e venda pagando à vista por tais insumos, a serem entregues dali a seis meses. É certo que o exorbitante aumento do preço dos insumos ao longo desse período pode gerar ônus excessivo ao alienante – especialmente se esse aumento supera, em muito, os rendimentos que poderiam ser obtidos com o investimento ordinário da quantia recebida –, mas afirmar que o adquirente extrai daí uma "extrema vantagem" pelo fato de que não conseguiria adquirir tais insumos no mercado ao preço contratado soa artificial.

---

193 Antônio Pedro Medeiros Dias, *Revisão e Resolução do Contrato por Excessiva Onerosidade*, cit., p. 71.

194 Nelly Potter, *Revisão e Resolução dos Contratos no Código Civil Conforme Perspectiva Civil-Constitucional*, cit., p. 148-149.

A jurisprudência parece perceber a armadilha, pois evita se referir ao requisito da extrema vantagem. A análise das decisões judiciais brasileiras relativas ao desequilíbrio contratual superveniente revela que, nos raros casos em que os tribunais aludem à extrema vantagem, fazem-no com fundamentação sumária. E não hesitam as cortes em fazer uso de presunções para negar sua presença, como se pode ver, a título ilustrativo, do seguinte acórdão:

> Ademais, não há indícios de que a empresa embargada tenha auferido vantagem excessiva. Ao contrário, ao exercer a atividade de venda de veículos usados, é de se presumir que a mesma também tenha sido atingida pela crise do setor.[195]

A jurisprudência, portanto, pouco diz sobre o requisito da extrema vantagem.[196] Ao delicado cenário há que se acrescentar o fato nada simples de que o próprio Código Civil, em seu art. 317, reproduz substancialmente os requisitos constantes do art. 478, com exceção justamente da "extrema vantagem". Assim, aos "acontecimentos extraordinários e imprevisíveis" do art. 478 associam-se os "motivos imprevisíveis" do art. 317; à prestação que "se tornar excessivamente onerosa" do art. 478 associa-se a "desproporção manifesta entre o valor da prestação devida e o do momento de sua execução" do art. 317; e mesmo para aos "contratos de execução continuada ou diferida" do art. 478 pode-se encontrar paralelo no "sobrevier" do art. 317, que alude explicitamente ao lapso temporal existente entre a assunção do débito prestacional e o "momento de sua execução". A "extrema vantagem" não encontra, todavia, correspondente na linguagem do art. 317 da codificação.

A ausência explica-se pela própria localização da norma. Situada no campo das normas gerais sobre obrigações – e não na parte dedicada aos contratos –, o art. 317 ocupa-se do pagamento. Nesse contexto, parte do exame isolado de uma prestação, não já da análise de um feixe de prestações como

---

195 TJRS, 18ª Câmara Cível, Apelação Cível 0499594-58.2013.8.21.7000, Rel. Des. Heleno Tregnago Saraiva, 3-4-2014.

196 Sobre o silêncio da jurisprudência quanto a esse ponto, já registrou Luís Renato Ferreira da Silva: "As decisões que versam o tema não têm enfrentado o requisito de frente, preferindo observar o tópico da onerosidade em detrimento da vantagem, até mesmo pelas dificuldades interpretativas que ele cria. Parece-me, entretanto, impossível ignorá-lo, posto que interpretando-o de modo integrativo com a sistemática codificada, sem ignorar a intenção comum das partes" (Revisão de Contratos no Código Civil: reflexões para uma sistematização das suas causas à luz da intenção comum dos contratantes, in *Revista Eletrônica AD JUDICIA*, ano 1, n. 1, out./dez. 2013, p. 24-25, disponível em www.reaj.org.br).

ocorre frequentemente nos contratos. Historicamente, a norma dirigia-se ao combate da perda de valor real da moeda brasileira em face da inflação, tendo sua redação sido objeto de posterior ampliação nos trabalhos legislativos, por força da supressão da expressa referência à desvalorização monetária.[197]

---

197 Tratou-se de fruto do debate gerado a partir de emenda proposta no Senado Federal, com a seguinte redação: "Emenda n. 38 – Eliminar os arts. 315 a 317 e as expressões 'feita a atualização dos valores monetários' no art. 620. Justificação: A correção monetária, típico instituto de vigência transitória e emergencial, não deve ser cristalizada no Código Civil, em caráter permanente. Propõe-se a supressão" (*O Projeto de Código Civil no Senado Federal*, Brasília: Senado Federal, 1998, p. 167. v. 1). Sobre tal emenda, assim posicionou-se Miguel Reale: "Trata-se de questão da mais alta indagação. A Comissão Revisora e Elaboradora do Código Civil, a princípio, não acolheu no projeto a ideia de automática correção monetária, tal como veio a ser estabelecido nos arts. 315 *usque* 317, em virtude de emendas aprovadas na Câmara dos Deputados. Pessoalmente, entendo que a indexação do valor monetário, a chamada 'correção monetária' não deve figurar no Código Civil, por tratar-se de medida de caráter transitório, ligado ao surto inflacionário. É o que, no fundo, se objetiva com a Emenda ora em apreço" (Miguel Reale, Opinião do Prof. Miguel Reale sobre as emendas dos Senadores relativas à Parte Especial, in *O Projeto de Código Civil no Senado Federal*, Brasília: Senado Federal, 1998, p. 29. v. 2). Analisando a emenda concluiu o Relator do Projeto no Senado que "os arts. 315 a 317 disciplinam a aplicação da correção monetária. (...) Esclarece o professor Reale que o Anteprojeto de 1975 não cogitava da correção monetária. A Câmara dos Deputados é que a incluiu no Projeto, o que não lhe parece adequando. Entendo, porém, que poderão substituir dispositivos legais sobre a correção monetária, considera aconselhável restabelecer-se, sob nova redação, que sugeriu, o critério do Anteprojeto de 1975, ao invés de adotar-se a supressão proposta. Inegavelmente, a objeção da emenda é relevante. Não se justifica a consagração da correção monetária no texto de um Código Civil. A ideia do eminente Supervisor da Elaboração do Anteprojeto procede, modificada, em parte, a redação oferecida, sobretudo porque não se deve considerar apenas 'a desvalorização da moeda', para admitir a revisão de valores convencionados. Outros fatores, e imprevisíveis, poderão ocorrer, gerando o desequilíbrio das prestações e justificando o reajustamento delas. (...) Subemenda n. 3 – Art. 317. Quando, por motivos imprevisíveis, sobreviver desproporção manifesta entre o valor da prestação devida e o do momento de sua execução, o juiz poderá corrigi-lo, a pedido da parte, de modo que assegure, quando possível, o valor real da prestação" (*O Projeto de Código Civil no Senado Federal*, Brasília: Senado Federal, 1998, p. 332. v. 1). Debatendo sobre a Emenda n. 38 em sua versão alterada, os Deputados Federais acolheram a posição consolidada no Senado Federal: "Emenda n. 34 (...) Parecer: Inicialmente, uma emenda do Senador Gabriel Hermes vinha a suprimir os três dispositivos, ao argumento de que 'a correção monetária, típico instituto de vigência transitória e emergencial, não poderia ser cristalizada no Código Civil, em caráter permanente. Posteriormente, o Senador Josaphat Marinho, em desacolhendo a emenda de Gabriel Hermes, manteve os três artigos, excluindo as referências à correção monetária. (...) Como se vê, efetivamente tinha razão o Senador Gabriel Hermes quando propugnou, já naquela época, pela supressão do termo 'correção monetária' vez

Conquanto explicada pela topografia e trajetória do art. 317, a ausência da referência à "extrema vantagem" não deixa de criar certa fratura no sistema de tutela do equilíbrio contratual. Como a doutrina brasileira, em sua ampla maioria, extrai do art. 317 – e não do art. 478 – a possibilidade de revisão judicial para correção do desequilíbrio superveniente dos contratos bilaterais, uma interpretação literal conduziria à conclusão de que, para a revisão judicial do contrato não se exige a extrema vantagem, que apenas se apresenta como requisito para a resolução contratual. Tal conclusão afigurar-se-ia, contudo, de difícil justificativa teórica, na medida em que é precisamente na revisão judicial que a extrema vantagem poderia desempenhar algum papel como baliza para a mitigação do desequilíbrio, como se verá adiante. Já a resolução, por sua tendência a reenviar as partes ao *status quo ante*, poderia ser justificada com base na simples onerosidade excessiva de uma das partes, independentemente do efeito gerado para o outro contratante. Em outras palavras: exatamente o oposto do que resulta da leitura do Código Civil.

Há, ainda, o problema do cotejo das normas constantes da disciplina geral dos contratos com as normas relativas aos contratos em espécie. A preferência pela resolução no art. 478 choca-se frontalmente, por exemplo, com o art. 620 do Código Civil, que permite a revisão do preço global convencionado no

---

que, posteriormente àquela emenda senatorial, a correção monetária foi extinta. Se a expressão tivesse sido mantida no projeto, teria a Câmara dos Deputados, agora, que proceder à necessária alteração para adequação do texto legal à legislação posterior. Entretanto, o texto sugerido pelo Relator-Geral no Senado, na forma de subemenda, com a supressão da expressão 'correção monetária', permite a manutenção dos dispositivos em análise, pelo que somos pela aprovação da emenda" (*Código Civil: relatório final, do relator Deputado Ricardo Fiuza apresentado à Comissão Especial de Reforma do Código Civil*, Brasília: Câmara dos Deputados, 2000, p. 135). Em doutrina, confira-se a opinião de Laura Coradini Frantz, *Revisão dos Contratos: Elementos para sua Construção Dogmática*, cit., p. 98-99: "Como visto, o próprio art. 317 foi pensado, inicialmente, para resolver situações de desproporção causadas pela desvalorização monetária, quando esta ainda era um fenômeno, até certo ponto, 'excepcional'. Com o avançar da inflação, a partir dos anos 70, passou-se a entender que as aplicações da correção monetária ocorreriam independentemente de lei, já que não é um acréscimo que se faz à prestação, mas somente um ajuste de seu valor, institucionalizada para todos os negócios jurídicos, devendo-se apenas observar qual o índice a ser utilizado para que o princípio do valorismo monetário possa ser atendido nos mais diversos tipos negociais. Por isso, durante a tramitação do projeto que deu origem ao Código Civil, as emendas que terminaram por ser aprovadas entenderam que não era necessário um dispositivo legal para amparar a correção monetária, ampliando-se a possibilidade de revisão da prestação quando esta se tornasse desproporcional, considerando-se o seu valor no momento da contratação e no tempo do pagamento".

contrato de empreitada, a pedido do dono da obra, se ocorrer diminuição no preço do material ou da mão de obra superior a um décimo do referido preço.[198] O mesmo se pode dizer em relação ao art. 770, que autoriza o segurado a "exigir a revisão do prêmio, ou a resolução do contrato", se houver, no curso do contrato, redução "considerável" do risco.[199] Há, por assim dizer, um fraturamento sistemático da disciplina do desequilíbrio contratual superveniente no direito brasileiro, que se revela não apenas na análise interna do Código Civil de 2002,[200] mas também no cotejo do direito codificado com as normas especiais que se ocupam da matéria.

5. Análise comparativa dos requisitos de configuração do desequilíbrio contratual superveniente no Código Civil e nas leis especiais: um cenário inconsistente e fragmentado

A análise das demais normas de direito brasileiro que tratam do problema do desequilíbrio contratual revela um cenário inconsistente e fragmentado. Examine-se de início a questão sob a ótica dos acontecimentos extraordinários e imprevisíveis. Enquanto tal requisito é expresso no Código Civil, o Código de Defesa do Consumidor o dispensa, garantindo ao consumidor, como já visto, a revisão das cláusulas contratuais "em razão de fatos supervenientes que as tornem excessivamente onerosas" (art. 6º, V). A diferença vem usualmente

198 "Art. 620. Se ocorrer diminuição no preço do material ou da mão de obra superior a um décimo do preço global convencionado, poderá este ser revisto, a pedido do dono da obra, para que se lhe assegure a diferença apurada."

199 "Art. 770. Salvo disposição em contrário, a diminuição do risco no curso do contrato não acarreta a redução do prêmio estipulado; mas, se a redução do risco for considerável, o segurado poderá exigir a revisão do prêmio, ou a resolução do contrato."

200 Vale aqui a crítica formulada, na Itália, por Pietro Perlingieri ao distanciamento entre a disciplina geral dos contratos e a disciplina geral das obrigações, de um lado, e, de outro, entra aquela a disciplina dos contratos em espécie: "*Ne consegue la necessità di ridimensionare la portata degli studi sul contratto condotti esclusivamente o prevalentemente dal punto di vista strutturale e tendente ad esaurirsi in raffinate quanto unilaterali prospettazioni volte a delimitare i confini tra la bilateralità c.d. imperfetta e la unilateralità, o nelle monche enunciazioni del fenomeno del collegamento negoziale descritto in chiave procedimentale come fattispecie a formazione sucessiva poco recettiva dei contenuti teleologici, assiologici e quindi funzionali. Prospettiva questa che ha indotto ad esaltare eccessivamente la disciplina comune del contratto con la conseguenza di ternerla separata non soltanto dalla disciplina dei singoli contratti, ma anche da quella delle obligazioni, tenute ingisutificatamente distinte dalla loro fonti e ancor piú dal titolo che ne giustifica l'esistenza*" (Nuovi profili del contratto, in *Il diritto dei contratti fra persona e mercato – Problemi del diritto civile*, cit., p. 425).

explicada pela doutrina como um privilégio concedido ao consumidor, parte presumidamente vulnerável no mercado de consumo (art. 4º, I).[201] O problema se torna, todavia, mais instigante quando se observa, por exemplo, a Lei

201 "O direito do consumidor que é assegurado no art. 6º, V, é o de modificar cláusula que estabeleça prestação desproporcional ou de obter a revisão do contrato quando sobrevenham fatos que tornem as prestações excessivamente onerosas. (...) Trata-se, aqui sim, da aplicação da teoria da base do negócio jurídico, com os contornos anteriormente demonstrados. Justifica-se a diferença de tratamento em comparação com o que se emprega nas relações jurídicas regidas pelo Código Civil Brasileiro, em razão da característica especial da relação de consumo. Nela, há parte por natureza hipossuficiente – o consumidor – e submetida à vontade do mais forte – fornecedor. A proteção ao consumidor, à boa-fé objetiva e aos direitos daquele autorizam a diferenciação no tratamento de questões similares e se coaduna à finalidade protetiva do Código de Defesa do Consumidor" (Luciana de Oliveira Leal, A Onerosidade Excessiva no Ordenamento Jurídico Brasileiro, in *Revista da EMERJ Escola de Magistratura do Estado do Rio de Janeiro*, v. 21, Rio de Janeiro: EMERJ, 2003, p. 162). Em igual sentido, José de Oliveira Ascensão, ao comparar o Código Civil brasileiro com o Código de Defesa do Consumidor, em matéria de desequilíbrio contratual, registrou: "Confrontando o art. 478/1 NCC e o art. 6, V, do Código do Consumidor, verificamos que este último se baseia em dois fatores apenas: a onerosidade excessiva; em virtude de fatos supervenientes. Falta a previsão de que esses fatos consistam em acontecimentos extraordinários e imprevisíveis. O regime geral do Código Civil é intencionalmente mais exigente que o do Código do Consumidor. Este contenta-se com aqueles fatores porque pressupõe um outro: a fraqueza relativa do consumidor perante o fornecedor. Por isso, permite a revisão do contrato logo que a prestação se torne excessivamente onerosa" (José de Oliveira Ascensão, *Alteração das Circunstâncias e Justiça Contratual no Novo Código Civil*, cit., p. 62). Em direção semelhante, Milton Alves Júnior, A Revisão Judicial dos Contratos, in *Revista Magister de Direito Empresarial, Concorrencial e do Consumidor*, v. 12, Porto Alegre: Magister, 2007, p. 54: "Segundo a regra do CDC, basta apenas a ocorrência de fatos supervenientes que onerem a prestação do consumidor para que seja possível a revisão do contrato. Na prática, a não exigência de que tais fatos sejam extraordinários e imprevisíveis, conforme estabelece o Código Civil, facilita a revisão das cláusulas contratuais, pois a única prova a ser produzida nesse caso é a da superveniência do fato e da onerosidade da prestação do consumidor, devendo ser entendido por onerosidade a situação que dificulta de forma extrema ou mesmo impossibilita a prestação do consumidor. A revisão dos contratos no CDC é instrumento de grande importância para a relação de consumo, pois é uma forma de manutenção do constante equilíbrio contratual, apesar das discrepâncias entre as partes". Complementa Maria Antonieta Lynch, Da Cláusula *Rebus Sic Stantibus* a Onerosidade Excessiva, in *Revista de Informação Legislativa*, v. 184, Brasília: Subsecretaria de Edições Técnicas do Senado Federal, p. 17: "Concluímos, pois, que o CDC ampliou o campo de aplicação da onerosidade excessiva, a partir do momento em que restringiu certos requisitos, porém limitou os efeitos à revisão. E mais, o recurso revisional é um permissivo unilateral, pois apenas o consumidor pode dele se beneficiar, não se estendendo o direito ao fornecedor porque a lei assim dispôs".

do Inquilinato, cujo art. 19 prevê expressamente o direito à revisão judicial do contrato de locação no tocante ao valor do aluguel:

> Art. 19. Não havendo acordo, o locador ou locatário, após três anos de vigência do contrato ou do acordo anteriormente realizado, poderão pedir revisão judicial do aluguel, a fim de ajustá-lo ao preço de mercado.

Como se vê, o art. 19 da Lei do Inquilinato dispensa a invocação de acontecimentos extraordinários e imprevisíveis, trazendo um instrumento de caráter objetivo, condicionado tão somente ao decurso do tempo (três anos de vigência do contrato ou do acordo anteriormente realizado). A doutrina reconhece que o direito à revisão do aluguel representa mecanismo de reequilíbrio contratual:

> A revisão do valor do aluguel se fundamenta na onerosidade excessiva superveniente que pode se mostrar iníqua para o locador se após três anos do referido marco o imóvel experimentar uma valorização econômica considerável ou se ocorrer o contrário, ocasionando prejuízo ao locatário.[202]

> A ação revisional, como se verá no momento oportuno, quando sobre ela discorrermos, é o mecanismo que assegura a comutatividade do contrato, mantendo o aluguel ao nível do mercado, ora o elevando, ora o reduzindo, segundo as suas oscilações, e não sendo possível a celebração de acordo, o que é sempre mais recomendável. O objetivo da ação revisional é ajustar o aluguel ao nível do mercado, restabelecendo-se o equilíbrio inaugural do contrato. Logo, não há limites percentuais para a elevação do locativo, que dependerá da realidade do mercado, à época da ação.[203]

> Em matéria de locação, a ação revisional – prevista no art. 19 da Lei n. 8.245/1991 e regulada pelos arts. 68 e seguintes do mesmo diploma – é o instrumento processual adequado para o restabelecimento da equivalência entre as prestações (cessão da posse e aluguel) presente na época da celebração da avença. (...) O que se busca, com a ação revisional, é o resgate dos mesmos objetivos que as partes tinham quando, de comum acordo, celebraram o contrato.[204]

---

202 Marco Aurélio Bezerra de Melo, *Curso de Direito Civil: Teoria Geral dos Contratos*, cit., p. 393-394. v. III, t. I.

203 Sylvio Capanema de Souza, *A Lei do Inquilinato Comentada*, 8. ed. Rio de Janeiro: Forense, 2012, p. 100.

204 João Augusto Basilio e Marcos de Campos Salgado, A Ação Revisional e as Locações Atípicas, in Marco Aurélio Bezerra de Melo e Fábio de Oliveira Azevedo (coords.), *Direito Imobiliário: Escritos em Homenagem ao Professor Ricardo Pereira Lira*, São Paulo:

A jurisprudência brasileira chega à mesma conclusão, como se pode ver, a título ilustrativo, dos seguintes acórdãos:

> De outro giro, a teoria da imprevisão invocada pelo agravante não se aplica à hipótese em julgamento, visto que a pretensão se funda no art. 19, da Lei n. 8.245/91, cuja única exigência é a observância do valor de mercado do locativo.[205]

> Observa-se que a lei não impõe como requisitos para a propositura da revisional valor irrisório do aluguel, comprovação de fatos extraordinários e imprevisíveis, mas tão somente lapso temporal de 03 anos de contrato de locação.[206]

Conclui-se, assim, que a Lei do Inquilinato prevê um mecanismo de reequilíbrio contratual – a ação revisional de aluguel –, mas, ao contrário do que ocorre na disciplina geral do Código Civil, o recurso a tal remédio não restou condicionado à demonstração de acontecimentos extraordinários e imprevisíveis. Assenta, exclusivamente, na objetiva falta de ajustamento entre o preço vigente do aluguel e o preço de mercado. Não se pode argumentar, aqui, que se trata de um instrumento de caráter protetivo, destinado a tutelar o locatário como parte habitualmente vulnerável na relação locatícia. Isso porque o direito à revisão do aluguel, como se extrai claramente do art. 19 da Lei do Inquilinato, é atribuído tanto ao locatário quanto ao locador, podendo ser empregado tanto para a redução quanto

Atlas, 2015, p. 230. A doutrina destaca, ainda, que a ação revisional não se dirige a proteger os contratantes em face da mera desvalorização da moeda: "Nada mais necessário, portanto, que, após certo tempo, se corrijam os desvios de rumo do contrato, preservando-se seu equilíbrio inicial, para compatibilizar o aluguel com o mercado. Esse é o objetivo precípuo da ação revisional, que constitui, como é fácil perceber, um dos mais poderosos instrumentos de que dispõem os contratantes, para que se defendam das oscilações da economia e de seus reflexos no comportamento do mercado. Não se trata de simples correção do aluguel, para lhe devolver o que a corrosão inflacionária dele retirou, o que se alcançaria, facilmente, com os próprios mecanismos introduzidos no contrato, que, em geral, estabelecem uma periodicidade e um indexador, para que se proceda à correção. O que se pretende, pela via da revisional, é a atualização do aluguel, para levá-lo ao nível do mercado, o que pode majorá-lo ou reduzi-lo, independentemente dos índices da inflação" (Sylvio Capanema de Souza, *A Lei do Inquilinato Comentada*, 8. ed. Rio de Janeiro: Forense, 2012, p. 329-330).

205 TJRJ, Agravo Interno na Apelação 0089471-41.2008.8.19.0002, Des. Rel. Carlos Eduardo da Rosa da Fonseca Passo, j. 9-7-2013.

206 TJSP, Agravo de Instrumento 0190559-94.2012.8.26.0000, Des. Rel. Reinaldo Caldas, j. 24-10-2012.

para a majoração do aluguel. Colhem-se, de fato, em nossa jurisprudência, diversos casos de revisão do aluguel por iniciativa do locador:

> Além disso, a jurisprudência deste Tribunal já se firmou no sentido de admitir que, em ação de revisão de aluguéis, constatada a quebra do equilíbrio contratual, decorrente das altas taxas de inflação observadas nos períodos de instabilidade econômica, pode o magistrado, de ofício ou a pedido do locador, determinar a redução da periodicidade dos reajustes.[207]

> A sentença que julga procedente, ainda que somente em parte, a ação revisional de aluguel proposta pelo locador tem natureza constitutiva condenatória, incidindo a norma do § 3º do art. 20 do CPC/1973 para efeito de arbitramento dos honorários advocatícios.[208]

Tem-se, assim, que, ao contrário do regime geral do Código Civil, algumas normas especiais, como o Código de Defesa do Consumidor e a Lei do Inquilinato, contemplam remédios para a correção do desequilíbrio contratual superveniente em caráter puramente objetivo, calcando-se simplesmente na disparidade da prestação em relação aos valores de mercado, sem exigir a demonstração de acontecimentos *imprevisíveis* e *extraordinários*. E se essa orientação pode ser justificada, no caso do código consumerista, pela necessidade de proteção da parte vulnerável da relação jurídica, o mesmo raciocínio não pode ser estendido à Lei do Inquilinato, visto que tanto locatário quanto locador ostentam direito à revisão do aluguel.[209]

Cumpre examinar, ainda, a Lei de Licitações, que, sem prejuízo das peculiaridades inerentes ao Direito Administrativo, ocupa-se expressamente do desequilíbrio contratual superveniente em mais de uma passagem. Em seu art. 57, § 1º, admite a prorrogação dos prazos para início de etapas de execução, de conclusão e de entrega, em virtude da "superveniência de fato excepcional ou imprevisível, estranho à vontade das partes, que altere fundamentalmente as condições de execução do contrato" (inciso II). A aparente filiação à teoria da imprevisão vem temperada por outros fatos de caráter puramente objetivo que o dispositivo arrola como causas de possível prorrogação, como o "fato ou

207 STJ, REsp 61085, Rel. Min. Anselmo Santiago, j. 1º-9-1998.

208 STJ, REsp 1193926, Rel. Min. Antonio Carlos Ferreira, j. 3-5-2016.

209 Vale invocar aqui, *mutatis mutandis*, a conclusão de Fabrizio Volpe, que, após examinar leis especiais do direito italiano, concui que "*lo squilibrio è accertato con riferimento a parametri essenzialmente oggettivi, sì che il legislatore parrebbe voler tutelare non tanto l'integrità del consenso quanto la razionalità e l'efficienza dello scambio*" (*La giustizia contrattuale tra autonomia e mercato*, cit., p. 185).

ato de terceiro reconhecido pela Administração em documento contemporâneo à sua ocorrência" (inciso V). Já o art. 58, § 2º, da referida lei impõe a revisão do contrato para preservação do "equilíbrio contratual" em caso de modificação unilateral pela Administração Pública para "melhor adequação às finalidades de interesse público, respeitados os direitos do contratado" (art. 58, I). O art. 65, inciso II, alínea *d*, autoriza a modificação do contrato "por acordo das partes" para "restabelecer a relação que as partes pactuaram inicialmente entre os encargos do contratado e a retribuição da administração para a justa remuneração da obra, serviço ou fornecimento, objetivando a manutenção do equilíbrio econômico-financeiro inicial do contrato, na hipótese de sobrevirem fatos imprevisíveis, ou previsíveis, porém de consequências incalculáveis, retardadores ou impeditivos da execução do ajustado, ou, ainda, em caso de força maior, caso fortuito ou fato do príncipe, configurando álea econômica extraordinária e extracontratual". E o § 6º do mesmo art. 65 determina que, "em havendo alteração unilateral do contrato que aumente os encargos do contratado, a Administração deverá restabelecer, por aditamento, o equilíbrio econômico-financeiro inicial".

Como se vê, a Lei de Licitações traz novos elementos ao debate em torno do desequilíbrio contratual superveniente. Alude, por exemplo, a uma *alteração fundamental* das condições de execução do contrato (art. 57, § 1º) e usa indistintamente as expressões "equilíbrio contratual" e "equilíbrio econômico-financeiro", embora a doutrina administrativista empregue preferencialmente essa última.[210] Não se pode, ainda, deixar de constatar que, em um campo em que a

210 "O equilíbrio econômico-financeiro do contrato administrativo significa a relação (de fato) existente entre o conjunto dos encargos impostos ao particular e a remuneração correspondente. O equilíbrio econômico-financeiro abrange todos os encargos impostos à parte, ainda quando não se configurem como 'deveres jurídicos' propriamente ditos. São relevantes os prazos de início, execução, recebimento provisório e definitivo previstos no ato convocatório; os processos tecnológicos a serem aplicados; as matérias-primas a serem utilizadas; as distâncias para entrega dos bens; o prazo para pagamento etc. O mesmo se passa quanto a remuneração. Todas as circunstâncias atinentes à remuneração são relevantes, tais como prazos e forma de pagamento. Não se considera apenas o valor que o contratante receberá, mas também as épocas previstas para a sua liquidação. É possível (à semelhança de um balanço contábil) figurar os encargos como contrabalançados pela remuneração. Por isso se alude a 'equilíbrio'. Os encargos equivalem à remuneração, na acepção de que se assegura que aquela plêiade de encargos corresponderá precisamente à remuneração prevista. Pode-se afirmar, em outra figuração, que os encargos são matematicamente iguais às vantagens. Daí a utilização da expressão 'equação econômico-financeira'" (Marçal Justen Filho, *Comentários à Lei de Licitações e Contratos Administrativos*, 15. ed. São Paulo: Dialética, 2012, p. 887-888). Complementa José dos Santos Carvalho Filho: "Equação econômico-financeira do

preocupação com o cumprimento estrito do contrato tal qual originariamente celebrado afigura-se mais intensa que no campo privado, uma vez que a modificação do contrato no curso da sua execução viola, em teoria, os interesses daqueles que concorreram na licitação originária e de todos aqueles que poderiam ter interesse em participar de uma nova licitação – com prejuízo em última análise para a própria sociedade, que deixa de ter a garantia de que os recursos públicos estão sendo empregados tão somente em contratos que resultam da melhor proposta oferecida à Administração Pública –, o legislador especial empregou termos mais abertos para admissão da alteração contratual que aqueles utilizados pelo Código Civil. Nessa direção, a Lei de Licitações não se limita ao desequilíbrio decorrente de fatos imprevisíveis, mas alude também a acontecimentos "*previsíveis, porém de consequ*ências incalculáveis" que retardem ou impeçam a execução do ajustado (art. 65, II, *d*).[211] A imprevisibilidade não

---

contrato é a relação de adequação entre o objeto e o preço, que deve estar presente ao momento em que se firma o ajuste. Quando é celebrado qualquer contrato, inclusive o administrativo, as partes se colocam diante de uma linha de equilíbrio que liga a atividade contratada ao encargo financeiro correspondente. Mesmo podendo haver certa variação nessa linha, o certo é que no contrato é necessária a referida relação de adequação. Sem ela, pode dizer-se, sequer haveria o interesse dos contratantes no que se refere ao objeto do ajuste. Quando pactuam as partes implicitamente pretendem que seja mantido o equilíbrio econômico-financeiro do contrato. Desse modo, o efeito principal desse verdadeiro postulado contratual é o de propiciar às partes a oportunidade de restabelecer o equilíbrio toda vez que de alguma forma mais profunda for ele rompido ou, quando impossível o restabelecimento, ensejar a própria rescisão do contrato. Tal efeito se vê mais presente em alguns acontecimentos posteriores à celebração do contrato, ocasionando soluções várias, sempre no intuito de deixar íntegro o equilíbrio inicial. (...)" (*Manual de Direito Administrativo*, 30. ed. São Paulo: Atlas, 2016, p. 206). Ainda sobre o tema, ver Jessé Torres Pereira Junior, *Comentários à lei das licitações e contratações da Administração Pública*, 7. ed. Rio de Janeiro: Renovar, 2007, p. 656-657.

211 A orientação vem explicada, em parte, pela trajetória histórica da norma. O Decreto-lei n. 2.300, de 1986, já permitia a *alteração do contrato, por acordo das partes* 'para restabelecer a relação, que as partes pactuaram inicialmente, entre os encargos do contratado e a retribuição da Administração para ajusta remuneração da obra, serviço ou fornecimento, objetivando a manutenção do inicial equilíbrio econômico e financeiro do contrato' (art. 55, II, *d*). Tal dispositivo, embora reproduzido no projeto de lei que se seguiu para reforma da legislação sobre licitações, restou excluído da redação originária da Lei n. 8.666, de 1993 (art. 65), em decorrência de veto do Presidente da República. O veto fundamentava-se no fato de que o dispositivo, no dizer da Advocacia-Geral da União, não definia "objetivamente, quais os pressupostos autorizadores da revisão de preços, importando destacar, ainda, que o § 7º do art. 66 procura tornar corriqueira a obtenção do reequilíbrio econômico-financeiro do contrato, tornando o aditamento providência obrigatória para a Administração, após tão somente 'autuadas em processo as demonstrações e justificativas pertinentes e o ato de sua aprovação

assume, portanto, no cenário administrativo o caráter decisivo que ostenta em nossa experiência civil[212] – o que revela, curiosamente, uma situação oposta, em larga medida, àquela que se verifica na pátria de origem da *théorie de l'imprévision*.[213] Também se mostra mais aberto o regime administrativo ao remédio da revisão do contrato, em oposição à resolução do vínculo obrigacional.[214]

expedido pela autoridade competente para celebrar o contrato'" (disponível em www.planalto.gov.br). Em que pese a força do veto, amparado nas lições de Hely Lopes Meirelles, o comando acabaria sendo restabelecido pela Lei n. 8.883, de 1994, que modificou a Lei n. 8.666, incluindo a nova redação que, a título de solução intermediária entre a teoria da imprevisão e as concepções objetivistas em torno do equilíbrio econômico dos contratos administrativos, empregou a fórmula "*fatos imprevisíveis* ou *previsíveis, porém de consequências incalculáveis*". Para mais detalhes sobre o tema, ver Maria Sylvia Zanella Di Pietro, *Direito Administrativo*, 27. ed. São Paulo: Atlas, 2014, p. 296-297.

212 Com efeito, tem-se admitido, na esfera administrativa, o reequilíbrio econômico-financeiro de contratos por fatos como a inflação, o aumento do custo de mão de obra e alteração da carga tributária. A doutrina afirma, em igual direção: "no Brasil, o art. 65, II, *d*, da Lei n. 8.666/1993, ampliou a abrangência da teoria da imprevisão para nela fazer incluir os fatos de consequências incalculáveis, o que compreende em especial a desvalorização monetária produzida pela inflação. A inflação pode ser um fato previsível, mas autorizará a incidência da teoria da imprevisão quando os índices inflacionários não puderem ser estimados de antemão e apresentarem variação que ultrapassa os limites das previsões generalizadas" (Marçal Justen Filho, *Comentários à Lei de Licitações e Contratos Administrativos*, cit., p. 1018).

213 Na França, como já visto, a jurisprudência administrativa acolhe a *théorie de l'imprévision*, enquanto as cortes cíveis, de modo geral, a rejeitam, mantendo os efeitos do contrato mesmo perante fatos imprevisíveis.

214 Tal abertura explica-se historicamente, seja pela preocupação em assegurar a continuidade de serviços públicos, seja pela presença, no campo administrativo, da faculdade de alteração unilateral do contrato pela Administração Pública, fator que, por si só, introduz um elemento de potencial modificação da relação contratual no curso da sua execução, de tal modo que a doutrina administrativista sempre manteve acentuada preocupação com a readaptação do contrato no intuito de não desfavorecer o contratado, vislumbrando nisso relevante distinção com o regime geral do direito privado: "O equilíbrio do contrato de direito privado é estático e do tipo a = b. Se uma das partes, em um contrato de direito privado, descumpre suas obrigações, cometeu uma falta, e o sistema contratual está irremediavelmente rompido. O equilíbrio do contrato administrativo é dinâmico e do tipo a/b = a'/b'. Se a Administração Pública substitui a, a obrigação originária, a remuneração de seu cocontratante, que era, originariamente, b, tornar-se-á b', e o sistema contratual, assim reequilibrado, será mantido" (Sergio de Andrea Ferreira, O reajustamento dos preços contratuais em face do Decreto-lei 2.300, de 21 de novembro de 1986 e legislação ulterior, in *Revista de Direito Administrativo*, Rio de Janeiro: FGV, v. 167, jan./mar. 1987, p. 24-25). Tal reajustamento, derive ou não de fato da Administração Pública, vem tradicionalmente ancorado na "moralidade

Essa grande diversidade de "modelos" de tratamento do desequilíbrio contratual superveniente acentua-se quando se observam os demais requisitos exigidos pela legislação. A "extrema vantagem", por exemplo, não é mencionada nem pelo Código de Defesa do Consumidor nem pela Lei do Inquilinato, nem tampouco pela Lei de Licitações. Trata-se de requisito que aparece tão somente no Código Civil e, mesmo ali, apenas no art. 478, não tendo sido contemplado pelo art. 317, que, como já dito, encara a questão sob o prisma exclusivo da prestação em si, ou mais precisamente da manifesta desproporção no valor da prestação entre o momento da assunção da obrigação e o momento do pagamento. A diversidade de requisitos, que pode, como também já visto, ser explicada pela posição topográfica das normas dentro da codificação, torna-se relevante na medida em que o remédio oferecido pelo art. 317 – a revisão judicial – tem sido estendido pela nossa doutrina e jurisprudência à hipótese descrita no art. 478, em que pese a diversidade estrutural entre as normas.[215]

Há, ainda, requisitos específicos da legislação especial que não encontram reflexo na disciplina geral da codificação civil. A Lei de Licitações, por exemplo, além da já mencionada alteração fundamental das condições do contrato,

---

administrativa", a qual, no dizer de Celso Antônio Bandeira de Mello, "não se compadeceria com intuitos da Administração de sacar vantagens de um negócio em detrimento da outra parte, isto é: obter ganhos não previstos por ela, nem consentidos pelo contratado quando do travamento da avença, prevalecendo-se dos efeitos, gravosos para este, oriundos da elevação dos preços dos insumos e crescimento de custos provocados pela instabilidade da economia do País" (Contrato Administrativo – Direito do Equilíbrio Econômico-financeiro – Reajustes Contratuais e os Planos Cruzado e Bresser, in *Revista de Direito Público*, São Paulo: RT, v. 90, abr./jun. 1989, p. 102).

215 A aplicação do remédio revisional às hipóteses de excessiva onerosidade já era, de resto, sugerida pela melhor doutrina antes mesmo da entrada em vigor do Código Civil de 2002. Nessa direção, confira-se a passagem de Ricardo Pereira Lira, *A Onerosidade Excessiva nos Contratos*, cit., p. 19: "O instituto é relevante. Merece a atenção especial dos juristas, sobretudo quando se considere a situação criada com a recente elevação de 130% das prestações do Sistema Financeiro de Habitação, onde, através dos remédios para eliminação da onerosidade excessiva, com base no bom senso e critério de nossos magistrados, seguramente se chegaria a uma solução de equidade, se tais remédios já se encontrassem no direito positivo. E para esse fim seria importante alteração substancial no poder conferido ao devedor onerado, onde talvez seja conveniente deferir-lhe não apenas o poder resolutório, mas também a legitimidade *ad causam* para ele, devedor onerado excessivamente, poder propor também a redução do contratos aos seus termos equitativos. Se nos contratos chamados pelo Código Civil italiano de 'contratos com prestações correspectivas' se admite ao credor a faculdade de fazer a oferta redutora do contrato às condições equitativas, por que não dar também esse poder de conservação do contrato ao devedor onerado?"

faz expressa menção à configuração de uma "álea econômica extraordinária e extracontratual",[216] aproximando-se do exemplo da codificação civil italiana, que, como já registrado, impede a parte onerada de pleitear a resolução quando "a superveniente onerosidade resta abrangida pela álea normal do contrato"[217] – passagem que não foi incluída no Código Civil brasileiro, não obstante a repetição quase literal dos dispositivos que tratam da matéria no Código Civil italiano. Além disso, a Lei de Licitações requer expressamente que o fato seja "estranho à vontade das partes",[218] requisito que, embora possa

---

216 Segundo nossa doutrina administrativista, a expressão é fruto do modo como foi apreendida, entre nós, a jurisprudência das cortes administrativas francesas. Destaca, nesse sentido, Celso Antonio Bandeira de Mello: "É necessário, então, distinguir entre os riscos a serem cobertos pelo poder concedente daqueles que correrão por conta do concessionário. Para proceder a tal distinção é comum recorrerem os autores à doutrina francesa, em que se discrimina a álea ordinária, correspondente aos riscos normais, a serem suportados pelo concessionário, da álea extraordinária, que se subdivide em álea administrativa e álea econômica. No Direito francês a álea administrativa corre inteiramente por conta do poder concedente. Concerne aos riscos derivados da modificação unilateral das cláusulas da concessão ou de medidas do concedente alheias à sua posição 'contratual', mas que repercutem especialmente sobre o equilíbrio econômico-financeiro. A álea econômica na França concerne aos riscos derivados de situações anômalas, excepcionais e imprevisíveis – como crises econômicas, bloqueio econômico, desvalorização da moeda pelo Governo ou até acidentes naturais, tais um terremoto, uma grande inundação – que afetam violentamente o equilíbrio da equação e levariam à ruína do concessionário. Os prejuízos derivados de tais acontecimentos configuradores da álea econômica são, de acordo com a doutrina e jurisprudência francesas, partilhados entre o concedente e o concessionário. Em relação a eles é que se invoca a teoria da imprevisão" (*Curso de Direito Administrativo*, 30. ed. São Paulo: Malheiros, 2013, p. 755). Ainda sobre o tema, acrescenta Odete Medauar: "No direito francês distinguia-se a *teoria da imprevisão* do '*fato do príncipe*'; aquela, associada a fatores econômicos; este ligado a decisões administrativas alheias ao contrato em si, mas com reflexos indiretos na sua execução, onerando-o sobremaneira; ambas consideradas decorrências da ideia de equilíbrio econômico-financeiro. Depois, a teoria da imprevisão passou a englobar os fatores econômicos (álea extraordinária econômica) e os fatores administrativos (álea extraordinária administrativa). Em termos evolutivos, pode-se dizer que o advento do intervencionismo e do dirigismo em grande escala, após a Segunda Guerra, tornou difícil fixar a diferença entre *imprevisão* e '*fato do príncipe*" (*Direito Administrativo Moderno*, 8. ed. São Paulo: Revista dos Tribunais, 2004, p. 262-263).

217 "Art. *1.467 (...) La risoluzione non può essere domandata se la sopravvenuta onerosità rientra nell'alea normale del contratto (...)*" (tradução livre para o português no corpo do texto).

218 "Art. 57 (...) § 1º Os prazos de início de etapas de execução, de conclusão e de entrega admitem prorrogação, mantidas as demais cláusulas do contrato e assegurada a manutenção de seu equilíbrio econômico-financeiro, desde que ocorra algum dos seguintes motivos, devidamente autuados em processo:

ser considerado implícito na referência a um fato imprevisível ou extraordinário, não ganhou explícita consagração na disciplina geral do Código Civil.

Há, por fim, diferenças estruturais na operatividade das normas que tratam do desequilíbrio contratual nos diferentes diplomas. A Lei do Inquilinato, como já visto, estabelece um lapso trienal, cujo transcurso se faz necessário para a propositura da ação revisional de aluguel, enquanto o Código Civil, ao contrário, não traz qualquer condicionamento temporal para a invocação do desequilíbrio. Essa diversidade de tratamento gera acirrada controvérsia acerca da aplicabilidade do remédio geral ao campo das locações de imóveis urbanos. Parte da doutrina e jurisprudência flexibiliza esse prazo, admitindo a propositura de ação revisional antes do lapso trienal, ora com base na grave disparidade do aluguel em relação aos preços de mercado, ora com base em acontecimentos "imprevisíveis" que autorizariam a aplicação subsidiária do remédio geral do Código Civil.[219] Outra parcela dos tribunais, contudo, rejeita tal entendimento, valendo-se do critério da especialidade para sustentar a necessidade imperativa do transcurso de três anos.[220]

(...) II – superveniência de fato excepcional ou imprevisível, estranho à vontade das partes, que altere fundamentalmente as condições de execução do contrato (...)".

219 STJ, Resp. 32.639-8/ RS, Min. Rel. Luiz Vicente Cernicchiaro, j. 23-3-1993: "O princípio – *pacta sunt servanda* – deve ser interpretado de acordo com a realidade socioeconômica. A interpretação literal da lei cede espaço à interpretação do justo. O magistrado deve ser o crítico da lei e do fato social. A cláusula *rebus sic stantibus* cumpre ser considerada para o preço não acarretar prejuízo para um dos contratantes. A lei de locação fixou prazo para a revisão do valor do aluguel. Todavia, se o período, mercê da instabilidade econômica, provocar dano a uma das partes, deve ser desconsiderado. No caso dos autos, restara comprovado que o último reajuste do preço ficara bem abaixo do valor real. Cabível, por isso, revisá-lo judicialmente". Na doutrina, registre-se a opinião de Luiz Fux: "Em resumo, a dissociação do aluguel de seu preço de mercado, elevado a patamares além do razoável por força da indexação do aluguel arbitrado judicialmente, resulta em onerosidade excessiva em detrimento do locatário, exigindo a pronta intervenção judicial quer por força da aplicação da teoria da imprevisão quer por força do princípio que veda a lesão superveniente nos contratos, e autorizando a propositura da ação revisional do aluguel do contrato antes do triênio do art. 19 da Lei n. 8.245/91, ou a ação a que se refere o art. 471 do CPC, em face da natureza sucessiva das prestações locatícias" (Luiz Fux, A Lesão Contratual Superveniente e a Revisão Judicial do Aluguel, in James Tubenchlak e Ricardo Bustamante (coords.), *Livro de Estudos Jurídicos*, v. 7, Rio de Janeiro: Instituto de Estudos Jurídicos, 1993. Disponível em: http://bdjur.stj.jus.br//dspace/handle/2011/750). Em igual direção, Otávio Luiz Rodrigues Júnior afirma que "o triênio do art. 19 da Lei do Inquilinato prefigura-se incompatível com toda a ideia de imprevisão" (*Revisão Judicial dos Contratos: Autonomia da Vontade e Teoria da Imprevisão*, cit., p. 187-188).

220 Veja-se, a título ilustrativo, acórdão do TJSC, Apelação 2004.024615-3, Des. Rel. Carlos Prudêncio, j. 22-6-2010: "Conclui-se, então, pela possibilidade de ajuizar a

A análise da jurisprudência evidencia, ainda, que, mesmo em campos estritamente objetivos como relações de consumo, as referências à teoria da imprevisão continuam aparecendo na fundamentação das decisões,[221] reve-

---

revisional de aluguéis apenas após o transcurso do prazo de três anos a partir da vigência do contrato ou acordo anteriormente realizado". Em igual direção, TJSC, Apelação 2001003298-8, Des. Rel. Carlos Prudêncio, j. 28-3-2006: "Consoante dispõe o art. 19 da Lei n. 8.245/1991, os contratos de locação residencial vigentes por prazo determinado ou indeterminado são passíveis de revisão após o interstício de três anos, sendo esse o pressuposto da ação revisional. Esse tempo fixado em lei segundo entendimento doutrinário e jurisprudencial tem início com a vigência do contrato ou do seu reajustamento e, nesse caso, ocorre a interrupção do lapso temporal trienal. Contando o tempo a partir da interrupção, se não alcançado o prazo de três anos, a parte é carente de ação por falta de interesse de agir na modalidade necessidade, devendo o processo ser extinto sem julgamento do mérito, a teor do art. 267, inc. VI, do Código de Processo Civil". Na doutrina, ver, por sua importância na matéria, a posição de Sylvio Capanema: "A prefixação de um prazo para que as partes se socorram da revisional, ainda que discutível, tem por objetivo evitar que a relação contratual se tumultue, com sucessivas ações, separadas por curtos intervalos, o que geraria uma grande insegurança, que não se coaduna com o princípio da estabilidade dos contratos" (*Lei do Inquilinato Comentada*, cit., p. 330).

221 STJ, REsp. 654.969/PR, Rel. Min. Carlos Alberto Menezes Direito, j. 7-12-2004: "Destarte, embora possível o enquadramento da relação entre o banco emitente e o importador, no Código de Defesa do Consumidor, no caso, a empresa recorrente, não existe, como bem anotado no acórdão, fundamento para acolitar-se a tese da onerosidade excessiva ou da aplicação da teoria da imprevisão com relação ao banco emitente da garantia". Na mesma direção, STJ, AgRg no Ag 456863, Rel. Min. Antônio de Pádua Ribeiro, j. 17-10-2008: "Agravo regimental. Arrendamento mercantil. Pagamento antecipado do VRG. Descaracterização do contrato. Súmula 263/STJ. Limitação de Juros. Abusividade. Fundamento não atacado (Súmula 283/STF). Código de Defesa do Consumidor. Teoria da Imprevisão. Aplicabilidade. Reexame de prova. Inviabilidade (Súmula 7/STJ). (...) III – Segundo o entendimento adotado pelo Superior Tribunal de Justiça, o Código de Defesa do Consumidor aplica-se aos contratos de arrendamento mercantil. IV – A abrupta e forte desvalorização do real frente ao dólar americano constitui evento objetivo e inesperado apto a ensejar a revisão de cláusula contratual, de modo a evitar o enriquecimento sem causa de um contratante em detrimento do outro (art. 6º, V, do CDC), em avença na qual o risco cambial é repassado para o consumidor". Ainda em igual sentido, STJ, REsp. 293.864, Min. Rel. Antônio de Pádua Ribeiro, j. 7-3-2002: "A questão da aplicação do CDC aos contratos de arrendamento mercantil ou *leasing* acha-se pacificada nas duas Turmas especializadas. (...) Por isso mesmo é evidente que diante do quadro econômico que se verificava a partir daquele momento, à vista do fenômeno inopinado, instalou-se situação insustentável em que uma das partes passava a auferir vantagem exagerada em prejuízo da outra. É precisamente para corrigir distorções como essa que se presta a aplicação da chamada teoria da imprevisão." Tal tendência é verificada também nos tribunais estaduais, como se pode ver, a título ilustrativo, de TJSP, Apelação 1075856-56.2014.8.26.0100,

lando uma busca desnecessária, mas bastante sintomática, por fundamentos teóricos para aplicação do remédio revisional adotado, com clareza solar, pela codificação consumerista. Essas referências, não raro, desaguam em elucubrações sobre o caráter imprevisível do acontecimento que gerou a excessiva onerosidade para o consumidor, em um exame de imprevisibilidade que o Código de Defesa do Consumidor não exige em nenhum momento, a revelar o forte apego de parte da magistratura brasileira a uma visão voluntarista e subjetivista do reequilíbrio contratual.[222]

O que se tem, em suma, no tratamento que o direito brasileiro reserva ao desequilíbrio contratual superveniente é um quadro fragmentado e, em larga medida, inconsistente, repleto de conexões parciais e interseções pontuais, que acabam servindo de "pontes" meramente parciais para uma interpretação cruzada em controvérsias surgidas nesse campo, ao sabor da oportunidade do caso concreto. Esse cenário oferece elevada dose de insegurança, na medida em que a disciplina normativa de cada setor não se afigura confiável na previsibilidade dos seus resultados concretos – uma vez que o significado das normas ali contidas acaba sendo influenciado, no julgamento de casos concretos e de modo relativamente aleatório, pela incidência de outras normas ou de entendimentos jurisprudenciais formados com base em outras normas –, nem tem sido, até o momento, objeto de uma interpretação sistemática capaz

Min. Rel. Roberto Maia, j. 5-12-2016: "Trata-se de uma típica relação de consumo, nos termos da Súmula n. 297 do STJ: O Código de Defesa do Consumidor é aplicável às instituições financeiras. (...) Observa-se que dispõe o princípio do *pacta sunt servanda*, pelo qual o contrato faz lei entre as partes, podendo ser excepcionado pela teoria da imprevisão (cláusula *rebus sic stantibus*) desde que verificado fato superveniente imprevisível e extraordinário".

222 Assim, em Ação Civil Pública voltada à tutela do consumidor, em que se discutiam os efeitos do furto ou roubo de aparelho celular durante a vigência de contrato com a operadora de telefonia, afirmou o Superior Tribunal de Justiça: "A controvérsia exige, pois, que se compatibilizem os direitos, obrigações e interesses das partes contratantes à *nova realidade surgida após a ocorrência de evento inesperado e imprevisível, para o qual nenhuma delas contribuiu*. De um lado a recorrente, que subsidiou a compra do aparelho pelo consumidor, na expectativa de que este tomasse seus serviços por um período mínimo. De outro, o cliente, que, ante a perda do celular por caso fortuito ou de força maior, e na impossibilidade ou desinteresse em adquirir um novo aparelho, se vê compelido a pagar por um serviço que não vai utilizar. (...) Além disso, deve se levar em consideração que há um limite para se exigir o sacrifício das partes. Impõe-se uma regra moral segundo a qual é defeso aos contratantes se aproveitar de *circunstâncias imprevisíveis subsequentes à conclusão do contrato* para onerar a outra parte além do limite em que ela teria consentido em se obrigar" (STJ, REsp 108778, Min. Rel. Nancy Andrighi, j. 1º-9-2009, grifou-se).

de conciliar as diferentes versões setoriais em um núcleo comum que se revele aplicável aos diferentes setores.

A alternativa que, diante disso, se apresenta parece clara: ou (a) se caminha para uma setorização efetiva do tema do desequilíbrio contratual superveniente, com disciplinas específicas e diferenciadas para determinadas espécies de relações contratuais, aplicando-as isoladamente para evitar sua respectiva desfiguração à luz de casos concretos e oferecer a necessária segurança aos contratantes quanto às consequências da superveniência contratual; ou (b) se busca a uniformização da solução jurídica aplicável ao problema do desequilíbrio contratual superveniente, com a construção de um núcleo conceitual comum, sem prejuízo de peculiaridades operativas que possam encontrar justificativa nas especificidades funcionais de cada espécie de relação contratual, mas sem dar ensejo a diferenciações que advêm puramente da distinção de concepções filosóficas que, ao tempo da construção das variadas normativas, guiou o legislador especial ou geral.

Cumpre registrar, por transparência científica, que existe consagrada doutrina estrangeira em favor da primeira via, defendendo a oportunidade e conveniência da pulverização e setorização da disciplina normativa voltada a lidar com o tema do desequilíbrio contratual.[223] Tal caminho não é apenas legítimo, mas talvez mais respeitador do direito positivo, na medida em que as diferenças normativas não se revelam, como já visto no caso brasileiro, de fácil conjugação. A via seguida nesta obra é, contudo, diversa. Acredita-se que o desenvolvimento de uma disciplina comum para a tutela do equilíbrio contratual que se revele uniforme em seu núcleo conceitual não apenas melhor se coaduna com uma visão unitária e sistemática do ordenamento jurídico,[224]

223 Menezes Cordeiro, *Contratos Públicos*, cit., p. 68-69: "As tentativas da redução global acima sumariadas falham perante a vastidão do problema. Mas elas podem operar, em áreas mais concretas, como factores de delimitação do instituto. E nessa delimitação devem intervir outros esquemas cujo regime, pela sua própria estrutura, permita corresponder a modificações ambientais. (...) Há que reconhecer, no sistema jurídico, a existência de fracturas, de contradições, de vácuos intra-sistemáticos, que só a nível da decisão podem ser solucionados. A alteração das circunstâncias representa, tudo visto, uma zona de crescimento do Direito, onde o aplicador tem de decidir na base de modelos que comportam pontos de vista contraditórios. No fundo, ela deriva da tensão existente entre as insuficiências do Direito e o dever imperioso de não denegar justiça, quando ela seja pedida aos tribunais".

224 Por todos, Pietro Perlingieri, La dottrina del diritto civile nella legalità costituzionale, in *Revista Trimestral de Direito Civil*, v. 31, Rio de Janeiro: Padma, 2007, p. 76-77.

evitando a construção de verdadeiros "microssistemas" jurídicos,[225] mas também pode garantir maior segurança e previsibilidade no julgamento das demandas concretas, estimulando, por isso mesmo, a obtenção de soluções extrajudiciais que, guiadas pelas balizas objetivas de uma construção unitária, acabariam por se revelar mais justas, mais eficientes e menos custosas para os contratantes, bem como para a sociedade como um todo. A intensa diversidade de tratamento e, pode-se dizer, o elevado casuísmo que têm vigorado nesse campo contribuem para que os contratantes não consigam prever nem estimar suas chances de sucesso em demandas judiciais fundadas no desequilíbrio contratual superveniente, o que gera a dificuldade na obtenção de conciliações e o acirramento de posições, que acabam por desgastar a relação contratual, impedindo frequentemente a sua continuidade.[226]

6. Propostas interpretativas

A construção de uma solução uniforme poderia ser alcançada, evidentemente, por uma reforma legislativa voltada à consagração de um núcleo normativo comum e à atribuição de maior sintonia aos diferentes instrumentos setoriais desenvolvidos para atuar em caso de desequilíbrio contratual superveniente. Essa medida, todavia, dependeria de iniciativas e consensos no âmbito do Poder Legislativo. A presente obra ancora-se na convicção de que uma solução uniforme pode ser construída mesmo sem a intervenção legislativa, por meio de uma interpretação histórica, teleológica e sistemática, que, firme na imperatividade de realização dos valores constitucionais, possa se

225 A expressão remete à conhecida obra de Natalino Irti, *L'età della decodificazione*, Milão: Dott. A. Giuffrè, 1999, na qual o jurista italiano sustenta a proliferação de microssistemas e assinala "o fim do estudioso enciclopédico do direito privado", exigindo do jurista não mais "a custódia de princípios supremos" ou a "decisão sobre os destinos da sociedade", mas o domínio de "competências circunscritas e limitadas" para o desempenho de "prestações técnicas, destinadas a confluir, juntamente com inúmeras outras, rumo a êxitos distantes que escapam à sua escolha e ao seu controle" (ob. cit., p. 127, em tradução livre). Em que pese a erudição daquela construção, deve-se rejeitar, no plano metodológico, a teoria dos microssistemas, mesmo sob o disfarce do emprego exclusivamente didático, como bem adverte Gustavo Tepedino: "Em última análise, como o ordenamento jurídico há de ser unitário, a exigir a harmonização das diversas fontes normativas orientada pelos valores constitucionais, rejeita-se a expressão microssistema, mesmo tendo em conta o sentido meramente didático que se quer emprestar à sua utilização no Brasil, diversamente da noção originariamente concebida pela doutrina italiana" (O Direito Civil-constitucional e suas Perspectivas Atuais, in *Temas de Direito Civil*, Rio de Janeiro: Renovar, 2009, p. 30. t. III).

226 O tema será desenvolvido detalhadamente no Capítulo IV deste livro.

oferecer como caminho a seguir nessa matéria. Tal esforço se subdivide em cinco propostas interpretativas, que se passam a detalhar.

6.1. Primeira proposta interpretativa: deslocamento da centralidade da imprevisibilidade/extraordinariedade para a centralidade do desequilíbrio, com presunção relativa de imprevisibilidade/extraordinariedade

A primeira proposta interpretativa consiste no deslocamento da centralidade da imprevisibilidade para a centralidade do desequilíbrio. Trata-se, em outras palavras, de abandonar a abordagem segundo a qual o desequilíbrio contratual superveniente somente assume relevância jurídica quando decorrente de um fato imprevisível para passar a entender, diversamente, que é presumidamente imprevisível, para fins de atendimento do requisito constante dos arts. 478 e 317 do Código Civil, o desequilíbrio que se afigure objetivamente excessivo.

Esse novo modo de abordar a questão afigura-se coerente com a superação do voluntarismo jurídico: a obsessão pela imprevisibilidade reflete a antiga remissão constante ao acordo de vontade das partes, não apenas como momento genético da relação contratual, mas como seu sinônimo.[227] Assim, a relação contratual acaba aprisionada à sua própria fonte, de modo que todas as vicissitudes que se verifiquem no desenvolvimento da relação contratual precisam ser resolvidas à luz de uma reconstrução do que *teria sido* o acordo de

227 "O contrato é tradicionalmente conceituado 'como negócio jurídico bilateral, pois depende de, no mínimo, duas declarações de vontade, visando a criar, modificar ou extinguir obrigações'. Ocorre que tal conceito já se mostra insuficiente, porque apresenta o contrato apenas em sentido formal, isto é, apenas como encontro de vontades, pondo à margem o sentido material do instituto, qual seja, a operação de cunho patrimonial, ou de outro modo, a própria atividade em função da qual se firma o ajuste. Revela-se então a dualidade de acepção da palavra contrato, ora poderá ser usada para designar o negócio jurídico fundante, ora poderá ser usada para designar a própria atividade desempenhada pelos centros de interesse da relação jurídica" (Juliana Pedreira da Silva, *Contratos sem Negócio Jurídico*, São Paulo: Atlas, 2011, p. 17-18). Gustavo Tepedino já advertia sobre a dualidade de significado de institutos civilísticos, como ocorre com o casamento: "O constituinte, a rigor, vale-se da dualidade conceitual da expressão casamento, que pode ser examinado ora como ato jurídico formal fundador da família, ora como a relação jurídica familiar, decorrente não somente do ato jurídico formal de fundação da família" (A Disciplina Civil-Constitucional das Relações Familiares, in *Temas de Direito Civil*, Rio de Janeiro: Renovar, 2004, p. 404).

vontades em relação àquelas alterações futuras[228] – a chamada "*volonté présumée des parties*" (vontade presumida das partes) no dizer dos arautos da *théorie d'imprévision*[229] –, reconstrução que não apenas se faz com altas doses de ficção, mas também resulta em injusta distribuição dos riscos contratuais. Isso porque o apego ao voluntarismo produz a conclusão de que todos os acontecimentos futuros que não tenham sido contemplados no acordo de vontades, se previsíveis, foram tomados em consideração pelas partes no momento da contratação, mas não adentraram o acordo porque os contratantes desejavam que tais acontecimentos não interferissem no cumprimento do contrato tal como ajustado.[230] Tal conclusão, além de irreal – porque, como já visto, as partes, ao firmarem um contrato, não tomam em consideração todos os acontecimentos futuros que podem vir a ocorrer, ainda que previsíveis, por razões até de economia de tempo e esforço na negociação e redação do contrato[231] –, resulta em injustiça, na medida em que a preservação do pacto, tal qual ajustado, acaba consubstanciando ônus mais severo para aquele contratante já onerado pelo desequilíbrio. Trata-se, em suma, de uma opção inverossímil e conservadora, que traz resultados práticos de discutível legitimidade.

Além disso, quando se analisa a fundamentação das decisões judiciais, no Brasil, no que diz respeito à configuração ou não da imprevisibilidade, percebe-se o artificialismo na qualificação dos fatos como previsíveis ou imprevisíveis, revelando, por trás de pomposas referências à teoria da imprevisão, um exame que é, a um só tempo, superficial, confuso e arbitrário. Examine-se, a

---

228 Nesse sentido, a realidade da relação contratual torna-se um elemento de interpretação da vontade, chegando-se a indicar "*le modificazioni degli stati di fatto via a via incidenti su contratti destinati a produrre rapporti giuridici durevoli o comunque lontani dal momento della perfezione della fattispecie*" como "*criterio ermeneutico extratestuale*" para a interpretação do acordo originário de vontades (Mauro Pennasilico, *Contrato e interpretazione – Lineamento di ermeneutica contrattuale*, 2. ed. Turim: G. Giappichelli, 2015, p. 12).

229 Sobre o tema, ver Emilie Labrot, *L'Imprévision – Étude comparée droit public-droit privé des contrats*, cit., p. 129-129. Em igual sentido, afirma-se, em perspectiva internacional, que "*the hypothetical intention of the parties may be used as a primary reference point: the question is what the parties, in view of the terms of the contract and other declarations made during or after the conclusion of the contract, would have provided if they had considered the change of circumstances*" (Christoph Brunner, *Force Majeure and Hardship under General Contract Principles – Exemption for Non-Performance in International Arbitration*, cit., p. 500).

230 Muito ao contrário, como destaca José de Oliveira Ascensão, *Alteração das Circunstâncias e Justiça Contratual no Novo Código Civil*, cit., p. 63: "A maioria das circunstâncias que são a base do negócio nem sequer aflora ao espírito. Economia de mercado, situação de paz, normalidade dos transportes... E, todavia, constituem a base objetiva do negócio".

231 Ver sobre o tema, Capítulo I deste livro.

título de exemplo, uma hipótese bastante comum em nossa jurisprudência: o contratante *A*, obrigado a fornecer determinado bem ao contratante *B*, pleiteia revisão judicial do seu contrato de fornecimento, com base na excessiva onerosidade gerada sobre sua prestação a partir de uma crise econômica que teria majorado intensamente o custo de fabricação do referido bem. Os órgãos judiciais passam a discutir, então, se a crise em questão consiste ou não em um "acontecimento extraordinário e imprevisível" como requer o art. 478 do Código Civil.

Para alguns magistrados, uma crise econômica, por ser um desvio da normalidade esperada da economia, configura sempre um acontecimento extraordinário; para outros, trata-se de acontecimento ordinário, porque frequente nos tempos atuais, já tendo nossas cortes registrado, nesse sentido, que "é inegável que a partir de meados de 2008 o mundo tem experimentado situações preocupantes na economia".[232] Discute-se, ainda, se seria ou não fato imprevisível. A análise jurídica do caso passa, então, a mergulhar em conjecturas econômicas: verifica-se recorrentemente a alegação de que, em um mundo globalizado, crises econômicas internacionais são eventos previsíveis; acrescenta-se, vez por outra, a referência às opiniões de "economistas de renome" que teriam, inclusive, chegado ao ponto de, com alguns meses ou anos de antecedência, prever a ocorrência da crise em debate.[233] De outro lado,

---

232 TJSP, Apelação 0166687-75.2011.8.26.0100, Des. Rel. Gilberto dos Santos, j. 29-11-2012.

233 Há vários exemplos nesse sentido em nossa jurisprudência, especialmente no tocante à desvalorização da moeda brasileira frente ao dólar: "A modificação da política cambial, com a consequente desvalorização abrupta da moeda, em princípio não pode ser considerada imprevista. Nas últimas décadas o País passou por sucessivas e diversas políticas econômicas, nas quais ocorreram alterações na política de câmbio, com múltiplas maxidesvalorizações da moeda nacional. E de há bom tempo que muitos economistas vinham anunciando a inevitabilidade da revisão da taxa cambial" (TJSP, 33ª Câmara de Direito Privado, Apelação Cível 0039498-41.2002.8.26.0000, Rel. Des. Cristiano Ferreira Leite, 22-2-2006); "Não se aplica a teoria da imprevisão, de vez que a possibilidade da variação cambial era perfeitamente previsível à época do contrato, tendo-se em vista as várias análises feitas por economistas de renome nos meios de comunicação de massa" (TJSP, 14ª Câmara de Direito Privado, Apelação Cível 9130249-86.2000.8.26.0000, Rel. Des. Maia da Rocha, 22-3-2006); "Há de se destacar, também, e ainda sobre a imprevisibilidade da acentuada variação cambial, que, nos meses que a antecederam, toda a imprensa brasileira (jornais, revistas, rádio e televisão) era pródiga em divulgar artigos, entrevistas e discursos de conhecidos e notáveis economistas, advertindo sobre a irrealidade da paridade da moeda brasileira com a moeda norte-americana, e descrevendo a necessidade e a iminência de uma variação acentuada para corrigir a distorção existente. Enfim, nem mesmo isso foi surpresa" (TJMG, 1ª Câmara Cível, Apelação

argumenta-se que, embora a ocorrência das crises econômicas seja previsível, crises de elevada dimensão e duração seriam imprevisíveis.[234] Em meio a essa discussão quase filosófica, proferem-se decisões contraditórias, ora acolhendo a alegação de imprevisibilidade, ora a negando, ao sabor das convicções pessoais de cada magistrado, tal como ocorre com os casos de variação cambial e alta inflacionária, conforme já visto. Pior: dá-se margem a sucessivos recursos e reversões de cada *decisum*, em batalhas jurídicas que vão, frequentemente, até o Superior Tribunal de Justiça – tribunal que, como se sabe, não reexamina as provas dos fatos constantes dos autos,[235] de modo que acaba enredando-se ainda mais na análise da questão abstrata da imprevisibilidade e extraordinariedade do acontecimento.

Cível 3655681-18.2000.8.13.0000, Rel. Des. Moreira Diniz, 22-10-2002); "Ora, em nossa instável economia, remarcada de planos governamentais de toda ordem, a variação cambial é um fato até corriqueiro, pelo que jamais se meteria a rol de acontecimento excepcional e imprevisível. Ao tempo da celebração do contrato, o câmbio já era flutuante entre nós, com a diferença, apenas, que o governo central intervinha mais frequentemente no mercado, para evitar bruscas oscilações. Mas nada assegurava que seria assim para sempre. Ao contrário, dez em dez economistas previam a imediata e inevitável liberação do câmbio" (TJMG, 6ª Câmara Cível, Embargos de Declaração 3052900-72.2000.8.13.0000, Rel. Des. Dárcio Lopardi Mendes, 15-6-2000); "Todos nós também ouvimos durante muito tempo, antes dessa grande desvalorização da moeda nacional, vários economistas, várias autoridades na área financeira dizendo e sustentando a inevitabilidade de um ajuste na cotação do dólar, ajuste este que não seria pequeno, mas que seria considerável. Todos que leram os jornais, naquela época, que ouviram rádio, ou que viram televisão tinham, no mínimo, uma suspeita de que iria acontecer uma 'máxi' ou uma 'midi' desvalorização da nossa moeda" (TJMG, 1ª Câmara Cível, Apelação Cível 3168438-04.2000.8.13.0000, Rel. Des. Alvim Soares, 14-11-2000).

234 "No caso de contrato indexado ao dólar, seria previsível a mudança cambial, mas o fator surpresa da ultradesvalorização repentina, aumentando consideravelmente o valor das prestações constituiu acontecimento de improbabilidade e de surpresa, tornando excessivamente onerosa as prestações com o aumento abusivo e inesperado da dívida restante do pacto, quebrando o equilíbrio contratual" (TJRJ, 16ª Câmara Cível, Apelação Cível 0003002-81.1999.8.19.0042, Rel. Des. Marco Aurélio Bezerra de Mello, 28-9-2011). Posicionamento semelhante já se colhia em julgados do STF: "É inegável que não se poderia acolher já à época da celebração dos contratos, a imprevisibilidade da inflação, se já grassava, poderosa e avassaladoramente, entre nós, e ninguém poderia seriamente ignorá-lo. Mas, é aceitável que se tome a *maxidesvalorização* como imprevisível, quaisquer tenham sido os seus antecedentes ou sejam as consequências e tenha ou não atingido os objetivos. É que, na verdade, decorreu de imposições da política econômico-financeira do Governo e teve reflexos gerais, determinada pela autoridade monetária" (STF, 1ª Turma, RE 116.669/BA, Rel. Min. Oscar Corrêa, 18-11-1988).

235 Súmula 7, STJ: "A pretensão de simples reexame de prova não enseja Recurso Especial."

Toda essa discussão, que perdura por anos a fio em cada caso concreto, impossibilitando ou dificultando em demasia a retomada da relação contratual, parece imensamente distante do problema inicial submetido ao Poder Judiciário. O desequilíbrio do contrato específico acaba não apenas ficando em segundo plano, mas, muitas vezes, nem sequer chega a ser examinado, tendo em vista que, ao entender pela ausência do fato imprevisível e extraordinário, a análise dos seus efeitos sobre a relação contratual resta logicamente prejudicada. Veja-se, entre tantas outras, a seguinte decisão do Superior Tribunal de Justiça:

> A variação ocorrida no valor da moeda americana ao final do ano de 2008, com reflexo no contrato de compra e venda de fertilizantes, indexado com base na variação do dólar americano, não se revela imprevisível a ponto de autorizar o Poder Judiciário, com base na Teoria da Imprevisão, a proceder à sua revisão e alterar o indexador estipulado.[236]

Uma análise mais profunda da fundamentação das decisões judiciais brasileiras revela que o debate em torno da imprevisibilidade do acontecimento, e também de sua extraordinariedade para aqueles que diferenciam os dois requisitos, não se afigura apenas aleatório em seus resultados, mas também arbitrário no seu conteúdo. O que se discute, na imensa maioria dos casos, é um acontecimento de caráter geral que se distancia do impacto sofrido pelo contrato por uma longa e complexa cadeia causal, inteiramente ignorada nas sentenças e acórdãos que decidem o destino dos contratantes. Assim, retornando ao exemplo do contrato de fornecimento, é evidente que entre o fato geral da crise econômica de 2008 e o desequilíbrio objetivo do contrato coloca-se uma série de causas sucessivas, como a escassez do crédito ou a elevação do preço de um ou mais dos componentes necessários à fabricação do bem objeto do contrato, sendo certo que cada componente, pelos peculiares fatores que influenciam a composição do seu preço, sofre diferentemente os efeitos da crise. Ao se centrar superficialmente sobre a "crise econômica de 2008" – ela própria, de resto, um rótulo geral para abarcar diferentes eventos econômicos cujas eclosões se conjugaram a partir daquele ano –, a jurisprudência, por atuação própria ou influência da narrativa apresentada pelas partes, está, em verdade, elegendo apenas *uma* das causas que resulta no desequilíbrio contratual.

Essa eleição é, em primeiro lugar, arbitrária porque nenhuma das decisões judiciais analisadas chega a esclarecer a razão pela qual essa causa, e não qualquer outra que integre a cadeia causal, tornou-se o objeto único da discussão sobre a imprevisibilidade e extraordinariedade. A eleição da causa não respeita

236 STJ, AgRg no REsp 1.518.605, Min. Rel. Paulo de Tarso Sanseverino, j. 7-4-2016.

aí qualquer parâmetro jurídico: veja-se que, no exemplo citado, nem se trata da causa *direta e imediata*, nem da causa mais *eficiente* ou *adequada*, para invocar apenas as teorias mais frequentemente invocadas em matéria de causalidade no direito brasileiro.[237] Trata-se de uma "escolha" extraída, no mais das vezes, da pura narrativa exposta pelas partes.

O arbítrio judicial afigura-se ainda mais grave quando se percebe que o resultado do juízo de imprevisibilidade poderia ser inteiramente diverso, conforme se movesse o foco da análise de uma causa a outra, sucessiva ou antecedente. Assim, no exemplo já examinado, se o foco da análise move-se para frente (fatores sucessivos à crise econômica de 2008), verifica-se que, muito embora a crise em si pudesse ser considerada previsível e ordinária, porque crises econômicas acontecem com frequência, a consequente alta de preço do componente necessário à fabricação do bem que o contratante *A* se obrigou a entregar ao contratante *B* poderia se revelar a mais elevada e repentina de toda a trajetória histórica de preços daquele componente nos últimos cinquenta anos, ganhando ares de fato imprevisível e extraordinário.[238] O mesmo ocorre se o foco da análise move-se para trás na cadeia causal (fatores antecedentes): a crise econômica de 2008 poderia ser considerada previsível e ordinária, como uma crise econômica qualquer, mas a concordata do banco *Lehman Brothers*, apontada por muitos autores como o fato que deu origem à crise e à sua difusão pelo mundo, pode ser considerada imprevisível e extraordinária se observada em uma perspectiva que combine sua ampla dimensão – tratou-se da maior falência da história dos Estados Unidos, atingindo uma instituição fundada em 1850 – com o caráter abrupto com que foi noticiada, em setembro de 2008, incluindo aí alguns aspectos de nebulosidade negocial que não seriam esperados de uma instituição financeira tão renomada e de patrimônio aparentemente tão sólido.[239]

Semelhante variação no juízo de imprevisibilidade e extraordinariedade pode ocorrer não apenas conforme se movimenta o foco de análise ao longo

237 Sobre as teorias da causalidade na experiência jurídica brasileira, ver Gisela Sampaio da Cruz, *O Problema do Nexo Causal na Responsabilidade Civil*, Rio de Janeiro: Renovar, 2005, *passim*. Seja consentido remeter, ainda, a Anderson Schreiber, *Novos Paradigmas da Responsabilidade Civil*, 6. ed. São Paulo: Atlas, 2015, p. 56-65.

238 Ou, contrariamente, a crise econômica de 2008 poderia até ser considerada imprevisível e extraordinária, por sua amplitude e impacto, mas a alta do preço do referido componente poderia ter se mantido dentro de margens de elevação já verificadas no curso dos últimos cinco ou dez anos, mostrando-se, portanto, previsível e ordinária.

239 Lawrence G. MacDonald e Patrick Robinson, *A Colossal Failure of Common Sense: The Inside Story of the Collapse of Lehman Brothers*, cit., *passim*.

da cadeia causal, mas também dentro da mesma causa; por exemplo, quando se passa de uma análise mais abstrata a uma análise mais específica do acontecimento. Fatos considerados previsíveis abstratamente podem ser considerados imprevisíveis quando observados em suas especificidades. Tome-se o célebre exemplo da *Enron Corporation*, companhia norte-americana de energia que decretou falência no ano de 2001, podendo-se argumentar que é previsível a quebra de qualquer sociedade empresarial. Se, todavia, o caso for examinado em suas especificidades, verificar-se-á que a *Enron Corporation* apresentava um faturamento extraordinário até o terceiro trimestre daquele ano, quando anunciou um déficit em suas contas que se afigurava surpreendente porque não noticiado em relatórios de auditoria, vindo-se a descobrir mais tarde que o referido déficit havia sido ocultado por balanços "maquiados" fraudulentamente[240] – observada nesse grau de detalhamento, a quebra da companhia ganha contornos de fato imprevisível e extraordinário.

Ainda na mesma linha de raciocínio, permita-se um exemplo mais adequado à realidade nacional: uma significativa queda do valor de mercado das ações da *Petrobras* pode ser considerado um fato inteiramente previsível e ordinário, se analisado em termos gerais, pois qualquer companhia aberta sujeita-se a toda espécie de oscilação de preços de suas ações na Bolsa de Valores. Se, todavia, a queda for analisada de modo específico, como efeito da descoberta de irregularidades atinentes a um esquema bilionário de corrupção que se abateu sobre uma empresa estatal sujeita a diferentes modalidades de controle interno e externo – esquema que tem sido considerado nada menos que o "segundo maior caso de corrupção do mundo"[241] –, o evento poderia passar

---

240 Confira-se o seguinte trecho de reportagem datada de 23 de outubro de 2006: "A maquiagem de balanço promovida pela Enron dava aos investidores a falsa impressão de que a empresa estava indo bem financeiramente. Os principais executivos usavam manobras contábeis para esconder dívidas e inflar os lucros da companhia" (*Ex-presidente da Enron é condenado a 24 anos de prisão*. Disponível em: g1.globo.com). Também nesse sentido, reportagem datada de 7 de fevereiro de 2002: "Gigante do setor elétrico americano, empresa admirada e sétima maior dos Estados Unidos, segundo a revista *Fortune*, a Enron faliu, levando junto os fundos de pensão de seus funcionários e de outros investidores da mesma categoria, num rombo de, no mínimo, US$1,5 bilhão, e arrastando uma dívida de mais de US$13 bilhões. Durante anos, diretores da empresa maquiavam os balancetes, enxugavam os prejuízos e inflavam os lucros" (*O Escândalo da Enron*, 7-2-2002. Disponível em: economia.estadao.com.br).

241 Confira-se trecho da reportagem datada de 10 de fevereiro de 2016: "O escândalo da Petrobras foi eleito o segundo maior caso de corrupção no mundo em votação popular da ONG Transparência Internacional. Com 11.900 votos, a petroleira só ficou atrás do ex-presidente ucraniano Viktor Yanukovych, que recebeu 13.210 votos pelo suposto

a ser considerado imprevisível e extraordinário, porque improvável ou nunca antes verificado.

Há, ainda, a questão temporal. O passar do tempo, por permitir a melhor identificação de repercussões e desdobramentos, altera não raro a percepção generalizada do que foi ou não imprevisível e extraordinário. Por exemplo, a já mencionada crise econômica de 2008 poderia ser considerada previsível no momento de sua eclosão, mas, passados alguns anos, poderia passar a ser considerada imprevisível diante de sua repercussão global, inclusive sobre economias que se encontravam aparentemente protegidas contra os seus efeitos. Basta recordar que se tornou célebre em 2008 no Brasil a afirmação do então Presidente da República Luiz Inácio Lula da Silva de que, embora fosse uma "*tsunami*" nos Estados Unidos, a crise, se chegasse ao Brasil, não passaria de uma "*marolinha*",[242] tendo a repercussão da mesma crise sobre a economia brasileira sido apontada, anos mais tarde, como uma das principais causas para a queda de popularidade do governo de sua sucessora, Dilma Rousseff, e seu *impeachment* em 2016.[243] O passar do tempo permite a observação das consequências dos acontecimentos e interfere na percepção da sua ordinariedade ou extraordinariedade e, por via de consequência, da sua previsibilidade ou imprevisibilidade.[244]

---

desvio milionário de recursos para sua conta privada. A ONG, com sede na Alemanha, faz relatórios anuais com índices de percepção de corrupção. No último, o Brasil apareceu na 76ª posição entre 168 países" (Disponível em oglobo.globo.com).

242 Confira-se o seguinte trecho de reportagem datada de 4 de outubro de 2008: "O presidente Luiz Inácio Lula da Silva voltou a minimizar os efeitos da crise americana no Brasil, neste sábado, em São Bernardo do Campo, depois de participar de uma carreata ao lado do candidato a prefeito da cidade, o ex-ministro Luiz Marinho, afirmando: 'Lá (nos EUA), ela é um tsunami; aqui, se ela chegar, vai chegar marolinha que não dá nem pra esquiar" (Disponível em oglobo.globo.com).

243 "O ciclo do governo do PT, encerrado agora, não pode ser visto como um processo retilíneo. A crise do capitalismo em 2008 é um divisor de águas, um verdadeiro ponto de inflexão. Antes, o Brasil se beneficiava dos altos preços das *commodities* que exportava, o que ajuda a explicar nos anos 2000, durante o governo Lula, o aumento da renda dos pobres e também dos ricos, bem como a redução da brutal desigualdade social no país. Depois de 2008, vem a queda nos preços das *commodities* e a recessão econômica. O governo Dilma afunda e começa a fazer o contrário do que havia prometido, cortejando a política do candidato derrotado na eleição" (Liszt Vieira, *Impeachment: forma e conteúdo*, 4-9-2016, disponível em: www.oglobo.com.br).

244 Não se pode desconsiderar aqui que os tribunais locais sofram, no seu juízo de imprevisibilidade, alguma influência da comoção generalizada que costuma se abater sobre a população de países afetados por crises agudas. Nesse sentido, veja-se o instigante registro de Alexei G. Doudko, Hardship in Contract: The Approach of the Unidroit

Todas essas constatações permitem concluir que o juízo de imprevisibilidade e extraordinariedade, além de arbitrário na eleição do seu objeto por ser a cadeia causal que conduz ao desequilíbrio contratual frequentemente complexa e multifacetada, revela-se também impreciso porque permite conclusões divergentes em relação aos mesmos fatos, conforme a especificidade, profundidade e momento da análise. Tal conclusão, registre-se, independe da corrente doutrinária a que o intérprete se filie na definição do que é imprevisível: impossibilidade abstrata de previsão, impossibilidade concreta de previsão ou mera improbabilidade.[245] Todas conduzem a terrenos movediços e não resistem a uma avaliação criteriosa e científica no tocante à sua aplicabilidade prática. Se o exame de imprevisibilidade restar, por exemplo, baseado em um critério da impossibilidade absoluta de previsão, torna-se praticamente inútil. De fato, se imprevisível é aquilo que não tinha possibilidade de ser previsto por nenhuma pessoa (impossibilidade absoluta), a esfera de incidência do conceito fica ou demasiadamente reduzida ou até anulada, pois, com o atual fluxo de informações e as tecnologias disponíveis, nada mais parece, nessa acepção, imprevisível. Até acontecimentos que chocam o mundo, como o ataque terrorista às torres gêmeas nos Estados Unidos em 2001, podem ter sido antecipados ou previstos por especialistas.[246]

Partindo-se, diversamente, de um conceito de imprevisibilidade como impossibilidade relativa de previsão, em que se qualifica como "imprevisível"

Principles and Legal Developments in Russia, in *Uniform Law Review* 5.3, 2000, p. 486: "*Russia's unstable development during the period of transition towards a market system has turned the problem of hardship into one of great significance and clearly predetermined its recognition by Russian law. Due to the dramatic changes in the political, economic and legal setting, the problem of stability of contractual obligations (especially in the light of the 1998 financial crisis) is one of the most important legal issues in Russia today.*" A passagem tem especial relevo diante do fato de que, anos antes, o problema do desequilíbrio contratual superveniente assumia pouca importância no direito russo diante do sistema socialista: "*in the socialist system the problem of changed circumstances is (...) of a small importance (...) it could not rise in the sphere of socialist economy and within the relations of socialist property*" (ob. cit., p. 487).

245 Para um exame detalhado das diferentes acepções de imprevisibilidade, ver Angelo Riccio, *Eccessiva onerosità – Arts. 1467-1469*, cit., p. 179-194, o qual adverte: "*A ben vedere, non è facile definire la imprevidibilità*" (ob. cit., p. 187).

246 "Além desses indicativos, denúncias de que aviões poderiam ser usados para destruir prédios nos Estados Unidos também foram recebidas. 'A CIA, o FBI, os órgãos de segurança americanos e a Casa Branca receberam dezenas de ameaças por dia. Eles receberam sim uma informação de que haveria um ataque usando aviões como projéteis, mas essa informação foi arquivada e desconsiderada, assim como tantas outras', diz Santa'Anna" (*Terroristas começaram a planejar o 11 de Setembro 8 anos antes*, matéria publicada em 1º-9-2011 e disponível em g1.globo.com).

tudo aquilo que não tinha possibilidade de ser previsto pelas partes que celebraram o contrato, submerge-se em uma difícil substituição pelo magistrado das potencialidades cognitivas dos contratantes. Definir o que alguém tinha ou não tinha possibilidade de prever ou antecipar é tarefa que beira a ficção científica, pois, salvo casos extremos em que haja prova inequívoca da previsão (fato previsto), ingressa-se em um terreno de elevada subjetividade, que resulta em conclusões diversas por parte de cada julgador.[247]

Efeito semelhante se tem quando se adota um conceito de imprevisibilidade fundado em um critério não já de impossibilidade, mas de *improbabilidade* de previsão aos olhos do "homem médio", "homem razoável" (*reasonable man*) ou bom pai de família (*bonus pater famílias*). O que é improvável de ser previsto? O que tem menos de 50% (cinquenta por cento) de chances de ocorrer é imprevisível? Como se chega a esse percentual? Qual o percentual de chances de que alguém preveja a próxima crise economia mundial, o próximo conflito armado, uma significativa elevação ou baixa de preços de certo produto? Mesmo para economistas e estatísticos, são cálculos de elevadíssima imprecisão e forte carga subjetiva, características que acabam sendo disfarçadas por argumentos pontuais e aleatórios na fundamentação das decisões judiciais.

Pode-se dizer o mesmo do conceito de "extraordinariedade". Aí se teria um conceito objetivo, diz a doutrina, porque ordinário é aquilo que acontece com frequência, sendo extraordinários os demais acontecimentos. Não se esclarece, em primeiro lugar, qual frequência torna normal um acontecimento. Pior: a definição do acontecimento, em maior ou menor grau de detalhamento, pode, como já se viu, torná-lo ordinário ou extraordinário. O assassinato de uma pessoa é, infelizmente, um acontecimento ordinário; o assassinato de uma pessoa que ocupa a Presidência dos Estados Unidos da América é acontecimento extraordinário, dado que apenas quatro mandatários norte-americanos foram assassinados no exercício do cargo em mais de 240 anos de história – ou é, ao contrário, um acontecimento ordinário se, por exemplo, a história norte-americana vem comparada à história presidencial do Brasil, país que nunca teve um presidente eleito assassinado no exercício do cargo.[248]

---

247 Nessa direção, Enrico Gabrielli chega a sustentar expressamente que "*il grado di specificità e di certezza della previsione non si presta ad esere indicato in una definizione giruidica e quindi il giudizio sul carattere prevedibile e straordinario dell'evento è un giudizio di fatto, sicché le simmetrie logiche degli interpreti devono lasciare il passo alla fantasiosa varietà del caso concreto*" (*L'eccessiva onerosità sopravvenuta*, cit., p. 59-60).

248 "No Brasil, nenhum presidente da República foi assassinado, pelo menos não no exercício do cargo. Já nos Estados Unidos, quatro deles foram mortos enquanto cumpriam o mandato: Abraham Lincoln, em 1865, James Garfield, em 1881, William Mckinley,

Todos esses exemplos revelam que o modo empregado pela jurisprudência brasileira para definir um determinado acontecimento como "previsível" ou "imprevisível" e como "ordinário" e "extraordinário" revela-se excessivamente subjetivo e oscilante, não resistindo a uma análise científica e desafiando, por isso mesmo, qualquer tentativa de uniformização fundada em critérios racionais. Trata-se, em suma, de puro arbítrio judicial, oculto o mais das vezes sob afirmações fluidas ou genéricas. Esse modo de proceder não apenas impede a uniformidade e coerência das decisões, mas também produz um segundo efeito negativo, extremamente relevante. É que, ao centrar foco sobre o juízo de imprevisibilidade e extraordinariedade do acontecimento que antecede o desequilíbrio, o Poder Judiciário deixa de analisar aquilo que deveria ser o núcleo das decisões nessa matéria: o impacto concreto do referido acontecimento sobre a proporcionalidade interna do contrato.

A pesquisa jurisprudencial realizada no âmbito deste livro revela números expressivos. Dos 93 (noventa e três) acórdãos encontrados em diferentes tribunais brasileiros tratando do desequilíbrio contratual superveniente, entre 2003 e 2016,[249] verifica-se que apenas 12 (doze) julgados chegaram a examinar o impacto concreto sofrido no contrato. Os demais contentaram-se com o juízo de imprevisibilidade, seja porque, negando o caráter imprevisível ao acontecimento, entenderam desnecessário analisar sua consequência sobre o equilíbrio contratual, seja porque, acolhendo a imprevisibilidade, consideraram "automaticamente" presente o desequilíbrio contratual. Confira-se um exemplo:

> É verdade que ao tempo da contratação dos respectivos pactos comutativos de execução continuada, havia total impossibilidade quanto à previsão da extraordinária precipitação pluviométrica de 725mm (setecentos e vinte cinco milímetros mensais) naquela localidade, fato

---

em 1901, e John Kennedy, em novembro de 1963. Pois bem, a jornalista e escritora Marisa Raja Gabaglia estava nos Estados Unidos em 1964, quando ocorreu o golpe militar que depôs o presidente eleito João Goulart, apenas quatro meses após o assassinato de Kennedy. Um norte-americano, bem no estilo 'que republiqueta de bananas!', pergunta a ela por que era tão frequente a destituição de presidentes no Brasil. Marisa não perdoa: – *Porque nós não temos o costume de matá-los*" (Márcio Bueno, *Faíscas Verbais: A Genialidade na Ponta da Língua*, Gutenberg: Belo Horizonte, 2016, p. 119-120).

249 Foram excluídos desse cômputo específico julgados envolvendo os regimes do CDC e da Lei do Inquilinato (nos quais o problema da imprevisibilidade não se coloca), bem como o art. 65, II, alínea *d* da Lei de Licitações (em que se admitem exceções como os fatos "previsíveis porém de consequências incalculáveis, retardadores ou impeditivos da execução do ajustado"), pois, nessas duas hipóteses, o problema da imprevisibilidade não se coloca ou não se coloca da mesma forma que nos casos gerais.

> que, uma vez concretizado, se mostrou capaz de frustrar a justa expectativa que a demandante possuía no êxito do conteúdo contratual, causando-lhe indiscutíveis prejuízos. (...) As inúmeras matérias jornalísticas juntadas aos autos, onde se destaca a de fls. 428, evidenciam que no mês de novembro de 2009 a cidade de Cerro Largo (RS) vivenciou verdadeira calamidade, a ponto de justificar a decretação do Estado de Emergência (fls. 432), providência reservada para casos extremos. A ocorrência de chuvas é sempre previsível, mas não na intensidade como foi, fato que fugiu completamente da normalidade e não se encontrava dentro dos riscos do negócio administrado pela empreiteira. Desta forma, impõe-se a conclusão de que a ociosidade de trabalhadores e maquinários, enquanto o canteiro de obras se viu transformado em verdadeiro *"charco"*, deve ser entendida como verdadeiro custo extraordinário, decorrente da própria situação, dispensando, inclusive, um contexto probatório robusto neste sentido. Justificável, portanto, a intervenção judicial no pacto, a fim de readaptar a equivalência de sua comutatividade, como pretendido pela demandante às fls. 178/179, atendendo ao princípio da justiça contratual.[250]

No caso concreto, a pormenorizada discussão acerca da previsibilidade ou não de uma "precipitação pluviométrica de 725mm" na localidade específica de Cerro Largo, com referência a "inúmeras matérias jornalísticas", parece dominar a atenção dos julgadores, enquanto o impacto concreto sobre o contrato não chega sequer a ser examinado, reduzido que fica a "indiscutíveis prejuízos" ou "verdadeiro custo extraordinário decorrente da própria situação", "dispensando, inclusive, um contexto probatório robusto neste sentido".

O que se propõe nesta obra é que se faça justamente o oposto daquilo que atualmente ocorre em nossa jurisprudência. O foco da análise deve se deslocar da questão da imprevisibilidade e extraordinariedade (do acontecimento apontado como "causa") para o desequilíbrio contratual em concreto. Trata-se, em essência, de assegurar o equilíbrio contratual, e não de proteger as partes contra acontecimentos que não poderiam ou não puderam antecipar no momento de sua manifestação originária de vontade. A superação do voluntarismo exacerbado por uma tábua axiológica de caráter solidarista consagrada em sede constitucional, se não exige afastar inteiramente os requisitos da imprevisibilidade e extraordinariedade, expressamente adotados pelos dispositivos legais constantes do Código Civil brasileiro,[251] impõe, todavia, que se reserve a tais

250 TJRJ, 10ª Câmara Cível, Apelação Cível 0081874-19.2011.8.19.0001, Rel. Des. Celso Luiz de Matos Peres, 28-2-2013.

251 Registre-se, propugnando o afastamento pleno do requisito da imprevisibilidade, a opinião de Paulo Lôbo: "Esse princípio (equivalência material) preserva a equação e o

expressões um papel instrumental na atividade interpretativa voltada precipuamente à preservação do equilíbrio do contrato. A imprevisibilidade e extraordinariedade do acontecimento devem representar não um requisito autônomo, a ser perquirido em abstrato com base em um acontecimento localizado a maior ou menor distância do impacto concreto sobre o contrato, mas devem, isso sim, restar intimamente associadas ao referido impacto, o qual passa a consistir no real objeto da análise judicial.

Em outras palavras: se o desequilíbrio do contrato é exorbitante, isso por si só deve fazer presumir a imprevisibilidade e extraordinariedade dos antecedentes causais que conduziram ao desequilíbrio. O que se afigura indispensável à atuação da ordem jurídica é que o desequilíbrio seja suficientemente grave, afetando fundamentalmente o sacrifício econômico representado pelas obrigações assumidas.[252] Uma alteração drástica e intensa desse sacrifício recai presumidamente sob o rótulo da imprevisibilidade e extraordinariedade, pois é de se assumir que os contratantes não celebram contratos vislumbrando tamanha modificação do equilíbrio contratual; se a tivessem vislumbrado, poderiam ter disposto sobre o tema, para lhe negar efeitos por força de alguma razão inerente ao escopo perseguido com aquele específico contrato (*v.g.*, deliberada assunção de risco por uma das partes). Os contratantes sujeitam-se, por essa razão, à presunção de que não anteciparam a possibilidade do manifesto desequilíbrio – presunção, em uma palavra, de imprevisão –, pela simples razão de que se espera que as partes procurem ingressar em relações contratuais equilibradas.

Não se trata, registre-se, de romantismo contratual. É notório que, em uma economia de mercado, os contratantes perseguem a maximização do seu próprio lucro. Entretanto, exatamente porque tal estratégia afigura-se comum a ambas

justo equilíbrio contratual, seja para manter a proporcionalidade inicial dos direitos e obrigações, seja para corrigir os desequilíbrios supervenientes, pouco importando que as mudanças de circunstâncias pudessem ser previsíveis" (Princípios Sociais dos Contratos no Código de Defesa do Consumidor e no Novo Código Civil, in *Revista de Direito do Consumidor*, São Paulo, n. 42, abr./jun. 2002, p. 192).

252 Nesse sentido, Rodrigo Toscano de Brito chega a afirmar que "é preciso concluir que, independentemente da existência de fato imprevisível, deve-se prestigiar o equilíbrio objetivo da contratação" (Rodrigo Toscano de Brito, *Equivalência Material dos Contratos – Civis, Empresariais e de Consumo*, São Paulo: Saraiva, 2007, p. 99). Em linha semelhante, Flavio Tartuce, ao tratar da revisão contratual, afirma que "seria mais coerente retirar a expressão 'motivos imprevisíveis' do art. 317 do novo Código Civil. Tal medida, ao nosso ver, estaria mais adequada à adoção do princípio da socialidade pela legislação emergente" (A *Revisão do Contrato pelo novo Código Civil*, in Jones Figueiredo Alves e Mario Luiz Delgado (coord.), *Questões Controvertidas no Novo Código Civil*, v. 1, São Paulo: Método, 2003, p. 145).

as partes, há uma expectativa intrínseca dos próprios contratantes de que o contrato, como resultado do embate entre interesses contrapostos, exprima equilíbrio entre as posições contratuais situadas em relativa paridade. Vale aqui, *mutatis mutandis*, o raciocínio já traçado no capítulo atinente ao exame do desequilíbrio contratual originário: os contratantes presumidamente ingressam em relações equilibradas. Se deixam de fazê-lo por alguma razão merecedora de tutela (*e.g.*, prática de uma liberalidade, assunção deliberada de um risco para maximizar seus ganhos), é preciso que tal razão possa ser inequivocamente extraída do contrato celebrado, sob pena de se valer o intérprete da presunção de que ocorre, no caso concreto, exatamente aquilo que ocorre no comum dos casos: a busca de relações contratuais equilibradas.

A abordagem ora preconizada redimensiona a questão da imprevisibilidade e extraordinariedade, subordinando-a ao desequilíbrio contratual – e não o inverso, como atualmente acontece em nossa jurisprudência. O desequilíbrio contratual passa, assim, a assumir papel central no juízo relativo à aplicação tanto do art. 478 quanto do art. 317 do Código Civil, papel que até o momento vem sendo atribuído à imprevisibilidade e extraordinariedade como noções estruturais e abstratas. Ao se identificar o desequilíbrio contratual manifesto, a imprevisibilidade e a extraordinariedade dos antecedentes que conduziram ao desequilíbrio devem restar presumidas, como noções intimamente dependentes da superveniente desproporção objetiva do contrato.[253]

É certo que, a se adotar a presente proposta, toda a atual discussão jurisprudencial em torno da imprevisibilidade dos acontecimentos, que predomina nos tribunais brasileiros nessa matéria por influência da chamada *teoria da imprevisão*, perderá consideravelmente sua importância. Trata-se, contudo, de uma opção consciente e deliberada, animada precisamente pelas intermináveis confusões que o superdimensionamento da imprevisibilidade tem provocado

253 A proposta apresentada conecta-se, em certa medida, à instigante conclusão de Lipari, segundo a qual, na experiência jurídica italiana, é possível "*ravvisare una sostanziale coincidenza fra le nozioni di alea normale, prevedibilità e misura eccessiva dell'onerosità*" (Marco Lipari, La risoluzione del contratto per eccessiva onerosità: la struttura del giudizio di prevedibilità e la rilevanza dell'inflazione, in *Giustizia civile*, 1985, I, p. 2797). À substancial coincidência entre imprevisibilidade, extraordinariedade e excessiva onerosidade não se deve, contudo, ceder facilmente ante a opção legislativa operada pela nossa codificação civil, a qual se refere expressamente à excessiva onerosidade e também a acontecimentos extraordinários e imprevisíveis; dessa substancial coincidência é possível escapar, como se verá adiante, por meio da atribuição à noção de imprevisibilidade e extraordinariedade do papel de impedir a invocação da excessiva onerosidade diante de riscos assumidos pelo contratante ou derivados da sua conduta.

no âmbito do desequilíbrio contratual superveniente. Mais simples e efetivo que debater em abstrato se uma causa qualquer, eleita arbitrariamente pelo Poder Judiciário ou pelos representantes das partes, afigura-se ou não imprevisível parece ser debater se aquela específica alteração superveniente do equilíbrio contratual é ou não objetivamente exorbitante – exorbitância que se afigura suficiente para fazer presumir a imprevisibilidade e a extraordinariedade das causas a que o legislador brasileiro faz referência.

Emblemático, nessa direção, foi o acórdão proferido pela *Cassazione* italiana, no qual aquela corte concluiu que, no âmbito de um contrato de compra e venda de bem futuro, um aumento de custos de mão de obra e material em medida correspondente a 64,7% dava ensejo à configuração da excessiva onerosidade e à aplicação do remédio resolutivo previsto no Código Civil italiano, mesmo se o fenômeno inflacionário que conduziu ao aumento de custos no contrato "*era già in atto e perciò prevedibile, all'atto della stipulazione del relativo preliminare*".[254]

Note-se que, mesmo em se partindo de uma perspectiva voluntarista, parece possível concluir que a alusão à imprevisibilidade e extraordinariedade na lei brasileira não procura tutelar as partes contra os acasos de uma longa cadeia causal, mas apenas buscar a identificação de uma *lacuna* no acordo de vontades que permita a atuação judicial com vistas à sua integração (por meio do reequilíbrio contratual), a exemplo do que se propugna tradicionalmente em relação às lacunas das leis. Mesmo sob esse prisma, portanto, o que releva não é o antecedente causal em si, mas a sua repercussão específica sobre aquele contrato. Até aos olhos do pensamento voluntarista, pareceria seguramente insólito negar efeitos a um desequilíbrio imprevisto do contrato, ainda que causado por um fato previsível.[255]

Permita-se um exemplo pitoresco: os contratantes celebram um contrato declarando estar conscientes da possibilidade de eclosão de uma guerra, mas seguros de que o conflito não afetará o valor de suas prestações. A guerra se instaura e, contrariamente às expectativas de ambas as partes, vem afetar manifestamente o valor de uma das prestações contratadas. Negar relevância jurídica a esse desequilíbrio ao argumento de que as partes se declararam conscientes da possibilidade de eclosão da guerra – fato não

---

254 Em tradução livre: "estava já em andamento e era, por isso, previsível no ato de estipulação do respectivo contrato preliminar". Trecho original da decisão da *Cassazione*, 9 de junho de 1987, n. 5036, in *Foro Italiano*, 1988, I, p. 2734.

255 Daí a concessão feita, no campo do direito administrativo, pelo art. 65, II, alínea *d*, da Lei n. 8.666, que alude a eventos previsíveis de consequências imprevisíveis.

apenas previsível naquele contexto, mas expressamente *previsto* – seria contrariar a segunda parte da sua mesma declaração de vontade, segundo a qual os preços não seriam afetados pelo conflito. Há aí uma evidente lacuna na vontade dos contratantes, na medida em que, pressupondo a ausência de impacto sobre os preços, as partes não emitiram suas declarações de vontade considerando um cenário em que os preços seriam, ao contrário do que supunham, afetados. E, a rigor, o mesmo problema se colocaria, com suas necessárias distinções, se as partes nada dissessem sobre a guerra. Ainda que considerassem previsível o conflito em si, a verdade é que ou previram ou não previram seus efeitos sobre os preços do contrato e, portanto, sobre o ônus econômico que originariamente assumiram.

O exemplo demonstra que, por ser o desequilíbrio objetivamente anormal – e não por ser o fato subjetivamente imprevisível ou extraordinário –, o ônus dessa demonstração de previsão deve recair sobre a parte que se beneficia da desproporção. A imprevisibilidade e extraordinariedade dos acontecimentos que conduzem ao desequilíbrio contratual devem, também por essa linha de raciocínio, restar presumidas a partir da grave desproporção surgida no objeto contratual, sendo certo que reside nesse último componente a finalidade central da proteção outorgada pelo ordenamento jurídico brasileiro, em uma interpretação consonante com os valores constitucionais. Trata-se, em suma, de uma presunção de imprevisibilidade e extraordinariedade a partir do objetivo desequilíbrio do contrato.

Tal presunção somente deverá ser afastada quando (a) as partes tenham expressamente previsto a possibilidade daquele específico desequilíbrio contratual superveniente e afastado qualquer consequente alteração no contrato (expressa assunção do risco); (b) embora inexista disposição expressa, reste inequivocamente demonstrado que as partes, ao celebrarem o contrato, levaram em consideração a possibilidade daquele específico desequilíbrio superveniente entre as prestações, deixando de tratar do tema por força da comum intenção de não ver o contrato alterado em virtude do referido desequilíbrio (tácita, mas inequívoca assunção do risco); (c) embora as partes não o tenham vislumbrado no momento de celebração do contrato, o específico desequilíbrio contratual superveniente não possa ser considerado imprevisível por ter decorrido da conduta do contratante lesado (causa interna).

Enquanto as duas primeiras hipóteses pertencem ao campo da análise da vontade na formação do contrato e da assunção de riscos pelos contratantes, a última floresce no terreno da causalidade. A tutela contra o desequilíbrio contratual superveniente abrange apenas o desequilíbrio que não tenha sido provocado pelo próprio contratante.[256] A externalidade da causa do desequilíbrio configura, assim, um requisito da tutela oferecida pela ordem jurídica.[257] Se a causa é imputável ao próprio contratante, como no exemplo do empreiteiro que dobra espontaneamente o salário de seus empregados ou adquire insumos de um fornecedor que cobra preços significativamente superiores aos cobrados por insumos idênticos no mercado, a elevação excessiva de seus custos não pode ser suscitada para fins de proteção contra o desequilíbrio contratual superveniente.[258] É o que já afirmava, em larga medida, o *Conseil d'État* francês que, ao tratar dos acontecimentos que ensejavam o reajuste dos contratos administrativos, exigia que "*ils doivent être extérieurs aux parties*".[259]

Em síntese definitiva: a imprevisibilidade e a extraordinariedade devem ser presumidas a partir do desequilíbrio objetivo do contrato, somente podendo restar afastada tal presunção nas hipóteses de (a) expressa ou (b) inequívoca assunção do risco que resulta no referido desequilíbrio ou, ainda, (c) de desequilíbrio derivado da conduta do próprio contratante excessivamente onerado. O mecanismo da presunção permite atribuir papel central ao desequilíbrio contratual, sem desrespeitar o dado normativo do direito positivo

256 Nesse sentido, afirma Gustavo Tepedino que a parte que invoca a excessiva onerosidade "não pode ter contribuído para a ocorrência de tal acontecimento, guardando relação de alteridade com o evento deflagrador da excessiva onerosidade" (Requisitos para a aplicação da Teoria da Imprevisão no Direito Brasileiro, in *Soluções Práticas de Direito*, São Paulo: Revista dos Tribunais, 2012, p. 555. v. II). Em direção semelhante, Judith Martins-Costa indica como requisito para incidência do art. 478 do Código Civil a "*inimputabilidade, ao lesado, da excessiva onerosidade da prestação*" (*Comentários ao Novo Código Civil*, cit., p. 310-311. v. V, t. I).

257 Nos exemplos de Paolo Gallo: "*Chi si rivolge ad un ottico per farsi confezionare un paio di occhiali non è tenuto a pagare una maggiorazione di prezzo se nel corso della lavorazione viene rotta accidentalmente una lente. Parimenti chi assume l'impegno di trasportare merci da Roma a Milano non può chiedere un maggior compenso se durante il tragitto è costretto a sostituire un pneumatico. Lo scoppio del pneumatico, al pari della rottura delle lenti, sono infatti rischi che gravano su chi esercita rispettivamente l'attività di ottico o quella di autotrasportatote*" (*Sopravvenienza contrattuale e problemi di gestione del contratto*, cit., p. 401).

258 A doutrina estrangeira alude, nessa direção, a custos inerentes à própria organização do contratante chamados de custos "*intra firm*" e a custos relativos ao próprio processo de produção, aí incluídos aqueles atinentes aos salários dos próprios empregados (Christoph Brunner, *Force Majeure and Hardship under General Contract Principles – Exemption for Non-Performance in International Arbitration*, cit., p. 168-170).

259 Em tradução livre: "eles devem ser exteriores às partes". Trecho do relato oficial do *Conseil d'État* acerca da jurisprudência formada a partir do já mencionado caso da *Compagnie Générale d'Éclairage* de Bordeaux, em março de 1916. Disponível em www.conseil-etat.fr, na seção *Les décisions les plus importantes du Conseil d'État.*

brasileiro, que menciona expressamente o caráter imprevisível e extraordinário do acontecimento, mas não lhe atribui a dimensão central que lhe reserva nossa jurisprudência e também nossa doutrina.[260]

O objeto central da análise do intérprete deve ser o desequilíbrio contratual em si. A expressão desequilíbrio contratual não deve ser, todavia, compreendida como um desequilíbrio qualquer, mas apenas aquele a que alude o direito positivo brasileiro: um desequilíbrio contratual caracterizado por uma excessiva onerosidade, expressão que também merece redirecionamento interpretativo.

6.2. Segunda proposta interpretativa: aferição objetiva do desequilíbrio contratual superveniente

Ao tratar do desequilíbrio contratual superveniente, a maior parte da doutrina brasileira acaba por aludir a uma "extrema dificuldade" de cumprimento da prestação por parte do devedor, não raro associando o tema ao risco de ruína do contratante.[261] No âmbito das relações de consumo, chega-se, inclusive, a defender a possibilidade de invocação de "circunstâncias subjetivas passivas", tais como "a perda do emprego, acidente, divórcio", a título de

260 Registre-se que, em teoria, as três hipóteses delineadas (assunção expressa ou tácita de risco e desequilíbrio provocado) funcionam aqui como requisitos negativos da tutela do equilíbrio contratual, que poderiam, *de lege ferenda*, ser contemplados na interpretação de outras expressões normativas (como ocorre, por exemplo, em Portugal, onde a questão do risco assumido vem tratada dentro do conceito de "riscos próprios do contrato"). Vale dizer: *de lege ferenda*, a própria referência à imprevisibilidade seria desnecessária, podendo-se conceber uma construção puramente objetiva da tutela do equilíbrio contratual no curso da execução do contrato. O esforço aqui empreendido, todavia, é o de se permitir uma aplicação mais objetiva e coerente da tutela do equilíbrio contratual *de lege lata*, sem a desconsideração do dado normativo, que, como fruto da iniciativa democrática do Congresso Nacional, deve ser respeitado pelo intérprete brasileiro.

261 "O terceiro elemento que deve estar presente para permitir a aplicação da Teoria da Imprevisão consiste na onerosidade excessiva, que ocorre quando uma prestação torna-se, no momento da execução, manifestamente mais gravosa do que era no momento em que surgiu, resultando numa *extrema dificuldade*, para uma das partes, de cumprir o avençado" (Nelson Eizirik e Marcus de Freitas Henriques, *Notas sobre a Revisão dos Contratos*, cit., 2012, p. 227, grifou-se). Em direção semelhante, Cristiano Chaves de Farias e Nelson Rosenvald, *Curso de Direito Civil: Contratos*, cit., p. 562: "Em função da alteração das circunstâncias, um dos contratantes é conduzido ao 'limite do sacrifício'. Nesta circunstância de peculiar gravidade do acontecimento causador do posterior desequilíbrio, excepcionalmente o legislador defere ao contratante a resolução, como instrumento de libertação do custoso vínculo que o oprime".

justificativa legitimadora da atenuação do *pacta sunt servanda*.[262] Mesmo autores que defendem uma visão mais objetiva do desequilíbrio contratual superveniente acabam, por vezes, inserindo, entre os parâmetros para sua aferição, elementos de nítido teor subjetivo, como a "capacidade dos contratantes", suas "aptidões" ou "sofisticação", como já visto neste mesmo capítulo.

A proposta ora formulada consiste em partir do dado normativo – que acolhe expressamente a noção de "excessiva onerosidade", ainda que sem defini-la[263] – para expurgar da aferição da excessiva onerosidade todos os parâmetros de caráter subjetivo, assim entendidos aqueles que não dizem respeito exclusivamente ao objeto do contrato – ou das obrigações que o compõem –, refletindo um estado qualquer do sujeito contratante.[264] Significa dizer, em primeiro lugar, que a excessiva onerosidade não se confunde com a capacidade subjetiva de pagamento do devedor, sua maior ou menor dificuldade pessoal em efetuar o pagamento.[265] Assim, o fato de que o contratante se encontra à beira da insolvência ou mesmo em efetiva "ruína" não torna sua prestação excessivamente onerosa, nem autoriza a revisão do contrato com base na tutela do equilíbrio contratual.[266] Tais circunstâncias pessoais podem, naturalmente, atrair outros institutos jurídicos como a recuperação

262 "Mencione-se, por fim, que se a rescisão é remédio mais tradicional para a frustração dos contratos cativos de longa duração, o novo aqui é a aceitação de circunstâncias subjetivas passivas, como a perda do emprego, acidente, divórcio etc., como causas possíveis de inadimplemento sem culpa (...)" (Claudia Lima Marques, *Contratos no Código de Defesa do Consumidor: O novo regime das relações contratuais*, cit., p. 296-297).

263 Como, de resto, ocorre também na Itália, pátria-mãe da expressão: "*Il concetto di eccessiva onerosità delle prestazione non viene minimamente esplicitato dal legislatore* (...)" (Carlo G. Terranova, *L'eccessiva onerosità nei contratti*, cit., p. 109).

264 Como ensina Paolo Gallo: "*Del tutto irrilevanti sono in primo luogo le difficoltà di carattere strettamente personale, dovute al mutamento delle capacità economiche di chi ha assunto l'impegno*" (*Sopravvenienza contrattuale e problemi di gestione del contratto*, cit., p. 401).

265 Nas palavras de Menezes Cordeiro, "não interessam modificações no campo das aspirações subjectivas contratuais de apenas uma das partes; é o contrato – e logo os contratantes – que está em causa, e não as esperanças de lucro – ou de não perda – de somente um dos intervenientes, quando a lógica do negócio não esteja em causa" (*Contratos Públicos*, cit., p. 74).

266 Contra: "*Ruína econômica superveniente do consumidor*. Em determinadas atividades econômicas e considerada a falta de controle objetivo das ofertas de bens e serviços, que se timbram pelo uso de técnicas abusivas de concessão de crédito, é possível, em caráter excepcional, admitir a revisão do contrato sob esse fundamento" (Otávio Luiz Rodrigues Júnior, *A Revisão Judicial dos Contratos de Consumo*, in Jorge Bacelar Gouveia; Heraldo Oliveira Silva (org.), *I Congresso Luso Brasileiro de Direito*, Coimbra: Almedina, 2014, p. 72-73).

judicial ou extrajudicial (Lei n. 11.101/2005) e o chamado superendividamento (Projeto de Lei do Senado n. 283/2012),[267] mas não configuram requisitos para a invocação da excessiva onerosidade.

De igual modo, não está o Poder Judiciário autorizado a exigir do contratante que invoca os dispositivos legais mencionados prova de que a excessiva onerosidade afeta sua capacidade de pagamento – tal argumento, conquanto recorrente nas disputas judiciais, como modo de sensibilizar o magistrado, não deve, a rigor, interferir na aplicabilidade das normas que disciplinam os efeitos da excessiva onerosidade, uma vez que tais comandos normativos se dirigem à análise do manifesto desequilíbrio *de um determinado* contrato, e não de todo o universo de relações obrigacionais de um ou outro contratante.

A *difficultas* do contratante em cumprir a obrigação contratada não é, portanto, parâmetro para aferição da excessiva onerosidade, que deve assentar em um juízo objetivo.[268] Ainda que se verifique, frequentemente, que o contratante que invoca o desequilíbrio contratual vem encontrando dificuldade financeira para efetuar a prestação tal qual contratada, por conta do seu particular estado econômico frente a outros credores, isso nem sempre ocorre.[269] Seu direito à invocação do desequilíbrio prescinde de qualquer prova ou indício de que o valor da prestação transcenda suas forças materiais ou que o coloque em "dificuldade" e persiste mesmo que isso não aconteça.[270]

---

267 Heloísa Carpena e Rosangela Lunardelli Cavallazzi, Superendividamento: propostas para um estudo empírico e perspectivas de regulação, in Cláudia Lima Marques et al., *Direitos do consumidor endividado: superendividamento e crédito*, São Paulo: RT, 2006, p. 310-344.

268 No mesmo sentido, Carlo G. Terranova, *L'eccessiva onerosità nei contratti*, cit., p. 112: "*Alla mera 'difficoltà di adempimento', quale impedimento di natura soggettiva all'esecuzione della prestazione collegato ad eventi che incidono sulla sfera patrimoniale del debitore e non già sulla connotazione della prestazione, l'ordinamento non attribuisce rilevanza giuridica alcuna ai fini della risoluzione del contratto per impossibilità o per eccessiva onerosità sopravvenuta della prestazione, né ai fini di una giustificazione dell'inadempimento. Nessuna identificazione può dunque essere fatta tra la 'difficultas' quale fenomeno di natura esclusivamente soggettiva, e l'(eccessiva) onerosità della prestazione, quale evento di rigida configurazione oggettiva.*"

269 Aldo Boselli, *La risoluzione del contratto per eccessiva onerosità*, cit., p. 154.

270 Nessa direção, esclarece Ricardo Lira, ao tratar da onerosidade excessiva, que "não se trata de 'dificuldade de adimplemento', nem a onerosidade excessiva fica em meio caminho entre essa dificuldade de prestação e a impossibilidade de prestação. A apuração da onerosidade excessiva se faz através da avaliação objetiva da prestação, em si e por si, em confronto com a contraprestação. A excessiva onerosidade subsiste mesmo quando o contratante, desfavorecido no confronto de sua prestação com a contrapres-

Também não se deve incluir como parâmetros para análise do desequilíbrio contratual superveniente, como fazem diversos autores, a "vulnerabilidade" de uma das partes ou a assimetria – informacional, econômica, jurídica etc. – que possa eventualmente existir entre os contratantes. Tais questões, como já se viu no capítulo atinente ao desequilíbrio contratual originário, são objeto de outros institutos jurídicos, com efeitos distintos dos que derivam do juízo relativo ao manifesto desequilíbrio contratual. É de se rejeitar, assim, qualquer influência no presente campo de estudo do chamado "desequilíbrio normativo" (definido pela doutrina como a disparidade no poder de influir sobre as normas do contrato)[271] se não resultar em uma manifesta desproporção econômica do contrato,[272] assim como de quaisquer outras formas de "desequilíbrio subjetivo" entre os contratantes, as quais encontram remédio próprio na legislação geral ou especial.[273]

tação do outro contratante, disponha de recursos para o adimplemento, e assim possa, querendo, suportar a perda decorrente do desequilíbrio patrimonial do contrato" (*A Onerosidade Excessiva nos Contratos*, cit., p. 11).

271 Alude-se, assim, a uma distinção entre desequilíbrio "*economico o normativo, secondo che lo squilibrio tra le prestazioni intacchi il cuore economico del contratto oppure lo statuto normativo di clausole*" (Fabrizio Volpe, *La giustizia contrattuale tra autonomia e mercato*, cit., p. 10). O tema do desequilíbrio normativo é frequentemente associado à nulidade de cláusulas abusivas, tanto no Brasil como no exterior. Confira-se a lição de Stiglitz: "*A los fines del juicio de vejatoriedad de una cláusula, cuenta lo que se ha dado en denominar el 'desequilibrio normativo y no el económico'. Cualquiera sea el poder económico que porte una empresa productora de bienes o servicios, al tiempo de celebrar un contrato de seguro, deberá someterse al contenido contractual predispuesto por el asegurador*" (Rubén S. Stiglitz, El desequilibrio contractual – Una visión comparatista, in *RIS*, Bogotá (Colombia), 37(21): 13-27, julio-diciembre de 2012, p. 24).

272 É tal desproporção que consiste no objeto do desequilíbrio econômico, que não se confunde com eventuais situações de disparidade de poder negocial reunidas pela doutrina sob o rótulo do "desequilíbrio normativo". Tais situações diferenciam-se do desequilíbrio econômico, a uma porque frequentemente encontram reação do ordenamento independentemente do reflexo econômico gerado sobre os contratantes (e.g., nulidade de cláusulas abusivas nas relações de consumo), a duas porque, diversamente do que ocorre em relação ao desequilíbrio econômico, remete-se exclusivamente às circunstâncias existentes no momento de negociação e formação do contrato (Fabrizio Volpe, *La giustizia contrattuale tra autonomia e mercato*, cit., p. 167).

273 Em sentido contrário, sustentando um "perfil subjetivo" do equilíbrio do contrato, ver Fernanda Paes Leme, para quem "a segunda premissa instrumental para o estudo do equilíbrio funcional dos contratos é a análise abrangente do equilíbrio, abarcando os seus perfis subjetivo e objetivo (...) o perfil subjetivo do princípio do equilíbrio funcional dos contratos diz respeito à efetiva liberdade das partes na celebração do contrato, o que pressupõe a real igualdade entre os contratantes e, também, por ser subsidiário e

Cumpre recordar que reunir todos esses diferentes problemas sob o manto do princípio do equilíbrio contratual não significaria fortalecê-lo, como parecem acreditar alguns autores, mas enfraquecê-lo, na medida em que a noção acabaria por perder qualquer serventia autônoma, confundida que restaria em sua aplicabilidade com outros institutos ligados a vícios do consentimento, ao abuso de direitos em suas diferentes modalidades (abuso de poder econômico etc.), ao desvio de finalidade, entre outros. Tais institutos, por se assentarem sobre uma base híbrida ou mista, que combina elementos objetivos e subjetivos, têm aplicação mais restrita que o princípio do equilíbrio contratual e acabam sendo tratados, ao menos na sua esfera precípua de aplicação, como instrumentos sancionatórios ou repressivos.

Dessa forma, os diferentes institutos que procuram assegurar um "equilíbrio" de forças entre consumidor e fornecedor nas relações de mercado (por exemplo, nulidade de cláusulas excludentes de responsabilidade, direito de arrependimento em contratações realizadas fora do estabelecimento comercial etc.) não devem ser arrolados como expressões do princípio do equilíbrio contratual, exatamente como não o devem ser as normas que estabelecem a anulabilidade de negócios jurídicos celebrados com pessoas relativamente incapazes.[274] Evidentemente, todas essas normas exprimem em setores mais ou menos específicos alguma concretização dos princípios constitucionais da igualdade substancial e da solidariedade, mas não guardam relação com o princípio do equilíbrio contratual, aqui tomado em sentido exclusivamente objetivo e limitado ao contrato concretamente celebrado entre as partes.

A aferição do desequilíbrio contratual superveniente deve, assim, restar exclusivamente centrada sobre aspectos objetivos, vinculados ao objeto do contrato, independentemente de encontrarem ou não razão mediata ou imediata em características subjetivas dos contratantes. Sabe-se, ademais, que o objeto do contrato pode ser visto sob a ótica de interesses de diferentes naturezas que levam os contratantes a celebrar o contrato. Assim, há interesses

---

instrumental para a análise global do equilíbrio. Ou seja, o perfil subjetivo 'leva em conta a identificação do poder contratual dominante das partes e a presunção legal de vulnerabilidade'. Consequentemente, cabe especificamente a este perfil a harmonização entre a liberdade e a igualdade, em atenção ao pressuposto do princípio do equilíbrio functional dos contratos, que vem a ser o que se denominou como liberdade efetiva. Nesse sentido, sendo uma das partes vulnerável ou havendo desigualdade entre as partes, o princípio da igualdade deve limitar o da liberdade, a fim de alcançar a justiça" (*Princípio do Equilíbrio Funcional dos Contratos*, cit., p. 170-171).

274 Código Civil: "Art. 171. Além dos casos expressamente declarados na lei, é anulável o negócio jurídico: I – por incapacidade relativa do agente".

morais, afetivos, sociais que interferem na decisão de contratar, não devendo o fenômeno contratual ser reduzido a uma equação puramente econômica. O problema do equilíbrio contratual, todavia, consiste, como aqui tratado, em um problema essencialmente econômico, dirigido a evitar uma ampliação excessiva do sacrifício econômico assumido, ao longo do tempo ou em face do eventual benefício econômico contraposto.[275]

Todas as tentativas já empreendidas de ampliar a noção de equilíbrio contratual – e de excessiva onerosidade – para abarcar aspectos morais, afetivos, sociais e outros aspectos de natureza não econômica, conquanto meritórias em seu esforço teórico, acabaram por resultar em chancela para a ausência de controle de merecimento de tutela do exercício da liberdade contratual no estabelecimento do vínculo de correspectividade entre as prestações. Com efeito, ao se abrir tão amplamente o leque de aspectos que devem ser considerados na aferição da proporcionalidade interna do contrato, acaba-se por impossibilitar qualquer controle de legitimidade da relação estabelecida pelas partes, consagrando uma esfera de exercício da liberdade contratual imune a qualquer juízo valorativo, o que não se mostra compatível com nossa ordem jurídica, conforme já visto neste livro.[276]

O problema do desequilíbrio contratual é, portanto, não apenas um problema de cunho essencialmente econômico, mas também um problema objetivo, visto que, embora as partes possam ser levadas a contratar por razões que escapam à simples relação econômica entre as utilidades contraofertadas,

---

275 Não adentram, portanto, o objeto deste livro aquelas situações em que o cumprimento do contrato pode se tornar sacrificante para uma das partes por razões não econômicas, tal como no exemplo do contrato de locação em que os colocatários, marido e mulher, alegam extrema dificuldade em manter o cumprimento do acordado diante do fato superveniente do divórcio, por ter o convívio sob o mesmo teto se tornado "excessivamente oneroso" sob o ponto de vista moral, psicológico ou afetivo. Ou como ocorreria, no instigante exemplo de Antonio Junqueira de Azevedo, no caso de "empregado muito católico que, em jornal que mudou de dono, é obrigado a fazer revisão de artigos contra o Papa" (Antônio Junqueira de Azevedo, Relatório brasileiro sobre revisão contratual apresentado para as Jornadas Brasileiras da Associação Henri Capitant, in *Novos Estudos e Pareceres de Direito Privado*, São Paulo: Saraiva, 2009, p. 198).

276 Como lembra, ainda uma vez, Pietro Perlingieri, "*l'autonomia negoziale, contrattuale, non è un dogma, né un preconcetto o un valore in sé. La conformazione di quest'ultima è alle scelte di fondo che caratterizzano l'ordinamento: essa si configura secondo i dati normativi desumibili dall'ordinamento, nella sua unitarietà e nella sua completezza, secondo i princípio e le regole*" (*Il diritto dei contratti fra persona e mercato – Problemi del diritto civile*, cit., p. 443). Para a discussão do tema, seja consentido remeter aos dois capítulos anteriores.

o que persegue a ordem jurídica com um princípio do equilíbrio contratual é precisamente que o contrato não apresente uma grave desproporção dos seus impactos econômicos sobre os contratantes, entre si ou ao longo do tempo, salvo se as próprias partes tiverem introduzido de modo inequívoco no escopo comum do negócio elementos que legitimam essa desproporção, como a consciente e inequívoca assunção de risco, tudo conforme já examinado nos capítulos anteriores deste livro.[277]

Restringir o problema do desequilíbrio contratual superveniente a uma questão econômica e objetiva não soluciona, todavia, questão relevante que consiste em definir quando exatamente se pode afirmar que um contrato se tornou, após a sua formação, *manifestamente* desequilibrado para fins de aplicação dos remédios gerais previstos no Código Civil. Como já visto anteriormente, a tarefa não é simples, na medida em que a doutrina nacional define de modo bastante variado o que entende por desequilíbrio contratual superveniente. Há quem afirme que o problema do desequilíbrio contratual se coloca quando o valor econômico atribuído à prestação no momento da contratação torna-se inferior ao *custo* necessário à sua realização no momento da execução do contrato. Outros autores definem o desequilíbrio não a partir de uma análise de custo, mas a partir da constatação de que o *valor* econômico atribuído à prestação no momento da contratação torna-se muito inferior ao seu *valor* no momento da execução do contrato. Outra parcela da doutrina, ainda, trata do desequilíbrio contratual não como desproporção relativa às prestações em si, mas como alteração da relação de equivalência entre prestação e contraprestação no momento da celebração do contrato e no momento da sua execução (usualmente denominado "desequilíbrio entre as prestações").[278]

Para se posicionar nessa genuína miríade conceitual, o intérprete há de partir necessariamente do dado normativo, pois, como já visto, as diferentes teorias e construções em torno do problema do desequilíbrio contratual superveniente influenciam posições doutrinárias nem sempre amparadas na opção realizada pelo legislador brasileiro.[279] Em suas normas gerais, pode-se afirmar

---

277 Sobre o tema, seja permitido remeter, ainda uma vez, aos Capítulos I e II desta obra.

278 Para os autores que defendem, no Brasil, cada uma dessas diferentes posições, seja consentido remeter a item anterior desse mesmo capítulo, que contemplou a noção de excessiva onerosidade como requisito para incidência do art. 478 do Código Civil.

279 Como já destacado por Gustavo Tepedino: "O texto legal, contudo, não pôs fim às controvérsias, preservadas por preconcepções que, advindas das numerosas teorias construídas na Europa no Século passado, desconsideram por vezes o dado normativo. Estabeleceu-se com isso acalorado debate: de um lado, os que defendem a revisão dos pactos a qualquer custo, especialmente em relações contratuais de longa duração, como

que nosso Código Civil indica o que entende por desequilíbrio contratual superveniente em três momentos:

> (a) quando alude, em seu artigo 317, a uma "*desproporção manifesta entre o valor da prestação devida e o do momento de sua execução*";
> (b) quando trata, no artigo 478, da situação em que "*a prestação de uma das partes se tornar excessivamente onerosa, com extrema vantagem para a outra*"; e, finalmente,
> (c) quando, no artigo 480, menciona a possibilidade de "*onerosidade excessiva*" nos contratos em que "*as obrigações couberem a apenas uma das partes*".

A análise das expressões empregadas pelo legislador brasileiro deixa claro que aquilo que, por vezes, nossa doutrina reúne sob o rótulo único de "desequilíbrio superveniente do contrato" (ou expressões similares) corresponde, a rigor, a mais de uma hipótese fática, desafiando conceitos unívocos. Por exemplo, enquanto o art. 317 concentra-se sobre a variação do "*valor*" da prestação no tempo (entre o momento da constituição do débito e o momento da sua execução) – independentemente, portanto, da relação de correspectividade com uma eventual contraprestação –, o art. 478 alude a uma onerosidade excessiva incidente sobre a prestação devida por uma das partes "com extrema vantagem" para a outra, sugerindo um abalo da relação recíproca entre prestação e contraprestação.

Duas observações se impõem. Primeiro, já foi visto, no primeiro capítulo desta obra, que o exame não deve se limitar à prestação e à contraprestação, em uma visão puramente estrutural de um dos elementos do vínculo obrigacional. O que deve ser objeto de análise, no tocante ao problema do desequilíbrio contratual, são os sacrifícios e benefícios econômicos decorrentes do contrato em toda a sua complexidade: não se trata apenas, portanto, de examinar a prestação em si, mas todo o conjunto de situações jurídicas (direitos, obrigações, ônus, faculdades etc.) que integram o contrato em sua dimensão objetiva (aí incluídas prestações principais e acessórias, deveres anexos etc.), em uma perspectiva dinâmica e funcional que evite soluções meramente parciais.[280]

expressão da boa-fé objetiva; de outro, aqueles que, em posição reativa, pretendem recrudescer a obrigatoriedade como expressão do predomínio da autonomia privada" (Prefácio a Antônio Pedro Medeiros Dias, *Revisão e Resolução do Contrato por Excessiva Onerosidade*, cit., p. i-ii).

280 "A classificação das obrigações em simples e complexas, conforme a singularidade ou multiplicidade do seu objeto (prestação), tem méritos didáticos reconhecidos, sobretudo no tocante ao estudo das modalidades de obrigação e mais especificamente das obrigações alternativas, cumulativas e com faculdade de substituição. A rigor, toda-

Em segundo lugar, é de se observar que, embora seja possível vislumbrar tanto na hipótese do art. 317 quanto naquela do art. 478, um *desequilíbrio* (*i.e.*, desmedida, desproporção) no âmbito interno do contrato, tem-se, tecnicamente, duas situações bem distintas: (a) no art. 317 retrata-se um desequilíbrio que pode, como já visto nesta obra, denominar-se *desequilíbrio contratual horizontal*, verificado a partir do agravamento do sacrifício econômico imposto ao contratante no tempo – entre o momento da formação do contrato e o momento da sua execução; já (b) no art. 478, tem-se em vista um desequilíbrio contratual *vertical*, porque constatado a partir da comparação entre os direitos e obrigações (*lato sensu*) recíprocos que compõem o objeto do contrato – seu objetivo é evitar que o contratante sofra sacrifício econômico desproporcional ao benefício econômico obtido.

A essa dualidade já desafiadora cumpre acrescentar, ainda, o art. 480, que alude à "*onerosidade excessiva*" em contratos nos quais haja obrigações para apenas uma das partes. O referido dispositivo legal revela que a expressão onerosidade excessiva não é empregada pelo legislador apenas no sentido de uma análise do ônus econômico de uma obrigação em face da obrigação correspectiva, mas se aplica também aos contratos unilaterais. A norma obsta, assim, a solução simplista que consistiria em reservar o termo "*onerosidade excessiva*" apenas para as hipóteses de desequilíbrio contratual vertical (relativo ao outro contratante), como um universo distinto da "desproporção manifesta" (art. 317) da própria prestação no tempo (desequilíbrio contratual horizontal). A relevante questão que se coloca é verificar se essas três diferentes situações, baseadas em três enunciados normativos distintos constantes da codificação civil brasileira, consistem em problemas ontologicamente diversos, a serem enfrentados com categorias próprias, ou se, ao contrário, está-se diante tão somente de variações de um mesmo tema.

Aqui, parece útil examinar o itinerário percorrido na experiência jurídica italiana, tendo em vista o já mencionado paralelismo entre a codificação civil daquele país e o Código Civil brasileiro no tocante à matéria do desequilíbrio contratual. Há mais de meio século, a doutrina italiana debate o significado técnico das expressões "*squilibrio contrattuale*" (desequilíbrio contratual) e

via, a incidência de deveres anexos – que são variados e variáveis de acordo com a relação em particular – torna qualquer obrigação objetivamente complexa, no sentido de que seu objeto passa a ser composto por inúmeros deveres (de cooperação, de informação, de sigilo) que se somam à prestação principal para compor o rico tecido de qualquer relação obrigacional" (Gustavo Tepedino e Anderson Schreiber, *Código Civil Comentado*, cit., p. 20).

"*eccessiva onerosità*" (excessiva onerosidade). Há, essencialmente, duas teorias que disputam a preferência dos autores italianos. De um lado, há a chamada "*teoria dell'attuabilità*", que considera o desequilíbrio apenas sob a perspectiva da prestação em si mesma, apresentado a excessiva onerosidade como "*un'accrescituta gravosità o in un più elevato costo della prestazione dovuta, o anche in un suo incremento di valore*",[281] a ser aferida mediante a comparação entre o custo ou valor da prestação no momento da conclusão do contrato e aquele assumido sucessivamente, medido em dinheiro.[282] De outro lado, há a "*teoria dell'equilibrio*", que, centrada sobre a relação sinalagmática entre as prestações, afere a excessiva onerosidade comparando, com o parâmetro da moeda, "*il rapporto di scambio tra prestazione e controprestazione fissato dalle parti alla conclusione del contrato ed il rapporto di scambio sucessivamente instauratosi a seguito delle circostanze soppravvenute*".[283]

É certo que as duas teorias não se diferenciam perante a imensa maioria dos casos concretos, pois, quando um contratante invoca o agravamento econômico da sua própria prestação, isso habitualmente corresponde a um desequilíbrio entre as prestações contratadas. Há, todavia, algumas situações em que essa habitual correspondência não se verifica. Por ora, duas dessas situações merecem ser examinadas: (a) a situação dos contratos que geram obrigações para apenas uma das partes; e (b) a situação da desvalorização da contraprestação.

O Código Civil italiano admite que, no contrato em que só uma das partes assumiu obrigações, essa mesma parte possa pleitear a redução da sua prestação ou uma modificação nas modalidades de execução (art. 1.468).[284] Ora, nos contratos que geram obrigação para apenas uma das partes, o problema da excessiva onerosidade não poderia assentar sobre a relação sinalagmá-

281 Em tradução livre: "uma acrescida gravosidade ou um mais elevado custo da prestação devido, ou ainda um seu incremento de valor". Trecho original de Luciana Cabella Pisu, *I rimedi contro l'eccessiva onerosità sopravvenuta*, cit., p. 550.

282 Luciana Cabella Pisu, *I rimedi contro l'eccessiva onerosità sopravvenuta*, cit., p. 550-551. Ver, também, Agostino Gambino, Eccessiva onerosità della prestazione e superamento dell'alea normale del contratto, in *Rivista del diritto commerciale*, 1960, I, p. 429.

283 Em tradução livre: "a relação de troca entre prestação e contraprestação fixada pelas partes na conclusão do contrato e a relação de troca sucessivamente instaurado em consequência das circunstâncias supervenientes". Trecho original de Luciana Cabella Pisu, *I rimedi contro l'eccessiva onerosità sopravvenuta*, cit., p. 550.

284 "Art. 1.468. *Contratto con obbligazioni di una sola parte. Nell'ipotesi prevista dall'articolo precedente, se si tratta di un contratto nel quale una sola delle parti ha assunto obbligazioni, questa può chiedere una riduzione della sua prestazione ovvero una modificazione nelle modalità di esecuzione, sufficienti per ricondurla ad equità.*"

tica entre as prestações recíprocas, pela própria ausência de contraprestação, nem, em perspectiva mais ampla, sobre a comparação de direitos e obrigações (*lato sensu*) correspectivos, pois se trata justamente de um "*contratto con obbligazioni di una sola parte*" (contrato com obrigações de uma só parte). Em tal caso, a "*teoria dell'equilibrio*" mostra-se, no dizer da doutrina italiana, inaplicável, devendo-se recorrer forçosamente à análise da prestação em si, observada de modo comparativo no momento da conclusão do contrato e no momento do seu cumprimento, como propugna a "*teoria dell'attuabilità*".[285] Para os defensores dessa última teoria, a existência do art. 1.468 demonstraria que o Código Civil italiano não pretendeu tutelar o equilíbrio entre prestações, mas simplesmente evitar que o devedor fosse submetido ao agravamento excessivo do ônus econômico representado pela sua própria prestação.[286] Nessa perspectiva, a excessiva onerosidade assumiria a feição de um obstáculo à execução "*di natura analoga all'impossibilità, anche se con intensità diversa, giungendo a parlare dell'eccessiva onerosità come di un'impossibilità attenuata*".[287]

De outro lado, surge a questão da excessiva desvalorização da contraprestação nos contratos com obrigações recíprocas, a que os italianos

---

285 Nesse sentido, Angelo Riccio, *Eccessiva onerosità – Arts. 1467-1469*, cit., p. 140, o qual conclui: "*In questa ottica è rilevante anche il secondo e autonomo criterio di valutazione dell'eccessiva onerosità delle prestazione riferita a sé stessa (cioè, al momento della stipulazione del contratto), e si tratta, non già necessariamente di una rilevanza indiretta, che si verifica in via subordinata e, pertanto, solo in quanto l'aggravio della prestazione comporti anche uno squilibrio nei confronti della controprestazione, bensì di una rilevanza diretta, che si verifica anche in via principale, non potendo tra l'altro l'aggravio della prestazione compensarsi con l'aggravio della controprestazione*".

286 Egidio Turnaturi, *Sacrificio economico del debitore e risoluzione per eccessiva onerosità*, in *Rivista trimestrale di diritto e procedura civile*, 1973, 1, anno 27, p. 148. Na mesma direção, opina Massimo Bianca: "*Fondamento della norma sull'eccessiva onerosità è allora l'esigenza di contenere entro limiti di normalità l'alea dell'aggravio economico della prestazione, e precisamente l'esigenza di salvaguardare la parte contro il rischio di un eccezionale aggravamento economico della prestazione derivante da gravi cause di turbamento dei rapporti socio-economici*" (Cesare Massimo Bianca, *Diritto Civile*, cit., p. 420). Em sentido semelhante, Rodolfo Sacco e Giorgio De Nova registram que "*nella ricerca del fondamento dell'istituto si debbono tener presenti, a nostro giudizio, varie circostanze. Innanzi tutto il legislatore, con gli artt. 1467 ss., non protegge un contraente, ma un debitore, tale in virtù di contratto; il che è diverso*" (*Il contratto*, cit., p. 698. t. II).

287 Em tradução livre: "de natureza análoga à impossibilidade, ainda que com intensidade diversa, chegando-se a falar de excessiva onerosidade como de uma impossibilidade atenuada" Trecho original de Luciana Cabella Pisu, *I rimedi contro l'eccessiva onerosità sopravvenuta*, cit., p. 550-551.

denominam *svilimento della controprestazione*[288] (aviltamento da contraprestação).[289] Embora o tema não encontre previsão expressa no Código Civil italiano, doutrina e jurisprudência daquele país têm entendido que não é apenas a excessiva onerosidade incidente sobre a prestação devida pelo contratante que deflagra a aplicação do art. 1.467, mas também a desvalorização da contraprestação a ser recebida produz igual efeito. Vale dizer: ainda que a prestação devida mantenha-se estável em seu valor econômico, pode ocorrer que a contraprestação desvalorize-se excessivamente, o que corresponderia a uma excessiva onerosidade "indireta".[290] Em tal hipótese, a "*teoria dell'attuabilità*" não teria aplicação, na medida em que a comparação entre o valor econômico da prestação no momento da conclusão do contrato e o seu custo ou valor de mercado ao tempo da execução não resultaria em nenhuma diferença relevante. A "perda" do contratante não estaria situada na sua prestação, na prestação *devida*, mas sim na contraprestação, que viria a receber em contrapartida pelo cumprimento da sua obrigação. Aos olhos dos defensores da "*teoria dell'equilibrio*", a situação é substancialmente idêntica à excessiva onerosidade da própria prestação e deve, por isso mesmo, autorizar o recurso ao art. 1.467 do Código Civil italiano, entendimento que a jurisprudência daquele país tem confirmado.[291]

---

288 Enrico Gabrielli, *L'eccessiva onerosità sopravvenuta*, cit., p. 56-57: "*La distinzione tra 'onerosità della prestazione' del debitore e 'svilimento o deprezzamento della controprestazione' in realtà non fa parte del linguaggio del codice, sebbene le due nozioni nello svolgimento del rapporto di scambio assumano un rilievo decisivo. La loro equiparazione sarebbe il frutto di un'operazione interpretativa, attuata, sia dalla dotrrina, sia dalla giurisprudenza, mediante la sovrapposizione parziale alla nozione di 'squilibrio fra il valore attuale, e il valore originário, della prestazione dovuta' della diversa nozione di 'squilibrio fra la prestazione e la controprestazione dovute'.*"

289 Judith Martins-Costa prefere a expressão "envilecimento" da contraprestação: "(..) é equiparado à excessiva onerosidade da prestação o envilecimento (*svilimento*) da contraprestação, o que decorre da *ratio* do instituto. Essa é justamente a manutenção do ônus econômico assumido com o contrato, nos limites da sua álea típica. O ônus é considerado globalmente, não se considerando apenas o peso isolado da prestação assumida" (*Comentários ao Novo Código Civil*, cit., p. 305-306).

290 Sobre a excessiva onerosidade indireta, Rodolfo Sacco e Giorgio De Nova registram que "*hanno proceduto in questa direzione tanto la dottrina quanto la giurisprudenza. Possiamo dire, anzi, che l'art. 1.467 è servito, quasi sempre, a liberare dal contrato colui che, in attesa del pagamento di una somma di denaro, aveva assistito alla svalutazione di quanto gli era dovuto*" (*Il contrato*, cit., p. 714. t. II).

291 "*L'art. 1.467 cod. civ. parlando di onerosità 'della prestazione', non sembrerebbe abbracciare l'ipotesi dello svilimento della controprestazione, ma l'interprete, sovrapponendo parzialmente alla nozione di 'squilibrio fra il valore attuale, e il valore originario, della prestazione dovuta' la*

Mais recentemente, vem ganhando força na doutrina italiana uma posição intermediária, segundo a qual as teorias da "*attuabilità*" e do "*equilibrio*" não seriam necessariamente inconciliáveis. Alguns autores, como Carlo Terranova, passaram a enxergar ambas as teorias como gênero e espécie.[292] Outros, como Angelo Riccio, sustentam que ambas, tomadas isoladamente, se revelam insuficientes para abarcar todo o fenômeno do desequilíbrio contratual, mas que podem ser combinadas no enfrentamento concreto do problema.[293] De fato, muitos autores registram que a jurisprudência italiana vem fazendo uso de uma ou de outra teoria indistintamente, não se furtando a analisar, nos casos concretos, nem o agravamento superveniente da prestação tomada em si mesma, nem a alteração da relação de equivalência entre as prestações contratadas.[294]

Tecnicamente, as duas "teorias" que se digladiam na experiência jurídica italiana correspondem a dois problemas distintos: o agravamento do sacrifício econômico do devedor e a perda ou deterioração da relação de correspectividade

---

nozione di 'squilibrio fra la prestazione dovuta e la controprestazione dovuta' equipara la sopravvenuta onerosità della prestazione del debitore il sopravvenuto svilimento della controprestazione" (Angelo Riccio, *Eccessiva onerosità* – Arts. 1467-1469, cit., p. 139).

292 Carlo G. Terranova, *L'eccessiva onerosità nei contratti*, cit., p. 124: "*Le diverse configurazioni della 'eccessiva onerosità' cui s'è fatto dapprima cenno risultano solo apparentemente inconciliabili, ciascuna in realtà accentuando l'uno o l'altro dei più profili rilevanti di un medesimo fenomeno unitario, seppur l'uno in via generale (aggravio di costo) e l'altro solo con riguardo ai contratti sinallagmatici (alterazione dell'equilibrio delle prestazioni)*".

293 Angelo Riccio, *Eccessiva onerosità* – Arts. 1467-1469, cit., p. 141: "*Ne deriva che, ai fini dell'operatività del rimedio di cui all'art. 1467 cod. civ., per valutare correttamente la sussistenza dell'eccessiva onerosità sopravvenuta della prestazione, è necessario fare ricorso sia alla teoria dell'attuabilità, che considera isolatamente la prestazione in sé (e, dunque, la rilevanza dell'aggravio della prestazione posta a carico della parte che la domanda), sia alla teoria dell'equilibrio, che considera entrambe le prestazioni nell'ottica dell'equilibrio sinallagmatico (e, dunque, la rilevanza dello svilimento della controprestazione che la stessa parte deve ricevere). Le suddette teorie dell'attuabilità e dell'equilibrio, isolatamente considerate, non riuscirebbero da sole a ricostruire in modo soddisfacente l'istituto della'eccessiva onerosità sopravvenute, in quanto entrambe hanno la pretesa di spiegare compiutamente il sistema muovendo da una prospettiva parziale.*"

294 "*Il fossato che separva le due teorie si è andato in parte colmando nelle ultime evoluzione, e anche quando si trovano di fronte ad un aggravio in senso proprio della prestazione dovuta (onerosità diretta), i giudici operano valutazioni concrete che tengono conto del rapporto di scambio fra le prestazioni corrispettive*" (Luciana Cabella Pisu, *I rimedi contro l'eccessiva onerosità sopravvenuta*, cit., p. 551-552). Em igual direção, registram Rodolfo Sacco e Giorgio De Nova, *Il contratto*, cit., p. 715. t. II: "*La nostra giurisprudenza, cioè, si ispira, ad alcuni fini, all'idea della sopravvenuta onerosità come afferente alla obbligazione, e si ispira, ad altri fini, all'idea della sopravvenuta onerosità come afferente all'equilibrio fra le due prestazioni*".

entre as prestações ou, em uma visão mais ampla, entre o sacrifício e benefício econômico derivados do contrato. Embora os dois problemas frequentemente se sobreponham, há hipóteses em que isso não acontece, como se vê nas já mencionadas situações de excessiva onerosidade em contratos unilaterais e de desvalorização da contraprestação em contratos bilaterais, além de outras, como a difícil questão da dupla onerosidade excessiva, que afeta ambas as partes.[295]

Embora distintos em seus contornos, os diferentes problemas examinados, respeitadas as suas peculiaridades, podem e devem ser tratados de modo conjunto, uma vez que retratam, em uma perspectiva funcional, uma mesma patologia: o abalo da *proporcionalidade* interna do contrato. Sustenta, nessa esteira, Pietro Perlingieri:

> *Istituti quali la rescissione per lesione e la risoluzione per eccessiva onerosità o la introduzione giurisprudenziale del principio di proporzionalità dell'entità della clausola penale al concreto assetto di interessi, si configurano come gli antesignani di una sia pur timida ed eccezionale necessità di evitare sproporzione macroscopiche a favore di chi non le 'merita". Oggi (...) è entrato a far parte specie in materia contrattuale il principio di proporzionalità. Esso, assecondando e attuando anche princípi e valori di rilevanza costituzionale – impegnativi non soltanto per i contratti di impresa dove vige anche il principio del non abuso della posizione dominante, ma per il pieno svolgimento dell'intera autonomia negoziale (quali la solidarietà, il rispetto della dignità della persona, ecc.) –, è destinato ad incidere profondamente sulla moderna concezione del contratto che in tal modo si allontana definitivamente dalla tradizionale volontaristica interpretazione del principio pacta sunt servanda.*[296]

---

295 A dupla onerosidade excessiva será analisada, em detalhe, mais adiante, neste mesmo capítulo.

296 Em tradução livre: "Institutos como a rescisão por lesão e a resolução por excessiva onerosidade ou a introdução jurisprudencial do princípio da proporcionalidade da entidade da cláusula penal ao concreto complexo de interesses configuram-se com precursores de uma mesmo que tímida e excepcional necessidade de evitar desproporções macroscópicas a favor de quem não as "merece". Hoje (...) passou a fazer parte especialmente em matéria contratual o princípio da proporcionalidade. Esse, abrigando e concretizando também princípios e valores de relevância constitucional – de observância imperativa não somente para os contratos de empresa no âmbito dos quais vigora também o princípio do não abuso da posição dominante, mas para o pleno desenvolvimento de toda a autonomia negocial (como a solidariedade, o respeito à dignidade da pessoa etc.) –, destina-se a incidir profundamente sobre a moderna concepção do contrato que, desse modo, se distancia definitivamente da tradicional interpretação voluntarista do princípio *pacta sunt servanda*". Trecho original de Pietro Perlingieri, *Il diritto dei contratti fra persona e mercato – Problemi del diritto civile*, cit., p. 429-430.

Assim, o agravamento do sacrifício econômico que o contrato impõe a uma das partes e a desproporção entre sacrifícios e benefícios econômicos derivados do contrato são problemas que não se confundem ontologicamente, mas gravitam em torno da mesma exigência valorativa por parte do ordenamento jurídico: a conservação da proporcionalidade interna do contrato. Sua ocorrência poderá depender de requisitos peculiares, desafiar métodos de aferição distintos e até suscitar a aplicação de remédios diferenciados, conforme se verá mais adiante, mas parece inegável que se está diante de duas faces de um mesmo fenômeno, que se pode denominar com a expressão mais ampla de *desequilíbrio contratual superveniente*.[297] O equilíbrio contratual deve, assim, ser entendido em uma acepção ampla, que abarca, sempre em chave objetiva, a tutela tanto contra o desequilíbrio contratual *horizontal*, verificado a partir do agravamento do sacrifício econômico imposto ao contratante no tempo, entre o momento da formação do contrato e o momento da sua execução; quanto o desequilíbrio contratual *vertical*, constatado a partir da comparação entre os direitos e obrigações (*lato sensu*) recíprocos que compõem o objeto do contrato, com o objetivo de evitar que o contratante sofra sacrifício econômico desproporcional ao benefício econômico obtido.[298]

Essa conclusão, que vem se difundindo na Itália sob a veste de uma conciliação prática entre duas teorias em torno do mesmo tema, parece extremamente adequada ao direito positivo brasileiro. Embora nossos autores também duelem entre si na tentativa de eleger uma construção única, atrelada ora ao agravamento do sacrifício econômico do devedor, ora ao desequilíbrio entre as recíprocas prestações, cumpre reconhecer que nosso Código Civil se mostra mais "aberto" nesse aspecto que a codificação italiana. De fato, enquanto, na Itália, o dispositivo legal que se ocupa dos contratos com obrigações correspectivas (art. 1.467) limita-se a aludir à excessiva onerosidade incidente sobre a prestação de uma das partes, o art. 478 do Código Civil brasileiro menciona expressamente o fato de a prestação de uma das partes "se tornar excessivamente onerosa, com extrema vantagem para a outra". Do mencionado trecho

---

297 Como adverte Paolo Gallo, cumpre ter presente que "*le logiche che possono operare in materia di sopravvenienza contrattuale siano più d'una*" (*Sopravvenienza contrattuale e problemi di gestione del contratto*, cit., p. 21).

298 Registre-se, em sentido contrário, a opinião de autores que somente vislumbram excessiva onerosidade diante da alteração do equilíbrio originário existente entre as prestações: "(...) a excessiva onerosidade de uma das prestações nos contratos sinalagmáticos com execução diferida ou continuada somente apresenta relevo jurídico quando torna a prestação um 'sacrifício', alterando a economia do contrato, isto é, o equilíbrio originário entre as duas prestações" (Laura Coradini Frantz, *Revisão dos Contratos*, cit., p. 72).

pode-se extrair uma orientação do legislador nacional no sentido de requerer um exame comparativo entre o valor da prestação e da contraprestação, em perspectiva filiada à análise que os italianos subordinam à "*teoria dell'equilibrio*".[299] Por outro lado, o art. 317 do nosso Código Civil contempla uma "desproporção manifesta entre o valor da prestação devida e o do momento de sua execução", limitando-se claramente a um exame da própria prestação, que desconsidera a avaliação da prestação contraposta e se aproxima intimamente daquela "*teoria dell'attuabilità*", como a concebem os juristas italianos. Ainda que haja razões históricas e topológicas para essa abordagem empregada pelo art. 317, o fato é que o referido dispositivo permite a aferição da excessiva onerosidade mesmo à falta de uma contraprestação e, portanto, independentemente dela, como também o faz expressamente o art. 480 da nossa codificação, sem renunciar aí ao emprego da expressão "onerosidade excessiva".

De todo esse desenho extrai-se que, sem prejuízo das opiniões que prevaleçam na experiência estrangeira, o direito positivo brasileiro tem a peculiaridade de contar com uma pluralidade de fundamentos normativos para o tratamento do desequilíbrio contratual superveniente dentro da própria normativa geral do Código Civil: de um lado, dispositivos claramente concentrados sobre o agravamento do sacrifício econômico imposto ao contratante ao longo do tempo (arts. 317 e 480) e, de outro lado, dispositivo destinado à análise da relação de proporcionalidade entre sacrifícios e benefícios econômicos impostos reciprocamente pelo contrato (art. 478). Assim, tanto o desequilíbrio contratual *horizontal* quanto o desequilíbrio contratual *vertical* encontram reação da ordem jurídica brasileira. Torna-se, assim, plenamente justificada entre nós, à luz do tecido normativo nacional, a conclusão de que por desequilíbrio contratual superveniente deve-se compreender não apenas a hipótese em que há o agravamento do sacrifício econômico imposto ao contratante ao longo do tempo, mas também aquela em que tal sacrifício econômico torna-se desproporcional em relação ao benefício econômico derivado do contrato.[300] Em ambos os casos, o que se pretende, em última análise, é

299 Embora o requisito da "extrema vantagem" seja em si mesmo controvertido – como já visto –, sua presença não pode ser ignorada em uma interpretação literal do dispositivo, ponto de partida necessário para a identificação dos sentidos possíveis da norma. Seu significado exato será objeto de proposta interpretativa a seguir, neste mesmo capítulo.

300 Essa parece ter sido a intenção do Projeto de Lei n. 6.960/2002, que, no afã de alterar o Código Civil ainda durante a sua *vacatio legis*, propunha nova redação para a norma contida no art. 478, em que se faria menção a prestações "desproporcionais *ou* excessivamente onerosas", a sugerir acolhimento de uma dupla compreensão do fenômeno: "Art. 472. Nos contratos de execução sucessiva ou diferida, tornando-se desproporcio-

evitar uma significativa desproporcionalidade no âmbito interno da relação contratual.

Resta, porém, o problema de identificar quando a desproporcionalidade é *desmedida* ou, em outras palavras, quando a onerosidade se afigura *excessiva* ou, ainda, quando se considera *manifesta* a desproporção entre os sacrifícios e benefícios econômicos impostos pelo contrato. Todas as diferentes adjetivações destinam-se a revelar que não é qualquer turbação dos valores econômicos que permite a revisão ou a resolução do contrato: apenas a alteração *substancial*, *intensa*, *grave*, *significativa* deve ser levada em consideração.[301] A medida em si, porém, não restou definida, quer pelo art. 478, quer pelos demais dispositivos do Código Civil brasileiro que tratam da matéria em termos gerais (arts. 479, 480 e 317), tendo sido o legislador coerente com a postura adotada no tratamento do desequilíbrio contratual originário, examinada no capítulo anterior desta obra. Como já havia feito ao disciplinar a lesão e o estado de perigo,[302] o legislador brasileiro optou deliberadamente por não indicar uma medida fixa para a avaliação da excessiva onerosidade que recai sobre o contratante.

Tal opção encontra paralelo em outras codificações estrangeiras; mesmo o Código Civil italiano, que, seguindo a tradição romana, aponta um critério fixo (excesso superior à metade do valor originário da prestação) ao tratar do desequilíbrio contratual originário por meio do instituto da lesão, não trilhou igual caminho ao disciplinar o desequilíbrio contratual superveniente.[303] Também não há parâmetro fixo para se aferir a excessiva onerosidade ou

---

nais ou excessivamente onerosas suas prestações em decorrência de acontecimento extraordinário e estranho aos contratantes à época da celebração contratual, pode a parte prejudicada demandar a revisão contratual, desde que a desproporção ou a onerosidade exceda os riscos normais do contrato".

301 Recorde-se a passagem de Pietro Perlingieri: "*Per quanto attiene al rapporto tra diritti ed obblighi, il principio di proporzionalità vige nel senso non di imporre una equivalenza delle prestazioni, ma di vietare una sproporzione macroscopica e ingiustificata tra queste. Il principio finisce con il valere al fine di evitare eventuali sproporzioni eccessive*" (Nuovi profili del contratto, in *Il diritto dei contratti fra persona e mercato – Problemi del diritto civile*, Nápoles: E.S.I., 2003, p. 454).

302 Sobre o tema, seja consentido remeter ao capítulo anterior deste livro.

303 Confira-se, ainda uma vez, a redação do art. 1.448 do Código Civil italiano: "Art. 1448 *Azione generale di rescissione per lesione*. Se vi è sproporzione tra la prestazione (att.166) di una parte e quella dell'altra, e la sproporzione è dipesa dallo stato di bisogno di una parte, del quale l'altra ha approfittato per trarne vantaggio, la parte danneggiata può domandare la rescissione del contratto. L'azione non è ammissibile se la lesione non eccede la metà del valore che la prestazione eseguita o promessa dalla parte danneggiata aveva al tempo del contratto (...)".

manifesta desproporção no recente Código Civil e Comercial da Argentina, no Código Civil peruano, no Código Civil português, entre outras codificações estrangeiras.

Em todos esses países, a medida aplicada para considerar a onerosidade "excessiva" – ou "manifesto" o desequilíbrio ou desproporção entre as prestações – tem variado imensamente na jurisprudência. Em Portugal, por exemplo, uma baixa de 34% do preço da cortiça já foi considerada insuficiente para configurar a chamada "alteração das circunstâncias",[304] sucedendo o oposto com uma alta de 63% em contrato de empreitada.[305] Na Itália, por sua vez, a *Cassazione* já considerou que um aumento de custo de 52% não concretizava uma onerosidade *excessiva* da prestação,[306] despertando a crítica da doutrina, que sublinha "*il rischio che all'equivocità del concetto di eccessiva onerosità si accompagni una certa arbitrarietà dei giudici nella individuazione in concreto della condizione di operatività della norma*".[307]

O mesmo tem ocorrido no Brasil, conforme se pode ver de diversos acórdãos. Nossos tribunais já consideraram, como visto anteriormente, irrelevante alteração de 500% no valor da prestação,[308] mas concederam revisão ou resolução do contrato com base em alterações da ordem de 50%.[309] Em que pese o silêncio do nosso Código Civil, seria possível ao intérprete, embora com algum esforço hermenêutico, extrair de outras normas do direito brasileiro não uma fórmula matemática de aplicação geral e irrestrita,[310] mas quiçá alguns parâmetros para definir quando a onerosidade afigura-se ou não *excessiva* em

304 Supremo Tribunal de Justiça, 18-Mar.-1975, BMJ 245 (1975), 490-494 (493).

305 Supremo Tribunal de Justiça, 17-Jan.-1980, BMJ 293 (1980), 301-307 (306-307).

306 *Cassazione*, 15 de dezembro de 1984, n. 6574, in *Giurisprudenza italiana*, 1986, I, 1, p. 1705.

307 Em tradução livre: "o risco que a ambiguidade do conceito de excessiva onerosidade seja acompanhada de uma certa arbitrariedade dos juízes na individuação *in concreto* das condições de operatividade da norma". Trecho original de Angelo Riccio, *Eccessiva onerosità – Arts. 1467-1469*, cit., p. 159.

308 STJ, REsp 831808, Min. Rel. Nancy Andrighi, j. 18-5-2006.

309 TJMG, Apelação 0164251-82.2004.8.13.0058, Des. Rel. Nilson Reis, j. 25-3-2008; TJMG, Embargos Infringentes 0950385-66.2010.8.13.0024, Des. Rel. Estevão Lucchesi, j. 28-4-2016, entre outros.

310 Pois tem razão Julio Alberto Díaz quando lembra: "Para precisar o conceito da excessiva onerosidade não há critérios matemáticos, como os propostos por Candil (30% de desequilíbrio no valor das prestações nos contratos civis, e 50% nos contratos comerciais). Não existe um limite preciso entre a simples onerosidade e a excessiva onerosidade" (A Teoria da Imprevisão no Novo Código Civil Brasileiro, in *Revista de Direito Privado*, n. 20, São Paulo: Revista dos Tribunais, out./dez. 2004, p. 207).

situações específicas. Assim, por exemplo, o art. 1º da chamada Lei de Usura (Decreto n. 22.626, de 7 de abril de 1933), cuja vigência é discutida no Brasil após a entrada em vigor do Código Civil de 2002,[311] veda a estipulação de cláusulas de juros superiores *ao dobro* da taxa legal,[312] taxa que, de resto, é também controvertida no direito brasileiro diante da previsão aberta do art. 406 da codificação civil, que remete, para parte da doutrina e da jurisprudência, à taxa de 1% ao mês prevista no art. 161, § 1º, do Código Tributário Nacional[313] e corresponde, para outra parcela dos doutrinadores e dos tribunais, à chamada taxa SELIC.[314]

Certo é que o mencionado dispositivo da Lei de Usura limita-se a tratar de juros, parcela acessória que compõe o objeto da prestação, mas há exemplos de normas até mais abrangentes, que se referem à própria variação da prestação para fins de revisão contratual, embora restritas ao âmbito administrativo estadual ou municipal. Merece menção, nesse sentido, a Lei Municipal n. 207, de 19 de dezembro de 1980, que instituiu o Código de Administração Financeira e Contabilidade Pública do Município do Rio de Janeiro. Seu art. 303, § 1º, acolhe expressamente o parâmetro numérico de 10% (dez por cento) nas variações de preços unitários para fins de autorizar a revisão dos contratos celebrados com o Município:

> Art. 303. Salvo disposição contrária, a revisão dos contratos poderá efetuar-se independentemente de cláusula expressa, observadas,

---

311 Para detalhes sobre a discussão em torno da vigência ou revogação da Lei de Usura, ver Luiz Antônio Scavone Júnior, *Juros no Direito Brasileiro*, 5. ed. Rio de Janeiro: Forense, 2014, p. 192-193; e Letácio Jansen, O Quebra-Cabeça dos Juros no Brasil, in *Revista de Direito da Procuradoria Geral*, Rio de Janeiro: PGE, v. 57, 2003, p. 266-267.

312 "Art. 1º É vedado, e será punido nos termos desta lei, estipular em quaisquer contratos taxas de juros superiores ao dobro da taxa legal."

313 "Art. 161. (...) §1º Se a lei não dispuser de modo diverso, os juros de mora são calculados à taxa de um por cento ao mês."

314 Embora, no passado recente, o Superior Tribunal de Justiça tenha se posicionado em favor da aplicação da taxa SELIC como taxa legal de juros no direito brasileiro (STJ, Corte Especial, EREsp 727.842/SP, Min. Rel. Teori Zavascki, j. 20-11-2008), a discussão voltou à Corte Especial do STJ em 2013, por iniciativa da 4ª Turma do Tribunal, a qual afetou àquele órgão o julgamento do Recurso Especial 1.081.149, em que se discute precisamente a questão da taxa de juros incidente em hipóteses nas quais o termo inicial dos juros de mora não coincide com o termo inicial da atualização monetária. O Recurso Especial encontra-se ainda pendente de julgamento, mas houve recente movimentação, em 10 de agosto de 2016, com conclusão para julgamento ao Ministro João Otavio Noronha, após pedido de vista.

porém, entre outras, as condições e formalidades previstas para a celebração daqueles.
§ 1º A revisão dos contratos poderá efetuar-se, desde que os preços unitários positivem variações mínimas de 10% (dez por cento) para mais ou para menos, inclusive pela criação, aumento ou diminuição de impostos, taxas e encargos sociais ou alterações dos valores do salário mínimo, salvo se o contrato contiver cláusula considerando os preços irreajustáveis.
§ 2º Em nenhuma hipótese, a revisão excluirá do contrato o reconhecimento do que os riscos da execução correm por conta do adjudicatário.
§ 3º O disposto neste artigo se aplica aos contratos de empreitada por preço global, em relação aos preços dos itens que sofreram variações.
§ 4º Os princípios sobre revisão de contratos previstos neste Código aplicam-se, também, nos casos em que houver dispensa de contrato formal.

Não é apenas a legislação especial que faz uso, vez por outra, de critérios objetivos. O próprio Código Civil, ao tratar dos contratos em espécie, emprega alguns parâmetros que, embora específicos, poderiam ser aplicados por analogia em outros casos semelhantes.[315] Por exemplo, seu já mencionado art. 620, situado na disciplina da empreitada, autoriza a revisão do contrato, a pedido do dono da obra, se ocorrer uma diminuição no preço do material ou da mão de obra "superior a um décimo do preço global convencionado".[316] Embora possam se revelar úteis em hipóteses que se aproximem daquelas mencionadas pelo legislador, tais parâmetros não podem ser estendidos à condição de *regra geral*, sob pena de se desrespeitar a clara e legítima opção legislativa por deixar o tema à análise judicial em vista das circunstâncias do caso concreto.

Também aqui, todavia, deve o juiz recorrer às circunstâncias objetivas, e não subjetivas, para fins de aferição do *excesso* de onerosidade que incide sobre o contratante. Como já visto em relação ao desequilíbrio contratual originário, ao magistrado restará como parâmetro inevitável o recurso aos valores de

---

315 Vale aqui a lição de Pietro Perlingieri, para quem "*nel procedimento analogico, elemento, perché operino gli effeti di una fattispecie legale, è non tanto l'affinità con il fatto concreto, quanto soprattutto l'eadem ratio, l'identità degli interessi da contemperare*" (Nuovi profili del contratto, in *Il diritto dei contratti fra persona e mercato – Problemi del diritto civile*, cit., p. 422).

316 "Art. 620. Se ocorrer diminuição no preço do material ou da mão de obra superior a um décimo do preço global convencionado, poderá este ser revisto, a pedido do dono da obra, para que se lhe assegure a diferença apurada."

mercado, pois é de se supor que os contratantes, ao celebrarem contrato de execução não imediata, subordinavam-se a alguma variação dos respectivos sacrifícios econômicos, mas não uma variação exageradamente superior àquelas variações habituais no específico mercado no âmbito do qual se insere a sua contratação.[317] Conquanto não haja aqui nem mesmo uma referência indireta do legislador como ocorre no desequilíbrio contratual originário (art. 157, § 2º), os valores de mercado devem ser observados para que se verifique se a desproporção superveniente afigura-se ou não "excessiva", seja no tocante ao desequilíbrio contratual horizontal (em que se observa o agravamento do seu sacrifício econômico no tempo, em manifesta desproporção à variação histórica de mercado), seja no tocante ao desequilíbrio contratual vertical (em que se observa sacrifício econômico desproporcional ao benefício econômico obtido, à luz dos valores de mercado incidentes sobre o complexo de direitos e obrigações *lato sensu* que compõem o contrato).

É sabido que a aferição da excessiva onerosidade configura *quaestio facti*, sempre dependente das circunstâncias do caso concreto, mas isso não deve eximir a doutrina da tarefa de oferecer parâmetros à atuação do magistrado. Como destaca Christoph Brunn, em tema de desequilíbrio contratual superveniente "*the need for predictable standards is obvious and at the same time difficult to achieve*".[318] A ausência de quaisquer parâmetros objetivos na legislação,[319] bem como na produção doutrinária, acaba por estimular a hesitação das cortes no

317 Sobre o tema, ver Capítulo II desta obra, em que se sustentou a aferição objetiva do desequilíbrio contratual originário por meio do recurso ao parâmetro objetivo dos valores de mercado. Em igual sentido, mas tratando especificamente do desequilíbrio contratual superveniente, ver Massimo Bianca: "*L'istituto della eccessiva onersità concerne invece le condizioni di mercato e di vita sociale ossia i pressupposti oggettivi generali. La norma sull'eccessiva onerosità ha attribuito diretta rilevanza a tali pressupposti subordinando il mantenimento del vincolo contrattuale alla persistenza delle normali condizioni di mercato e di vita sociale che incidono sull'economia del contratto*" (Cesare Massimo Bianca, *Diritto Civile*, cit., p. 420).

318 Em tradução livre: "a necessidade de *standards* previsíveis é evidente e, ao mesmo tempo, difícil de ser alcançada". Trecho original de Christoph Brunner, *Force Majeure and Hardship under General Contract Principles – Exemption for Non-Performance in International Arbitration*, cit., p. 6.

319 Sobre o tema já se observou que as condições para revisão do contrato configuram uma espécie de "*unsolved mistery*" das normas legais sobre desequilíbrio contratual superveniente: "*It appears that the conditions for adjusting the contract are the unsolved mistery of the legal rules on unexpected circumstances. This unresolved issue is of great influence for the entire problem as the willingness to grant relief depens very much on reliable consequences of the remedy available*" (Ewoud Hondius, Hans Christoph Grigoleit et al., *Unexpected Circumstances in European Contract Law*, cit., p. 652-653).

seu papel de controle sobre o desequilíbrio contratual superveniente ou, ainda, o exercício casuísta desse controle, guiado mais por impressões do magistrado que por critérios bem delimitados na motivação das decisões judiciais. Substitui-se o subjetivismo das partes pelo subjetivismo do juiz, alimentando o receio daqueles que temem uma intervenção estatal arbitrária sobre as relações contratuais. Daí a importância de utilizar parâmetros objetivos nesse campo.

Ao juiz, portanto, não compete expor suas impressões pessoais sobre a dimensão do aumento do sacrifício econômico imposto pelo contrato – mesmo porque sua impressão há de ser necessariamente calcada em sua própria experiência, a qual pode se afigurar inteiramente diversa da realidade comercial que examina. Bem ao contrário, cumpre ao magistrado empreender afeição objetiva: verificar, à luz dos termos pactuados e do interesse comum das partes consubstanciado no contrato, se o sacrifício econômico imposto ao contratante diverge significativamente da variação histórica sofrida pelos preços de mercado, no período que antecedia a celebração do contrato (desequilíbrio contratual horizontal), ou se o seu valor de mercado diverge significativamente do benefício econômico que o contrato lhe assegura (desequilíbrio contratual vertical).[320] Se a referida divergência se mostrar elevada significará onerosidade *excessiva*, uma vez que se desvia *em larga medida* dos preços no mercado.[321]

Pode-se objetar que, ainda assim, não se está a fornecer um parâmetro numérico. Qual a variação superior àquela de mercado que torna a onerosidade excessiva? Um incremento de 40% em relação à variação histórica de mercado no tocante ao sacrifício econômico representado pela obrigação é suficiente a caracterizar a excessiva onerosidade? É preciso mais? Menos? Conforme já visto no estudo do desequilíbrio contratual originário, o parâmetro do valor superior à metade do valor de mercado (*ultra dimidium*) é extraído da tradição da *laesio enormis* e invocado por alguns autores como indicativo de um desequilíbrio contratual originário, a exigir reação da ordem jurídica.

320 Na mesma direção, embora por meio de um indireto reenvio aos parâmetros de mercado, Carlos G. Terranova, *L'eccessiva onerosità nei contratti*, cit., p. 127-128: "*Può in conclusione dirsi che il parametro oggettivo di identificazione dell'onerosità sopravvenuta è costituito da un aggravio quantitativamente importante del costo della prestazione (o dell'impegno economico del debitore), percepibile al momento dell'esecuzione, che ecceda la prevedibile oscillazione di valori connessa all'incertezza economica propria del tipo contrattuale (affare in concreto concluso), a sua volta collegata all'ordinaria flutuazione di mercato, o al maggior rischio economico convenzionalmente assunto con la previsione di specifiche clausole*".

321 É nesse sentido que deve ser interpretada a advertência de Menezes Cordeiro para quem o instituto em análise "não deve ser utilizado para enfrentar bagatelas" (*Contratos Públicos*, cit., p. 111).

Também em relação ao desequilíbrio contratual superveniente, é possível identificar parâmetros numéricos em sede doutrinária. Em sua versão de 1994, os comentários oficiais ao dispositivo dos *Princípios do Unidroit* que tratam da *hardship* afirmavam expressamente que a variação do custo ou valor da prestação que fosse igual ou superior a 50% "*is likely to amount to a 'fundamental' alteration*" ("provavelmente configuraria uma alteração fundamental") do contrato. Na versão de 2004 dos referidos comentários, a referência a 50% foi eliminada e substituída por uma alusão genérica às circunstâncias do caso concreto.[322] O indicativo continua, todavia, sendo passível de utilização pelo intérprete,[323] mas o que parece importante aqui é destacar a inconveniência de fórmulas matemáticas que estabeleçam rígidas margens de manifesta desproporção em abstrato, a prescindir da análise concreta do objeto do contrato e do escopo comum perseguido pelas partes.

Tal qual ocorre no desequilíbrio contratual originário, a identificação de uma grosseira disparidade em relação aos valores de mercado caracteriza a excessiva onerosidade, a qual, conforme já sustentado na primeira proposta interpretativa deste capítulo, deverá ser considerada como presumidamente derivada de um fato imprevisível e extraordinário. Excesso da onerosidade e imprevisibilidade ou extraordinariedade de seu antecedente causal, embora não

---

322 "*Since the general principle is that a change in circumstances does not affect the obligation to perform (see Article 6.2.1), it follows that hardship may not be invoked unless the alteration of the equilibrium of the contract is fundamental. Whether an alteration is 'fundamental' in a given case will of course depend upon the circumstances*" (Comentários Oficiais aos Princípios do Unidroit).

323 "*The Official Comment on the Unidroit Principles, the 1994 edition, adopted a general threshold test. It states: 'an alteration amounting to 50% or more of the cost or the value of the performance is likely to amount to a 'fundamental' alteration.' Due to criticism by some writers, the 2004 Unidroit Principles edition did not provide for this general threshold test. Nevertheless, if the changed circumstances result in less than fifty percent decrease in value of the performance to be received or less than fifty percent increase in the cost of performance, then the fundamental alteration of the equilibrium of the contract is not realized under Article 6.2.2. This is already supported by the international arbitration practice, according to which cost increases of thirteen point six percent, thirty percent, forty-four percent, or twenty-five to fifty percent were not considered to be fundamental alterations of the equilibrium of the contracts. In contrast, if this percent exceeds fifty, the fundamental alteration of the contract will likely be achieved*" (Ammin Dawas, Alteration of the Contractual Equilibrium under the Unidroit Principles, in *Pace University International Law Review*, 2010, v. 2, n. 5, arquivo eletrônico disponível em digitalcommons.pace.edu). Registre-se que, para alguns autores, o parâmetro deveria ser 100%, conforme registra Christoph Brunner, *Force Majeure and Hardship under General Contract Principles – Exemption for Non-Performance in International Arbitration*, cit., p. 428.

se confundam ontologicamente, associam-se a princípio, na medida em que os contratantes estimam, em regra, que os preços se comportem como sempre se comportaram, sem manifestas desproporções em sua relação contratual.

6.3. Terceira proposta interpretativa: dispensa do recurso à "álea normal do contrato"

A imensa maioria dos doutrinadores brasileiros que se ocupam do tema do equilíbrio contratual, senão a sua totalidade, invocam a noção de "álea normal do contrato" como parâmetro para aferição da onerosidade excessiva. Afirma-se, nessa direção, que "a resolução não pode ser pedida se a onerosidade superveniente entra na álea normal do contrato",[324] concluindo-se que "é curial, pois, perquirir o que seja a normalidade da álea".[325]

A proficuidade de referências à noção de "álea normal do contrato" nessa matéria não deixa de ser surpreendente quando se observa a disciplina do tema no Código Civil brasileiro, que não se utiliza do conceito em nenhum momento ao disciplinar o desequilíbrio contratual superveniente. Aliás, o conceito é estranho à nossa codificação e mesmo na legislação especial não encontra amparo explícito. Apenas a Lei n. 8.666, que regula as licitações e contratos administrativos, menciona a "álea", na parte final de um dos dispositivos dedicados ao "equilíbrio econômico-financeiro" do contrato, mas se refere expressamente a uma "álea econômica extraordinária e *extracontratual*", de modo que haveria alguma controvérsia sobre a coincidência com o sentido de "álea anormal do contrato". A verdade é que a profusão de referências à "álea normal do contrato" nos estudos brasileiros sobre desequilíbrio contratual deve-se menos à legislação brasileira e mais à influência, entre nós, de duas experiências jurídicas estrangeiras sempre invocadas nessa temática: a italiana e a portuguesa.

O Código Civil italiano, como já visto, emprega expressamente a noção de "álea normal do contrato", afirmando que "a resolução não pode ser requerida se a onerosidade superveniente está abrangida pela álea normal do contrato".[326] Por sua vez, o Código Civil português não se refere a uma "onerosidade excessiva" da prestação, mas alude a uma "alteração anormal" das

324 Ruy Rosado de Aguiar Júnior, *Comentários ao Novo Código Civil*, cit., p. 862. v. VI, t. II.

325 Judith Martins-Costa, *Comentários ao Novo Código Civil*, cit., p. 309. v. V, t. I.

326 "Art. 1.467. (...) *La risoluzione non può essere domandata se la sopravvenuta onerosità rientra nell'alea normale del contratto.*"

circunstâncias "em que as partes fundaram a decisão de contratar".[327] Nessa hipótese, a codificação lusitana concede à parte lesada direito à resolução do contrato, ou à sua modificação segundo juízos de equidade, desde que a exigência das obrigações assumidas "afecte gravemente os princípios da boa-fé e não esteja coberta pelos riscos próprios do contrato".

A referência a uma "álea normal do contrato" ou a "riscos próprios do contrato" parece pretender assumir, nessas legislações estrangeiras, um papel de restringir a relevância jurídica da excessiva onerosidade ou da superveniente alteração das circunstâncias em que as partes fundaram sua decisão de contratar. Trata-se de um limite dentro do qual a superveniência contratual não produz efeitos. No dizer de Scalfi, a álea normal se apresenta como uma manifestação inerente a todos os contratos de execução não imediata, "*essendo possibili oscilazioni di valore delle prestazioni corrispettive cagionate da normali flutuazioni di mercato o da circostanze relative ad uno dei comportamenti dovuti idonee a creare uno squilibrio di valore tra le prestazioni*".[328]

Embora a intenção dos legisladores italiano e português possa ser compreendida, a referência à "álea normal do contrato" e aos "riscos próprios do contrato" constitui, em larga medida, um pleonasmo. Mesmo que essas expressões não constassem das respectivas codificações, sua ausência não produziria qualquer alteração no tratamento da matéria. A onerosidade somente pode ser considerada excessiva se transcende uma álea normal do contrato, pois é justamente isso que significa ser *excessiva*: superar o que normalmente acontece em relação à trajetória histórica de valores naquele mercado.[329] De modo semelhante, uma alteração "anormal" das circunstâncias

327 "Art. 437º 1. Se as circunstâncias em que as partes fundaram a decisão de contratar tiverem sofrido uma alteração anormal, tem a parte lesada direito à resolução do contrato, ou à modificação dele segundo juízos de equidade, desde que a exigência das obrigações por ela assumidas afecte gravemente os princípios da boa fé e não esteja coberta pelos riscos próprios do contrato."

328 Em tradução livre: "afigurando-se possíveis oscilações de valor das prestações correspectivas causadas por normais flutuações de mercado ou por circunstâncias relativas a um dos comportamentos devidos, idôneas a crear um desequilíbrio de valor entre as prestações". Trecho original de Gianguido Scalfi, *Voce Alea*, in *Digesto discipline privatistiche (sezione civile)*, Turim: UTET, 1987, p. 258. v. I.

329 Nesse sentido, muitos autores italianos destacam que a excessiva onerosidade e a anormalidade da álea exprimem duas valorações sobrepostas. Ver, entre outros, Augusto Pino, *L'eccessiva onerosità delle prestazione*, cit., p. 335; e Angelo De Martini, *L'eccessiva onerosità nell'esecuzione dei contratti*, cit., p. 26. Outros autores afirmam que a álea normal do contrato é composta justamente pelos acontecimentos previsíveis: "*se (...) l'evento è prevedibile, è lecito ritenere che le parti ne abbiano tenuto conto nell'elaborazione del contratto*,

em que as partes fundaram a decisão de contratar será sempre e necessariamente uma alteração que "não esteja coberta pelos riscos próprios do contrato". Isso porque, se estiver coberta pelos riscos próprios do contrato, a alteração não se poderá dizer "anormal", não sendo raro que a doutrina portuguesa, ao procurar definir os "riscos próprios do contrato", aluda expressamente à ocorrência de acontecimentos que não se possam dizer "imprevisíveis" ou "extraordinários".[330]

Assim, o conceito de "álea normal do contrato" acaba fundindo-se nas conceituações doutrinárias com a imprevisibilidade e extraordinariedade dos acontecimentos e, em última análise, com o próprio caráter *excessivo* da onerosidade que vem se abater, supervenientemente, sobre o contratante. Forma-se, com o perdão da expressão, um verdadeiro "caldão" de conceitos, em que as noções se confundem e sobrepõem, sem delimitação precisa. Vejam-se, nesse sentido, alguns trechos doutrinários:

> O que vai além da adequada distribuição de ônus e vantagens, o que excede a previsível oscilação das condições do mercado ou das circunstâncias próprias do contrato de que se trata, segundo a adequada flutuação esperável para aquela relação, vai além da álea normal e pode caracterizar a onerosidade excessiva.[331]

> A partir do momento em que o sacrifício patrimonial, materializado na prestação pactuada que incumbe a qualquer das partes, está para além, muito além, do que foi objetivamente pactuado, já não se pode mais falar em equivalência patrimonial que ela portava com a contraprestação antes da incidência do fato extraordinário. O contrato está seriamente desequilibrado e a parte lesada não pode mais suportar o risco

nella calibrazione dei rispettivi diritti ed oneri; è cioè possibile pensare che esso sia entrato a far parte dell'economia generale dell'affare" (Paolo Gallo, *Sopravvenienza contrattuale e problemi di gestione del contratto*, cit., p. 210). É igualmente a posição de Mario Bessone, Ratio legis dell'art. 1.467, risoluzione per eccessiva onerosità, alea normale del contratto, in *Rivista di diritto commerciale*, 1979, II, 1, p. 5. Em direção semelhante, Angelo Riccio, *Eccessiva onerosità – Arts. 1467-1469*, cit., p. 169: "*La valutazione del superamento dell'alea normale del contratto si effettua mediante un giudizio di prevedibilità che si articola su profili quantitativi, qualitativi e temporali.*"

330 "Há de fato que relacionar esta matéria com a do risco. A verificação dos riscos próprios do contrato não pode justificar a resolução ou revisão por onerosidade excessiva (...) Resulta da qualificação dos acontecimentos como extraordinários e imprevisíveis, particularmente como extraordinários. Não é extraordinário o que está dentro dos riscos normais do contrato" (José de Oliveira Ascensão, *Alteração das Circunstâncias e Justiça Contratual no Novo Código Civil*, cit., p. 62).

331 Ruy Rosado de Aguiar Júnior, *Comentários ao Novo Código Civil*, cit., p. 906.

desse desequilíbrio. Nesse caso, não há que se falar em risco próprio da contratação, mas em risco impróprio e extraordinário.[332]

A álea *anormal* do contrato confunde-se, assim, no plano teórico, ora com a onerosidade excessiva, ora com a extraordinariedade ou imprevisibilidade dos acontecimentos, evidenciando, em qualquer caso, a desnecessidade do conceito.[333] Há, ainda, autores que empregam a expressão álea normal para enfatizar a possibilidade de que as partes distribuam entre si determinados riscos, por disposições contratuais, evitando que incidam os efeitos legais na hipótese de verificação desses riscos.[334] Também para isso não há, a rigor, a necessidade de se aludir, entre nós, aos conceitos de "álea normal do contrato" ou "riscos próprios do contrato" porque a autonomia privada já abarca tais possibilidades.[335] Tem-se, assim, que o emprego das noções de "álea normal do contrato" ou "riscos próprios do contrato", mesmo nas codificações estrangeiras das quais são extraídas para serem, em seguida, transpostas ao direito brasileiro, afigura-se tecnicamente desnecessário. Sua função acaba sendo apenas reiterar ou reforçar o que já poderia ser extraído dos demais termos empregados pelos dispositivos legais mencionados (art. 1.467 do Código Civil italiano e art. 437º do Código Civil português).

A doutrina italiana e a doutrina portuguesa têm ressaltado, mais recentemente, as numerosas dificuldades em lidar com as noções mencionadas, mas

---

332 Paulo Roberto Roque Antônio Khouri, A *Revisão Judicial dos Contratos no Novo Código Civil, Código do Consumidor e Lei 8.666/93: a onerosidade excessiva superveniente*, cit., p. 113.

333 O mesmo ocorre na Itália, onde a álea normal do contrato vem definida pela doutrina como aquela "*incertezza del risultato economico dell'affare concluso, ossia dal rischio, in termini di normali e prevedibili oscillazioni di costi e valori delle prestazioni, originate dalle ordinarie fluttuazioni di mercato, alle quali i contraenti si sottopongono, stipulando un dato contratto per effetto del differimento dell'esecuzione*" (Angelo Riccio, *Eccessiva onerosità – Arts. 1467-1469*, cit., p. 168).

334 "Deste modo, as partes, ao distribuírem os riscos econômicos previsíveis a partir das cláusulas contratuais, procedem à gestão positiva da álea normal" (Aline de Miranda Valverde Terra e Paula Greco Bandeira, A Cláusula Resolutiva Expressa e o Contrato Incompleto como Instrumentos de Gestão de Risco nos Contratos, in *Revista Brasileira de Direito Civil*, v. 6, 2015, p. 6-7).

335 "Quando as partes negociam um determinado contrato, é intuitiva a tentativa de contingenciar os riscos contratuais a que se sujeitam naquela operação. Na medida do possível, os contratantes tentam alocar os riscos conforme seus interesses, estabelecendo, de acordo com as suas previsões, o que cada uma deve suportar e em qual medida" (Vinicius Pereira, *Cláusula de Não Indenizar Entre Riscos e Equilíbrio*, Rio de Janeiro: Lumen Juris, 2015, p. 81).

as empregam em suas explanações por força do dado normativo, o que é, de todo modo, compreensível.[336] Menos compreensível é que a doutrina brasileira, na função de interpretar um direito positivo que não faz uso dessas expressões, sinta a necessidade de recorrer ao difícil conceito de "álea normal do contrato" para tratar do tema do equilíbrio contratual. Pior: o sentido que é dado entre nós a essa expressão e a outras similares revela-se nada uniforme, pouco preciso e de duvidosa utilidade prática, já que consiste, a rigor, em uma apresentação de conjunto amplíssimo de parâmetros para definição de uma álea normal que as partes teriam assumido ao celebrar o contrato, sem que se especifique como se dá a identificação e distribuição de tais riscos. Com efeito, ao tratar da "álea normal do contrato", a doutrina brasileira traz passagens como a seguinte:

> Com isso, a dificuldade se desloca para a caracterização do que seja álea normal, o que se resolve considerando o tipo e a função do contrato; as cláusulas objetivamente concretizadas e a finalidade perseguida pelas partes. Todo contrato, em razão do tipo legalmente definido, da função, do fim visado e das cláusulas definidoras do pacto, tem um certo grau de imprecisão e de risco, que corresponde à sua álea normal. A vivência do mercado, a experiência das relações anteriores, a natureza da coisa fornecem elementos suficientes para que se defina esse limiar normal de variação a respeito do que foi contratado. (...) São fatores relevantes para defini-la: o tipo contratual, o objeto e a função do contrato, a finalidade a que está aposto aquele tipo de

336 "*La nozione di alea normale non è univoca. Definita 'quel rischio che il contratto comporta a causa delle sue peculiarità, rischio al quale ciascuna parte implicitamente si sottopone concludendo quel contratto' dalla Relazione, è stata ritenuta 'momento qualificante della corrispettività'. Parte della dottrina sostiene che l'alea normale è costituita dal rischio delle variazioni di costi e valori che rimane entro i limiti della normalità*" (Giovanni di Giandomenico, L'alea normale del contratto, in *Altalex*, 2015, disponível no sítio eletrônico: www.altalex.com/documents/news/2005/11/18/l-alea-normale-del-contratto). Na mesma direção, Angelo Riccio, *Eccessiva onerosità – Arts. 1467-1469*, cit., p. 167-168. Registre-se a intensa discussão que, ainda hoje, divide a doutrina italiana entre autores que defendem a configuração da álea normal do contrato a partir do tipo contratual (entre outros, Enrico Gabrielli, *L'eccessiva onerosità sopravvenuta*, Turim: G. Giappichelli, 2012, p. 9) e aqueles outros que, na esteira do entendimento de Ascarelli, sustentam que só é possível identificá-la em cada contrato em concreto (Tullio Ascarelli, Aleatorietà e contratti di borsa, in *Banca borsa*, I, 1958, p. 448). Mesmo os primeiros reconhecem que a relação entre risco e tipo, conexa à causa do contrato em abstrato, não se exprime em uma formulação técnica rigorosa, devendo "*tale giudizio (...) essere mantenuto entro criteri flessibili ed elastici di valutazione ad opera dell'interprete*" (Enrico Gabrielli, *L'eccessiva onerosità sopravvenuta*, cit., p. 63).

> negócio, as cláusulas pelas quais o contrato foi estruturado, a específica conjuntura do mercado.[337]

Independentemente, pois, do acerto ou desacerto do conceito de "álea normal do contrato" sob o prisma conceitual, o que se está afirmar é que a noção parece não contribuir para a aferição concreta do desequilíbrio contratual. Por exemplo, dizer que a álea normal do contrato é aquela inerente à *causa* do negócio jurídico concreto pode estar correto conceitualmente,[338] mas pouco ajuda em termos práticos na aferição do desequilíbrio contratual, na medida em que o próprio conceito de causa do negócio jurídico é complexo e multifacetado, tendo aplicação controvertida no direito brasileiro diante da posição anticausalista adotada pelo Código Civil de 1916 e também pelo Código Civil de 2002.[339] Afirmar, por outro lado, que a álea normal do contrato é o risco inerente a cada contrato[340] não é definir o conceito, mas tão somente repeti-lo em outras palavras, já que não há aí nenhum critério para definir quando o risco seja inerente ou quais são os riscos inerentes ou peculiares a cada relação contratual. Dizer, por fim, que as partes definirão a álea normal do contrato é inútil porque o intérprete somente teria, mesmo em tese, necessidade de recorrer ao conceito de álea normal do contrato em relação a riscos não expressamente distribuídos pelas partes.

É interessante notar, nessa direção, que nenhuma das definições de "álea normal do contrato" oferece ao intérprete um critério para traçar a fronteira entre a normalidade e a anormalidade – fronteira que, como já dito

---

337 Ruy Rosado de Aguiar Júnior, *Comentários ao Novo Código Civil*, cit., p. 903 e p. 906-907.

338 Para um levantamento minucioso da associação entre álea normal do contrato e causa na doutrina brasileira, ver Paula Greco Bandeira, O Contrato Incompleto e a Análise Econômica do Direito, in *Quaestio Iuris*, v. 8, Rio de Janeiro: UERJ, 2015, p. 271.

339 Veja-se, ainda uma vez, Paulo Barbosa de Campos Filho, O *Problema da Causa no Código Civil Brasileiro*, cit., *passim*; e Maria Celina Bodin de Moraes, A *Causa dos Contratos*, cit., p. 95-119.

340 Para exemplos da associação entre álea normal do contrato e risco previsto ou decorrente do contrato, ver Lúcia Ancona Lopez de Magalhães, *Onerosidade Excessiva e Revisão Contratual no Direito Privado Brasileiro*, in Wanderley Fernandes (coord.), *Contratos Empresariais: Fundamentos e Princípios dos Contratos Empresariais*, São Paulo: Saraiva, 2009, p. 365. Tal posicionamento é encontrado também na experiência estrangeira: "*La relazione del Guardasigilli n. 245 definisce l'alea normale come quel rischio che il contratto comporta a causa delle sue peculiarità, rischo al quale ciascuna parte implicitamente si sottopone conclundendo quel contratto*" (Angelo Riccio, *Eccessiva onerosità – Arts. 1467-1469*, cit., p. 168).

alhures, "*non è sicuramente un qualche cosa di ben definito*".[341] As definições apresentadas tampouco permitem identificar a qual dos contratantes compete qual dentre os riscos inerentes ao contrato ou em qual medida cada contratante deve suportá-los.[342] Parecem pretender apenas consagrar uma zona de "imunidade ou tolerância"[343] na qual o princípio equilíbrio contratual não incidiria.[344] Em outras palavras, os diferentes conceitos de álea normal do contrato não esclarecem como se deveria operar uma distribuição *normal* dos riscos, que não fosse tributária da vontade dos contratantes ao tempo da formação do contrato[345] – hipótese na qual se deve continuar a

341 Em tradução livre: "não é seguramente qualquer coisa de bem definido". Trecho original de Paolo Gallo, *Sopravvenienza contrattuale e problemi di gestione del contratto*, cit., p. 425.

342 Na doutrina estrangeira, podem-se identificar autores que procuram definir um critério para a distribuição de riscos entre os contratantes, especialmente a partir de uma perspectiva vinculada à análise econômica do direito. É conhecida, por exemplo, a construção de Richard Posner e Andrew Rosenfield que defendem a alocação do risco de superveniência contratual ao *best risk bearer*, assim entendido aquele contratante que possa prevenir o risco com o menor custo possível ou aquele que tenha mais condições de absorver e distribuir o risco por meio da contratação de seguros ou do desenvolvimento do papel do segurador (Richard A. Posner e Andrew M. Rosenfield, *Impossibility and Related Doctrines in Contract Law: An Economic Analysis*, in *The Journal of Legal Studies*, v. 6, n. 1, 1977, p. 83-118). A aplicação concreta de tais soluções, amparadas na busca da máxima eficiência econômica, atrai não apenas críticas metodológicas, diante da sua ausência de compromisso com os valores fundamentais de cada ordem jurídica, mas também críticas de conteúdo tendo em vista que, muitas vezes, o reequilíbrio do contrato revela-se mais eficiente sob o prisma econômico que a simples distribuição dos riscos com base em critérios abstratos. Ver Paolo Gallo, *Sopravvenienza contrattuale e problemi di gestione del contratto*, cit., p. 10-13.

343 A expressão foi usada na doutrina estrangeira por Enrico Gabrielli, *L'eccessiva onerosità sopravvenuta*, cit., p. 9: "*In ciascun negozio, pertanto, sarebbe dato rinvenire una zona, per così dire di immunità e quasi di tolleranza, entro la quale gli effetti del rischio estraneo possono dirsi compatibili con la causa, in quanto non sono ancora in grado di alterarla e non c'è alcuna ragione per cui l'ordinamento debba reagire*".

344 Nesse sentido, a melhor doutrina portuguesa já anotou que "o próprio instituto da alteração das circunstâncias se vê confrontado com posições tendentes a reduzir o seu campo de aplicação, mercê, designadamente, do recurso às teorias do risco, da protecção da confiança e da interpretação contratual" (António Pinto Monteiro, *Erro e Vinculação Negocial (A propósito da aplicação do bem a fim diferente do declarado)*, cit., p. 26, nota de rodapé n. 36).

345 Renomada doutrina italiana chega, nesse sentido, a afirmar: "*Il problema dell'alea normale è un problema di volontà*" (Rodolfo Sacco e Giorgio De Nova, *Il contratto*, cit., p. 716. t. II).

tratar de riscos *assumidos* ou *não assumidos* (expressamente ou tacitamente), e não de riscos *normais* ou *anormais*.

E mesmo na delimitação dos riscos assumidos tacitamente – campo no qual a referência a um risco *normalmente* (*rectius*: frequentemente) assumido poderia ter utilidade subsidiária – há que se privilegiar a relação contratual concreta e o comportamento das partes, em detrimento de modelos abstratos fundados no tipo contratual ou em uma distribuição de riscos assentada na prática de outros contratantes. Isso porque a normalidade abstrata do risco não deve ter o condão de afastar a tutela do equilíbrio contratual se sua ocorrência tiver produzido naquele contrato desproporções manifestas. Uma *excessiva* onerosidade já configura, por si só, um risco *anormal*, de modo que a questão que resta ao intérprete verificar é tão somente se tal risco foi ou não assumido pelo contratante ou por ele provocado, como visto em proposta interpretativa anterior.

Não é por outra razão, aliás, que a tutela do equilíbrio contratual aplica-se também aos contratos aleatórios, ao contrário do que afirma o Código Civil italiano em seu art. 1.469.[346] Renomada doutrina italiana tem destacado, criticamente, que o que importa verificar é se o desequilíbrio contratual específico de cada contrato adentra a álea assumida pelo contratante que sofre a excessiva onerosidade, não se podendo excluir o remédio com base na simples qualificação prévia e abstrata do contrato como um contrato aleatório.[347]

346 "*Le norme degli articoli precedenti non si applicano ai contratti aleatori per loro natura (1879) o per volontà delle parti (1448, 1472).*"

347 "*Occorre per altro tenere presente che i rischi coperti dai contratti aleatori rimangono circoscritti entro aree tipicamente determinate o segnate dal contratto. Anche a tali contratti si applicano quindi le norme sull'eccessiva onerosità se questa esula dall'ambito del rischi assunto dalla parte*" (Cesare Massimo Bianca, *Diritto Civile*, cit., p. 432). Em sentido contrário, Enzo Roppo, *O Contrato*, cit., p. 263: "Se o fundamento do instituto do qual nos ocupamos consiste na justa e racional repartição entre os contraentes dos riscos conexos com a verificação de circunstâncias futuras, é compreensível que o remédio da resolução não deva operar para os contratos que as partes tenham inteiramente moldado sobre o risco (art. 1469 Cód. Civ.): são os contratos aleatórios, onde a medida das prestações recíprocas, ou até a susceptibilidade de as obter, são confiadas pelos contraentes ao acaso, que cada um espera evolua em sentido favorável para si. São contratos de especulação sobre o destino: pertence à sua própria função, à sua própria causa, que com eles se possam ganhar muito, mas também perder muito, ou tudo (é o caso do seguro, do jogo, da aposta, da renda vitalícia etc.). Aqui não há o problema da tutela contra um certo nível de risco, porque as partes anuíram em correr o máximo de risco". Nessa última direção, ver, também, Luigi Balestra, *Il contratto aleatorio e l'alea normale*, Pádua: Cedam, 2000, p. 148, que traz os seguintes argumentos: "*Inanzitutto la perentorietà del dato normativo, che non offre alcun appiglio al fine di poter giungere ad una diversa soluzione. Ma vi è anche, a nostro*

A mais atual doutrina brasileira tem seguido tal entendimento.[348] Em ilustrativo exemplo, quem adquire ações de companhias abertas em Bolsa de Valores assume o risco de excessiva onerosidade provocada pelas oscilações de suas respectivas cotações, mas não o risco de uma excessiva onerosidade decorrente de intervenção pública que determine a captura dos ativos ou o encerramento da Bolsa.[349] A assunção do risco – e não sua normalidade ou anormalidade – constitui o elemento que pode interferir no tratamento jurídico reservado ao desequilíbrio contratual superveniente.

---

avviso, l'incompabilità logica col rimedio. È vero che possono verificarsi avvenimenti straordinari ed imprevedibili che esulano dall'alea inerente al contratto. Tuttavia, al fine di rendere operativo il rimedio, il verificarsi di siffatti avvenimenti non è sufficiente, in quanto occorre che essi abbiano provocato l'eccessiva onerosità della prestazione. Orbene, una tale situazione pressupone un regolamento contrattuale completo, ossia un assetto negoziale di interessi predefinito in tutti gli elementi da parte dei contraenti. Nei contratti aleatori tutto ciò manca, manca in particolare la formulazione del giudizio di valore che è alla base di ogni contratto, ragion per cui vi è la pratica impossibilità di esprimere il giudizio sull'eccessiva onerosità sopravvenuta".

348 Assim, Paula Greco Bandeira, *Contratos Aleatórios no Direito Brasileiro*, cit., 2010, p. 160: "Em síntese, mostra-se válida, no direito brasileiro, a aplicação da teoria da excessiva onerosidade aos contratos aleatórios, em homenagem ao princípio do equilíbrio econômico dos pactos, desde que o desequilíbrio resulte de eventos imprevisíveis e extraordinários que não se relacionem com a álea deduzida pelas partes no negócio (...)". Contra: João Hora Neto, *A Resolução por Onerosidade Excessiva no Novo Código Civil: uma quimera jurídica?*, cit., p. 43: "Nesse diapasão, o seu campo de atuação se cinge aos contratos bilaterais comutativos e unilaterais onerosos, uma vez que estes possuem um lapso temporal entre a conclusão e a execução, não se aplicando aos contratos de execução instantânea, haja vista que estes se consumam em um só ato (compra e venda à vista, p. ex.), bem como nos contratos aleatórios, diante da sua própria natureza, segundo majoritária doutrina".

349 O exemplo é de José de Oliveira Ascensão, *Alteração das Circunstâncias e Justiça Contratual no Novo Código Civil*, cit., p. 102: "É verdade que se o contrato é aleatório a parte aceitou o risco. Mas a alteração das circunstâncias pode ser relevante mesmo no domínio dos contratos aleatórios, porque o que estiver para lá do risco tipicamente implicado no contrato pode ser atingido. Assim, quem joga na Bolsa está sujeito aos riscos da oscilação das cotações. Mas o encerramento das Bolsas é uma ocorrência extraordinária, que deve levar à revisão ou modificação do contrato por alteração das circunstâncias". Contra, sustentando que os "*contratti differiti di borsa*" consistem em contratos nos quais "*qualunque onerosità rientra nell'alea normale del contratto*" (Giuseppe Auletta, Risoluzione e rescissione dei contratti, in *Rivista trimmestrale di diritto e procedura civile*, 1949, p. 173). A doutrina italiana alude, nesse sentido, a uma nova categoria de contratos com "*alea normale ilimitata*", aos quais se aplicaria "*una sorta di presunzione assoluta di insuperabilità della soglia dell'alea normale*" (Luigi Balestra, *Il contratto aleatorio e l'alea normale*, cit., p. 132-133).

Em resumo: a noção de álea normal do contrato mais prejudica que auxilia na análise da excessiva onerosidade. Constrói-se ou, mais precisamente, importa-se uma noção jurídica que não foi empregada pelo legislador brasileiro, de caráter aberto e pouco objetivo, introduzindo-a em um exame já suficientemente fluido como é aquele relativo ao desequilíbrio contratual, sem que se identifique qual a contribuição concreta que o uso da referida noção pode oferecer. Nesse cenário, propõe-se seja dispensado o recurso à noção de álea normal do contrato no exame do desequilíbrio contratual, pois a referida noção, além de não encontrar amparo na legislação brasileira, ainda não conta com desenvolvimento doutrinário capaz de evidenciar sua utilidade para o tema em análise.

6.4. Quarta proposta interpretativa: a extrema vantagem como indicativo para a revisão do contrato

Diante das propostas interpretativas anteriores, a questão da extrema vantagem mencionada pelo art. 478 do Código Civil brasileiro adquire novos contornos. Atualmente, na doutrina brasileira, o tratamento da extrema vantagem tem, como já visto, oscilado entre dois extremos: ou se exige a demonstração de uma extrema vantagem como requisito autônomo, entendido como ganho adicional do contratante, o que acaba por reduzir significativamente o campo de incidência do art. 478 do Código Civil;[350] ou, uma vez verificada a excessiva onerosidade incidente sobre uma das prestações contratadas, considera-se o requisito (a extrema vantagem da contraparte) automaticamente presente, o que significa, a rigor, negar sua qualidade de requisito para incidência do referido art. 478.[351]

350 Nessa direção, afirma, por exemplo, Julio Alberto Díaz que "o texto do novo Código Civil foi meticuloso ao exigir que a excessiva onerosidade para uma das partes deva significar, necessariamente, extrema vantagem para a outra" (*A Teoria da Imprevisão no Novo Código Civil Brasileiro*, cit., p. 208).

351 Entre outros já mencionados anteriormente, ver Rafael Renner, *Novo Direito Contratual: a tutela do equilíbrio contratual no Código Civil*, Rio de Janeiro: Freitas Bastos, 2007, p. 327: "Conclui-se, portanto, pela incongruência desse requisito na configuração da resolução por onerosidade excessiva, o que leva o intérprete, mediante uma hermenêutica voltada aos princípios e valores constitucionais, a desprezar este requisito, sob pena de manter uma situação de desequilíbrio contratual prejudicial a, pelo menos, um dos contratantes". Registre-se, ainda, o surgimento de uma corrente intermediária que sustenta a presunção *juris tantum* de extrema vantagem a partir da configuração da excessiva onerosidade: Paulo Magalhães Nasser, *Onerosidade Excessiva no Contrato Civil*, cit., p. 156.

À extrema vantagem parece possível atribuir um papel menos restritivo ou artificioso. Sua presença no art. 478 do Código Civil brasileiro serve, em primeiro lugar, para alertar o intérprete de que, diante de contratos bilaterais, a avaliação da excessiva onerosidade superveniente sofrida por uma das partes não pode ser realizada sem consideração sobre o benefício econômico que lhe advém em contrapartida.

Assim, a extrema vantagem vem recordar que, uma vez que incida sobre uma das partes de um contrato bilateral um sacrifício econômico excessivo, no curso de sua execução, far-se-á necessário o exame do benefício econômico correspondente – aquilo que, em perspectiva mais tradicional e mais restrita, identifica-se simplesmente com o valor da contraprestação –, para verificar se há ou não um desequilíbrio contratual vertical.[352] Somente se terá um problema de desequilíbrio contratual vertical quando a "onerosidade excessiva" de um dos contratantes não tiver sido compensada por uma igual valorização dos benefícios econômicos decorrentes do contrato. Por exemplo, se dois proprietários celebram um contrato de permuta de imóveis, com transmissão ajustada para dali a seis meses, e, nesse período, uma obra pública provoca aumento exorbitante de preços no mercado imobiliário, não haverá, a rigor, um desequilíbrio contratual vertical ou, mais estritamente, um desequilíbrio entre as prestações, pois o aumento de custo agravará o sacrifício econômico a ser sofrido por cada proprietário, mas também incrementará o seu respectivo benefício. Dito de outro modo: ao seu maior sacrifício econômico corresponderá um maior benefício econômico.

Já se viu, contudo, que o Código Civil brasileiro não se limitou a tutelar o equilíbrio vertical do contrato, de caráter relacional (ao outro contratante), mas procurou também proteger o contratante de um agravamento do seu sacrifício econômico no tempo – independentemente, portanto, da obrigação

---

352 Para alguns autores, a própria distinção entre contratos bilaterais e unilaterais assentaria, historicamente, na intenção de praticar, por meio dos últimos, um ato de "justiça distributiva", enquanto que os primeiros teriam por base atos de "justiça comutativa", os quais, por isso mesmo, não podem prescindir de *standards* normativos por meio dos quais se possa avaliar a "justiça" do contrato: "(...) *the Scholastic jurists distinguished an intention to enrich another at one's own expense as the basis of the acts of liberality and of distributive justice and an intention to obtain what we need by preserving the equality of resources between the parties as the basis of acts of commutative justice. This strong distinction between unilateral transfers and bilateral exchanges is necessary for this theory to provide normative standards by which to evaluate the justice of a transaction. For unless we know whether a transaction is a transfer or an exchange, we cannot judge its substantive fairness. If we know the parties intend an exchange, then we know what justice requires, namely, the equal value of the objects exchanged*" (James Bernard Murphy, *Equality in Exchange*, cit., p. 89).

contraposta. O mencionado exemplo da permuta de imóveis esconde, sob aparência prosaica, um problema tormentoso que pode ser denominado *dupla onerosidade excessiva*. Embora ausente o desequilíbrio entre os sacrifícios e benefícios recíprocos dos contratantes, ocorre o agravamento do sacrifício econômico de cada um desses mesmos contratantes, que se obrigaram a algo que custava, ao tempo da contratação, muito menos que ao tempo da execução. Discute-se, em tal situação, se há direito à resolução do contrato ou à modificação do contrato, por exemplo, para reduzir algum aspecto quantitativo da obrigação de ambos os contratantes – na hipótese examinada, poder-se-ia cogitar da redução do terreno –, de modo a procurar reaproximar o contrato do que seria uma variação habitual do seu custo originário. Na Itália, têm-se cogitado de ambas as soluções, ainda que não haja aí propriamente desequilíbrio na relação de correspectividade originária, já que ambas as partes são afetadas pelo fato superveniente em igual medida.[353]

Aqui, parece possível atribuir relevância à noção de extrema vantagem. Se há um desequilíbrio vertical do contrato, uma alteração da relação de reciprocidade entre sacrifícios e benefícios econômicos, com excessiva onerosidade para um dos contratantes e extrema vantagem para outro, ou, ainda, em outras palavras, um *plus*, de um lado, e um *minus*, de outro, a revisão judicial do contrato surge como caminho preferível, já que, em teoria, o contrato pode ser reequilibrado mais facilmente. A resolução deve assumir aí caráter subsidiário, somente podendo ser invocada nos casos em que a revisão não se mostre mais possível, conforme se verá em detalhe mais adiante. Por outro lado, não havendo extrema vantagem para qualquer dos contratantes, pode ocorrer que, diante da excessiva onerosidade que se abate sobre uma das partes, o sacrifício econômico da contraparte tenha se mantido estável – hipótese na qual a revisão ainda pode ser aplicada para compartir prejuízos – ou que tenha sido agravado, tal qual ocorreu com a contraparte. Nessa última hipótese, haveria um duplo *minus*, ou seja, uma dupla onerosidade excessiva, de tal modo que a revisão já não teria mais um papel reequilibrador, mas consistiria possivelmente em verdadeira modificação criativa do contrato, resultando em um contrato objetivamente *novo*, como se vê da hipótese de redução dos terrenos no exemplo

353 "*L'eccessiva onerosità, dunque, potrebbe persistere anche se vi fosse un proporzionale aumento di valores della controprestazione. In tal caso, l'eccessiva onerosità consisterebbe nella difficoltà dell'onerato di vincolarsi ad un contratto di accresciuta entità. La risoluzione per eccessiva onersoità sopravvenuta, dunque, deve essere aplicata anche qualora, pur rimanendo invariato il rapporto di valore tra le prestazioni corrispettive, il costo di entrambe sia novtevolmente aumentato*" (Angelo Riccio, *Eccessiva onerosità* – Arts. 1467-1469, cit., p. 138-139).

do contrato de permuta, redução que, naturalmente, pode não atender ao interesse comum dos contratantes. Daí a preferência da melhor doutrina estrangeira nesses casos pela resolução.[354]

A introdução da extrema vantagem – elemento que, repita-se, não consta da codificação italiana em que se inspirou o legislador brasileiro – oferece, assim, alguma potencialidade para o intérprete pátrio, não devendo ser ignorada ou presumida de modo absoluto, como advoga parte da nossa doutrina.[355] Além de chamar atenção para o aspecto relacional na aferição do desequilíbrio, sua presença sobre apenas um dos contratantes indica uma situação de desequilíbrio vertical e sugere, ao menos em plano teórico, preferência pelo remédio da revisão do contrato. A dificuldade prática aqui reside, porém, em que o legislador brasileiro inseriu a extrema vantagem no art. 478 do Código Civil, justamente o que trata da resolução, deixando de mencioná-la no art. 317, do qual a doutrina e a jurisprudência extraem o direito à revisão. Vale dizer: nosso Código Civil seguiu, em matéria de remédios, o caminho oposto ao que seria esperado. Para corrigir o desvio, há possibilidades que serão exploradas ao tratar dos remédios para o desequilíbrio contratual superveniente. Por ora, basta registrar que a extrema vantagem não é desprovida de utilidade, primeiro porque impede o intérprete de, em contratos bilaterais, analisar a questão do desequilíbrio contratual superveniente considerando apenas um dos polos da relação contratual – como poderia sugerir uma interpretação literal do art. 317 –, impondo a análise da economia global do contrato; segundo, porque sua presença indica um tipo específico de desequilíbrio, que afeta a correspectividade entre sacrifícios e benefícios econômicos impostos pelo contrato e que atrai preferencialmente o remédio revisional, como se verá, detalhadamente, mais adiante.

---

354 Em sentido contrário, defende, no Brasil, Julio Alberto Díaz que "o texto do novo Código Civil foi meticuloso ao exigir que a excessiva onerosidade para uma das partes deve significar, necessariamente, extrema vantagem para a outra. Evidentemente, quis o codificador eliminar a possibilidade de resolução quando os efeitos do acontecimento extraordinário e imprevisível incidissem por igual em ambos os contratantes, tirando parte das vantagens previstas tanto do devedor quanto do credor" (*A Teoria da Imprevisão no Novo Código Civil Brasileiro*, cit., p. 208).

355 Paulo Roberto Roque Antônio Khouri, *A Revisão Judicial dos Contratos no Novo Código Civil, Código do Consumidor e Lei 8.666/93: a onerosidade excessiva superveniente*, cit., p. 77; entre outros já citados anteriormente neste mesmo capítulo. Recorde-se, ainda, o Enunciado n. 365 da *IV Jornada de Direito Civil*, que tem caráter doutrinário: "A extrema vantagem do art. 478 deve ser interpretada como um elemento acidental da alteração de circunstâncias, que comporta a incidência da resolução ou revisão do negócio por onerosidade excessiva, independentemente de sua demonstração plena".

6.5. Quinta proposta interpretativa: passagem da análise estrutural e abstrata dos contratos de duração continuada ou diferida para a análise funcional e concreta do aspecto temporal

Como já visto, a norma contida no art. 478 do Código Civil brasileiro exige, como primeiro requisito de sua incidência, a presença de um contrato "de execução continuada ou diferida". A doutrina brasileira tem abordado o requisito sob uma perspectiva puramente estrutural, centrada sobre a classificação dos contratos em abstrato. Além disso, tem empreendido tentativas de generalização, em que acaba por vezes substituindo as categorias mencionadas pelo legislador por expressões mais amplas, tomadas de empréstimo de outras experiências, como "contratos de duração", sem atenção ao seu significado de origem, que contempla o lapso temporal como elemento da causa do contrato.[356] No tema do desequilíbrio contratual superveniente, o decurso do tempo deve ser visto, muito ao contrário, como fator da realidade necessário a possibilitar a reação da ordem jurídica na pendência da execução do contrato. Desse modo, independentemente do lapso de tempo ser ou não elemento intrínseco àquele tipo contratual ou de integrar ou não a causa concreta do contrato, o certo é que, em ocorrendo o prolongamento da sua execução, ainda que por razões puramente acidentais, o princípio do equilíbrio contratual continua a incidir, não havendo qualquer razão para impor limitações categoriais, baseadas em classificações abstratas e puramente estruturais, à concretização do aludido princípio.

Longe de ser puramente teórica, a referida discussão tem efeitos práticos relevantes. Recorde-se a hipótese de um contrato originalmente de execução instantânea cuja execução acaba, acidentalmente, prolongando-se por alguma razão fática, alheia à vontade das partes, ou cuja execução ocorre, mas não atinge o seu fim (como no já mencionado exemplo da compra e venda à vista com pagamento efetuado em cheque que não se logra descontar por força de greve do setor bancário).[357] Em tal caso, o desequilíbrio contratual superveniente, em desfavor de qualquer das partes, não deve ser considerado afastado,

---

356 A referência é, mais uma vez, ao texto célebre de Giorgio Oppo, I contratti di durata, in cit., p.143-180. Já foram mencionados anteriormente nesta obra os problemas da "importação" algo acrítica da categoria dos "contratos de duração" por parcela da doutrina brasileira.

357 A doutrina italiana recorda, ainda, aquelas situações em que um intervalo temporal adicional possa ser concedido não no momento da formação do contrato, mas "*in seguito, anche in via di tolleranza*" (Rodolfo Sacco e Giorgio De Nova, *Il contratto*, cit., p. 706. t. II).

pois, tenha o prolongamento temporal resultado ou não da vontade originária dos contratantes, verificou-se na realidade do cumprimento contratual, não se devendo proceder à exclusão da proteção que a ordem jurídica oferece simplesmente porque o contrato originariamente adentrava a categoria dos contratos de execução imediata.[358]

Aliás, o fato de que o cumprimento acabou por se prolongar no tempo, ao contrário do que supunham as partes, apenas confirma a suscetibilidade da relação contratual, em seus diversos aspectos, a alterações fáticas supervenientes. Importante ressaltar que não se trata de converter em uma categoria (contrato de execução diferida) o contrato que pertencia a outra (contrato de execução imediata),[359] mas, ao contrário, de prescindir da categorização para analisar um dado que é dado da realidade, independentemente, por definição, da classificação dos contratos.[360] Daí por que autorizada doutrina estrangeira chega a afirmar que melhor seria falar simplesmente, sem compromisso categorial, em "contratos pendentes",[361] assim entendidos aqueles cujo cumpri-

358 Na mesma direção, afirma Julio Alberto Díaz: "Importante setor da doutrina frisa que a categoria só inclui os casos em que o tempo tem sido *querido* pelas partes, e não apenas *sofrido* por elas. Isto é, que o tempo não se apresente como um simples acidente da relação, como seria o caso em que a execução, prevista como imediata, é postergada em razão de força maior. Pensamos, porém, que para estes casos, análogas razões de justiça impõem a aplicabilidade da resolução por excessiva onerosidade superveniente. A interpretação extensiva, naturalmente, não procede se houve culpa na mora do devedor" (*A Teoria da Imprevisão no Novo Código Civil Brasileiro*, cit., p. 201-202).

359 É o que parece sustentar, na doutrina italiana, Angelo De Martini, quando afirma: "*Il contratto era ad esecuzione immediata, e il differimento è poi sopravvenuto: rientra tale situazione, oppure no, in quella del 'contratto ad esecuzione differita? La risposta mi sembra semplice: la stessa circostanza che il differimento avvenga, assorbe l'originaria immediatezza e la risolve in una 'esecuzione differita'*" (Angelo De Martini, *L'eccessiva onerosità nell'esecuzione dei contratti*, Milão: Giuffrè, 1950, p. 62).

360 Como sustenta, na doutrina estrangeira, Luciana Cabella Pisu, *I rimedi contro l'eccessiva onerosità sopravvenuta*, cit., p. 545, a referência aos contratos de execução continuada ou diferida deve ser interpretada extensivamente, "in modo da estendersi a tutti i casi in cui, per qualunque causa, l'esecuzione sia stata ritardata: la giurisprudenza ha applicato il rimedio al caso di differimento di mero fatto o per successivo mutuo consenso".

361 A expressão é empregada por António Menezes Cordeiro: "A regra terá, pois, de ser a seguinte: a alegação da alteração das circunstâncias só é eficaz perante contratos pendentes (...)" (*Contratos Públicos*, cit., p. 78). Registre-se, entretanto, a angustiante conclusão do autor: "Mas essa regra não pode ser absolutizada: a existência de uma remissão expressa para a boa fé veda qualquer conceptualismo rígido. Pode assim suceder que, no caso concreto, haja que buscar saída diversa, alterando contratos já acatados; a grande questão reside, então, em saber se a Ciência do Direito dos nossos dias já atingiu um desenvolvimento capaz de apontar soluções" (ob. cit., loc. cit.).

mento ainda não se exauriu. Ou, como já sustentava entre nós, Arnoldo Medeiros da Fonseca: "basta que seja distinto o momento da formação do contrato, daquele em que o mesmo se executa".[362]

Há, todavia, outro aspecto que se impõe examinar: é a pendência do contrato que se mostra relevante ou, ao contrário, o que importa é a pendência das obrigações assumidas pela parte que invoca o desequilíbrio contratual? Em um exemplo simples, se o alienante transfere um imóvel ao adquirente obrigado a pagar o preço ou parte dele no prazo de seis meses contados da transmissão, pergunta-se: pode o alienante alegar desequilíbrio contratual com base na exorbitante valorização do imóvel já transmitido? Em outras palavras: é possível ao contratante que já cumpriu integralmente suas obrigações invocar a excessiva onerosidade para fins de obter a resolução ou a revisão do contrato?

A resposta seria afirmativa à luz de uma interpretação literal do art. 478 do Código Civil, baseada na classificação estrutural e abstrata dos contratos. No exemplo mencionado, o contrato de compra e venda do imóvel seria classificado como um contrato de execução diferida, preenchendo-se, por essa razão, o requisito legal. Dessa forma, o alienante poderia invocar o art. 478 mesmo já tendo cumprido integralmente sua obrigação de dar. Mesmo em uma perspectiva mais concreta e dinâmica, que prescinde de categorias abstratas para analisar o funcionamento *in concreto* do contrato, a compra e venda mencionada seria tida como "contrato pendente", uma vez que ainda em curso a sua execução. Nessa perspectiva, enquanto estivesse em curso a relação contratual, o art. 478 seria aplicável.

Todavia, a rotulação do contrato oculta, a rigor, a distinta feição do elemento temporal das diferentes obrigações que o integram. Quando se examina a questão sob o prisma da onerosidade excessiva, parece evidente que o alienante do imóvel não sofre qualquer agravamento do sacrifício econômico representado pela sua obrigação de entregar o bem, pela simples razão de que todo o sacrifício já foi realizado quando há a alteração superveniente das circunstâncias. Qualquer eventual pretensão do contratante em relação à obrigação já adimplida não pertence mais ao campo dos remédios incidentes sobre o cumprimento do contrato (impossibilidade superveniente, onerosidade excessiva etc.), podendo-se de tal pretensão cogitar tão somente no campo do direito restitutório (*e.g.*, vedação ao

---

362 Arnoldo Medeiros da Fonseca, *Caso Fortuito e Teoria da Imprevisão*, cit., p. 201. Em outra passagem (ob. cit., p. 347) alude o autor a "quaisquer contratos de execução retardada".

enriquecimento sem causa),[363] em que pesem as opiniões em contrário de parcela da nossa doutrina[364] e jurisprudência.[365]

---

363 "Porém, se o pagamento já foi feito e se o contrato se extinguiu pelo cumprimento, a sentença não é para rever, mas para condenar à restituição do enriquecimento sem causa" (Judith Martins-Costa, *A Revisão dos Contratos no Código Civil Brasileiro*, cit., p. 166). Em igual direção, na doutrina estrangeira, ver Paolo Gallo, *Sopravvenienza contrattuale e problemi di gestione del contratto*, cit., p. 435: "Può infine darsi che la prestazione pattuita sia stata ugalmente portata a termine nonostante i maggiori oneri incontrati. Questi casi nella pratica sono per lo più stati risolti facendo applicazione dei rimedi quasi contrattuali". Em sentido contrário, Araken de Assis, *Da Resolução por Onerosidade Excessiva*, cit., p. 714: "É concebível revisar o contrato extinto, mediante o adimplemento das prestações dos figurantes, alegando o figurante fato verificado no curso da relação contratual? Impõe-se resposta positiva ao quesito. O adimplemento da prestação, apesar da mudança das circunstâncias, e respeitados os demais pressupostos do art. 478, não impede a pretensão à revisão do contrato. O princípio da justiça contratual obsta que se dê tratamento diferente e mais severo ao devedor que cumpriu sua prestação, nada obstante colossais dificuldades, comparado ao que, nas mesmas condições, reclamou em juízo o desfazimento do contrato". Também sustenta a possibilidade de revisão de contratos extintos, Otávio Luiz Rodrigues Júnior, *Revisão Judicial dos Contratos: autonomia da vontade e teoria da imprevisão*, cit., p. 125-127.

364 Afirma Arnoldo Wald, tratando especificamente da incidência da teoria da imprevisão sobre o contrato de empreitada: "Aliás, nada impede que o empreiteiro, que não suspendeu o contrato, mas, ao contrário, continuou executando a obra, apesar das enormes dificuldades e adversidades, requeira posteriormente o reequilíbrio contratual. Entender de forma contrária seria desprestigiar o bom empreiteiro. Essa concepção é fundamental, pois traz à tona, como já tivemos o ensejo de afirmar, que a inocorrência da suspensão da execução do contrato não pode constituir obstáculo ao restabelecimento do seu equilíbrio, mesmo após a entrega da obra. Nada impede que as consequências do desequilíbrio sejam sanadas *a posteriori*, considerando-se a função social do contrato, a boa-fé objetiva, a onerosidade excessiva decorrente de força maior, caso fortuito ou ato de terceiro, havendo interesse de ambas as partes na rápida conclusão da obra" (*O Equilíbrio Econômico-Financeiro e a Revisão dos Contratos*, cit., p. 297). Na mesma direção, Fernando Rodrigues Martins, *Princípio da Justiça Contratual*, cit., p. 401: "(...) remarque-se que, mesmo já estando executada a prestação contratual agravada pela patologia de um fato superveniente de excessiva onerosidade, o lesado mantém o direito de buscar o equilíbrio, cobrando a diferença do que pagou pela imprevisão incidental".

365 STJ, 3ª Turma, Agravo Regimental nos Embargos de Declaração no Recurso Especial 720.324/RS, Rel. Min. Castro Filho, DJ 1º-2-2006: "É possível a revisão judicial dos contratos, ainda que quitados ou novados". Veja-se, ainda, STJ, 4ª Turma, Agravo Regimental no Agravo Regimental no Recurso Especial 933.221/RS, Rel. Min. Maria Isabel Gallotti, *DJe* 16-11-2010: "Ambas as Turmas integrantes da Segunda Seção desta Corte Superior já manifestaram o entendimento segundo o qual a possibilidade de revisão dos contratos bancários permitida pela Súmula 286/STJ se estende também a situações de extinção contratual decorrentes de quitação". Em semelhante direção,

A excessiva onerosidade é um problema econômico que se abate sobre obrigações pendentes, no todo ou em parte, de cumprimento – o que, naturalmente, só ocorre em contratos cuja execução esteja em curso.[366] Assim, quando o art. 478 restringe sua incidência aos "contratos de execução continuada ou diferida", o faz por uma razão: só nos contratos em curso haverá obrigação pendente de cumprimento. Isso não pode conduzir, porém, à conclusão de que o dispositivo pode ser invocado em tais contratos por qualquer dos contratantes independentemente de já ter cumprido ou não a sua obrigação. A própria literalidade da norma gravita, como já visto, em torno da excessiva onerosidade da "prestação", revelando sua teleologia: evitar o agravamento do ônus econômico representado pelo cumprimento da obrigação de cada contratante. É problema que não surge após a obrigação já ter sido cumprida, hipótese na qual o contratante deverá buscar outras normas para amparar eventual pretensão. Note-se que o que deve ocorrer na pendência da obrigação é a *invocação* da excessiva onerosidade perante a contraparte ou o juízo. Assim, pode ocorrer que o contratante onerado, após a invocação judicial ou extrajudicial da onerosidade excessiva, dê cumprimento à sua obrigação, a fim de evitar os efeitos da mora, com isso assegurando seu direito a discutir o desequilíbrio contratual, conforme se verá adiante.[367]

Em conclusão, a análise da dimensão temporal no problema do desequilíbrio contratual não deve restar aprisionada em um exame categorial e abstrato do contrato, centrado sobre sua qualificação jurídica *a priori*, devendo, ao contrário, partir de uma perspectiva dinâmica e concreta que se concentre sobre a realidade da relação contratual. Não deve, ademais, tomar como ponto de partida o momento do contrato em si (curso de sua execução), como ocorre, por exemplo, na conhecida classificação tripartite de Paolo Gallo – que trata da onerosidade excessiva (a) antes do início da execução do contrato (*ex*

concluiu o Tribunal de Justiça do Estado do Rio de Janeiro: "Em apreço às teorias revisionistas da imprevisão, da onerosidade excessiva e da base objetiva do negócio jurídico, bem como aos princípios contratuais contemporâneos, como o da boa-fé objetiva, do equilíbrio contratual e da função social do contrato, a revisão judicial de contratos já quitados se mostra plenamente possível" (TJRJ, 14ª Câmara Cível, Agravo Interno na Apelação Cível 0101055-50.2004.8.19.0001, Rel. Des. Ismênio Pereira de Castro, j. 30-6-2010).

366 Nas palavras de Luciana Cabella Pisu, *I rimedi contro l'eccessiva onerosità sopravvenuta*, cit., p. 544: "*la risoluzione può essere chiesta solo nei contratti ad esecuzione continuata, periodica o differita, e solo dalla parte la cui prestazione sia divenuta eccessivamente onerosa prima di essere eseguita*".

367 Sobre o tema, ver Capítulo IV desta obra.

ante); (b) durante a execução do contrato (*in itinere*); ou (c) após a execução do contrato (*ex post*).[368] O que releva, a rigor, não é o momento do contrato, mas o momento de suportamento do seu ônus econômico, ou seja, do cumprimento da obrigação, em todos os seus múltiplos aspectos, incluindo a execução do seu objeto (prestação). O desequilíbrio contratual superveniente, portanto, somente pode ser invocado em relação a obrigações que não tenham sido integralmente cumpridas.

7. Conclusão parcial: consequências das propostas interpretativas apresentadas

As propostas interpretativas apresentadas trazem algumas consequências que devem ser delineadas. Em primeiro lugar, possibilitam a redução do artificialismo na motivação das decisões judiciais, na medida em que o foco se desloca da imprevisibilidade/extraordinariedade dos acontecimentos supervenientes para o desequilíbrio objetivo do contrato. A análise subjetiva da capacidade de previsão das partes contratantes, a aleatória eleição de certo acontecimento em uma complexa cadeia causal a fim de concluir pela sua previsibilidade ou não, ou, ainda, a bizantina discussão sobre a "normalidade" ou "anormalidade" do risco de certo acontecimento futuro deixam de desempenhar papel relevante no exame do desequilíbrio contratual superveniente, que passa a se centrar sobre o exame objetivo do agravamento do ônus econômico consubstanciado no contrato, à luz dos parâmetros de mercado.

Ainda em consonância com esse deslocamento, as propostas interpretativas apresentadas permitem a superação de uma perspectiva puramente estrutural em prol de uma perspectiva funcional do desequilíbrio contratual. Qualificações estruturais – como, por exemplo, os "contratos de execução continuada ou diferida" – passam a ocupar papel meramente introdutório de exames funcionais, que enxergam o dado concreto da realidade em atenção aos fins perseguidos pela ordem jurídica com o instituto consagrado nos arts. 478 e seguintes do Código Civil.[369]

---

368 Paolo Gallo, *Sopravvenienza contrattuale e problemi di gestione del contratto*, cit., p. 411-412.

369 Sobre o exame funcional dos institutos jurídicos, ver Pietro Perlingieri, *Perfis do Direito Civil – Introdução ao Direito Civil Constitucional*, Rio de Janeiro: Renovar, 1999, p. 94: "estrutura e função respondem a duas indagações que se põem em torno do fato. O *como é?* evidencia a estrutura, o *para que serve?* evidencia a função." Na clássica doutrina de Salvatore Pugliatti, *La Proprietà nel Nuovo Diritto*, Milão: Dott. A. Giuffrè, 1964, p. 300: "*Non soltanto la struttura per sè conduce inevitabilmente al tipo che si può descrivere, ma non individuare, bensì inoltre la funzione esclusivamente è idonea a fungere*

As propostas interpretativas acima desenhadas possibilitam, ainda, superar a fragmentação da ordem jurídica brasileira em relação ao tema do desequilíbrio contratual, consubstanciada, como já visto, em verdadeira "colcha de retalhos" normativos, autêntico mosaico de normas setoriais inspiradas em concepções histórica e filosoficamente distintas e, não raro, inconciliáveis. A atual valorização da imprevisão no âmbito do tratamento geral do tema pela doutrina civilista mostra-se, por exemplo, incompatível com normas do próprio direito privado, como a Lei do Inquilinato, que adota viés puramente objetivo, atrelado à disparidade do aluguel em relação ao "preço de mercado" (art. 19), ou com o Código de Defesa do Consumidor, que igualmente dispensa o caráter imprevisível ao tratar do desequilíbrio contratual superveniente (art. 6º, V).

Há, ainda, o problema das divergências federativas, notável no exemplo da Lei de Licitações, norma federal, que trata de "fatos imprevisíveis, ou previsíveis porém de consequências incalculáveis", enquanto, em níveis estadual e municipal, a imprevisibilidade vem, muitas vezes, dispensada, tal como se vê no Código de Administração Financeira e Contabilidade Pública do Rio de Janeiro (Lei Municipal n. 207/1980), que autoriza a modificação dos contratos celebrados com a Administração Pública Municipal diante da "verificação técnica de dificuldade" do regime de execução ou modo de fornecimento, ou ainda quando "relevantes circunstâncias supervenientes" tornarem necessária a modificação da modalidade de pagamento.[370]

Claro que, em última análise, tais divergências podem ser enfrentadas por meio de critérios de solução de antinomias, como o critério da hierarquia e o critério temporal. As divergências que espantam aí, todavia, são as divergências de fundo: por qual razão, por exemplo, um ordenamento jurídico uno autorizaria

da criterio d'individuazione: essa, infatti, dà la ragione genetica dello strumento, e la ragione permanente del suo impiego, cioè la ragione d'essere (oltre a quella di essere stato). La base verso cui gravita e alla quale si collegano le linee strutturali di un dato istituto, è costituita dall'interesse al quale è consacrata la tutela. L'interesse tutelato è il centro di unificazione rispetto al quale si compongono gli elementi strutturali dell'istituto (...)".

370 Lei n. 207/1980 do Município do Rio de Janeiro: "Art. 301. Os contratos poderão ser modificados nos seguintes casos: I – unilateralmente, pela Administração, quando houver modificação do projeto ou das especificações, para melhor adequação técnica aos seus objetivos; II – bilateralmente, por acordo das partes: (a) quando conveniente a substituição da garantia de execução; (b) quando necessária a modificação do regime de execução ou do modo de fornecimento, em face de verificação técnica da dificuldade ou impossibilidade dos mesmos, nos termos contratuais originários; (c) quando necessária a modificação da modalidade de pagamento, por imposição de relevantes circunstâncias supervenientes, mantido o valor inicial; (d) quando necessário o reajustamento de preços, nas condições e de acordo com os critérios estabelecidos neste Código".

revisões contratuais ora com base no mero desequilíbrio econômico do contrato (desproporcionalidade manifesta) e ora exigindo requisitos ligados à possibilidade ou não de previsão pelas partes dos acontecimentos que deram causa ao referido desequilíbrio? Por que um contrato de locação de imóvel urbano poderia ter seu aluguel reajustado com base na simples disparidade com valores de mercado e o reajuste do aluguel em um contrato de locação de vaga autônoma de garagem[371] exigiria prova rigorosa de um acontecimento extraordinário e imprevisível? Por que um contrato administrativo admitiria, no âmbito municipal, alteração do seu modo de pagamento pela simples superveniência de circunstâncias "relevantes" enquanto o mesmo contrato, no âmbito federal, exigiria a prova de "fatos imprevisíveis, ou previsíveis porém de consequências incalculáveis"? Por que a prova da "extrema vantagem", imprescindível para os contratos em geral à luz da literalidade do art. 478 do Código Civil, seria dispensada para o reequilíbrio do contrato de empreitada ou do contrato de seguro?

Nem o critério da especialidade, recorrentemente lembrado como solução para essas relevantes discussões, parece apto a encerrar o debate, na medida em que a disciplina normativa do Código Civil, que assumiria o caráter de *norma geral* aparece recheada de requisitos e especificidades, enquanto as normas especiais assumem, em sua maioria, feição mais objetiva e concisa – como seria adequado a uma disciplina geral. Pior: quando se compara a disciplina geral do Código Civil com as normas especiais da própria codificação sobre certos contratos típicos, ou com leis especiais como a Lei do Inquilinato ou o Código de Defesa do Consumidor, verifica-se, como já visto, que a imprevisibilidade exigida pela regra geral é dispensada por essas normas especiais. Tal circunstância reforça a conclusão de que não pode ser a imprevisibilidade tomada como o elemento nuclear e decisivo da normativa geral, uma vez que a própria relação entre norma geral e norma especial restaria comprometida se essa dispensasse a própria essência daquela[372] – o caso seria mais propriamente de normas inteiramente diversas, sendo certo que tal diversidade teria de encontrar uma razão de ser à luz da própria racionalidade axiológica da ordem jurídica, o que nos remeteria de volta às indagações anteriores.

---

371 A Lei n. 8.245/1991 (Lei do Inquilinato) determina que "continuam regulados pelo Código Civil e pelas leis especiais: (a) as locações: (...) 2. de vagas autônomas de garagem ou de espaços para estacionamento de veículos" (art. 1º, p.u.).

372 Daí a construção de Rodrigo Toscano de Brito, para quem "o princípio da equivalência material deve ser analisado sob dois aspectos que influenciam no âmbito de sua aplicação prática: o subjetivo e o objetivo", mas o aspecto subjetivo "aparece como sendo um aspecto não essencial" (*Equivalência Material dos Contratos: Civis, Empresariais e de Consumo*, cit., p. 50).

As propostas interpretativas apresentadas, ao redimensionar o peso dos elementos contidos na disciplina geral do desequilíbrio contratual superveniente do Código Civil, retirando a centralidade da imprevisibilidade/extraordinariedade e reformulando a abordagem reservada a certos requisitos ali elencados, possibilita, nesse sentido, uma "reunificação" da ordem jurídica brasileira nessa matéria, reduzindo o distanciamento entre aquela disciplina geral e as diversas normativas setoriais. Abrem caminho, assim, a uma recuperação da unidade do sistema jurídico no tocante ao desequilíbrio contratual superveniente, desestimulando a identificação de verdadeiros "microssistemas" que, como já visto, vêm sendo construídos em torno da Lei do Inquilinato, da Lei de Licitações, do Código de Defesa do Consumidor e assim por diante.[373]

Tal desestímulo mostra-se extremamente relevante nesse campo, em que velhas dicotomias – direito público *versus* direito privado, direito civil *versus* direito administrativo – vêm se somando a novas – contratos de consumo *versus* contratos empresariais –, que, mal compreendidas, podem servir a reeditar distinções absolutas que acabam por preservar espaços de liberal-voluntarismo que se pretendem imunes à axiologia solidarista da nova ordem constitucional.[374] O problema do desequilíbrio contratual superveniente, em sua essência, é um só, quer nos contratos administrativos, quer nos contratos regidos exclusivamente pelo Código Civil, quer, ainda, nos contratos regidos prioritariamente pelo Código de Defesa do Consumidor ou pela Lei do Inquilinato. Conquanto o legislador possa legitimamente estabelecer particularidades setoriais, compete ao intérprete buscar uma leitura do dado normativo que permita a identificação do mínimo denominador comum dessas diferentes disciplinas em uma disciplina geral que, como o próprio nome revela, ostente o caráter de núcleo central às diversas especificações, e não o caráter de contraponto, inspirado em lógica autônoma e distinta.

Nesse cenário, as eventuais particularidades das disciplinas normativas especiais apenas se justificam à luz de diferenças concretas que possam porventura existir entre o equilíbrio contratual nas relações contratuais em geral e o equilíbrio contratual naquelas específicas relações contratuais que se destinam a reger. Tratando-se de um problema que pode afetar qualquer relação contratual, e que é repelido pela ordem jurídica com base em seus valores fundamentais, somente o dado da realidade afigura-se capaz de fundamentar distinções normativas. A superação da fragmentação normativa conecta-se

373 O perigo dos microssistemas já foi examinado neste mesmo capítulo, em trecho anterior ao qual se permite remeter o leitor.

374 O tema foi objeto de análise no Capítulo I desta obra, ao qual se remete o leitor.

aqui com a superação da abordagem puramente estrutural e abstrata do desequilíbrio contratual, na medida em que a simples formulação teórica de categorias distintas, com suas respectivas origens históricas, não justifica um tratamento normativo diferenciado que não encontre amparo na realidade específica daquelas relações contratuais.

Ao permitir uma transição de um problema teórico e, em certa medida, virtual – a perquirição da vontade suposta ou hipotética dos contratantes diante de acontecimentos extraordinários e imprevisíveis – para um problema prático e real consubstanciado no desequilíbrio concreto da relação contratual, as propostas apresentadas convergem, naturalmente, para um tratamento jurídico unificado, salvo naquelas situações em que especificidades concretas justificarem uma diferenciação normativa. Entretanto, essa abordagem unitária do desequilíbrio contratual superveniente não conduz apenas a uma reinterpretação dos seus requisitos, mas resulta, também e talvez até com maior importância, em uma reavaliação dos seus remédios. É o que se passa a enfrentar.

8. Remédios: resolução e revisão do contrato

Atualíssima doutrina refere-se a uma nova perspectiva de exame dos institutos jurídicos que denomina "perspectiva remedial".[375] Trata-se, a rigor, de corolário da funcionalização dos institutos jurídicos: a valorização do fim a ser concretizado, em oposição à tradicional abordagem limitada à estrutura, estimula maior preocupação com os mecanismos de realização prática da função.[376] O termo *remédios*, ainda nessa linha, deriva dos *remedies* do *common law*, cuja tradição, mais pragmática que aquela do *civil law*, enfatiza os modos de solução das patologias antes que a construção de um sistema lógico-formal, calcado em uma rigorosa subsunção de premissas menores (fatos) em premissas maiores (normas) que proporcionam uma única solução abstrata para cada problema concreto. Reconhecendo-se que só há efetivamente direito onde houver instrumentos para sua realização prática, inverte-se o brocardo *ubi ius ibi remedium* para afirmar: *ibi remedium ubi ius*.[377]

375 A "*prospettiva rimediale*" é defendida expressamente por Luca Nivarra, *I nuovi orizzonti della responsabilità contrattuale*, Turim: G. Giappichelli, 2015, p. 1-27, registrando-se, todavia, que, ao contrário do entendimento adotado nesta obra, aquele autor trata da perspectiva remedial como "*una prospettiva radicalmente nuova di studio del diritto, una vera e propria nova methodus discendae docendaeque iurisprudentiae*".

376 Pietro Perlingieri, *Perfis do Direito Civil*, cit., p. 94.

377 Luca Nivarra alude, nesse sentido, ao "*superamento dell'impostazione tradizionale riassunta nel brocardo ubi ius ibi remedium, a favore (...) del controbrocardo ibi remedium ubi ius*" (*I nuovi orizzonti della responsabilità contrattuale*, cit., p. 3).

A perspectiva remedial valoriza, portanto, a efetiva concretização dos fins da ordem jurídica, ainda que por mais de uma via, cumulativa ou alternativamente colocadas à disposição do intérprete.[378] Trata-se não propriamente de uma metodologia, mas de um modo de enxergar os problemas jurídicos, que, conquanto aparentemente simplório, tem propiciado transformações relevantes no tratamento de temas relativos ao Direito das Obrigações, revelando-se especialmente útil no estudo da Responsabilidade Civil e do Direito dos Contratos.[379] Quando se examina, por exemplo, a questão do desequilíbrio contratual superveniente sob uma perspectiva remedial, algumas novas vias interpretativas se revelam.

De pronto, é preciso registrar que, a exemplo do que ocorre em relação ao exame dos requisitos para invocação do desequilíbrio contratual superveniente, também no tocante aos *remédios* oferecidos pela ordem jurídica o intérprete se depara com um quadro normativo um tanto caótico. O Código Civil, em seu art. 478, autoriza o contratante que sofre a excessiva onerosidade tão somente a "pedir a resolução do contrato". Por outro lado, o art. 479 assegura à contraparte a possibilidade de evitar a resolução, "oferecendo-se o réu a modificar equitativamente as condições do contrato", mas, embora parte da doutrina enxergue aí uma abertura à revisão,[380] o certo é que, ao menos em sua literalidade, o dispositivo limita-se a atribuir uma faculdade do réu, não já ao autor da demanda, cujo pedido continuaria a ser necessariamente resolutivo.[381] O art. 480 reforça esse sentido literal ao tratar do tema no âmbito dos

---

378 Nessa direção, adverte Perlingieri que remédios, como a conservação do contrato, representam eles mesmos "*una scelta di valori*" (Pietro Perlingieri, *Il diritto dei contratti fra persona e mercato – Problemi del diritto civile*, cit., p. 466).

379 Sobre o tema, seja consentido remeter a Anderson Schreiber, *Novos Paradigmas da Responsabilidade Civil*, cit., p. 219-241.

380 Nessa direção, ver, por todos, Antônio Junqueira de Azevedo: "Ademais, vale dizer que o próprio art. 478 do Código Civil de 2002 também deve ser interpretado no sentido de permitir a revisão dos contratos bilaterais em que uma das prestações tenha se tornado excessivamente onerosa. Primeiramente, porque o artigo seguinte, o 479, estabelece que a resolução somente será decretada se não houver a modificação equitativa das condições do contrato, deixando claro que se *privilegia a revisão*, para somente admitir a resolução como último remédio" (*Contrato de opção de venda de participações societárias. Variação imprevisível do valor da coisa prometida em relação ao preço de mercado. Possibilidade de revisão por onerosidade excessiva com base nos arts. 478 a 480 do Código Civil em contrato unilateral*, cit., p. 211).

381 O tema da oferta por parte do contratante que não sofre a excessiva onerosidade será mais bem examinado no Capítulo IV desta obra.

contratos unilaterais, pois afirma que, "se no contrato as obrigações couberem a apenas uma das partes, poderá ela pleitear que a sua prestação seja reduzida, ou alterado o modo de executá-la, a fim de evitar a onerosidade excessiva." Logo, *a contrario sensu*, não se tratando de um contrato com obrigações para apenas uma das partes, não se poderia pleitear a redução da prestação ou alteração do modo de sua execução, mas tão somente a resolução do contrato.[382] Restaria, assim, renovado, entre nós, o dogma da intangibilidade do contrato, espécie de "regra de ouro" do liberal-voluntarismo segundo a qual o conteúdo do contrato é imune a qualquer interferência do Estado-juiz.[383]

Contra esse sentido, que seria o mais óbvio à luz da literalidade dos arts. 478 a 480, parece insurgir-se o próprio Código Civil. Primeiro, por uma série de dispositivos específicos da própria codificação que autorizam a revisão de certas espécies de contratos por força de alterações supervenientes, como o já mencionado art. 620 do Código Civil, que permite a revisão do preço global convencionado no contrato de empreitada, a pedido do dono da obra, se ocorrer diminuição no preço do material ou da mão de obra superior a um décimo do referido preço,[384] ou o também já mencionado art. 770, que autoriza

382 Sustenta tal posição, entre nós, embora lamentando a opção legislativa, João Hora Neto, *A Resolução por Onerosidade Excessiva no Novo Código Civil: uma quimera jurídica?*, cit., p. 51: "O requisito da *resolução* do contrato como único remédio para a onerosidade excessiva (art. 478) igualmente se traduz em algo disparatado, haja vista que, de regra, o que o contratante prejudicado deseja é a continuidade do contrato (princípio da conservação), desde que reajustado a níveis razoáveis. Na sistemática atual, contudo, não obstante almejar o escopo do contrato (a aquisição da casa própria, por exemplo), o contratante prejudicado não pode requerer a revisão e sim a resolução, o que se reveste numa flagrante injustiça, em detrimento mesmo da nova principiologia do direito contratual".

383 "O princípio da intangibilidade do conteúdo dos contratos significa impossibilidade de *revisão pelo juiz*, ou de libertação por ato seu. As cláusulas contratuais não podem ser alteradas judicialmente, seja qual for a razão invocada por uma das partes. Se ocorrem motivos que justificam a intervenção judicial em lei permitida, há de realizar-se para decretação da nulidade ou da resolução do contrato, nunca para a modificação do seu conteúdo. Dada ao princípio da força obrigatória dos contratos, essa inteligência larga não se apresenta como corolário exclusivo da regra moral de que todo homem deve honrar a palavra empenhada. Justifica-se, ademais, como decorrência do próprio princípio da autonomia da vontade, uma vez que a possibilidade de intervenção do juiz na economia do contrato atingiria o poder de obrigar-se, ferindo a liberdade de contratar" (Orlando Gomes, *Contratos*, cit., p. 36).

384 "Art. 620. Se ocorrer diminuição no preço do material ou da mão de obra superior a um décimo do preço global convencionado, poderá este ser revisto, a pedido do dono da obra, para que se lhe assegure a diferença apurada."

o segurado a "exigir a revisão do prêmio, ou a resolução do contrato", se houver, no curso do contrato, redução "considerável" do risco.[385] Poder-se-ia argumentar que tais exemplos assumem caráter de norma especial, na medida em que se limitam a determinados tipos contratuais, mas o Código Civil possui também normas gerais admitindo a revisão contratual, algumas de longa tradição entre nós, nas quais o evidente poder revisional do juiz parece quase disfarçado por trás de fórmulas consagradas, como ocorre na *actio quanti minoris* (ação estimatória) que o art. 442 oferece, em contratos comutativos, ao adquirente de coisa com vícios redibitórios.[386] O ápice, contudo, da abertura à revisão ocorre no também já mencionado art. 317, em que se lê:

> Art. 317. Quando, por motivos imprevisíveis, sobrevier desproporção manifesta entre o valor da prestação devida e o do momento de sua execução, poderá o juiz corrigi-lo, a pedido da parte, de modo que assegure, quanto possível, o valor real da prestação.

O dispositivo teve como escopo originário o combate aos efeitos da inflação e a desvalorização das prestações em dinheiro, mas sofreu, como já visto, ampliação da sua linguagem nos trabalhos legislativos. Da sua redação aberta, a doutrina extrai o poder do juiz[387] de corrigir o valor da prestação devida de

---

385 "Art. 770. Salvo disposição em contrário, a diminuição do risco no curso do contrato não acarreta a redução do prêmio estipulado; mas, se a redução do risco for considerável, o segurado poderá exigir a revisão do prêmio, ou a resolução do contrato."

386 "Art. 442. Em vez de rejeitar a coisa, redibindo o contrato (art. 441), pode o adquirente reclamar abatimento no preço."

387 Discute-se, em doutrina, se o art. 317 exprime mera faculdade do juiz ou, ao contrário, um dever a ser exercido de ofício pelo magistrado diante do desequilíbrio contratual sanável. Ruy Rosado de Aguiar Júnior sustenta, por exemplo, que, "se a pretensão do autor é a de se liberar da obrigação com a extinção do contrato, o juiz pode lhe deferir menos, reconhecendo a parcial procedência da sua alegação e reduzindo a prestação, sem mudar a natureza ou o objeto da lide; (...) deferir menos do que o pedido inicial é decisão do juiz, independente de solicitação expressa das partes" (*Comentários ao Novo Código Civil*, cit., p. 925. v. VI, t. II). Em sentido contrário, Paulo Magalhães Nasser, *Onerosidade Excessiva no Contrato Civil*, cit., 2011, p. 172, o qual rejeita a revisão judicial de contrato *ex officio*: "Assim, se o autor não formulou pedido de revisão contratual, e tampouco o réu reconveio para buscar a revisão contratual a seu favor, ou ofereceu-se para modificá-lo, restam ao juiz, como meio de restabelecer o equilíbrio, somente as opções de resolver o contrato ou de chancelar a validade da proposta feita pelo réu. O juiz, desse modo, não pode agir de ofício para reconhecer a onerosidade excessiva de uma prestação, tampouco inovar na relação contratual em termos diversos dos constantes na petição inicial, na reconvenção, ou na oferta de modificação equitativa do art. 479 do Código Civil". O Enunciado n. 367 da *IV Jornada de Direito Civil* do Centro de

modo a assegurar tanto quanto possível o valor real da prestação, em cristalina opção pelo remédio revisional.[388] E precisamente por essa razão o art. 317 tornou-se, em nossa experiência, uma espécie de "puxadinho hermenêutico" dos arts. 478 a 480, sendo raro encontrar quem trate desses sem aquele, e vice-versa. O art. 317 acaba, assim, por ser empregado em uma interpretação corretiva dos arts. 478 a 480, para garantir a revisão mesmo na hipótese dos contratos bilaterais, ao contrário do que sugeriria a leitura isolada daqueles dispositivos.[389] A maior parte da doutrina brasileira acaba por extrair desse

Estudos Jurídicos do Conselho da Justiça Federal parece ter buscado solução intermediária, ao afirmar: "Em observância ao princípio da conservação do contrato, nas ações que tenham por objeto a resolução do pacto por excessiva onerosidade, pode o juiz modificá-lo equitativamente, desde que ouvida a parte autora, respeitada a sua vontade e observado o contraditório." Sobre o referido enunciado, afirmam Cristiano Chaves de Farias e Nelson Rosenvald que "não se trata de revisão contratual *ex officio*, atuação vedada ao magistrado em matéria de interesse imediato privado e de direito disponível. O enunciado apenas permitiu ao magistrado se servir do princípio da conservação do negócio jurídico para preservar o vínculo – mesmo que o réu não ofereça pedido contraposto – ao obter o assentimento do autor da demanda, que, em princípio, demandara pela resolução. Certamente, como ressalva a parte final do enunciado, no curso do contraditório o juiz sopesará os argumentos das partes para, em uma linha de proporcionalidade, decidir se o reequilíbrio contratual será ou não adequado para a proteção da situação jurídica do credor" (*Curso de Direito Civil: Contratos*, cit., p. 566-567).

388 Como esclarece Gustavo Tepedino: "A revisão contratual torna-se, assim, no âmbito das relações de consumo, e posteriormente, nas relações contratuais em geral, por força do art. 317 do Código Civil de 2002, instrumento importante de intervenção do juiz na realidade contratual, evitando que as situações de crise econômica inesperadas possam levar o devedor ao inadimplemento, quando não à insolvência" (Efeitos da Crise Econômica na Execução dos Contratos, in *Temas de Direito Civil*, 4. ed. Rio de Janeiro: Renovar: 2008, p. 128).

389 "A modificação legislativa, explicativa da alocação do dispositivo no novo Código, faz com que se entenda, para cumprimento do princípio do equilíbrio, que a revisão contratual se lastreie pelo art. 317, sendo o art. 478, com seu suporte fático restrito, dedicado exclusivamente à resolução por excessiva onerosidade" (Jorge Cesa Ferreira da Silva, *Princípios de Direito das Obrigações no Novo Código Civil*, in Ingo Wolfgang Sarlet (org.), *O Novo Código Civil e a Constituição*, 2. ed. Porto Alegre: Livraria do Advogado, 2006, p. 145). Divergindo da posição majoritária, registre-se a opinião daqueles autores que limitam a aplicabilidade do art. 317 às prestações pecuniárias. Nesse último sentido, Luiz Gastão Paes de Barros Leães, *Resolução por Onerosidade Excessiva*, cit., p. 28: "Como se vê, o sistema da onerosidade excessiva foi concebido como forma de resolução do contrato, não se prevendo a sua revisão, a não ser nas duas exceções contempladas nos dispositivos reproduzidos, vale dizer, (i) no caso de contrato sinalagmático de execução continuada, periódica ou diferida, mediante expressa anuência do credor (art. 479),

verdadeiro mosaico a conclusão de que, diante das situações de desequilíbrio contratual superveniente em relações regidas exclusivamente pelo Código Civil, resolução e revisão podem ser aplicadas *indistintamente.*[390]

A ambiguidade da codificação civil – que parece priorizar a resolução do contrato, mas admite expressamente a revisão judicial em setores específicos e, para nossa doutrina, também em termos gerais no art. 317 – torna-se ainda mais curiosa quando se observa a legislação especial. A Lei do Inquilinato opta claramente pela via da revisão judicial, ao facultar tanto ao locatário quanto ao locador a propositura da chamada ação revisional (art. 19). A Lei de Licitações também se inclina pela revisão, como se vê explicitamente em diversos dispositivos, como o art. 65, § 5º, que determina a "revisão" dos preços contratados "para mais ou para menos, conforme o caso", quando afetados pela criação, alteração ou extinção de tributos ou encargos legais, bem como pela superveniência de disposições legais.[391] Também o Código de Defesa do Consumidor elege a solução revisional, ao assegurar ao consumidor direito à "modificação" de cláusulas contratuais que estabeleçam prestações desproporcionais ou à sua revisão em razão de fatos supervenientes que as tornem excessivamente onerosas (art. 6º, V).

A primeira observação que se pode extrair desse cenário é que o Código Civil de 2002 confirmou, nesse campo, a crítica que já lhe era dirigida no todo: nasceu velho. A expressa opção pela resolução não apenas no *caput* do art. 478, mas no próprio título da seção que se ocupa do tema – "*Da Resolução por Onerosidade Excessiva*" –, revelam a aversão à interferência do juiz no conteúdo do contrato, em uma postura típica do voluntarismo jurídico que enxergava na vontade das partes a única fonte legítima para criação, modificação ou extinção

---

e (ii) no caso de contrato unilateral, que gera obrigações somente para uma das partes, quando o credor estará sujeito às modificações (redução ou alteração) que lhe forem judicialmente impostas, como forma de evitar o agravamento da prestação (art. 480). No art. 317, o novo Código Civil admite a revisão do contrato por desproporção observada especificamente em caso de *obrigações pecuniárias*, com vencimento protraído no tempo, objeto de regras insertas no contexto regulatório, do art. 315 ao 318 (...)".

390 Ver, entre outros, Ruy Rosado de Aguiar Júnior, *Comentários ao Novo Código Civil*, cit., p. 917. v. VI, para quem efeito da ocorrência da excessiva onerosidade é a possibilidade de propositura de "*ação de revisão ou de resolução* do contrato, a critério do autor".

391 "Art. 65. (...) § 5º Quaisquer tributos ou encargos legais criados, alterados ou extintos, bem como a superveniência de disposições legais, quando ocorridas após a data da apresentação da proposta, de comprovada repercussão nos preços contratados, implicarão a revisão destes para mais ou para menos, conforme o caso."

das obrigações.[392] A ideia, sustentada por aqueles que defenderam o Código Civil ao tempo de sua promulgação, de que a resolução deve ser mesmo a regra geral, enquanto a revisão deve ser reservada a setores que envolvam partes "vulneráveis", não resiste à observação da nossa própria experiência jurídica, em que leis especiais de ampla aplicação já consagravam a revisão, não apenas em caráter unilateral-protetivo, como faz o Código de Defesa do Consumidor, mas também em caráter bilateral-paritário, como fazem a Lei do Inquilinato e a Lei de Licitações – diplomas legislativos que, tendo sido promulgados nos anos de 1990, 1991 e 1993, respectivamente, já contavam com ampla aplicação prática e já poderiam ter servido de inspiração para a nossa codificação civil.

A atual leitura do Código Civil pela doutrina brasileira, que dele extrai uma livre alternativa entre revisão e resolução, a critério do contratante prejudicado, tem o mérito de exprimir uma visão moderna que reconhece maior flexibilidade ao intérprete na definição do instrumento a ser empregado na consecução do propósito concreto pretendido pela ordem jurídica – em consonância com o que já foi denominado, por Pietro Perlingieri, "fim da época da taxatividade dos remédios".[393] Não se pode deixar, todavia, de notar que uma opção absolutamente livre entre resolução e revisão do contrato acaba por criar um espaço de arbítrio, desprovido de parâmetros normativos ou doutrinários, e, portanto, imune ao controle da ordem jurídica.[394] Tal espaço

---

392 Nessa direção, alude Pietro Perlingieri à necessidade de "superamento di una concezione pancontrattualistica e ancora suggestionata da un falso principio di simmetria secondo il quale ciò che nasce per contratto dovrebbe estinguersi per contratto" (*Nuovi profili del contratto*, in *Il diritto dei contratti fra persona e mercato – Problemi del diritto civile*, cit., p. 424).

393 "*Di particolare interesse, ad esempio, è stato un convegno, tenutosi alcuni anni fa, a Palermo, dove processualisti civili hanno sostenuto che le norme sull'esecuzione – e non c'è, certamente, norma più patrimonialista della norma sull'esecuzione mobiliare ed immobiliare – possono essere utilizzate per la tutela dei diritti fondamentali. Questo dovrebbe far comprendre che è finita l'epoca della tassatività dei rimedi. Quando un interesse va tutelato occorre individuare nell'ambito dell'ordinamento – anche processuale – gli strumenti che lo possono realizzare*" (Pietro Perlingieri, Riflessioni finali sul danno risarcibile, in Giovanni di Giandomenico (coord.), *Il danno risarcibile per lesione di interessi legittimi*, Nápoles: E.S.I., 2004, p. 288).

394 Era já a advertência de Othon Sidou: "Em face dessas posições, preferimos a solução que já se robustece como clássica – revisibilidade-resolubilidade, não como orienta o Código italiano e é seguido pelo Projeto de Código Civil brasileiro, abrindo caminho à rescisão por arbítrio da parte demandada; não como se inclinam os projetos De Haven e Francisco Campos, dóceis a uma indistinta impulsão das partes (...)" (*Resolução Judicial dos Contratos (Cláusula Rebus Sic Stantibus) e Contratos de Adesão: no direito vigente e no projeto de Código Civil*, cit., p. 117).

afigura-se especialmente preocupante diante da circunstância de que também o contratante excessivamente onerado pode "abusar" de sua opção a fim de se exonerar de um contrato do qual simplesmente se arrependeu, enquanto a contraparte pode ter não apenas a expectativa, mas o interesse útil de prosseguir na relação contratual. Em outras palavras, se é certo que uma opção rígida do ordenamento pela resolução prejudica o contratante excessivamente onerado, muitas vezes interessado na continuidade da relação contratual, a concessão de uma liberdade ampla a esse último pode ser igualmente prejudicial à outra parte. Daí por que pareceria mais adequado atribuir preponderância ou preferência a um dos remédios ou, ao menos, definir critérios ou parâmetros que guiassem o emprego de um ou outro, tendo em vista a radical distinção não apenas entre o seu funcionamento, mas sobretudo entre os seus efeitos para ambas as partes.

8.1. Sexta proposta interpretativa: revisão como remédio preferencial

O deslocamento da centralidade da imprevisão para a centralidade do desequilíbrio contratual – proposta interpretativa já defendida nesta obra – vai ao encontro da preocupação com a definição de uma prioridade entre os remédios que a doutrina e a jurisprudência brasileiras ofertam, indistintamente, ao contratante excessivamente onerado. Em uma perspectiva tradicional, centrada sobre a imprevisão, a ordem jurídica encara a alteração superveniente como um "corpo estranho" ao acordo de vontades originariamente estabelecido entre as partes e, portanto, como algo que, não tendo sido objeto do consenso entre os contratantes, estaria fora da abrangência do próprio contrato e do seu efeito vinculante.[395] A resolução, como meio de extinção do vínculo, torna-se, assim, um caminho natural, pois se a nova situação fática transcende o contrato, contrato não há; resolvê-lo é preciso.[396] Esse parece ter sido o caminho eleito pela chamada Lei da Liberdade Econômica, que, fruto de uma medida provisória do Presidente Jair Bolsonaro, introduziu no texto do Código Civil uma estranha afirmação de "excepcionalidade da revisão contratual" no parágrafo único do art. 421, reiterada pelo inciso III do art.

---

395 Orlando Gomes alude, nessa direção, ao entendimento segundo o qual "a alteração do estado de fato faz desaparecer a vontade contratual, por isso que emitida em atenção às circunstâncias existentes no momento da formação do contrato e às que poderiam ser previstas" (*Contratos*, cit., p. 39).

396 Como enfatiza Paolo Gallo: "La dottrina classica del contratto ci ha abituati a pensare ai contratti come ad un qualche cosa di monolitico, che si conclude una volta per tutte e si esegue possibilmente nel medesimo istante" (*Sopravvenienza contrattuale e problemi di gestione del contratto*, cit., p. 8).

421-A,[397] sem qualquer alteração dos requisitos legais que o próprio Código Civil exige para a revisão (arts. 317 c/c 478).

Quando se passa, todavia, a uma abordagem centrada sobre o desequilíbrio – em que a imprevisão desempenha um papel meramente acessório, como aqui sustentado –, a alteração superveniente passa a ser vista como algo inerente às relações contratuais que se prolongam no tempo, um dado da realidade a que todos os contratantes se subordinam ao ingressar nessas relações.[398] A alteração pelo decurso do tempo não é, em outras palavras, um dado "patológico"[399] da relação contratual, mas um dado fisiológico, inerente a todas as relações que se prolongam em uma realidade que constantemente se modifica.

Nesse novo cenário, a resolução torna-se não apenas um remédio excessivamente drástico ou uma resposta desproporcional a uma alteração normal em virtude do decurso do tempo, mas também uma consequência injustificável à luz da teoria geral do contrato. Como se sabe, a resolução produz a ruptura da relação contratual, com retorno das partes ao *status quo ante*. Esse retorno ao estado anterior não é de fácil implementação, uma vez que a realidade nem sempre permite o desfazimento dos efeitos já operados pelo contrato, além de exprimir, sob certo prisma, a maior agressão possível à vontade das partes.[400]

---

397 "Art. 421. (...) Parágrafo único. Nas relações contratuais privadas, prevalecerão o princípio da intervenção mínima e a excepcionalidade da revisão contratual. Art. 421-A. Os contratos civis e empresariais presumem-se paritários e simétricos até a presença de elementos concretos que justifiquem o afastamento dessa presunção, ressalvados os regimes jurídicos previstos em leis especiais, garantido também que: (...) III – a revisão contratual somente ocorrerá de maneira excepcional e limitada."

398 Nessa direção, Menezes Cordeiro faz referência a "determinadas orientações económicas segundo as quais as empresas e os contratos estão num *continuum*. A esta luz e ao contrário do que resultaria de uma análise jurídica tradicional, os contratos devem ser tomados como algo dinâmico e não como um acontecimento cristalizado". (*Contratos Públicos*, cit., p. 67). Não se deixa de estar aqui diante de um desenvolvimento ulterior daquele caráter dinâmico das relações obrigacionais a que já aludia Clóvis do Couto e Silva, A *Obrigação como Processo*, cit., 1976, *passim*.

399 Carlo G. Terranova, *L'eccessiva onerosità nei contratti*, cit., p. 239. Em igual sentido, afirma Fabrizio Volpe que o problema do desequilíbrio não se encontra mais circunscrito "*alle ipotesi di contrattazione avvenuta in condizioni di patologia sociale (come gli stati di pericolo e di bisogno, presupposti della disciplina della rescissione)*" (*La giustizia contrattuale tra autonomia e mercato*, cit., p. 184).

400 Sobre a resolução, afirma-se, em perspectiva comparatista, que se trata de "*an unyielding 'all-or-nothing' remedy, which lets us miss the desirable flexibility and the mutual concession. By the way, its utilization leads to the most severe breach of the principle of pacta sunt servanda. This is why it is considered as an 'ultima ratio'*" (Rona Serozan, *General Report on the Effects of Financial Crises on the Binding Force of Contracts: Renegotiation, Rescission or Revision*, cit., p. 25).

Por essas e outras razões, a admissão da resolução contratual sempre foi restrita no ordenamento jurídico brasileiro, limitando-se às hipóteses de inadimplemento – e, mesmo aí, não de um inadimplemento qualquer, como se verá mais adiante – e de impossibilidade do cumprimento do contrato.[401]

Em uma abordagem que não encara a alteração superveniente como "corpo estranho" à relação contratual, desprotegido pelo manto legitimador do acordo de vontades originário, e não se dirige a uma reconstrução artificiosa desse acordo à luz do novo cenário, mas pretende, tão somente, manter a proporcionalidade econômica do contrato ao longo do tempo, a resolução perde espaço, assumindo caráter preferencial o remédio da revisão judicial, que permite a manutenção da relação contratual, com a correção apenas daquilo que a torna desproporcional.[402] A resolução permanece como um remédio possível, mas reservado a hipóteses extremas,[403] como se explicitará adiante.

---

401 Francisco Cavalcanti Pontes de Miranda, *Tratado de Direito Privado*, 2. ed. Rio de Janeiro: Borsoi, 1959, p. 311. t. XXV: "A resolução ou a resilição por inadimplemento só se refere aos contratos bilaterais. Não assim, a resolução ou resilição por impossibilidade sem mora (Código Civil, arts. 865, 866, 869, 876, 879, 1ª e 2ª partes, e 888), que pode ser de dívida oriunda de contrato unilateral e até de promessa unilateral." Em direção semelhante, mas de modo mais abrangente e já incluindo o desequilíbrio contratual superveniente, ensina Ruy Rosado de Aguiar Júnior, *Extinção dos Contratos por Incumprimento do Devedor*, 2. ed. Rio de Janeiro: AIDE, 2004, p. 62: "Quanto às causas, a resolução pode originar-se de incumprimento definitivo por: (a) impossibilidade total imputável ao devedor; (b) perda do interesse do credor, em razão de impossibilidade parcial, de impossibilidade temporária, de cumprimento imperfeito – incompleto ou defeituoso –, de infração positiva do contrato; (c) por modificação superveniente das circunstâncias e (d) por fato imputável ao credor que caiu em mora, ou na hipótese do art. 237, última parte, do Código Civil."

402 Como destacou Gustavo Tepedino ainda antes da Constituição de 1988, "a revisão do contrato será preferível à sua resolução, sempre que aquela for possível, em homenagem ao princípio da conservação dos contratos, e despojando-se da nostálgica fobia reinante em doutrina, à ingerência judicial sobre a autonomia privada. Esta, amesquinhada pela sistemática intervenção estatal, transformou-se em mera iniciativa controlada pelo poder público, cabendo ao Judiciário manter o equilíbrio contratual diante das múltiplas fontes incidentes sobre o negócio jurídico" (A Teoria da Imprevisão e os Contratos de Financiamento firmados à época do chamado Plano Cruzado, in *Revista Forense*, v. 301, jan./mar. 1988, p. 82).

403 Registre-se que há entendimentos doutrinários no Brasil em sentido diametralmente oposto, isto é, atribuindo preferência ao remédio resolutivo e tratando a revisão judicial do contrato como hipótese "excepcional". Confira-se, entre outros, Luís Renato Ferreira da Silva, *Revisão de Contratos no Código Civil: reflexões para uma sistematização das suas causas à luz da intenção comum dos contratantes*, cit., p. 26-27, que fundamenta sua posição com base na boa-fé objetiva: "Sempre reiterando as premissas adotadas, tenho

Tal abordagem, registre-se, não é descartada pela já mencionada declaração de "excepcionalidade" do remédio revisional introduzida, em infeliz momento, pela Lei da Liberdade Econômica. Como já dito, a alteração parece ter se situado em um plano mais ideológico, na medida em que não houve, repita-se, alteração dos requisitos legais para a revisão contratual – o que deveria ter ocorrido se fosse efetiva intenção do legislador diminuir o número de casos em que se aplica. De fato, a Lei da Liberdade Econômica parece ter incorrido em uma falsa dicotomia entre atuação do Estado-juiz e liberdade de contratar, quando, bem ao contrário, a revisão contratual privilegia o exercício dessa liberdade ao preservar a relação contratual estabelecida livremente entre as partes, diversamente do que ocorre com a resolução contratual – remédio mais drástico que, porém, permanece disponível para todo contratante nas mesmas situações em que a revisão é cabível, em conformidade com os arts. 317 e 478 do Código Civil. Se a intenção dos autores da Lei da Liberdade Econômica foi evitar que revisões judiciais de contratos resultem em alterações excessivas do pacto estabelecido entre as partes, parece certo que a lei empregou meio inadequado: afirmar que a revisão contratual deve ser excepcional nada diz, porque não altera as hipóteses em que a revisão se aplica. Pode-se concluir, nessa esteira, que os arts. 421, parágrafo único, e 421-A, III, não promoveram qualquer alteração real ao tecido normativo brasileiro. Preserva-se, portanto, o caráter preferencial da revisão contratual sobre a resolução do negócio, que decorre, em última instância, não de qualquer previsão da legislação ordinária, mas diretamente do princípio (de *status* constitucional) do equilíbrio contratual[404] e do

que a revisão contratual é um remédio excepcional. Mais ainda, as diretrizes que o Novo Código adotou, em especial a da eticidade com a primazia da boa-fé objetiva na conclusão e na execução do contrato, tornam o respeito à intenção comum, exarada dentro dos ditames da boa-fé, um imperativo a ser considerado constantemente nas indagações e dificuldades que surjam no processo contratual (como bem espelhado na passagem de Claudio Sconamiglio anteriormente citada). Tendo isto em mente, a superveniência de um fato que afete a economia contratual não poderá ensejar uma solução que afronte a intenção comum". Registre-se que o referido autor adotava posição diversa nas edições de sua obra *Revisão dos Contratos: do Código Civil ao Código do Consumidor*, Rio de Janeiro: Forense, 1998, 1999 e 2001. Também sustentando a preferência pela resolução e reservando a revisão judicial do contrato para "casos de extrema necessidade", ver Fábio Siebeneichler de Andrade, A Teoria da Onerosidade Excessiva no Direito Civil Brasileiro: limites e possibilidades de sua aplicação, in *Revista da AJURIS*, v. 41, n. 134, jun. 2014, p. 254-255.

404 Em igual sentido: "a previsão de excepcionalidade da revisão contratual nada adicionou ao ordenamento, vez que os requisitos exigidos para tanto permanecem os mesmos. De mais a mais, a possibilidade de revisão judicial em casos de desproporção superveniente

próprio respeito à vontade das partes, pois tal respeito implica supor que os contratantes preferem a manutenção da relação contratual à sua extinção.

8.2. Revisão judicial do contrato

A revisão judicial do contrato está longe de ser uma novidade. A origem do instituto remonta à *reductio ad aequitatem* da Idade Média, cuja longa tradição acaba por sofrer severo declínio nos séculos XVIII e XIX, em virtude da consagração do ideário liberal.[405] Os arautos do liberalismo econômico e jurídico rejeitavam, como já visto, qualquer espécie de interferência do Estado, incluindo o Estado-juiz, nos contratos. Ao Estado competia apenas emprestar sua força coercitiva em caso de desrespeito ao pactuado; jamais, porém, interferir no conteúdo do pacto. Como já visto, o pensamento liberal entra em crise com o século XX, que, marcado pelos efeitos devastadores de suas duas Guerras Mundiais, inaugura, no Ocidente, uma nova ordem de valores centrada na dignidade humana e na solidariedade.[406] Nesse novo contexto, insti-

---

entre o valor da prestação devida e o do momento de sua execução, em virtude de fatos imprevisíveis, – nos termos do art. 317 do Código Civil, diuturnamente interpretado em conjunto com os arts. 478 a 480 do Código Civil – pela qual o juiz pode corrigir a desproporção manifesta entre as prestações, também tem lastro constitucional. Decorre, com efeito, do princípio do equilíbrio contratual, cujo fundamento consiste no objetivo de construir uma sociedade livre, justa e solidária (art. 3º, I, C.R.). Tal imperativo espelha-se na demanda de proporcionalidade mínima no âmbito do direito contratual, de modo que o instrumento não se torne, pela contingência de fato que alterou a correspectividade das prestações, palco para vinculações das partes a situações injustificadamente descompassadas" (Gustavo Tepedino e Laís Cavalcanti, *Notas sobre as alterações promovidas pela Lei n. 13.874/2019 nos artigos 50, 113 e 421 do Código Civil*, in Luis Felipe Salomão, Ricardo Villas Bôas Cueva e Ana Frazão (coords.), *Lei de Liberdade Econômica e seus impactos no Direito Brasileiro*, São Paulo: Revista dos Tribunais, 2020, pp. 505-506).

405 Recorde-se a passagem de Paolo Gallo, *Sopravvenienza contrattuale e problemi di gestione del contratto*, cit., p. 437: "*Nel medioevo, sulla scorta delle idee di giustizia commutativa formulate da Aristotele e San Tommaso, l'equilibrio tra le prestazioni era considerato un requisito di validità dei contratti. In questa prospettiva lo squilibrio originario tra le prestazioni rendeva il contratto suscettibile di caducazione per lesione; il venir meno successivo dell'equilibrio come conseguenza del mutamento delle circostanze poteva invece condurre a reductio ad aequitatem del contratto. Questa intera tradizione entrò però in profonda crisi nel XIX secolo, come conseguenza dell'affermarsi delle idee liberali, della libertà degli scambi in un libero mercato*".

406 Sobre o tema, José Fernando de Castro Farias, *A Origem do Direito de Solidariedade*, cit., *passim*. Ver também Maria Celina Bodin de Moraes, *O princípio da solidariedade*, cit., *passim*.

tutos quase esquecidos, como a *reductio ad aequitatem*, voltam à tona no pensamento jurídico.[407]

Atualmente, a maior parte das experiências jurídicas admite, em alguma medida, a revisão judicial dos contratos.[408] Não raro, mesmo em países em que a codificação civil não a contempla expressamente, em termos gerais, a doutrina vem defendendo sua aplicação. É o caso da Itália, cujo Código Civil opta expressamente pela resolução do contrato, não havendo ali um dispositivo semelhante ao art. 317 do Código Civil brasileiro; ainda assim, boa parte da doutrina e da jurisprudência admite sua aplicabilidade.[409] As justificativas para tal modo de proceder variam, advindo ora de normas mais gerais, como o princípio constitucional da solidariedade ou o próprio princípio do equilíbrio contratual,[410] ora do amplo conjunto de normas mais específicas (interpretadas

---

407 Não à toa, o retorno a esses institutos é especialmente evidente no pensamento jurídico da Alemanha, um dos países mais afetados pelas duas Grandes Guerras. A tal propósito, a doutrina registra que "*i due conflitti mondiali che hanno pesantemente segnato la prima metà del ventesimo secolo, lo sconvolgimento dell'economia mondiale che ne è conseguito, nonchè l'inflazione che ha afflitto numerosi Paesi coinvolti nel conflitto non potevano non condurre ad un ripensamento dell'intera questione della sopravvenienza contrattuale. Il fenomeno è particolarmente evidente in Germania, non a caso la nazione forse più pesantemente segnata dalla guerra* (...)" (Paolo Gallo *Sopravvenienza contrattuale e problemi di gestione del contratto*, cit., p. 14).

408 Com efeito, relatório geral apresentado no 19º Congresso da Academia Internacional de Direito Comparado acerca do tema dos efeitos das crises financeiras sobre o efeito vinculante dos contratos, concluiu que a revisão judicial do contrato é remédio disponível na legislação dos seguintes países: Argentina, Brasil, Croácia, República Tcheca, Dinamarca, Alemanha, Japão, Polônia, Portugal, Romênia, Tailândia e Turquia (Rona Serozan, *General Report on the Effects of Financial Crises on the Binding Force of Contracts: Renegotiation, Rescission or Revision*, cit., p. 25).

409 "*Il più delle volte le maggiori difficoltà d'esecuzione emergono solo dopo che il contratto è entrato in fase esecutiva; dopo cioè che chi ha assunto l'impegno ha già effettuato spese o investimenti in vista dell'esecuzione stessa. In questi casi la semplice possibilità di chiedere la risoluzione del contratto non pare sufficiente a fare giustizia*" (Paolo Gallo, *Sopravvenienza contrattuale e problemi di gestione del contratto*, cit., p. 414-415).

410 Nesse sentido, conclui Carlo G. Terranova: "È bene mettere subito in evidenza che il nostro sistema avverte chiaramente l'esigenza di un riequilibrio contrattuale, ma la soddisfa in modo assai incompleto e perfino illogico. (...) I rimedi alternativi o sostitutivi di quello risolutorio (revisione, riduzione), quali rimedi ancorati a presupposti peculiari e spesso meno rigorosi, dagli esiti maggiormente adeguati alla struttura della fattispecie e maggiormente attenti, grazie ad una 'mirata' distribuzione del rischio, alla posizione delle parti e destinati alla conservazione del rapporto, sembrano pertanto da preferire al rimedio generale e dirompente dello scioglimento del contratto, mosso peraltro da rigorose ed oggettive condizioni di operatività.

extensivamente ou aplicadas por analogia), como o art. 1.664 que permite a revisão do *contratto d'appalto*.[411]

No Brasil, a busca pela fundamentação normativa da revisão judicial afigura-se menos árdua diante do art. 317, que, como já visto, oferece, com a amplitude do seu enunciado, a base normativa para que o intérprete defenda o cabimento da revisão judicial do contrato bilateral em caso de desequilíbrio superveniente. A tal dispositivo poder-se-ia acrescentar o art. 479, em uma leitura que, procurando atribuir sentido útil à norma, concluiria desprovida de utilidade a previsão de que o réu pode se oferecer a modificar o contrato, se interpretada literalmente, pois a qualquer parte no processo é sempre dado propor um acordo ao seu adversário. Por fim, o art. 480, que prevê a possibilidade de pleitear a redução ou a modificação da prestação nos contratos unilaterais, indicaria mais uma abertura da ordem jurídica brasileira ao instrumento revisional. De resto, argumenta-se que o remédio revisional constitui um *minus* perante a resolução: assim, se o juiz pode resolver um contrato, por maior razão pode revisá-lo, pois *cui licet quod est plus, licet utique quod est minus*.[412]

La conclusione stimola l'immediata riflessione sull'effettivo rapporto sussistente tra il rimedio risolutorio e i rimedi specifici, nonché sulla giuridica praticabilità di una più ampia applicazione dei rimedi sostitutive e/o alternativi, in una prospettiva che comporta, di rimando, una valorizzazione della funzione giurisdizionale di controllo e di determinazione del contenuto (economico) della prestazione" (*L'eccessiva onerosità nei contratti*, cit., p. 239-243).

411 Na íntegra do dispositivo: "*Qualora per effetto di circostanze imprevedibili si siano verificati aumenti o diminuzioni nel costo dei materiali o della mano d'opera, tali da determinare un aumento o una diminuzione superiori al decimo del prezzo complessivo convenuto, l'appaltatore o il committente possono chiedere una revisione del prezzo medesimo. La revisione può essere accordata solo per quella differenza che eccede il decimo". Sobre a amplitude das normas específicas que prevêem o remédio revisional, afirma Paolo Gallo: "Il nostro legislatore pur non avendo previsto in generale la possibilità di giungere a revisione del contratto in caso di mutamento delle circostanze, ha però ammesso una tale possibilità in un gran numero di casi (...) Non sarebbe quindi probabilmente del tutto avventato sostenere che già attualmente in Italia la revisione del contratto costituisce la regola, e la sola possibilità di giungere al rimedio estremo della risoluzione l'eccezione*" (*Sopravvenienza contrattuale e problemi di gestione del contratto*, cit., p. 19).

412 Nessa direção, ao tratar da revisão do contrato, sustenta Maria Helena Diniz, *Curso de Direito Civil Brasileiro: Teoria das Obrigações Contratuais e Extracontratuais*, 19. ed. São Paulo: Saraiva, 2003, p. 39: "Assim, concluímos porque, se a norma autoriza o mais (a resolução do contrato), permitido estará o menos". Naturalmente, tal argumento não soaria convincente em um cenário exacerbadamente liberal e voluntarista, no qual a revisão, por representar uma interferência no *conteúdo* do contrato, e não apenas na sua eficácia vinculante, não poderia ser tida como *minus* perante o remédio resolutório.

Por esses e outros caminhos, nossa doutrina tem defendido firmemente a possibilidade de revisão judicial do contrato nas relações paritárias, como já noticiado. E também a jurisprudência mostra-se convencida da aplicabilidade da revisão judicial do contrato nas relações regidas pelo Código Civil:

> Trata-se de ação declaratória cumulada com revisional em que as autoras, ora apeladas, postularam a revisão de cálculos do aditamento ao contrato de mútuo firmado entre as partes e a exclusão da correção monetária acrescida ao débito. (...) A força vinculante dos contratos somente poderá ser mitigada pelo Judiciário em circunstâncias excepcionais ou extraordinárias, que impossibilitem a previsão de excessiva onerosidade no cumprimento da prestação, ensejando a alteração do conteúdo do pacto, a fim de que se restaure o equilíbrio entre os contraentes. (...) Assim, impõe-se a revisão contratual e a exclusão no aludido aditamento contratual da correção monetária embutida, como estabelecido na sentença.[413]

> Como visto, a demanda envolve o pedido de revisão do contrato de prestação de serviços advocatícios, devolução em dobro dos valores recebidos indevidamente por advogado e arbitramento de indenização por dano moral, pois, como visto, o réu cobrou das autoras vultosas quantias no total de R$ 260.400,00, as quais não se coadunam com o benefício perseguido pelas contratantes (R$ 400 mil), tampouco o valor real das despesas processuais pagas e trabalho desenvolvido pelo causídico. (...) Portanto, deve ser prestigiada a revisão contratual face a onerosidade excessiva, porém, aqueles valores pagos antecipadamente os quais resultaram inservíveis aos propósitos e às despesas do contratado, devem ser restituídos de forma simples, pois, como visto, houve a substituição do advogado no curso da relação contratual.[414]

Cumpre, contudo, ir além do cabimento da revisão judicial. Tal remédio deve assumir, conforme já se adiantou, caráter preferencial nas disputas envolvendo o desequilíbrio contratual superveniente. Militam nesse sentido diferentes ordens de argumentos. Sob o prisma puramente econômico, a fluidez cada vez maior da economia, suscetível a oscilações abruptas em virtude da globalização, torna preferível remédio que permita a continuidade da relação contratual à sua extinção, enquanto permaneça possível o atendimento dos interesses dos contratantes e o desenvolvimento útil do empreendimento comum.[415] No Brasil, esse quadro de fluidez tem sido agravado pela instabilidade

413 TJRJ, Apelação 0000614-58.2009.8.19.0010, Des. Rel. Elton M. C. Leme, j. 22-6-2016.

414 TJRJ, Apelação 0173669-09.2011.8.19.0001, Des. Rel. Ferdinaldo Nascimento, j. 16-2-2016

415 Sobre o tema, ver Paollo Gallo, *Sopravvenienza contrattuale e problemi di gestione del contratto*, cit., p. 10-13.

de políticas econômicas e a "comoditização" da economia, que torna o cenário interno fragilmente dependente do cenário externo,[416] a reforçar a necessidade de permanente readequação dos contratos à realidade. A preferência pelo mecanismo revisional – com a resolução sendo aceita apenas excepcionalmente – evita, ainda, que os contratantes sejam estimulados a revisitarem a todo o tempo a "oportunidade" do negócio.[417]

Com efeito, quando se abre ao contratante que invoca a excessiva onerosidade, ou à sua contraparte, o direito de optar pela resolução, é inevitável que cada contratante se ponha a refletir sobre a conveniência de manter o negócio ou de retornar ao *status quo* anterior à sua celebração.[418] Dá-se ao contratante,

416 "A fragilidade produtiva e comercial ocorre, principalmente, nos países emergentes e subdesenvolvidos, onde há fragilidade tecnológica aliada a uma estrutura produtiva negativa – em que os principais produtos para exportação são commodities, com baixo valor agregado e com preços definidos internacionalmente, e as importações concentram-se em bens de consumo ou de capital, com alto valor agregado. Essa combinação de exportações de baixo valor e importações de alto valor prejudica o país, na medida em que potencializa um déficit comercial, dificultando a mudança estrutural da produção, haja vista a tecnologia ter de ser importada. Um outro ponto frágil da estrutura produtiva do Brasil diz respeito às crescentes participações de empresas estrangeiras, pois as decisões de investimento e exportação são transferidas para outros países. A vulnerabilidade externa tecnológica e produtivo-comercial pode ser aceita como um único processo, em que o atraso e a dependência tecnológica nacional produzem uma estrutura produtiva direcionada ao mercado interno, provocando uma estrutura de comércio exterior negativa – exportações de baixo valor agregado e altamente dependente de cotações internacionais. Assim, a vulnerabilidade externa brasileira além de financeira é também estrutural. Isso é preocupante, na medida em que a capacidade de reação das autoridades econômicas frente a eventuais das mudanças na conjuntura internacional externa é significativamente baixa. Nesse cenário, observa-se que a economia brasileira está assimetricamente internacionalizada. A abertura do mercado nacional não implicou na conquista de outros mercados na intensidade necessária. Os dados disponíveis indicam que compramos produtos cujo valor médio é de US$ 0,55 por quilo, mas os que vendemos alcançam 40% desse valor médio. A internacionalização da economia brasileira, de forma passiva, é um fenômeno antigo, cujos efeitos eram atenuados por elevadas proteções comerciais" (José Matias Pereira, Gestão da Política Econômica no Brasil: uma avaliação das distorções e inconsistências das políticas fiscal e monetária, in *Revista Espaço Acadêmico*, n. 48, maio de 2005. Disponível em: www.espacoacademico.com.br).

417 Em sentido semelhante, pondera Luciana Cabella Pisu que, em muitos casos, a revisão é vista como uma solução "*più razionale, perché eviterebbe speculazioni ex post da parte di chi, con la risoluzione, potrebbe liberarsi dal contratto restituendo una prestazione svalutata*" (*I rimedi contro l'eccessiva onerosità sopravvenuta*, cit., p. 542).

418 Sobre o tema, afirma Carlo G. Terranova, *L'eccessiva onerosità nei contratti*, cit., p. 232: "*Non è possibile, infatti, che una operazione economica conveniente per una parte venga poi*

em outras palavras, o direito de decidir se fez ou não um bom negócio. E não é raro que, diante do novo cenário econômico ou por razões que nada têm com o contrato (dificuldade financeira oriunda do descumprimento de outro contrato, alteração da composição da diretoria ou mudança de diretriz da companhia que celebrara o contrato etc.), o contratante conclua que seria mais conveniente não tê-lo celebrado, optando, desse modo, pela resolução e privando o outro contratante de uma expectativa não apenas legítima, mas contratualmente assegurada de recebimento daquilo que o contrato lhe reservava. Esse constante revisitar da oportunidade dos pactos representa, em larga medida, a própria antítese do instrumento contratual e um fator de desestabilização da economia.[419]

Quando se passa do plano econômico para o plano jurídico, outros argumentos vêm reforçar a preferência pela revisão frente à resolução. É sempre lembrada a diretriz geral adotada pelo legislador brasileiro no sentido da conservação dos negócios jurídicos, extraída dos arts. 183 e 184 do Código Civil, já mencionados no capítulo anterior deste livro, os quais explicitam a busca pelo salvamento do negócio jurídico inválido diante de uma invalidade meramente parcial, instrumental ou acessória.[420] A isso se tem chamado mesmo de *princípio da conservação dos negócios jurídicos*.[421] Independentemente da

---

frustrata per il rilievo attribuito alla sopravvenienza; o, viceversa, che la sopravvenienza costituisca uno strumento per sciogliersi da un 'affare' giudicato non conveniente".

419 Seja permitido remeter, nesse particular, às considerações já apresentadas no Capítulo I desta obra.

420 "O princípio da conservação consiste, pois, em se procurar salvar tudo que é possível num negócio jurídico concreto, tanto no plano da existência, quanto na validade, quanto na eficácia. Seu fundamento prende-se à própria razão de ser do negócio jurídico; sendo este uma espécie de fato jurídico, de tipo peculiar, isto é, uma declaração de vontade (manifestação de vontade a que o ordenamento jurídico imputa os efeitos manifestados como queridos), é evidente que, para o sistema jurídico, a autonomia da vontade produzindo autorregramentos de vontade, isto é, a declaração produzindo efeitos, representa algo de juridicamente útil. (...) As aplicações do princípio da conservação são inúmeras. Limitamo-nos a apresentar algumas, encontráveis na legislação, e que, em grande parte, dependem da aplicação pelo juiz. (...) A nulidade de uma cláusula, por sua vez, apesar de o negócio ser um todo, pode não levar à nulidade do negócio; a regra da *nulidade parcial* (*utile per inutile non vitiatur*) admite que o negócio persista, sem a cláusula defeituosa, 'se esta for separável' (art. 153 do CC)" (Antônio Junqueira de Azevedo, *Negócio Jurídico: Existência, Validade e Eficácia*, 4. ed. São Paulo: Saraiva, 2002, p. 66-67 e p. 68-69).

421 Ver, por todos, Alexandre Guerra, *Princípio da Conservação dos Negócios Jurídicos – A Eficácia Jurídico-Social como Critério de Superação das Invalidades Negociais*, Coimbra: Almedina, 2016, *passim*, mas especialmente p. 169-280. Na mesma direção, ver,

rotulação que se dê à diretriz extraída dos arts. 183 e 184 da codificação civil, parece certo que, se mesmo diante de vício de invalidade, a ordem jurídica procura preservar o negócio jurídico, evitando sua extinção desde que conservado o comum interesse das partes, não há razão para que não se procure preservá-lo diante de um desequilíbrio contratual superveniente que se afigure passível de correção.[422] A sanabilidade do vício, por meio do expurgo da desproporção, justificaria, assim, a preferência pela *reductio ad aequitatem* ou, mais tecnicamente, pela revisão judicial do contrato.[423] Daí a aprovação do Enunciado n. 176 das *III Jornadas de Direito Civil*, organizadas pelo Centro de

---

além do já referido Antônio Junqueira de Azevedo, *Negócio Jurídico: Existência, Validade e Eficácia*, cit., p. 66-69, o artigo de Leonardo Mattietto, *Invalidade dos Atos e Negócios Jurídicos*, in Gustavo Tepedino (coord.), *A Parte Geral do Novo Código Civil: Estudos na Perspectiva Civil-Constitucional*, 2. ed. Rio de Janeiro: Renovar, 2003, p. 346, no qual o autor conclui: "A ratificação dos negócios anuláveis (CC1916, art. 148; CC2002, art. 172), assim como a redução dos negócios acometidos de nulidade parcial (CC1916, art. 153; CC2002, art. 184) e também a conservação dos negócios nulos (CC2002, art. 170) atendem ao princípio da conservação dos atos e negócios jurídicos (...)". José de Oliveira Ascensão, por sua vez, observa: "Há porém que contar com o princípio da conservação ou o aproveitamento do negócio jurídico, que devemos considerar um princípio geral, embora só se manifeste na lei em casos singulares" (*Alteração das Circunstâncias e Justiça Contratual no Novo Código Civil*, cit., p. 64).

422 "Nessa linha, importante destacar que o Código Civil brasileiro sempre favorece a continuidade dos contratos, em vez de sua suspensão ou ruptura, atendendo ao princípio da conservação dos negócios jurídicos" (Arnoldo Wald, *O Equilíbrio Econômico-Financeiro e a Revisão dos Contratos*, cit., p. 297). Em igual direção, afirma Rodrigo Toscano de Brito que "nunca é demais lembrar que a doutrina e a jurisprudência moderna sempre procuram preservar a contratação, obedecendo ao princípio da conservação do contrato; afinal, as partes contrataram algo para ser cumprido até o fim e, enquanto o objeto do contrato puder ser alcançado, merece a manutenção do vínculo, claro, desde que equilibrado" (*Equivalência Material dos Contratos: Civis, Empresariais e de Consumo*, cit., p. 104). Também tratando do princípio da conservação como fundamento para a revisão dos contratos desequilibrados, José de Oliveira Ascensão, *Alteração das Circunstâncias e Justiça Contratual no Novo Código Civil*, cit., p. 107: "Há porém que contar com o *princípio da conservação ou aproveitamento do negócio jurídico*, que devemos considerar um princípio geral, embora só se manifeste na lei em casos singulares. É dele afloramento o art. 184, sobre a *redução* de negócios jurídicos inválidos; e mais incisamente, o art. 170, inovação do código actual, que permite a conversão do negócio nulo noutro de que contenha os requisitos, quando o fim que as partes visavam permita supor que o teriam querido, em caso de nulidade".

423 Como destaca Pietro Perlingieri: "*La conseguenza normale, ma non esclusiva, della violazione del principio di proporzionalità è la riduzione ad equità, ma, rectius, a proporzione*" (*Il diritto dei contratti fra persona e mercato – Problemi del diritto civile*, cit., p. 461).

Estudos Jurídicos do Conselho da Justiça Federal, segundo o qual: "Em atenção ao princípio da conservação dos negócios jurídicos, o art. 478 do Código Civil de 2002 deverá conduzir, sempre que possível, à revisão judicial dos contratos e não à resolução contratual."

A conservação do contrato não configura uma orientação absoluta, nem pode ser vista como valor em si mesma. Não é todo o contrato que deve ser conservado. A passagem, todavia, a um cenário em que há efetivo controle de merecimento de tutela no concreto exercício da autonomia privada revela que, superado tal controle, o contrato realiza interesses individuais e sociais que merecem ser concretizados, razão pela qual a sua conservação alcança o *status* de remédio mais adequado que os remédios terminativos.[424] Nessa hipótese, a preservação dos contratos deixa de ser mero produto das declarações de vontade das partes para se converter em uma exigência objetiva da ordem jurídica, a ser alcançada pelos contratantes e, em caso de disputa, pelo juiz em uma atuação que, embora sempre guiada pelo escopo comum dos contratantes, não se limita a interpretar formalmente o acordo originário de vontades.[425]

A função social do contrato também desempenha aqui um papel. O contrato, em sua hodierna roupagem, é visto como instrumento de realização não apenas dos interesses das partes, mas também de interesses sociais relevantes.[426] Sua utilidade social reforça o caráter excepcional da resolução, que poderia

---

424 "*Il principio di conservazione del contratto assume una funzione, un'importanza primaria rispetto al passato; se il contratto deve tendere alla realizzazione di un interesse meritevole ed addirittura essenziale per una parte, è evidente l'inadeguatezza della sanzione di nullità, o inesistenza, e l'opportunità di rispondere con uno strumento tecnico più adeguato; esso stesso rappresenta altresí una scelta di valori*" (Pietro Perlingieri, *Il diritto dei contratti fra persona e mercato – Problemi del diritto civile*, cit., p. 466).

425 Nesse sentido, já concluíra Patrick Atiyah: "*More broadly, I suggest that there is today a growing recognition that, even when parties enter into a transaction as a result of some voluntary conduct, the resulting rights and duties of the parties are, in large part, a product of the law, and not of the parties' real agreement. Of course this does not necessarily hold true of a carefully negotiated commercial document, every clause of which is hammered out between the parties and their legal advisers. But even contracts of this character do not successfully foresee every contingency or avoid every ambiguity, and any resultant dipute must be solved by an active judicial decision, not by the purely passive interpretive process which formalism takes to be the judicial role. And such contracts are anyhow the exception in life as a whole, though they may not be exceptional in the Chambers of a barrister*" (*The Rise and Fall of the Freedom of Contracts*, cit., p. 734).

426 Sobre a função social do contrato, remeta-se, ainda uma vez, a Gustavo Tepedino, *Notas sobre a Função Social dos Contratos*, cit., p. 395-405.

colocar fim, portanto, a algo que atende a interesses sociais relevantes,[427] enfatizando a preferência pelo instrumento revisional,[428] como mais apto a realizar a finalidade concreta do contrato.[429] Afirma-se, nesse sentido, que "a revisão a que se procede no âmbito da alteração das circunstâncias não é inimiga da autonomia privada e do poder autovinculativo da vontade. A autonomia não sai diminuída: sai pelo contrário dignificada."[430] Também o direito projetado dá preferência à revisão.[431]

Todos esses argumentos e outros que poderiam ser desenvolvidos em favor da revisão talvez não sejam suficientes a afastar a clara opção do Código Civil de 2002 pela resolução ao tratar, em seu art. 478, do desequilíbrio superveniente em contratos bilaterais.[432] Mesmo que se recorde que o art. 479 faculta

---

427 Como ensina Luiz Edson Fachin: "Quem contrata não mais contrata apenas com quem contrata" (Luiz Edson Fachin, *Contratos na Ordem Pública do Direito Contemporâneo*, cit., p. 458).

428 Expressamente nesse sentido Paulo Khouri: "Se assim desejar, em vez da resolução, não pode a parte lesada, de imediato, pleitear a modificação? O regime geral da onerosidade excessiva superveniente tem uma clara preferência para o pleito de modificação. Tanto o artigo 317 como a parte final do inciso V do artigo 6º do CDC e a alínea *d* do artigo 65 da Lei n. 8.666/1993 revelam teleologicamente uma clara inclinação naquele sentido. É que essa solução na maioria das vezes é menos traumática para as partes que a simples resolução, quando o contrato deixaria de cumprir, no caso concreto, a função econômica e social que é chamado para desempenhar" (*A Revisão Judicial dos Contratos no Novo Código Civil, Código de Consumidor e Lei 8.666/93: a onerosidade excessiva superveniente*, cit., p. 122-123).

429 Recorda, nessa direção, Paolo Gallo que "*concedere la revisione del contratto aumenta la probabilità che i lavori e le opere vengano portati a termine, riducendo i casi di interruzione per inadempimento o risoluzione del contratto; riduce la probabilità che si giunga di fatto ad una riduzione della qualitià e dell'accuratezza delle opere intraprese, a tutto vantaggio quindi del valore intrinseco dei beni*" (Paolo Gallo, *Sopravvenienza contrattuale e problemi di gestione del contratto*, cit., p. 445).

430 José de Oliveira Ascensão, *Alteração das Circunstâncias e Justiça Contratual no Novo Código Civil*, cit., p. 67.

431 Confira-se, novamente, o texto do Projeto de Lei n. 6.960/2002, destinado a alterar o Código Civil: "Art. 472. Nos contratos de execução sucessiva ou diferida, tornando-se desproporcionais ou excessivamente onerosas suas prestações em decorrência de acontecimento extraordinário e estranho aos contratantes à época da celebração contratual, pode a parte prejudicada demandar *a revisão contratual*, desde que a desproporção ou a onerosidade exceda os riscos normais do contrato".

432 Opção idêntica àquela constante do art. 1.467 do Código Civil italiano, também restrito à resolução no caso dos "contratti a prestazioni corrispettive" que configuram, na construção italiana, "*una categoria più ristretta di quella dei contratti onerosi, perché si tratta solo di quei contratti onerosi in cui le prestazione delle parti sono poste in*

ao réu evitar a resolução oferecendo-se a modificar o contrato (em uma revisão *privada*, por iniciativa do contratante favorecido) e, sobretudo, que o art. 317 abre, como já visto, o caminho da revisão judicial do contrato, parece difícil afastar a possibilidade de qualquer dos contratantes pleitear a resolução diante da força semântica do art. 478, que afirma textualmente: "poderá o devedor pedir a resolução do contrato". Daí por que os fundamentos para a atribuição de caráter preferencial à revisão do contrato devem ser buscados no estudo da própria resolução.

8.3. Resolução do contrato

A resolução consiste, como já visto, em remédio terminativo, que resulta na recondução dos contratantes ao estado anterior à celebração do contrato. Atualmente, há, na experiência jurídica brasileira, como também ocorre em outros países, um acentuado controle de merecimento de tutela do exercício do direito à resolução. Tal controle não se dá apenas sob o prisma subjetivo, impedindo a prática de atos emulativos de resolução, assim entendidos aqueles que, desprovidos de qualquer utilidade para o seu titular, destinam-se exclusivamente a prejudicar a contraparte.[433] Dá-se também sob o prisma objetivo, de modo a avaliar a proporcionalidade entre a concreta situação de inadimplemento e o efeito drástico do remédio resolutivo, à luz da possibilidade de realização do interesse comum das partes consubstanciado no específico negócio jurídico.[434]

---

rapporto di corrispettività" (Luciana Cabella Pisu, *I rimedi contro l'eccessiva onerosità sopravvenuta*, cit., p. 540).

433 A teoria dos atos emulativos tem origem no direito romano, pois "é certo que já no direito clássico se dizia que o exercício de um direito não deve trazer prejuízos a outrem (*male enim nostro iure uti non debemus*) (*summun ius summa iniuria*) e o direito justiniâneo firmara, acerca das relações de vizinhança, o caráter ilícito do exercício do próprio direito com intuito de causar prejuízo a outrem (ato emulativo). Esses princípios fazem supor que os romanos já tivessem concebido a teoria do abuso do direito" (Ebert Chamoun, *Instituições de Direito Romano*, Rio de Janeiro: Forense, 1968, p. 111). Sobre a associação entre o ato emulativo e a noção moderna de abuso do direito, ver Louis Josserand, Relatividad y abuso de los derechos, in *Del abuso de los derechos y otros ensayos*, Santa Fe de Bogotá: Temis, 1999, *passim*.

434 O tema associa-se, também, à preferência de diversos ordenamentos jurídicos pela execução específica das obrigações contratadas, em desfavor do mecanismo terminativo da resolução, preferência que pode se estender *mutatis mutandis* à revisão contratual. Sobre o tema, afirma Pietro Perlingieri: "*Il fenomeno dell'integrazione contrattuale, ben collegato al principio di conservazione, si traduce sempre più nella prevalenza del raggiungimento del risultato e quindi dell'esecuzione specifica rispetto alla risoluzione e al risarcimento*"

É assim, por exemplo, que nossa doutrina e jurisprudência têm acolhido amplamente a já mencionada teoria do adimplemento substancial.[435] Inspirada na *substantial performance* do direito inglês,[436] tal construção surge com o propósito de permitir uma avaliação de gravidade do inadimplemento antes de deflagrar a consequência drástica consubstanciada na resolução da relação obrigacional.[437] Trata-se, em síntese, de controlar em concreto o exercício do direito resolutivo.[438] "Assim, sucede quando alguém se obriga a construir um prédio e a construção chega praticamente ao seu término (adimplemento substancial); não se faculta sempre, neste caso, a perda da retribuição contratada, ou a resolução do contrato por inadimplemento".[439] Nessa direção, já decidiu o Superior Tribunal de Justiça que "o cumprimento do contrato de financiamento, com a falta apenas da última prestação não autoriza o credor a lançar mão da ação de busca e apreensão, em lugar da cobrança da parcela faltante. O adimplemento substancial do contrato pelo devedor não autoriza ao credor a propositura da ação para a extinção do contrato, salvo se demonstrada a perda do interesse na continuidade da execução, o que não é o caso".[440]

A rigor, o raciocínio aqui não deve ser quantitativo, mas qualitativo, atentando-se para a possibilidade de concretização do interesse das partes. Em exemplo prosaico, a entrega de um apartamento sem banheiro não atende ao interesse do adquirente, ainda que a área faltante represente menos de 10% do total do imóvel.[441] O importante aqui, todavia, é registrar que as cortes brasileiras têm exercido intenso controle de merecimento de tutela sobre o

---

(*Nuovi profili del contratto*, in *Il diritto dei contratti fra persona e mercato – Problemi del diritto civile*, cit., p. 437).

435 O tema foi abordado no Capítulo I desta obra.

436 Sobre o tema, ver Edward Allan Farnsworth, William Young e Carol Sanger, *Contracts – Cases and Materials*, Nova Iorque: Foundation Press, 2001, p. 700-707, especialmente os esclarecedores comentários às decisões proferidas em *Jacob & Youngs v. Kent* (*Court of Appeals of New York*, 1921) e *Plante v. Jacobs* (*Supreme Court of Winsconsin*, 1960).

437 Eduardo Luiz Bussatta, *Resolução dos Contratos e Teoria do Adimplemento Substancial*, São Paulo: Saraiva, 2007, p. 35-36.

438 Sobre o tema, ver Gustavo Tepedino e Anderson Schreiber, *Código Civil Comentado*, cit., p. 345. v. IV.

439 Clóvis do Couto e Silva, O Princípio da Boa-fé no Direito Brasileiro e Português, in *Estudos de Direito Civil Brasileiro e Português*, São Paulo: Revista dos Tribunais, 1980, p. 68.

440 STJ, REsp 272.739, 1.3.2001, Rel. Min. Ruy Rosado de Aguiar, j. 2-4-2001.

441 Para tal crítica, seja permitido remeter a Anderson Schreiber, *A Tríplice Transformação do Adimplemento*, cit., p. 97-118.

exercício do direito à resolução do contrato, impedindo o emprego do remédio terminativo sempre que existam outros meios, menos gravosos, que possibilitem a concretização do interesse do credor.

O mesmo raciocínio aplica-se ao campo do desequilíbrio contratual superveniente. Ainda que nossa codificação civil faculte ao contratante pleitear a resolução, deve a mesma ser evitada se disponível meio menos gravoso para realização do interesse comum de ambos os contratantes.[442] A revisão judicial do contrato assume, portanto, caráter preferencial sempre que o contrato, reajustado pelo magistrado, ainda possa realizar concretamente o interesse comum das partes ali consubstanciado,[443] restando a resolução como remédio subsidiário ou *ultima ratio*, aplicável apenas quando a revisão nesses termos não seja possível.[444] Importante notar que o interesse comum dos contratantes deixa de ser perquirido por instrumentos voluntarísticos – como a velha reconstrução ficcional da vontade originária das partes, tal qual pretendida pelo pensamento liberal-voluntarista, ou a nova sujeição do reequilíbrio à iniciativa do contratante favorecido, como quis a literalidade do art. 479 da nossa codificação civil –, para ser aferido por meio de uma avaliação objetiva da possibilidade de realização da função

---

442 A doutrina italiana alude, nesse sentido, a uma avaliação da possibilidade de realização da função concreta do negócio jurídico: "*L'interprete deve allora indagare subordinatamente alla proposizione della domanda di risoluzione ad opera del contraente svantaggiato, se il rapporto di scambio, nonostante i nuovi eventi, sia in grado di permettere ancora in concreto la realizzazione di una funzione di scambio compatibile con quella originaria*" (Enrico Gabrielli, *L'eccessiva onerosità sopravvenuta*, cit., p. 29).

443 "Servir à justiça consiste assim em preservar a manifestação concreta da autonomia que foi substancialmente consentida, e não em impor uma cega subordinação aos preceitos que a exprimiram em circunstâncias históricas diferentes. Por isso, só nos casos em que esse realinhamento não for realizável é que nos teremos de resignar a admitir que a defesa da autonomia concreta das partes não permite atribuir efeitos àquele negócio. Quer dizer, tendencialmente, só perante impossibilidade fática ou legal de modificação teremos de aceitar a resolução do contrato" (José de Oliveira Ascensão, *Alteração das Circunstâncias e Justiça Contratual no Novo Código Civil*, cit., p. 67).

444 Defendendo expressamente que a resolução por onerosidade excessiva somente seja aplicada "como último remédio", ver Antônio Junqueira de Azevedo, *Contrato de opção de venda de participações societárias. Variação imprevisível do valor da coisa prometida em relação ao preço de mercado. Possibilidade de revisão por onerosidade excessiva com base nos arts. 478 a 480 do Código Civil em contrato unilateral*, cit., p. 211. Em perspectiva comparatista, recorde-se, ainda uma vez, a conclusão de Rona Serozan, *General Report on the Effects of Financial Crises on the Binding Force of Contracts: Renegotiation, Rescission or Revision*, cit., p. 25, para quem a resolução, em diversas experiências jurídicas, "*is considered as an 'ultima ratio'*".

concreta do contrato.[445] Assim, sempre que possível, a revisão judicial do contrato assume preferência em relação à resolução.

A preferência pela revisão foi também o caminho seguido pelo legislador alemão, em 2001, na chamada modernização do Direito das Obrigações (*Schuldrechtsmodernisierungsgesetz*), por meio da qual restou profundamente modificado o texto do *BGB*. A revisão judicial do contrato, que já era aplicada pela jurisprudência alemã com base no § 242,[446] ganhou expressa consagração no novo § 313, em que se lê:

> § 313 (Perturbação da base do negócio)
> (1) Se circunstâncias, tornadas base do contrato, alteraram-se profundamente depois da sua celebração, de modo que as partes não o teriam celebrado ou o teriam com outro conteúdo, se houvessem previsto essa alteração, então pode ser exigida a revisão do contrato, na medida em que for inexigível para a parte a manutenção do contrato não modificado, considerando todas as circunstâncias do caso concreto, especialmente a repartição contratual ou legal do risco.

---

445 Tal entendimento conecta-se com a linhagem das construções objetivas italianas: é indisfarçável aqui a dimensão causal, ainda que se evite, por sua polissemia o termo causa, preferindo alguns autores aludir ao "*controllo sulla attuabilità della funzione economica dello scambio*" (Carlo G. Terranova, *L'eccessiva onerosità nei contratti*, cit., p. 232).

446 Antes da reforma, registrava, em perspectiva comparatista, Paolo Gallo acerca da revisão judicial do contrato naquele país: "*Per quel che riguarda infine la Germania, l'istituto della revisione del contratto è riuscito a radicarsi come forse in nessun altro ordinamento senza la necessità di alcun provvedimento normativo ad hoc. La revisione giudiziale del contratto in Germania è infatti frutto esclusivo dell'elaborazione giurisprudenziale delle corti tedesche illuinate da una dottrina compatta ed omogenea*" (*Sopravvenienza contrattuale e problemi di gestione del contratto*, cit., p. 383). Na doutrina alemã, ver Hans Röesler, Hardship in German Codified Private Law – In Comparative Perspective to English, French and International Contract Law, in *European Review of Private Law 3-2007*, p. 483-513, em que o autor conclui: "*Nonetheless, the constructive and practical signifi- cance of judgments in the realm of private law becomes apparent in the light of contractual hardship, as the concept was developed by the judiciary (taken up from suggestions provided by academia) and goes far beyond a construction of contract clauses guided by the parties' intentions. The shaky footing on the general good faith rule of § 242 BGB as well as judicial custom was replaced by the firm base of the new § 313 BGB. In codifying this concept on 1 January 2002, the legislature officially departed from the insofar formalist view of the law, which the judiciary had left behind already in September 1920 in (at first) adopting the doctrine of clausula rebus sic stantibus.*" (ob. cit., p. 509). Na mesma direção, ensina Reinhard Zimmermann: "*The rules on change of circumstances had, prior to the reform, been worked out and generally recognized under the auspices of the general good faith rule of § 242 BGB and they had thus constituted one of the most famous examples of a judge-made legal doctrine; they have now found their statutory home in § 313 BGB*" (*The New German Law of Obligations: Historical and Comparative Perspectives*, Oxford: Oxford University Press, 2005, p. 55).

> (...)
> (3) Se não é possível a revisão ou se ela não for exigível de uma das partes, então pode a parte prejudicada resolver o contrato. No lugar do direito de resolução dá-se o direito à denúncia, nos casos de relações duradouras.[447]

Como se vê, a revisão judicial do contrato assume nítido caráter preferencial no *BGB*, restando à resolução o papel de remédio subsidiário, aplicável apenas "se não é possível a revisão ou se ela não for exigível de uma das partes".[448] Afiguram-se numerosas as diferenças entre o *BGB* e o Código Civil brasileiro de 2002 no tocante ao desequilíbrio contratual superveniente, como também se revelam, de resto, diversas as realidades sociais sobre as quais suas normas se destinam a incidir.[449] A codificação alemã oferece, inegavelmente, porém, um exemplo de como a revisão judicial do contrato pode assumir preponderância sobre a resolução sem que isso signifique necessariamente a submissão da vontade das partes ao arbítrio do juiz ou, como chegaram a afirmar alguns autores, o "declínio do contrato", "a queda do contrato"[450] ou

---

447 No original: "*§ 313 Störung der Geschäftsgrundlage (1) Haben sich Umstände, die zur Grundlage des Vertrags geworden sind, nach Vertragsschluss schwerwiegend verändert und hätten die Parteien den Vertrag nicht oder mit anderem Inhalt geschlossen, wenn sie diese Veränderung vorausgesehen hätten, so kann Anpassung des Vertrags verlangt werden, soweit einem Teil unter Berücksichtigung aller Umstände des Einzelfalls, insbesondere der vertraglichen oder gesetzlichen Risikoverteilung, das Festhalten am unveränderten Vertrag nicht zugemutet werden kann. (...) (3) Ist eine Anpassung des Vertrags nicht möglich oder einem Teil nicht zumutbar, so kann der benachteiligte Teil vom Vertrag zurücktreten. An die Stelle des Rücktrittsrechts tritt für Dauerschuldverhältnisse das Recht zur Kündigung*" (tradução de Fernanda Carvalho Fruhstockl, *Aspectos da Revisão Judicial dos Contratos no Direito Civil Brasileiro e Alemão*, Faculdade de Direito da Pontifícia Universidade Católica do Rio Grande do Sul, 2012, p. 15).

448 A doutrina comparatista registra que a jurisprudência alemã tem aplicado o § 313 do *BGB* mesmo às hipóteses de impossibilidade econômica e moral, com base nos trabalhos legislativos que conduziram à reforma da codificação alemã e por preferir a revisão à resolução do contrato: "*Ainsi les cas de l'impossibilité économique et morale doivent être régis par § 313 BGB. La jurisprudence préfère l'application de § 313 BGB parce qu'il permet la revision du contrat pour imprévision et de prendre en consideration les interest des deux parties*" (Philipp Hujo, *Force majeure et Imprévision – Une analyse comparatiste entre le droit français, le droit anglais et le droit allemande*, cit., p. 48).

449 Ainda assim, não deixa de ser um parâmetro relevante na medida em que o direito alemão é, ainda hoje, considerado "liderante" no tratamento da alteração superveniente do contrato (Menezes Cordeiro, *Contratos Públicos*, cit., p. 55).

450 Como consta já do título da mencionada obra de Patrick Atiyah, *The Rise and Fall of the Freedom of Contracts*, cit., 1979, e, mais detalhadamente, de suas conclusões em que o jurista inglês afirma: "*The past century, and more particularly, the past thirty years, have*

mesmo a "morte do contrato".[451] Muito ao contrário, é a resolução contratual que põe fim ao contrato, enquanto a revisão contratual destina-se a salvá-lo.[452]

É na própria análise do remédio resolutivo, portanto, que se encontra a justificativa para a atribuição de preferência ao remédio revisional. Não se deve contornar, por acrobacias hermenêuticas, o fato evidente de que o legislador brasileiro atribuiu, no art. 478 do Código Civil, ao contratante que sofre a excessiva onerosidade em contrato bilateral o direito a "pedir a resolução do contrato". O direito à resolução deve, contudo, como tem ocorrido em tantas searas, ser objeto de rigoroso controle de merecimento de tutela. Cumpre, em particular, verificar se o exercício da resolução se afigura justificado pelo efetivo comprometimento da realização do interesse comum das partes consubstanciado no contrato, pois somente nessa hipótese o exercício da resolução se poderá dizer proporcional.[453] Se, ao contrário, for possível preservar o interesse comum das partes reequilibrando o contrato, o exercício da resolução revelar-se-á injustificado, devendo o juiz repeli-lo, como já ocorre na mencionada hipótese de aplicação da teoria do adimplemento substancial.[454] O caminho

seen a decline of contract from the high point which it had reached by 1870. We have already seen how in political affairs, freedom of contract had ceased to be a living issue early in the twentieth century, and although freedom of contract is by no means dead in the law Courts, even among lawyers the decline has been evident".

451 A expressão foi cunhada por Grant Gilmore já no título de sua célebre obra *The Death of Contract*, Columbus: Ohio State University Press, 1974. Sobre o tema, a observação instigante de Pietro Perlingieri: "*Credo che sia poco utile, anche se estremamente interessante, accettare provocazioni del tipo 'il contratto è vivo', oppure 'il contrato è morto, il contratto sta morrendo': finché gli uomini saranno su questa terra e dovranno pattuire condizioni per realizzare i loro interessi, il contratto non potrà morire mais. Esso non è morto neppure nella pianificazione del regime del socialismo reale che negava la libertà economica e di impresa. Occorre piuttosto valutare i contratti per quello che sono ed adeguare il concetto di contratto alle esigenze di oggi*" (*Il diritto dei contratti fra persona e mercato – Problemi di diritto civile*, cit., p. 465).

452 Nesse sentido, afirma Carlo G. Terranova: "*Ricondurre le situazioni delineate nel tempo nei termini del rapporto originario non è tradire la regola dell'impegno contrattuale, ma, al contrario, proiettare la volontà delle parti oltre la barriera costituita dal tempo e dalla modificazione dei fatti umani*" (*L'eccessiva onerosità nei contratti*, cit., p. 239).

453 O Projeto de Lei n. 6.960/2002, que se destina a alterar o Código Civil, propõe que o remédio resolutivo esteja condicionado a graves prejuízos que possam derivar da revisão: "Art. 475. Requerida a revisão do contrato, a outra parte pode opor-se ao pedido, pleiteando a sua resolução em face de graves prejuízos que lhe possa acarretar a modificação das prestações contratuais".

454 Ver, na doutrina estrangeira, Raffaelle Tommasini, *Dalle logiche di revisione del rapporto alle più articolate forme di gestione*, cit., p. 17: "*La disciplina è disposta nel senso di orientare*

que restará ao contratante, por se afigurar proporcional à patologia remediável, será a revisão judicial do contrato, com base no art. 317 da codificação civil.[455]

Tem-se, assim, que o caráter preferencial da revisão – tal qual proposto nesta obra – não decorre de uma opção legislativa expressa, mas se trata de efeito necessário de um processo, que se pode dizer cada vez mais amadurecido na experiência jurídica brasileira, de controle de merecimento de tutela do concreto exercício do direito de resolução. Trata-se de preferência que deriva, portanto, do próprio reconhecimento da intensidade dos efeitos do remédio resolutivo, efeitos que devem ser reservados àquelas situações em que a relação contratual realmente não possa prosseguir utilmente para o interesse comum das partes.[456]

Cumpre registrar uma última observação acerca do direito à resolução. A rejeição ao efeito drástico da resolução tem se tornado tão frequente que já se começa a discutir, em algumas experiências jurídicas estrangeiras e no cenário internacional, o temperamento dos seus efeitos. Vale dizer: a própria resolução pode ser modificada, em relação ao momento de sua ocorrência e às consequências que daí decorrem para as partes. Nesse sentido, afigura-se emblemático o disposto no art. 6.2.3(4) dos *Princípios do Unidroit*, que trata dos efeitos da *hardship*:

> Artigo 6.2.3 (Efeitos da *hardship*)
> (...)
> (4) Caso o Tribunal considere a existência de *hardship*, poderá, se for razoável:

---

le vicende in funzione della realizzazzione di quegli interessi che la fattispecie ha prospettato al mondo giuridico: l'estinzione del rapporto è legata alla constatata definitiva impossibilità di realizzare quegli interessi od alla verificazione che essi siano stati ormai pienamenti soddisfatti".

455 Trata-se, de resto, de uma tendência universal naquelas jurisdições que admitem a revisão e a resolução do contrato como remédios aplicáveis ao desequilíbrio contratual superveniente, como registra Rona Serozan, *General Report on the Effects of Financial Crises on the Binding Force of Contracts: Renegotiation, Rescission or Revision*, cit., p. 26: "*In jurisdictions where only adjustment and termination of the contract are available, usually the priority issue between these remedies is left to the courts' discretion. But usually, the courts shall provide ajustment of the contract and only if an adjustment is in concreto not appropriate, the contract shall be terminated*".

456 É nesse sentido que deve ser interpretada a ênfase que a doutrina italiana atribui ao interesse das partes na análise da excessiva onerosidade, quando afirma: "*In questo settore la volontà delle parti assume sicuramente un ruolo cardine*" (Paolo Gallo, *Sopravvenienza contrattuale e problemi di gestione del contratto*, cit., p. 9).

(a) extinguir o contrato, na data e condições a serem fixadas, ou
(b) adaptar o contrato com vistas a restabelecer-lhe o equilíbrio.

Como se vê, os *Princípios do Unidroit* tratam de extinção e adaptação do contrato como remédios alternativos, à disposição do tribunal. Ao tratar da extinção, contudo, acrescentam que essa se dará "na data e condições a serem fixadas". Em outras palavras: a própria corte que julgar a demanda determinará, em optando pelo término do contrato, o modo como se dará a extinção do contrato e as suas consequências. Tal abordagem permite temperar os efeitos da visão tradicional da resolução como uma "*all-or-nothing solution*" (solução tudo-ou-nada) que não deixa qualquer espaço ao juiz.[457]

No Brasil, essa possibilidade de *revisão da resolução* – com o perdão do trocadilho – ainda não adentrou as considerações da doutrina e da jurisprudência, mas os exemplos estrangeiros e internacionais revelam que, além de certa preferência por remédios não terminativos, mesmo os remédios terminativos podem vir a ser temperados em seus efeitos. Também essa tendência pode ser vista como produto da superação de uma abordagem voluntarista, na medida em que, não se tratando de extinguir o contrato por uma indesejada divergência em relação ao acordo de vontades originário, mas simplesmente por um desequilíbrio superveniente que afeta a proporcionalidade interna do seu objeto, não se impõe necessariamente uma eficácia *ex tunc* da resolução, que retroceda ao momento inicial da relação contratual, nem uma aplicação rígida e absoluta do seu efeito terminativo. Muito ao contrário, também a extinção do contrato nessas hipóteses de desequilíbrio superveniente exprime, em última análise, uma forma de adaptação da relação contratual à realidade, que pode, portanto, ser amoldada à luz das circunstâncias concretas e do melhor interesse dos contratantes.

9. Síntese: como proceder diante de casos de desequilíbrio contratual superveniente

O exame dos requisitos do desequilíbrio contratual superveniente no direito brasileiro, bem como dos remédios que lhe são aplicáveis, seguido, respectivamente, das propostas interpretativas já desenvolvidas ao longo deste capítulo, há de permitir, a título de síntese, a construção de um roteiro objetivo a ser seguido pelo magistrado ou intérprete no enfrentamento dos casos concretos. Pretendido roteiro parte de três situações diferentes que são tratadas

457 Ewoud Hondius, Hans Christoph Grigoleit et al., *Unexpected Circumstances in European Contract Law*, cit., p. 9.

indistintamente em nossa doutrina e jurisprudência: (a) o agravamento do sacrifício econômico imposto ao contratante, a que pode denominar *onerosidade excessiva direta*; (b) a diminuição do benefício econômico a ser extraído do contrato por esse contratante, a que se pode denominar *onerosidade excessiva indireta*; e (c) o aumento do sacrifício econômico de ambos os contratantes, a já referida *dupla onerosidade excessiva.*

9.1. Onerosidade excessiva direta

Essa é a hipótese a que se refere a maior parte da doutrina quando trata do desequilíbrio contratual superveniente. É o caso do transportador que, por conta do fechamento de uma estrada, vê-se compelido a percorrer um trajeto bem mais longo ou utilizar um meio de transporte bem mais custoso para entregar a mercadoria. É também o caso do empreiteiro que, por conta de um período prolongado de chuvas que impede o prosseguimento da obra, acaba tendo que empregar muito mais recursos para cumprir o prazo ajustado, ou do fornecedor de produtos que, por conta de um aumento excessivo do preço dos seus insumos, terá de desembolsar quantias bem mais elevadas para atender à demanda ajustada com seu cliente. É, ainda, o caso do doador que, obrigado a entregar certa quantia ao donatário, depara-se com a promulgação de uma lei que cria novo e pesado tributo sobre aquele que efetua transferências financeiras.

São todas situações em que há uma obrigação ainda pendente de cumprimento, preenchendo-se, portanto, o requisito temporal. São todas situações em que se verifica um agravamento manifesto do sacrifício econômico que o contrato impõe ao devedor ou, em outras palavras, uma excessiva onerosidade. Trata-se, naturalmente, de matéria de fato, a ser apurada em sede probatória. O que releva é a majoração do ônus econômico que recai sobre o contratante. Constatado o aumento do ônus econômico em patamar exorbitante, com base no parâmetro objetivo dos valores de mercado, caracteriza-se a excessiva onerosidade.

Surge, então, a questão da imprevisibilidade. Se a onerosidade excessiva não deriva do comportamento do próprio devedor e se o risco da sua ocorrência não restou por ele assumido de forma expressa ou, ao menos, inequívoca ao tempo da contratação, a causa imprevisível e extraordinária deve ser presumida. Se tal fato era realmente previsível ou imprevisível, como também se ordinário ou extraordinário, é difícil afirmar em abstrato, pois, como já visto, o próprio isolamento dos acontecimentos em um "fato" único para fins de análise da imprevisibilidade e extraordinariedade revela-se artificial, na medida em que mascara uma cadeia de acontecimentos que pode ser examinada com maior ou menor grau de especificidade, tornando-se singulares ou corriqueiros, comuns ou incríveis (no exemplo do transportador, o fechamento da estrada pode ser considerado previsível se ela já fechou antes, mas imprevisível se jamais fechou durante o período de seca). Imprevisibilidade e extraordinariedade devem, por isso, ser presumidas a partir da própria onerosidade *excessiva* que afeta o contratante – presunção que somente poderia ser afastada pelas razões já mencionadas acima: assunção expressa ou inequívoca de risco ou sua imputabilidade ao devedor.

Assim, havendo, nos exemplos acima citados, pendência de cumprimento da obrigação (requisito temporal), excessiva onerosidade (requisito objetivo apurado à luz dos valores de mercado) e imprevisibilidade e extraordinariedade (presumidas a partir da excessiva onerosidade, supondo-as não afastadas por prova em contrário), abrem-se dois caminhos. Em se tratando de contrato unilateral, todos os requisitos estarão preenchidos, configurando-se o desequilíbrio contratual horizontal, ou seja, o agravamento do sacrifício econômico do contratante no tempo. Faculta-se-lhe pleitear a revisão do contrato nos termos do art. 480 do Código Civil, que autoriza o devedor a requerer que sua "prestação seja reduzida, ou alterado o modo de executá-la, a fim de evitar a onerosidade excessiva".

Em se tratando, todavia, de contrato bilateral, restará examinar a situação da contraparte. Três possibilidades se colocam: ou (a) as obrigações, sempre *lato sensu*, da contraparte mantiveram-se relativamente estáveis em sua dimensão econômica; ou (b) tiveram sua dimensão econômica significativamente diminuída (configurando a extrema vantagem); ou (c) sua dimensão econômica também restou agravada por uma excessiva onerosidade que prejudica a contraparte.

Na primeira e na segunda hipóteses, o contrato deverá ser reequilibrado por meio da revisão judicial. Embora o contratante excessivamente onerado tenha, pela legislação brasileira, direito à resolução, seu concreto exercício representará, a princípio, uma via demasiadamente drástica se o contrato ainda puder ser reajustado de modo a se recuperar a relação de comutatividade originária. A diferença entre as duas hipóteses reside no modo e medida da revisão, uma vez que, na primeira hipótese, há simplesmente ônus a ser repartido entre os contratantes e, na segunda hipótese, um ganho a ser "compensado" com uma perda. Enquanto na primeira hipótese, há, a rigor, uma repartição equilibrada de perdas, na segunda, ocorre um efetivo reequilíbrio do contrato. A terceira hipótese constitui dupla onerosidade excessiva, situação que será examinada mais adiante.

9.2. Onerosidade excessiva indireta

Na chamada onerosidade excessiva indireta, o contratante não assiste a um agravamento excessivo do sacrifício econômico representado pela sua obrigação pendente, mas sim a uma diminuição excessiva do benefício econômico representado pela obrigação recíproca, também pendente de cumprimento.[458] É o que ocorre naqueles casos em que a contraprestação esperada tem seu valor significativamente reduzido. O célebre caso do *Canal de Craponne*, julgado pelo *Conseil d'État* francês é exemplo de hipótese de onerosidade excessiva indireta: a contraprestação paga pelo uso do canal tornou-se, com o passar dos anos e a desvalorização monetária, insignificante perante os custos de manutenção do canal.[459]

A desvalorização significativa da contraprestação, que, como já visto, os italianos denominam *svilimento della controprestazione*,[460] equivale a um agravamento *reflexo* ou *indireto* do ônus econômico que recai sobre o contratante, na medida em que deixará de receber pelo sacrifício econômico realizado o

458 A noção de onerosidade excessiva indireta provém, como já registrado anteriormente, da doutrina italiana. No Brasil, o conceito é acolhido por, entre outros, Araken de Assis: "Desta disposição se infere que a onerosidade excessiva se divide em duas espécies: (a) direta; e (b) indireta. A mudança das circunstâncias tanto pode tornar a prestação excessivamente gravosa quanto reduzir significativamente a utilidade da contraprestação. Em ambos os casos, o desequilíbrio afeta a comutatividade do contrato, ensejando a terapia do art. 478" (*Da Resolução por Onerosidade Excessiva*, cit., p. 721). Na mesma direção, Ruy Rosado de Aguiar Júnior, *Comentários ao Novo Código Civil*, cit., p. 904: "Existe a onerosidade direta, que atinge a prestação não cumprida na sua objetividade, e a onerosidade indireta, que decorre da desvalorização da contraprestação devida a uma prestação ainda não cumprida. Isso porque se entende que há perda da equivalência não apenas pelo aumento do custo da prestação, como pelo aviltamento da contraprestação. Aquele que deve prestar, e sabe que a contraprestação a receber desvalorizou-se substancialmente por fatos supervenientes, sofrerá gravemente com a execução do contrato."

459 Como já visto, porém, a *Cour de Cassation* negou a possibilidade de qualquer alteração à prestação pactuada, naquele que ficou conhecido como "*l'un des arrêts les plus célèbres de la Cour de cassation en ce qu'il est le symbole par excellence du principe de la force obligatoire des conventions*" (Émilie Labrot, *L'Imprévision – Étude comparée droit public-droit privé des contrats*, cit., p. 107).

460 Como conclui Paolo Gallo: "*Ne possiamo dedurre che non solo l'incremento dei costi e delle difficoltà d'esecuzione, ma anche lo svilimento della controprestazione ben può legittimare un provvedimento di revisione del contratto*" (Paolo Gallo, *Sopravvenienza contrattuale e problemi di gestione del contratto*, cit., p. 427). Em igual sentido, Luciana Cabella Pisu, *I rimedi contro l'eccessiva onerosità sopravvenuta*, cit., p. 539; entre outros.

benefício econômico que lhe seria correspondente.[461] Trata-se do que alguns autores denominam, por seu caráter futuro, agravamento "virtual".[462] Aqui, não importa se a prestação já foi efetuada ou se encontra ainda pendente de cumprimento; a onerosidade excessiva indireta diz respeito à contraprestação, que deve, essa sim, estar total ou parcialmente pendente de cumprimento.[463] Os casos mais evidentes de aviltamento da contraprestação dizem respeito à desvalorização monetária, que pode corroer o benefício econômico esperado pelo credor, mas sua casuística é ampla.[464]

---

461 No Brasil, tratando do aviltamento da contraprestação, ver, entre outros, Paulo Magalhães Nasser, *Onerosidade Excessiva no Contrato Civil*, cit., p. 151: "Ao conceito de onerosidade excessiva, além do forte agravamento da contraprestação, há que incluir a diminuição da utilidade da contraprestação, de forma que esta passe a apresentar-se como extremamente desvantajosa diante da prestação correspondente".

462 Luciana Cabella Pisu, *I rimedi contro l'eccessiva onerosità sopravvenuta*, cit., p. 549.

463 Nesse sentido, é categórico Massimo Bianca: "*Lo svilimento della controprestazione è per altro irrilevante se questa sia stata già eseguita.*" (*Diritto civile*, cit., p. 425. v. 5). Na mesma direção, registra Angelo Riccio que a figura do "*svilimento della controprestazione*" equivale, para parte da doutrina italiana, a uma espécie de "*eccessiva onerosità 'rovesciata', e che pertanto il requisito dell'inesecuzione debba conformarsi a tale particolarità ed essere ricostruito in modo speculare rispetto a quello che l'art. 1467 cod. civ. prevede per l'eccessiva onerosità della prestazione*" (*Eccessiva onerosità* – *Arts. 1467-1469*, cit., p. 150).

464 Ao tratar das "hipóteses de desvalorização da prestação", Ruy Rosado de Aguiar Júnior chega a apresentar uma enumeração ilustrativa, contendo diferentes situações: "Em muitas situações o fato superveniente pode atingir o valor da prestação, a permitir a incidência do art. 317: (a) o credor, que já prestou, receberá prestação desvalorizada por efeito de fatos novos; (b) o devedor terá a obrigação de prestar antes, mas a contraprestação que irá receber desvalorizou-se sensivelmente depois do contrato. A prestação devida não muda; o que se altera é a contraprestação em vista da qual ela será feita; daí o desequilíbrio, que onera o obrigado a prestar antes, isto é, o devedor. (...) (c) o contratante prestou antes, e nessa condição tornou-se credor da contraprestação, que se desvalorizou. Sua prestação já foi efetuada, e por isso imodificável para ele (ainda que depois do seu pagamento tenham se alterado os valores, o que é já irrelevante); o que muda é o valor do que ele tem a receber, que diminuiu a seu prejuízo; (d) a prestação a ser feita não se torna mais onerosa ao devedor (digamos que ele já tivesse mercadoria suficiente em estoque), o que se altera é a condição de reposição do mesmo bem no mercado. Conforme as circunstâncias, para o empresário cuja atividade depende dessa reposição, a onerosidade da reposição pode significar indiretamente a onerosidade da prestação. Se ele tem que prestar pelo valor antigo, sofrerá o prejuízo. Ordinariamente, a pequena variação do preço se insere na álea do negócio; (e) pode ocorrer que fatos novos determinem a alteração dos valores da prestação e da contraprestação na mesma proporção. Isto é, o equilíbrio entre as prestações persiste. Mas, ainda nessa situação, uma delas – naquele novo valor – pode se tomar inútil ao credor, ou excessivamente onerosa ao devedor. A parte onerada pode alegar a onerosidade" (*Comentários ao Novo Código Civil*, cit., p. 917-918).

A onerosidade excessiva indireta constitui hipótese análoga à onerosidade excessiva direta, apresentando, portanto, identidade de *ratio* à luz da ordem jurídica. Todos os requisitos examinados em relação à onerosidade excessiva direta aplicam-se aqui, mas tomando como referência as obrigações (*lato sensu*) da contraparte. O remédio aplicável é, por essa razão, o mesmo que se aplica à onerosidade excessiva direta, qual seja, a revisão judicial do contrato, que prefere à resolução, pelas razões já expostas no subitem anterior.

9.3. Dupla onerosidade excessiva

A situação mais delicada é aquela em que ambas as partes sofrem o agravamento do sacrifício econômico que lhes é imposto pelo contrato. Não há aí um desequilíbrio contratual *vertical*, mas tão somente um desequilíbrio contratual *horizontal*, consubstanciado no agravamento do sacrifício econômico do contratante no tempo. A relação de correspectividade entre prestação e contraprestação ou, em perspectiva mais ampla, a relação entre sacrifícios e benefícios econômicos decorrentes do contrato segue mantida, mas ambas as partes passam a estar sujeitas a ônus econômico excessivamente superior àquele existente no momento da formação do contrato. Ambos os contratantes sofrem, portanto, excessiva onerosidade.

É o que ocorre no já mencionado exemplo da obra pública que eleva sobremaneira os valores dos imóveis situados em determinada região, afetando ambos os contratantes em um contrato de permuta de imóveis cujo cumprimento fora diferido no tempo. Discute-se qual solução deve ser oferecida pela ordem jurídica nessas hipóteses. Aparentemente, o mesmíssimo remédio que assume caráter preferencial nos casos de onerosidade excessiva direta e indireta poderia ser aqui invocado, quiçá até com maior razão, uma vez que não é apenas um, mas ambos os contratantes que se encontram excessivamente onerados em relação às suas respectivas obrigações. A lógica linear da conclusão afigura-se meramente aparente. Isso porque, não havendo na hipótese de dupla onerosidade excessiva um desequilíbrio relacional a ser corrigido, a revisão judicial do contrato voltada a reduzir ou eliminar o agravamento do ônus econômico dos contratantes não poderá operar como meio de transferência do ônus econômico de uma das partes à outra, mas terá forçosamente de resultar em uma redução do ônus econômico de ambas, o que só pode ser alcançado, a princípio, pela alteração das obrigações recíprocas.

Assim, no citado exemplo dos proprietários que permutam imóveis, o aumento do sacrifício econômico de um deles não poderá ser "compensado" com uma transferência de parte desse sacrifício econômico de um a outro; a redução do sacrifício a maior somente poderá ser atingida por meio de uma redução da própria obrigação, como, por exemplo, a alteração do tamanho do terreno permutado. O exemplo demonstra como a revisão judicial do contrato, nos casos de dupla onerosidade excessiva, afigura-se bastante diversa daquela que ocorre nos casos de onerosidade excessiva *singular*, direta ou indireta. Com efeito, na hipótese de dupla onerosidade excessiva, a revisão judicial do contrato pode vir a importar, a rigor, em modificação do objeto pactuado ou, noutras palavras, em um *novo* contrato.

Daí por que a doutrina italiana que examina o tema em profundidade tem dado nesses casos preferência à resolução do contrato.[465] Ainda que tal solução seja, a toda evidência, fortemente influenciada pelo tecido normativo italiano – que, como já visto, não conta com norma expressa de caráter geral autorizando revisão – é interessante notar como o posicionamento em prol da resolução nos casos de dupla onerosidade excessiva funda-se na assertiva de que as partes não podem "*considerarsi vincolate ad un assetto contrattuale ed economico non concordato*".[466]

De fato, nas hipóteses em que a aplicação do remédio revisional resultaria necessariamente em uma alteração substancial do objeto da obrigação de ambas as partes – e não simplesmente na repartição de ônus econômico excessivo ou na sua transferência à parte que experimenta bônus econômico (extrema vantagem) –, afigura-se, ao menos em plano teórico, mais elevada a chance de distanciamento do comum interesse das partes consubstanciado no contrato.[467] A exigência de "mutilação" do contrato aproximaria a dupla onerosidade excessiva daquelas hipóteses tratadas na experiência jurídica do *common law* como casos de *frustration*, aplicando-se a antiga tradição do *non*

---

465 Nesse sentido, Angelo De Martini, *Eccessiva onerosità della prestazione, diminuita utilità della controprestazione e principio di corrispettività nella dinamica del contratto*, cit., p. 28; e Agostino Gambino, *Eccessiva onerosità della prestazione e superamento dell'alea normale del contratto*, cit., p. 428. Igualmente, Angelo Riccio, *Eccessiva onerosità – Arts. 1467-1469*, cit., p. 138-139: "*La risoluzione per eccessiva onerosità sopravvenuta, dunque, deve essere applicata anche qualora, pur rimanendo invariato il rapporto di valore tra le prestazioni corrispettive, il costo di entrambe sia notevolmente aumentato*".

466 Em tradução livre: "se considerar vinculadas a um tecido contratual e econômico não concordado". Trecho original de Angelo Riccio, *Eccessiva onerosità – Arts. 1467-1469*, cit., p. 138.

467 Em uma abordagem mais influenciada pela análise econômica do direito, afirma Paolo Gallo que a resolução deve ser aplicada quando se afigure a solução "*più efficiente*", em particular quando, diante da superação dos benefícios pelos custos, o prosseguimento da relação contratual afigure-se antieconômico para ambos os contratantes (Paolo Gallo, *Sopravvenienza contrattuale e problemi di gestione del contratto*, cit., p. 391).

haec in foedera veni ("não foi isso o que prometi").[468] Aqui, ainda em plano puramente teórico, haveria um ponto de contato com a doutrina de Larenz, para quem os problemas de equivalência entre as prestações (Äquivalenzsstörung) abririam caminho à revisão do contrato, enquanto os problemas relativos à inalcançabilidade do escopo contratual (*Zweckvereitelung*) atrairiam o remédio extremo da resolução.[469]

É de se ressaltar, entretanto, que a legitimidade ou não do exercício do remédio resolutivo – oferecido pelo art. 478 em qualquer das hipóteses de excessiva onerosidade – dependerá sempre, como já dito, da verificação de proporcionalidade entre os efeitos terminativos da resolução e o concreto comprometimento da possibilidade de realização do interesse comum dos contratantes. Trata-se, portanto, de questão de fato, a ser apurada caso a caso. O que se está a afirmar é tão somente que a alteração substancial de ambas as obrigações tende, com mais facilidade, a escapar ao comum interesse dos contratantes, razão pela qual, nessa hipótese específica, a via de resolução poderá se tornar mais frequente na prática.

Vistas as três situações de excessiva onerosidade que podem ocorrer na prática, e um sintético itinerário do modo como proceder diante delas, em consonância com as propostas interpretativas aqui apresentadas, deve-se passar ao exame tão imparcial quanto possível das críticas que podem ser formuladas às referidas propostas.

10. Antítese: arbitrariedade judicial e judicialização excessiva

Uma leitura das propostas apresentadas pode resultar na impressão de que este livro promove uma excessiva abertura do tema do desequilíbrio à atuação do intérprete, em particular, do juiz. Diz-se *abertura* porque o conjunto de propostas interpretativas apresentadas – em especial, a passagem da centralidade da

468 Recorde-se, ainda uma vez, a passagem de Lord Radcliffe: "*By this time it might seem that the parties have become so far disembodied spirits that their actual persons should be allowed to rest in peace. (...) So perhaps it would be simpler to say at the outset that frustration occurs whenever the law recognises that without default of either party a contractual obligation has become incapable of being performed because the circumstances in which performance is called for would render it a thing radically different from that which was undertaken by the contract. Non haec in foedera veni. It was not this that I promised to do*" (*Lord Radcliffe* in *Davis Contractors Ltd. V. Fareham Urban District Council* (1956) A.C. 965, p. 728).

469 Karl Larenz, *Base del Negocio Juridico y Cumplimento de los Contratos*, cit., p. 171-196.

imprevisão para o desequilíbrio, associada à preferência remedial pela revisão judicial do contrato – pode ser encarado como uma ampliação da participação do Poder Judiciário na relação contratual, uma vez que não se limitará a resolver ou não resolver o vínculo, nem poderá se valer do juízo puramente teórico e, por vezes, evasivo da previsibilidade ou ordinariedade da causa de desequilíbrio, havendo necessariamente de examinar o contrato em concreto.

Essa nova abertura ao magistrado é, em parte, mais aparente que real, uma vez que o Poder Judiciário já se permite, diante do arcabouço normativo brasileiro, rever contratos quando assim lhe parece "justo" diante das circunstâncias concretas. Não se pode, todavia, descartar a crítica teórica pelo fato de que a objeção formulada já aconteça na prática. Essa objeção a uma exagerada participação do magistrado na relação contratual deve ser, portanto, enfrentada e pode ser decomposta em duas vertentes: (a) o receio do arbítrio judicial; e (b) o receio da excessiva judicialização.

10.1. Arbitrariedade judicial

O receio ao arbítrio judicial em tema de desequilíbrio contratual superveniente, embora extremamente comum,[470] apresenta pouco fundamento real no Brasil. Do exame da jurisprudência verifica-se que os tribunais são, conforme já destacado no capítulo inicial desta obra, extremamente criteriosos, quando não tímidos, na tarefa de revisar contratos. Limitam-se, na imensa maioria dos casos, a alterar índices de reajustamento de prestações diante da desvalorização monetária ou a estender brevemente prazos de cumprimento, sempre com extrema cautela para que os interesses de ambos os contratantes sejam preservados e não se altere a essência do pactuado. Para mencionar dados objetivos, em 93 acórdãos analisados neste livro,[471] apenas 25 resultaram

---

470 Receio que, de resto, não é exclusivo de nossa experiência jurídica. Sob o prisma comparatista, destaca Rona Serozan, *General Report on the Effects of Financial Crises on the Binding Force of Contracts: Renegotiation, Rescission or Revision*, cit., p. 25: "*Looking at the perspective of the parties, revision of the contract is a remedy which does not provide much certainty since it is up to the court to judge on the new allocation of contractual risk. Probably due to this reason, Common Law jurisdictions are reluctant to accept the revision of the contract as a remedy.*"

471 Foram contabilizadas decisões referentes a ações revisionais, fossem elas regidas pelo Código Civil, pelo Código de Defesa do Consumidor, ou pela Lei de Licitações. Excluíram-se as ações cujo pedido era simplesmente de resolução do contrato, bem como as revisionais de aluguel (art. 19 da Lei do Inquilinato), tendo em vista que, nestas últimas, o objeto da revisão – qual seja, o valor do aluguel – é delimitado pela própria lei, o que afasta, ou pelo menos mitiga, o risco de arbítrio judicial.

em revisão do contrato. Dentre essas últimas 25 decisões, os seguintes aspectos do contrato foram modificados pela atuação dos juízes, desembargadores e ministros que as proferiram: (a) revisão de cláusula de reajuste indexada à cotação de moeda estrangeira, para determinar que este se dê pela metade da variação cambial no vencimento das prestações; (b) substituição de cláusula de reajuste indexada à cotação de moeda estrangeira pelo INPC; (c) repartição igualitária entre os contratantes dos ônus decorrentes de reajuste antecipado das despesas contratuais trabalhistas; (d) afastamento de multa rescisória; (e) afastamento dos encargos moratórios; (f) prorrogação do prazo de carência contratualmente previsto para o início do pagamento das contraprestações; (g) determinação do vencimento imediato da obrigação; (h) ampliação do prazo contratual, com o recálculo das parcelas para se amoldar ao novo prazo; (i) recálculo do valor das prestações periódicas, mantido o valor total da dívida, para limitar a prestação mensal a um determinado valor prefixado, acarretando o aumento do prazo; (j) revisão de cláusula penal que previa multa rescisória nas hipóteses de roubo ou furto de aparelho celular durante o período de carência, para que, uma vez furtado/roubado o celular, conceder ao fornecedor a opção entre fornecer um novo aparelho celular em comodato ao consumidor, permitindo a conclusão do contrato, ou aceitar a resolução do contrato com o pagamento, pelo consumidor, de metade da multa prevista; e (k) reajustamento do valor da prestação principal. São inexistentes, na jurisprudência analisada, casos de alteração da natureza da prestação principal ou do bem que consiste em seu objeto.

De modo geral, pode-se afirmar que nossos tribunais continuam ainda extremamente apegados ao *pacta sunt servanda* e à reconstrução da vontade originária dos contratantes no novo cenário fático, de tal modo que tendem a rejeitar a revisão contratual. Quando há a revisão, os tribunais parecem cautelosos na sua aplicação, limitando-se a reajustes e readequações mínimas. Sempre será possível encontrar, sobretudo em primeira instância, onde é mais volumoso o número de decisões, um ou outro caso de excesso do magistrado, mas tal situação não é privativa do tema do desequilíbrio contratual superveniente, em que as aberrações não são, definitivamente, a regra.

O arbítrio judicial em tema de desequilíbrio contratual afigura-se, como se vê, muito diverso daquilo que normalmente se alardeia. Não é ausente, mas não se situa, como se supõe, no resultado da revisão; situa-se, isso sim, na enumeração das razões que levam o magistrado a considerar previsíveis ou imprevisíveis os acontecimentos que levam ao desequilíbrio contratual. Assim, o conjunto de propostas interpretativas apresentadas nesta obra não estimula o arbítrio judicial; muito ao contrário, ao pretender redirecionar o debate jurisprudencial nessa temática, centrando-o sobre a aferição objetiva do manifesto desequilíbrio do contrato à luz dos valores de mercado, propugna precisamente a troca do arbítrio pela fundamentação racional e controlável em torno da demonstração da alteração significativa do sacrifício econômico imposto pelo contrato. É de se rejeitar, portanto, a crítica fundada no arbítrio judicial. O mesmo não ocorre, porém, com a crítica fundada no excesso de judicialização.

10.2. Judicialização excessiva

A segunda crítica que pode ser dirigida ao conjunto de propostas interpretativas apresentadas é a excessiva judicialização do desequilíbrio contratual. Ao afastar a necessidade de demonstração da imprevisibilidade – requisito que, conquanto dê ensejo a avaliações arbitrárias por parte do Poder Judiciário, opera, na prática, como fator de desestímulo à propositura de demandas judiciais – e atribuir preferência ao remédio revisional – o que pode funcionar como incentivo à via judicial para aqueles contratantes a quem não interessa a resolução do contrato –, o referido conjunto de propostas tende, com efeito, a aumentar o número de demandas judiciais em torno do tema.

Cumpre observar, todavia, que outras propostas interpretativas apresentadas temperam esse possível aumento das demandas judiciais. Assim, o controle de legitimidade do exercício do direito resolutivo pode desestimular a propositura de ações judiciais por parte daqueles contratantes que pretendam, desproporcionalmente, a extinção da relação contratual. De modo semelhante, o definitivo afastamento da influência (defendida, como já visto, por parte da nossa doutrina) de fatores subjetivos, como a situação econômica do contratante, na análise do desequilíbrio contratual desestimula o recurso ao Poder Judiciário, assim como a exigência de prova do desequilíbrio concreto do contrato desincentiva demandas oportunistas – hoje tão corriqueiras – fundadas em genéricas invocações de crises econômicas como pretexto para o inadimplemento das obrigações.

Ainda assim, seja em escala maior ou menor àquela que caracteriza a realidade atual, a judicialização excessiva consiste, sempre, em um perigo concreto a ser enfrentado. E é possível identificar no direito brasileiro importante instrumento para tanto: o dever de renegociação. É o que se passa a examinar no capítulo seguinte.

Capítulo IV

Dever de Renegociação dos Contratos

"In realtà è una mera illusione ottica ritenere che l'adempimento sia l'esatta realizzazione della prestazione dovuta; tra il dire e il fare c'è di mezzo il mare!"[1]

Paolo Gallo, *Sopravvenienza contrattuale e problemi di gestione del contratto*

Sumário: *1. Em busca do reequilíbrio contratual. 2. Comportamento dos contratantes diante do desequilíbrio e o silêncio do legislador brasileiro. 3. Dimensão comportamental do desequilíbrio contratual na experiência jurídica estrangeira e internacional. 4. Construção de um "dever de renegociação" no direito brasileiro. 4.1. Fundamento normativo: boa-fé objetiva. 4.2. Natureza e objeto do dever de renegociação. 4.3. Utilidade do dever de renegociação. 4.4. Consequências da violação ao dever de renegociação. 5. Cláusulas contratuais de renegociação ou revisão do contrato. 5.1. Tipologia. 5.2. Cláusulas contratuais de limitação ou exclusão da tutela ex lege do equilíbrio contratual. 5.3. A questão do desequilíbrio contratual transcendente.*

1. Em busca do reequilíbrio contratual

O exame do desequilíbrio contratual originário e superveniente na experiência jurídica brasileira, conforme abordado nos capítulos anteriores desta obra, revela a importância do desenvolvimento de remédios dirigidos ao reequilíbrio do contrato, rompendo o dogma da preferência pelas soluções que conduzem à extinção da relação contratual (anulação e resolução do contrato). O Código Civil brasileiro, embora tratando da extinção como regra (especialmente nos arts. 156, 157 e 478), permitiu, em diferentes passagens, o afastamento dos remédios terminativos mediante "oferta" de reequilíbrio por parte do contratante favorecido, quer se trate de desequilíbrio

1 Tradução livre: "Na verdade, é uma mera ilusão de ótica acreditar que o adimplemento seja a exata realização da prestação devida; entre o dizer e o fazer há, no meio, o mar".

originário (art. 157, § 2º),[2] quer se trate de desequilíbrio superveniente (art. 479).[3]

A referida abordagem legislativa – que se reproduz em outras codificações contemporâneas, como o Código Civil italiano (art. 1467, *in fine*) – tem a virtude de abrir caminho para aquela que seria, para muitos, a solução "mais simples" para o problema do desequilíbrio, na medida em que as próprias partes, por exercício da sua autonomia, estariam contornando, de comum acordo, o problema do desequilíbrio mediante uma revisão convencional do contrato ou, mais precisamente, um reequilíbrio contratual espontâneo.[4] Sua insuficiência, contudo, afigura-se evidente, na medida em que restringe o acesso à via do reequilíbrio contratual ao condicioná-lo à vontade *exclusiva* de um dos contratantes, restando ao outro o ônus de pleitear a anulação ou resolução do contrato e "torcer" pela oferta da contraparte.[5] Em suma, na literalidade do Código Civil brasileiro, há uma valorização do reequilíbrio contratual *ma non troppo*: sua obtenção é sempre indireta, dependente que fica da iniciativa do contratante favorecido.[6]

Daí todo o esforço interpretativo, que tem sido conduzido por nossa doutrina e jurisprudência no sentido de admitir o pleito *direto* de revisão judicial do contrato por parte do contratante prejudicado, como também já visto nos capítulos anteriores. Tal abordagem permite superar a insuficiência da

---

2 "Art. 157. (...) § 2º Não se decretará a anulação do negócio, se for oferecido suplemento suficiente, ou se a parte favorecida concordar com a redução do proveito."

3 "Art. 479. A resolução poderá ser evitada, oferecendo-se o réu a modificar equitativamente as condições do contrato."

4 Paolo Gallo, *Sopravvenienza contrattuale e problemi di gestione del contratto*, cit., p. 364.

5 Tal modelo que, como já visto, reflete aquele que havia sido adotado pelo legislador italiano de 1942, já foi considerado "*assai strano*" e "*perfino illogico*" em sua terra natal: "È bene mettere subito in evidenza che il nostro sistema avverte chiaramente l'esigenza di un riequilibrio contrattuale, ma la soddisfa in modo assai incompleto e perfino illogico. Risulta infatti assai strano che, in via di principio, il mutamento delle circostanze può condurre, nei contratti corrispetivi, soltanto all'esecuzione del contratto alle condizioni programmate, oppure alla sua risoluzione, essendo riservata la 'rinegoziazione' o l'adeguamento del regolamento contrattuale all'iniziativa di una sola delle parti ed, in particolare, all'iniziativa del beneficiario della sopravvenienza" (Carlo G. Terranova, *L'eccessiva onerosità nei contratti – artt. 1467-1469*, cit., p. 239).

6 Trata-se de um direito potestativo, a exemplo do que ocorre no Código Civil italiano, em que a doutrina destaca: "*La riduzione ad equità è un diritto potestativo del convenuto in risoluzione, che questi esercita – nel proprio interesse – quando valuta che l'utilità di conservare il contratto valga più del sovraprezzo che deve sborsare per ridurlo ad equità*" (Angelo Riccio, *Eccessiva onerosità – Arts. 1467-1469*, cit., p. 241).

disciplina geral traçada no nosso Código Civil e também harmonizá-la quer com as disposições específicas da própria codificação (arts. 620, 770 etc.), quer com as leis especiais, como o Código de Defesa do Consumidor, a Lei do Inquilinato e a Lei de Licitações, que já asseguram, cada qual à sua maneira e em seus próprios limites, o acesso do contratante prejudicado à revisão judicial do contrato. Ainda assim, não é possível ignorar aqui uma dificuldade que a via da revisão judicial do contrato, se não agrava, tampouco contorna: a necessidade de recurso ao Poder Judiciário.

Não se trata apenas de lamentar os custos envolvidos, as formalidades inerentes e o tempo exigido pela solução judicial – ônus que se verificam, de resto, também nas demandas voltadas à anulação ou resolução do contrato –, mas de destacar a particular desarmonia entre o caminho da judicialização e a ideia de reequilíbrio contratual. A propositura de uma demanda judicial, por si só, é usualmente percebida por ambas as partes como um fato perturbador da sua relação contratual e produz, não raro, um acentuado efeito de desestímulo à obtenção do consenso, na medida em que, por sua própria estrutura e por certa cultura beligerante do contencioso, o processo costuma acirrar divergências entre as partes.[7]

7 Nesse sentido, John W. Cooley, *A Advocacia na Mediação*, trad. René Loncan, Brasília: Universidade de Brasília, 2001, p. 30: "As partes muitas vezes acham que o processo de julgamento por tribunal perturba significativamente suas vidas pessoais durante longos períodos de tempo e em última análise produz um resultado que as deixa ainda mais polarizadas do que estavam quando do início do processo". Na mesma direção, Gerald R. Williams, *Negotiation as Healing Process*, in *Journal of Disput Resolution*, 1996, p. 39-40, destacando que, mesmo em casos em que se logra obter transações em juízo, recomendadas por seus próprios advogados, as partes, por vezes, não superam o estado de divergência: "*Once parties are in conflict, there are essentially only two ways out: negotiation or adjudication. Both are ritual processes. Both are intended to end the conflict and permit the parties to get on with their lives. Nevertheless, except for the relatively few cases which require a trial verdict, the most desirable outcome is for both to have a change of heart, to arrive not only at unacceptable compromise, but to also experience a genuine reconciliation. The fundamental principle is this: if both sides do not experience a change of heart, then one or both of them will continue to carry everything that was left unresolved into the indefinite future with little prospect for resolving it short of another conflict. This conclusion is supported by research showing that in many situations, conflicts are not resolved, but continue in an endless cycle until one party or the other is able to 'exit', that is, to escape the situation by moving far enough away that the disputants no longer see each other. However, it should be noted that this exit does not really 'resolve' the conflict because nothing has really changed in either of the parties. The best prediction is that both parties will soon find themselves in similar conflicts wherever they may end up. More troublesome still, there is research suggesting that even when plaintiffs have retained lawyers and obtained a mutually agreeable settlement (but*

Há, ainda, que se recordar a já tantas vezes mencionada resistência à interferência do juiz no objeto do contrato. Mesmo que, como se tenha visto no capítulo anterior, a intervenção judicial nos contratos na experiência jurisprudencial brasileira afigure-se comedida e criteriosa – com alterações que se limitam, no mais das vezes, a modificar índices de reajuste de preços ou estender prazos de cumprimento, sem revelar ingerência sobre aspectos essenciais do negócio que pudessem comprometer sua utilidade para as partes –, é compreensível que as partes sejam acometidas de certa insegurança quanto ao resultado da sua demanda,[8] quer pela inevitável falta de *expertise* do magistrado acerca não apenas da atividade econômica que é objeto da contratação, mas também do "mundo dos negócios" em geral, quer pela ampla discricionariedade que a ação de revisão contratual concede ao julgador, que pode, em teoria, modificar qualquer aspecto da relação contratual, a fim de obter o reequilíbrio pretendido.[9]

---

not a genuine settlement or change of heart), they will continue to suffer from emotional and physical traumas growing out of the original problem".

8 "*An adjustment of the contract may be achieved by different methods. It can be qualified as an operation of law which the courts are called upon to carry out (e.g., the Netherlands, Spain, Sweden). An alternative mechanism is to entitle the burdened party to request adjustment which is then enforced by the courts (e.g., Germany, Italy). Another option is to combine termination of the contract with a claim of compensation for the party who would have benefited from the contract (e.g., England under the Law Reform (Frustrated Contracts) Act 1943). All the methods of adjustment have in common that they leave wide discretion to the courts in determining a fair allocation of risks related to the unexpected circumstances in accordance with the principle of equity. Therefore, the price of an equitable allocation of the risks is that courts strongly interfere with the parties' contractual dispositions. Consequently, the parties have little certainty with regards to the outcome of a lawsuit*" (Ewoud Hondius e Hans Christoph Grigoleit (coord.), *Unexpected Circumstances in European Contract Law*, Cambridge: Cambridge University Press, 2011, p. 9).

9 Em perspectiva internacional, destaca Christoph Brunner, ao tratar da revisão do contrato por cortes estatais e arbitrais: "*The court may adjust the contrat in a variety of ways. It may: increase or reduce the price or the extent of a performance obligation of a party (e.g., the contract quantity); and/or adjust a particular means or method of performance, e.g., extend the period for performance or due date, change the place of performance or allow for partial performances, or extend or shorten the duration of a contract; and/or order a compensatory payment or monetary adjustment appropriate or adequately allow for the hardship event in view of any other adjustments of the contract*" (*Force Majeure and Hardship under General Contract Principles – Exemption for Non-Performance in International Arbitration*, cit., p. 501). Na Itália, registra, em semelhante direção, Enzo Roppo, *O Contrato*, cit., p. 175: "Mas que significa, em concreto, a determinação 'equitativa' do regulamento, contemplada pelo art. 1374.º cód. civ.? Parece consistir em o juiz, chamado a definir as situações complexas de direitos e deveres que, para as partes, derivam

Não é por outra razão que, na prática negocial, tornou-se frequente que o contratante prejudicado pelo desequilíbrio tente, antes da propositura da demanda judicial, uma solução consensuada com o outro contratante, com base em cláusulas contratuais prevendo a "renegociação de boa-fé" ou mesmo na ausência delas. A doutrina reconhece, por toda parte, que essa tentativa prévia de renegociação do contrato representa, ela sim, "a melhor alternativa" dentre aquelas disponíveis para o problema do desequilíbrio contratual ou "o remédio mais eficiente" para lidar com a alteração superveniente do equilíbrio contratual.[10] Ocorre que, à falta de cláusula contratual expressa, não há nenhuma "garantia" de que o contratante favorecido responderá à tentativa de renegociação efetuada por quem sofre a excessiva onerosidade, nem o direito brasileiro se ocupa, em qualquer medida, daquilo que se passa nessa fase, mantendo um autêntico vácuo normativo em relação àquela que seria a solução mais ágil, eficiente e segura para o desequilíbrio do contrato.

---

do regulamento contratual, estar legitimado a atribuir, para esse fim, relevância a todas as *circunstâncias* – externas ao mesmo regulamento, porque não tomadas em consideração naquele e, como tal, não assumidas pelas partes como sua 'vontade' contratual – que ele, face 'a um ponto não resolvido pelo regulamento contratual', considerará, com a sua valoração discricionária, 'idóneas a permitir a solução que pareça mais harmónica com a operação desenvolvida no seu conjunto' (Rodotá): ainda que tal solução não resulte imediatamente do teor das cláusulas acordadas entre as partes". No Brasil, ver Rogério Marrone de Castro Sampaio, *A Atuação do Juiz no Direito Processual Civil Moderno*, São Paulo: Atlas, 2008, p. 109: "Segundo essa nova técnica, a aplicação da lei ao caso concreto depende da valoração dessas expressões de significado mais abrangente, gerando, com isso, aumento no poder de atuação no juiz. Se de um lado o abandono ao sistema fechado abranda, em certa medida, a referida segurança jurídica, de outro serve como instrumento eficaz à busca dos ideais de justiça e equidade, já que permite ao juiz, com base na mesma norma, outorgar tutelas diferenciadas em atenção às peculiaridades de cada caso".

10 Rona Serozan, *General Report on the Effects of Financial Crises on the Binding Force of Contracts: Renegotiation, Rescission or Revision*, cit., p. 23: "*Renegotiation is the most efficient remedy for the change of circumstances since it enables the parties to find a mutual resolution. Renegotiation is not an all-or-nothing remedy like the termination of contract since it provides the parties with the full discretion of reallocating the risk and regenerating the contractual balance.*" No Brasil, Giovanni Ettore Nanni, tratando das cláusulas contratuais de renegociação, afirma que "a adequação consensual do contrato, fruto de exitoso emprego da cláusula de renegociação, é, sem dúvida, sempre mais eficiente e satisfatória para os contratantes. A prática demonstra que o acordo é celebrado por ambas as partes, ao passo que a decisão judicial usualmente proporciona comemoração só de uma delas. Logo, é recomendável a inclusão de uma cláusula de renegociação nos contratos de duração, o que já acontece com frequência nos negócios internacionais" (A Obrigação de Renegociar no Direito Contratual Brasileiro, in *Revista do Advogado*, v. 116, São Paulo: AASP, 2012, p. 96).

2. Comportamento dos contratantes diante do desequilíbrio e o silêncio do legislador brasileiro

Examine-se, a título de exemplo, caso concreto que envolveu, de um lado, uma companhia do setor de petróleo e, de outro, uma companhia de navegação que lhe prestava serviços de apoio, no âmbito de um contrato com prazo de dez anos de vigência, renovável por igual período. Após oito anos de fiel cumprimento do contrato e ótima relação negocial, a companhia de navegação informou, por carta, à sua cliente que o contrato havia se tornado desequilibrado por uma série de acontecimentos que elevaram o custo da navegação no Brasil, dentre os quais acordos coletivos de natureza trabalhista e mudanças da legislação brasileira que permitiram a concorrência de embarcações estrangeiras em águas nacionais, resultando no aumento dos salários dos trabalhadores do setor marítimo. Argumentava a companhia de navegação que o contrato havia se tornado "excessivamente oneroso", na medida em que, nos últimos anos, o custo da operação teria sido majorado em proporção muitas vezes maior que aquela esperada à luz da média histórica de aumento de custo do setor. Pleiteava, assim, um reajuste no valor do seu contrato. A carta nunca foi respondida. Novas cartas se seguiram, com solicitação de reuniões para debater o tema, mantendo-se o silêncio. O contrato foi cumprido por mais dois anos, tendo a companhia de navegação informado, então, à sua cliente que não desejava a renovação do prazo de vigência. Nesse momento, foi chamada para renegociar os termos do seu contrato.[11]

Não é raro, na prática brasileira, que, diante de cartas e notificações suscitando desequilíbrio contratual, a parte instada a renegociar os termos do contrato simplesmente silencie, confiando que o custo econômico e o ônus negocial da propositura de uma demanda judicial desestimularão a adoção de qualquer atitude do contratante prejudicado. Tal situação verifica-se, com ainda maior frequência, naquelas situações em que se configura a chamada "dependência econômica", como no caso de fornecedores que atuam em mercados dominados por um pequeno número de agentes econômicos, que tais fornecedores precisam atender para manter sua viabilidade econômica, ou, ainda, dos distribuidores que atuam por anos a fio em prol do mesmo cliente de tal modo que seu fundo de comércio atrela-se indissociavelmente à oferta

11 O caso concreto resultou em procedimento arbitral, de caráter sigiloso, razão pela qual se deixa de fornecer detalhes que poderiam resultar na identificação das partes ou do contrato concretamente celebrado.

de produtos desse último.[12] Nesse cenário, a inércia do contratante favorecido pelo desequilíbrio torna-se autêntico mecanismo de coerção, que confronta o contratante prejudicado com a "decisão trágica" de propor uma ação judicial – comprometendo sua relação negocial com aquele cliente e quiçá com outros clientes do seu mercado de atuação – ou manter o cumprimento de um contrato que se tornou economicamente injustificável. Por vezes, opta-se pela segunda via, com grave prejuízo para o contratante e para a economia em geral, na medida em que se mantêm preços artificiais por atividades produtivas, freando investimentos e resultando frequentemente na redução da mão de obra ou da qualidade dos serviços.[13]

Registre-se, entretanto, que não é apenas o contratante favorecido pelo desequilíbrio que costuma adotar comportamentos pouco transparentes e colaborativos. Não se afigura incomum, no Brasil, que o desequilíbrio contratual seja invocado tardiamente pelo contratante alegadamente prejudicado, a título de defesa em ação judicial movida por força do seu inadimplemento, por vezes como mera estratégia para se livrar de obrigações já assumidas que se revelam, com o passar do tempo, fruto de má escolha comercial. O desequilíbrio do contrato tornou-se, de fato, um argumento recorrente daqueles que querem escapar ao efeito vinculante do contrato e à responsabilidade contratual daí decorrente.

Daí por que a maior parte da doutrina brasileira passou a elencar como requisito negativo para a incidência das normas que disciplinam o desequilíbrio contratual superveniente a mora por parte do contratante que sofre a excessiva onerosidade.[14] Essa é a linha expressamente adotada pelo Código Civil português, cujo art. 438º afirma:

---

12 Sobre o tema da dependência econômica, ver, ainda uma vez, Felipe Ramos Ribas Soares, O *Abuso da Dependência Econômica nos Contratos de Distribuição: aplicação do remédio do art. 51, § 2º, do CDC e a manutenção do equilíbrio econômico do contrato*, cit., p. 58-90.

13 Como lembra Paolo Gallo, em perspectiva ligada à análise econômica do direito, "*i costi possono infatti essere aumentati a tal punto da rendere il progetto completamente diseconomico in relazione al beneficio che ci si aspettava di trarre da esso*" (*Sopravvenienza contrattuale e problemi di gestione del contratto*, cit., p. 417)

14 Nesse sentido, Antônio Junqueira de Azevedo, *Relatório brasileiro sobre revisão contratual apresentado para as Jornadas Brasileiras da Associação Henri Capitant*, cit. p. 191; Judith Martins-Costa, *Comentários ao Novo Código Civil*, cit., p. 310-311. v. V, t. I; José Maria Othon Sidou, *Resolução Judicial dos Contratos (Cláusula Rebus Sic Stantibus) e Contratos de Adesão: no Direito Vigente e no Projeto de Código Civil*, cit., p. 114-115; Gabriela Tabet, *Obrigações Pecuniárias e Revisão Obrigacional*, cit., p. 354; entre outros. Contra: Fábio Siebeneichler de Andrade, *A Teoria da Onerosidade Excessiva no Direito Civil*

> Art. 438º (Mora da parte lesada). A parte lesada não goza do direito de resolução ou modificação do contrato, se estava em mora no momento em que a alteração das circunstâncias se verificou.

Entre nós, mesmo à falta de norma nesse sentido, argumenta-se que, advindo o fato superveniente após a constituição em mora do devedor, "ele arca com os efeitos da sua inadimplência, inclusive quanto à onerosidade superveniente, aplicando-se o princípio do art. 399 do Código Civil".[15] A melhor doutrina estrangeira tem destacado que, mesmo quando o desequilíbrio contratual se verifica após a constituição em mora, deve ser admitida a alegação de excessiva onerosidade, desde que a mora do contratante não tenha contribuído *causalmente* para o desequilíbrio do contrato.[16] Pondera-se, nessa direção:

> Decerto que a parte não pode invocar em seu benefício a alteração das circunstâncias se a sua mora foi causal para que aquela relação fosse atingida por essa alteração; quando, portanto, se tivesse cumprido, a relação estaria já extinta. Pelo contrário, a parte pode prevalecer-se da alteração das circunstâncias que teria sobrevindo de qualquer modo e atuado sobre o contrato, houvesse ou não mora. De outra maneira, a exclusão do efeito da alteração das circunstâncias só por haver mora seria injusta, por ser desproporcionada. A lei estabelece sanções próprias para a mora, que não abrangem a exclusão da invocação da alteração das circunstâncias.[17]

Brasileiro: limites e possibilidades de sua aplicação, cit., p. 246-247, que afirma: "Outro ponto de debate no que concerne aos pressupostos da teoria incide sobre a questão de saber se o devedor em mora pode pleitear a tutela da onerosidade excessiva, na medida em que o Código de 2002 não dispôs expressamente a respeito (...) Diante desta indeterminação legislativa, cumpre adotar posição flexível, no sentido de favorecer o interessado em suscitar a onerosidade excessiva, na medida em que o próprio legislador não indicou a inexistência da mora como requisito necessário para a invocação do benefício".

15 Ruy Rosado de Aguiar Júnior, *Comentários ao Novo Código Civil*, cit., p. 888-889. v. VI, t. II.

16 É, de resto, o que resulta da parte final do já mencionado art. 399 do Código Civil: "Art. 399. O devedor em mora responde pela impossibilidade da prestação, embora essa impossibilidade resulte de caso fortuito ou de força maior, se estes ocorrerem durante o atraso; salvo se provar isenção de culpa, ou que o dano sobreviria ainda quando a obrigação fosse oportunamente desempenhada".

17 José de Oliveira Ascensão, *Alteração das Circunstâncias e Justiça Contratual no Novo Código Civil*, cit., p. 66, o qual acrescenta os seguintes exemplos: "Imaginemos que uma empresa se obrigue à reparação de um navio, e atrasa-se seis meses em relação ao prazo a que se comprometera. Já no período de mora, desencadeia-se uma guerra que atinge o país de origem das matérias-primas necessárias, o que leva estas a cotações exorbitantes. É nesses casos que a parte em falta não poderá prevalecer-se da alteração das

Pode ocorrer, todavia, que o fato superveniente seja anterior à mora do contratante, o qual pode ter se tornado impontual justamente em virtude da excessiva onerosidade. Nessa situação, impedir a alegação de onerosidade excessiva pelo contratante em mora equivaleria a referendar o desproporcional sacrifício econômico do contrato, negando ao contratante qualquer instrumento de tutela em face da excessiva onerosidade.[18] Tal circunstância não apenas vai de encontro ao princípio do equilíbrio contratual, mas também desestimula uma efetiva renegociação do contrato, funcionando como fator adicional de coerção sobre o contratante prejudicado pelo desequilíbrio.[19] De outro lado, o outro contratante pode nem sequer ter tido conhecimento do desequilíbrio contratual – especialmente naqueles casos que não resultam em "extrema vantagem" para si –, de tal maneira que a mora não deixa de lhe gerar prejuízos que poderiam ter sido evitados e que exigirão ressarcimento. Para solucionar esse dilema, há quem afirme que o contratante que sofre a excessiva onerosidade teria de propor, ainda que às pressas, ação judicial de revisão ou resolução do contrato, para, em seguida, efetuar o cumprimento da sua obrigação, restando assegurada por meio da prévia invocação do desequilíbrio contratual a discussão do tema.[20] O cumprimento da obrigação somente deveria ocorrer,

---

circunstâncias. Não porém na hipótese de, no pagamento de uma dívida em prestações, haver atraso de uma delas, quando ainda faltam outras, pelo que, de todo modo, o contrato seria atingido por aquela alteração das circunstâncias". No Brasil, em igual sentido, ver Rodrigo Toscano de Brito, *Equivalência Material dos Contratos*, cit., p. 108: "Se a parte estava em mora ao tempo da alteração das circunstâncias, deve sofrer as consequências da mora, e não se ver proibida de conservar o contrato, desde que possa ser reequilibrado".

18 Nessa direção, tem-se admitido na Grécia, por exemplo, a invocação do desequilíbrio contratual pelo contratante em mora, destacando-se, contudo, que "*the change in circumstances must be the primary if not sole reason for the default*" (Nikolaos A. Davrados, *Financial Turmoil as a Change of Circumstances under Greek Contract Law*, cit., p. 152).

19 Fator de coerção especialmente tormentoso, na medida em que, uma vez cumprida a prestação, sua excessiva onerosidade, a não ser que ressalvada anteriormente ao cumprimento, não poderia mais ser discutida ao menos em sede de invocação do desequilíbrio contratual; como já visto, restaria ao contratante prejudicado unicamente a via restitutória, fundada na vedação ao enriquecimento sem causa (Judith Martins-Costa, *A Revisão dos Contratos no Código Civil Brasileiro*, cit., p. 166, entre outros).

20 Cosimo D'Arrigo, *Il controllo delle sopravvenienze nei contratti a lungo termine*, cit., p. 556, destaca que isso se deve ao fato de que "*se la parte onerata porta a termine l'impegno contrattuale nonostante l'aumento dei costi e senza aver richiesto la rinegoziazione, il suo interesse ad essere tenhuta indenne dei maggiori oneri si scontra con l'esigenza della controparte di non sostenere costi per beni o servizi non desiderati, perlomeno a quel prezzo*". A propositura da ação judicial, contudo, pode não assegurar uma genuína discussão do

portanto, *após* a propositura da ação judicial, o que impõe custos adicionais a ambas as partes e dificulta, ainda mais, a obtenção de uma solução consensual. Daí por que normativas estrangeiras têm, como se verá adiante, imputado ao contratante que sofre a excessiva onerosidade o dever de informar prontamente à contraparte, "sem atrasos indevidos", a ocorrência do desequilíbrio contratual, atribuindo a essa comunicação extrajudicial o efeito de preservar a discussão em torno do tema mesmo após o cumprimento da obrigação.[21]

Tem-se aí apenas um exemplo de como normas comportamentais, relativas à atitude a ser adotada pelos contratantes diante do desequilíbrio contratual, estimulam uma conduta mais transparente e colaborativa entre as partes, auxiliando na busca de uma solução consensuada que evita as dificuldades inerentes à via judicial. É de se lamentar que a nossa codificação civil, promulgada em 2002, tenha deixado de atentar para esse importante aspecto, não trazendo qualquer palavra sobre a renegociação de contratos desequilibrados. Trata-se, porém, de reflexo inevitável do seu silêncio sobre a negociação que antecede a formação dos contratos. Com efeito, em injustificado anacronismo, nosso Código Civil optou por reproduzir, em tema de formação do vínculo contratual, o sistema binário que constava da codificação civil de 1916, em que o contrato resulta do encontro de uma proposta pronta e acabada (contendo todos os elementos essenciais do contrato) com uma aceitação, sendo qualquer alteração na proposta entendida como nova proposta, em uma sucessiva troca de atos unilaterais contendo a visão isolada de cada uma das partes, quando, na realidade atual, especialmente em relações empresariais, o contrato resulta não de uma sucessão de atos unilaterais de proposta e aceitação, mas sim de uma negociação continuada em que a delimitação dos elementos essenciais do contrato é atingida por um consenso tão complexo e multifacetado, com influência de tantos fatores e personagens, que se revela praticamente impossível a delimitação de uma proposta e uma aceitação,

---

tema, uma vez que é comum, entre nós e em outros países, que os tribunais entendam que "*the performance of the obligation already demonstrates that there is not hardship*" (Başal Baysal, The Adaptation of the Contract in Turkish Law, in Başak Başoğlu (ed.), *The Effects of Financial Crises on the Binding Force of Contracts: Renegotiation, Rescission or Revision*, Nova Iorque: Springer, 2016, p. 323).

21 Era já a opinião de Vaz Serra ao tratar do tema da alteração das circunstâncias no direito português: "Se a boa fé obrigar o contraente que pretende a resolução ou modificação do contrato a avisar disso, com antecedência, o outro contraente, a resolução ou modificação não se aplica à prestação ou prestações, de cuja cessação ou modificação o contraente devia ser avisado, e não o foi" (Adriano Paes da Silva Vaz Serra, *Resolução ou Modificação dos Contratos por Alteração das Circunstâncias*, cit., p. 94).

sendo o contrato redigido frequentemente "a muitas mãos". O sistema dicotômico e puramente estrutural do Código Civil soa tão artificial quanto ultrapassado, ignorando por completo uma fase de contato social que assume cada vez mais importância nas relações contratuais contemporâneas: a fase da negociação.[22] E, calando sobre a negociação dos contratos, cala também a codificação, por consequência, sobre a renegociação dos contratos, omissões imperdoáveis quando se tem em vista um corpo de normas publicado em 2002, ano em que as tratativas contratuais de elevada complexidade já não eram novidade alguma na realidade brasileira.

Se o silêncio do Código Civil de 2002 pode ser atribuído, em alguma medida, à falta de atualidade do projeto que lhe deu origem – que, como já visto, foi retomado sem maiores discussões com a comunidade jurídica brasileira e aprovado a passos rápidos no Poder Legislativo, em ano eleitoral –, o mesmo não se pode dizer da nossa legislação de Direito Empresarial, cuja falta de atenção à renegociação dos contratos exprime, a bem da verdade, uma fidelidade excessiva ao *pacta sunt servanda*.[23] Há enorme resistência, no campo da doutrina empresarial brasileira, às importantes transformações pelas quais passou o direito contratual contemporâneo. Por exemplo, os novos princípios contratuais – que o Código Civil, mesmo com todas as suas deficiências, não deixou de mencionar, ainda que apenas pontualmente – parecem ter tido pouca influência na produção doutrinária daqueles que se dedicam ao estudo desse ramo jurídico. Boa-fé objetiva, função social do contrato, equilíbrio das prestações ainda são expressões raras no vocabulário dos autores mais influentes do Direito da Empresa brasileiro. Basta recordar que tramita no Congresso Nacional um Projeto de Código Comercial cujo texto afirma expressamente sua imunidade à influência de princípios explícitos ou implícitos da ordem jurídica brasileira, criando uma espécie de "mundo à parte" no sistema jurídico nacional.[24]

Muito ao contrário, as normas de direito empresarial devem, como todas as demais, exprimir a concretização dos valores constitucionais, aí incluídas a igualdade substancial e a solidariedade, a amparar o controle de merecimento de tutela dos comportamentos adotados por empresários individuais ou socie-

22 Sobre o tema, ver Regis Fichtner Pereira, A *Responsabilidade Civil Pré-Contratual: Teoria Geral e Responsabilidade pela Ruptura das Relações Negociais Contratuais*, Rio de Janeiro: Renovar, 2001, *passim*.

23 Crítica formulada no seguinte ensaio, ao qual se permite remeter: Anderson Schreiber, Existe um Dever de Renegociar?, in *Revista da AASP*, n. 131, out./2016, p. 21-30.

24 "Art. 8º. Nenhum princípio, expresso ou implícito, pode ser invocado para afastar a aplicação de qualquer disposição deste Código ou da lei."

dades empresárias, entre si ou perante terceiros. Exemplos colhidos em experiências estrangeiras e no cenário internacional reforçam esse entendimento no âmbito do tema do desequilíbrio contratual, especialmente naquele superveniente à formação do contrato.

3. Dimensão comportamental do desequilíbrio contratual na experiência jurídica estrangeira e internacional

Importante referência no tocante ao comportamento a ser adotado pelas partes em face do desequilíbrio contratual superveniente provém do art. 6.2.3(1) dos *Princípios Unidroit relativos aos Contratos Comerciais Internacionais*, que determina:

> Art. 6.2.3. (...)
> (1) Em caso de *hardship*, a parte em desvantagem tem direito de pleitear renegociações. O pleito deverá ser feito sem atrasos indevidos e deverá indicar os fundamentos nos quais se baseia.[25]

Esse "direito de pleitear renegociações", que opera como incentivo à solução extrajudicial do desequilíbrio,[26] não suspende o cumprimento do contrato, nem isenta o contratante prejudicado do dever de adimplir suas obrigações,[27] como esclarecem textualmente os próprios *Princípios do Unidroit*. Ao referido direito de pleitear renegociações há de corresponder, naturalmente, um dever da contraparte a quem o pleito se dirige, mais especificamente o dever de responder à pretensão de renegociação, adotando o mesmo agir transparente e comunicativo que lhe foi reservado pelo outro contratante.

---

25 A *hardship* (em tradução literal, dificuldade) corresponde, *mutatis mutandis*, à excessiva onerosidade contemplada em nossa legislação, como se pode ver do art. 6.2.2 dos Princípios do Unidroit, segundo o qual: "Há *hardship* quando sobrevêm fatos que alteram fundamentalmente o equilíbrio do contrato, seja porque o custo do adimplemento da obrigação de uma parte tenha aumentado, seja porque o valor da contraprestação haja diminuído, e (a) os fatos ocorrem ou se tornam conhecidos da parte em desvantagem após a formação do contrato; (b) os fatos não poderiam ter sido razoavelmente levados em conta pela parte em desvantagem no momento da formação do contrato; (c) os fatos estão fora da esfera de controle da parte em desvantagem; e (d) o risco pela superveniência dos fatos não foi assumido pela parte em desvantagem" (Tradução de Lauro Gama Jr., disponível no sítio eletrônico www.unidroit.org).

26 O art. 6.2.3(3) deixa claro o caráter extrajudicial do direito de pleitear renegociação do contrato, ao afirmar: "À falta de acordo das partes em tempo razoável, cada uma das partes poderá recorrer ao Tribunal".

27 "Art. 6.2.3(2). O pleito para renegociação não dá, por si só, direito à parte em desvantagem de suspender a execução."

Trata-se, como se vê, de uma regra de comportamento entre os contratantes, evitando-se a disparidade nas atitudes adotadas diante do desequilíbrio que prejudica sensivelmente uma das partes apenas. Referido aspecto resta claro na parte final do art. 6.2.3(1) dos *Princípios do Unidroit*, que impõe ao titular do direito de pleitear renegociações que o faça "sem atrasos indevidos" e indicando os "fundamentos" da sua pretensão.

Note-se que não tem sido raro, na prática negocial brasileira, que contratos nacionais prevejam, em caso de desequilíbrio superveniente, um mecanismo convencional de negociação como primeira via para o saneamento da excessiva onerosidade e, somente em caso de insucesso nessa tentativa inicial, remetam a questão à jurisdição arbitral ou estatal. Em tais situações, é inegável a existência de um direito a pleitear renegociação, nos termos contratualmente ajustados, e de um correspondente dever de responder ao pleito, fruto que serão da própria vontade das partes, sempre nos limites da sua disposição. O que os *Princípios do Unidroit* trazem de instigante é um direito *ex lege* de pleitear a renegociação do contrato em sede extrajudicial, independentemente de previsão contratual nesse sentido.[28]

Outras normas de *soft law* seguem caminho semelhante. O *Draft Common Frame of Reference*, preparado pelo *Grupo de Estudos para um Código Civil Europeu*, liderado pelos juristas Christian von Bar, Eric Clive e Hans Schulte-Nölke, prevê em sua seção III, item 1:110, que o contrato pode ser resolvido ou revisto em juízo, desde que o devedor tenha tentado, razoavelmente e de boa-fé, alcançar "*by negotiation a reasonable and equitable adjustment of the terms regulating the obligation.*" Confira-se o teor da norma, em tradução livre:

III. – 1: 110: Modificação ou extinção judicial por alteração das circunstâncias

> (1) Uma obrigação deve ser cumprida mesmo que seu cumprimento tenha se tornado mais oneroso, quer por elevação do custo do cumprimento, quer por redução do valor daquilo que será recebido em contrapartida.
> (2) Se, no entanto, o cumprimento de uma obrigação contratual ou de uma obrigação derivada de um ato jurídico unilateral tornar-se exces-

28 A postura inovadora dos *Princípios do Unidroit* explica-se, em parte, pela grande frequência de desequilíbrios supervenientes em contratos internacionais. Nesse sentido, sustenta Christoph Brunner: "*This is so because the performance of transborder contracts involves additional risks, and the legal and political framework of international commercial contracts is generally less stable than that of internal contracts*" (*Force Majeure and Hardship under General Contract Principles – Exemption for Non-Performance in International Arbitration*, cit., p. 1).

> sivamente onerosa por conta de uma excepcional alteração das circunstâncias que seria manifestamente injusto manter o devedor vinculado à obrigação, a corte pode: (a) modificar a obrigação, a fim de torná-la razoável e equitativa nas novas circunstâncias; ou (b) extinguir a obrigação em uma data e em condições a serem determinadas pela corte. (3) O parágrafo (2) aplica-se somente se: (a) a alteração de circunstâncias ocorrer após o momento em que a obrigação foi assumida; (b) o devedor não tiver levado em conta naquele momento, e não poderia razoavelmente dele se esperar que tivesse levado em conta, a possibilidade ou a dimensão dessa alteração de circunstâncias; (c) o devedor não tiver assumido, e não se puder razoavelmente considerar que tivesse assumido, o risco dessa alteração de circunstâncias; e (d) o devedor tenha tentado, de forma razoável e de boa fé, alcançar por meio de negociação um ajuste razoável e equitativo da disciplina da obrigação.[29]

Como se vê, a tentativa de renegociação do contrato é tratada pelo *Draft Common Frame of Reference* como uma espécie de requisito para a propositura do pleito de resolução ou revisão judicial do contrato por parte do "*debtor*"

---

29 No original: *III. – 1:110: Variation or termination by court on a change of circumstances. (1) An obligation must be performed even if performance has become more onerous, whether because the cost of performance has increased or because the value of what is to be received in return has diminished. (2) If, however, performance of a contractual obligation or of an obligation arising from a unilateral juridical act becomes so onerous because of an exceptional change of circumstances that it would be manifestly unjust to hold the debtor to the obligation a court may: (a) vary the obligation in order to make it reasonable and equitable in the new circumstances; or (b) terminate the obligation at a date and on terms to be determined by the court. (3) Paragraph (2) applies only if: (a) the change of circumstances occurred after the time when the obligation was incurred; (b) the debtor did not at that time take into account, and could not reasonably be expected to have taken into account, the possibility or scale of that change of circumstances; (c) the debtor did not assume, and cannot reasonably be regarded as having assumed, the risk of that change of circumstances; and (d) the debtor has attempted, reasonably and in good faith, to achieve by negotiation a reasonable and equitable adjustment of the terms regulating the obligation.*" Sobre o *Draft Common Frame of Reference* em geral, ver Christian von Bar, The Launch of the Draft Common Frame of Reference, in *Juridica International* 14, 2008, p. 4-9. Especificamente sobre o item 1:110 da sua seção III, ver Ingeborg Schwenzer, *Force Majeure and Hardship in International Sales Contracts*, in *Victoria University of Wellington Law Review* 39.4, 2009, p. 709-726. Comparando a referida disposição do *Draft Common Frame of Reference* com outras normas, ver Rodrigo Momberg Uribe, Change of Circumstances in International Instruments of Contract Law: The Approach of CISG, PICC, PECL and DCFR, in *European Review of Private Law*, 15(2), 2011, p. 233-266, o qual conclui que "*the rejection of renegotiation as a duty for both parties is against the general trend in European and international contract law. (...) In this sense, the law and the courts should encourage the parties, as far as possible, to find a way to settle their conflict by agreement*".

(devedor). Assim, diferentemente dos *Princípios do Unidroit* que aludem, mais genericamente, ao "direito a pleitear renegociações", o *Draft Common Frame of Reference* contempla a tentativa prévia de renegociação como um dever do contratante prejudicado, revelando ambos os conjuntos de normas nítida preferência pela solução negocial.

Merecem destaque, ainda no campo da *soft law*, os *Princípios de Direito Contratual Europeu*,[30] os quais preveem, em seu art. 6:111, que, diante de uma alteração de circunstâncias que preencha certos requisitos, "as partes estão obrigadas a entrar em negociações" para adaptar o contrato ou resolvê-lo. Confira-se o teor do dispositivo, em tradução livre:

> Art. 6:111: Alteração das circunstâncias
> (...)
> (2) Se, contudo, o cumprimento do contrato se tornar excessivamente oneroso devido a uma alteração das circunstâncias, as partes estão obrigadas a entrar em negociações, a fim de adaptar o contrato ou extingui-lo, desde que: (a) a alteração das circunstâncias tenha ocorrido após o momento de celebração do contrato; (b) a possibilidade de uma alteração de circunstâncias não seja uma que pudesse razoavelmente ter sido levada em conta no momento da celebração do contrato; e (c) o risco da alteração das circunstâncias não seja um que, segundo o contrato, a parte afetada devesse ser chamada a suportar.[31]

Interessante notar que os *Princípios de Direito Contratual Europeu* não mencionam nem um "direito a pleitear renegociação", como fazem os *Princípios*

30 Fruto dos trabalhos de uma comissão liderada pelo jurista dinamarquês Ole Lando – e, por isso, conhecida como *Lando Comission* – e formada por membros de todos os países integrantes da União Europeia, os Princípios de Direito Contratual Europeu foram publicados em 1995 (primeira parte), 1999 (segunda parte) e 2002 (terceira parte). Trata-se de um conjunto de princípios e regras de caráter não cogente, desprovida de força normativa atribuída por qualquer órgão estatal ou supraestatal. Seus autores pretendem, todavia, que sirva de "base para um futuro Código Europeu de Contratos" (Ole Lando e Hugh Beale Hugh, *Principles of European Contract Law, Parts I and II, prepared by the Commission on European Contract Law*, 2000, p. XXIII).

31 No original: "*Article 6:111: Change of circumstances (...) (2) If, however, performance of the contract becomes excessively onerous because of a change of circumstances, the parties are bound to enter into negotiations with a view to adapting the contract or terminating it, provided that: (a) the change of circumstances occurred after the time of conclusion of the contract, (b) the possibility of a change of circumstances was not one which could reasonably have been taken into account at the time of conclusion of the contract, and (c) the risk of the change of circumstances is not one which, according to the contract, the party affected should be required to bear*".

do Unidroit, nem um dever unilateral do contratante prejudicado de ingressar em renegociação como requisito para o pleito de resolução ou revisão judicial, como faz o *Draft Common Frame of Reference*, mas impõem a ambos os contratantes um dever de ingressar em renegociação. Em outras palavras, os *Princípios de Direito Contratual Europeu* não consagram um direito à renegociação por parte do contratante prejudicado, mas um dever mútuo de renegociar os contratos que padeçam de um desequilíbrio superveniente.

Não é apenas no campo da *soft law* que o dever de renegociar encontra respaldo. Codificações nacionais mais recentes têm acolhido o dever de renegociar contratos em caso de desequilíbrio superveniente. Emblemático, nessa direção, é o Código Civil da República Tcheca, de 2012, cujos §§ 1.764 a 1.766 asseguram a qualquer dos contratantes o direito de pleitear a renegociação do contrato, atribuindo à contraparte o dever de responder ao pedido de renegociação.[32] Ademais, o Código Civil tcheco condiciona a admissibilidade do pleito de revisão judicial do contrato à demonstração de que o direito à renegociação foi exercido em "prazo razoável", chegando a afirmar que tal prazo será de dois meses, salvo prova de que outro prazo decorre das circunstâncias do caso concreto.[33]

Também o Código Civil da Romênia, de 2011, impõe um dever de renegociação às partes em virtude de um desequilíbrio contratual superveniente. Em dispositivo nitidamente inspirado no *Draft Common Frame of Reference*, o art. 1.271 do Código Civil romeno determina que a revisão judicial do contrato ou sua resolução somente poderão ser pleiteados se o devedor "*a essayé, dans un délai raisonnable et de bonne confiance, la négociation de l'adaptation raisonnable*

32 "Nevertheless if there is a significant change of circumstances, any of the parties has a right to renegotiate and the other party has to negotiate although it does not even want to. Whereas the standard process of concluding a contract or a change of a contract is based on a free will of both parties, as for hardship, the legal status of the parties is different, because each of the parties has the right to ask for a new negotiation and the other party is obliged to negotiate. However, they do not have to come to an agreement; they are just obliged to negotiate" (Marketa Selucká, Elimination of the Impacts of Financial Crisis on Legal Relationships according to Czech Private Law, in Başak Başoğlu (ed.), *The Effects of Financial Crises on the Binding Force of Contracts: Renegotiation, Rescission or Revision*, Nova Iorque: Springer, 2016, p. 111-112).

33 Lei n. 89/2012, § 1.766. Trata-se, como enfatiza a doutrina tcheca, de uma presunção relativa, podendo a corte estender o prazo em certos casos (Josef Fiala e Marketa Selucká, The Effects of Financial Crises on the Binding Force of Contracts in the Czech Republic, in *The Lawyer Quarterly* 2/2014, I, p. 110. Disponível em: www.ilaw.cas.cz/tiq. Ver, também, Marketa Selucká, *Elimination of the Impacts of Financial Crisis on Legal Relationships according to Czech Private Law*, cit., p. 112).

et équitable du contrat" (tenha tentado, dentro de um prazo razoável e de boa fé, negociar a adaptação razoável e equitativa do contrato).[34] Também aí, portanto, o exercício do dever de renegociação opera como condição prévia para o pleito de revisão judicial ou resolução do contrato.[35]

Mesmo na França, cuja jurisprudência se mostrava, como já visto, tradicionalmente avessa à aplicação da *theorie d'imprévision* aos contratos civis, registra-se que a *Cour de Cassation* "aceitou mais recentemente (no caso Huard e em alguns outros casos) a obrigação de renegociar contratos para reequilibrar deveres contratuais desproporcionais entre as partes".[36] Com efeito, no célebre *arrêt Huard*, de 3 de novembro de 1992, aquela Corte condenou um contratante a indenizar outro, por força da sua recusa em rever um contrato cujo cumprimento conduziu esse último a ruína.[37] Em 2016, por força da reforma do direito dos contratos, a teoria da imprevisão foi introduzida no *Code*, mais especificamente em seu art. 1.195, prevendo expressamente o direito da parte atingida de "*demander une renégociation du contrat à son cocontractant*", surgindo o dever de renegociar, uma vez mais, como um pressuposto para o ajuizamento de ação revisional ou resolutória:

> Se uma mudança das circunstâncias imprevisível ao tempo da conclusão do contrato torna a execução excessivamente onerosa para uma parte que não tenha aceitado assumir o respectivo risco, pode tal

---

34 Lei n. 71/2011, art. 1.271 (3) (d). Tradução para o idioma francês de Dumitru Dobrev e Marlena Uliescu, L'imprévision dans le Nouveau Code Civil roumain enfanté par la crise écnomique mondiale, in Başak Başoğlu (ed.), *The Effects of Financial Crises on the Binding Force of Contracts: Renegotiation, Rescission or Revision*, Nova Iorque: Springer, 2016, p. 245.

35 "(...) *the negotiation attempt being a condition prior to addressing the court*" (Rada Postolache, *Unforeseeability according to the Regulations of the Romanian Civil Code – Legal Nature*, in CKS – *Challenges of the Knowledge Society – Private Law*, volume 3, Universidade de Bucareste, 2013, p. 379).

36 No original: "(...) *has (in the case Huard and in some other cases) recently accepted the obligation to renegotiate contracts to rebalance disproportionate contractual duties between the parties*" (Rona Sezoran, *General Report on the Effects of Financial Crises on the Binding Force of Contracts: Renegotiation, Rescission or Revision*, cit., p. 24). Em igual sentido, anota Anna Veneziano, *Unidroit Principles and CISG: Change of Circumstances and Duty to Renegotiate*, cit., p. 148: "*Interestingly, however, French law has recently undergone some developments in this field. Scholars have referred to the principle of good faith, cooperation or solidarité in order to found a duty of the parties to renegotiate their terms when the circumstances suffer such an alteration that giving effect to the original contractual terms would be clearly unjust. A similar line of reasoning has been applied by case law*".

37 *Bulletin civil de la Cour de Cassation*, IV, n. 338, 1992.

> parte demandar uma renegociação do contrato à contraparte. Ela continua a executar suas obrigações durante a renegociação. Em caso de recusa ou fracasso da renegociação, as partes podem acordar pela resolução do contrato, na data e nas condições que determinem, ou demandar de comum acordo ao juiz que proceda à sua adaptação. Na falta de acordo dentro de um prazo razoável, o juiz pode, a pedido de uma parte, revisar o contrato ou extingui-lo na data e nas condições que determine.[38]

Na América Latina, o novo Código Civil e Comercial argentino, de 2014, embora não discipline expressamente um dever de renegociação, afirma que o contratante tem o direito de pleitear "*extrajudicialmente, o pedir ante un juez, por acción o como excepción, la resolución total o parcial del contrato, o su adecuación*".[39] A referência ao direito de pleitear "*extrajudicialmente*" a revisão pode ser interpretada como um direito à renegociação, com o correspondente dever da contraparte de responder à incitação à via negocial, na esteira do chamado "princípio do esforço compartido", forjado nas leis emergenciais promulgadas para aplacar os efeitos da disparidade cambial entre o dólar norte-americano e o peso argentino.[40]

---

38 Redação dada ao art. 1.195 pela Ordonnance n. 2016-131, de 10-2-2016.

39 Tradução livre: "extrajudicialmente, ou pedir perante o juiz, por ação ou como defesa, a resolução total ou parcial do contrato, ou sua adequação." Na íntegra do original constante do *Código Civil y Comercial de la Nación*, aprovado pela Lei n. 26.994 e promulgado pelo Decreto n. 1.795/2014: "*Artículo 1091. Imprevisión. Si en un contrato conmutativo de ejecución diferida o permanente, la prestación a cargo de una de las partes se torna excesivamente onerosa, por una alteración extraordinaria de las circunstancias existentes al tiempo de su celebración, sobrevenida por causas ajenas a las partes y al riesgo asumido por la que es afectada, ésta tiene derecho a plantear extrajudicialmente, o pedir ante un juez, por acción o como excepción, la resolución total o parcial del contrato, o su adecuación. Igual regla se aplica al tercero a quien le han sido conferidos derechos, o asignadas obligaciones, resultantes del contrato; y al contrato aleatorio si la prestación se torna excesivamente onerosa por causas extrañas a su álea propia*".

40 Era a opinião que já se vinha construindo na doutrina argentina com base nas leis especiais, como se pode ver de Juan L. Miquel et al., *El principio del esfuerzo compartido como sustento de la pretensión autónoma de revisión de los contratos en moneda extranjera 'pesificados' celebrados entre particulares*, 2005, Ministerio de Justicia y derechos Humanos, disponível em www.saij.jus.gov.ar: "*De lo expuesto se infiere, que la normativa de emergencia con el principio del esfuerzo compartido insta a las partes a autocomponer sus intereses, a renegociar el contrato; procurando evitar la extinción del mismo*". Entre nós, noticia Rafael Renner, *Novo Direito Contratual: a Tutela do Equilíbrio Contratual no Código Civil*, cit. p. 140: "No ordenamento jurídico argentino, a obrigatoriedade em revisar os pactos desproporcionais possui previsão legal expressa, por conta da perda de paridade cambial legalmente estipulada entre o peso argentino e o dólar norte-ameri-

Em outras experiências jurídicas, mesmo à falta de qualquer previsão normativa explícita, a jurisprudência tem acolhido um dever de renegociação, na esteira da cooperação esperada entre os contratantes em contratos de duração. No Quebec, por exemplo, tem-se destacado que o dever de renegociação pode assumir diferentes papéis na intervenção judicial sobre o contrato. Como destacam Élise Charpentier e Nathalie Vézina:

> *La renégociation peut être entrevue sous différents angles: elle peut être conçue comme une condition d'exercice des droits de la partie victime du chengement de circonstances, c'est-à-dire que cette dernière doit avoir tenté de renégocier avant de saisir le tribunal d'une demande pour adapter le contrat ou y mettre fin. L'absence de tentative de renégociation de sa part pourrait alors justifier une fin de non-recevoir face à la demande soumise au tribunal par la partie victime en vue pour déterminer le sort du contrat. Elle peut aussi est vue comme un effet de l'intervention du tribunal, si l'on envisage la possibilité d'une intervention du tribunal en deux temps, d'abord pour imposer aux parties le devoir de renégocier, puis pour statuer sur le sort du contrat face à l'échec de la négociation.*[41]

Assim, no Québec, a busca pela renegociação surge não apenas como um dever cujo cumprimento deve ocorrer previamente à iniciativa judicial, mas

cano. As leis de *emergencia económica* instituíram o *princípio do esforço compartido*, que convoca as partes a autocompor seus interesses". Confira-se o teor do art. 11 da Lei n. 25.561, trazido à colação pelo mesmo autor: '*Las partes negociarán la reestructuración de sus obligaciones recíprocas, procurando compartir de modo equitativo los efectos de la modificación de la relación de cambio que resulte de la aplicación de lo dispuesto en el artículo 2º de la presente ley, durante um plazo no mayor a ciento ochenta (180) días. Acordadas las nuevas condiciones, se compensarán las diferencias que, eventualmente, existian entre los pagos dados a cuenta y los valores definitivamente acordados*".

41 Em tradução livre: "A renegociação pode ser vista por diferentes ângulos: ela pode ser concebida como uma condição para o exercício dos direitos da parte que seja vítima da alteração das circunstâncias, significando dizer que esta última deve ter tentado renegociar antes de propor em juízo uma ação para adaptar ou resolver o contrato. A ausência de tentativa de renegociar de sua parte poderia, então, justificar um desfecho de inadmissibilidade da demanda submetida ao tribunal pelo respectivo lesado a fim de determinar o destino do contrato. Ela (a renegociação) pode também ser vista como um efeito da intervenção judicial, se considerarmos a possibilidade de uma intervenção judicial em duas etapas, primeiro para impor às partes o dever de renegociar, depois para decidir sobre o destino o contrato diante do fracasso da negociação". Trecho original de Élise Charpentier e Nathalie Vézina, Les effets exercés par les crises finacières sur la force obligatoire des contrats: certitudes et incertitudes du droit québécois en matière d'imprévision, in Başak Başoğlu (ed.), *The Effects of Financial Crises on the Binding Force of Contracts: Renegotiation, Rescission or Revision*, Nova Iorque: Springer, 2016, p. 78.

também como uma atitude que pode ser exigida das partes ao longo do processo, por meio de incentivo do tribunal estatal ou arbitral. Em qualquer das hipóteses, conclui-se que a renegociação "*figure au coeur des modalités d'intervention des tribunaux sur le fondement de l'imprévision*" ("figura no coração das modalidades de intervenção dos tribunais com base na imprevisão").[42]

Na Alemanha, como já visto no capítulo anterior, o *BGB*, após a reforma do Direito das Obrigações, atribui expressa preferência à revisão do contrato (§313).[43] A jurisprudência alemã, todavia, vai além, já tendo o *V Zivilsenat* do *BGH* (*Bundesgerichthof*) reconhecido expressamente um dever de renegociação por parte do contratante favorecido por uma perturbação na base do negócio (*Störung der Geschäftsgrundlage*). Em decisão de 30 de setembro de 2011, ao analisar caso envolvendo a permuta de imóveis entre um Município e um particular, em que restou caracterizada a tentativa de renegociação por parte do primeiro e a inércia do último, o *BGH* afirmou que "a pretensão da parte colocada em desvantagem devido a uma perturbação na base do negócio à revisão (*Anpassung*) do contrato obriga a outra parte a colaborar para a revisão. Caso a colaboração seja recusada, a parte em desvantagem pode pleitear a concordância com a revisão valorada como adequada ou diretamente a prestação que resulta dessa revisão".[44] O tribunal

42 É a conclusão alcançada no relatório relativo ao Québec apresentado no XIX Congresso da Academia Internacional de Direito Comparado, em Vienna, em 2014 (Élise Charpentier e Nathalie Vézina, *Les effets exercés par les crises finacières sur la force obligatoire des contrats: certitudes et incertitudes du droit québécois en matière d'imprévision*, cit., p. 79).

43 "§ 313 (Perturbação da base do negócio) (1) Se circunstâncias, tornadas base do contrato, alteraram-se profundamente depois da sua celebração, de modo que as partes não o teriam celebrado ou o teriam com outro conteúdo, se houvessem previsto essa alteração, então pode ser exigida a revisão do contrato, na medida em que for inexigível para a parte a manutenção do contrato não modificado, considerando todas as circunstâncias do caso concreto, especialmente a repartição contratual ou legal do risco. (...) (3) Se não é possível a revisão ou se ela não for exigível de uma das partes, então pode a parte prejudicada resolver o contrato. No lugar do direito de resolução dá-se o direito à denúncia, nos casos de relações duradouras" (tradução de Fernanda Carvalho Fruhstockl, *Aspectos da Revisão Judicial dos Contratos no Direito Civil Brasileiro e Alemão*, cit., p. 15).

44 *BGH* (*Bundesgerichthof*), decisão de 30.9.2011 – V Zivilsenat 17/11 (OLG Hamm – Oberlandesgericht Hamm). No original: "*Der Anspruch der durch eine Störung der Geschäftsgrundlage benachteiligten Partei auf Vertragsanpassung verpflichtet die andere Partei, an der Anpassung mitzuwirken. Wird die Mitwirkung verweigert, kann die benachteiligte Partei auf Zustimmung zu der als angemessen erachteten Anpassung oder unmittelbar auf die Leistung klagen, die sich aus dieser Anpassung ergibt.*"

acrescentou, na ocasião, que "a violação da obrigação de colaborar para a revisão do contrato pode gerar pretensões indenizatórias conforme o art. 280, par. 1º, do *BGB*."[45]

Na mesma direção, o Tribunal de Cassação da Bélgica (*Hof van Cassatie*) já havia reconhecido, em 19 de junho de 2009, a existência de um dever de renegociação derivado da boa-fé objetiva. No célebre caso *Scafom International BV v. Lorraine Tubes S.A.S.*, envolvendo um contrato internacional de aquisição de tubos de aço que havia se tornado desequilibrado em virtude do aumento de 70% no custo da matéria-prima, o *Hof van Cassatie*, invocando de modo inédito os *Princípios do Unidroit* para integrar as lacunas da Convenção de Viena, concluiu que "*la partie contractante qui fait appel aux circonstances modifiées perturbant fondamentalement l'équilibre contractuel a le droit de réclamer la renégociation du contrat*" ("a parte contratante que invoca a alteração das circunstâncias que perturba fundamentalmente o equilíbrio contratual tem o direito de reclamar a renegociação do contrato").[46] A referida decisão suscitou amplo debate na doutrina belga e internacional,[47] estimulando a busca de

---

45 Idem. No original: "*Die Verletzung der Verpflichtung, an der Anpassung des Vertrages mitzuwirken, kann Schadensersatzansprüche nach § 280 Abs. 1 BGB auslösen.*" Não se pode deixar de notar que a decisão despertou algum criticismo em parte da doutrina alemã e internacional. Nessa direção, ver Christoph Brunner, *Force Majeure and Hardship under General Contract Principles – Exemption for Non-Performance*, cit., p. 481, para quem "under general contract principles and in the absence of a renegotiation clause, an infringement of the duty to renegotiate by the party which is confronted with a request for renegotation should generally not result in liability for damages" (Christoph Brunner, *Force Majeure and Hardship under General Contract Principles – Exemption for Non-Performance in International Arbitration*, cit., p. 481).

46 *Hof van Cassatie/Cour de Cassation* (Belge), 19 de junho de 2009, nr. C.07.0289.N, Arr. Cass. 2009 nr. 422.

47 Tendo sido, inclusive, afirmado que o efeito da violação a tal dever de renegociação, embora à falta de expressa menção da Corte belga, haveria de ser a deflagração do dever de indenizar os prejuízos causados: "*In practical terms it granted the seller, as the disadvantaged party, the right to request renegotiations of the price. (...) There is no obligation to reach any agreement but 'both parties must conduct the renegotiations in a constructive manner', 'by refraining from any form of obstruction and by providing all the necessary information', taking also the duty of cooperation into account (...). Though not expressly stated, a failure to comply with the above-mentioned provisions should give rise to a right to recover damages in favour of the other party*" (Anna Veneziano, Unidroit Principles and CISG: Change of Circumstances and Duty to Renegotiate according to the Belgian Supreme Court, in *Uniform Law Review* 15.1, 2010, p. 144-147).

fundamentos adicionais para o dever de renegociação no âmbito da própria Convenção de Viena, como o dever de mitigar os danos,[48] expressamente previsto no art. 77 daquela convenção.[49]

Todos esses exemplos, ainda que examinados perfunctoriamente nos limites desta obra, revelam que normas estrangeiras e internacionais de elaboração mais recente têm atentado para a conveniência de disciplinar, em alguma medida, o comportamento a ser adotado pelas partes diante do desequilíbrio contratual e, mesmo à falta de norma específica, doutrina e jurisprudência de diversos países têm reconhecido a importância dessa dimensão comportamental no tratamento jurídico da matéria. Trata-se, com efeito, de dimensão essencial para evitar que a tutela do equilíbrio contratual acabe por se revelar pouco eficiente – na medida em que refreada pelos custos e ônus inerentes a uma iniciativa judicial desnecessária – ou excessivamente maleável, a ponto de ser ignorada pela parte favorecida ou invocada tardiamente pela parte prejudicada, como mero ardil para escapar ao cumprimento regular do contrato. Referida essencialidade justifica que, mesmo nos ordenamentos jurídicos em que o dever de renegociar carece de explícita consagração, estudiosos e tribunais se esforcem conjuntamente por lhe atribuir contornos vinculantes. Trata-se precisamente do caminho que deve ser seguido no direito brasileiro.

4. Construção de um "dever de renegociação" no Direito brasileiro

A doutrina brasileira, em sua ampla maioria, ainda alude à renegociação

---

48 Nesse sentido, Julie Dewez et al., *The Duty to Renegotiate an International Sales Contract under CISG in Case of Hardship and the Use of the Unidroit Principles*, in *European Review of Private Law*, 1, 2011, p. 114: "*Ensuite, l'idée est é mise qu'une obligation de renégociation du contrat découle de la règle contenue dans l'article 77 de la CVIM obligeant le créancier à prendre les mesures raisonnables, eu égard aux circonstances, pour limiter la perte résultant de la contravention au contrat. La renégociation des conditions contractuelles pourrait ainsi s'imposer au créancier en raison de son obligation de limiter de son dommage.*" Sobre o dever de mitigar os danos no Brasil, ver Vera Fradera, *Pode o credor ser instado a diminuir o próprio prejuízo?*, in *Revista Trimestral de Direito Civil*, v.v. 19., jul-set, Rio de Janeiro: Padma, 2004, *passim*, e Bruno Terra de Moraes, *A Aplicação do Dever da Vítima de Mitigar o Próprio Dano no Brasil: Fundamentos e Parâmetros*, dissertação de Mestrado, Rio de Janeiro: UERJ, 2016, *passim*.

49 "*Article 77. A party who relies on a breach of contract must take such measures as are reasonable in the circumstances to mitigate the loss, including loss of profit, resulting from the breach. If he fails to take such measures, the party in breach may claim a reduction in the damages in the amount by which the loss should have been mitigated.*"

do contrato desequilibrado como mera "faculdade" das partes.[50] Em alguns poucos casos, chega-se a aludir à renegociação como "primeira alternativa" a ser seguida pelas partes, quase sempre no âmbito de contratos relacionais.[51]

50 "Antes de cuidarmos dos efeitos propriamente ditos, é oportuno consignar neste passo a importância da postura a ser adotada pela parte prejudicada pela excessiva onerosidade superveniente. Embora deva recorrer ao Judiciário, atentando ainda para não se tornar inadimplente, é certo dizer que antes de qualquer medida deve cientificar a contraparte de sua dificuldade, *facultando-lhe* discutir a contenda amigavelmente, colocando na notificação um prazo para isto" (Nelly Maria Potter Welton, *Revisão e Resolução dos Contratos no Código Civil Conforme Perspectiva Civil-Constitucional*, cit., p. 205, grifou-se).

51 São denominados contratos relacionais aqueles "que se caracterizam pelos seguintes elementos: (i) os contratos relacionais tendem a se estender no tempo; (ii) em virtude de sua ligação, busca-se mais a disciplina de questões futuras entre as partes. Ou seja, o contrato não visa a estabelecer apenas regras sobre as trocas em si, mas disciplinar o relacionamento a ser fruído ao longo da vida do contrato. Assim, é comum que, na redação do instrumento, as partes valham-se de termos amplos, sem significado claramente definido no momento da celebração do ato. Lançam-se bases para um futuro comportamento colaborativo, mais do que a ordem específica de obrigações determinadas; (iii) há uma certa interdependência entre os contratantes, uma vez que o sucesso de uma (e do negócio globalmente considerado) reverterá em benefício da outra (i. e., de outras delas)" (Paula Andrea Forgioni, *Contratos de Distribuição*, São Paulo: Revista dos Tribunais, 2008, 2. ed., p. 71). Para Antonio Junqueira de Azevedo: "(...) há, no contrato relacional, um contrato de duração e que exige fortemente colaboração. São relacionais todos os contratos que, sendo de duração, têm por objeto colaboração (sociedade, parcerias, etc.) e, ainda, os que, mesmo não tendo por objeto a colaboração, exigem-na intensa para atingir seus fins, como os de distribuição e da franquia, já referidos" (Natureza Jurídica do Contrato de Consórcio (Sinalagma Indireto). Onerosidade Excessiva em Contrato de Consórcio. Resolução Parcial do Contrato, in *Novos Estudos e Pareceres de Direito Privado*, São Paulo: Saraiva, 2009, p. 355-356). Nesse mesmo sentido, Ruy Rosado de Aguiar Júnior define o contrato relacional (ou *per relationem)* "como o negócio jurídico perfeito e incompleto, no qual a determinação do seu conteúdo ou de alguns dos seus elementos essenciais se realiza mediante a remissão a elementos estranhos ao mesmo." E adverte que "o modelo do contrato relacional é o que melhor se adapta à nova sistemática dos contratos de empresa e entre empresas, nas quais a gestão do risco da superveniência é um problema. Essa nova realidade exige a consideração de remédios de manutenção, que conduz à renegociação, ao mesmo tempo em que nos obriga a lidar com cláusulas que, pela concepção tradicional, seriam inválidas, tais como as que ficam intencionalmente em branco, para futura renegociação. Nos contratos relacionais, a primeira alternativa diante da superveniência é a da renegociação; frustrada, cabe a revisão das cláusulas pelo juiz ou pelo árbitro" (Contratos Relacionais, Existenciais e de Lucro, in *Revista Trimestral de Direito Civil*, v. 45, Rio de Janeiro: Padma, 2011, p. 98-99). Ainda sobre o tema, é considerada pioneira a obra de Ronaldo Porto Macedo, *Contratos Relacionais e a Defesa do Consumidor*, São Paulo: Max Limonad, 1998, em que, embora o autor não chegue a trazer uma definição muito precisa do que deve ser entendido como

O informar o outro contratante prontamente acerca do desequilíbrio tampouco é visto, pela maior parte da nossa doutrina, como um dever jurídico, sendo apresentado, pelos raros autores que tratam do tema, como uma atitude "indicada"[52] ou "recomendável".[53] Mesmo a escassa doutrina que defende alguma abertura da ordem jurídica brasileira a um dever de renegociação registra que "não há no ordenamento jurídico brasileiro uma norma específica que determine a renegociação dos contratos iníquos"[54] e que, entre nós, "a jurisprudência e a doutrina não qualificam o comportamento do contratante que se recusa à revisão como abuso".[55] Também na experiência estrangeira não faltam vozes contrárias à imposição aos contratantes de um dever de renegociação, que significaria medida "extrema" de violência à autonomia privada.[56]

Em que pese esse desestimulante cenário, afigura-se não apenas possível, mas imperativa a construção (*rectius*: o reconhecimento) de um dever de renegociação de contratos desequilibrados no direito brasileiro – assim

---

contrato relacional, noticia a transformação das relações contratuais em prol de sua maior duração, bem como demonstra o amplo impacto dessa transformação sobre as relações de consumo.

52 Fábio Siebeneichler de Andrade, *A Teoria da Onerosidade Excessiva no Direito Civil Brasileiro: limites e possibilidades de sua aplicação*, cit., p. 246-247.

53 "Ao devedor lesado pela modificação superveniente recomenda-se dê aviso ao credor, inclusive para lhe garantir a possibilidade de propor ainda a tempo útil a modificação das claúsulas do negócio, ou de colaborar na criação das condições que viabilizem a perfeição do contrato" (Ruy Rosado de Aguiar Júnior, *Extinção dos Contratos por Incumprimento do Devedor*, cit., p. 159).

54 Rafael Renner, *Novo Direito Contratual: a Tutela do Equilíbrio Contratual no Código Civil*, cit., p. 137-138.

55 Antônio Junqueira de Azevedo, *Relatório brasileiro sobre revisão contratual apresentado para as Jornadas Brasileiras da Associação Henri Capitant*, cit., p. 196.

56 O termo é empregado descritivamente por Raffaele Tommasini, *Dalle logiche di revisione del rapporto alle più articolate forme di gestione*, cit., p. 4, para quem a imposição de um dever de renegociação acabaria por permitir a identificação de "*un novo significato della esperessione che il contratto ha forza di legge tra le parti, nel senso della necessità di una sua conservazione anche quando vicende sopravvenute sembrano potere rendere inattuabile il rapporto nei termini disegnati dai contraenti*". Ainda na doutrina italiana, contra a existência de um dever de renegociação, ver Enrico Gabrielli, *L'eccessiva onerosità sopravvenuta*, cit., p. 102: "*Il tema della rinegoziazione esula, in realtà, da quello dell'eccessiva onerosità, sopratttutto se si crede, così come sembre corretto, che l'ordinamento, salvo casi espressamente regolati, non ha previsto un generico obbligo di rinegoziare tra le parti in presenza di una sopravvenienza. Sicché quello offerto dalla rinegoziazione è un profilo di indagine che, pur nella sua utilità, attiene più al diritto degli affari, ed alle sue tecniche di redazione dei contratti, che alla ricostruzione sistematica del diritto comune dei contratti.*"

entendidos aqueles caracterizados pela excessiva onerosidade originária ou superveniente, nos termos examinados nos capítulos anteriores desta obra –, como expressão do valor constitucional da solidariedade social,[57] bem como de normas infraconstitucionais daí decorrentes, em particular a cláusula geral de boa-fé objetiva, como se verá a seguir.

4.1. Fundamento normativo: boa-fé objetiva

Já se viu que equilíbrio contratual e boa-fé objetiva não se confundem: conquanto ambos sejam apontados pela doutrina brasileira como "novos princípios contratuais", cada qual mantém seu próprio significado, particular percurso histórico e peculiar estado de desenvolvimento.[58] Quando se alude, todavia, a uma dimensão comportamental do desequilíbrio contratual, é inevitável que entre em cena a boa-fé objetiva como cláusula geral que impõe aos contratantes um comportamento colaborativo e transparente, voltado à efetiva realização do fim contratual. Como já afirmado em outra sede, o que o ordenamento jurídico visa com o princípio da boa-fé objetiva é "assegurar que as partes colaborarão mutuamente para a consecução dos fins comuns perseguidos com o contrato".[59] Ou, em outras palavras, a boa-fé objetiva "impõe um padrão de conduta a ambos os contratantes no sentido da recíproca cooperação, com consideração dos

57 Expressamente nesse sentido, afirma-se na doutrina estrangeira: "*Quest'obbligo sembra avere radici profonde, saldamente ancorate ai principi fondamentali della Costituzione. Difatti, è nel dovere di solidarietà sociale previsto dall'art. 2 Cost. che viene additata la giustificazione del perché il contraente fortunato, che ha tratto beneficio da una imprevista circostanza sopravvenuta, dovrebbe rinegoziare i termini dell'accordo originario, così rinunciando a parte dei vantaggi conseguiti*" (Cosimo D'Arrigo, *Il controllo delle sopravvenienze nei contratti a lungo termine*, cit., p. 534).

58 Sobre o tema, seja consentido remeter ao Capítulo I desta obra, em que o tema foi desenvolvido em detalhe.

59 Gustavo Tepedino e Anderson Schreiber, A Boa-fé Objetiva no Código de Defesa do Consumidor e no Código Civil, in *Obrigações: Estudos na Perspectiva Civil-Constitucional*, Rio de Janeiro: Renovar, 2005, p. 39. Veja-se, também, Hans Hattenhauer, *Conceptos Fundamentales del Derecho Civil – Introducción Histórico-Dogmática*, cit., p. 91: "*Por Treu und Glauben entendemos el mandato de justificar em cualquier situación la confianza del outro en que quedarán a salvo la fidelidad y la rectitud, como es usual y necesario entre camaradas alemanes. En el pasado, por ignorancia liberal del Derecho, se entendía parcialmente por Treu und Glauben un arreglo equitativo de los intereses encontrados de las partes contratantes, lo que no era sino uma atrofia de su verdadero contenido. La exigencia de fidelidad representa mucho más que una medíocre limitación de los propios intereses; requiere una acción que en ningún momento pierda de vista la compenetración con los demás y, por ende, la gran comunidad (nacional) de la que somos responsables*".

interesses um do outro, em vista de se alcançar o efeito prático que justifica a existência jurídica do contrato celebrado".[60]

Nesse sentido, não se pode deixar de notar que tanto o dever de avisar prontamente a contraparte acerca do desequilíbrio contratual identificado, quanto o dever de ingressar em renegociação com vistas a obter o reequilíbrio do contrato constituem deveres de conduta que, conquanto instrumentalizados à recuperação do equilíbrio contratual, derivam, a rigor, da necessidade de que as partes cooperem entre si para a concretização do escopo contratual. Assim, é de se concluir que o reconhecimento do dever de renegociar, entre nós, encontra fundamento normativo na cláusula geral de boa-fé objetiva, mais especificamente no art. 422 do Código Civil, em que se lê: "Art. 422. Os contratantes são obrigados a guardar, assim na conclusão do contrato, como em sua execução, os princípios de probidade e boa-fé".[61]

Não há, assim, necessidade de norma específica estabelecendo, entre nós, o dever de renegociar.[62] Com a consagração da boa-fé objetiva no Código

---

60 Tereza Negreiros, *Teoria do Contrato*, cit., p. 122-123.

61 Sob o ponto de vista dogmático, tem-se, por toda parte, atribuído à boa-fé objetiva uma tríplice função no sistema jurídico, a saber: (i) a função de cânone interpretativo dos negócios jurídicos; (ii) a função criadora de deveres anexos ou acessórios à prestação principal; e (iii) a função restritiva do exercício de direitos. A referida tripartição funcional, inspirada nas funções do direito pretoriano romano, foi modernamente sugerida por Gustav Boehmer, Grundlagen der bürgerlichen Rechtsordnung, apud Franz Wieacker, *El principio general de la buena fe*, Madrid: Civitas, 1986, p. 50: "(...) *el parágrafo 242 BGB actúa también iuris civilis iuvandi, supplendi o corrigendi gatia.*" No Brasil esta classificação foi adotada por autorizada doutrina. Ver Antonio Junqueira de Azevedo, *Insuficiências, deficiências e desatualização do projeto de Código Civil na questão da boa-fé objetiva nos contratos*, in *Revista Trimestral de Direito Civil*, cit., p. 7: "Essa mesma tríplice função existe para a cláusula geral de boa-fé no campo contratual, porque justamente a ideia é ajudar na interpretação do contrato, *adjuvandi*, suprir algumas das falhas do contrato, isto é, acrescentar o que nele não está incluído, *supplendi*, e eventualmente corrigir alguma coisa que não é de direito no sentido de justo, *corrigendi*." No mesmo sentido, Ruy Rosado de Aguiar, A Boa-Fé na Relação de Consumo, in *Revista de Direito do Consumidor*, v. 14, São Paulo: Revista dos Tribunais, 1995, p. 25, ao tratar especificamente das relações de consumo: "Na relação contratual de consumo, a boa-fé exerce três funções principais: a) fornece os critérios para a interpretação do que foi avençado pelas partes, para a definição do que se deve entender por cumprimento pontual das prestações; b) cria deveres secundários ou anexos; e c) limita o exercício de direitos".

62 Igual entendimento tem sido adotado por parcela da doutrina em países em que a codificação civil é omissa a respeito, como ocorre, por exemplo, na Turquia: "*As regards to Turkish law, neither the Court of Appeal nor the legislator addressed at all the renegotiations, as if they are unaware of the subject matter. On the other hand, Article 138 of the Turkish*

Civil – e, mesmo antes disso, no Código de Defesa do Consumidor, bem como na produção doutrinária e jurisprudencial brasileira[63] –, o contrato deixa de ser pacto originário estático para se converter em relação contratual dinâmica, funcionalizada ao atendimento do fim comum que as partes pretendem alcançar com sua mútua cooperação.[64] Não se quer dizer, note-se, que o mundo dos negócios se torna um ambiente romântico, em que cada contratante deve, altruisticamente, abandonar suas posições de vantagem em benefício do outro. É natural e legítimo que cada contratante busque a realização de seu próprio interesse, mas não se permite mais que essa busca se realize com o sacrifício da finalidade comum que conduziu as partes à contratação. Não se tolera, à luz da boa-fé objetiva, que um contratante esvazie a utilidade do contrato, ou permaneça inerte quando sua atuação se faz necessária para que tal utilidade seja atingida. Impõe-se às partes o agir responsável, tomando em consideração os interesses do outro contratante, respeitando suas legítimas expectativas, tudo em prol da realização efetiva do fim contratual.[65]

Essa profunda transformação operada pela boa-fé objetiva tem íntima relação com o reconhecimento de um dever de renegociar contratos em desequilíbrio.[66] A dimensão comportamental valorizada pela boa-fé objetiva e

Civil Code does not exclude renegotiation. In our opinion, renegotiation shall be performed not to violate the principle of good faith which is, in fact, the legal groud of the provision" (Başal Baysal, *The Adaptation of the Contract in Turkish Law*, cit., p. 326-327).

63 É indiscutível marco inicial nesta matéria a obra de Clóvis do Couto e Silva, *A Obrigação como Processo*, São Paulo: José Bushatsky, 1976, em que o autor afirmava: "(...) a inexistência, no Código Civil, de artigo semelhante ao § 242 do *BGB* não impede que o princípio tenha vigência em nosso direito das obrigações, pois se trata de proposição jurídica, com significado de regra de conduta." (ob. cit., p. 30). Sobre o papel desempenhado pela boa-fé no direito obrigacional brasileiro, ver a obra, também fundamental, de Judith Martins-Costa, *A Boa-Fé no Direito Privado – Sistema e Tópica no Processo Obrigacional*, cit., especialmente p. 381-515.

64 Sobre a boa-fé objetiva e seu impacto no direito contratual, ver Anderson Schreiber, *A Proibição de Comportamento Contraditório – Tutela da confiança e venire contra factum proprium*, cit., especialmente Capítulo 2.

65 Jacques Mestre chega a aludir, nesse sentido, a uma espécie de "*affectio contractus*", a substituir o ferrenho antagonismo entre os direitos do credor e os direitos do devedor (*L'évolution du contrat en droit privé français*, in Jean Carbonnier et al., *L'évolution contemporaine du Droit des Contrats – Journées René Savatier (Poitiers, 24-25 octobre 1985)*, Paris: Presses Universitaires de France, 1986, p. 51).

66 Traçando um panorama da relação entre boa-fé e dever de renegociação, o *General Report* apresentado no XIX Congresso da Academia Internacional de Direito Comparado, em Viena, em 2014, registra: "*This recent approach, arising from the general principle of loyalty and good faith, is also observed in the United Kingdom. In Quebec, the principle of*

consubstanciada na conduta adotada pelas partes ao longo da relação contratual desempenha papel relevantíssimo nos casos de desequilíbrio superveniente das prestações. A partir do momento em que os contratantes são chamados a abandonar posturas de imobilismo para cooperar, de modo leal e transparente, em prol da realização do fim contratual, deixa de ser aceitável à luz da ordem jurídica que o contratante que recebe uma proposta de renegociação do contrato, em virtude de um desequilíbrio a que a ordem jurídica atribui relevância (*e.g.*, Código Civil, arts. 317 e 478-480), simplesmente silencie, deixando o contratante prejudicado em situação de insegurança que se prolonga na exata medida em que se agrava o seu prejuízo. Ninguém é obrigado a aceitar propostas de renegociação, mas a boa-fé objetiva impõe que tal proposta seja respondida, em tempo razoável, para que aquele que pleiteia o reequilíbrio possa, eventualmente, recorrer à jurisdição arbitral ou estatal, a fim de corrigir a excessiva onerosidade que o atinge. Tampouco se admite que um dos contratantes guarde para si, tal qual "carta na manga", eventual desequilíbrio do contrato, esperando para invocá-lo tardiamente, em sede de defesa em ação judicial proposta diante do seu inadimplemento. Impõem-se a pronta comunicação e a interação com a contraparte.

Como se vê, o dever de renegociar consiste, essencialmente, em um dever anexo ou lateral[67] de comunicação e esforço de superação de um fato signifi-

---

good faith is generally recognized and although it has not yet been applied to change of circumstances cases, some authors have suggested it as a tool to enable the courts to temper the principle of pacta sunt servanda. The possibility of such a duty to renegotiate is also stated in the Turkish report. According to the Turkish reporter, such duty deduced from the general principle of good faith and the duty of cooperation, would be more consistent with the economic reality, since application to the court in order to invoke other remedies is more expensive and time consuming for both parties. Moreover, in the United States, there is an incresingly liberal attitude towards the way of renegotiation depending on good faith as stated in the national report. This attitude most probably originates from the effects of frustration in the Common Law tradition. Frustration causes namely an automatic (eo ipso) release of the parties from the contract and this fact makes it necessary to renegotiate about a new contract with different terms" (Rona Serozan, *General Report on the Effects of Financial Crises on the Binding Force of Contracts: Renegotiation, Rescission or Revision*, cit., p. 24).

67 Os deveres anexos, também chamados deveres laterais, são deveres impostos pela boa-fé objetiva ao lado das obrigações principais e acessórias pactuadas pelas partes, como explica Menezes Cordeiro, *Da Boa Fé no Direito Civil*, cit., p. 605 e ss. Acerca da ampla variabilidade do conteúdo dos deveres criados pela boa-fé, ver Clóvis do Couto e Silva, *A Obrigação como Processo*, cit., p. 113, para quem os deveres anexos "comportam tratamento que abranja toda a relação jurídica. Assim, podem ser examinados durante o curso ou o desenvolvimento da relação jurídica, e, em certos casos, posteriormente ao adimplemento da obrigação principal. Consistem em indicações, atos de proteção, como

cativo na vida do contrato: um excessivo desequilíbrio contratual, nos termos delimitados pela ordem jurídica. Como dever anexo, integra o objeto do contrato independentemente de expressa previsão das partes.[68] A boa-fé objetiva impõe que, em ocorrendo referido desequilíbrio, que compromete a plena concretização do escopo contratual, empenhem-se as partes em colaborar reciprocamente em busca do reequilíbrio, por meio de uma readequação mutuamente aceitável do contrato.[69] Doutrina estrangeira chega a aludir nesse sentido a um "*principio di adeguamento*" (*princípio de adequação*) do contrato, a ser concretizado pela atuação permanente das partes em prol da sua conformação à realidade social e econômica subjacente.[70] Rejeita-se, em síntese, a inércia, quer do contratante favorecido, que não pode silenciar diante de uma proposta de renegociação apresentada pelo contratante que alega sofrer a excessiva onerosidade, quer desse último contratante, que não pode se retardar a comunicar o desequilíbrio, invocando-o tardiamente como oportunista justificativa para seu inadimplemento, o qual poderia mesmo ter sido evitado caso a renegociação chegasse a bom termo.[71]

---

o dever de afastar danos, atos de vigilância, da guarda de cooperação, de assistência. O objeto de alguns deles é, portanto, fazer ou não fazer, consistindo alguns em declarações de ciência, como nas indicações e comunicações; outros, em atos determinados".

68 Na síntese de Luiz Edson Fachin: "Quem contrata não mais contrata tão só o que contrata" (*Contratos na Ordem Pública do Direito Contemporâneo*, cit., p. 458). E, em outra passagem, completa: "Probidade e boa fé são princípios obrigatórios nas propostas e negociações preliminares, na conclusão do contrato, assim em sua execução, e mesmo depois do término exclusivamente formal dos pactos. Desse modo, quem contrata não mais contrata tão só o que contrata, via que adota e oferta um novo modo de ver a relação entre contrato e ordem pública" (ob. cit., p. 460).

69 "*In questa dimensione le rinegoziazione rappresenta lo strumento attraverso il quale perseguire questa finalità. Il fondamento della sua applicazione risied nella norma che fissa tra gli obblighi di comportamento quello di esecuzione secondo buona fede che, nel caso di specie, si identifica anche con la legittima esigenza (reciproca) di comportamenti tali da consentire il regolare svolgimento del rapporto nel tempo*" (Concetta Parrinello, *Obbligatorietà del vincolo e squilibrio delle prestazioni nei contratti tra imprenditori: riflessioni sui Principi Unidroit*, in Raffaele Tommasini (cur.), *Sopravvenienze e dinamiche di riequilibrio tra controllo e gestione del rapporto contrattuale*, Turim: G. Giappichelli, 2003, p. 480).

70 Antonio De Mauro, *Il principio di adeguamento nei rapporti giuridici tra privati*, Milão: Giuffré, 2000, especialmente p. 83.

71 Nessa direção, Cosimo D'Arrigo, Il controllo delle sopravvenienze nei contratti a lungo termine, in Raffaele Tommasini, *Sopravvenienze e dinamiche di riequilibrio tra controllo e gestione del rapporto contrattuale*, Turim: G. Giappichelli, 2003, p. 535: "*In particolare, il principio di buona fede, prevenendo i comportamenti opportunistici – vale a dire, il tentativo di appropriarsi del surplus di profitto inatteso ed immeritato – cui potrebbe dar luogo una sopravvenienza contrattuale, rinsalda la fiducia fra le parti* (...)".

4.2. Natureza e objeto do dever de renegociação

O dever de renegociação constitui, como visto, um dever anexo, imposto pela boa-fé objetiva a ambos os contratantes. Não tem como objeto a obtenção de um resultado consubstanciado no efetivo acordo para a revisão do contrato, mas sim a conduta a ser adotada pelas partes diante do desequilíbrio contratual. Desdobra-se em duas etapas: (a) o dever de comunicar prontamente a contraparte acerca da existência do desequilíbrio contratual identificado; e (b) o dever de suscitar uma renegociação que possibilite o reequilíbrio do contrato ou de responder a proposta nesse sentido, analisando-a seriamente.[72]

Assim, o dever de renegociação consubstancia uma abertura adicional à revisão do contrato, mas a uma revisão extrajudicial e autônoma, conduzida pelas próprias partes e que pode, eventualmente, fracassar.[73] Repita-se: o dever de renegociar não configura um dever de reequilibrar o contrato em sede negocial. Não constitui tampouco um dever de aceitar as novas condições propostas pelo contratante que alega estar sofrendo a excessiva onerosidade. Não se trata, nesse sentido, de um *dever de revisar* o contrato extrajudicialmente ou, pior, de aceitar um contrato novo.[74] O contratante favorecido atende ao dever de renegociação analisando e respondendo ao pleito que lhe é apresentado, ainda que simplesmente para rejeitá-lo. O dever de renegociar constitui, em outras palavras, um *dever de ingressar em renegociação*, informando prontamente o fato que a enseja e formulando um pleito de revisão do contrato, ou analisando e respondendo, com seriedade, ao pleito apresentado pelo outro

72 Nessa direção, Gerardo Marasco, La rinegoziazione, in Giovanna Visintini, *Trattato della responsabilità contrattuale*, Pádua: Cedam, 2009, p. 599. v. I: "*Al fine di valutare la condotta delle parti possono socorrere le regole elaborate dalla giurisprudenza in relazione alla responsabilità precontrattuale: in questo ambito, la buona fede impone alle parti, in primo luogo, un dovere di reciproca informazione (cosicché ogni contraente è tenuto a dare notizia di fatti e delle circostanze che ritiene rilevanti e di cui la controparte appare non essere informata) e, in secondo luogo, l'obbligo di condurre le trattative nel rispetto dell'altrui affidamento*".

73 Em igual sentido, mas em perspectiva talvez mais otimista, Rona Serozan, *General Report on the Effects of Financial Crises on the Binding Force of Contracts: Renegotiation, Rescission or Revision*, cit., p. 24: "*The opening of the possibility of renegotiation means at the same time the opening of the opportunity to revise the contract. In fact, the process of renegotiation will in most cases lead inevitably to the revision of the contract*".

74 Nessa direção, embora em passagem de início um tanto ambíguo, registram Rodolfo Sacco e Giorgio De Nova: "Il dovere di negoziare null'altro è, se non un obbligo di contrarre: detto meglio, l'obbligo di essere disponibile a contrarre, nelle condizione che risultano giuste alla stregua (a) dei parametri risultanti dal testo originario del contratto, (b) rivisitati alla luce dei nuovi eventi imprevedibili e sopravvenuti" (*Il contratto*, tomo II, cit., p. 724).

contratante. É, em essência, um dever de comunicar, de pronto, a existência do desequilíbrio contratual e ingressar em tratativas para encontrar a melhor forma de superá-lo, em consonância com a boa-fé objetiva.[75]

Afigura-se inevitável, quanto ao segundo aspecto indicado, algum paralelismo com a incidência da boa-fé objetiva sobre as tratativas pré-contratuais. Na Itália, parte da doutrina chega a apontar como fundamentos do dever de renegociação não apenas o art. 1.375 do Código Civil italiano,[76] correspondente ao art. 422 do nosso Código Civil, mas também o art. 1.337 da mesma codificação, que impõe que as partes se comportem "*secondo buona fede*" (segundo a boa-fé) nas tratativas e na formação do contrato[77] – norma que não encontra correspondente na nossa codificação.[78] Em que pese a ausência, o paralelo auxilia na compreensão quer do conteúdo do dever de negociação, quer da responsabilidade decorrente da sua violação, pois, como observa Cosimo D'Arrigo:

> Assumiria relevo nesta sede não somente o art. 1.375 do Código Civil – ao qual se reconduz o surgimento da obrigação legal de renegociar –, mas também o art. 1.377 do Código Civil, uma vez que o adimplemento desta obrigação, dando vida a uma nova fase de tratativas para alcançar a restauração da originária razão de troca, sujeita-se também à disciplina da atividade pré-contratual. Em essência, a pactuação de novas condições contratuais proporcionais às superveniências – mesmo que constitua, na perspectiva em exame, objeto de uma precisa obrigação integrativa *ex lege* do conteúdo dos contratos a longo prazo – se

75 Na síntese de Başal Baysal, "*the principle of good faith, in the first place, should lead the parties facing difficulty in performing the contractual obligations to come together and to seek a solution*" (*The Adaptation of the Contract in Turkish Law*, cit., p. 327).

76 "*Art. 1.375. Esecuzione di buona fede. Il contratto deve essere eseguito secondo buona fede* (...)."

77 "*Art. 1.337. Trattavie e responsabilità precontrattuale. Le parti, nello svolgimento delle trattative e nella formazione del contratto, devono comportarsi secondo buona fede* (...)"

78 Ausência que era já criticada pela melhor doutrina antes da promulgação do Código Civil de 2002, como se pode ver de Antônio Junqueira de Azevedo, *Insuficiências, deficiências e desatualização do Projeto de Código Civil na questão da boa-fé objetiva nos contratos*, cit., p. 4: "(...) Segunda insuficiência: o art. 421 se limita ao período que vai da conclusão do contrato até sua execução. Sempre digo que o contrato é um 'processo' em que há começo, meio e fim. Temos fases contratuais – fase pré-contratual, contratual propriamente dita e pós-contratual. Uma das possíveis aplicações da boa-fé é aquela que se faz na fase pré-contratual; nessa fase, temos as negociações preliminares, as tratativas. É um campo propício para a regra do comportamento da boa-fé, eis que, aí, ainda não há contrato e, apesar disso, já são exigidos aqueles deveres específicos que uma pessoa precisa ter como correção de comportamento em relação a outra".

> concretiza sempre por meio de um acordo entre as partes. Portanto, se os contraentes não encontram um ponto de acordo e as tratativas naufragam por causa não imputável ao promissário, este último não poderá ser considerado inadimplente.[79]

Afirma-se, nessa mesma direção, que o dever de renegociar não consiste em obrigação de resultado, mas "se configura como uma obrigação de meio".[80] Parte da doutrina estrangeira chega a descrever o remédio como "*invitation to renegotiate*" ("convite para renegociar"), reforçando que o sucesso ou não da renegociação é questão que extrapola o âmbito do dever.[81] O dever de renegociação restringe-se à tentativa "séria" de reconstruir o equilíbrio contratual.[82] De fato, a renegociação deve ser "séria, propositiva, cooperativa e de boa-fé", mas pode fracassar, hipótese na qual restará a via da revisão heterônoma do contrato, a ser realizada pelo juiz ou pelo árbitro.[83]

---

79 Tradução livre do trecho original de Cosimo D'Arrigo, *Il controllo delle sopravvenienze nei contratti a lungo termine*, cit., p. 560: "*Verebbe in rilievo in questa sede non soltanto l'art. 1375 c.c. – al quale si riconduce il sorgere dell'obbligo legale di rinegoziare –, ma anche l'art. 1337 c.c., in quanto l'adempimento di quest'obbligo, dando vita ad una nuova fase di trattative per addivenire al ripristino dell'originaria ragione di scambio, soggiace altresì alla disciplina dell'attività precontrattuale. In sostanza, la pattuizione di nuove condizioni contrattuali commisurate alle sopravvenienze – sebbene costituisca, nella prospettiva in esame, oggetto di un preciso obbligo integrativo ex lege del contenuto dei contratti a lungo termine – si concretizza pur sempre in un accordo fra le parti. Pertanto, se i contraenti non trovano un punto di intesa e le trattaive naufragano per causa non imputabile al promissario, quest'ultimo non potrà esse considerato inadempiente*".

80 Como afirma Gerardo Marasco, *La rinegoziazione*, cit., p. 595-596: "*Il dovere di rinegoziazione, in via generale, si configura come una obbligazione di mezzi: i contraenti, al verificarsi di particolari circostanze, sono tenuti ad iniziare e condurre nuove trattative (a svolgere, quindi, una certa attività ed assumere una particolare condotta) al fine di trovare una congrua soluzione al problema delle sopravvenienze. L'obbligo di rinegoziare non impone alle parti il raggiungimento di un accordo (un risultato), ma le impegna semplicemente a mettere in discussione i termini dell'originario contratto nel tentativo 'serio' di ricostruire, ove ciò risponda a ragioni di efficienza e di reciproca convenienza economia, l'alterato equilibrio contrattuale*".

81 "*The legal remedies provided in light of the theoretical instruments justifying an intervention in cases of unexpected and burdensome financial developments are as follows: (a) invitation to renegotiate, regarding the possible means in order to find a compromising solution against the suddenly changed circumstances (...)*" (Rona Serozan, *General Report on the Effects of Financial Crises on the Binding Force of Contracts: Renegotiation, Rescission or Revision*, cit., p. 23).

82 Alfredo Gorni, Le clausole di rinegoziazione, in Cesare Vaccà, *Il conflitto del Golfo e i contratti di impresa: esecuzione, adattamento e risoluzione in uno scenario di crisi – Quaderni per l'arbitrato e per I contratti internazionali*, Milão: EGEA, 1992, p. 56. v. 5.

83 A lição é de Ruy Rosado de Aguiar Júnior, embora em passagem restrita aos contratos

Como fruto da boa-fé objetiva, o dever de renegociar não se limita a incidir sobre momentos pontuais ou específicos, mas se espraia por todo o *iter* da relação contratual. Assim, embora se imponha a pronta comunicação do desequilíbrio contratual, tem-se aí apenas o primeiro passo de um amplo e recíproco *colaborar* (*mitzuwirken*, na expressão tão utilizada pelos juristas alemães) que não se esgota em uma estrutura simplista e binária de *aviso* e *contra-aviso* – como no mencionado exemplo da antiquada disciplina do nosso Código Civil em torno da *proposta* e *aceitação* na formação do contrato –, mas se pretende contínua e permanente, nunca preclusa aos contratantes, que não restam dispensados em nenhum momento do seu mútuo cumprimento. O conteúdo do dever de renegociação somente pode, portanto, ser precisamente determinado à luz da concreta relação contratual e das específicas circunstâncias de que deriva a necessidade de renegociar, mas é possível, a título meramente exemplificativo, arrolar alguns comportamentos podem vir a compor o conteúdo desse dever, como (a) pronta e detalhada comunicação à contraparte sobre o desequilíbrio contratual, indicando fundamentadamente a presença dos seus pressupostos; (b) resposta da contraparte em tempo razoável a essa comunicação, informando pronta e fundamentadamente se não considerar presentes aqueles pressupostos; (c) qualquer proposta, bem como contraproposta de revisão extrajudicial do contrato deve ser apresentada de modo detalhado e justificado, evitando-se a lógica do "pegar ou largar"; (d) no curso da renegociação cada parte deve fornecer à outra todas as informações úteis para avaliar a oportunidade e o conteúdo de uma eventual revisão extrajudicial do contrato; (e) as partes devem igualmente manter reserva sobre dados e informações obtidos no curso da renegociação, evitando sua divulgação a terceiros; (f) nenhuma das partes deve se recusar injustificadamente a manter renegociações ou interrompê-las de modo abrupto e imotivado; e (g) o insucesso da renegociação não deve ser considerado por qualquer das partes como razão para se recusar a analisar propostas de solução consensual no âmbito de eventual processo judicial ou arbitral subsequente.[84]

relacionais: "As considerações acima foram feitas para ensejar a conclusão de que, no tema da onerosidade excessiva e da teoria da imprevisão relativamente aos contratos relacionais, a aplicação do regime legal de onerosidade excessiva deve ser posterior à fase de renegociação do risco da superveniência. Fracassando essa tentativa, abre-se a oportunidade para a intervenção heterônoma, do juiz ou do árbitro, para a redefinição que o fato novo determina. Nos contratos relacionais, a primeira alternativa diante da superveniência é a da renegociação, que deve ser séria, propositiva, cooperativa e de boa-fé; frustrada, cabe a revisão das cláusulas pelo juiz ou pelo árbitro" (*Comentários ao Novo Código Civil*, cit., p. 896. v. VI, t. II).

84 Sobre o tema, ver Gerardo Marasco, *La rinegoziazione*, cit., p. 600-601.

O dever de renegociação nasce, como se vê, no afã de permitir uma solução extrajudicial do problema do desequilíbrio contratual, mas, fracassada tal tentativa, estende-se, inclusive, sobre um eventual processo judicial ou arbitral a que os contratantes necessitem recorrer. Nesse sentido, a doutrina italiana admite, mesmo, que uma oferta formulada em fase de renegociação possa ser reapresentada em juízo no âmbito de ação de resolução promovida pelo outro contratante, como oferta destinada a evitar o fim do contrato,[85] nos termos da norma contida na parte final do art. 1.467 do Código Civil italiano,[86] correspondente ao art. 479 do Código Civil brasileiro.[87] Confirma-se, assim, que o dever de renegociar incide sobre ambos os contratantes, podendo qualquer deles deflagrar ou retomar o processo de renegociação,[88] que consubstancia autêntico *favor contractus*, assumindo preferência em relação aos possíveis remédios terminativos oferecidos pela ordem jurídica, e, para alguns autores, até em relação à própria revisão judicial.

4.3. Utilidade do dever de renegociação

O reconhecimento de um dever de renegociação é de patente utilidade, sob diferentes aspectos. Em primeiro lugar, constitui uma resposta idônea ao problema da "racionalidade limitada", assim entendida a falta de capacidade dos contratantes para prever, ao tempo da celebração do contrato, todas as vicissitudes que podem ocorrer ao longo da relação contratual – falta de capacidade que opera, frequentemente, como desincentivo à contratação.[89]

---

85 Afirma expressamente Cosimo D'Arrigo que "*l'offerta di riconduzione ad equità già formulata prima dell'inizio della lite, potrà essere riproposta nel giudizio promosso dall'onerato per la risoluzione del contratto*" (*Il controllo delle sopravvenienze nei contratti a lungo termine*, cit., p. 560).

86 "Art. 1.467. (...) *La parte contro la quale è domandata la risoluzione può evitarla offrendo di modificare equamente le condizioni del contratto.*"

87 "Art. 479. A resolução poderá ser evitada, oferecendo-se o réu a modificar equitativamente as condições do contrato."

88 No mesmo sentido, Gerardo Marasco, *La rinegoziazione*, cit., p. 597, destacando, inclusive, que a renegociação pode ser deflagrada não só pelo contratante excessivamente onerado, mas também por aquele que não sofre o efeito negativo do desequilíbrio contratual: "*Si tratta di un'obbligazione che, in egual misura, investe entrambi i contraenti. Al verificarsi dei richiesti presupposti, uno dei contraenti potrà dare impulso alla rinegoziazione (l'iniziativa, nella generalità dei casi, viene assunta dalla parte che vi ha interesse, ma nulla toglie che il procedimento rinegoziativo venga avviato dall'altro contraente)*".

89 Nesse mesmo sentido, Cosimo D'Arrigo, Il controllo delle sopravvenienze nei contratti a lungo termine, in Raffaele Tommasini, *Sopravvenienze e dinamiche di riequilibrio tra controllo e gestione del rapporto contrattuale*, cit., p. 535, para quem o dever de renego-

O reconhecimento de um dever de renegociação funcionaria, assim, como um estímulo à celebração de contratos duradouros, beneficiando as partes e a economia em geral.

Ainda sob o prisma econômico, o reconhecimento de um dever de renegociação representaria a diminuição de custos transacionais, como observa a doutrina afiliada à análise econômica do direito. Isso porque a prática contratual já tem consagrado com enorme frequência cláusulas que impõem o dever de tentar obter, por meio de renegociação de boa-fé, a revisão extrajudicial do contrato. Diante de tal circunstância, afigura-se mais eficiente que a própria ordem jurídica reconheça o dever de renegociar, fornecendo as balizas para o seu cumprimento e poupando as partes dos custos e esforços inerentes à elaboração, negociação e interpretação das referidas cláusulas contratuais.[90] A renegociação evita, ainda, custos adicionais que a eventual ruptura do contrato – como efeito de uma bem-sucedida demanda resolutiva ou de uma má-sucedida demanda revisional – poderia gerar para a reobtenção, por ambos os contratantes, de uma relação contratual equivalente no mercado.[91]

Argumenta-se, igualmente, que a existência de um dever de renegociação favorece, de modo geral, o melhor cumprimento dos contratos. Isso porque, em um cenário carente de tal dever, o contratante excessivamente onerado, inseguro quanto ao eventual reequilíbrio do contrato e indesejoso de enfrentar os ônus de uma demanda judicial, poderia limitar-se ao adimplemento

ciação "*finirebbe col costituire una risposta alla loro 'razionalità limitata': pur non disponendo di informazioni e conoscenze sufficienti sulle future condizioni di fatto o del mercato ovvero sulle eventuali turbative del rapporto commutativo, un contraente potrebbe decidire di stipulare egualmente un contratto di lungo periodo confidando nel comportamento di buona fede della controparte, disposta a cooperare (id est, rinegoziare) per preservare nel tempo l'equilibrio dello scambio*".

90 Argumenta, nessa direção, Paolo Gallo, *Sopravvenienza contrattuale e problemi di gestione del contratto*, cit., p. 389: "*Se pertanto nella prassi è diventato del tutto usuale inserire clausole di revisione, la soluzione più efficiente da un punto di vista economico sarà quella di adeguare il tipo legale a quanto avviene nelle prassi. In questo modo, i costi della contrattazioni risulteranno sicuramente ridotti, senza peraltro privare le parti della possibilità di disporre diversamente nel caso in cui lo ritengano opportuno*".

91 "*The foregoing does not, of course, overlook the benefits of a revision renegotiation imposed to the very same parties to the frustrated contract. Those benefits consist, first of all, of the preservation of the contract and the reduction of the transaction costs of a fully new re-negotiation in a competitive market*" (Marco Torsello, All Roads Lead to Rome: The multiple grounds under Italian Law to challenge a contract due to supervening changes of circumstances, in Başak Başoğlu (ed.), *The Effects of Financial Crises on the Binding Force of Contracts: Renegotiation, Rescission or Revision*, Nova Iorque: Springer, 2016, p. 186).

formal de suas obrigações, deixando de efetuar investimentos necessários a assegurar a completa fruição do resultado esperado pela contraparte. O mesmo não ocorreria diante do reconhecimento pela ordem jurídica de um dever de renegociação.[92]

Registre-se, ainda sob o enfoque da análise econômica, a comparação entre o dever de renegociar e os demais remédios oferecidos pela ordem jurídica, quais sejam, a resolução e a revisão judicial do contrato. Enquanto esses dois últimos remédios exigem necessariamente o recurso ao Poder Judiciário, o dever de renegociação atua desde logo, em sede extrajudicial. Os custos de uma solução obtida por cumprimento do dever de renegociar, ao menos nessa etapa, afiguram-se, portanto, inferiores, confirmando se tratar de alternativa mais vantajosa para ambas as partes, na medida em que "*application to the court in order to invoke other remedies is more expensive and time consuming for both parties*" ("submissão à corte para invocar outros remédios é mais custosa e consome mais tempo de ambas as partes").[93]

Ainda assim, o silêncio e a resistência em torno de um dever de renegociar, na experiência jurídica brasileira, parecem derivar da percepção de que impor a renegociação aos contratantes violaria sua autonomia privada e o próprio *pacta sunt servanda*, na medida em que as partes estariam sendo incentivadas pela ordem jurídica a alterar aquilo que livre e voluntariamente ajustaram. Tal raciocínio revela-se falacioso, na medida em que, como demonstrado no capítulo anterior, nossa doutrina e jurisprudência já asseguram a possibilidade de revisão judicial dos contratos em desequilíbrio, inclusive em relações paritárias. Assim, ao rejeitar um dever de renegociar, tem-se simplesmente um "tampar o Sol com a peneira", porque não se está a garantir a intangibilidade do contrato originário, mas apenas forçando o contratante interessado na revisão a recorrer ao Poder Judiciário para obter algo que poderia obter extrajudicialmente, tivesse

---

92 Trata-se, a rigor, de um efeito da revisão do contrato, que, incentivada em sede extrajudicial por meio de um dever de renegociação, apresentaria a vantagem de dispensar os custos inerentes ao recurso à via judicial e o consequente risco de perda desses custos. Afirma-se, assim, que a revisão extrajudicial do contrato "presentrebbe il vantaggio di consentire il recupero delle spese effettuate per predisporre quanto necessario all'adempimento, rendendo le stesse meno insicure e così favorendone l'effettuazione; in tal modo si offrirebbe un incentivo alle parti affinché stipulino contratti che prevedano investimenti tecnologici specifici, con significativa ricaduta positiva sullo sviluppo dell'economia" (Cosimo D'Arrigo, *Il controllo delle sopravvenienze nei contratti a lungo termine*, cit., p. 536).

93 Rona Serozan, *General Report on the Effects of Financial Crises on the Binding Force of Contracts: Renegotiation, Rescission or Revision*, cit., p. 24.

o outro contratante o dever de renegociar. Daí decorrem não apenas custos desnecessários para ambos os contratantes – consubstanciados nos custos cartorários e advocatícios inerentes à via judicial –, mas também novos custos relativos à majoração do tempo necessário à solução do problema de desequilíbrio contratual, tempo que tende a se alongar na medida em que se agrava a litigiosidade entre os contratantes, agravamento estimulado, como já se registrou, pela própria estrutura e cultura da jurisdição contenciosa. Haveria, ainda, que se contabilizar o prejuízo para a sociedade como um todo, na medida em que se desviam para o Poder Judiciário, já abarrotado de demandas, disputas que bem poderiam ser solucionadas consensualmente, em sede extrajudicial.[94]

Como se vê, a rejeição a um dever de renegociar em experiência jurídicas como a brasileira, que já asseguram o direito à revisão judicial do contrato, exprime, a rigor, sob o prisma teórico, um escamoteamento que apenas dificulta o acesso àquilo que já se pode obter em juízo. Na prática, contudo, ao restringir a revisão ao campo judicial, com todos os custos e desgastes envolvidos, desestimula-se o caminho da revisão contratual, preservando em sua suposta solidez e integridade um contrato que, por se encontrar em flagrante desequilíbrio já não é mais, em sua essência, o mesmo contrato (acordo de vontades) que as partes pretenderam celebrar. A paixão cega pelo *pacta sunt servanda* acaba por exprimir aí um apego que não é ao pacto em si, mas a uma pretensa *imunidade do contrato* a qualquer alteração posterior da realidade, imunidade que se afigura puramente fictícia, na medida em que é natural imaginar que, ao menos, algumas dessas relações contratuais desequilibradas, se não puderem ser alteradas para preservar o equilíbrio originário, acabarão por se romper, quer pela resolução contratual, quer pelo esgotamento das forças do contratante prejudicado e seu consequente inadimplemento, quiçá insolvência.

Nesse ponto específico, é interessante notar que, se o contratante prejudicado vem efetivamente a se tornar insolvente por força da excessiva onerosidade suportada, poderá, preenchidos certos pressupostos, recorrer ao instituto da recuperação judicial, em que os credores terão, em certa medida, um "dever" de aceitar condições menos favoráveis que aquelas previstas nos seus

94 "(...) o estoque de processos no Poder Judiciário (74 milhões) continua aumentando desde o ano de 2009, conforme demonstra o Gráfico 3.24. O crescimento acumulado deste período foi de 19,4%, ou seja, 9,6 milhões de processos a mais em relação àquele ano. Dessa forma, mesmo que o Poder Judiciário fosse paralisado sem ingresso de novas demandas, com a atual produtividade de magistrados e servidores, seriam necessários aproximadamente 3 anos de trabalho para zerar o estoque" (Departamento de Pesquisas Judiciárias, *Justiça em números 2016: ano-base 2015*, Brasília: Conselho Nacional de Justiça, 2016, p. 42).

respectivos contratos, a fim de possibilitar que o contratante em recuperação quite, ainda que parcialmente, os seus débitos. Ora, surge aqui a seguinte pergunta: será preciso aguardar a "quebra" do contratante, com todos os efeitos negativos que a redução à insolvência produz sobre o insolvente e terceiros que dele dependem em alguma medida (empregados, fornecedores etc.), para que se reconheça que o contratante favorecido tem o dever de ingressar em renegociação para a busca do reequilíbrio contratual? A resposta não pode deixar de ser negativa.

Em suma: se o contratante resistente à renegociação já pode ser compelido em juízo a aceitar a revisão do contrato, contra a sua vontade, não há razão para negar sua sujeição a um dever prévio de responder ao pleito de renegociação em sede extrajudicial. Ainda que se enxergue aí, por mero amor ao debate, uma limitação ao *pacta sunt servanda*, não se tem no dever de renegociar uma limitação maior, mas sim menor que aquela já acatada pela ordem jurídica brasileira na hipótese de revisão judicial do contrato, da qual pode o prejudicado, reconhecidamente, se socorrer. O dever de renegociar não constitui um *plus*, mas um *minus* em relação à revisão judicial do contrato, não se vislumbrando na imposição do dever de responder a um "*invitation to renegotiate*" qualquer risco de dano ao contratante destinatário da proposta que se afigure suficiente para exigir um controle judicial sobre a tentativa de revisão. De resto, qualquer eventual abuso praticado durante a fase extrajudicial de renegociação – como a apresentação de um número excessivo de propostas ou de proposta extraordinariamente volumosa ou de teor ininteligível destinada a simular uma situação de recusa à renegociação por parte do contratante a quem se destina – acabará inevitavelmente se sujeitando ao crivo judicial na etapa subsequente ao fracasso da renegociação, de modo que qualquer risco de dano adentrará, de um modo ou de outro, a análise judicial.

Por fim, mas não por sua menor importância, cumpre registrar que a ausência do reconhecimento de um dever de renegociar contratos desequilibrados produz efeitos também no modo como as relações contratuais se desenvolvem no ambiente negocial brasileiro. Na atual interpretação da nossa doutrina e jurisprudência, se o contratante prejudicado adverte a contraparte de que vem padecendo de excessiva onerosidade na sua relação contratual, o que precisa fazer o contratante favorecido pelo desequilíbrio? Nada, como já visto. Poderá simplesmente silenciar, aguardando na confortável posição de quem se beneficia com o passar do tempo, enquanto o contratante prejudicado pelo desequilíbrio verá seu prejuízo aumentar dia a dia. Hesitará, naturalmente, o contratante prejudicado em ingressar em juízo enquanto aguarda a resposta ao seu pedido extrajudicial de revisão, resposta que pode não vir jamais, como frequentemente acontece na prática negocial. E, assim, quando o contratante prejudicado decide, enfim, propor ação judicial de revisão do contrato, o prejuízo sofrido já é tamanho e tanto ainda aumentará ao longo do itinerário processual que o relacionamento entre os contratantes acabará por se tornar, em algum momento, irrecuperável. O principal benefício da revisão, qual seja, a conservação da relação contratual, perde-se em um caminho longo e tortuoso, que tende à ruptura definitiva entre as partes, com prejuízo para o seu projeto comum consubstanciado no contrato e para toda a sociedade.

A ausência do reconhecimento de um dever de renegociar gera, em outras palavras, posturas passivas e irresponsáveis, que, não raro, resultam em prejuízos maiores do que os necessários para ambas as partes e para a economia como um todo. Não por outra razão, identifica-se em muitos países uma tendência à passagem de instrumentos interventivos para instrumentos colaborativos, que, sem prejuízo da aplicação subsidiária daqueles, incentivem a gestão pelas próprias partes das superveniências em que incorre necessariamente qualquer relação contratual duradoura em um cenário econômico dinâmico e mutável.[95]

Daí deriva, em larga medida, a presente proposta de que um dever de renegociar passe a ser reconhecido no direito brasileiro, com fundamento normativo na boa-fé objetiva e nos moldes anteriormente delimitados, privilegiando-se a solução extrajudicial do problema do desequilíbrio. Assim, embora os dispositivos legais que cuidam do desequilíbrio contratual superveniente no Código Civil brasileiro aludam à atuação do "juiz" – com referências diretas (art. 317) ou indiretas (arts. 478 e 480, que mencionam o "réu" e a "sentença") –, emprestando caráter judicializado ao tema em uma primeira leitura, tal alusão deve ser considerada "meramente semântica".[96] O reconhecimento de um dever de renegociar no direito brasileiro, além de estimular a

95 Nessa direção, Raffaele Tommasini, *Dalle logiche di revisione del rapporto alle più articolate forme di gestione*, cit., p. 1: "*Già nella seconda metà degli anni '80 emergeva la consapevolezza della necessità di valutare nnl'ambito del sistema contrattuale la esistenza di strumenti che consentissero di gestire le sopravvenienze, anche quando l'autonomia delle parti non aveva previsto specifici interventi*"

96 José de Oliveira Ascensão, *Alteração das Circunstâncias e Justiça Contratual no Novo Código Civil*, cit., p. 66, que completa: "O juiz é invocado por antonomásia, por ser aquele que determina a solução em última análise. Contudo, a previsão é aplicável independentemente do recurso a juízo. Quando assim acontece, a remissão ao juiz na norma substantiva é falaciosa. Cria a impressão de uma indevida judicialização da vida corrente. Porém, essas regras substantivas são regras para o dia a dia, pelo que só em casos patológicos são trazidas à aplicação judicial. Sendo esta a situação normal, a remissão ao juiz só confunde, podendo, em certos casos, levar a crer que o dissídio não pode ser extrajudicialmente composto".

solução extrajudicial do conflito, permite a passagem de um equilíbrio contratual *tutelar*, assegurado pela ordem jurídica por meio da ação unilateral de uma das partes ou do juiz, para um equilíbrio contratual *colaborativo*, como fruto da convergência permanente entre os contratantes.[97] De uma reação subsidiária da ordem jurídica não se pode, porém, prescindir.

4.4. Consequências da violação ao dever de renegociação

Parte da doutrina estrangeira que defende um dever de renegociação sustenta que tal dever deve ser encarado não como um dever em sentido estrito, mas como mero encargo, *incombance* (França e Suíça) ou *Obliegenheit* (Alemanha), entre outras qualificações jurídicas que pretenderiam significar que "*the violation of the duty to renegotiate in good faith should not lead to compensation, but to the loss of the right to adjust and terminate the contract*" ("a violação do dever de renegociar de boa-fé não deve levar à indenização, mas à perda do direito de ajustar ou extinguir o contrato").[98] Nessa direção, sustenta-se que o dever de renegociação configuraria tão somente um ônus do contratante que pretende obter em juízo a revisão ou a resolução do contrato, competindo-lhe demonstrar, como uma espécie de condição de admissibilidade do pleito judicial, que já tentou razoavelmente obter, por negociação, uma revisão extrajudicial do contrato.[99]

Tal qualificação do dever de renegociar como condicionante a um pleito posterior é adotada, como já visto, no *Draft Common Frame of Reference*, que, em sua seção III, item 1:110 (3) (d), estabelece que o poder da corte competente de adaptar o contrato ou extingui-lo depende, dentre outros requisitos,

---

97 Ao tratar da abertura do direito francês a "*un rééquilibrage contractuel*", Jacques Mestre previa, já nos idos de 1986, "*une seconde mutation qui est alors la recherche, non plus d'un simple équilibre par une action unilatérale, mais d'une véritable convergence, d'une véritable coopération, dans une perspective évidemment cette fois bilatérale. Evolution plus riche encore puisque c'est toute la perspective du contrat qui changerait si elle devait se confirmer, le contrat cessant d'être un compromis entre antagonismes pour devenir l'instrument juridique d'une collaboration*" (*L'évolution du contrat en droit privé français*, cit., p. 46).

98 Rona Serozan, *General Report on the Effects of Financial Crises on the Binding Force of Contracts: Renegotiation, Rescission or Revision*, cit., p. 24.

99 Nesse sentido, confira-se a conclusão alcançada por Catarina Monteiro Pires, após detalhado levantamento das posições em torno da matéria no direito português: "A parte afetada pela alteração das circunstâncias deverá procurar alcançar uma solução extraprocessual antes de recorrer a juízo, sob pena de ver precludido o seu próprio interesse em agir (cf. Artigo 26, n. 2 CPC)" (Efeitos da alteração das circunstâncias, in *O Direito*, v. 145, 2013, I-II, p. 205).

de que "*the debtor has attempted, reasonably and in good faith, to achieve by negotiation a reasonable and equitable adjustment of the terms regulating the obligation*" ("o devedor tenha tentado, de forma razoável e de boa fé, alcançar por meio de negociação um ajuste razoável e equitativo da disciplina da obrigação"). Também os *Princípios do Unidroit* podem ser interpretados nesse sentido, em virtude do seu artigo 6.2.3 (3) que, "à falta de acordo das partes em tempo razoável, cada uma das partes poderá recorrer ao Tribunal". A *contrario sensu*, nenhuma das partes poderia recorrer ao Tribunal se não tiver tentado, antes, por um tempo razoável, a obtenção de um acordo:

> Artigo 6.2.3
> (Efeitos da *hardship*)
> (...)
> (2) O pleito para renegociação não dá, por si só, direito à parte em desvantagem de suspender a execução.
> (3) À falta de acordo das partes em tempo razoável, cada uma das partes poderá recorrer ao Tribunal.
> (4) Caso o Tribunal considere a existência de *hardship*, poderá, se for razoável, (a) extinguir o contrato, na data e condições a serem fixadas, ou (b) adaptar o contrato com vistas a restabelecer-lhe o equilíbrio.

Esse é também o caminho seguido pelo Código Civil da República Tcheca de 2012 (§§ 1.764 a 1.766) – que, como já visto, chega a definir prazo de dois meses como prazo razoável para a conclusão da renegociação extrajudicial –, pelo Código Civil da Romênia de 2011 (art. 1.271), entre outras normas nacionais que elencam a prévia tentativa de renegociação como requisito ou condição para o pleito de revisão judicial do contrato.[100] Registre-se que tal abordagem não afasta, por si só, o cabimento de eventual direito à reparação em virtude da recusa da contraparte à renegociação, mas reforça, diante da omissão normativa sobre o cabimento do remédio indenizatório, a posição daqueles que, como mencionado, defendem que o dever de renegociar consiste em ônus ou encargo do contratante que pretenda obter em juízo a revisão ou resolução do contrato.

---

100 A doutrina tcheca, em particular, registra que a inadmissibilidade da ação judicial em caso de ausência de tentativa de renegociação em tempo razoável independe de alegação da contraparte, na medida em que as cortes devem reconhecê-la de ofício: "*The other party does not even have to claim that the period was missed, as the court has to research the period ex offo; of course, prior to that, the court would have to solve a preliminary question whether, with respect to all circumstances, the adequacy of the period does not differ from the presumption set forth by the law*" (Marketa Selucká, *Elimination of the Impacts of Financial Crisis on Legal Relationships according to Czech Private Law*, cit., p. 112).

Em sentido oposto, parcela da doutrina estrangeira sustenta abertamente o cabimento de indenização em virtude do descumprimento do dever de renegociar: tratando-se de um dever em sentido estrito, sua violação gera, como remédio geral, o surgimento do dever de reparar o dano eventualmente sofrido.[101] Não parece importar aqui que o dever de renegociar derive de uma cláusula contratual ou adentre a disciplina jurídica da relação contratual *ex bona fide*. Como consequência da violação de um dever anexo, o surgimento da responsabilidade civil pelo dano causado parece indiscutível, ainda que se possa debater acerca da natureza de tal responsabilidade: se contratual ou aquiliana.[102] Também aqui, aliás, não faltam paralelismos com a responsabilidade pré-contratual incidente sobre as tratativas, chegando parte da doutrina a aludir a uma espécie de "*culpa in recontrahendo*" como fundamento para o surgimento do dever de reparar.[103]

O exemplo mais explícito de acolhimento da responsabilidade civil por danos derivados da violação ao dever de renegociar encontra-se nos *Princípios de Direito Contratual Europeu*, mais especificamente na parte final do art. 6:111 (3), no qual se lê, em tradução livre:

> Art. 6:111 (...)
> 3) Se as partes fracassarem em alcançar um acordo dentro de um lapso de tempo razoável, a corte pode: (a) extinguir o contrato em data e em condições a serem determinadas pela corte; ou (b) adaptar o contrato a fim de distribuir entre as partes de maneira justa e equitativa as perdas e ganhos resultantes da alteração das circunstâncias. Em qualquer dos casos, a corte pode conceder indenização pelos danos sofridos em virtude de recusa de uma das partes a negociar ou de ruptura das negociações contrariamente à boa-fé e aos bons usos do comércio.[104]

---

101 Nesse sentido, é categórico Gerardo Marasco, *La rinegoziazione*, cit., p. 603: "*Vi è poi il diritto al risarcimento del danno eventualmente subito a causa della violazione dell'obbligo di rinegoziare*".

102 Como se verá adiante, não faltam autores que qualificam o dever de renegociar como um dever contratual, cuja violação acarreta inadimplemento em sentido técnico, a deflagrar outros remédios além do cabimento de reparação dos danos.

103 "*Infatti, la violazione dell'obbligo di rinegoziare comporterebbe una sorta di 'culpa in recontrahendo' di natura indubbiamente contrattuale, giacché relativa all'inadempimento di un obbligo nascente dal contratto. Pertanto, anche il risarcimento del danno ovvero l'eccezione di inadempimento costituirebero rimedi adeguati*" (Cosimo D'Arrigo, *Il controllo delle sopravvenienze nei contratti a lungo termine*, cit., p. 564).

104 No original: "*Article 6:111 (...) (3) If the parties fail to reach agreement within a reasonable period, the court may: (a) terminate the contract at a date and on terms to be determined by the court; or (b) adapt the contract in order to distribute between the parties in a just and*

O expresso reconhecimento de que o tribunal pode "*award damages for the loss suffered through a party refusing to negotiate or breaking off negotiations contrary to good faith and fair dealing*" ("conceder indenização pelos danos sofridos em virtude de recusa de uma das partes à negociar ou de ruptura das negociações contrariamente à boa-fé e aos bons usos do comércio") em um documento tão significativo quanto o conjunto de princípios que pretende exprimir o núcleo comum do direito de diferentes países da União Europeia tem servido de argumento para a defesa da reparabilidade dos danos derivados do descumprimento do dever de renegociar em diversas experiências jurídicas que carecem de norma expressa sobre o tema.[105] Nessa esteira, verifica-se que, mesmo em países nos quais inexiste regra explícita sobre o dever de renegociar, a violação a tal dever tem sido reconhecida como fonte do dever de reparar, autorizando-se, inclusive, que o ressarcimento do dano seja pleiteado separada ou conjuntamente com o pedido de revisão ou resolução por excessiva onerosidade.[106] Na

equitable manner the losses and gains resulting from the change of circumstances. In either case, the court may award damages for the loss suffered through a party refusing to negotiate or breaking off negotiations contrary to good faith and fair dealing".

105 Também tem sido invocado, nessa direção, o art. 79 da Convenção de Viena sobre a Venda Internacional de Mercadorias. Embora haja intensa controvérsia em torno do acolhimento ou não da hipótese de desequilíbrio contratual superveniente pelo referido dispositivo, que trata genericamente de uma "*failure to perform*", sua parte final consagra o dever de reparar os danos resultantes da falta de aviso à contraparte acerca do "*impediment*" e seus efeitos sobre a impossibilidade de cumprimento. Confira-se o teor do referido dispositivo: "*Article 79. (1) A party is not liable for a failure to perform any of his obligations if he proves that the failure was due to an impediment beyond his control and that he could not reasonably be expected to have taken the impediment into account at the time of the conclusion of the contract or to have avoided or overcome it or its consequences. (...) (4) The party who fails to perform must give notice to the other party of the impediment and its effect on his ability to perform. If the notice is not received by the other party within a reasonable time after the party who fails to perform knew or ought to have known of the impediment, he is liable for damages resulting from such non-receipt*". Sobre a controvérsia em torno do acolhimento pelo dispositivo da hipótese de desequilíbrio contratual superveniente, Larry A. DiMatteo, Contractual Excuse under the CISG: Impediment, Hardship, and the Excuse Doctrines, in *Pace International Law Review* 27-1, 2015, p. 258-305, em que o autor, após examinar posicionamentos acerca do tema em diferentes fontes, conclui: "*In sum, although there are rationales to include hardship within Article 79 impediment, the argument in favor of such an inclusion must be based on CISG interpretive methodology, independent of the frameworks provided by the civil law, common law, or international legal instruments*" (ob. cit., p. 285).

106 "*In particolare, il risarcimento del danno potrà essere chiesto in via alternativa o concorrente rispetto alla domanda di risoluzione per eccessiva onerosità. Talché, se fosse accolta l'azione di risoluzione ed il contraente svantaggiato venisse liberato dal vincolo contrattuale divenuto eccessivamente oneroso, la liquidazione del danno risarcibile dovrebbe tener*

Alemanha, por exemplo, a jurisprudência do *BGH* já teve, como visto anteriormente, a oportunidade de atestar o surgimento do dever de indenizar a partir do descumprimento do dever de renegociação.[107]

Há, ainda, quem sustente, além da eventual preclusão da via judicial e do cabimento da reparação pelos danos causados, a possibilidade de invocação de outros remédios derivados da configuração da violação do dever de renegociar como "inadimplemento" em sentido técnico.[108] Com efeito, aqueles autores que encaram o descumprimento do dever de renegociação *ex bona fide* como inadimplemento, por si só, de uma obrigação, admitem a partir daí a produção de efeitos como a possibilidade de invocação da *exceptio non adimpleti contractus* ou do próprio exercício do direito à resolução do contrato, restando a aplicabilidade de tais instrumentos dependente, por óbvio, da gravidade do inadimplemento consubstanciado no desrespeito ao dever de renegociar.[109]

É particularmente perigosa a invocação do descumprimento do dever de renegociar como justificativa para o pleito de resolução do contrato, na

conto unicamente del pregiudizio recato all'interesse alla continuazione del rapporto (a condizioni proporzionate alla circostanze sopravvenute), rimasto irrimediabilmente leso dalla mancata disponibilità della controparte a rinegoziare secondo buona fede nuove condizioni contrattuali eque e commisurate alla sopraggiunta situazione di fatto. Speciale rilievo dovrà essere conferito a specifici investimenti o a spese non fungibili effettuati in vista dell'esecuzione degli obblighi contrattuali" (Cosimo D'Arrigo, *Il controllo delle sopravvenienze nei contratti a lungo termine*, cit., p. 564).

107 BGH (Bundesgerichthof), decisão de 30.9.2011 – V Zivilsenat 17/11 (OLG Hamm – Oberlandesgericht Hamm): "*Die Verletzung der Verpflichtung, an der Anpassung des Vertrages mitzuwirken, kann Schadensersatzansprüche nach § 280 Abs. 1 BGB auslösen*".

108 Ver, entre outros, Angelo Riccio, *Eccessiva onerosità – Arts. 1467-1469*, cit., p. 462-463: "*La violazione del dovere di rinegoziare il contratto secondo buona fede, a prescindere dall'esistenza di norme specifiche o clausole contrattuali, costituisce di per sé inadempimento contrattuale tale da poter giustificare, oltre all'eccezzione di inadempimento ex art. 1460 cod. civ., non solo la risoluzione del contratto ai sensi degli art. 1453 e segg. cod. civ., con l'autonoma domanda di risarcimento di danni, da interesse contrattuale positivo, ma anche e soprattutto l'adeguamento del contratto alle mutate situazioni di fatto*".

109 Confira-se, entre outros, Gerardo Marasco, *La rinegoziazione*, cit., p. 602-603, o qual sustenta que "*al fine di valutare la gravità dell'inadempimento dell'obbligo rinegoziativo più che considerare il rifiutto in sé della parte 'infedele' di sedersi al tavolo delle trattative o la sua scorretta condotta nella conduzione del processo di revisione, il giudicante dovrà principalmente considerare l'entità dello squilibrio economico che la rinegoziazione è chiamata a superare. Così se l'economia del contratto viene gravemente intaccata dal sopraggiungere di nuove circostanze, sí che solo la revisione degli originari termini di contratto ne rende possibile la realizzazione, il rifiuto di rinegoziare, e di rinegoziare seriamente, acquista i caratteri dell'inadempieza rilevante che legittima la risoluzione del contratto*".

medida em que se estaria, por via transversa, obtendo o efeito oposto àquele pretendido com o próprio reconhecimento de um dever de renegociação: a conservação do contrato, com sua readaptação à realidade atual. Daí por que, em boa hora, o *BGH* alemão concluiu que a violação ao dever de colaboração nas renegociações "autoriza a parte em desvantagem a uma rescisão do contrato somente sob os requisitos do art. 313, § 3º, do *BGB*"[110] – norma que, como já visto no capítulo anterior, atribui caráter preferencial à revisão do contrato, reservando a resolução à hipótese em que a revisão se mostrar impossível ou inexigível de uma das partes.[111] Como se vê, não se trata de beneficiar ou prejudicar o contratante excessivamente onerado: o controle de merecimento de tutela do exercício do direito de resolução que o favorece na hipótese de pretender a revisão judicial do contrato, o desfavorece se passa a pretender a resolução com base no descumprimento do dever de renegociar, incidindo em ambas as hipóteses do mesmo modo.

A rigor, a qualificação da violação do dever de renegociação como inadimplemento contratual e a deflagração de suas consequências típicas – como a exceção do contrato não cumprido e o direito à resolução – têm como etapa lógica antecedente a discussão sobre a natureza contratual ou extracontratual da responsabilidade civil decorrente da violação a deveres anexos impostos pela boa-fé objetiva. Para aqueles autores que qualificam o dever anexo como uma verdadeira e própria "obrigação", ao lado das obrigações principais e acessórias convencionadas pelas partes, seu descumprimento consubstancia inadimplemento obrigacional, a deflagrar todas as consequências inerentes ao inadimplemento. Para aqueles que, ao contrário, qualificam os deveres anexos impostos pela boa-fé objetiva como deveres jurídicos *ex lege*, sua violação não acarreta os efeitos típicos do inadimplemento, mas atrai o efeito geral da responsabilidade civil aquiliana, desde que demonstrados seus pressupostos. Diversa é, como se verá adiante, a consequência da violação a um dever de renegociação baseado em cláusula contratual, em que a configuração de um inadimplemento obrigacional torna-se indiscutível.

Questão de solução nada simples que a doutrina estrangeira tem procurado enfrentar diz respeito à liquidação do dano sofrido em decorrência da

110 "(...) *Zu einem Rücktritt vom Vertrag berechtigt sie die benachteiligte Partei nur unter den Voraussetzungen des § 313 Abs. 3 BGB.*" (BGH – Bundesgerichthof, decisão de 30-9-2011 – V Zivilsenat 17/11 – OLG Hamm – Oberlandesgericht Hamm).

111 "§313 (..) (3) Ist eine Anpassung des Vertrags nicht möglich oder einem Teil nicht zumutbar, so kann der benachteiligte Teil vom Vertrag zurücktreten. An die Stelle des Rücktrittsrechts tritt für Dauerschuldverhältnisse das Recht zur Kündigung."

violação do dever de renegociar. Tratando-se de um dever de conduta *ex bona fide*, e não de um dever de obtenção de determinado resultado, a dimensão do dano não pode ser calculada a partir do afastamento da excessiva onerosidade que seria gerado por uma eventual e hipotética revisão extrajudicial do contrato. De uma *hipótese de acordo* somente seria possível extrair uma *hipótese de dano*, não já um dano efetivo, como destaca Gentili:

> *Ma non sussiste l'altro presupposto: un danno risarcibile come conseguenza immediata e diretta dell'illecito. Escluso infatti ogni obbligo di concludere, il danno non può (e non deve) essere determinato per via di comparazione della situazione economica inter partes con quella che avrebbe creato non sia quale contratto rinegoziato. Da una mera ipotesi di contratto si può detrarre solo un'ipotesi di danno, non un danno concreto risarcibile.*[112]

Nessa direção, a responsabilidade civil por descumprimento do dever de renegociação restaria, a exemplo do que ocorre no rompimento injustificado das tratativas pré-contratuais, limitada ao ressarcimento correspondente ao chamado interesse contratual negativo,[113] consubstanciado no reembolso de despesas efetuadas e ganhos razoavelmente perdidos com a tentativa de iniciar a renegociação frustrada pelo silêncio da contraparte ou com o processo de renegociação injustificadamente interrompido ou artificialmente conduzido pelo contratante que viola o dever de renegociar.[114] Em sentido diametralmente oposto, há autores que defendem que o ressarcimento do dano por violação ao dever de renegociação "*non può essere limitato al semplice interesse contrattuale 'negativo' (proprio della fase prenegoziale, inteso come interesse a che la trattativa non si esaurisca in una perdita di tempo, denaro ed altre opportunità), esso deve tener conto del c.d. interesse contrattuale positivo (interesse alla regolare*

---

112 Em tradução livre: "Mas não subsiste o outro pressuposto: um dano ressarcível como consequência imediata e direta do ilícito. Excluída, de fato, qualquer obrigação de concluir um acordo, o dano não pode (e não deve) ser determinado por via da comparação da situação econômica *inter partes* com aquela que teria criado não se sabe qual contrato renegociado. De uma mera hipótese de contrato somente se pode extrair uma hipótese de dano, não um dano concreto ressarcível". Trecho original de Aurelio Gentili, La replica della stipula: riproduzione, rinnovazione, rinegoziazione del contratto, in *Contratto e impresa*, 2003, p. 719.

113 Sobre a distinção entre interesse contratual positivo e interesse contratual negativo, ver, por todos, Paulo Mota Pinto, *Interesse Contratual Positivo e Interesse Contratual Negativo*, Coimbra: Coimbra Editora, 2009, *passim*. v. I e II.

114 Aurelio Gentili, *La replica della stipula: riproduzione, rinnovazione, rinegoziazione del contratto*, cit., p. 719.

esecuzione del contratto)",[115] de tal modo que "*in presenza di un inadempimento contrattuale (anche di un dovere rinegoziativo) il risarcimento del danno deve consentire alla parte adempiente di realizzare, seppur per equivalente monetario, tutti i profitti e le utilità che avrebbe potuto conseguire dalla perfetta e puntuale esecuzione del contratto*".[116]

A controvérsia deriva, em larga medida, daquilo que já foi chamado de "caráter híbrido" do dever de renegociação,[117] o qual, embora incidente sobre uma relação contratual já constituída, dirige-se ao desenvolvimento de uma atividade semelhante àquela relativa às tratativas pré-contratuais, pois destinada à obtenção, senão de um novo contrato, de um novo consenso em torno da modificação de certos aspectos do contrato originário.[118] Talvez por isso, muitos autores prefiram evitar a dicotomia entre interesse contratual positivo e negativo, remetendo a questão ao caso concreto, na esteira de posições doutrinárias que contestam a própria distinção abstrata entre uma e outra categoria.[119]

Discute-se, por fim, se seria cabível a execução específica do dever de renegociação. A doutrina que lhe é favorável invoca, ainda uma vez calcada na natureza contratual do referido dever, a preferência geral pela execução específica das obrigações, bem como a necessidade de se assegurar meios efetivos

115 Em tradução livre: "não pode ser limitado ao simples interesse contratual 'negativo' (próprio da fase pré-negocial, entendido como interesse a que a tratativa não venha a se exaurir em uma perda de tempo, dinheiro e outras oportunidades), esse deve ter em conta o assim chamado interesse contratual positivo (interesse à regular execução do contrato)." Trecho original de Gerardo Marasco, *La rinegoziazione*, cit., p. 604.

116 Em tradução livre: "em presença de um inadimplemento contratual (também um dever renegociativo) o ressarcimento do dano deve consentir a parte adimplente a realizar, ainda que por equivalente monetário, todos os lucros e utilidades que teria podido conseguir a partir da perfeita e pontual execução do contrato". O trecho original é, ainda uma vez, de Gerardo Marasco, *La rinegoziazione*, cit., loc. cit.

117 A expressão é de Francesco Macario, *Adeguamento e rinegoziazione nei contratti a lungo termine*, Nápoles: Jovene, 1996, p. 404.

118 A doutrina estrangeira também controverte acerca da precisa qualificação do ato que promove a revisão extrajudicial do contrato, aludindo alguns autores a um autêntico "contrato modificativo", enquanto outros preferem aludir a uma novação, com seu típico efeito extintivo-substitutivo. Sobre o tema, ver Angelo Riccio, *Eccessiva onerosità – Arts. 1467-1469*, cit., p. 449-454. Acrescente-se, de todo modo, que, em se tratando de um efeito do consenso obtido entre as partes por meio da renegociação, é reconhecidamente ampla sua autonomia na eleição do modo de superação do desequilíbrio contratual.

119 Angelo Luminoso, *La lesione dell'interesse contrattuale negativo (e dell'interesse positivo) nella responsabilità civile*, in *Contratto e impresa*, 1988, p. 792.

para a tutela da boa-fé objetiva.[120] Para tais autores, o juiz poderia substituir-se à vontade do contratante que descumpre seu dever de renegociar (recusando-se a analisar um pedido de renegociação ou interrompendo injustificadamente as tratativas voltadas à revisão extrajudicial do contrato), por meio de uma sentença "*che tenga il luogo della modificazione contrattuale cui la parte obbligata non ha dato corso*" ("que tome o lugar da modificação contratual à qual a parte obrigada não deu prosseguimento").[121] Já a doutrina contrária à execução específica do dever de renegociação recorda, por sua vez, que, em se tratando de um dever de conduta que independe de qualquer resultado, afigurar-se-ia impossível ao juiz substituir-se à vontade do contratante, especialmente se a renegociação não tiver alcançado, ainda, uma mínima determinação do seu objeto.[122] Tal debate, conquanto rico sob o prisma científico, acaba por apresentar menor importância prática naquelas experiências jurídicas, como a brasileira, em que o reconhecimento da possibilidade de pleitear a revisão judicial do contrato já oferece ao contratante uma via para obter a superação do desequilíbrio contratual, talvez mais simples e igualmente eficiente se comparada ao pleito de um provimento jurisdicional substitutivo da vontade do contratante que descumpre seu dever de renegociar.

O panorama apresentado até aqui revela, em síntese, que o descumprimento do dever de renegociar pode suscitar diferentes consequências legais a depender do modo como tal dever é qualificado em cada experiência jurídica. Há todo um conjunto de remédios (*exceptio non adimpleti contractus*, resolução etc.) cuja aplicabilidade depende da atribuição, mesmo à falta de cláusula contratual, de uma natureza contratual ao dever de renegociar *ex bona fide*. O que se reconhece, de modo indiscutível em diversas experiências jurídicas, e independentemente da alocação do ilícito no campo contratual ou extracontratual, é a tutela ressarcitória que pode ser obtida em face daquele que viola o dever de renegociação.

---

120 Francesco Macario, *Adeguamento e rinegoziazione nei contratti a lungo termine*, cit., p. 419.

121 Cosimo D'Arrigo, *Il controllo delle sopravvenienze nei contratti a lungo termine*, cit., p. 565.

122 O problema aqui seria análogo àquele decorrente da execução específica dos contratos preliminares, na medida em que se faria necessário um consenso em torno do conteúdo mínimo do novo acordo, não sendo por outra razão que o Código Civil brasileiro exige, em seu art. 462, que o contrato preliminar contenha "todos os requisitos essenciais do contrato a ser celebrado", assegurando, por tal caminho, a efetividade do art. 464 da mesma seção que permite ao juiz, "a pedido do interessado, suprir a vontade da parte inadimplente, conferindo caráter definitivo ao contrato preliminar, salvo se a isto se opuser a natureza da obrigação".

A solução afigura-se aplicável ao Brasil: deve-se reconhecer que o descumprimento do dever de renegociação, sem prejuízo do eventual pleito de revisão judicial por parte do contratante que não teve retorno em sua tentativa extrajudicial, dá ensejo ao dever de reparar. O simples reconhecimento de incidência da tutela reparatória na hipótese de descumprimento do dever de renegociação imposto pela boa-fé objetiva promete desestimular a postura passiva e indiferente muitas vezes adotada pelo contratante favorecido pelo desequilíbrio contratual. Sob o prisma teórico, não há qualquer razão para se afastar, na hipótese em análise, a aplicação da Responsabilidade Civil, como remédio geral, disponível a todo aquele que sofre dano injusto em virtude da violação de um dever jurídico. Aqui como em qualquer seara, competirá ao juiz, por óbvio, analisar as circunstâncias do caso concreto, inclusive tendo em vista que a renegociação pode depender de "*verified or verifiable data*" ("informação verificável ou verificada")[123] não disponível em curto período de tempo, não sendo por outra razão que as normas já examinadas referem-se usualmente a uma resposta em prazo razoável. Diferentes questões fáticas precisarão ser consideradas na avaliação da conduta do contratante destinatário do pleito extrajudicial de renegociação. De qualquer forma, não parece haver dúvida de que o reconhecimento da tutela reparatória do dever de renegociar estimulará posturas proativas por parte dos contratantes; por isso mesmo, mais evitando que produzindo demandas judiciais.

Há que se admitir, de todo modo, que, mesmo na via reparatória, não se afigura simples a questão da liquidação do dano sofrido em decorrência do descumprimento do dever de renegociar (*quantum debeatur*) – bem como, a rigor e antes disso, de identificação (*an debeatur*) –, visto que se trata de um dever de conduta, não já de uma garantia de obtenção de qualquer resultado. Daí por que, mesmo diante do reconhecimento de um dever de renegociação derivado da boa-fé objetiva, conserva ainda utilidade prática a previsão de cláusulas contratuais de renegociação ou disposições similares, as quais não apenas podem já estabelecer parâmetros objetivos de readequação do contrato – delineando, desse modo, um autêntico resultado de que fica privado o contratante diante do descumprimento do dever já aqui contratual (*rectius*: obrigação) de renegociar –, mas também podem, como é relativamente frequente na prática negocial, acrescentar ao dever de renegociação *ex bona fide* uma cláusula penal,[124] nos termos do art. 409

123 Christoph Brunner, *Force Majeure and Hardship under General Contract Principles – Exemption for Non-Performance in International Arbitration*, cit., p. 481.

124 Sobre o tema, ver a obra seminal de António Pinto Monteiro, *Cláusula Penal e Indemnização*, Coimbra: Almedina, 1999, *passim*, mas especialmente p. 577-675, em que o autor

do Código Civil,[125] destinada a funcionar como pré-liquidação das perdas e danos decorrentes de seu descumprimento (art. 416, *caput*)[126] ou mínimo indenizatório (art. 416, parágrafo único, *in fine*).[127]

5. Cláusulas contratuais de renegociação ou revisão do contrato

Se o dever de renegociação tem sido, como já visto, apontado como o remédio mais eficiente dentre aqueles oferecidos pela ordem jurídica para o problema do desequilíbrio contratual, a doutrina estrangeira tem destacado, paralelamente, que as cláusulas contratuais de renegociação ou revisão do contrato representam o mais seguro caminho ou a "solução preferível"[128] para o reequilíbrio do contrato, uma vez que consistem em expressão da própria autonomia privada, afastando, por isso mesmo, todos os receios que comumente gravitam em torno das chamadas intervenções heterônomas na relação contratual.[129] Tais cláusulas, operando uma espécie

trata da superação do modelo unitário e da teoria da dupla função da cláusula penal para concluir que "só uma clara separação entre duas espécies ou figuras – de um lado, a cláusula penal em sentido estrito, enquanto sanção compulsória; do outro, a fixação antecipada do *quantum respondeatur*, como liquidação forfaitare do dano e, portanto, com a natureza de indemnização – permite resolver, de forma coerente, várias questões de regime, cuja resposta terá de ser diferenciada, consoante o escopo das partes" (ob. cit., p. 671).

125 "Art. 409. A cláusula penal estipulada conjuntamente com a obrigação, ou em ato posterior, pode referir-se à inexecução completa da obrigação, à de alguma cláusula especial ou simplesmente à mora."

126 "Art. 416. Para exigir a pena convencional, não é necessário que o credor alegue prejuízo."

127 "Art. 416. (...) Parágrafo único. Ainda que o prejuízo exceda ao previsto na cláusula penal, não pode o credor exigir indenização suplementar se assim não foi convencionado. Se o tiver sido, a pena vale como mínimo da indenização, competindo ao credor provar o prejuízo excedente."

128 Para Fabrizio Volpe, por exemplo, tais cláusulas constituiriam "*la soluzione preferibile ai conflitti insorti fra i contraenti, visto che le parti disporrebbero dei mezzi giuridici per prevenire il rischio di una paralisi del rapporto e della conseguente caducazione del contratto, realizzando la prosecuzione del rapporto stesso mediante un'equa ridefinizione dei termini negoziali inizialmente pattuiti*" (*La giustizia contrattuale tra autonomia e mercato*, cit., p. 198).

129 Nessa direção, ver, entre outros, Concetta Parrinello, *Obbligatorietà del vincolo e squilibrio delle prestazioni nei contratti tra imprenditori: riflessioni sui Principi Unidroit*, cit., p. 484: "*I patti di rinegoziazione, quale espressione dell'autonomia privata, rappresentano dunque lo strumento più idoneo per la realizzazione del rislutato della conservazione del rapporto che le patri intendondo perseguire, in quanto sono in grado di assicurare al negozio una certa flessibilità e tendono alla valutazione comparativa degli interessi in gioco al fine della risoluzione di potenizale conflitti*".

de distribuição convencional dos riscos de desequilíbrio contratual, com base em critérios e parâmetros estabelecidos pelas próprias partes, ou indicando o método a ser seguido na busca de uma solução consensual para a readequação do contrato desequilibrado, exprimem o que os franceses sintetizaram na fórmula "*le contrat organise sa propre révision*" ("o contrato organiza sua própria revisão").[130]

As cláusulas de revisão e renegociação do contrato consistiriam, assim, na "via mais simples e imediata" para responder à inteira problemática do desequilíbrio do contrato[131] e evitariam, de forma ainda mais eficiente, os custos transacionais de que se ocupa a análise econômica do direito, na medida em que o contrato poderia se manter originariamente incompleto, diante do alto custo de especificar todos os acontecimentos que poderiam incidir sobre a relação contratual, desde que as partes tivessem assumido a obrigação de renegociar os termos do ajuste diante de desequilíbrios supervenientes.[132] O caminho afigura-se, sem dúvida, útil e confortável por evitar a tradicional resistência ancorada no *pacta sunt servanda*,[133] mas não se mostra inteiramente isento de obstáculos e controvérsias, conforme se passa a examinar.

---

130 Conforme restou registrado, entre nós, por Ruy Rosado de Aguiar Júnior, *Comentários ao Novo Código Civil*, cit., p. 940. v. VI, t. II. Em igual direção, Ewoud Hondius e Hans Christoph Grigoleit observam que "*the parties' purpose behind the use of hardship clauses is to solve the issue of unexpected circumstances without intervention by the courts. However, inasmuch as vague standards are applied in hardship clauses, judicial intervention is unavoidable if amicable solutions cannot be achieved*" (*Unexpected Circumstances in European Contract Law*, cit., p. 14).

131 Paolo Gallo, *Sopravvenienza contrattuale e problemi di gestione del contratto*, cit., p. 364: "*L'allocazione convenzionale del rischio contrattuale è ovviamente la via più semplice e immediata per risolvere la questione della sopravvenienza contrattuale*".

132 "*In presenza quindi di elevati costi transattivi, una risposta efficace in termini giuseconomici può essere quella per le parti di utilizzare formule generiche in modo da garantire al contratto la necessaria flessibilità. In questo modo sarebbe agevole attendere che le sopravvenienze rilevanti si concretizziono, e quindi negoziare in base al nuovo patrimonio conoscitivo acquisito. (...) Il contratto è originariamente incompleto perché è troppo costoso specificare tutte le circostanze che possono influire sullo scambio contrattuale, ma le parti sono tenute a rinegoziare il contenuto dopo che le circostanze rilveanti si sono manifestare: l'incompletezza del contratto rispetto alle circostanze esterne rende inevitabile la rinegoziazione*" (Fabrizio Volpe, *La giustizia contrattuale tra autonomia e mercato*, cit., p. 200-201).

133 Não deixa de ser curioso relembrar, nesse sentido, que todas as discussões em torno do desequilíbrio contratual superveniente nascem atreladas, como já visto, àquela que seria uma "cláusula implícita" aos contratos de execução continuada ou diferida: a cláusula *rebus sic stantibus*, já chamada pela doutrina francesa de "*le générateur ancestral des clauses actuelles d'adaption du contrat*" (Émilie Labrot, *L'imprévision*, cit., p. 127).

5.1. Tipologia

Registre-se, em primeiro lugar, que é ampla a tipologia das chamadas cláusulas contratuais de renegociação ou de revisão do contrato. Tem-se, a rigor, uma infinidade de gêneros e espécies de pactos voltados à superação do desequilíbrio contratual, que desafia uma organização sistemática exatamente porque, sendo fruto da autonomia privada, se encontram em constante ampliação. Alguns exemplos de cláusulas extraídos da prática contratual ajudam a ilustrar a amplitude e sofisticação do teor dessas convenções:

> 9.4.1. Em ocorrendo fato superveniente, extraordinário, irresistível e imprevisto que altere o equilíbrio da equação econômico-financeira original deste contrato, as partes renegociarão as suas condições para que se retorne à equação comutativa originária, utilizando-se, para tanto, as provas apresentadas pela contratada e o demonstrativo de formação de preços apresentado para fins de contratação.[134]
> *15.5. The prices of all services, materials and/or equipment used in the construction of the vessel not listed in the annexes shall only be changed by mutual agreement in the event of unpredictable and/or predictable changes of unimaginable consequences, which have direct impact on the prices and make enforcement of this contract excessively costly for the shipyard. In such case the shipyard shall follow the procedure of article 23.*[135]
> 20.1 – Na superveniência de fato extraordinário e imprevisível, que altere o equilíbrio da equação econômico-financeira original deste contrato, causando excessiva onerosidade para uma das partes, a parte prejudicada poderá pedir a resolução deste contrato. As partes terão a faculdade de mantê-lo, desde que, mediante consenso, revisem as condições segundo as quais o vínculo contratual continuará vigente.[136]

---

134 *Contrato de Empreitada por Preço Global*, celebrado em 10-2-2011, entre partes aqui não identificadas, uma vez que o referido contrato consiste em instrumento particular submetido a sigilo no âmbito de procedimento arbitral.

135 Em tradução livre: "15.5. Os preços de todos os serviços, materiais e/ou equipamentos utilizados na construção do navio que não figurem nos anexos só deverão ser alterados de comum acordo em caso de alterações imprevisíveis e/ou previsíveis de consequências inimagináveis, que tenham um impacto direto sobre os preços e tornem a execução deste contrato excessivamente dispendiosa para o estaleiro. Nesse caso, o estaleiro deve seguir o procedimento do artigo 23." Cláusula original constante do *Construction Agreement*, celebrado em 27-5-2011 entre partes aqui não identificadas, uma vez que o referido contrato consiste em instrumento particular submetido a sigilo no âmbito de procedimento arbitral.

136 *Contrato de Prestação de Serviços*, celebrado em 26-10-2010 entre partes aqui não identificadas, uma vez que o referido contrato consiste em instrumento particular submetido a sigilo no âmbito de procedimento arbitral.

> 4.2. Qualquer alteração nas alíquotas dos impostos atuais, ou, ainda na hipótese de criação de tributo ou quaisquer encargos legais que venham a incidir sobre os serviços, de forma a, comprovadamente, provocar desequilíbrio econômico-financeiro do instrumento, implicará na sua revisão, mediante acordo mútuo entre as Partes.[137]

A Câmara de Comércio Internacional (CCI) possui cláusula-modelo de *hardship*, usualmente adotada em contratos internacionais e que também merece menção:

> *1. A party to a contract is bound to perform its contractual duties even if events have rendered performance more onerous than could reasonably have been anticipated at the time of the conclusion of the contract.*
> *2. Notwithstanding paragraph 1 of this Clause, where a party to a contract proves that: (a) the continued performance of its contractual duties has become excessively onerous due to an event beyond its reasonable control witch it could not reasonably have been expected to have taken into account at the time of the conclusion of the contract; and that (b) it could not reasonably have avoided or overcome the event or its consequences, the parties are bound within a reasonable time of the invocation of this Clause, to negotiate alternative contractual terms which reasonably allow for the consequences of the event.*
> *3. Where paragraph 2 of this Clause applies, but where alternative contractual terms which reasonably allow for the consequences of the event are not agreed by the other party to the contract as provided in that paragraph, the party invoking this Clause is entitled to termination of the contract.*[138]

137 *Contrato de Prestação de Serviços de Construção*, celebrado em 9-3-2009 entre partes aqui não identificadas, uma vez que o referido contrato consiste em instrumento particular submetido a sigilo no âmbito de procedimento arbitral.

138 *ICC Force Majure Clause 2003 and ICC Hardship Clause 2003, ICC's Commission on Commercial Law and Practice*, Paris: ICC Publishing S.A., 2003, p. 15. Em tradução livre: "1. Um contratante está obrigado a cumprir as suas obrigações contratuais mesmo que os acontecimentos tenham tornado o cumprimento mais oneroso do que poderia razoavelmente ter sido antecipado no momento da celebração do contrato. 2. Sem prejuízo do disposto no n. 1 desta Cláusula, quando uma parte num contrato comprove que: (a) o continuado cumprimento dos seus deveres contratuais tornou-se excessivamente oneroso devido a um evento que ultrapassa o seu controle razoável e que não se podia razoavelmente esperar que tivesse tomado em consideração quando da celebração do contrato; e que (b) não poderia razoavelmente ter evitado ou superado o evento ou suas consequências, as partes estão obrigadas a, dentro de um prazo razoável da invocação desta Cláusula, negociar termos contratuais alternativos que razoavelmente acomodem as consequências do evento. 3. Quando o parágrafo 2 desta Cláusula for aplicável, mas quando as cláusulas contratuais alternativas que razoavelmente

Como se vê dos exemplos mencionados, as cláusulas aqui reunidas possuem estruturas e funções específicas distintas: ora aludem genericamente a uma faculdade de renegociação entre as partes, ora determinam que o contrato será revisto, ora estabelecem um procedimento determinado para a tentativa de renegociação, ora restringem sua eficácia a acontecimentos específicos (*v.g.*, "criação de tributo"), ora indicam os parâmetros[139] ou documentos que serão utilizados (*v.g.*, demonstrativo de formação de preços), e assim por diante. Desse modo, revelam-se cientificamente frágeis os esforços de agrupá-las sob um mesmo rótulo, ainda que demasiadamente abstrato. De maneira bastante geral, porém, pode-se afirmar que existem, de um lado, (a) cláusulas de revisão automática do contrato; e (b) cláusulas de revisão participativa do contrato.[140]

No primeiro grupo, que se caracteriza pela desnecessidade de participação das partes para a deflagração da sua eficácia, condicionada simplesmente a termo ou condição, situam-se, por exemplo, cláusulas de reajuste periódico de preços por incidência de índices econômicos predefinidos, cláusulas de correção monetária e assim por diante. No segundo grupo, que reúne as cláusulas que dependem da participação das partes para a deflagração da sua eficácia,

acomodem as consequências do evento não forem aceitas pela outra parte no contrato como previsto naquele parágrafo, a parte que invoca esta Cláusula tem direito à extinção do contrato".

139 A possibilidade de pactuação de cláusulas dispondo sobre parâmetros para a revisão ou resolução contratual por onerosidade excessiva restou expressamente estampada no Código Civil com a introdução, pela Lei n. 13.874/2019 (Lei da Liberdade Econômica), do novo art. 421-A, cujo inciso I prevê que "as partes negociantes poderão estabelecer parâmetros objetivos para a interpretação das cláusulas negociais e de seus pressupostos de revisão ou de resolução". A regra não chega a ser inovadora: os contratantes sempre puderam, no exercício de sua autonomia privada, estabelecer parâmetros objetivos (ou subjetivos) para a interpretação dos requisitos de revisão ou resolução do contrato. Tal faculdade, já há muito reconhecida pela doutrina, não exclui a necessidade de um juízo concreto de merecimento de tutela para determinar, em cada caso, a compatibilidade dos parâmetros contratualmente estabelecidos com a ordem jurídica brasileira, atentando especialmente para a impossibilidade de afastamento do princípio do equilíbrio contratual.

140 Em direção semelhante, Ruy Rosado de Aguiar Júnior distingue as cláusulas de revisão e renegociação do contrato em duas espécies: de um lado, aquelas que "admitem a *revisão automática*, ocorrendo a condição prevista, como acontece com as cláusulas de indexação de preços, correção monetária ou variação cambial"; e, de outro lado, aquelas que "*ficam dependentes de algum procedimento a ser atendido pelos interessados*, à espera de que suscitem renegociação, ou deleguem a terceiro a definição da nova condição, ou transfiram a tribunal judicial ou arbitral a solução do impasse" (*Comentários ao Novo Código Civil*, v. VI, t. II, in Sálvio de Figueiredo Teixeira (coord.), *Comentários ao Novo Código Civil*, Rio de Janeiro: Forense, 2011, p. 940).

situam-se, por exemplo, as chamadas cláusulas de *hardship*, frequentes em contratos internacionais, que nada mais são que cláusulas segundo as quais, diante de adversidades que não chegam a configurar caso fortuito ou força maior (impossibilidade da prestação), a parte prejudicada pode notificar a contraparte para que iniciem, de boa-fé, um processo de renegociação e revisão do contrato.[141] Também no segundo grupo inserem-se as chamadas cláusulas MAC e MAE, que têm se tornado frequentes em contratos interempresariais brasileiros, por força da influência advinda da prática contratual norte-americana – tais siglas designando, respectivamente, uma *material adverse change* (mudança adversa substancial) ou um *material adverse effect* (efeito adverso substancial) –, as quais autorizam que o contratante prejudicado, diante de certa espécie de evento, deflagre a resolução do contrato ou um processo de renegociação destinado à sua revisão.[142]

Ainda no segundo grupo, podem ser situadas as cláusulas que permitem a qualquer das partes, diante de desequilíbrio contratual, submeter a questão à avaliação de um terceiro, responsável pela solução do impasse. Discute-se, na doutrina estrangeira, qual seria exatamente a posição jurídica do terceiro, ora tido como "árbitro" – assim entendido aquele investido do poder jurisdicional de decidir a controvérsia ou mesmo aquele a que somente se atribui um poder de natureza negocial –, ora tido como "arbitrador" de uma controvérsia puramente econômica,[143] sendo preferível aqui reconhecer que a exata qualificação

---

141 Nessa direção, ver José Maria Rossani Garcez, *Contratos Internacionais Comerciais*, São Paulo: Saraiva, 1994, p. 122, para quem o termo "*hardship clause* se aplica às cláusulas de revisão, frequentes nos contratos internacionais e em particular nos de longa duração, podendo tal expressão (*hardship*) ser livremente traduzida como 'adversidade', 'infortúnio', 'necessidade' ou 'privação' (de fatos ou circunstâncias). Essas cláusulas serão complementares às de força maior, porque, além dos fenômenos naturais, políticos e outros que autorizarão a suspensão ou a resolução do contrato, através delas será possibilitada a intervenção no contrato para promover-lhe adaptação que o torne mais equilibrado."

142 "As cláusulas MAC e MAE são, normalmente, tratadas de forma semelhante, pois diferem basicamente em sua terminologia, não em suas consequências. Muitos contratos utilizam as duas denominações, prevendo tanto a resolução quanto a revisão de seu conteúdo na ocorrência de quaisquer delas. A utilização de tais cláusulas constitui, dessa forma, prática usual nos negócios empresariais, por meio das quais as partes, por lidarem com relevantes interesses econômicos, buscam antever a ocorrência de situações de risco e, assim, regular as consequências de tais acontecimentos sobre o contrato" (Nelson Eizirik e Marcus de Freitas Henriques, *Notas sobre a Revisão dos Contratos*, cit., p. 234-235).

143 "*Sulla qualificazione dell'intervento del terzo la dottrina è divisa. Secondo alcuni il terzo assumerebbe la veste di arbitro, dovendo risolvere una controversia giuridica. (...) Secondo*

do terceiro há de depender do modo como a cláusula restar concebida e elaborada pelas partes em seu comum interesse.

Há, ainda, quem insira no âmbito dessa temática as cláusulas que permitem a modificação unilateral do contrato por uma das partes[144] – o chamado *ius variandi* –,[145] abrindo-se aqui nova dicotomia entre cláusulas que permitem a modificação unilateral do contrato com base em parâmetros predeterminados pelas partes ou cláusulas que permitem a modificação unilateral do contrato com base na simples discricionariedade do contratante favorecido, afigurando-se frequente a discussão, nesse último caso, acerca da configuração ou não de mero arbítrio do contratante, a atrair a aplicação das normas jurídicas que repelem as condições puramente potestativas.[146]

Há, por fim, cláusulas que podem ser denominadas mistas ou híbridas, as quais combinam elementos de duas ou mais espécies: assim, não é incomum que as partes prevejam uma cláusula de *hardship*, determinando que, diante do desequilíbrio contratual, ingressarão em negociação de boa-fé para superar o problema, mas, uma vez não alcançado o acordo em determinado lapso de tempo, remetem a matéria à decisão de um terceiro, com base em parâmetros predeterminados ou não. Ou pode se encontrar, ainda, cláusulas que prevejam, diante do desequilíbrio contratual, a possibilidade de readequação unilateral

---

altri, invece, il terzo assumerebbe la veste di arbitro, ma con connotati negoziali piuttosto che giurisdizionali, dato che in questo caso la funzione dell'arbitrato sarebbe quella di attuare una revisione del contenuto del contratto o di indicare alle parti i parametri da assecondare nel riassetto del rapporto. Secondo altri ancora, il terzo assumerebbe la veste di arbitratore, dovendo risolvere una controversia economica" (Angelo Riccio, *Eccessiva onerosità* – Arts. 1.467-1.469, cit., p. 459-460).

144 Ver, por exemplo, Enrico Gabrielli, *L'eccessiva onerosità sopravvenuta*, cit., p. 101, para quem as cláusulas de readequação automática do contrato caracterizam-se por atuar sob a lógica da "*completezza del contratto*" e distribuir "*ex ante rischi tra le parti, seppur in modo diverso da quanto fa la legge*", enquanto as demais cláusulas de renegociação e revisão do contrato atuariam sob a lógica "*dell'impletezza del contratto, poiché si programma la rideterminazione (consensuale, unilaterale o da parte di un terzo) del contenuto del contratto al verificarsi di una determinata circostanza*".

145 Aqui, é preciso alguma cautela na medida em que tais cláusulas não necessariamente se dirigem à superação de um desequilíbrio contratual, mas, por vezes, exprimem necessidade de readequação interna de um dos contratantes, não raro dotado de maior poder negocial na fase de formação do contrato. Em tais hipóteses, a cláusula que permite a modificação unilateral do contrato desconecta-se do tema tratado nesta obra.

146 *E.g.*, Código Civil brasileiro, art. 122, *in fine*: "São lícitas, em geral, todas as condições não contrárias à lei, à ordem pública ou aos bons costumes; entre as condições defesas se incluem as que privarem de todo efeito o negócio jurídico, ou o sujeitarem ao puro arbítrio de uma das partes".

de uma das partes, reservando, todavia, à outra a oportunidade de iniciar um processo de contestação e revisão do ajuste entre as próprias partes ou com a participação de um terceiro.

Embora cada uma das espécies aqui contempladas possua contornos próprios e suscite peculiaridades no curso de seu particular processo de interpretação e aplicação concreta, o problema que mais comumente se coloca e aquele que interessa mais de perto ao objeto desta obra consiste na imbricada relação entre a disposição contratual e a tutela *ex lege* do equilíbrio contratual. Duas questões, em particular, merecem ser enfrentadas: (a) definir se podem ou não as partes, por cláusula contratual, limitar ou excluir a tutela *ex lege* do equilíbrio contratual; e (b) definir qual a consequência do chamado desequilíbrio contratual *transcendente*, assim entendido aquele que, embora afetando contrato do qual conste cláusula de readequação automática ou renegociação, transborda dos seus limites, não encontrando solução na convenção entre as partes.

5.2. Cláusulas contratuais de limitação ou exclusão da tutela *ex lege* do equilíbrio contratual

Nosso Código Civil não declarou, nem forneceu qualquer indicativo sobre a natureza cogente ou dispositiva das normas que tutelam o equilíbrio contratual no curso da relação contratual.[147] Diante disso, discute-se, no Brasil, como ocorre também no exterior, se o direito à resolução ou revisão do contrato desequilibrado (ou, ainda, à sua renegociação, que, de resto, afigura-se instrumental à revisão) poderia restar afastado por livre e consciente disposição entre as partes.[148] De um lado, situam-se aqueles autores que admitem aí amplo espaço de atuação para autonomia privada, restringindo ou afastando por completo a incidência do regime legal de tutela do equilíbrio contratual,

147 Diversamente do que fez, por exemplo, o Código Civil peruano, que declarou expressamente: "*Art. 1.444. Es nula la renuncia a la acción por excesiva onerosidad de la prestación*".

148 Outro aspecto, embora de ordem mais ligada ao direito processual, que deriva dessa discussão é a possibilidade ou não de reconhecimento de ofício pelo juiz do desequilíbrio contratual. Sobre o tema, ver Catarina Monteiro Pires, *Efeitos da alteração das circunstâncias*, cit., p. 196-198, que, após levantamento de posições favoráveis e contrárias em Portugal, Itália e Alemanha, conclui: "(...) No direito alemão posterior à LMDO, é entendimento comum que o desaparecimento da base do negócio não é de conhecimento oficioso, idêntica solução prevalecendo em Itália em relação à onerosidade excessiva. Pela nossa parte, independentemente da ligação do instituto à boa fé, e da intensidade desta ligação, não nos parece que existam razões suficientes para permitir, como regra geral, o respetivo conhecimento oficioso".

em autêntico exercício de "autorregulamentação", por meio da qual "os próprios contratantes estabelecem índices e hipóteses em que está determinada a onerosidade, a fim de prever e afastar a invocação da cláusula *rebus sic stantibus*."[149] De outro lado, estão aqueles que defendem que a tutela do equilíbrio contratual funda-se "obviamente em normas inderrogáveis", consubstanciando instrumento de "limitação à livre disposição das partes" e de "garantia de atuação, segundo critérios de justiça substancial, dos valores fundamentais" da ordem jurídica.[150] Nossa jurisprudência tem oscilado entre um e outro entendimento ao sabor do caso concreto.[151]

149 Fábio Siebeneichler de Andrade, *A Teoria da Onerosidade Excessiva no Direito Civil Brasileiro: limites e possibilidades de sua aplicação*, cit., p. 248. No exterior, ver Rodolfo Sacco e Giorgio De Nova, *Il contratto*, cit., p. 724-725. t. II: "*Se le due parti sono disponibili, s'incontrano e concludono. Se una delle due si nega, il giudice decide. I parametri di clui egli dispone garantiscono alle parti che il suo verdetto non sarà casuale, né soggettivo, né arbitrario. Se le parti, concludendo il contratto originale, temono questo sviluppo, bloccheranno, con apposita clausola, la revisione del contratto nel'ipotesi di sopravvenienza. La clausola di non revisibilità non esorbita dai larghi limiti aperti all'autonomia privata delle parti: esse possono dunque volerla, e subirne poi le rovinose conseguenze*".

150 Raffaele Tommasini, *Dalle logiche di revisione del rapporto alle più articolate forme di gestione*, cit., p. 18: "*Ma in queste ipotesi il discorso coinvolge il piano più generale della funzione complessiva svolta dall'ordinamento in sede di realizzazione dei valori fondamentali di uguaglianza e di solidarietà, ai quali deve pure ispirarsi la fase attuativa delle situazioni giuridiche, secondo soluzioni che riescano a contemperare da un verso gli interessi delle parti e, dall'altro, gli interessi poziori che vengano in emergenza nella vita della società. In questo senso la revisione, che trova la propria fonte nella legge, ed ovviamente in norme inderogabili, diviene altresì strumento per limitare la libera disponibilità delle parti e per garantire l'attuazione, secondo criteri di giustizia sostanziale, di valori fondamentali delle parti o di gruppi più estesi della collettività*".

151 Assim, o Superior Tribunal de Justiça já concluiu pela possibilidade de renúncia à revisão, inclusive na hipótese de direito à revisão de fonte legal (revisão de aluguel nos termos da Lei do Inquilinato): "A matéria tratada nos autos diz respeito à possibilidade, ou não, de rever o valor do aluguel, uma vez que existe cláusula de renúncia a tal direito. No meu sentir, inexiste a alegada violação, porquanto o acordo firmado prevê, expressamente, durante o prazo original do contrato, renúncia à revisão do valor da locação (...) A rigidez, na manutenção do contrato, tal qual foi celebrado pelas partes, funda-se na norma moral de que todo homem deve honrar a palavra empenhada e no próprio princípio da autonomia da vontade. A bem da verdade, a possibilidade de intervenção judicial, no contrato, se admitida de forma irrestrita, atingiria o poder de obrigar-se, ferindo a liberdade de contratar e trazendo sérios transtornos para a segurança dos negócios jurídicos. (...) Quisessem as empresas-litigantes possibilitar a revisão do valor do aluguel, decorrido o prazo de vigência do contrato de locação, como é permitido pelo art. 19, da Lei do Inquilinato (Lei n. 9.245/91), não deveriam ter incluído cláusula expressa de renúncia a este direito. Relevando observar que as empresas-

A referida discussão não pode ser destacada dos fatores culturais próprios de cada experiência jurídica, podendo-se notar, por exemplo, que o entendimento de que se trata de uma proteção imperativa (*ius cogens*) tende a prevalecer nos países mais intensamente afetados por crises econômicas recentes.[152] Muitos autores brasileiros seguem esse último posicionamento, sustentando que as normas contidas nos arts. 317 e 478 a 480 do Código Civil brasileiro e as normas similares contidas em nossa legislação especial "são normas imperativas ou de ordem pública, que não podem ser afastadas pela vontade das partes".[153] Argumentam, em síntese, que "a manutenção do equilíbrio é inerente à função social interna do contrato, a qual assegura às partes o acesso a um mecanismo de restabelecimento da equidade em face de onerosidade excessiva que acometa

-contratantes, principalmente, a empresa-locatária, a autora, ora agravada, é empresa de grande porte, no ramo de supermercados, que, obviamente, é assessorada por advogados de alto nível, que devem ter esclarecido a seus representantes o alcance e as consequências da inclusão da cláusula em discussão." (STJ, 6ª T., AgRg no REsp 692.703/SP, Rel. Min. Celso Limongi, 18-5-2010). Em sentido diametralmente oposto, já decidiu o Tribunal de Justiça do Estado de São Paulo: "Mesmo se afastada a invocação da equidade, para se ater, apenas, ao equilíbrio que dá estrutura ao direito das obrigações, a renúncia a direitos de natureza patrimonial encontrará limites quando se destrói a base do negócio, e, entre suas consequências, acha-se a opção por sua revisão (...) Feitas essas observações não se pode afirmar a invalidade de renúncia à revisão em qualquer hipótese, mas somente naquelas em que os fatos demonstrarem a destruição da base do negócio, o que depende de apreciação fática, em cada caso" (TJSP, Apelação s/ Revisão 860.832-0/4, Rel. Des. Irineu Pedrotti, j. 31-1-2007).

152 Na Grécia, por exemplo, o anterior entendimento de que se tratava de normas dispositivas não sobreviveu à convulsão econômica sofrida por aquele país nos últimos anos, registrando a doutrina grega que, atualmente, prevelece o entendimento de que as normas de tutela do equilíbrio contratual ostentam natureza cogente: "*The precise legal nature of art. 388 CC as a suppletive (jus dispositivum) or mandatory (jus cogens) rule of law was heavily debated in Greek legal doctrine. Today, the prevailing view holds that art. 388 CC is a mandatory provision and that parties may not beforehand derogate from the protection afforded by this rule of law*" (Nikolaos A. Davrados, *Financial Turmoil as a Change of Circumstances under Greek Contract Law*, cit., p. 152). É de se registrar que o Código Civil Grego de 1946, embora amplamente influenciado pelo *BGB* de 1900, inovou nesse particular, inserindo um dispositivo expresso sobre desequilíbrio contratual superveniente (art. 388), muitas vezes apontado como a primeira expressão legislativa sob influência da doutrina e jurisprudência alemã. O *BGB* só viria a fazê-lo, como já visto, na reforma do Direito das Obrigações de 2002. Muitos comparatistas têm registrado que o *Areios Pagos*, a mais elevada corte grega para assuntos civis, tem aplicado com mais frequência e elasticidade que o *BGH* alemão, por exemplo (Antonis Karampatzos, *Supervening Hardship as Subdivision of the General Frustration Rule: A Comparative Analysis with Reference to Anglo-American, German, French and Greek Law*, cit., p. 143).

153 Arnoldo Wald, *O Equilíbrio Econômico-Financeiro e a Revisão dos Contratos*, cit., p. 301.

as prestações nos contratos de duração", de modo que seu eventual afastamento por disposição das partes restaria vedado pelo parágrafo único do art. 2.035 do Código Civil, segundo o qual "nenhuma convenção prevalecerá se contrariar preceitos de ordem pública, tais como os estabelecidos por este Código para assegurar a função social da propriedade e dos contratos".[154]

A construção, conquanto engenhosa, acaba sendo facilmente contornada na prática contratual, não sendo incomum que as partes contemplem em cláusulas contratuais acontecimentos teoricamente imprevisíveis (greves, por exemplo) que passam, por isso mesmo, a serem considerados como fatos *previstos* pelos contratantes, escapando, por essa só razão, à incidência dos arts. 317 e 478 a 480 do Código Civil.[155] A revisão e a resolução contratual por excessiva onerosidade ficam, assim, afastadas não pela derrogação das partes, mas pela ausência de preenchimento dos pressupostos indicados nos referidos enunciados normativos, de modo que a anunciada imperatividade daquelas normas acaba por exercer um papel puramente ficcional.

No embate entre aqueles que defendem o caráter imperativo da tutela *ex lege* do equilíbrio contratual e aqueles que sustentam a ampla possibilidade de sua derrogação pela autonomia privada parece existir uma via intermediária. Cumpre reconhecer que os contratantes podem distribuir entre si os riscos inerentes ao cumprimento do contrato, aí incluídos os riscos de alterações supervenientes do equilíbrio contratual, inclusive por caso fortuito ou de força maior.[156] De fato, quando as partes optam por certo tipo contratual, e não outro, ou quando decidem celebrar um contrato aleatório, em vez de um contrato comutativo, o que estão a fazer nada mais é que repartir entre si os riscos que decorrem do seu projeto comum. Se tal esfera de liberdade lhes é reconhecida, não há por que se lhes negar a possibilidade de transferir convencionalmente riscos decorrentes de fatos supervenientes que podem impactar sobre a sua relação contratual. Tal transferência sujeita-se, todavia, como

---

154 Paulo Magalhães Nasser, *Onerosidade Excessiva no Contrato Civil*, cit., p. 162, o qual conclui: "Daí por que, em sendo instrumento de defesa da função social e do equilíbrio contratual, as normas de revisão e de resolução do contrato não podem ser afastadas por declaração unilateral ou bilateral das partes".

155 Daí a conclusão de Silvio de Salvo Venosa no sentido de que "deve ser admitida (...) uma cláusula que proíba as partes de pedirem a revisão do contrato, no caso, por exemplo, da edição de um plano econômico que altere os parâmetros de correção monetária" (*Direito Civil: Teoria Geral das Obrigações e Teoria Geral dos Contratos*, cit., p. 496).

156 É o que admite expressamente nosso Código Civil no seu art. 393, *in fine*: "Art. 393. O devedor não responde pelos prejuízos resultantes de caso fortuito ou força maior, se expressamente não se houver por eles responsabilizado".

todo e qualquer exercício de autonomia privada, ao controle de legitimidade em concreto, voltado a aferir sua compatibilidade com a ordem jurídica e, portanto, com seus valores fundamentais, aí incluída a solidariedade social. Referido controle somente pode ser efetuado à luz da específica relação contratual estabelecida pelas partes, mas é possível, ressalvada a indispensável análise da situação concreta, compartilhar, como linha de tendência, a conclusão de Ruy Rosado de Aguiar Júnior segundo a qual não se deve dar guarida a cláusulas por meio das quais "as partes aludem genericamente a fatos desencadeantes de onerosidade, ou se limitam a excluir a revisão".[157]

De fato, cláusulas que atribuem genericamente a um dos contratantes todos os riscos relacionados a "instabilidades econômicas" ou "acidentes naturais" ou, ainda, "alterações da legislação" consubstanciam disposições insuficientes a especificar o risco efetivamente assumido no âmbito do contrato. Em geral, é de se reconhecer que "*unexpected events are beyond the parties' imagination and thus beyond their dispositions*" ("eventos inesperados estão além da imaginação das partes e, portanto, além das suas disposições").[158] Por isso, eventual disposição sobre acontecimentos futuros há de se caracterizar, em regra, por um grau de detalhamento suficiente a permitir concluir que, de fato, o contratante conhecia especificamente o risco assumido e decidiu, de modo consciente e inequívoco, assumi-lo.

Em conclusão, conquanto se deva admitir a assunção de riscos de desequilíbrio contratual superveniente por algum dos contratantes, tal assunção subordina-se a controle de merecimento de tutela, a fim de se verificar sua compatibilidade em concreto com a ordem jurídica brasileira. A princípio, é de se negar merecimento de tutela, nesse campo, a cláusulas genéricas, que exprimem uma renúncia geral e irrestrita à renegociação, à revisão ou à resolução do contrato desequilibrado, ou que, empregando linguagem abstrata, não especificam suficientemente o risco assumido pelo contratante. Em outras palavras: reconhece-se à autonomia privada a possibilidade de assunção de riscos, desde que tal assunção se revele inequívoca, o que somente costuma

157 Ruy Rosado de Aguiar Júnior, *Comentários ao Novo Código Civil*,, cit., p. 860. v. VI, t. II, declaradamente inspirado no pensamento do jurista argentino Jorge Iturraspe.

158 Ewoud Hondius, Hans Christoph Grigoleit et al., *Unexpected Circumstances in European Contract Law*, cit., p. 648, em que se conclui que, na maioria das jurisdições europeias, "*a general disclaimer will predominantly be regarded as invalid*", pois "*the rationale for the majority perspective is that unexpected events are beyond the parties' imagination and thus beyond their dispositions. One may also draw the conclusion that equity principles from which the doctrines governing unexpected circumstances are derived are qualified as ius cogens*".

ocorrer diante da especificação e precisa delimitação do risco. Não se trata, em definitivo, de afastar a força coercitiva do princípio do equilíbrio contratual, mas tão somente de verificar, em concreto, a desnecessidade da sua incidência diante da inequívoca assunção de risco específico pelo contratante, em opção que se revele merecedora de tutela à luz da ordem jurídica.[159]

Fixadas essas premissas, passa-se a enfrentar a questão do desequilíbrio transcendente.

5.3. A questão do desequilíbrio contratual transcendente

Tem-se admitido, na doutrina estrangeira, que as cláusulas de revisão e renegociação do contrato contemplem mesmo situações que não restariam abarcadas pela disciplina legal voltada à proteção do equilíbrio contratual. Sua finalidade seria precisamente tornar o contrato "flexível às mutações das circunstâncias", de tal maneira que nada impediria que os contratantes ampliassem o escopo das referidas cláusulas para abarcar alterações que não preenchessem necessariamente os requisitos legais – por exemplo, abarcando em sua cláusula contratual também a acontecimentos previsíveis[160] –, ou ainda que estipulassem consequências diversas como a suspensão da exigibilidade das obrigações contidas no contrato até que o problema do desequilíbrio restasse solucionado.[161] Tais possibilidades restam abarcadas, também à luz da ordem jurídica brasileira, na esfera de exercício da autonomia privada, devendo-se atentar tão somente, a título de cautela, para a exigência prática de evitar que, conferindo relevo a qualquer mínima alteração do equilíbrio contratual, reste

---

159 Nessa direção, destaca, ainda uma vez, Cosimo D'Arrigo, *Il controllo delle sopravvenienze nei contratti a lungo termine*, cit., p. 554: "*Infatti, il profilo critico di questo rilievo si stempera considerando che il problema, in realtà, non è di accertare se la funzione integrativa della buona fede sia cogente o derogabile, bensì di valutare se in concreto la disposizione de qua possa trovare applicazione (...) È, dunque, scongiurato il pericolo di ridurre lo spazio dell'autonomia privata nel pattuire formule convenzionali di allocazione del rischio contrattuale. Si richiede solamente che venga puntualizzato ogni aspetto di tale accordo, in modo da evidenziare in modo chiaro che un intervento integrativo dell'ordinamento non è necessario*".

160 Expressamente nesse sentido, afirma Angelo Riccio acerca das cláusulas de *hardship*: "*Le hardship clauses rappresentano una raffinata tecnica di regolamentazione dell'alea contrattuale, che consente alle parti contraenti di porsi al riparo da ogni ipotesi di sopravvenienza, anche prevedibile, senza peraltro sacrificare la permanenza del rapporto, in un'ottica di valorizzazione dell'autonomia contrattuale*" (*Eccessiva onerosità* – Arts. 1467-1469, cit., p. 455-456).

161 Concetta Parrinello, *Obbligatorietà del vincolo e squilibrio delle prestazioni nei contratti tra imprenditori: riflessioni sui Principi Unidroit*, cit, p. 480-481.

comprometida a concreta realização do escopo comum dos contratantes em virtude daquela necessidade de contínuas adaptações do contrato.[162] É de se evitar aí o que já foi denominado "*la chimère d'une révision sur révision*" ("a quimera de uma revisão da revisão").[163]

Já se viu, por outro lado, que os contratantes podem, também, distribuir entre si os riscos relativos à relação contratual, pelo livre e consciente exercício da sua autonomia privada, desde que identifiquem tais riscos de modo concreto e específico, repartindo-os de modo compatível com os valores fundamentais da ordem jurídica. Resta, todavia, verificar qual o efeito da ocorrência de um desequilíbrio contratual não abrangido pela cláusula de renegociação ou revisão estabelecida livre e conscientemente pelos contratantes. É o que ocorre, por exemplo, se aquele contrato de prestação de serviços, que contém cláusula de revisão diante de "alteração nas alíquotas dos impostos atuais, ou, ainda na hipótese de criação de tributo ou quaisquer encargos legais que venham a incidir sobre os serviços", vem a sofrer desequilíbrio superveniente em virtude de outros fatores, como o bloqueio de uma estrada que impede o acesso do prestador ao local do serviço.

Nesse campo, tendo em vista o que já foi exposto anteriormente, não pode haver dúvida de que a disciplina *ex lege* da tutela do equilíbrio contratual mantém sua aplicabilidade sobre a relação contratual independentemente da existência de cláusula dispondo especificamente sobre a transferência de certos e determinados riscos. Como destaca Riccio:

> *Qualora l'adeguamento preventivo previsto nella clausola di rinegozazione risulti in concreto inadeguato a preservare l'impegno economico dedotto nell'affare, in ragione di eventi sopravvenuti del tutto eccezionali nella loro natura o portata, il rimedio legale potrà ragionevolmente aggiungersi a quello contrattuale.*[164]

162 Cosimo D'Arrigo, *Il controllo delle sopravvenienze nei contratti a lungo termine*, cit., p. 557.

163 Émilie Labrot, *L'imprévision*, cit., p. 119, a qual recorda, na mesma passagem, que o temor de que "*la révision appelle la révision*" já foi empregado na doutrina francesa para justificar a inaplicabilidade da teoria da imprevisão aos contratos civis.

164 Em tradução livre: "Toda vez que o ajuste preventivo prevista na cláusula de renegociação resulte concretamente inadequado a preservar o compromisso econômico deduzido no negócio, em virtude de eventos supervenientes inteiramente excepcionais em sua natureza ou dimensão, o remédio legal poderá razoavelmente ser adicionado àquele contrato". Trecho original de Angelo Riccio, *Eccessiva onerosità – Arts. 1467-1469*, cit., p. 456.

A lição vale também para o direito brasileiro: a eventual previsão de instrumentos de tutela do equilíbrio contratual pelos próprios contratantes – inclusive por ser, a princípio, tal previsão específica e delimitada – não afasta nem a incidência dos instrumentos expressamente oferecidos com o mesmo propósito pela legislação (em especial, a resolução e a revisão contratual por onerosidade excessiva superveniente), nem a incidência do dever de renegociação *ex bona fide* (igualmente decorrente, portanto, da legislação).

Desse modo, o problema do desequilíbrio contratual transcendente – assim entendido aquele que escapa aos contornos limitados da cláusula de renegociação ou revisão do contrato – resolve-se à luz da tutela *ex lege* do equilíbrio contratual. Não vale aqui o raciocínio liberal e voluntarista segundo o qual, ao deixarem de contemplar aquele desequilíbrio transcendente, as partes consentiram com a sua ocorrência. A tutela *ex lege* do equilíbrio contratual impõe-se sobre a autonomia privada, de tal maneira que atua diante de toda desproporção significativa do contrato que não tenha sido explícita ou inequivocamente assumida por um dos contratantes e, mesmo quando tenha sido assim assumida, não deixa de atuar, salvo se demonstrada a desnecessidade de sua atuação por força da comprovação de que a repartição realizada entre as partes ancora-se em *ratio* merecedora de tutela à luz da ordem jurídica.

Conclusão

> *"O óbvio é a verdade mais difícil de se enxergar."*
> Clarice Lispector

Os temas examinados nesta obra despertam paixões. A lesão, por exemplo, já foi chamada de "*an awe-inspiring piece of legal architecture*",[1] mas tem suscitado tantas e tão renovadas controvérsias ao longo da História que também já chegou a ser comparada à Hidra de Lerna, monstro mitológico que possuía sete cabeças de serpente; quando se cortava uma cabeça nasciam duas novas.[2] A mesma ambivalência se verifica em relação às diferentes construções formuladas para lidar com o desequilíbrio superveniente do contrato: se, por um lado, aclama-se sua chegada como imperativo de justiça, por outro, registra-se que o tema continua, ainda hoje, a ser tratado "*as a stepchild of contract law*".[3] E não é diversa, finalmente, a situação do dever de renegociação, ora festejado como elemento que dignifica a autonomia privada, ora visto como ápice do "*scioglimento*" (diluição) do contrato, representado pela sua máxima abertura às "intrusões" do juiz, esse "estranho" à relação contratual.[4]

O radical antagonismo que se reflete nas referidas passagens é, a rigor, fruto de um embate entre distintas concepções acerca do próprio instituto do contrato e do seu papel na realidade contemporânea. A uma estrutura essencialmente liberal e voluntarista vem se sobrepondo uma transformação significativa na função do instituto. E, muito embora, na conhecida lição de

---

1 A expressão é de Reinhard Zimmermann. *The Law of Obligations – Roman Foundations of the Civilian Tradition*. cit., p. 263. Em tradução livre: "Uma imponente peça de arquitetura jurídica".

2 "*Laesio enormis has been compared to the hydra: each answer to any of the questions raised seemed to cause a host of new problems. 'Vides quod capita habeat haec hydra?' exclaimed Christian Thomasius, exasperated by a string of more than thirty questions which he had just formulated*" (Reinhard Zimmermann, *The Law of Obligations – Roman Foundations of the Civilian Tradition*, cit., p. 263-264).

3 A forte expressão é de Alexei G. Doudko, *Hardship in Contract: The Approach of the Unidroit Principles and Legal Developments in Russia*, cit., p. 483. Em tradução livre: "como um enteado do Direito Contratual".

4 São todas expressões empregadas pela doutrina em passagens já citadas ao longo da obra. Ver Giuseppe Stolfi, *Teoría del Negocio Jurídico*, trad. Jaime Santos Briz, cit., p. 294; Carlo G. Terranova, L'eccessiva onerosità nei contratti, in Piero Schlesinger (org.), *Il Codice Civile. Commentario*, cit., p. 104; entre outros.

Pugliatti, a estrutura deva seguir a função, sendo predeterminada por essa última,[5] não é isso que acontece no desenvolvimento histórico do Direito. Novas funções vêm se impor a estruturas já postas, pois, enquanto a reforma da estrutura exige tempo e amadurecimento, a imperatividade da concretização dos novos valores é sempre urgente e imediata.

Muitas das controvérsias enfrentadas ao longo desta obra derivam desse profundo desajuste entre estrutura e função. Por vezes, tem-se mesmo a impressão de que a função do contrato na contemporaneidade vem sendo constantemente deformada para caber na sua estrutura, tal qual leito de Procusto. Quando, ao contrário, se passa a atribuir papel primordial à perspectiva funcional do contrato, revisitando sob esse olhar a sua estrutura, verifica-se que diversas celeumas que assombram o tema do desequilíbrio contratual originário e superveniente podem ser resolvidas por via interpretativa. A fim de ilustrar essa possibilidade, passam-se a sintetizar, a seguir, as principais conclusões alcançadas ao longo deste livro.

1. Sobre um princípio do equilíbrio contratual:

1.1. Os três princípios a que nossa doutrina se refere como princípios contemporâneos ou "sociais" do Direito dos Contratos – boa-fé objetiva, função social do contrato e equilíbrio contratual – encontram-se em estágio evolutivo bastante diverso no cenário brasileiro. Enquanto a boa-fé objetiva, calcada em sólida base dogmática herdada das experiências alemã e portuguesa, encontra-se consolidada em sua aplicação prática, suscitando até riscos de superutilização, a função social do contrato, ainda em busca de precisa delimitação conceitual, sujeita-se a uma aplicação fluida pela jurisprudência, não raro em emprego um tanto demagógico e arbitrário; por sua vez, o equilíbrio contratual frustra sua própria menção como princípio, convertendo-se, tanto na produção doutrinária quanto jurisprudencial, em mera fórmula de estilo, sem utilidade autônoma que não a de servir de introdução narrativa para um conjunto fechado de regras já previstas no Código Civil (arts. 156, 157, 317 e 478 a 480) e cuja incidência dispensaria, por isso mesmo, a invocação de um "princípio" que as "justificasse".

1.2. Daí a necessidade de se verificar se o chamado princípio do equilíbrio contratual é realmente um princípio, de modo que sua utilidade ultrapassa as hipóteses específicas disciplinadas pelo legislador em normas regulamentares, ou se, ao contrário, sua aplicação exaure-se nas normas específicas já contidas no direito positivo, representando, nessa última hipótese, mera duplicação que não autoriza sua designação como princípio. Não há, aqui, caminho intermediário: ou se trata

5 Salvatore Pugliatti, *La proprietà nel nuovo diritto*, cit., p. 300.

de princípio ou não se trata. A importância dessa distinção não pode ser desprezada em uma experiência jurídica como a brasileira, em que o reconhecimento da normatividade dos princípios constitucionais e sua direta aplicação às relações privadas têm resultado em uma transformação tão profunda quanto alvissareira no campo do Direito Civil.

1.3. *Princípio*, todavia, é termo que assume caráter polissêmico em nossa doutrina: há autores que conceituam princípios como normas de elevada abstração e generalidade (critério do teor do enunciado normativo), outros como normas hierarquicamente mais elevadas (critério da posição vertical no sistema jurídico), outros como normas de "natureza anterior" às regras (critério da positividade), ou como "mandamentos nucleares" (critério da centralidade ou posição horizontal no sistema jurídico), havendo, ainda, aqueles que definem os princípios a partir da sua irradiação pelo ordenamento como fundamento de outras normas (critério da repercussão). Essa ampla variabilidade semântica contribui para que, por vezes, seja denominada princípio alguma norma à qual o intérprete pretenda apenas assegurar *status* mais elevado ou maior importância dentro do sistema jurídico. Outras vezes são elevados a princípios meros aspectos estruturais de um instituto jurídico (como ocorre com o princípio da relatividade dos contratos) ou "*una semplice regolarità, una soluzione che ricorre spesso*"[6] (como ocorre com o chamado princípio da liberalidade das formas).

1.4. Adotando-se a conceituação de princípios como "mandados de otimização" (nucleares ou não)[7] que impõem a máxima realização de um valor reconhecido pela ordem jurídica, pode-se concluir, como visto ao longo do capítulo inaugural da obra, que o equilíbrio contratual é um princípio setorial do Direito dos Contratos, que atua nesse campo específico como meio de concretização dos valores da igualdade substancial e da solidariedade, consagrados na Constituição brasileira (art. 1º, IV; art. 3º, I; art. 5º, *caput*, entre outros). Não se trata, portanto, de um princípio extraído de normas específicas – à moda dos chamados "princípios gerais do direito", aplicável apenas em hipótese de lacunas do ordenamento –, mas sim de um princípio setorial do Direito dos Contratos que decorre das normas constitucionais.

1.5. Registre-se, todavia, que também a expressão equilíbrio contratual é marcada por ampla variedade semântica na experiência jurídica brasileira: às diferentes denominações utilizadas pela doutrina e pela jurisprudência – *princípio do equilíbrio das*

---

6 Em tradução livre: "uma simples regularidade, uma solução a que ocorre frequentemente". A expressão original, como já visto, é de Pietro Perlingieri, *Manuale di diritto civile*, cit., p. 17.

7 Robert Alexy, *Teoría de los Derechos Fundamentales*, cit., p. 86-87; Ronald Dworkin, *Taking Rights Seriously*, cit., p. 24-26; e Pietro Perlingieri, *Manuale di diritto civile*, cit., p. 9-10.

prestações, princípio da equivalência material, princípio da justiça contratual etc. – correspondem conceituações distintas, que ora mesclam o equilíbrio contratual aos princípios da boa-fé objetiva e da função social, ora remetem a ideais pouco concretos de justiça, em definições por vezes circulares, ora, ainda, baseiam-se na proteção aos contratantes vulneráveis. Diversamente do que poderiam sugerir essas definições, o princípio do equilíbrio contratual consiste em assegurar a proporcionalidade interna do contrato, concentrando-se sobre o seu objeto em sua dimensão econômica.

1.6. Nesse sentido, o princípio do equilíbrio contratual não consiste em mecanismo de redistribuição de riquezas, a cargo da particular concepção de justiça do intérprete – daí por que não se acolhe a expressão "princípio da justiça contratual" –, nem se destina a tutelar o contratante "débil", "fraco" ou "vulnerável", assim qualificado por razões de ordem subjetiva. Outros instrumentos jurídicos já desempenham tecnicamente esse papel e confundi-los com o equilíbrio contratual enfraquece o controle de proporcionalidade do objeto do contrato, estimulando o recurso a classificações que acabam por ser empregadas para segregar relações contratuais paritárias ou interempresariais em um universo à parte, imune à incidência dos valores constitucionais. O princípio do equilíbrio contratual tem, portanto, índole objetiva, mas não se restringe tampouco ao elemento estrutural da prestação, abarcando todo o conjunto de direitos, faculdades, obrigações, ônus e outras situações jurídicas que compõem o objeto contrato – direitos e obrigações em sentido *lato* –, com vistas a identificar o seu reflexo concreto sobre os contratantes, ou mais especificamente as suas consequências *econômicas*, consubstanciadas nos sacrifícios suportados e benefícios auferidos pelas partes em virtude do contrato. Daí não ser empregada nesta obra a tradicional nomenclatura "princípio do equilíbrio das prestações", pois não se trata tão somente de avaliar prestações recíprocas, sendo certo que o princípio ora retratado aplica-se, por força de sua matriz constitucional, a toda e qualquer espécie de contrato, inclusive aos contratos unilaterais (art. 480).

1.7. Confirma-se, assim, a amplitude do princípio do equilíbrio contratual, que se destina a impedir não apenas que um contratante sofra sacrifício econômico desproporcional ao benefício econômico obtido – desequilíbrio contratual *vertical* –, mas também que sofra sacrifício econômico desproporcional ao assumido por conta do seu agravamento no lapso de tempo existente entre o momento da formação do contrato e o momento da sua execução – desequilíbrio contratual *horizontal*. Assim, o desequilíbrio originário (genético) do contrato será sempre vertical, mas o seu desequilíbrio superveniente (também chamado funcional) pode-se afigurar vertical ou horizontal, a depender da espécie de desproporção que se tem em vista.

1.8. Nada disso implica uma exigência de igualdade absoluta ou rigorosa equivalência objetiva na dimensão econômica de direitos e obrigações atribuídos pelo contrato a cada uma das partes, o que afrontaria a legítima opção constitucional por uma economia de livre mercado e exigiria constantes reajustamentos do contrato, a comprometer, em última análise, a própria realização do escopo comum das partes. Daí por que a expressão "princípio da equivalência material" não se afigura adequada, na medida em que se requer não equivalência (igual valor), mas sim equilíbrio, a fim de se prevenir manifestas desproporções ou disparidades macroscópicas. Desse modo, o controle de proporcionalidade que já se faz sentir em outros campos do Direito Civil – como na relação entre o inadimplemento e sanção pecuniária consubstanciada na cláusula penal (Código Civil, art. 413) ou, ainda, na relação entre inadimplemento e exercício do direito de resolução (teoria do adimplemento substancial) – passa a se estender ao conteúdo do contrato por força do princípio do equilíbrio contratual.

1.9. O reconhecimento de um princípio do equilíbrio contratual traz algumas consequências, dentre as quais se destaca o redimensionamento da liberdade contratual. Abandona-se, em definitivo, o dogma liberal-voluntarista segundo o qual a autonomia privada constitui valor em si mesma, para condicionar sua tutela à realização dos valores fundamentais da ordem jurídica, aí incluídas a igualdade substancial e a solidariedade. Rejeita-se, nessa esteira, a orientação segundo a qual a relação de equilíbrio entre vantagens e desvantagens econômicas decorrentes de direitos e obrigações assumidos no contrato é *puramente subjetiva*, no sentido de ser livremente fixada pelas partes, pois tal entendimento redunda, em última análise, em impossibilidade de avaliação judicial do conteúdo do contrato.

1.10. Discorda-se, no mesmo sentido, da presunção de que tudo quanto não tenha sido contemplado pelas partes representa risco assumido pelos contratantes, salvo se demonstrado que tal risco era, ao tempo da formação do contrato, "imprevisível". Tal presunção, que atinge em cheio o problema do desequilíbrio contratual superveniente, afigura-se não apenas contrária à ordem jurídica – que rejeita a assunção silenciosa de riscos e que não atribui, em regra, ao silêncio a aptidão para criar obrigações (Código Civil, art. 111)[8] – mas também atentatória da lógica econômica em um cenário de contratações cada vez mais complexas e duradouras, no qual a elaboração de contratos que contemplassem todos os riscos previsíveis e os distribuíssem entre as partes consubstanciaria prática antieconômica, na medida em que elevaria demasiadamente os chamados custos de transação.[9] A incompletude

8 Clóvis Beviláqua, *Código Civil dos Estados Unidos do Brasil Comentado*, Rio de Janeiro: Livraria Francisco Alves, 1917, p. 246 v. IV; Sílvio de Salvo Venosa, *Direito Civil: Parte Geral*, 12. ed. São Paulo: Atlas, 2012, p. 366-367; entre tantos outros.

9 Relembre-se, por emblemática, a passagem de Menezes Cordeiro: "ninguém de bom senso iria contratar a 20 ou 30 anos se, no programa económico-financeiro subjacente tivesse de integrar variáveis de tipo político ou de tipo económico, nacional e/ou internacional" (António Menezes Cordeiro, *Contratos públicos: Subsídios para a Dogmática Administrativa, com Exemplo no Princípio do Equilíbrio Financeiro*, cit., p. 111). Sobre a irracionalidade econômica da presunção, ver Fabrizio Volpe, *La giustizia contrattuale tra autonomia e mercato*, cit., p. 200, bem como os vencedores do Prêmio Nobel de

do contrato não deve ser interpretada como uma remissão de tudo quanto não foi expressamente tratado no acordo originário de vontades tal qual formulado, mas, ao contrário, deve ser vista como uma explícita opção das partes por uma abertura ao futuro, com a busca de soluções apenas se e à medida em que eventuais riscos se verificarem e alterações supervenientes surgirem.

1.11. Em que pese a importância das suas consequências, o princípio do equilíbrio contratual enfrenta forte resistência na experiência jurídica brasileira. De um lado, o Código Civil de 2002 reservou aos instrumentos usualmente identificados como expressões da tutela do equilíbrio contratual – nomeadamente, a lesão (art. 157), o estado de perigo (art. 156) e a proteção contra a onerosidade excessiva (arts. 478 a 480 e 317) – roupagem nitidamente voluntarista, centrando-os sobre vícios ou lapsos da vontade (*inexperiência, necessidade, imprevisibilidade* etc.). De outro lado, verifica-se, entre nós, hesitação e reserva, e até alguma repulsa, no tocante ao reequilíbrio do contrato por parte do Poder Judiciário, visto quase sempre como ameaça aos interesses e à liberdade dos contratantes.

1.12. Quando, todavia, se analisam cientificamente os resultados alcançados por nossa jurisprudência no julgamento de pleitos relacionados ao desequilíbrio contratual, originário ou superveniente, verifica-se da parte dos nossos tribunais uma atuação criteriosa, para não dizer tímida. O mito do juiz que se substitui aos contratantes e "reescreva" o contrato para ser algo que não atende aos interesses das partes parece, de todo, irreal. Por outro lado, a pesquisa jurisprudencial realizada para esta obra revela ser frequente, entre nós, a invocação "oportunista" do desequilíbrio contratual, como argumento-padrão de defesa em face do inadimplemento – inadimplemento que, por vezes, nem sequer é comunicado à contraparte antes da judicialização do conflito, artifício que se torna ainda mais corriqueiro em tempos de crise econômica, dando ensejo a pleitos que se baseiam mais em uma descrição pessimista do cenário nacional que propriamente em alguma desproporção sofrida concretamente no objeto do contrato. Entre esses dois extremos oscila o princípio do equilíbrio contratual em nossa atual experiência jurídica: o uso meramente decorativo, de um lado, e a invocação oportunista, de outro. No entanto, parece possível encontrar, pela via interpretativa, caminho intermediário que permita concretizar, com segurança, as suas potencialidades.

2. Sobre o desequilíbrio originário do contrato:

2.1. O desequilíbrio contratual originário ou genético é aquele que se verifica já ao tempo da formação do contrato. Não advém, portanto, de qualquer modificação – imprevisível ou não – das circunstâncias nas quais o contrato fora

---

Economia em 2016, Oliver Hart e Bengt Holmström, *Contract Theory*, The Royal Swedish Academy of Sciences, 10-10-2016, disponível em nobelprize.org.

celebrado. O contrato já nasce em estado de desequilíbrio. Trata-se do que se tem chamado em outras partes de "contratos leoninos", "contratos injustos", "*contratti iniqui*", "*unfair contracts*" e assim por diante.

2.2. O Código Civil brasileiro enfrenta o problema do desequilíbrio contratual originário por meio dos institutos da lesão (art. 157) e do estado de perigo (art. 156), disciplinados no capítulo dedicado aos *Defeitos do Negócio Jurídico*. Em ambos os institutos, o desequilíbrio originário integra a descrição da hipótese fática que atrai sua incidência, mas não se mostra suficiente para justificar a intervenção estatal nos contratos.

2.3. A análise da evolução do instituto da lesão – desde a *laesio enormis* romana até as Ordenações Filipinas, passando, ainda, pela sua abolição na codificação civil de 1916 e sua retomada no cenário brasileiro, em 1938, por meio das leis penais que reprimiam a usura – permite concluir que, embora historicamente o instituto exprimisse uma desproporção puramente objetiva no âmbito dos contratos, o pensamento liberal-voluntarista tratou de lhe imprimir teor subjetivista, associando-a aos vícios do consentimento e ao aproveitamento abusivo de um contratante sobre outro. Tais aspectos, reforçados entre nós pelo reingresso da lesão no ordenamento jurídico por uma lei penal, acabaram sedimentados no Código Civil de 2002, que limita a incidência do instituto às hipóteses de inexperiência ou necessidade, a isso ainda acrescentando a maior parte da nossa doutrina a exigência de configuração de um "dolo de aproveitamento" não amparado pelo texto legal.

2.4. O resultado dessa abordagem é uma diminuta aplicação jurisprudencial da lesão pelos nossos tribunais. É possível, contudo, extrair do art. 157 uma interpretação diversa daquela que lhe reserva a maior parte da doutrina brasileira, a fim de assegurar uma compreensão do instituto que não se afigure tão vinculada ao liberal-voluntarismo jurídico e que permita, em alguma medida, a concretização dos valores constitucionais veiculados por meio do princípio do equilíbrio contratual, o qual encontra na lesão importante instrumento. Seguem-se, nessa linha, cinco propostas interpretativas.

2.4.1. Primeira proposta interpretativa: devem-se afastar por completo exigências relativas à demonstração de "abuso", "malícia" ou "dolo de aproveitamento" por parte do contratante beneficiado. Seu agir não é objeto do art. 157 do Código Civil, que se restringe a tratar do estado de inexperiência ou necessidade do contratante prejudicado. Nem o mero conhecimento ou cognoscibilidade do estado de inexperiência ou necessidade de um contratante por parte do outro deve ser exigido, pois o legislador não mencionou ao disciplinar a lesão qualquer requisito relativo ao contratante beneficiado, limitando-se a abordar o tema sob a ótica do estado do contratante que padece da excessiva onerosidade. Tal postura normativa afigura-se consistente na medida em que, diferentemente do que ocorre em vícios como o erro – calcado em falsa representação da realidade, que, assentando na psicologia interna do sujeito contratante, precisa de alguma exteriorização para se tornar perceptível à contraparte a partir das "circunstâncias do negócio" –, a lesão exige, para sua configuração, um elemento que já é objetivo: a excessiva onerosidade, perceptível pelo contratante favorecido por definição, a partir da manifesta desproporção do objeto contratual.

2.4.2. Segunda proposta interpretativa: As expressões *inexperiência* e *necessidade*, empregadas pelo art. 157 do Código Civil, não devem ser interpretadas de modo restritivo, para proteger apenas um contratante "em estado de inferioridade" – o qual, de resto, já conta com instrumentos jurídicos mais eficientes como aqueles contemplados nos arts. 6º, V, e 51, IV, do Código de Defesa do Consumidor e pela Medida Provisória 2.172-31, de 23 de agosto de 2001. Muito ao contrário, inexperiência e necessidade devem ser encaradas em perspectiva funcional, para abranger todas aquelas situações em que a parte ingressa em um contrato manifestamente desequilibrado por circunstâncias que lhe retiravam a plena consciência da excessiva onerosidade assumida (inexperiência *lato sensu*) ou lhe impunham, mesmo diante de tal consciência, a contratação (necessidade *lato sensu*). Em ambas as situações, o que está em jogo é a própria voluntariedade do acordo de vontades: o ingresso em um contrato desequilibrado por quem não *conhece* plenamente o desequilíbrio ou, embora o conhecendo, *necessita*, por circunstâncias externas, assumi-lo produz inegável déficit de vontade na contratação. Desse modo, uma interpretação ampliativa dos termos *inexperiência* e *necessidade* configura meio relevante de atuação do princípio do equilíbrio contratual no momento da formação do contrato, e permite que a lesão, como defeito do negócio jurídico, desempenhe efetivo papel na garantia de um consentimento livre, não apenas sob o aspecto formal, mas também substancialmente.

2.4.3. Terceira proposta interpretativa: Ainda na mesma direção, é possível interpretar a menção do art. 157 do Código Civil à *inexperiência* e *necessidade* como enumeração de caráter exemplificativo, e não taxativo, de modo a se vislumbrar ali um elenco *numerus apertus* de situações que podem dar ensejo à caracterização da lesão. Da legislação penal que reprime a usura real e foi origem da restauração da lesão no direito civil brasileiro, vem, por exemplo, a referência, ao lado da necessidade e inexperiência, à "leviandade" da parte prejudicada, entendida pela doutrina penalista como a irreflexão na avaliação das obrigações assumidas ou o descaso pelas consequências ulteriores dos próprios atos. Do direito concorrencial extrai-se a noção de "dependência econômica", como um indicativo de imprescindibilidade do negócio, derivada da falta de "alternativa equivalente". Nos *Princípios do Unidroit para os Contratos Comerciais Internacionais* (art. 3.2.7) pode-se encontrar, ainda, as referências à "*improvidence*" (improvidência ou imperícia), "*dependence*" (dependência) e "*lack of bargainning skill*" (falta de habilidade de negociar), entre outras situações mencionadas em caráter puramente exemplificativo que justificam a aplicação da chamada *gross disparity*, conceito que corresponde substancialmente à nossa lesão. Esses numerosos exemplos revelam que situações não contempladas expressamente pelo legislador brasileiro podem se enquadrar na teleologia do art. 157 do Código Civil, que deve se dirigir, repita-se, não a proteger de modo assistencialista contratantes vulneráveis, mas sim a assegurar que a manifestação de vontade dos contratantes possa exprimir uma liberdade substancial, e não puramente formal.

2.4.4. Quarta proposta interpretativa: Aplicando-se a distribuição dinâmica do ônus probatório, a presença de manifesta desproporção do contrato deve ser considerada, a princípio, fator suficiente para fazer presumir, em sua exata medida, que a contratação se deu sem a plena consciência dos seus efeitos (inexperiência *lato sensu*) ou por força das circunstâncias (necessidade *lato sensu*). O requisito subjetivo previsto no art. 157 da codificação civil não chega, assim, a ser suprimido (o que se revela impossível em sede de operação puramente hermenêutica), mas sua presença deixa de anteceder logicamente a verificação do desequilíbrio contratual, para ser presumida a partir desse último. Na atual prática jurisprudencial brasileira, a desproporção manifesta do contrato, muitas vezes nem sequer chega a ser apreciada por se entender ausente a prova do estado subjetivo de premente necessidade ou inexperiência. O que se propõe aqui é a inversão desse itinerário.

2.4.5. Quinta proposta interpretativa: a aferição do desequilíbrio contratual originário deve se dar não com base em uma subjetiva relação de proporção estabelecida pelas partes, mas com base em parâmetros objetivos extraídos daquilo que ordinariamente acontece, presumindo-se que os contratantes buscam, de hábito, celebrar contratos de valores compatíveis com a prática de mercado. A ordem jurídica não veda, registre-se, que as partes em seu contrato distanciem-se até enormemente dos valores de mercado, desde que a razão de ser (*ratio*) desse distanciamento afigure-se identificável ao intérprete – afastando a presunção antes referida – e merecedora de tutela à luz do ordenamento (*e.g.*, assunção deliberada e consciente de um risco ou prática de uma liberalidade). Advoga nesse mesmo sentido o disposto no § 1º do art. 157 – por vezes ignorado pela doutrina no tratamento desse tema –, o qual afirma expressamente que a desproporção entre as prestações deve ser avaliada "segundo os valores vigentes ao tempo em que foi celebrado o negócio jurídico". Nossa codificação não chega, contudo, a estabelecer qual seria, quantitativamente, o distanciamento do valor de mercado necessário a caracterizar a desproporção *manifesta*, deixando a matéria à discricionariedade judicial – ao contrário do que fazem algumas codificações estrangeiras que reeditam o critério romano da superação de 50% do valor do bem. Referido indicativo pode ser seguido, recordando-se, porém, que se trata de *quaestio facti*, não se devendo incorrer aqui em fórmulas matemáticas ou rígidas indexações, mas tão somente perquirir disparidades macroscópicas em relação à prática de mercado, que não possam ser explicadas nem pelas razões objetivas que influenciam o art. 157, § 1º, nem pelas razões subjetivas (assunção de risco etc.) que justificariam, à luz da ordem jurídica, uma grosseira desproporção em relação ao valor ordinariamente praticado.

2.5. As cinco propostas interpretativas apresentadas têm como consequência uma profunda alteração na abordagem hoje reservada à lesão no Direito brasileiro, na medida em que (a) extirpam do seu âmbito a exigência de requisitos subjetivos não contemplados pelo legislador (malícia, abuso, dolo de aproveitamento ou ciência da outra parte acerca da inexperiência ou necessidade do contratante lesado); (b) oferecem interpretação ampliativa às expressões *inexperiência* e *necessidade* contidas no art; 157 do Código Civil e (c) propugnam uma compreensão da sua enunciação como parte de um rol *numerus apertus*; (d) estabelecem a presunção do requisito subjetivo previsto pelo legislador brasileiro a partir do requisito objetivo consubstanciado no manifesto desequilíbrio do contrato; e, finalmente, (e) permitem uma aferição objetiva do desequilíbrio à luz do parâmetro do valor de mercado. Tais propostas possibilitam a superação do subjetivismo exagerado com que se tem interpretado o art. 157 do Código Civil na experiência jurídica brasileira, subjetivismo que decorre mais da influência histórica do pensamento voluntarista sobre a retomada da lesão no âmbito do direito civil que propriamente no enunciado da norma contida na atual codificação.

2.6. As propostas interpretativas apresentadas aplicam-se, *mutatis mutandis*, ao estado de perigo, contemplado no art. 156 do Código Civil. Embora o legislador tenha aí expressamente exigido que o perigo seja "conhecido pela outra parte", a jurisprudência já vem flexibilizando tal requisito ao presumir o referido conhecimento a partir das circunstâncias fáticas. Auxilia, nessa direção, o fato de que o requisito subjetivo exigido pela lei para a configuração do estado de perigo – a sujeição a um "grave dano" de que pretende salvar a si ou a pessoa de sua família – possui já algum grau de objetividade, na medida em que a configuração da ameaça de dano é extraída de circunstâncias objetivas, como a necessidade de uma cirurgia emergencial ou de um atendimento médico urgente, ou de se salvar de uma catástrofe natural, como uma enchente que se aproxima ou um desmoronamento iminente, e assim por diante. A alegação torna-se, desse modo, mais "controlável" pelo magistrado que uma invocação mais genérica de "necessidade" ou "inexperiência", atraindo, a partir da sua comprovação pelas cortes, um olhar menos rigoroso em relação ao requisito subjetivo na sua parcela relativa ao conhecimento da contraparte. Impõe-se, de todo modo, até pela ausência de razões substanciais para a distinção entre lesão e estado de perigo como dois defeitos distintos do negócio jurídico, uma abordagem que não dissocie lesão e estado de perigo, mas os aproxime, seja no tocante aos seus requisitos, seja no tocante aos seus efeitos.

2.7. O art. 157, § 2º, do Código Civil deve ser interpretado de modo a permitir não apenas a anulação do negócio jurídico ou a sua modificação por oferta da parte favorecida pelo desequilíbrio originário, mas também o pleito direto de revisão judicial pelo contratante desfavorecido. Tal interpretação impõe-se por razões sistemáticas, como se pode ver das normas contidas no art. 317, que já autoriza o pleito revisional por parte do contratante desfavorecido no âmbito do desequilíbrio contratual superveniente; no art. 442 do Código Civil, que atribui à parte prejudicada o direito de "reclamar o abatimento do preço" da coisa recebida com vício redibitório, independentemente da concordância do alienante com o aludido abatimento; entre outros exemplos. Também o chamado princípio da conservação dos negócios jurídicos, extraída dos arts. 183 e 184 da codificação, ampara tal entendimento.

2.8. A incidência do princípio do equilíbrio contratual no momento de formação do contrato não deve, contudo, restar limitada às figuras da lesão e do estado de perigo. Assim procedendo, acaba-se por negar relevância jurídica autônoma ao princípio nos casos de desequilíbrio contratual originário, reduzido que resta a regras traçadas no campo dos defeitos do negócio jurídico, os quais já atraem, por si mesmos, reações da ordem jurídica. Se algum estado de necessidade ou inexperiência é imprescindível para a obtenção da invalidade do negócio jurídico por meio de sua anulabilidade, o mesmo não se verifica para a revisão judicial do contrato originariamente desequilibrado. Independentemente da configuração dos defeitos do negócio jurídico consubstanciados na lesão e no estado de perigo, que afetam a validade do negócio jurídico, atraindo como consequência a sua anulabilidade, o contrato originariamente desequilibrado sujeita-se à revisão judicial para expurgo do excesso, por força não apenas dos princípios constitucionais que incidem diretamente sobre as relações privadas, mas também em virtude da própria noção de comutatividade. De fato, a presunção deveria ser sempre de que as partes pretenderam ingressar em um contrato comutativo equilibrado. Não é a correção do desequilíbrio, mas a sua não correção que deveria exigir a prova de um especial estado subjetivo das partes (deliberada assunção de risco, graciosidade etc.).

3. Sobre o desequilíbrio superveniente do contrato:

3.1. O tema do desequilíbrio contratual superveniente costuma ser abordado por diferentes nomenclaturas (*imprevisão*, *quebra da base do negócio*, *desequilíbrio entre prestações*, *alteração das circunstâncias*, *superveniência contratual* etc.) que refletem, a rigor, diferentes concepções teóricas sobre o fenômeno. Após o apogeu do pensamento liberal-voluntarista, a retomada da tradição medieval da cláusula *rebus sic stantibus*, especialmente a partir da Primeira Guerra Mundial, deu ensejo a diferentes teorias (teoria da pressuposição, teorias da base do negócio, teoria da imprevisão etc.), que guardam amplas zonas de interseção sem deixar de abordar o tema sob perspectiva própria. Todas essas teorias, contudo, surgiram em um cenário ainda marcado pela influência do liberal-voluntarismo, de modo que buscavam justificar a mitigação do *pacta sunt servanda* diante do desequilíbrio contratual superveniente com base no desrespeito a representações mentais ou assunções que foram ou deviam ter sido realizadas pelos contratantes no momento da contratação, ou ainda com base na reconstrução da sua vontade diante de fatos que transcendiam os limites inerentes à sua capacidade volitiva (fatos imprevisíveis, extraordinários etc.).

3.2. Exerceu especial influência sobre o atual Código Civil brasileiro o modelo normativo constante do Código Civil italiano de 1942. Embora a codificação de 1916 não lhe dedicasse qualquer atenção, a questão do desequilíbrio contratual superveniente já vinha sendo debatida por nossa jurisprudência desde, ao menos, a década de 1930. O Código Civil de 2002, em seus arts. 478 a 480, copiou quase que literalmente as disposições do *codice civile* sobre a *eccessiva onerosità*, inclusive no tocante à exigência de "acontecimentos extraordinários e imprevisíveis" e ao efeito resolutivo, deixando, todavia, de contemplar as alusões desta última codificação à "álea normal do contrato" e à exclusão de incidência do instituto sobre os contratos aleatórios. Por outro lado, distanciou-se da fonte de sua inspiração ao incluir, entre os requisitos de reação da ordem jurídica brasileira, a chamada "extrema vantagem" e ao trazer no seu art. 317 um enunciado de caráter amplo, que, conquanto originariamente destinado à preservação do valor real da moeda em face do fenômeno inflacionário, tem servido, em nossa doutrina e jurisprudência, a amparar a revisão judicial do contrato em relações paritárias.

3.3. O fato de o Código Civil de 2002 ter se baseado em um modelo normativo de cinquenta anos antes torna-se ainda mais grave quando se observa que, nesse meio século, o Brasil passou a contar com uma nova Constituição, que consagrou nova tábua axiológica, e também com diversas leis especiais que, se ocupando do fenômeno do desequilíbrio contratual superveniente em setores específicos, deram tratamento mais objetivo à matéria, ampliando sua aplicação, ora por meio de uma abertura a acontecimentos "*previsíveis porém de consequ*ências incalculáveis" (Lei de Licitações), ora prescindindo por completo da imprevisibilidade, quer quanto ao acontecimento, quer quanto aos seus efeitos (*e.g.*, Código de Defesa do Consumidor, Lei do Inquilinato), além de outras diferenças significativas nos respectivos regimes. Toda essa rica experiência legislativa deixou de ser aproveitada pelo Código Civil, por vicissitudes próprias da nossa codificação, com destaque para a flagrante desatualidade do projeto que lhe deu origem, redigido na década de 1970 e idealizado sob a premissa de apenas acolher inovações já consolidadas na doutrina e na jurisprudência.

3.4. O exame dos requisitos exigidos pelo Código Civil para a configuração do desequilíbrio contratual superveniente, bem como de sua atual interpretação em nossa doutrina e jurisprudência, evidencia numerosas dificuldades que poderiam ter sido evitadas pelo legislador, atribuindo maior segurança ao tema. Para mencionar apenas alguns exemplos, discute-se se a referência legal ao acontecimento "extraordinário e imprevisível" designa qualificações distintas ou exprime mera sinonímia, havendo, ainda, autores que identificam diferença teórica entre as expressões, mas sustentam sua equivalência prática. Aqueles que defendem a diversidade de sentido debatem, ainda, se extraordinariedade e imprevisibilidade são exigidos cumulativamente – como decorre da interpretação literal da partícula "e" – ou se, diversamente, a exigência é alternativa. O requisito da "onerosidade excessiva" também dá ensejo a celeumas, havendo quem associe sua presença à iminência de ruína ou à dificuldade subjetiva do devedor em efetuar o pagamento. A extrema vantagem permanece, ainda hoje, um mistério, havendo, de um lado, autores que a festejam, por exprimir a vinculação do tema do desequilíbrio com o enriquecimento sem causa, e, de outro lado, autores que a criticam severamente, presumindo de modo absoluto sua presença como "consequência automática" da onerosidade excessiva.

3.5. Com base na imperatividade de realização dos valores constitucionais e na convicção de que uma solução menos tortuosa e mais uniforme pode ser construída nesse campo, mesmo sem intervenção legislativa, por meio de uma interpretação histórica, teleológica e sistemática dos dispositivos do Código Civil que tratam do desequilíbrio contratual superveniente, formulam-se cinco propostas interpretativas.

3.5.1. Primeira proposta interpretativa: cumpre deslocar o foco de atenção nessa matéria, passando-o da imprevisibilidade/extraordinariedade para o concreto desequilíbrio do contrato. Trata-se, em outras palavras, de abandonar a abordagem segundo a qual o desequilíbrio contratual superveniente somente assume relevância jurídica quando decorrente de um fato imprevisível ou extraordinário para passar a entender, diversamente, que são presumidamente imprevisíveis e extraordinárias, para fins de atendimento do requisito constante dos arts. 478 e 317 do Código Civil, as causas do desequilíbrio que se afigure objetivamente excessivo. A análise da fundamentação das decisões judiciais, no Brasil, no que diz respeito à configuração ou não da imprevisibilidade, permite perceber o artificialismo na qualificação dos fatos como previsíveis ou imprevisíveis ou, ainda, ordinários ou extraordinários. Por atuação própria ou influência das narrativas das partes, as decisões judiciais elegem e submetem à discussão colegiada um fato de caráter geral – como, por exemplo, a "crise econômica de 2008", o qual representa, a rigor, apenas *uma* das causas que resulta no desequilíbrio concreto – para, exclusivamente a partir desse exame, decidir o destino do contrato. É de se notar que o resultado do juízo de imprevisibilidade poderia ser inteiramente diverso, conforme se movesse o foco da análise de uma causa a outra, sucessiva ou antecedente, ou, ainda, conforme se passasse de um enquadramento mais geral para um enquadramento mais detalhado da mesma causa, havendo, ainda, a questão da influência do passar do tempo sobre o referido exame. Nesse cenário, o desequilíbrio concreto do contrato, muitas vezes, nem sequer chega a ser analisado, já que todas as atenções se concentram sobre a discussão em torno da imprevisibilidade e extraordinariedade de um acontecimento arbitrariamente eleito. Propõe-se seja seguido caminho diametralmente oposto: a imprevisibilidade e a extraordinariedade devem ser presumidas a partir da verificação do desequilíbrio contratual, somente podendo restar afastada tal presunção nas hipóteses de (a) expressa ou (b) inequívoca assunção do risco que resulta no desequilíbrio ou, ainda, (c) de desequilíbrio derivado da conduta do próprio contratante excessivamente onerado.

O mecanismo da presunção permite atribuir papel central ao desequilíbrio contratual, sem desrespeitar o dado normativo do direito positivo brasileiro.

3.5.2. Segunda proposta interpretativa: a aferição do desequilíbrio contratual superveniente deve ser objetiva, afastando-se não apenas das chamadas "circunstâncias subjetivas passivas", tais como "a perda do emprego, acidente, divórcio", ou, ainda, das "vulnerabilidades", mas rejeitando-se também qualquer associação do tema a eventual *difficultas* do devedor no cumprimento de sua obrigação. No direito brasileiro, que tem a peculiaridade de contar com uma pluralidade de fundamentos normativos sobre o tema no âmbito do próprio Código Civil, o desequilíbrio contratual superveniente deve ser compreendido como abrangendo não apenas a hipótese em que há o agravamento do sacrifício econômico imposto ao contratante ao longo do tempo (desequilíbrio contratual horizontal, *ex vi* arts. 317 e 480), mas também aquela em que tal sacrifício econômico torna-se desproporcional em relação ao benefício econômico derivado do contrato (desequilíbrio contratual vertical, *ex vi* art. 478). Em ambos os casos, o que se pretende, em última análise, é evitar uma significativa desproporcionalidade no âmbito interno da relação contratual. A tarefa de identificar quando a onerosidade se afigura *excessiva* ou quando se considera *manifesta* a desproporção entre sacrifícios e benefícios econômicos impostos pelo contrato, foi deixada pelo legislador ao juiz, a quem competirá empregar como parâmetro objetivo os valores de mercado, verificando se o sacrifício econômico imposto ao contratante lesado diverge significativamente da variação histórica sofrida pelos preços de mercado no período que antecedia a celebração do contrato, na hipótese de desequilíbrio contratual horizontal, ou, na hipótese de desequilíbrio contratual vertical, se o seu valor de mercado diverge significativamente do benefício econômico que o contrato lhe assegura.

3.5.3. Terceira proposta interpretativa: ao contrário do que sustenta a maioria da doutrina brasileira, não se deve recorrer à noção de "álea normal do contrato" na aferição do desequilíbrio contratual superveniente. Embora a noção encontre consagração em algumas codificações estrangeiras, tal qual ocorre no Código Civil português (*riscos próprios do contrato*) e no Código Civil italiano (*alea normale del contratto*), seu emprego como um requisito negativo representa, em larga medida, um pleonasmo. Se a onerosidade é *excessiva*, decorrendo de acontecimentos extraordinários e imprevisíveis, já escapa, por essas razões, àquilo que se possa compreender por álea normal do contrato. Até nas conceituações doutrinárias o conceito acaba, de fato, fundindo-se com a imprevisibilidade dos acontecimentos ou com o próprio caráter *excessivo* da onerosidade que vem se abater sobre o contratante. Cumpre notar que nenhuma das definições habituais de álea normal do contrato oferece ao intérprete um critério para traçar a fronteira entre a normalidade e a anormalidade do risco, nem permite identificar a qual dos contratantes compete qual dentre os riscos inerentes ao contrato ou em qual medida cada contratante deve suportá-los. Em outras palavras, os diferentes conceitos de álea normal do contrato não esclarecem como se deveria operar uma distribuição *normal* dos riscos, que não fosse tributária da vontade dos contratantes ao tempo da formação do contrato – hipótese na qual se deve continuar a tratar de riscos *assumidos* ou *não assumidos* (expressa ou tacitamente), e não de riscos *normais* ou *anormais*. Mesmo na delimitação dos riscos assumidos tacitamente – campo no qual a referência a um risco *normalmente* (*rectius*: frequentemente) assumido poderia ter utilidade subsidiária, há que se privilegiar a relação contratual concreta e o comportamento das partes, em detrimento de modelos abstratos fundados no tipo contratual ou em uma distribuição de riscos assentada na prática de outros contratantes. Isso porque a normalidade abstrata do risco não deve ter o condão de afastar a tutela do equilíbrio contratual se sua ocorrência tiver produzido naquele contrato desproporções manifestas. Daí por que, aliás, a tutela do equilíbrio contratual aplica-se também aos contratos aleatórios: o que importa verificar é se o desequilíbrio contratual específico de cada contrato adentra a álea assumida pelo contratante que sofre a excessiva onerosidade, não se podendo excluir o remédio com base na simples qualificação prévia e abstrata do contrato como um contrato aleatório.

3.5.4. Quarta proposta interpretativa: a extrema vantagem não pode ser simplesmente ignorada pelo intérprete, ou presumida de modo absoluto, diante da literalidade do enunciado normativo do art. 478 do Código Civil. Cumpre lhe atribuir algum significado. Daí a proposta de lhe reservar o papel de indicativo para a revisão do contrato. A extrema vantagem, além de chamar a atenção para a necessidade de se examinar a questão do desequilíbrio contratual também em perspectiva relacional, evidencia a presença de uma alteração da relação de reciprocidade entre sacrifícios e benefícios econômicos – ou, em outras palavras, um *plus*, de um lado, e um *minus*, de outro, que, em teoria, podem ser reajustados por meio da revisão do contrato. A resolução deve assumir aí caráter subsidiário.

3.5.5. Quinta proposta interpretativa: cumpre abandonar a análise puramente estrutural e abstrata dos contratos de duração continuada ou diferida, para empreender uma análise funcional e concreta do aspecto temporal no âmbito do desequilíbrio contratual superveniente. Ao contrário do que sugerem as múltiplas classificações apresentadas nesse campo em torno dos contratos cujo cumprimento se estende no tempo (contratos de trato sucessivo, contratos de duração etc.), o decurso do tempo deve ser visto, para fins de aferição do desequilíbrio contratual superveniente, como fator da realidade necessário a possibilitar a reação da ordem jurídica na pendência da execução do contrato. Desse modo, independentemente de o lapso de tempo ser ou não elemento intrínseco àquele tipo contratual ou de integrar ou não a causa concreta do contrato, o certo é que, em ocorrendo o prolongamento da sua execução, ainda que por razões puramente acidentais, o princípio do equilíbrio contratual continua a incidir, não havendo qualquer razão para impor limitações categoriais, baseadas em classificações abstratas e puramente estruturais.

O que importa, em última análise, é estar ainda pendente de cumprimento a obrigação sobre a qual se abate a excessiva onerosidade no momento em que invocada.

3.6. As propostas interpretativas apresentadas possibilitam a redução do artificialismo na motivação das decisões judiciais, na medida em que o foco se desloca da imprevisibilidade/extraordinariedade dos acontecimentos supervenientes para o desequilíbrio econômico do contrato. Ainda em consonância com esse deslocamento, as propostas interpretativas apresentadas permitem a superação de uma perspectiva puramente estrutural e abstrata em prol de uma perspectiva funcional e concreta do desequilíbrio contratual. Qualificações estruturais – como, por exemplo, os "contratos de execução continuada ou diferida" ou a "anormalidade" do risco – são substituídas por exames funcionais, que enxergam o dado concreto da realidade em atenção aos fins perseguidos pela ordem jurídica. As propostas interpretativas apresentadas possibilitam, ainda, superar a fragmentação da ordem jurídica brasileira em relação ao tema do desequilíbrio contratual superveniente, consubstanciada em autêntico mosaico de normas setoriais inspiradas em concepções histórica e filosoficamente distintas e, não raro, inconciliáveis. Abrem caminho, assim, à recuperação da unidade do sistema jurídico no tocante ao desequilíbrio contratual superveniente, desestimulando a identificação de verdadeiros "microssistemas" que vêm sendo construídos em torno da Lei do Inquilinato, da Lei de Licitações, do Código de Defesa do Consumidor, e assim por diante.

3.7. Não basta, todavia, reinterpretar os requisitos de configuração do desequilíbrio contratual superveniente; faz-se necessário verificar a adequação dos remédios oferecidos pela ordem jurídica à luz do novo desenho interpretativo, em consonância com os valores constitucionais da igualdade substancial e da solidariedade. A escolha dos remédios é, como ensina autorizada doutrina estrangeira, uma escolha de valores,[10] reconhecendo-se, ademais, que só há efetivamente direito onde houver instrumentos para sua realização prática (*ibi remedium ubi ius*, na inversão do brocardo *ubi ius ibi remedium*). Daí a oportunidade de uma sexta proposta interpretativa, de cunho remedial.

3.8. Sexta proposta interpretativa: impõe-se assegurar à revisão do contrato o papel de remédio preferencial para o desequilíbrio contratual superveniente. Embora o Código Civil tenha dado preferência à resolução em seu art. 478, e também em seu art. 479, no qual a revisão aparece condicionada à "oferta" do contratante favorecido, o próprio art. 317 da codificação, na interpretação ampliativa que lhe reserva nossa doutrina e jurisprudência, abre as portas para a revisão judicial do contrato. Entre nós, os dois remédios (resolução e revisão) têm sido vistos como objeto de uma livre escolha do demandante, o qual poderia optar

---

10 Pietro Perlingieri, *Il diritto dei contratti fra persona e mercato – Problemi del diritto civile*, cit., p. 466.

por qualquer deles indistintamente (*rectius*: arbitrariamente). O deslocamento da centralidade da imprevisibilidade e extraordinariedade para a centralidade do desequilíbrio concreto do contrato vai ao encontro da atribuição de caráter preferencial ao remédio revisional. Em uma perspectiva tradicional, centrada sobre a ideia de imprevisão, a ordem jurídica encara a alteração superveniente como um "corpo estranho" ao acordo de vontades originariamente estabelecido entre as partes e, portanto, como algo que, não tendo sido objeto do consenso entre os contratantes, estaria fora da abrangência do próprio contrato e do seu efeito vinculante: a resolução, como meio de extinção do vínculo, torna-se a via natural, pois se a nova situação fática transcende o contrato, contrato não há; resolvê-lo é preciso. Quando se passa, todavia, a uma abordagem centrada sobre o desequilíbrio, a alteração superveniente passa a ser vista como algo inerente às relações contratuais que se prolongam no tempo, um dado da realidade a que todos os contratantes se subordinam ao ingressar nessas relações. Não se trata, em outras palavras, de um dado "patológico" da relação contratual, mas de um dado fisiológico, inerente às relações que se prolongam em uma realidade que constantemente se modifica. Nesse novo cenário, a resolução torna-se um remédio drástico ou desproporcional a uma alteração normal na vida do contrato.

3.9. Em prol da preferência pela revisão do contrato acorrem não apenas diferentes fundamentos jurídicos, como o chamado princípio da conservação dos contratos, mas também argumentos de ordem econômica, como a redução dos custos transacionais e o estímulo ao cumprimento dos contratos e, portanto, à concretização dos empreendimentos derivados do comum interesse das partes. Também no âmago da própria resolução encontra-se justificativa para reservar preferência ao remédio revisional. O crescente controle de merecimento de tutela do exercício do direito à resolução em nossa jurisprudência – exercido concretamente por meio de outras figuras, como o adimplemento substancial (*substantial performance*) – aplica-se ao campo do desequilíbrio contratual superveniente, devendo o recurso ao remédio resolutivo ser evitado sempre que disponível meio menos gravoso que ainda permita a realização do interesse comum de ambos os contratantes. A resolução torna-se, desse modo, remédio subsidiário ou *ultima ratio*, aplicável apenas quando a revisão naqueles termos não se mostre possível, como, de resto, já se reconhece em outras experiências, notadamente no direito alemão após a nova redação dada ao § 313 do *BGB*, pela modernização do Direito das Obrigações (*Schuldrechtsmodernisierungsgesetz*).

3.10. Tem-se exemplo dessa aplicação subsidiária da resolução na delicada questão da dupla onerosidade excessiva. Diversamente do que ocorre na onerosidade excessiva direta (o agravamento do sacrifício econômico imposto ao contratante) ou na onerosidade excessiva indireta (a diminuição do benefício econômico a ser extraído do contrato pelo contratante, a que a doutrina italiana denomina *svilimento della controprestazione*), o que se vê na dupla onerosidade excessiva é o aumento do sacrifício econômico de ambos os contratantes, como no exemplo dos permutantes de imóveis igualmente afetados por um drástico aquecimento imobiliário que se instaura entre a formação e a execução do seu contrato de permuta. Embora o merecimento ou não de tutela do exercício do remédio resolutivo dependa sempre da verificação de proporcionalidade entre os efeitos terminativos da resolução e o concreto comprometimento da possibilidade de realização do interesse comum dos contratantes, a revisão contratual em casos de dupla onerosidade excessiva tende, com mais facilidade, a exigir a alteração substancial das obrigações assumidas e, com isso, escapar ao comum interesse dos contratantes – razão pela qual, nessa hipótese específica, a via da resolução poderá se tornar mais frequente na prática.

3.11. Ao conjunto de propostas interpretativas apresentadas, incluindo a preferência pelo remédio revisional, são oponíveis duas ordens de argumentos. Primeiro, afirma-se que a maior abertura à revisão judicial do contrato sujeita o acordo de vontades às arbitrariedades do Poder Judiciário. O exame da jurisprudência demonstra, entretanto, que os tribunais brasileiros são extremamente criteriosos, quando não tímidos, na tarefa de revisar contratos. Limitam-se, na imensa maioria dos casos, a alterar índices de reajustamento de prestações diante da desvalorização monetária ou a estender brevemente prazos de cumprimento, sempre com extrema cautela para que os interesses de ambos os contratantes sejam preservados e não se altere a essência do pactuado. Pode-se dizer, nessa direção, que a arbitrariedade do juiz nesse campo é um temor fantasioso que não encontra amparo na nossa realidade jurisprudencial. Ao contrário, a arbitrariedade que se vislumbra nessa matéria não se situa na aplicação da solução revisional, mas no modo como, atualmente, as cortes concluem pela previsibilidade de certo acontecimento, deixando de examinar o concreto desequilíbrio contratual.

3.12. A segunda crítica que pode ser dirigida ao conjunto de propostas interpretativas apresentadas é a excessiva judicialização do desequilíbrio contratual. Por exemplo, ao afastar a necessidade de demonstração da imprevisibilidade e extraordinariedade dos acontecimentos e atribuir preferência ao remédio revisional, o referido conjunto de propostas tenderia a aumentar o número de demandas judiciais em torno do tema. A crítica procede, pois, embora outras propostas interpretativas apresentadas temperem esse possível aumento das demandas judiciais (*e.g.*, afastamento da influência de fatores subjetivos como desemprego ou dificuldade financeira do contratante; exigência de prova do desequilíbrio concreto do contrato à luz dos valores de mercado; e controle de merecimento de tutela do exercício do direito resolutivo), a judicialização excessiva consiste, sempre, em um perigo concreto a ser enfrentado. E é possível identificar no direito brasileiro importante instrumento para tanto: o dever de renegociação.

4. Sobre o dever de renegociação do contrato:

4.1. Não é raro na prática brasileira que, diante de cartas e notificações suscitando desequilíbrio contratual, a parte instada a renegociar os termos do contrato simplesmente silencie, confiando que o custo econômico e o ônus negocial da propositura de uma demanda judicial desestimularão a adoção de qualquer atitude do contratante prejudicado. Tampouco se afigura incomum, entre nós, que o desequilíbrio contratual seja invocado tardiamente pelo contratante alegadamente prejudicado, a título de defesa em ação judicial movida por força do seu inadimplemento, por vezes como mera estratégia para se livrar das obrigações assumidas. O desequilíbrio do contrato torna-se, assim, um argumento-padrão de defesa. Tais estratagemas revelam a importância de se disciplinar a dimensão comportamental do desequilíbrio contratual, impondo às partes deveres de conduta que impeçam a inércia irresponsável ou a manipulação oportunista da matéria.

4.2. O Código Civil de 2002, todavia, foi absolutamente silente acerca do tema, ao contrário das codificações mais recentes (*v.g.*, §§ 1.764 a 1.766 do Código Civil Tcheco de 2012, art. 1.271 do Código Civil da Romênia de 2011 e art. 1.195 do *Code Napoléon*, alterado em 2016) e das normas de *soft law* aplicáveis aos contratos internacionais (*v.g.*, art. 6.2.3 dos *Princípios Unidroit relativos aos Contratos Comerciais Internacionais*; item 1:110-III do *Draft Common Frame of Reference*; e art. 6:111 dos *Princípios de Direito Contratual Europeu*), todos exemplos de normativas que reconhecem um "direito" da parte prejudicada a pleitear extrajudicialmente a renegociação do contrato, antes de eventual ação judicial de revisão ou resolução. Igual via tem sido seguida mesmo em experiências jurídicas que não contam com norma específica sobre o tema (e.g., Alemanha, Bélgica, Quebec), construindo-se pela atividade interpretativa um genuíno dever de renegociar.

4.3. O mesmo caminho pode e deve ser seguido no Brasil. Já se viu que equilíbrio contratual e boa-fé objetiva não se confundem: cada qual mantém seu próprio significado, mas, quando se alude a uma dimensão comportamental do desequilíbrio contratual, é a boa-fé objetiva que incide como cláusula geral que impõe aos contratantes um comportamento colaborativo e transparente, voltado à efetiva realização do fim contratual. De fato, a boa-fé objetiva, consagrada em nossa codificação (arts. 113, 187 e 422), impõe a cooperação e a colaboração entre as partes em prol do escopo comum. O dever de renegociar exsurge, assim, como um dever anexo ou lateral de comunicar a outra parte prontamente acerca de um fato significativo na vida do contrato – seu excessivo desequilíbrio – e de empreender esforços para superá-lo por meio da revisão extrajudicial. Como dever anexo, o dever de renegociar integra o objeto do contrato independentemente de expressa previsão das partes.

4.4. Como se vê, o dever de renegociar não configura um dever de alcançar certo resultado ou de aceitar as novas condições propostas pelo contratante desfavorecido pelo desequilíbrio; não se trata de um *dever de revisar* o contrato extrajudicialmente, mas simplesmente *de ingressar em renegociação*, informando prontamente o fato que a enseja e formulando um pleito de revisão do contrato, ou analisando e respondendo, com seriedade, ao pleito apresentado pelo outro contratante. Desdobra-se em duas etapas: (a) o dever de comunicar prontamente a contraparte acerca da existência do desequilíbrio contratual identificado; e (b) o dever de suscitar uma renegociação que possibilite o reequilíbrio do contrato ou de responder a uma proposta nesse sentido, analisando-a seriamente.

4.5. A violação ao dever de renegociar, quer pelo silêncio ou recusa em iniciar a renegociação, quer pela ruptura injustificada da renegociação já iniciada, quer, ainda, pela ausência de tão pronta quanto possível comunicação à contraparte acerca do desequilíbrio contratual superveniente, enseja responsabilidade civil pelos danos causados. Aqui, afigura-se possível o paralelo com a incidência da boa-fé objetiva nas tratativas anteriores à formação do contrato, cuja violação deflagra a responsabilidade pré-contratual, já amplamente reconhecida na experiência jurídica brasileira. Outras consequências têm sido suscitadas na experiência estrangeira e internacional, como a preclusão do acesso à ação judicial de revisão ou resolução do contrato ou a deflagração da *exceptio non adimpleti contractus*, mas, diante do atual tecido normativo brasileiro, é o dever de reparar consequência indiscutível da quebra do dever de renegociação.

4.6. Questão tormentosa que a doutrina estrangeira tem procurado enfrentar diz respeito à liquidação do dano sofrido em decorrência da violação do dever de renegociar. Tratando-se de um dever de conduta *ex bona fide*, e não de um dever de obtenção de determinado resultado, a dimensão do dano não pode ser calculada a partir do afastamento da excessiva onerosidade que seria gerado por uma eventual e hipotética revisão extrajudicial do contrato. De uma *hipótese de acordo* somente seria possível extrair uma *hipótese de dano*, não já um dano efetivo.[11] Ainda assim, há autores que sustentam o cabimento da indenização pelo interesse contratual positivo, havendo ainda quem prefira remeter a questão ao caso concreto. Aqui, como em qualquer seara, competirá ao juiz, analisar as circunstâncias fáticas específicas, inclusive tendo em vista que a renegociação pode depender da checagem de informações não disponíveis em curto período de tempo, não sendo por outra razão que as normas estrangeiras e internacionais mencionadas referem-se usualmente a uma resposta "em prazo razoável". Outras questões fáticas precisarão ser consideradas na avaliação da conduta do contratante destinatário do pleito extrajudicial de renegociação. De qualquer forma, não parece haver dúvida de que o reconhecimento da tutela reparatória do dever de renegociar estimulará posturas proativas por parte dos contratantes; por isso mesmo, mais evitando que produzindo demandas judiciais.

4.7. Ainda assim, pode não se afigurar simples a questão da liquidação do dano sofrido em decorrência do descumprimento do dever de renegociar, de tal modo que, mesmo diante do reconhecimento de um dever de renegociação derivado da boa-fé objetiva, conserva ainda utilidade prática a previsão de cláusulas contratuais

---

11 Aurelio Gentili, La replica della stipula: riproduzione, rinnovazione, rinegoziazione del contratto, in *Contratto e impresa*, cit., p. 719.

de renegociação ou disposições similares, as quais não apenas podem já estabelecer parâmetros objetivos de readequação do contrato, mas também podem acrescentar ao dever de renegociação *ex bona fide* uma cláusula penal, nos termos dos arts. 409 e seguintes do Código Civil brasileiro.

4.8. As cláusulas contratuais de renegociação ou revisão do contrato, de variada tipologia, consistem, para muitos autores, na "via mais simples e imediata"[12] para responder ao problema do desequilíbrio contratual superveniente, na medida em que "*le contrat organise sa propre révision*" (o contrato organiza sua própria revisão), evitando-se o embate entre autonomia privada e intervenção heterônoma na relação contratual. Ainda assim, duas questões costumam ser suscitadas: (a) definir se podem ou não as partes, por cláusula contratual, limitar ou excluir a tutela *ex lege* do equilíbrio contratual; e (b) definir qual a consequência do chamado desequilíbrio contratual *transcendente*, assim entendido aquele que, embora afetando contrato do qual conste cláusula de readequação automática ou renegociação, transborda dos seus limites, não encontrando solução na convenção entre as partes.

4.9. Nosso Código Civil não declarou, nem forneceu qualquer indicativo sobre a natureza cogente ou dispositiva das normas que tutelam o equilíbrio contratual no curso da relação contratual.[13] A controvérsia que se instaura no Brasil entre, de um lado, aqueles que defendem ser possível o afastamento por cláusula contratual das normas que tutelam o equilíbrio contratual e, de outro, aqueles que sustentam o caráter imperativo (*ius cogens*) das normas relativas ao tema, mesmo diante da expressa dicção do art. 393, *in fine*, do Código Civil, que admite cláusula transferindo os riscos do caso fortuito ou de força maior, parece encontrar solução adequada no entendimento segundo o qual é admissível a assunção dos riscos de desequilíbrio contratual superveniente, desde que tal assunção se revele inequívoca, o que somente costuma ocorrer diante da especificação e precisa delimitação do risco, não já de cláusulas genéricas. Não se trata, em definitivo, de afastar a força coercitiva do princípio do equilíbrio contratual, mas tão somente de verificar, em concreto, a desnecessidade da sua incidência diante da inequívoca assunção de risco específico pelo contratante, em opção que se revele merecedora de tutela à luz da ordem jurídica.

4.10. Por fim, quanto à questão do desequilíbrio contratual transcendente – aquele que, embora afetando contrato do qual conste cláusula de readequação automática ou renegociação, transborda dos seus limites, não encontrando solução na convenção entre as partes –, diante do já exposto, não pode haver dúvida aqui: a disciplina *ex lege* da tutela do equilíbrio contratual mantém sua aplicabilidade

12 Paolo Gallo, *Sopravvenienza contrattuale e problemi di gestione del contratto*, cit., p. 364.

13 Diversamente do que fez, por exemplo, o Código Civil peruano, que, como já visto, declarou expressamente: "Art. *1.444. Es nula la renuncia a la acción por excesiva onerosidad de la prestación*".

sobre a relação contratual independentemente da existência de cláusula dispondo especificamente sobre a transferência de certos e determinados riscos. A eventual previsão de instrumentos de tutela do equilíbrio contratual pelos próprios contratantes não afasta nem a incidência dos instrumentos expressamente oferecidos com o mesmo propósito pela legislação (em especial, a resolução e a revisão contratual por onerosidade excessiva superveniente), nem a incidência do dever de renegociação *ex bona fide*. Não vale aqui o raciocínio liberal e voluntarista segundo o qual, ao deixarem de contemplar aquele desequilíbrio transcendente, as partes consentiram com a sua ocorrência. A presunção da ordem jurídica deve ser sempre a de que os contratantes pretenderam ingressar em relações contratuais que nasceriam equilibradas e assim se manteriam por toda a vida do contrato.

As conclusões acima sintetizadas, vistas em conjunto, revelam que o fenômeno analisado nesta obra não exprime um somatório de inovações pontuais isoladas em seu sentido e significado. Em outras palavras, a temática aqui enfrentada "não representa uma manifestação ímpar, mas o aspecto de um movimento de renovado interesse pela justiça do conteúdo".[14] Trata-se de um movimento que se agarra à função que o contrato é chamado a desempenhar (e consequentemente rejeita aquelas funções que ele não deve desempenhar) em uma ordem jurídica calcada em valores solidaristas. Esse movimento funcional enfrenta não apenas a própria estrutura do instituto do contrato, construída ao longo dos últimos séculos sobre bases assentadas em valores inteiramente distintos, mas também uma longa tradição do pensamento jurídico que se ergue contra eventuais renovações. De todas as fortes expressões já usadas para descrever essa candente transformação – "morte do contrato", "crise do contrato", "declínio do contrato", entre outras –, aquela que talvez melhor exprima sua essência seja a "*lotta per il contratto*", a luta por um contrato diverso daquele que nos foi legado.[15] Há, de fato, um intenso combate sendo travado nas trincheiras do Direito dos Contratos.

De um lado, situam-se aqueles que se mantêm fiéis, ainda que sob renovadas construções, ao dogma da liberdade contratual, bem expresso na passagem de Thomas Hobbes segundo a qual "*the value of all things contracted for, is measured by the Appetite of the Contractors: and therefore the just value, is that which they be contented to give*".[16] De outro lado, estão aqueles que, em permanente confronto

14 José de Oliveira Ascensão, *Alteração das Circunstâncias e Justiça Contratual no Novo Código Civil*, cit., p. 61.

15 Giovanni Chiodi, *La giustizia contrattuale*, cit. p. XIV.

16 Thomas Hobbes, *Leviathan*, Harmondsworth: Penguin, 1968, p. 208. Em tradução livre: "o valor de todas as coisas pelas quais se contrata é medido pelo Apetite dos Contratantes e, por isso, o valor justo é o valor que eles consentiram em oferecer".

com a estrutura liberal e voluntarista da disciplina normativa do Direito dos Contratos, procuram assegurar um controle de merecimento de tutela ao exercício da liberdade contratual, inclusive no seu núcleo mais relevante, qual seja, a definição do objeto do contrato, que há de ser, em regra, equilibrado. Se nem isso puder restar assegurado, qual controle a ordem jurídica estará a exercer, de fato, sobre o fundamento e o destino das relações contratuais?

Nesse cenário de enfrentamento, construções que apresentam o princípio do equilíbrio contratual como um mero instrumento para "temperar" ou "mitigar" os efeitos do *pacta sunt servanda* parecem se revelar, cada vez, mais insuficientes.[17] Todo o esforço para conformar velhas estruturas a novas funções parece vir se dando sempre em prejuízo dessas últimas, cuja efetiva concretização não restou ainda alcançada, de modo satisfatório, na realidade brasileira contemporânea. Daí talvez porque nossos tribunais continuem a aludir, com tanta frequência, à cláusula *rebus sic stantibus* que, conquanto originária de um longínquo direito medieval e já chamada, entre nós, de "construção rudimentar",[18] exprime, com maior precisão que todas as sofisticadas teorias de inspiração ainda voluntarista, o propósito de se adequar o contrato, como ato histórico, à realidade inevitavelmente mutável em que se insere.[19] Talvez resida também nisso a explicação para o renovado interesse, nas últimas décadas, pelo estudo do instituto da lesão, não na tímida versão consagrada nas codificações do século XX, mas na essência da figura histórica da *laesio enormis*, que parece vir sendo cada vez mais reavivada no âmbito dos regramentos aplicáveis às relações internacionais.[20]

Nessa esteira, confirma-se a constatação de que "o contrato aparece cada vez mais na sua função objetiva",[21] desafiando a própria teoria geral dos

---

17 Registre-se que a mesma abordagem é encontrada em outras experiências jurídicas, como se pode verificar em Florian Rödl, *Contractual Freedom, Contractual Justice and Contract Law (Theory)*, cit., p. 60: "*Today, the social justice approach presents itself usually not as a full alternative, but as a complementary correction of the liberal approach*".

18 Orlando Gomes, *Contratos*, cit., p. 38.

19 Não é demais registrar aqui que muitas dessas teorias somente lograram espaço no ambiente juscientífico por não contrariarem frontalmente as bases do pensamento liberal-voluntarista, bastando recordar o exemplo da teoria de imprevisão, que, ainda que calcada nos limites da capacidade volitiva das partes, só encontrou espaço porque era uma autêntica "*théorie de la guerre*", justificada apenas pelas excepcionais convulsões decorrentes da Primeira Guerra Mundial (Emilie Labrot, *L'imprévision*, cit., p. 23).

20 Ver, por todos, Rena van den Bergh, *The Long Life of Laesio Enormis*, *in Studia Universitatis Babes-Bolyai Jurisprudentia*, 2012, p. 35-52.

21 Rosaria Lo Gullo, *Il problema del riequilibrio contrattuale e l'art. 1468 c.c.*, in Raffaele Tommasini, *Sopravvenienze e dinamiche di riequilibrio tra controllo e gestione del rapporto*

contratos, que continua fundada no superdimensionamento do acordo de vontades, essa espécie de âncora a que se prende a embarcação da relação contratual, impedida de navegar naturalmente rumo ao seu destino. A instrumentalização do contrato à concretização de valores fundamentais da ordem jurídica brasileira não se pode realizar sem uma efetiva reconstrução do Direito dos Contratos, que assente exatamente sobre o princípio do equilíbrio contratual.[22] Há que se inverter a atual abordagem: não é o princípio do equilíbrio contratual que deve temperar ou mitigar os efeitos do *pacta sunt servanda*; é a obrigatoriedade dos contratos, que, como característica estrutural, subordina-se ao atendimento substancial do princípio do equilíbrio contratual. Somente assim se fará possível um Direito dos Contratos realmente novo, adequado à realização da tábua axiológica constitucional.

Embora com alguns anos de atraso, ainda se pode afirmar que "*the time is plainly ripe for a new theoretical structure for contract*".[23] Urge desenvolver uma teoria contratual capaz de exprimir "*una concezione del contratto che non esaurisce la rilavanza di esso nell'autoregolamentazione di interessi bensí ne accredita una sua valenza etica*",[24] mas que tampouco se confunda com um simulacro de concretização dos valores fundamentais, limitado a uma abordagem assistencialista, restrita a estados subjetivos de inferioridade e sujeita, por isso mesmo, a manipulações que colocam em risco a realização do fim comum do contrato e comprometem a própria unidade do ordenamento em torno da Constituição. Somente dessa forma, enxergando as relações contratuais como sede de realização dos direitos fundamentais a que restam funcionalizadas todas as situações jurídicas de cunho patrimonial, será possível iniciar a formulação de um novo Direito dos Contratos, que possa, enfim, encontrar seu papel na construção de uma sociedade menos desigual.

---

contrattuale, cit., p. 152. No original: "*Privato dei suoi connotati di volontarietà, il contratto appare sempre più nella sua funzione oggettiva* (...)".

22 Em direção semelhante, na doutrina estrangeira, ver Rubén Stiglitz, *Contratos – Teoría General*, II, Buenos Aires: Depalma, 1993, p. 275: "*Entendemos que los derechos subjetivos contractuales deben ser concebidos y protegidos como instrumentos útiles al servicio del desarrollo social, pero en un plano de efectiva convivencia, y en el marco de la justicia contractual, preservando por sobre todo principio dogmatico la relación de equivalencia*".

23 Patrick Atiyah, *The Rise and Fall of Freedom of Contract*, cit., p. 778. Em tradução livre: "o tempo está plenamente maduro para uma nova estrutura teórica para o contrato".

24 Pietro Perlingieri, *Il diritto dei contratti fra persona e mercato*, cit., p. 445. Tradução livre: "uma concepção do contrato que não esgote sua relevância na autorregulamentação de interesses, mas que lhe atribua uma validade ética".

Epílogo

Impactos da Pandemia nas Relações Contratuais e Dever de Renegociar

Sumário: *1. Impacto da pandemia nos contratos. 2. Impossibilidade da prestação e o problema da impossibilidade meramente temporária. 3. Desequilíbrio contratual superveniente e o problema da dupla onerosidade excessiva. 4. A frustração do fim do contrato. 5. Dificuldade econômica do contratante por fatores estranhos ao contrato. 6. Ausência de impacto contratual e oportunismo abusivo: violação à boa-fé objetiva. 7. Dever de renegociar na pandemia. 8. Aplicabilidade do dever de renegociar a acordos de natureza existencial (acordo sobre guarda de filhos, guarda de animais etc.). 9. Dever de renegociar e acesso à Justiça. 10. Conclusão.*

1. Impacto da pandemia nos contratos

Em 8 de janeiro de 2020, a imprensa internacional divulgou a descoberta de uma nova espécie de coronavírus na província de Wuhan na China, em que se verificava, desde o mês anterior, um misterioso "*surto de pneumonia*".[1] A província chinesa foi isolada com a proibição temporária de circulação de todos os meios de transporte em 22 de janeiro, data em que casos da nova doença, batizada de *Covid-19*, já haviam se confirmado em países como Estados Unidos, Japão, Tailândia, Taiwan e Coreia do Sul.[2] Em 30 de janeiro, a Organização Mundial da Saúde declarou o surto da doença como uma *Emergência de Saúde Pública de Importância Internacional*.[3] Ao longo do mês de fevereiro, a situação agravou-se intensamente na Europa, sobretudo na Itália,

---

1 *China Identifies New Virus Causing Pneumonialike Illness*, notícia publicada em 8 de janeiro de 2020 no site do *New York Times*: www.nytimes.com.

2 *Cidade chinesa de Wuhan, epicentro do coronavírus, é isolada e tem transporte público, trens e voos cancelados*, notícia publicada em 22 de janeiro de 2020 no site g1.globo.com.

3 *Statement on the second meeting of the International Health Regulations (2005) Emergency Committee regarding the outbreak of novel coronavirus (2019-nCoV)*, declaração publicada em 30 de janeiro de 2020 no site da Organização Mundial da Saúde: www.who.int.

em que um aumento vertiginoso do número de casos[4] acabaria por resultar em dezenas de milhares de óbitos no país.[5] Em 11 de março, a Organização Mundial da Saúde declarou que a difusão da Covid-19 havia alcançado o estado de *pandemia*, em razão da disseminação mundial da doença.[6]

No Brasil, o primeiro caso de Covid-19 foi detectado em 26 de fevereiro de 2020.[7] No início do mês (dia 7), já havia sido publicada a Lei n. 13.979, dispondo sobre as medidas para enfrentamento do surto de coronavírus. Ao longo do mês de março, diversos Estados brasileiros adotaram medidas de restrição à circulação de pessoas, incluindo o fechamento da maior parte do comércio.[8] Entre março e abril de 2020, multiplicaram-se, rapidamente, artigos jurídicos voltados a identificar o impacto do coronavírus nas relações contratuais e os remédios a que poderiam recorrer os contratantes. Na doutrina brasileira, a maioria dos textos qualificou a pandemia como "*caso fortuito ou força maior*", concluindo, a partir daí, que os contratantes não estariam mais obrigados a cumprir seus contratos, nos termos do art. 393 do Código Civil brasileiro.[9] Outros muitos preferiram qualificar o espantoso avanço do coronavírus como "*fato imprevisível e extraordinário*", invocando o art. 478 do Código Civil[10] para deixar ao contratante a opção de extinguir o contrato ou exigir sua revisão judicial.

Há, nos dois casos, um erro metodológico grave, que já era examinado na 1ª edição deste livro: não se pode classificar os acontecimentos em abstrato como

---

4 *Europe Confronts Coronavirus as Italy Battles an Eruption of Cases*, publicada em 23 de fevereiro de 2020 no site do *New York Times*: www.nytimes.com.

5 *Na Itália, mortos pelo coronavírus são mais de 30 mil*, notícia publicada em 8 de maio de 2020 no site g1.globo.com.

6 *Coronavirus confirmed as pandemic by World Health Organization*, notícia publicada em 11 de março de 2020 no site da BBC: www.bbc.com.

7 *Brasil confirma primeiro caso da doença*, notícia publicada em 26 de fevereiro no site do Ministério da Saúde: www.saude.gov.br.

8 *Veja as medidas que cada Estado está adotando para combater a Covid-19*, notícia publicada em 28 de março de 2020 no site da Agência Brasil: agenciabrasil.ebc.com.br.

9 "Art. 393. O devedor não responde pelos prejuízos resultantes de caso fortuito ou força maior, se expressamente não se houver por eles responsabilizado. Parágrafo único. O caso fortuito ou de força maior verifica-se no fato necessário, cujos efeitos não era possível evitar ou impedir."

10 "Art. 478. Nos contratos de execução continuada ou diferida, se a prestação de uma das partes se tornar excessivamente onerosa, com extrema vantagem para a outra, em virtude de acontecimentos extraordinários e imprevisíveis, poderá o devedor pedir a resolução do contrato. Os efeitos da sentença que a decretar retroagirão à data da citação." A revisão judicial do contrato encontra, por sua vez, amparo no art. 317 do Código Civil, consoante interpretação amplamente majoritária na doutrina brasileira.

"*inevitáveis*", "*imprevisíveis*", "*extraordinários*" para, a partir daí, extrair seus efeitos para os contratos em geral. Nosso sistema jurídico não admite esse tipo de abstração. O ponto de partida deve ser sempre cada relação contratual em sua individualidade.[11] É preciso, antes de se qualificar acontecimentos em teoria, compreender o que aconteceu em cada contrato. Por exemplo, é somente diante da verificação de impossibilidade da prestação que se pode aludir, tecnicamente, a "*caso fortuito ou força maior*" em uma relação obrigacional (Código Civil, art. 393). Do mesmo modo, somente se pode aludir, tecnicamente, a "*acontecimentos extraordinários e imprevisíveis*" na discussão sobre a causa da excessiva onerosidade verificada em um contrato (Código Civil, art. 478).

Em outras palavras, nosso sistema jurídico não autoriza classificar acontecimentos – nem aqueles gravíssimos, como uma pandemia – de forma teórica, abstrata e geral para, de uma tacada só, declarar que, dali em diante, todos os contratos podem ser descumpridos ou devem ser revistos. Tal abordagem, que acabou sendo adotada em muitos textos naquelas primeiras semanas da pandemia e ainda hoje encontra algum eco, não se afigura apenas temerária, mas exprime também um erro técnico-jurídico, pois o impacto concreto sobre cada relação contratual deve ser sempre o ponto de partida da investigação do jurista. Tanto é assim que, a depender do que se verifica em cada relação contratual concreta, o mesmo acontecimento pode se qualificar juridicamente ora como caso fortuito, ora como um acontecimento extraordinário e imprevisível, ora como um evento que compromete a realização do fim contratual (teoria da frustração do fim do contrato),[12] ora, ainda, como um fato juridicamente irrelevante para fins obrigacionais se, conquanto gravíssimo o acontecimento, nenhum efeito foi causado sobre aquele contrato específico.

Em outras palavras, por mais estarrecedor e surpreendente que tenha sido o advento da pandemia de Covid-19, apenas a identificação da sua concreta repercussão sobre o programa contratual permite precisar qual, dentre os múltiplos institutos consagrados pela ordem jurídica, deve incidir sobre a hipótese e, consequentemente, qual deve ser a investigação a que o intérprete deve proceder em termos de qualificação do fato causador desta repercussão – fato que, de resto, não corresponderá, na maioria dos casos, ao próprio advento da pandemia, mas sim às medidas governamentais ou privadas de segurança da saúde adotadas para

---

11 Confira-se as considerações tecidas no tópico 6.1, "Primeira proposta interpretativa: deslocamento da centralidade da imprevisibilidade/extraordinariedade para a centralidade do desequilíbrio, com presunção relativa de imprevisibilidade/extraordinariedade", no Capítulo III da presente obra.

12 O tema será retomado, mais adiante, neste mesmo texto.

combatê-la ou mitigá-la, medidas que, vale notar desde já, diferenciam-se do fato geral da pandemia (que se abateu sobre todos, em diferentes países) justamente por terem variado de país para país, entre Estados em um mesmo país, entre Municípios em um mesmo Estado, e assim por diante. Em suma, o intérprete deve partir, sempre, do impacto em concreto sobre o contrato que examina, para, somente após a identificação deste impacto, investigar a qualificação da sua causa e, só então, precisar qual ou quais remédios a ordem jurídica coloca à disposição daqueles contratantes em particular.

Feita essa relevante advertência, é possível, naturalmente, a partir da análise de alguns exemplos mais evidentes, desenhar, conquanto não exaustivamente, uma tipologia dos efeitos jurídicos que as medidas adotadas pelo Poder Público ou pelos próprios particulares para combater a pandemia podem ter produzido ou podem continuar produzindo sobre os contratos. Vislumbram-se oito possibilidades: (i) impossibilidade definitiva da prestação; (ii) impossibilidade temporária da prestação; (iii) frustração do fim do contrato; (iv) frustração temporária do fim do contrato; (v) desequilíbrio contratual superveniente (excessiva onerosidade); (vi) dupla excessiva onerosidade; (vii) dificuldade econômica do contratante por fatores externos ao contrato; (viii) ausência de impacto contratual ou sobre a economia do contratante.

Não há necessidade de enfrentar cada uma dessas situações em separado, mas convém proceder a algumas distinções relevantes especialmente entre a impossibilidade da prestação, a frustração do fim do contrato, o desequilíbrio contratual superveniente e a dificuldade econômica do contratante.

2. Impossibilidade da prestação e o problema da impossibilidade meramente temporária

Há alguns contratos em que o cumprimento da prestação se tornou efetivamente impossível em virtude das medidas adotadas pelo Estado ou pelos próprios particulares para combater a pandemia. Recorde-se que, para o Direito das Obrigações, a impossibilidade da prestação, que pode ser material ou jurídica, é sempre uma impossibilidade absoluta, aferida em abstrato.[13] Não se

13 "Esta possibilidade é abstrata, aferida em tese, mas não se limita ao ponto de vista material, abrangendo também o jurídico. A possibilidade material consiste no fato de a prestação ser fisicamente alcançável. É nula, segundo os clássicos exemplos da manualística, a obrigação de 'tocar o céu' ou de 'entregar a outrem um centauro', porque tais prestações são materialmente impossíveis. Também são nulas as obrigações cujo objeto consista em prestação juridicamente impossível, vale dizer, vedada por lei" (Gustavo Tepedino e Anderson Schreiber, *Fundamentos do Direito Civil*, v. 2, Rio de Janeiro, Forense, 2020, p. 10).

trata de mera dificuldade daquele devedor em cumprir, mas sim de uma impossibilidade geral que atinge a própria prestação e decorre de um "*fato necessário, cujos efeitos não era possível evitar ou impedir*" (a ocorrência da pandemia ou, mais precisamente, as medidas restritivas que, após a identificação da pandemia, passaram a ser adotadas pela Administração Pública ou pelos particulares para impedir a acelerada difusão do novo coronavírus).

Pense-se, por exemplo, em um contrato de transporte internacional de pessoas, em que a transportadora assumira a obrigação de levar passageiros a um país que, na data da viagem, encontrava-se em estado de fechamento das fronteiras, como ocorreu, por exemplo, com as Maldivas;[14] o cumprimento da prestação pela transportadora terá se tornado impossível. Não há meio (mais ou menos oneroso) de cumprir a prestação devida. Mesmo em tese, abstratamente, o cumprimento não se mostra possível. Nenhum devedor poderia cumpri-la.

A impossibilidade da prestação sem culpa do devedor produz a extinção do vínculo obrigacional, nos termos dos arts. 234, 238, 248 e 250 do Código Civil.[15] A extinção é *ipso jure*, ou seja, automática. As partes são restituídas ao *status quo ante* (devendo os contratantes devolver o que tiver sido pago de um a outro), e nenhuma indenização será devida de parte a parte.

O que merece atenção, nos casos relacionados à pandemia, é que, por vezes, essa impossibilidade, sob a ótica física ou natural, terá sido meramente temporária. Vale dizer: a impossibilidade terá durado apenas o período pelo qual tiverem perdurado as medidas de restrição (fechamento das fronteiras no exemplo dado). A impossibilidade da prestação deve, contudo, ser avaliada à luz do

---

14 Fator que contribuiu para o insólito episódio do casal que ficou "preso" em um resort no país (*They Were the Last Couple in Paradise. Now They're Stranded*, notícia publicada em 5 de abril de 2020 no site do *New York Times*: www.nytimes.com). Restrições à circulação internacional de pessoas foram impostas por Argentina, Colômbia, Costa do Marfim, República do Congo e inúmeros outros países, como revela a extensa lista divulgada em *Coronavirus: Travel restrictions, border shutdowns by country*, publicada em 7 de maio de 2020 no site da Al Jazeera: www.aljazeera.com.

15 "Art. 234. Se, no caso do artigo antecedente, a coisa se perder, sem culpa do devedor, antes da tradição, ou pendente a condição suspensiva, fica resolvida a obrigação para ambas as partes; se a perda resultar de culpa do devedor, responderá este pelo equivalente e mais perdas e danos. (...) Art. 238. Se a obrigação for de restituir coisa certa, e esta, sem culpa do devedor, se perder antes da tradição, sofrerá o credor a perda, e a obrigação se resolverá, ressalvados os seus direitos até o dia da perda. (...) Art. 248. Se a prestação do fato tornar-se impossível sem culpa do devedor, resolver-se-á a obrigação; se por culpa dele, responderá por perdas e danos. (...) Art. 250. Extingue-se a obrigação de não fazer, desde que, sem culpa do devedor, se lhe torne impossível abster-se do ato, que se obrigou a não praticar."

momento pactuado para o cumprimento: se a viagem tem data certa para acontecer e não pode acontecer naquela data, a impossibilidade da prestação é, a rigor, definitiva (ou, para alguns, é uma impossibilidade temporária que se equipara à definitiva) e se justifica inteiramente a opção do ordenamento que, presumindo que não há mais interesse útil do credor na prestação, estabelece a automática exoneração do vínculo obrigacional. Se o credor da prestação que se tornou temporariamente impossível conservar interesse em receber a prestação, mas em uma nova data futura, pode (a) proceder à novação se a impossibilidade ainda não tiver ocorrido (isto é, se a data pactuada para o cumprimento ainda não tiver chegado) e o devedor concordar com uma nova data; ou, (b) se a impossibilidade já tiver ocorrido (já tendo, por isso mesmo, se verificado a extinção do vínculo obrigacional), pode celebrar novo contrato com o devedor. Eis a solução que o sistema jurídico, em regra, oferece.

Se, todavia, se estiver diante de um contrato de prestações sucessivas ou continuadas, o problema da impossibilidade temporária se torna mais instigante. Imagine-se, por exemplo, um contrato de um ano de duração para a prestação de serviços de limpeza de um escritório situado em prédio comercial fechado por força da pandemia. Neste caso, a prestação da companhia de limpeza pode ter se tornado impossível por um, dois ou três meses (a depender de por quanto tempo o prédio permaneceu fechado), mas não por todo o tempo do contrato, que se estende por número de meses bem superior aos meses de fechamento. A questão que se coloca, nestas hipóteses, é a seguinte: a impossibilidade da prestação por esse lapso de tempo produz o efeito extintivo automático contemplado nos arts. 234, 238, 248 e 250 do Código Civil que tratam da impossibilidade? A extinção *ipso jure* do vínculo obrigacional, em tais casos, não seria uma solução exagerada? Qual seria a alternativa nestes casos? É o que se passa a examinar.

O Código Civil brasileiro não contém regra geral sobre a impossibilidade temporária da prestação. Trata do tema pontualmente ao disciplinar alguns tipos contratuais específicos, como a empreitada e o transporte, trazendo soluções muito específicas para esses contratos, como se pode ver, a título ilustrativo, dos arts. 625, I (empreitada),[16] 741 (transporte de pessoas)[17] e 753

16 "Art. 625. Poderá o empreiteiro suspender a obra: I – por culpa do dono, ou por motivo de força maior".

17 "Art. 741. Interrompendo-se a viagem por qualquer motivo alheio à vontade do transportador, ainda que em consequência de evento imprevisível, fica ele obrigado a concluir o transporte contratado em outro veículo da mesma categoria, ou, com a anuência do passageiro, por modalidade diferente, à sua custa, correndo também por sua conta as despesas de estada e alimentação do usuário, durante a espera de novo transporte."

(transporte de coisas).[18] Na falta de uma regra geral, a doutrina civilista debate, há muito, qual seria o efeito da impossibilidade temporária da prestação.

Para muitos autores, deve-se observar o interesse útil do credor no decorrer do tempo. Nesse sentido, afirmava o saudoso Ruy Rosado de Aguiar Júnior que, nos negócios "*cujos termos ou natureza admitem o cumprimento posterior, figurando o tempo indicado como simples programação para o futuro ou para marcar a época da exigibilidade, a impossibilidade temporária somente assumirá a feição de incumprimento definitivo se no entretempo ficar destruído o interesse do credor em receber a prestação*".[19] Na mesma direção, confira-se o ensinamento de Antunes Varela: "*Se a causa da demora no cumprimento fosse devida a culpa do devedor, este responderia pelos danos que a mora trouxe ao credor. Não lhe sendo imputável, não responderá por tais danos; mas não ficará exonerado da obrigação, visto ser temporário ou transitório o obstáculo ao cumprimento. O efeito da impossibilidade temporária será, portanto, o de exonerar o devedor dos danos moratórios, mas só enquanto a impossibilidade perdurar. Há casos, porém, em que, não sendo a prestação efectuada dentro de certo prazo, seja qual for a razão do não cumprimento, a obrigação se considera definitivamente não cumprida. São, de um modo geral, os casos da prestação com termo absolutamente fixo ou em que a demora no cumprimento faz desaparecer o interesse do credor na prestação*".[20]

A solução acima referida suscita alguma dificuldade em sua aplicação prática. Ao contrário da impossibilidade definitiva, que exonera automaticamente o devedor, ter-se-ia aqui uma hipótese em que o efeito da impossibilidade ficaria na dependência de se avaliar se estamos ou não diante de um negócio "*cujos termos ou natureza admitem cumprimento posterior*" e se o passar do tempo terá ou não "*destruído o interesse do credor em receber a prestação*" – sendo certo que esta última avaliação somente pode ser feita *a posteriori*, com o próprio passar do tempo. Todavia, o direito deve ser capaz de dizer o que acontece com a relação obrigacional neste entretempo, em especial se a contraprestação ainda não paga seria devida ou se, já paga, haveria de ser restituída.

Há quem procure contornar essa indefinição temporária, que decorreria da solução proposta pela doutrina, invocando uma criativa "*suspensão*" do

---

18 "Art. 753. Se o transporte não puder ser feito ou sofrer longa interrupção, o transportador solicitará, incontinenti, instruções ao remetente, e zelará pela coisa, por cujo perecimento ou deterioração responderá, salvo força maior."

19 Ruy Rosado de Aguiar Júnior, *Comentários ao Novo Código Civil*, v. VI, t. II, Rio de Janeiro: Forense, 2011, p. 548.

20 Antunes Varela, *Das Obrigações em Geral*, v. 2, Coimbra: Almedina, 1997, p. 79-80.

contrato – que não encontra previsão normativa no Direito brasileiro, nem resolve o problema daqueles casos em que a contraprestação já foi paga – e, ainda, quem recorra à exceção do contrato não cumprido. O recurso, tecnicamente, não parece acertado, uma vez que a *exceptio non adimpleti contractus* é uma exceção (defesa) à exigência de cumprimento por parte do outro contratante e não um comando normativo de "*suspensão*" do contrato.[21] Daí decorre que a *exceptio* não produz nenhum efeito automático, como ocorre na resolução por impossibilidade da prestação (CC, arts. 234, 238, 248 e 250), mas depende de alegação pela parte que dela se aproveita. Mais: a *ratio* da exceção do contrato não cumprido parece assentar sobre o inadimplemento da outra parte, e não sobre a impossibilidade temporária da prestação. Daí a generalizada percepção que a referida exceção funciona como incentivo ao cumprimento, o que não se verifica em casos de impossibilidade temporária.

Daí por que outra corrente doutrinária procura, sempre na ausência de norma expressa sobre o tema, associar a impossibilidade temporária da prestação não a uma faculdade de suspensão do contrato ou à inexigibilidade da prestação pelo lapso de tempo (e sabe-se lá quanto tempo) em que perdurar a impossibilidade, mas sim a uma *impossibilidade parcial*, hipótese que permitiria atrair, por analogia, a disciplina jurídica da deterioração da coisa nas obrigações de dar.[22] Em outras palavras, aplicar-se-ia à impossibilidade temporária da prestação o disposto no art. 235 do Código Civil, em que se lê:

> Art. 235. Deteriorada a coisa, não sendo o devedor culpado, poderá o credor resolver a obrigação, ou aceitar a coisa, abatido de seu preço o valor que perdeu.

Tal solução afasta a incidência de uma extinção automática do vínculo obrigacional (que decorre da impossibilidade *tout court*), mas preserva a iniciativa do credor em decidir se encara o deslocamento temporal da prestação (assumindo para si seus eventuais custos) ou resolve a obrigação. Contorna-se ainda outro inconveniente: as teses de "suspensão do contrato", além de não

21 "A natureza da *exceptio non adimpleti contractus* é controvertida. Trata-se, segundo a opinião dominante, de genuína *exceptio*, no sentido romano do termo, isto é, um *direito* que o devedor opõe ao do credor, dilatando seu exercício. Em síntese, constitui um *contradireito*, na expressão feliz de Enneccerus" (Orlando Gomes, *Contratos*, Rio de Janeiro: Forense, 2009, p. 110).

22 A qualificação da deterioração da coisa como uma hipótese de impossibilidade parcial é destacada por Clóvis V. do Couto e Silva, *A Obrigação como Processo*, Rio de Janeiro: FGV, 2006, p. 124.

encontrarem amparo no direito positivo, acabam por sujeitar o credor a um vínculo obrigacional que, diante da impossibilidade verificada sem culpa de quem quer que seja, somente pode sobreviver se tornando algo necessariamente diverso daquilo que é. Tal situação afrontaria a regra de ouro do art. 313 do Código Civil, segundo o qual "*o credor não é obrigado a receber prestação diversa da que lhe é devida, ainda que mais valiosa*". De fato, a se adotar a tese da suspensão, o credor poderia acabar sendo forçado a permanecer indefinidamente em um contrato suspenso, sem receber o que lhe é devido pela impossibilidade temporária da prestação e sem poder desfazer o vínculo obrigacional, como o Código Civil lhe assegura, em regra, diante da impossibilidade sem culpa.

O problema da aplicação analógica do art. 235 situa-se no lado oposto da relação obrigacional: trata-se de solução bastante desfavorável ao devedor, que também não deveria se ver forçado a se manter em uma relação obrigacional que, em virtude da impossibilidade temporária da prestação que lhe compete, acabará por se concretizar em um momento futuro. Pode-se, sempre, objetar que o deslocamento temporal da prestação para um momento futuro, em teoria, *beneficia* o devedor. É essa, de fato, a opção feita pelo nosso sistema jurídico ao presumir que o termo é fixado nos contratos em proveito do devedor (Código Civil, art. 133). Sem fixação de termo, como se sabe, a prestação poderia ser exigida de imediato (à vista) pelo credor. Portanto, em regra, quanto mais distante o termo, maior o proveito para o devedor. É evidente que, em certos casos, o deslocamento temporal pode acabar prejudicando o devedor, que pode tampouco ter interesse em um deslocamento temporal excessivo. A pandemia é um bom exemplo porque há devedores que, diante do deslocamento temporal de todas as suas obrigações para o momento imediatamente seguinte ao fim das medidas de restrição, podem padecer de um acúmulo excessivo de vencimentos em uma janela temporal muito restrita. Imagine-se, por exemplo, o professor particular de idiomas que, tendo seus alunos optado por manter o contrato para prestação em momento futuro, se vê às voltas com a necessidade de dar aulas em número desumano no momento imediatamente seguinte ao fim das restrições impostas pela pandemia. Resta-lhe sempre a possibilidade de invocar, em tal hipótese, a excessiva onerosidade, mas é certo que, embora o tratamento da impossibilidade temporária por meio de uma analogia com a deterioração (art. 235) nos pareça mais seguro e objetivo, não soluciona de antemão todos os problemas que podem surgir nas relações obrigacionais em concreto.

De fato, seja qual for o tratamento reservado à impossibilidade temporária da prestação nos contratos de execução continuada ou sucessiva, o certo é que alguma margem de repactuação entre os contratantes deverá existir. O apuro técnico, de tradição milenar, do Direito das Obrigações, com suas soluções herdadas do pragmatismo romano e suas consequências de natureza quase matemática, não se afigura suficiente para oferecer soluções pré-moldadas em um cenário como aquele imposto pela pandemia. As categorias jurídicas devem ser respeitadas com rigor neste momento, evitando-se remédios de algibeira, mas algumas lacunas do nosso sistema jurídico serão evidenciadas, como ocorre no tocante à impossibilidade temporária da prestação em contratos de prestação continuada ou sucessiva que não se enquadrem entre os tipos contratuais nos quais o legislador já elegeu certa saída (transporte, empreitada etc.).

Na falta de norma específica que atribua uma solução segura e equilibrada para a impossibilidade temporária da prestação, o dever de renegociar assume extrema relevância. A necessidade de uma renegociação de boa-fé entre os contratantes escapa ao campo originário para o qual o dever de renegociar foi pensado (o campo do desequilíbrio contratual superveniente), mas apresenta utilidade evidente na medida em que as soluções que se pode extrair da codificação não oferecem um roteiro preciso de como as prestações temporariamente impossibilitadas se deslocam para o futuro, em qual momento futuro exatamente devem ser prestadas, como se distribuem os riscos do deslocamento temporal entre os contratantes e assim por diante. Aqui, parece inevitável que o sistema jurídico se apoie, em alguma medida, na autonomia dos contratantes para repactuar as circunstâncias desta prestação futura, cabendo à ordem jurídica um controle que é menos material – oferta de soluções prontas e acabadas – e mais procedimental, assim entendido a avaliação do comportamento dos contratantes, assegurando o respeito à boa-fé objetiva, com a consideração mútua e leal dos interesses contrapostos, na busca da concretização da função concreta do contrato.

3. Desequilíbrio contratual superveniente e o problema da dupla onerosidade excessiva

O desequilíbrio contratual superveniente – também denominado por alguns autores como desequilíbrio *funcional* do contrato (no curso do seu *funcionamento* ou no desenvolvimento de sua *função*)[23] – consiste, em apertada

23 Ver, na doutrina estrangeira, Francesco Santoro Passarelli, *Dottrine generali del diritto civile*, Nápoles: Jovene, 1985, p. 183, que, de resto, situa o desequilíbrio superveniente do contrato entre os "*vizi funzionali della causa*". Na doutrina nacional, confira-se, por todos, Ricardo Lira, que, em texto de 1985, já afirmava: "O sinalagma pode ser genético ou funcional, segundo se considere, no primeiro caso, o momento da formação do contrato, no segundo caso, a vida de relação nascida do contrato. Prestação e contraprestação nascem, na origem, coligadas pela interdependência e devem seguir assim, durante a execução contratual, durante a fase estática da relação. As obrigações recíprocas das partes não se autonomizam após o nascimento. Se assim fosse, o comprador estaria obrigado a pagar o preço pelo simples fato de havê-lo prometido, independen-

síntese, no agravamento excessivo do sacrifício econômico assumido por um dos contratantes à luz do benefício econômico derivado do contrato (*desequilíbrio contratual vertical* – Código Civil, art. 478) ou do sacrifício econômico originariamente assumido (*desequilíbrio contratual horizontal* – Código Civil, arts. 317 e 480), em virtude de fato posterior à celebração do contrato. A pedra de toque aqui é a *excessiva onerosidade*, que se diferencia da impossibilidade da prestação justamente porque o cumprimento da prestação continua sendo possível, embora tenha se tornado manifestamente mais sacrificante sob o prisma econômico. Não basta um sacrifício econômico levemente maior, é preciso que haja uma onerosidade excessiva (art. 478) ou uma desproporção manifesta entre as prestações (art. 317).

A tarefa de identificar quando a onerosidade se afigura *excessiva* ou a desproporção se afigura manifesta foi deixada pelo legislador ao juiz. Embora, no passado, entre nós e alhures, se tenham empregado parâmetros fixos para essa tarefa – como a fixação de valores "*além da metade do justo preço*" (Ordenações Filipinas) ou no "*quinto do valor corrente ou justo da prestação feita ou prometida*" (Decreto-lei n. 869/1938) –, nosso direito positivo atual é silente a esse respeito. À falta de um parâmetro normativo, compete ao juiz examinar cada relação contratual à luz dos valores de mercado, verificando se o sacrifício econômico imposto ao contratante lesado diverge significativamente da variação histórica sofrida pelos preços de mercado no período que antecedia a celebração do contrato, na hipótese de desequilíbrio contratual horizontal, ou, na hipótese de desequilíbrio contratual vertical, se o seu valor de mercado diverge significativamente do benefício econômico que o contrato lhe assegura.[24]

A pandemia já provocou o desequilíbrio contratual superveniente em diversos contratos. Pense-se, por exemplo, no fornecedor de peças que, diante das restrições impostas ao tráfego aéreo, precisou contratar voos fretados para cumprir pontualmente seus contratos. O custo desta via é, economicamente, bem superior àquele originariamente imaginado pelo fornecedor no momento da celebração do contrato. O mesmo se verifica nos contratos de transporte terrestre de pessoas ou mercadorias em que, em virtude do fechamento de rodovias e outras restrições, terá sido necessário seguir caminhos mais longos, com maior custo de combustível, maior gasto com condutores, maior desgaste de veículos e assim por diante. Além disso, a recessão econômica que já é esperada após a

temente da satisfação pelo vendedor da contraprestação correspondente: a entrega da coisa vendida" (Ricardo Pereira Lira, A Onerosidade Excessiva nos Contratos, in *Revista de Direito Administrativo*, v. 159, Rio de Janeiro: FGV, jan./mar. 1985, p. 10-11).

24 Conforme detalhado no Capítulo III deste livro, "6.2. Segunda proposta interpretativa: aferição objetiva do desequilíbrio contratual superveniente".

pandemia e que já se faz sentir em muitos setores promete gerar o desequilíbrio contratual superveniente em um número amplo de contratos.

Registre-se que a aferição do desequilíbrio contratual superveniente deve ser objetiva, afastando-se das chamadas "circunstâncias subjetivas passivas", tais como "a perda do emprego, acidente, divórcio".[25] Tais circunstâncias não exprimem desequilíbrio superveniente do contrato, mas pertencem a uma hipótese diversa, ligada à dificuldade do devedor por fatores estranhos ao contrato – hipótese que se examinará mais adiante.

Os requisitos para a configuração do desequilíbrio contratual superveniente são por demais conhecidos: (a) existência de um contrato em curso (não se reequilibra contratos já extintos);[26] (b) a excessiva onerosidade, mensurada da forma explicada acima; (c) decorrente de um acontecimento extraordinário e imprevisível superveniente à formação do contrato; e (d) que resulte em extrema vantagem para a contraparte.[27]

Não há dúvida de que a pandemia e as medidas restritivas que foram adotadas pelo Poder Público e por particulares para combatê-la, se resultarem em excessiva onerosidade para um dos contratantes, podem ser qualificadas como acontecimentos extraordinários e imprevisíveis. Resta em aberto a questão da

---

25 V. Capítulo III, "6.2. Segunda proposta interpretativa: aferição objetiva do desequilíbrio contratual superveniente".

26 Embora o art. 478 aluda a "contratos de execução continuada ou diferida", sustento na presente obra que o que basta, a rigor, é um contrato em curso: "a análise da dimensão temporal no problema do desequilíbrio contratual não deve restar aprisionada em um exame categorial e abstrato do contrato, centrado sobre sua qualificação jurídica *a priori*, devendo, ao contrário, partir de uma perspectiva dinâmica e concreta que se concentre sobre a realidade da relação contratual. Não deve, ademais, tomar como ponto de partida o momento do contrato em si (curso de sua execução), como ocorre, por exemplo, na conhecida classificação tripartite de Paolo Gallo – que trata da onerosidade excessiva (a) antes do início da execução do contrato (*ex ante*); (b) durante a execução do contrato (*in itinere*); ou (c) após a execução do contrato (*ex post*). O que releva, a rigor, não é o momento do contrato, mas o momento de suportamento do seu ônus econômico, ou seja, do cumprimento da obrigação, em todos os seus múltiplos aspectos, incluindo a execução do seu objeto (prestação). O desequilíbrio contratual superveniente, portanto, somente pode ser invocado em relação a obrigações que não tenham sido integralmente cumpridas" (Capítulo III, "6.5. Quinta proposta interpretativa: passagem da análise estrutural e abstrata dos contratos de duração continuada ou diferida para a análise funcional e concreta do aspecto temporal").

27 Uma abrangente análise da interpretação conferida pelos nossos tribunais a estes requisitos, bem como a outros aspectos polêmicos acerca do desequilíbrio contratual superveniente, pode ser encontrada em Rafael Mansur de Oliveira, Um Panorama Jurisprudencial da Onerosidade Excessiva, in *Revista Fórum de Direito Civil – RFDC*, n. 17, jan./abr. 2018, p. 11-44.

extrema vantagem. O requisito da extrema vantagem tem sido ignorado pela imensa maioria da doutrina brasileira, sendo certo que o Enunciado n. 365 da IV Jornada de Direito Civil do Centro de Estudos Jurídicos do Conselho da Justiça Federal chega a mandar desconsiderá-lo: "*A extrema vantagem do art. 478 deve ser interpretada como um elemento acidental da alteração de circunstâncias, que comporta a incidência da resolução ou revisão do negócio por onerosidade excessiva, independentemente de sua demonstração plena.*" O requisito tem, todavia, a utilidade de chamar a atenção do intérprete para algo que pode ocorrer em alguns contratos em virtude da pandemia, que é a chamada *dupla onerosidade excessiva*, mas, antes de examinar este fenômeno, vale recordar os efeitos do desequilíbrio contratual superveniente à luz do Código Civil brasileiro.

De acordo com o art. 478 do Código Civil, verificado o desequilíbrio contratual superveniente, o contratante que sofre a excessiva onerosidade tem o direito de *resolver* o contrato. A resolução é solução que libera o contratante do vínculo, mas, frequentemente, não atende aos seus interesses práticos. O contratante, muitas vezes, não quer "perder" o contrato, quer tão somente readequá-lo à nova realidade, tornando-o novamente equilibrado sob o ponto de vista econômico. Daí por que a doutrina brasileira, em meritório esforço, buscou na linguagem ampla do art. 317 do Código Civil – que, como se sabe, foi redigido para cuidar apenas do problema da correção monetária[28] – o fundamento para sustentar que é cabível também o pleito de revisão judicial do contrato. Note-se que, de acordo com os dispositivos que se ocupam da excessiva onerosidade no capítulo dedicado aos contratos, a revisão judicial do contrato somente seria possível diante de contratos unilaterais (art. 480). O engenho doutrinário, contudo, estendeu o remédio revisional também aos contratos bilaterais, preenchendo uma lacuna grave da codificação civil – entre tantas outras que o "novo" Código Civil ainda conserva.[29]

Assim, voltando-se ao exemplo do transportador terrestre de mercadorias que, por força do fechamento das estradas em virtude de um *lockdown*, terá de percorrer caminho bem mais longo para chegar ao seu destino, duas vias se

28 Como esclarecido no item 4.4 do Capítulo III, "Extrema vantagem".

29 O Código Civil de 2002 é fruto de projeto elaborado na década de 1970, durante o período mais duro da ditadura militar brasileira. A comissão encarregada da tarefa, embora formada por juristas brilhantes, trabalhou sob a expressa premissa de "*não dar guarida no Código senão aos institutos e soluções normativas já dotados de certa sedimentação e estabilidade*" (Miguel Reale, *O Projeto de Código Civil – Situação Atual e Seus Problemas Fundamentais*, São Paulo: Saraiva, 1986, p. 76). Passadas três décadas, sua aprovação veio sem uma efetiva discussão com a sociedade civil, o que agravou ainda mais a sua desatualidade. Sobre o tema, seja consentido remeter a Anderson Schreiber, Direito Civil e Constituição, in *Direito Civil e Constituição*, São Paulo: Atlas, 2013, p. 16-17.

abrem: (a) pode o transportador pleitear a resolução do contrato, liberando-se do vínculo (e restituindo, naturalmente, o que tiver recebido por força do contrato); ou (b) pode o transportador pleitear a revisão judicial do contrato para reequilibrá-lo. Em qualquer caso, deve comportar-se de modo leal e transparente, advertindo prontamente a contraparte acerca da excessiva onerosidade de que padece, do mesmo modo que a contraparte deve se mostrar aberta e disponível para a tentativa de renegociação do contrato.[30] Aí também o dever de renegociar assume elevada importância.

Há que se examinar, contudo, a questão da dupla onerosidade excessiva. Como destacado anteriormente nesta obra:

> A situação mais delicada é aquela em que ambas as partes sofrem o agravamento do sacrifício econômico que lhes é imposto pelo contrato. Não há aí um desequilíbrio contratual *vertical*, mas tão somente um desequilíbrio contratual *horizontal*, consubstanciado no agravamento do sacrifício econômico do contratante no tempo. A relação de correspectividade entre prestação e contraprestação ou, em perspectiva mais ampla, a relação entre sacrifícios e benefícios econômicos decorrentes do contrato segue mantida, mas ambas as partes passam a estar sujeitas a ônus econômico excessivamente superior àquele existente no momento da formação do contrato. Ambos os contratantes sofrem, portanto, excessiva onerosidade. É o que ocorre no já mencionado exemplo da obra pública que eleva sobremaneira os valores dos imóveis situados em determinada região, afetando ambos os contratantes em um contrato de permuta de imóveis cujo cumprimento fora diferido no tempo. Discute-se qual solução deve ser oferecida pela ordem jurídica nessas hipóteses. Aparentemente, o mesmíssimo remédio que assume caráter preferencial nos casos de onerosidade excessiva direta e indireta poderia ser aqui invocado, quiçá até com maior razão, uma vez que não é apenas um, mas ambos os contratantes que se encontram excessivamente onerados em relação às suas respectivas obrigações. A lógica linear da conclusão afigura-se meramente aparente. Isso porque, não havendo na hipótese de dupla onerosidade excessiva um desequilíbrio relacional a ser corrigido, a revisão judicial do contrato voltada a reduzir ou eliminar o agravamento do ônus econômico dos contratantes não

30 É de se notar que, no caso específico do contrato de transporte, o próprio Código Civil já impõe, de certo modo, ao transportador a pronta comunicação com o outro contratante, embora de modo limitado ao fato impeditivo do transporte (e não já sobre as suas consequências econômicas para o contrato em si). Confira-se o já citado art. 753 do Código Civil: "Art. 753. Se o transporte não puder ser feito ou sofrer longa interrupção, o transportador solicitará, incontinenti, instruções ao remetente, e zelará pela coisa, por cujo perecimento ou deterioração responderá, salvo força maior."

> poderá operar como meio de transferência do ônus econômico de uma das partes à outra, mas terá forçosamente de resultar em uma redução do ônus econômico de ambas, o que só pode ser alcançado, a princípio, pela alteração das obrigações recíprocas. Assim, no citado exemplo dos proprietários que permutam imóveis, o aumento do sacrifício econômico de um deles não poderá ser 'compensado' com uma transferência de parte desse sacrifício econômico de um a outro; a redução do sacrifício a maior somente poderá ser atingida por meio de uma redução da própria obrigação, como, por exemplo, a alteração do tamanho do terreno permutado. O exemplo demonstra como a revisão judicial do contrato, nos casos de dupla onerosidade excessiva, afigura-se bastante diversa daquela que ocorre nos casos de onerosidade excessiva *singular*, direta ou indireta. Com efeito, na hipótese de dupla onerosidade excessiva, a revisão judicial do contrato pode vir a importar, a rigor, em modificação do objeto pactuado ou, noutras palavras, em um *novo* contrato. Daí por que a doutrina italiana que examina o tema em profundidade tem dado nesses casos preferência à resolução do contrato. Ainda que tal solução seja, a toda evidência, fortemente influenciada pelo tecido normativo italiano – que, como já visto, não conta com norma expressa de caráter geral autorizando revisão – é interessante notar como o posicionamento em prol da resolução nos casos de dupla onerosidade excessiva funda-se na assertiva de que as partes não podem "*considerarsi vincolate ad un assetto contrattuale ed economico non concordato*".[31]

Com efeito, a dupla onerosidade excessiva talvez seja o fenômeno que mais aproxima o desequilíbrio contratual superveniente da frustração do fim do contrato, reunindo os dois grandes campos que diferentes juristas alemães procuraram, há muito, aproximar sob o rótulo de uma teoria mista da base do negócio jurídico. O exame da frustração do fim do contrato – tema que clama por uma abordagem sistemática no Direito brasileiro – permitirá ao leitor avaliar, por si próprio, essa impressão.

4. A frustração do fim do contrato

Frustração do fim do contrato é denominação tomada de empréstimo do Direito inglês, que desenvolveu, a partir da elevada sensibilidade de sua jurisprudência, a chamada *doctrine of frustration*. Vale relembrar o célebre caso *Krell v. Henry*: um grande cortejo fora organizado para os dias 26 e 27 de junho de 1902, a fim de celebrar a coroação do Rei Eduardo VII, a primeira coroação britânica em mais de sessenta anos, havendo sido divulgado que o referido cortejo passaria pela *Pall Mall*, uma avenida de Londres que se situa a apenas

31 Capítulo III, "9.3. Dupla onerosidade excessiva".

alguns quarteirões do Palácio de Buckingham. Uma semana antes, *Mister* Krell, proprietário de um apartamento em *Pall Mall*, aluga a *Mister* Henry seu imóvel, com vista para a avenida, por um valor significativo. Alguns dias depois, o futuro Rei adoece, adiando-se indefinidamente a coroação. *Mister* Henry, não tendo mais interesse na locação, recusa-se a efetuar o pagamento do aluguel, o que leva *Mister* Krell a acioná-lo em juízo.

A corte inglesa responsável por julgar o caso entendeu que, embora não estivesse exatamente diante de uma hipótese de "*impossibility*" (impossibilidade) – já que o pagamento do aluguel pelo imóvel continuava se afigurando possível –, tratava-se de situação análoga à impossibilidade, por ter restado "*frustrated*" (frustrado) o "*foundation of the contract*" (fundamento do contrato), consubstanciado na passagem do cortejo real.[32] Casos similares foram analisados em seguida, como *Chandler v. Webster*,[33] formando um conjunto de precedentes denominado sinteticamente "*coronation cases*" (casos da coroação), que está na base da *doctrine of frustration*, hoje aceita e aplicada também pela jurisprudência dos Estados Unidos da América e do Canadá.[34]

A ideia de que um contrato pode deixar de ser vinculante pela frustração do seu fim converge com construções que já vinham sendo desenvolvidas, desde o fim do século XIX, na Alemanha, especialmente a partir da teoria da pressuposição apresentada por Windscheid de modo mais sistemático em 1850, na sua obra *Die Lehre des römischen Rechts von der Voraussetzung*,[35] bem como de aprimoramentos sucessivos, como a chamada *teoria da base do negócio* (*Geschäftsgrundlage*) de Paul Oertmann, publicada em 1921, a *teoria da vontade eficaz*, de Erich Kaufmann,[36] a *teoria da reserva virtual*, de Paul Krückmann,[37]

32 *Krell vs. Henry*, 1903, 2 K.B. 740 (C.A.). Para comentários adicionais sobre o caso, ver, entre outros, R. G. McElroy e Glanville Williams, The Coronation Cases – *I*, in *Modern Law Review* 4.4, 1941, p. 241-260.

33 *Chandler v. Webster*, 1904, 1 K.B. 493.

34 Para um panorama da aplicação da *doctrine of frustration* na experiência do *common law*, ver Andrew Schwartz, A Standard Clause Analysis of the Frustration Doctrine and the Material Adverse Change Clause, in *UCLA Law Review* 57.3, 2010, p. 804.

35 Bernhard Windscheid, *Die Lehre des römischen Rechts von der Voraussetzung*, Düsseldorf: Buddeus, 1850. A construção de Windscheid é considerada pioneira por romper, em alguma medida, com as construções anteriores que, ao longo da primeira metade do século XIX, procuravam conduzir o tema do desequilíbrio contratual à teoria do erro. Ver Paolo Gallo, *Sopravvenienza contrattuale e problemi di gestione del contratto*, cit., p. 14.

36 Erich Kaufmann, *Das Wesen des Völkerrechts und di clausula rebus sic stantibus*, Tübingen: Mohr, 1911.

37 Paul Krückmann, Clausula rebus sic stantibus, Kriegsklausel, Streikklausel, in *Archiv für die civilistische Praxis*, 116, Tübingen: Mohr, 1918, p. 157 e ss.

os trabalhos vanguardistas (porque de caráter predominantemente objetivo) de Eugene Locher,[38] e, finalmente, a *teoria mista da base do negócio* de Karl Larenz, cuja genialidade está em uma combinação sistemática das construções subjetivistas (mais ligadas à ideia de fim contratual) com as construções objetivistas (mais ligadas à ideia de equilíbrio econômico entre as prestações) em uma única e abrangente teoria da base negocial.[39]

No Direito brasileiro, vivemos uma fratura nesta temática. O problema gerado pelo desequilíbrio econômico das prestações foi enfrentado pelo legislador, que, embora com uma ou outra insuficiência, disciplinou o tema expressamente no Código Civil (arts. 478 a 480, 317, entre outros) e nas leis especiais (CDC, art. 6º, V; Lei do Inquilinato, art. 19).[40] Já o problema da frustração do fim do contrato não encontra, todavia, previsão normativa no Brasil.

Alguns poucos autores tratam pontualmente da matéria[41] e alguns outros parecem se referir ao tema sob um rótulo demasiadamente abrangente da

---

38 Eugen Locher, Geschäftsgrundlage und Geschäftszweck, in *Archiv für die civilistische Praxis*, 121, Tübingen: Mohr, 1923, p. 1 e ss.

39 Após analisar minuciosamente a jurisprudência alemã e as diversas teorias formuladas por seus conterrâneos, Larenz propõe uma dupla significação para a base do negócio: "em primeiro lugar, como a base 'subjetiva' da determinação da vontade de uma ou ambas as partes, como uma representação mental existente ao se concluir o negócio que tenha influenciado grandemente na formação dos motivos. Em segundo lugar, como a base 'objetiva do contrato (enquanto complexo de sentido inteligível), ou seja, como o conjunto de circunstâncias cuja existência ou persistência pressupõe devidamente o contrato – saibam ou não os contratantes –, já que, se assim não fosse, não se lograria o fim do contrato, o propósito das partes contratantes e a subsistência do contrato não teria 'fim, sentido ou objeto'" (tradução livre a partir da edição em espanhol, Karl Larenz, *Base del Negocio Jurídico y Cumplimento de los Contratos*, trad. Carlos Fernandez Rodriguez, Madri: Editorial Revista de Derecho Privado, 1956, p. 37).

40 Código de Defesa do Consumidor: "Art. 6º São direitos básicos do consumidor: (...) V – a modificação das cláusulas contratuais que estabeleçam prestações desproporcionais ou sua revisão em razão de fatos supervenientes que as tornem excessivamente onerosas". Lei do Inquilinato: "Art. 19. Não havendo acordo, o locador ou locatário, após três anos de vigência do contrato ou do acordo anteriormente realizado, poderão pedir revisão judicial do aluguel, a fim de ajustá-lo ao preço de mercado".

41 Antonio Junqueira de Azevedo, Remissão interessada de dívida. Erro sobre o motivo determinante. Análise do negócio jurídico por suas bases subjetiva e objetiva. Frustração do fim do negócio jurídico e consequente enriquecimento sem causa, in Antonio Junqueira de Azevedo, *Novos Estudos e Pareceres de Direito Privado*, São Paulo: Saraiva, 2009, p. 56-58. Na doutrina mais recente, ver Rodrigo Barreto Cogo, *A Frustração do Fim do Contrato*: o impacto dos fatos supervenientes sobre o programa contratual, Rio de Janeiro: Renovar, 2012.

"*quebra da base do negócio*", expressão que é usada de modo bastante ambíguo no Brasil, seja porque há, na Alemanha, numerosas teorias da base do negócio, seja porque, entre nós, o legislador contempla expressamente o desequilíbrio econômico que integra a noção de alteração da base do negócio sob a perspectiva da excessiva onerosidade (seguindo a construção italiana), o que acaba por tornar a invocação de uma noção abrangente de base do negócio, tal como concebida por Larenz e disciplinada atualmente no BGB (§313), um fator de confusão adicional em nossa doutrina e jurisprudência. Daí por que se mostra preferível empregar a expressão "frustração do fim" ou, ainda, o termo "pressuposição" – como tem preferido a jurisprudência italiana, por exemplo (*pressuposizione*), ainda que sem reproduzir na íntegra a concepção de Windscheid –, a fim de contemplar especificamente uma questão que nosso direito positivo não aborda. Cingir-se a essas expressões, longe de uma discussão de mera terminologia, é um modo de perceber, com maior clareza, quando se pode identificar sua ocorrência e debater, com maior especificidade, qual a solução que poderia ser aplicada à luz da nossa ordem jurídica.

Voltando à pandemia, muitos contratos padeceram de frustração do fim contratual. Pense-se no caso da cervejaria artesanal contratada para fornecer trezentos litros de *chopp* em uma festa cuja data restou agendada para o período da pandemia. Ou se recorde, ainda, o caso da agência de marketing que se obrigou a divulgar um desfile de moda que ocorreria na mesma época. Pense-se, ainda, no amplo universo das locações de imóveis para fins comerciais, como, por exemplo, na locação de uma loja de rua. O locatário havia celebrado o contrato com o escopo de explorar o comércio, mas, no âmbito das medidas de contenção adotadas no combate à pandemia, o Poder Público pode ter ordenado o fechamento da loja, como ocorreu, por exemplo, na cidade do Rio de Janeiro, em que o Decreto Municipal n. 47.282/2020 determinou a "*suspensão (...) do funcionamento dos estabelecimentos que pratiquem o comércio de bens, ressalvados os seguintes [listados], desde que garantido o espaçamento mínimo de dois metros entre os seus ocupantes*" (art. 1º, XIII, *d*).

Neste último caso, muitos autores apressaram-se em enxergar aí impossibilidade da prestação. A prestação do contrato de locação, todavia, não é o funcionamento do comércio; é a cessão do uso e gozo da coisa imóvel, de um lado, mediante, de outro lado, o pagamento do aluguel. Ambas as prestações seguem sendo, tecnicamente, possíveis durante a pandemia.[42] Mais: continua-

---

42 Recorde-se que a impossibilidade da prestação consiste na falta de possibilidade jurídica ou material da prestação em si. "*Esta possibilidade é abstrata, aferida em tese*" (Gustavo Tepedino e Anderson Schreiber, *Fundamentos do Direito Civil*, v. 2, Rio de Janeiro, Forense, 2020, p. 10).

ram sendo cumpridas durante a pandemia, pois, em geral, o locatário continuou tendo a posse direta do imóvel, continuou dotado do exercício das faculdades de uso e gozo do imóvel. Basta, por exemplo, notar que os bens móveis do locatário continuam no imóvel, o que não deixa de caracterizar o exercício do uso do imóvel, ao contrário do locador, que não pode usá-lo.[43]

As restrições governamentais ao exercício do comércio podem tornar impossível o exercício de determinada atividade que o locatário pode ter decidido desenvolver naquele imóvel, mas isso não integra a prestação em si. Isso consiste no fim para o qual celebrou o contrato. Do mesmo modo, não se verifica desequilíbrio entre as prestações. Não há onerosidade excessiva no cumprimento da prestação em virtude de alteração do seu valor econômico: isso pode se verificar se, ao longo dos meses, o valor do imóvel se depreciar, em virtude (menos da pandemia em si e mais) da recessão econômica que promete ocorrer e já mostra seus primeiros sinais. O problema que deriva do fechamento do comércio por alguns meses não está, contudo, no valor econômico das prestações (cessão do uso e gozo do imóvel *versus* valor do aluguel) ou na correspondência econômica (equivalência material) entre tais prestações. O problema está no fim do contrato de locação do imóvel comercial, que o locatário não poderá alcançar por um certo lapso de tempo. A questão é, em suma, de frustração do fim do contrato.

Diante dessa constatação, faz-se necessário perguntar: Qual a solução da ordem jurídica brasileira para esse problema? Qual o efeito, entre nós, da frustração do fim do contrato? Como dito, não há uma solução expressa em nosso direito positivo, mas a ampla maioria da doutrina defende que a frustração do fim suprime *ipso jure* a eficácia do contrato. Por conta disso, alguns autores têm sustentado que a hipótese é idêntica à impossibilidade, vista em chave funcional – solução que não é recomendável, seja porque confunde o fim da prestação com o fim do contrato, seja porque mistura a impossibilidade com um fenômeno diverso que é a frustração ou, como preferem os italianos, a *irraggiungibilità* ("*inalcançabilidade*", com o perdão dos amantes do vernáculo) do fim.

Além disso, há todo o problema relacionado ao caráter comum do fim contratual: não basta a frustração de um fim unilateral, mantido em segredo ou reserva; é preciso que, de algum modo, esse fim tenha sido compartilhado

---

43 Na mesma direção, conclui José Fernando Simão: "*o locatário não perdeu a posse direta do imóvel. Seus bens (mercadorias, móveis etc.) se encontram no imóvel locado. O locador não pode 'entrar' no imóvel sob pena de esbulho possessório, o locador prossegue privado do uso da coisa. Não, a prestação do locador está sendo prestada continuamente*" (*Pandemia e locação – algumas reflexões necessárias após a concessão de liminares pelo Poder Judiciário*, disponível em: <http://www.migalhas.com.br>).

entre os contratantes. Esse problema, de elevada sofisticação, é estranho à disciplina da impossibilidade porque o objeto da relação obrigacional (prestação) é sempre comum. E isso conduz a uma derradeira diferença, quanto aos efeitos: enquanto na impossibilidade, o direito ordena a restituição ao *status quo ante*, sem indenização de quem quer que seja, o mesmo não se verifica, necessariamente, na frustração do fim, em que muitos autores defendem uma solução mais afeita ao compartilhamento de riscos, como ocorre na Inglaterra, em que o *Law Reform (Frustrated Contracts) Act*, de 1943, determina que:

> Se a parte a quem os valores foram pagos ou eram devidos incorreu em despesas antes do momento da extinção para, ou para o propósito de, cumprir o contrato, a corte poderá, se considerar justo fazê-lo diante de todas as circunstâncias do caso, autorizá-lo a reter ou, se for o caso, recuperar todo ou parte do montante pagou o devido, desde que tal montante não exceda as despesas incorridas.[44]

Retornemos aos exemplos. Qual o efeito da frustração do fim sobre a cervejaria artesanal contratada para fornecer trezentos litros de *chopp* em festa cuja data restou agendada para o período da pandemia? O contrato se torna ineficaz, a partir do momento em que ocorreu a frustração do fim (a data a partir da qual a festa, por força de restrições públicas ou privadas à circulação de pessoas não pode mais ocorrer). É certo que se deve discutir se o fim era ou não comum às partes. Em geral, recorre-se ao próprio instrumento contratual, mas há casos em que, mesmo não constando do contrato, o fim comum pode ser extraído das circunstâncias da contratação. Foi o que ocorreu nos *coronation cases*, em que o próprio valor da locação do imóvel por um dia denota adesão das partes a um fim comum vinculado ao cortejo real.

No exemplo da cervejaria, também parece possível assumir que, mesmo que não tenha constado expressamente do contrato o escopo de fornecimento para uma festa, a quantidade de litros de bebida perecível contratada faz com que ambas as partes tivessem tomado como premissa a realização de um evento com numerosos convidados, evento que a pandemia tornou necessariamente irrealizável na data pactuada. Sendo assim, o contrato perde eficácia e nada é mais devido, de parte a parte; se algo tiver sido recebido anteriormente deve ser restituído. Em se tratando de frustração do fim do contrato (e não de impossibilidade da prestação, como já visto), se algum dos contratantes tiver incorrido em custos para o atingimento do fim contratual, há, para muitos autores, a possibilidade de se pleitear uma distribuição equitativa destes custos.

---

44 Maria Proença Marinho, *Frustração do Fim do Contrato* (no prelo).

O exemplo da locação de imóvel comercial é, todavia, um exemplo ao mesmo tempo mais simples e mais desafiante. É mais simples porque a finalidade da exploração do imóvel integra, em alguma medida, a própria estrutura do contrato – quem loca um imóvel o loca *para certo fim* porque a própria tipologia do contrato em nosso direito positivo estimula esse olhar finalístico ao diferenciar as locações residenciais das locações não residenciais –, facilitando a superação das dificuldades de caráter teleológico. É, todavia, um exemplo mais desafiante porque se trata de um contrato de execução sucessiva, que, no dizer da doutrina, *se renova mês a mês*. Assim, a frustração do fim do contrato – ao contrário do que ocorre no exemplo anterior da cervejaria – não terá sido total ou integral, mas durará apenas certo lapso de tempo cujo encerramento se pode, desde já, antever. *Quid juris*? Há uma frustração temporária do fim do contrato? Se há, quais os seus efeitos?

Se muito pouco foi escrito na doutrina brasileira sobre a frustração do fim do contrato, menos ainda foi dito sobre a frustração *parcial* do fim do contrato. A própria formulação da doutrina da frustração talvez sugira a impossibilidade de seu reconhecimento: sendo o fim contratual um objetivo a ser perseguido de modo permanente, ou o fim se frustra ou ainda é alcançável. Todavia, o exemplo dos contratos de execução continuada ou sucessiva (como a locação de imóvel para fins não residenciais) recomenda, mais uma vez, um olhar mais sensível à realidade prática. A situação, aliás, é corriqueira, independentemente da pandemia. O locatário da loja de rua, para retomar o exemplo dado anteriormente, fica ocasionalmente impossibilitado de exercer o comércio – por alguns dias, se chove torrencialmente na cidade; por alguns meses, se eclode uma pandemia que conduz o Poder Público a fechar o comércio; ou até por alguns anos, se, por hipótese, uma reforma urbana impede ou restringe substancialmente o acesso de pedestres a certa rua, como aconteceu no Rio de Janeiro por conta das obras relacionadas aos Jogos Olímpicos de 2016.

Em tais situações, é evidente que se a duração da restrição for excessivamente prolongada, pode ser que, a depender do prazo de vigência do contrato, o fim contratual reste inteira ou substancialmente frustrado. Pode ocorrer, todavia, o contrário: o número de dias ou meses pelos quais perdura a restrição ao comércio pode, à luz de todo o prazo de vigência do contrato, exprimir uma frustração meramente temporária ou parcial do fim contratual. O que fazer em tais casos? Parte da doutrina recomenda que se aplique, nesta hipótese, remédio análogo àquele reservado ao desequilíbrio contratual superveniente, em especial o direito à revisão do contrato. A analogia é mais que razoável, retomando a linha que sempre foi seguida nesta matéria nos países de tradição romano-germânica. Se, no passado, a abertura à revisão contratual era vista com desconfiança, hoje a experiência jurisprudencial revela que nossas Cortes agem, em geral, com parcimônia, limitando-se às alterações imprescindíveis ao reequilíbrio econômico do contrato.[45]

Mais uma vez, o espaço para a autocomposição entre as partes é amplo. A incidência de um dever de renegociar, tal qual defendido nesta obra, parece capaz de evitar conflitos inteiramente desnecessários e incentivar a obtenção de soluções equilibradas capazes de contornar a "inalcançabilidade" (*irraggiungibilità*) temporária do fim contratual.

5. Dificuldade econômica do contratante por fatores estranhos ao contrato

Além dos impactos que a pandemia pode gerar sobre os contratos, que se exprimem nas diferentes hipóteses examinadas acima (impossibilidade definitiva da prestação, impossibilidade temporária da prestação, frustração do fim do contrato, frustração temporária do fim do contrato, excessiva onerosidade e dupla excessiva onerosidade), uma situação que se verificou, com frequência, no decorrer da pandemia foi a dificuldade econômica do contratante por fatores estranhos ao contrato. É o que ocorre, por exemplo, no caso do dentista, que, com o consultório fechado em virtude da pandemia, acaba sofrendo com o descolamento entre suas receitas e despesas, a ponto de enfrentar dificuldade para, digamos, pagar o aluguel de seu imóvel residencial. O contrato de locação residencial não sofre, em regra, impacto durante a pandemia: não há impossibilidade (sempre absoluta, como já visto) de qualquer das prestações; não há, salvo desvalorização do imóvel, desequilíbrio contratual superveniente; e não há tampouco frustração do fim contratual – bem ao contrário, o fim contratual (moradia) passa a ser ainda mais fruído pelo locatário.[46]

---

45 Ver, nesta mesma obra, Capítulo III, item 10.1. Arbitrariedade Judicial, em que se conclui: "*De modo geral, pode-se afirmar que nossos tribunais continuam ainda extremamente apegados ao* pacta sunt servanda *e à reconstrução da vontade originária dos contratantes no novo cenário fático, de tal modo que tendem a rejeitar a revisão contratual. Quando há a revisão, os tribunais parecem cautelosos na sua aplicação, limitando-se a reajustes e readequações mínimas. Sempre será possível encontrar, sobretudo em primeira instância, onde é mais volumoso o número de decisões, um ou outro caso de excesso do magistrado, mas tal situação não é privativa do tema do desequilíbrio contratual superveniente, em que as aberrações não são, definitivamente, a regra*".

46 O que se verificou, em alguns casos, foi o fechamento de áreas de lazer de certos edifícios residenciais, mas, no comum dos casos, essa restrição não chega a se qualificar como um impacto juridicamente relevante no contrato, admitindo-se, todavia, exceções. Sobre o tema, ver Anderson Schreiber, *Contratos de Locação na Pandemia. Nem impossibilidade da prestação, nem excessiva onerosidade, mas sim frustração temporária do fim do contrato: análise dos seus efeitos nas diferentes espécies de relações locatícias* (no prelo).

O contrato não sofreu qualquer impacto juridicamente relevante. O impacto se dá sobre a economia geral do contratante, por fatores alheios àquela relação contratual. A dificuldade subjetiva do contratante para cumprir o contrato não se qualifica como excessiva onerosidade (vinculada que é, por definição, ao sacrifício econômico derivado do contrato em si e apenas do contrato). Não fosse assim, a estabilidade das relações contratuais estaria sob risco permanente e as exigências que cada contratante faria para ingressar em uma relação contratual seriam elevadas (garantias reais etc.), comprometendo o tráfego negocial. Mitigar a eficácia vinculante em caso de mera dificuldade subjetiva do contratante significaria, em outras palavras, restringir o acesso a diferentes bens jurídicos a contratantes relativamente imunes a dificuldades. Não seria de se estranhar, por exemplo, que locadores residenciais passassem a alugar imóveis apenas a servidores públicos estáveis, com remuneração irredutível, e não já a profissionais autônomos cuja receita pode sofrer decréscimo por um motivo ou outro, se tal decréscimo pudesse gerar o dever de reduzir o valor do aluguel.

A dificuldade subjetiva do contratante, portanto, não produz qualquer efeito sobre o efeito vinculante dos contratos. Em razão disso, não há aí, a rigor, dever de renegociar. A renegociação é sempre uma faculdade dos contratantes, mas não se pode impor um dever de renegociar – nem mesmo um dever instrumental, como aqui defendido, de ingressar em renegociação – se a causa por trás da intenção de repactuação de um dos contratantes não é uma causa contratual, mas uma causa subjetiva atrelada à queda de suas receitas, à sua demissão do emprego, ao seu divórcio, à majoração da pensão alimentícia de que é devedor, e assim por diante.

A imposição de uma redução dos débitos do contratante em tais situações somente poderia advir de uma intervenção legislativa. O Projeto de Lei n. 1.179, que resultou na edição da Lei n. 14.010/2020 (que dispõe sobre o RJET – Regime Jurídico Emergencial e Transitório das relações jurídicas de Direito Privado)em sua redação original, chegou a contar com dispositivo que concedia um "desconto" a todos os locatários residenciais, diferindo para o futuro parte do valor do aluguel, nos seguintes termos:

> Art. 10. Os locatários residenciais que sofrerem alteração econômico-financeira, decorrente de demissão, redução de carga horária ou diminuição de remuneração, poderão suspender, total ou parcialmente, o pagamento dos alugueres vencíveis a partir de 20 de março de 2020 até 30 de outubro de 2020.
> § 1º Na hipótese de exercício da suspensão do pagamento de que trata o *caput*, os alugueres vencidos deverão ser pagos parceladamente, a partir de 30 de outubro de 2020, na data do vencimento, somando-se à prestação dos alugueres vincendos o percentual mensal de 20% dos alugueres vencidos.

> § 2º Os locatários deverão comunicar aos locadores o exercício da suspensão previsto no *caput*.
> § 3º A comunicação prevista no § 2º poderá ser realizada por qualquer ato que possa ser objeto de prova lícita.

O referido dispositivo foi excluído do projeto de lei já na primeira rodada de discussões no Senado Federal. Argumentou-se que há locadores que vivem da receita de aluguéis e, sendo tão inocentes quanto os locatários em relação ao trágico acontecimento em discussão (pandemia de Covid-19), tais locadores não deveriam sofrer o custo de uma intervenção legislativa, já que se mantinham no cumprimento estrito de seus contratos. Uma mitigação da dívida dependeria, naturalmente, de lei cogente. Ausente tal norma, a dificuldade subjetiva do contratante não produz, à luz do sistema jurídico brasileiro, nenhum efeito no contrato.

Nada disso impede o intérprete de reconhecer uma lacuna que existe no Direito brasileiro em relação ao tema da dificuldade subjetiva do contratante. Enquanto, no campo do Direito Empresarial, foram desenvolvidos, nos últimos vinte anos, importantes instrumentos de auxílio à sociedade empresária que se encontre em dificuldades subjetivas de ordem econômica anteriores ao estado drástico da falência – em especial, a recuperação judicial e extrajudicial de empresas, disciplinada na Lei n. 11.101/2005 –, a pessoa humana continua a contar tão somente com o remédio da insolvência. Em outras palavras, auxilia-se as sociedades empresárias com instrumentos que mitigam sua responsabilidade por dívidas, com o escopo de salvá-las da falência, quase sempre sob o discurso de que empregam pessoas que restariam desamparadas, mas quando se trata do próprio empregado, em sua economia individual, a ordem jurídica não oferece instrumentos semelhantes.

Conforme destaquei no passado:

> O Código Civil de 2002, perdendo mais uma dentre tantas oportunidades históricas que perdeu, deixou de reformular o instituto da insolvência, mantendo essencialmente a abordagem da codificação anterior, que trata de modo excludente e rigoroso o devedor insolvente, antecipando o vencimento das suas dívidas (arts. 333, I, e 1.425, II) e anulando os seus negócios (arts. 158-160), sem complacência com dificuldades momentâneas (art. 955) e sem qualquer preocupação com a sua reinserção na vida econômica. Hoje, a rígida disciplina da insolvência, tal qual prevista no Código Civil e no Código de Processo Civil, encontra-se em absoluto descompasso com o tratamento dispensado por nosso ordenamento aos empresários e às sociedades empresárias, amparadas pelo regime bem mais flexível e protetivo da Lei n. 11.101/2005, que trata da recuperação judicial, da recuperação extrajudicial e da falência. Em outras palavras: embora a Constituição tutele, com primazia, a dignidade da pessoa hu-

> mana, a legislação infraconstitucional concede às sociedades empresárias inúmeras oportunidades de "recuperação", flexibilizando prazos de pagamento e atenuando os efeitos da mora, enquanto o devedor comum, a pessoa física, não empresária, continua a ser tratada com rigor medieval. A disparidade de tratamento gera, aí, uma inconstitucionalidade flagrante, que se reedita nas decisões judiciais, as quais, não raro, temperam as consequências do inadimplemento das sociedades empresárias, ao argumento de que o seu falimento prejudicaria, em última análise, os seus empregados, mas eles próprios, empregados, permanecem por lei sujeitos à ameaça da insolvência, sem quaisquer atenuações.[47]

Há, portanto, uma lacuna da ordem jurídica brasileira no tratamento da dificuldade subjetiva de ordem econômica da pessoa natural. O caminho para solucionar este problema não é, todavia, impor descontos ou mitigações em um contrato específico, mas desenvolver instrumentos – e, enquanto não forem desenvolvidos tais instrumentos, aplicar analogicamente, no que for possível, os instrumentos da recuperação judicial e extrajudicial de empresas – que permitam tratar do tema em perspectiva geral e uniforme, afetando todos os credores de modo isonômico e previsível (tal qual ocorre naqueles instrumentos) e assegurando meios que permitam ao devedor a sua recuperação econômica e seu retorno ao mercado, tal qual ocorre em alguns modelos estrangeiros (*fresh start* etc.).[48]

6. Ausência de impacto contratual e oportunismo abusivo: violação à boa-fé objetiva

Na crise, há sempre aqueles que enxergam oportunidades. Há, todavia, o oportunismo abusivo. Logo ao início da pandemia, já me parecia importante alertar sobre a necessidade de se evitar os abusos consubstanciados na alegação genérica da tragédia com vistas ao descumprimento de

47 Anderson Schreiber, Atualização do Código de Defesa do Consumidor: Lições para o Direito Civil, in *Direito Civil e Constituição*, São Paulo: Atlas, 2013, p. 481. As propostas legislativas sobre o superendividamento, como o PL n. 3.515/2015 (fruto do PLS n. 283/2012), apesar de significarem um avanço na abordagem do problema, ainda parecem insuficientes, especialmente por se limitar a dívidas oriundas das relações de consumo, sendo certo que o passivo do devedor insolvente não se restringe necesssariamente a dívidas com fornecedores, mas abrange dívidas de outra natureza, como os débitos de aluguel. Diretrizes para um tratamento mais abrangente da matéria podem ser encontradas na admirável obra de Daniel Bucar, *Superendividamento:* reabilitação patrimonial da pessoa humana, São Paulo: Saraiva, 2017, p. 167 e ss.

48 Ainda uma vez, Daniel Bucar, *Superendividamento:* reabilitação patrimonial da pessoa humana, São Paulo: Saraiva, 2017, p. 127-166.

contratos.[49] A importância do alerta não se reduz com o passar do tempo. A invocação abusiva da pandemia ocorre em todos aqueles contratos em que não se verifica impacto econômico concreto, nem sobre o contrato, nem sobre o contratante, mas simples tentativa abstrata de rever o acordado.

Do mesmo modo que a boa-fé objetiva impõe uma conduta proativa dos contratantes, com vistas à renegociação de contratos afetados pela pandemia nas hipóteses de desequilíbrio contratual superveniente, impossibilidade temporária da prestação e frustração do fim contratual, também impõe que o contratante que não sofre impacto concreto em seu contrato abstenha-se de invocar, artificialmente, a pandemia para fins de obtenção de vantagens injustificadas. Vale dizer: a invocação vazia da pandemia, tumultuando o programa contratual, também exprime violação à boa-fé objetiva, a deflagrar as consequências previstas em nossa legislação: a tutela inibitória e reparatória (Código Civil, art. 187).[50]

7. Dever de renegociar na pandemia

Em se estando diante de contratos que sofrem impacto econômico concreto (em especial, desequilíbrio contratual superveniente, impossibilidade temporária da prestação e frustração do fim do contrato) em virtude da pandemia, incide, como já destacado, o dever de renegociar. Outrora visto com muita suspeita, o dever de renegociar parece ter se tornado, rapidamente, uma quase unanimidade entre os juristas que se dedicaram a analisar as consequências da pandemia no Direito das Obrigações.[51] É preciso, contudo, compreender com precisão o que significa o dever de renegociar.

---

49 "A queda acentuada das bolsas de valores, associada à baixa dos preços do petróleo, e outros tantos fatores negativos que se associaram naquilo que muitos já consideram uma 'tempestade perfeita', pode tornar desinteressante a preservação de muitos contratos já firmados. Nem por isso se terá aí fundamento jurídico para rompimento ou mesmo para revisão do contrato, se não houver impacto econômico direto sobre as prestações devidas. Não custa lembrar que, para a economia em geral e para a própria preservação das relações sociais, é imprescindível que a maior parte dos contratos já firmados seja mantida e que as prestações devidas sejam cumpridas. O adequado abastecimento dos centros urbanos, para ficar em apenas um exemplo, depende fundamentalmente disso. O velho *pacta sunt servanda* não merece ataques desnecessários nesse momento" (Anderson Schreiber, *Devagar com o andor:* coronavírus e contratos – Importância da boa-fé e do dever de renegociar antes de cogitar de qualquer medida terminativa ou revisional, disponivel em: <http://www.migalhas.com.br>).

50 "Art. 187. Também comete ato ilícito o titular de um direito que, ao exercê-lo, excede manifestamente os limites impostos pelo seu fim econômico ou social, pela boa-fé ou pelos bons costumes."

51 Mesmo a doutrina processualista tem atentado para as potencialidades do dever de renegociar no contexto da pandemia, como revela o instigante ensaio de Felipe Marçal

Como destacado nesta obra, o dever de renegociar não é o dever de *obter* a revisão extrajudicial do contrato, mas sim um dever de *tentar* obtê-la. Em outras palavras, o dever de renegociar consiste tão somente no dever de ingressar em renegociação que pode ou não se revelar bem-sucedida. O dever de renegociar aplica-se a ambos os contratantes, portanto. Desdobra-se em duas etapas: "(a) o dever de comunicar prontamente a contraparte acerca da existência do desequilíbrio contratual identificado; e (b) o dever de suscitar uma renegociação que possibilite o reequilíbrio do contrato ou de responder a proposta nesse sentido, analisando-a seriamente."[52]

Ao contrário de alguns bons exemplos colhidos na experiência do Direito Internacional e do Direito estrangeiro mais recente – ver, nesse sentido, o quanto já dito sobre o Código Civil da França,[53] da Romênia,[54] da República

sobre *O dever de renegociar e os negócios jurídicos processuais*: "em momentos de crise, em que ambas as partes da relação contratual sofrem com os impactos econômicos, talvez não seja tão vantajoso para alguma delas (ou para ambas) alterar o aspecto pecuniário de sua prestação, tampouco abrir mão de um direito material, na tentativa dessa readequação do equilíbrio contratual. (...) as convenções processuais promovem um rearranjo nas relações entre direito e processo, permitindo que, na negociação, as partes possam trocar vantagens no plano do direito material com modificações no procedimento. Ou seja, um direito *processual* passa a entrar na *equação econômica contratual*, tal como um direito material" (disponível em: <http://www.conjur.com.br>).

52 Capítulo IV, "4.2. Natureza e objeto do dever de renegociação".

53 "Se uma mudança das circunstâncias imprevisível ao tempo da conclusão do contrato torna a execução excessivamente onerosa para uma parte que não tenha aceitado assumir o respectivo risco, pode tal parte demandar uma renegociação do contrato à contraparte. Ela continua a executar suas obrigações durante a renegociação. Em caso de recusa ou fracasso da renegociação, as partes podem acordar pela resolução do contrato, na data e nas condições que determinem, ou demandar de comum acordo ao juiz que proceda à sua adaptação. Na falta de acordo dentro de um prazo razoável, o juiz pode, a pedido de uma parte, revisar o contrato ou extingui-lo na data e nas condições que determine" (tradução livre da redação conferida ao art. 1.195 do *Code* pela *Ordonnance* n. 2016-131, de 10-2-2016).

54 "*Art. 1.271. (1) Les parties sont tenues à exécuter leurs obligations, même si leur exécution est devenue plus onéreuse, soit à cause de la hausse des coûts de l'exécution de sa propre obligation, soit à cause de la diminution de la contre-prestation. (2) Quand même, si l'exécution du contrat est devenue excessivement onéreuse, à cause du changement exceptionnel des circonstances, qui rendrait visiblement injuste le fait d'obliger le débiteur à l'exécution de l'obligation, le tribunal peut disposer: (a) l'adaptation du contrat, pour distribuer d'une manière équitable entre les parties les pertes et les profits résultant du changement des circonstances; (b) la cessation du contrat, au moment et dans les conditions qu'il établit. (3) Les dispositions de l'alinéa 2 sont applicables seulement si: (a) le changement des circonstances est survenu après la conclusion du contrat; (b) le changement des circonstances, ainsi que sa durée, n'ont pas été et ne pouvaient*

Tcheca,[55] os Princípios do Unidroit[56] e o *Draft Common Frame of Reference*[57] –,

---

être prises en considération par le débiteur, raisonnablement, au moment de la conclusion du contrat; (c) le débiteur n'a pas assumé le risque et on n'aurait pas raisonnablement considéré qu'il l'aurait assumé ; (d) le débiteur a essayé, dans un délai raisonnable et de bonne confiance, la négociation de l'adaptation raisonnable et équitable du contrat."

55 "Section 1764 *If, after concluding a contract, circumstances change to the extent that the performance arising from the contract becomes more onerous for one of the parties, it does not affect the party's duty to discharge the debt. This does not apply in cases provided under Sections 1765 and 1766*. Section 1765 (1) *If there is such a substantial change in circumstances that it creates a gross disproportion in the rights and duties of the parties by disadvantaging one of them either by disproportionately increasing the cost of the performance or disproportionately reducing the value of the subject of performance, the affected party has the right to claim the renegotiation of the contract with the other party if it is proved that it could neither have expected nor affected the change, and that the change occurred only after the conclusion of the contract or the party became aware thereof only after the conclusion of the contract. Asserting this right does not entitle the affected party to suspend the performance*. (2) *The affected party shall not acquire the right under Subsection (1) if it assumed the risk of a change in circumstances*. Section 1766 (1) *Upon failure to reach agreement within a reasonable time limit, a court may, on the application of any of them, decide to change the contractual obligation by restoring the balance of rights and duties of the parties, or to extinguish itas of the date and under the conditions specified in the decision. The court is not bound by the applications of the parties*. (2) *A court shall dismiss an application to change an obligation if the affected party fails to assert the right to renew contract negotiations within a reasonable time after it must have ascertained the change in circumstances; this time limit is presumed to be two months*."

56 "Art. 6.2.3. (...) (1) Em caso de *hardship*, a parte em desvantagem tem direito de pleitear renegociações. O pleito deverá ser feito sem atrasos indevidos e deverá indicar os fundamentos nos quais se baseia." (Tradução de Lauro Gama Jr., disponível em: <http://www.unidroit.org>).

57 "III. – 1: 110: Modificação ou extinção judicial por alteração das circunstâncias (1) Uma obrigação deve ser cumprida mesmo que seu cumprimento tenha se tornado mais oneroso, quer por elevação do custo do cumprimento, quer por redução do valor daquilo que será recebido em contrapartida. (2) Se, no entanto, o cumprimento de uma obrigação contratual ou de uma obrigação derivada de um ato jurídico unilateral tornar-se excessivamente onerosa por conta de uma excepcional alteração das circunstâncias que seria manifestamente injusto manter o devedor vinculado à obrigação, a corte pode: (a) modificar a obrigação, a fim de torná-la razoável e equitativa nas novas circunstâncias; ou (b) extinguir a obrigação em uma data e em condições a serem determinadas pela corte. (3) O parágrafo (2) aplica-se somente se: (a) a alteração de circunstâncias ocorrer após o momento em que a obrigação foi assumida; (b) o devedor não tiver levado em conta naquele momento, e não poderia razoavelmente dele se esperar que tivesse levado em conta, a possibilidade ou a dimensão dessa alteração de circunstâncias; (c) o devedor não tiver assumido, e não se puder razoavelmente considerar que tivesse assumido, o risco dessa alteração de circunstâncias; e (d) o devedor tenha tentado, de forma razoável e de boa-fé, alcançar por meio de negociação um ajuste razoável e equitativo da disciplina da obrigação." (tradução livre).

o Código Civil brasileiro foi omisso quanto ao dever de renegociar. Mesmo ao disciplinar o desequilíbrio contratual superveniente, limitou-se a indicar suas consequências remediais (resolução contratual e revisão contratual), sem se ocupar do comportamento que deveria ser adotado pelos contratantes diante da constatação da excessiva onerosidade. Essa lacuna comportamental é preenchida justamente pelo dever de renegociar.

A meu ver, o fundamento normativo do dever de renegociar se situa na cláusula geral de boa-fé objetiva:

> Não se pode deixar de notar que tanto o dever de avisar prontamente a contraparte acerca do desequilíbrio contratual identificado, quanto o dever de ingressar em renegociação com vistas a obter o reequilíbrio do contrato constituem deveres de conduta que, conquanto instrumentalizados à recuperação do equilíbrio contratual, derivam, a rigor, da necessidade de que as partes cooperem entre si para a concretização do escopo contratual. Assim, é de se concluir que o reconhecimento do dever de renegociar, entre nós, encontra fundamento normativo na cláusula geral de boa-fé objetiva.[58]

Ao dever de renegociar corresponde, naturalmente, o direito de todo contratante a obter o ingresso de sua contraparte em uma renegociação a ser conduzida em um ambiente de transparência e lealdade recíprocas – em uma expressão por demais maltratada, *de boa-fé*. O descumprimento do dever de renegociar gera, na experiência comparada, diferentes consequências,[59] mas, entre nós, seu principal efeito é o efeito reparatório dos danos que podem decorrer da ausência dessa tentativa de renegociação.

O que a pandemia vem trazer de novo, além de evidenciar a utilidade do dever de renegociar como meio de evitar uma verdadeira enchente de casos judiciais, é a necessidade de se cotejar o cumprimento do dever de renegociar em diferentes relações de um mesmo contratante. A extraordinária amplitude do fenômeno pandêmico acabou, por vezes, deflagrando o dever de renegociar em múltiplas relações do mesmo contratante, impondo-se aí o controle acerca da coerência e uniformidade de sua atuação.

Por exemplo, a escola particular que concede determinado desconto aos pais de certo aluno em virtude da impossibilidade temporária da prestação do serviço educacional, não pode conceder desconto inferior aos pais de outro aluno, da mesma classe, sob contrato idêntico, sem nenhuma justificativa para

---

58 Capítulo IV, "4.1. Fundamento normativo: boa-fé objetiva".

59 Conforme detalhado no Capítulo IV desta obra, no tópico "4.4. Consequências da violação ao dever de renegociação".

a diferenciação. O mesmo problema se verifica nas múltiplas locações que um mesmo locador pode manter em relação a unidades idênticas ou semelhantes de um mesmo prédio comercial.

A questão da uniformidade e coerência no cumprimento do dever de renegociar é aspecto relevante suscitado pela pandemia e que não parece ter sido antecipado, de nenhum modo, pela doutrina nacional ou estrangeira. Ainda que o dever de renegociar se cumpra por meio do mero ingresso em renegociações, a atuação do contratante de modo incoerente, com diferenciações significativas que não encontram qualquer critério objetivo, pode exprimir, em última análise, uma violação à boa-fé objetiva, na conhecida modalidade do *tu quoque*.

A expressão *tu quoque* tem origem na indagação que se atribui a Júlio César, em 44 a.C., ao reconhecer entre aqueles que haviam conspirado para o seu assassinato, Marco Júnio Bruto, a quem considerava como um filho: "*Tu quoque, Brutus, tu quoque, fili mili?*" Literalmente, *tu quoque* significa "até tu" ou "também tu" e é expressão universalmente consagrada como forma de designar espanto, surpresa, decepção com a atuação inconsistente de certa pessoa. Juridicamente, o *tu quoque* vem referido como o emprego, desleal, de critérios valorativos diversos para situações substancialmente idênticas. Tal como ocorre no *venire contra factum proprium*, há no núcleo do *tu quoque* uma ideia de contradição, uma incoerência, aí todavia mais específica, porque relacionada à utilização de critérios valorativos diferentes para situações objetivamente muito similares ou idênticas, sendo possível, portanto, classificar o *tu quoque* como uma subespécie de *venire*.[60] Também aqui a questão se resolve na imposição de um comportamento coerente por meio da inibição da inconsistência ou, em última análise, na reparação dos danos sofridos pelo contratante que sofre o tratamento desigual sem legítima justificativa.

8. Aplicabilidade do dever de renegociar a acordos de natureza existencial (acordo sobre guarda de filhos, guarda de animais etc.)

O dever de renegociar surge, como já dito, no âmbito dos estudos acerca do desequilíbrio contratual. Afigura-se inquestionável, contudo, sua aplicação a algumas outras patologias contratuais. É o caso, como também já visto, da impossibilidade temporária da prestação (na impossibilidade definitiva, não há espaço para a renegociação, uma vez que a extinção do vínculo obrigacional ocorre *ipso jure*, de modo automático, podendo haver, isto sim, uma nova

60 Anderson Schreiber, A *Proibição de Comportamento Contraditório – Tutela da confiança e* venire contra factum proprium, 4. ed, São Paulo: Atlas, 2016, p. 120-122.

relação obrigacional, não já o salvamento da relação obrigacional original). É também o caso da frustração do fim do contrato. Em hipóteses assim, em que o legislador não determina uma extinção automática do vínculo, a utilidade do dever de renegociar afigura-se imensa, pois há diversos aspectos da relação que precisarão ser remodelados à nova realidade.

Tem-se discutido, na doutrina mais recente, se o dever de renegociar pode se aplicar a relações obrigacionais sem conteúdo econômico. A própria possibilidade de constituição de relações obrigacionais desprovidas de patrimonialidade é, como se sabe, discutível em nossa experiência jurídica.[61] A tendência mais recente tem sido, contudo, admitir a possibilidade de constituição de vínculo obrigacional com base em interesses puramente existenciais, ainda que parte da doutrina sustente a necessidade de preservar certas faculdades distintas da noção tradicional de obrigação.[62] O fato é que, na prática, multiplicam-se, entre nós, acordos versando sobre interesses puramente existenciais, sem conteúdo econômico, como ocorre, por exemplo, no acordo acerca do exercício da guarda dos filhos. E é igualmente inegável que a pandemia provocou efeitos severos nessa espécie de pacto, na medida em que, ao restringir a circulação, dificultou o cumprimento desses acordos, especialmente daqueles em que os dias de guarda se alternavam. Há, ainda, a situação dramática em que um dos pais é médico, enfermeiro, profissional de saúde ou, ainda, integra um grupo de risco da Covid-19.

Neste cenário, muitos têm se perguntado se é possível impor a outro genitor o dever de renegociar o acordo de guarda, em prol, por exemplo, de períodos mais longos com cada um dos genitores – em uma aproximação quiçá com os regimes usualmente previstos para períodos de férias, considerando que a pandemia impôs, igualmente, a suspensão das aulas presenciais em escolas.[63] Como

61 A patrimonialidade é apontada como requisito essencial da prestação obrigacional pela maioria dos autores brasileiros. Merece registro, no entanto, a voz dissonante de Pontes de Miranda, *Tratado de Direito Privado*, t. XXII, São Paulo: Revista dos Tribunais, 2012, p. 41, provavelmente por pretender afirmar a exigibilidade jurídica de interesses não patrimoniais: "Se a prestação é lícita, não se pode dizer que não há obrigação (= não se irradiou) se a prestação não é suscetível de valoração. Assim, o objeto da prestação pode ser patrimonial, ou não. Qualquer interesse pode ser protegido, desde que lícito, e todo interesse protegível pode ser objeto de prestação, como a obrigação de enterrar o morto segundo o que ele, em vida, estabelecera, ou estipularam os descendentes ou amigos ou pessoas caridosas".

62 Confira-se, sobre o tema, a obra de Rose Melo Vencelau Meireles, *Autonomia Privada e Dignidade Humana*, Rio de Janeiro: Renovar, 2009.

63 Tal provocação me foi dirigida pelo exímio familista Ricardo Calderón em *live* que realizamos em 8 de maio de 2020, *Relações Familiares na Pandemia*, atualmente disponível para acesso no canal do YouTube da ADBConst.

já dito, o dever de renegociar tem origem em outro cenário – atrelado ao desequilíbrio econômico do contrato –, mas sua extensão aos acordos de natureza existencial afigura-se inteiramente possível e, mais que isso, encontra fundamento normativo válido e legítimo em nossa ordem jurídica.

Com efeito, a imposição de um dever de ingressar em renegociação para fins de readequação do contrato a novas circunstâncias repousa, conforme já destacado, sobre a cláusula geral de boa-fé objetiva (art. 422) que se aplica a toda e qualquer espécie de acordo de vontades destinado a criar, modificar ou extinguir obrigações. Mais: a boa-fé objetiva tem sido aplicada, por nossas Cortes judiciais, mesmo em relações extracontratuais (relações de Direito Administrativo ou de Direito Processual, por exemplo),[64] constituindo-se em autêntico parâmetro de comportamento leal e confiável nas relações sociais. Pode-se, assim, vislumbrar um dever geral de não impor ao outro sacrifício desproporcional consubstanciado na propositura de ação judicial com o escopo de veicular pretensão que poderia ter sido apresentada extrajudicialmente, com vantagens para ambas as partes.

A tentativa de obtenção de solução extrajudicial surge, nesse sentido, como uma etapa a ser cumprida obrigatoriamente pelo contratante, em atenção à lealdade e confiança recíprocas que devem reger as relações contratuais de

---

64 Veja-se, a título meramente ilustrativo, as seguintes decisões do Superior Tribunal de Justiça: "Invalidar todo e qualquer contrato cuja despesa foi arcada pela taxa prejudicaria os credores do Ente Municipal, por um ato ilícito do próprio Município – que elegeu uma forma de tributação inconstitucional como fonte de custeio de suas despesas –, sobre o qual os particulares não possuem qualquer ingerência. Tal entendimento terminaria por beneficiar, apenas, o causador da ilegalidade, em total detrimento dos princípios da boa-fé objetiva e da moralidade administrativa. A confiança investida pelo particular na Administração Pública restaria, dessa forma, sobejamente desconsiderada. Uma vez que a Sociedade Empresária saiu vencedora de procedimento licitatório regular, seguido da assinatura do contrato e de sua execução por vários anos, é de se reconhecer, pelo menos, a necessidade de tutelar a confiança depositada pela concessionária na regularidade dos atos administrativos" (STJ, 1ª T., AREsp 1.165.762/RS, Rel. Min. Napoleão Nunes Maia Filho, j. 28-3-2019); "O princípio da boa-fé objetiva proíbe que a parte assuma comportamentos contraditórios no desenvolvimento da relação processual, o que resulta na vedação do *venire contra factum proprium*, aplicável também ao direito processual" (STJ, 2ª T., AgRg no REsp 1.280.482/SC, Rel. Min. Herman Benjamin, j. 7-2-2012). Especificamente no campo do Direito Processual, vale recordar que o atual Código de Processo Civil, que vigora desde 2016, inovou ao incorporar expressamente uma cláusula geral de boa-fé objetiva: "Art. 5º Aquele que de qualquer forma participa do processo deve comportar-se de acordo com a boa-fé." Tratei do tema em Anderson Schreiber, Boa-fé Objetiva no novo Código de Processo Civil, in Aluisio Gonçalves de Castro Mendes et al., *Novo Processo Civil Brasileiro: Temas Relevantes – Estudos em Homenagem ao Professor, Jurista e Ministro Luiz Fux*, Rio de Janeiro: GZ, 2018, v. 1, p. 73-84.

caráter patrimonial ou não. Trata-se de relevante concretização da boa-fé objetiva, que exprime, em última análise, a aplicação do princípio constitucional da solidariedade social, que impõe a todos nós que nos comportemos de forma a levar em consideração não apenas nossos objetivos individuais, mas também o melhor para aqueles que conosco interagem na vida social (Constituição, art. 3º, I). Exprime também uma concretização do princípio da proporcionalidade, na medida em que se trata, em última análise, de não surpreender o outro com a eleição de vias desproporcionais ou extremas – como é a via judicial – sempre que outra via menos sacrificante para todos for possível e capaz de atender, de melhor forma, aos interesses em jogo (não surpresa).

Voltando ao exemplo dos acordos de guarda de filhos afetados pela pandemia, o dever de renegociar se impõe em duas vertentes: (a) de um lado, impõe que um dos genitores não surpreenda o outro com uma ação judicial de revisão dos termos da guarda sem procurar, antes, obter extrajudicialmente a adaptação necessária a assegurar a melhor convivência com os filhos; (b) de outro lado, impõe que ambos os genitores analisem, de boa-fé, eventual proposta de readequação do pactuado à nova realidade criada pela pandemia, em que a suspensão das aulas escolares e as restrições à circulação podem recomendar, conforme o caso, a estipulação de períodos de convivência mais concentrados, com redução de risco à saúde dos próprios genitores e dos menores. Aqui, não se pode ceder à tentação de soluções abstratas, nem de medidas extremas considerando simplesmente a profissão ou outras características de pais e mães. A readequação do pactuado pelas próprias partes, em atenção à realização do interesse do menor à luz das circunstâncias específicas de cada caso, é sempre uma solução mais recomendável que medidas adotadas judicialmente, vez por outra em sede liminar, sem a imprescindível oitiva dos envolvidos e compreensão das peculiaridades de cada forma de convivência – tudo a realçar ainda mais a importância do dever de renegociar.

O mesmo vale, de resto, para outros acordos que envolvam interesses existenciais, como os acordos de guarda de animais e outros tantos pactos que podem ter sido afetados pelas medidas restritivas impostas pela pandemia. A busca de uma solução extrajudicial deve ser uma etapa a ser percorrida antes do ingresso em juízo.

9. Dever de renegociar e acesso à Justiça

Partindo do reconhecimento de que a solução extrajudicial deve ser tentada, em obediência à cláusula geral de boa-fé objetiva (Código Civil, art. 422) e ao princípio constitucional da solidariedade social (Constituição, art. 3º, I), diversas propostas legislativas surgiram, no decorrer da pandemia, com o escopo de instituir uma etapa prévia necessária à propositura de ações de resolução ou revisão dos contratos. Merece destaque, nessa direção, a proposta de alteração do Projeto de Lei n. 1.179, redigida por Marco Aurélio Bezerra de Mello, em que se lia:

> Art. Para os fins deste capítulo, o ajuizamento de demandas dependerá da demonstração de prévia tentativa de renegociação do contrato.
> § 1º. Considera-se tentativa de renegociação o encaminhamento prévio de proposta idônea ao contratante com vistas ao estabelecimento do reequilíbrio contratual, o que poderá ser demonstrado, dentre outros meios, por correspondência física ou eletrônica.
> § 2º. O ajuizamento de demanda sem a observância do *caput* acarretará na suspensão do processo pelo prazo de 60 (sessenta) dias, findos os quais, inobservada a tentativa de autocomposição, o processo será extinto sem resolução do mérito.[65]

A proposta acabou rejeitada na Câmara dos Deputados, ao argumento de que exigir prova de tentativa de renegociação extrajudicial afrontaria a garantia constitucional de acesso à Justiça, contida no inciso XXXV do art. 5º da Constituição da República. Nada mais equivocado sob o ponto de vista técnico-jurídico. Em primeiro lugar, não faltam exemplos na nossa legislação de ações e recursos cuja apreciação resta condicionada a atitudes prévias do autor. Tome-se como exemplo os embargos à execução fiscal, expressamente condicionados por lei à garantia da execução.[66] Outro exemplo se tem na propositura de ação judicial por litigante brasileiro ou estrangeiro residente no exterior, que requer prestação de caução caso o autor não tenha imóveis no Brasil.[67] Veja-se, ainda a título ilustrativo, o Mandado de Segurança, remédio cujo manejo é condicionado à demonstração de direito líquido e certo.[68] Recorde-se,

---

65 Os fundamentos teóricos da proposta são apresentados em Marco Aurélio Bezerra de Melo, "*Por uma lei excepcional: Dever de renegociar como condição de procedibilidade da ação de revisão e resolução contratual em tempos de covid-19*", disponível em: <http://www.migalhas.com.br>.

66 Lei de Execução Fiscal: "Art. 16 (...) § 1º – Não são admissíveis embargos do executado antes de garantida a execução".

67 Código de Processo Civil: "Art. 83. O autor, brasileiro ou estrangeiro, que residir fora do Brasil ou deixar de residir no país ao longo da tramitação de processo prestará caução suficiente ao pagamento das custas e dos honorários de advogado da parte contrária nas ações que propuser, se não tiver no Brasil bens imóveis que lhes assegurem o pagamento".

68 Lei do Mandado de Segurança: "Art. 1º Conceder-se-á mandado de segurança para proteger direito líquido e certo, não amparado por *habeas corpus* ou *habeas data*, sempre que, ilegalmente ou com abuso de poder, qualquer pessoa física ou jurídica sofrer violação ou houver justo receio de sofrê-la por parte de autoridade, seja de que categoria for e sejam quais forem as funções que exerça".

por fim, da ação de improbidade administrativa, que deve ser instruída "com documentos ou justificação que contenham indícios suficientes da existência do ato de improbidade".[69]

Não bastasse isso, parece certo que exigir prova da tentativa prévia de renegociação extrajudicial exprime, nada mais, nada menos, que a demonstração do interesse de agir, condição da ação cuja presença a própria lei requer como elemento necessário ao prosseguimento do processo.[70] Com efeito, sem a prova de tentativa prévia de renegociação talvez não haja nem sequer pretensão resistida, noção que integra o próprio direito constitucional de ação. Admitir que alguém possa ingressar em juízo por mero diletantismo ou capricho não é proteger o direito de ação, mas sim acolher o abuso do direito de ação, pois, como todo direito, também este deve ser exercido sem que se exceda manifestamente os "limites impostos pelo seu fim econômico ou social, pela boa-fé ou pelos bons costumes" (Código Civil, art. 187).

Especialmente em tempos de pandemia, o exercício responsável do direito de ação é um dever de todos. Compete a todos nós nos abstermos de submeter ao Poder Judiciário pretensões que poderiam ter sido atendidas extrajudicialmente. A prova da tentativa de renegociação é, portanto, uma exigência inteiramente adequada em um cenário de abarrotamento das Cortes judiciais brasileiras, que sofrem sabidamente com o número excessivo de processos.

Por fim, é de se notar que a proposta legislativa que acabou rejeitada na Câmara dos Deputados não impunha, ao menos como solução inicial, a extinção da ação judicial em caso de falta de prova da tentativa prévia de renegociação

---

69 Lei de Improbidade Administrativa: "Art. 17 (...) § 6º A ação será instruída com documentos ou justificação que contenham indícios suficientes da existência do ato de improbidade ou com razões fundamentadas da impossibilidade de apresentação de qualquer dessas provas, observada a legislação vigente, inclusive as disposições inscritas nos arts. 16 a 18 do Código de Processo Civil".

70 Código de Proceso Civil: "Art. 17. Para postular em juízo é necessário ter interesse e legitimidade. (...) Art. 485. O juiz não resolverá o mérito quando: (...) VI – verificar ausência de legitimidade ou de interesse processual". Vale recordar decisão proferida pelo Supremo Tribunal Federal, ao assentar a necessidade, em regra, de prévio requerimento administrativo para o ajuizamento de demandas previdenciárias: "A instituição de condições para o regular exercício do direito de ação é compatível com o art. 5º, XXXV, da Constituição. Para se caracterizar a presença de interesse em agir, é preciso haver necessidade de ir a juízo. A concessão de benefícios previdenciários depende de requerimento do interessado, não se caracterizando ameaça ou lesão a direito antes de sua apreciação e indeferimento pelo INSS, ou se excedido o prazo legal para sua análise" (STF, Tribunal Pleno, RE 631.240, Rel. Min. Luís Roberto Barroso, j. 3-9-2014).

extrajudicial, mas aludia à "*suspensão do processo pelo prazo de 60 (sessenta) dias*", findos os quais, sem que se promovesse a tentativa de renegociação, operar-se-ia a extinção do processo. A suspensão é solução que preserva a iniciativa do autor, embora condicione o prosseguimento da demanda à demonstração de que há efetivamente uma pretensão resistida, a exigir a atuação do serviço público consubstanciado no exercício da jurisdição estatal, com custo para toda a sociedade. Abre-se, com a suspensão, uma oportunidade para as partes de reavaliar suas posições e chegar a consenso. Sendo a tentativa infrutífera, resta preenchido o requisito e se prossegue com o itinerário processual. Nada mais saudável e consentâneo com o disposto no próprio Código de Processo Civil, que estimula a todo o tempo a solução consensual dos conflitos.[71]

Não há, portanto, que se falar em violação ao acesso à Justiça em propostas legislativas que exijam a apresentação de prova da mera tentativa de renegociação como condição para não suspender o processo até que tal prova seja apresentada. A prova em si pode consistir simplesmente em uma proposta ou mensagem eletrônica que contenha os elementos necessários à avaliação da pretensão de renegociação. Sem isso, o autor não terá nem sequer uma pretensão resistida e, a rigor, não poderia ingressar em juízo, sob pena de recurso abusivo ao serviço público já demasiadamente onerado da prestação jurisdicional.

É de se notar que tal proposta contorna também um obstáculo criado pela parte final do art. 478 do Código Civil, segundo o qual os efeitos da sentença proferida na ação judicial proposta com fundamento na excessiva onerosidade "retroagirão à data da citação". Tal previsão desestimula a renegociação extrajudicial, forçando o advogado a propor a ação judicial para assegurar ao seu cliente a mais ampla retroatividade da solução a ser dada pelo Poder Judiciário. Em caso de renegociação extrajudicial, tem-se observado que o art. 478 deveria ser interpretado de forma ampliativa, para que eventual sentença retroagisse não à data da citação inicial, mas à data em que o réu foi comunicado, fundamentadamente, do desequilíbrio contratual superveniente e chamado a corrigi-lo.[72] Outra interpretação possível seria reconhecer que, diante da limitação legal da retroatividade da sentença resolutória (ou revisional) à data da

---

71 "Art. 3º (...) § 2º O Estado promoverá, sempre que possível, a solução consensual dos conflitos. § 3º A conciliação, a mediação e outros métodos de solução consensual de conflitos deverão ser estimulados por juízes, advogados, defensores públicos e membros do Ministério Público, inclusive no curso do processo judicial. (...) Art. 359. Instalada a audiência, o juiz tentará conciliar as partes, independentemente do emprego anterior de outros métodos de solução consensual de conflitos, como a mediação e a arbitragem."

72 Conforme sugerido por Gustavo Tepedino na live *Negociar é um dever ou uma faculdade?*, realizada em 28 de maio de 2020, e disponível no canal do YouTube do IPEJA Direito.

citação, incidiria justamente o efeito indenizatório da violação ao dever de renegociar, determinando o ressarcimento do dano que corresponde a suportar aquele desequilíbrio contratual desnecessariamente no período entre (a) o momento em que seria razoável haver a conclusão de uma renegociação séria; e (b) o momento da citação.

A tal propósito, é de se observar que o espaço para a renegociação extrajudicial entre as partes deve ser permanente, estimulado todo o tempo pela legislação com todos os incentivos (*nudges*, para usar a expressão da moda)[73] possíveis. Embora, em regra, a propositura de ação judicial exprima algum fracasso nas tentativas extrajudiciais de renegociação – como remédio drástico que é a propositura de uma ação judicial –, não são raros tampouco os casos de acordo em litígios em curso, de modo que o julgador estatal ou arbitral deve estar permanentemente atento a esta possibilidade.

10. Conclusão

A pandemia de Covid-19 foi uma tragédia que nos surpreendeu a todos. Seus efeitos ainda se farão sentir por muito tempo entre nós. Dentre os efeitos mais imediatos, está o evidenciar uma alternativa entre o individualismo e o solidarismo. Embora, a rigor, sempre tenha estado presente, esta alternativa se impõe agora, com maior evidência, quer para as nações – chamadas a optar, nas palavras de Yuval Harari, entre o isolacionismo nacionalista e a solidariedade global[74] –, quer para os indivíduos. A pandemia, talvez mais que qualquer outro fenômeno histórico vivenciado após o fim das grandes guerras mundiais, confronta os exageros de um liberalismo exacerbado, que tudo faz repousar na vontade do indivíduo e na sua livre busca pelo máximo benefício, e a necessidade de um exercício responsável da própria individualidade em tempos de escassez e luta contra um inimigo universal (o novo e letal coronavírus). O que virá a emergir desse confronto não se pode dizer ainda, mas há uma generalizada esperança de que um mundo mais solidário e mais igual possa ser construído a partir da percepção comum da nossa inevitável fragilidade.

Nessa perspectiva, também o direito dos contratos há de se remodelar de forma a atender, com maior previsibilidade e segurança, à necessidade de

73 Consagrada pela obra de Richard Thaler e Cass Sunstein, *Nudge: Improving Decisions About Health, Wealth, and Happiness*, Penguin Books, 2009.

74 "*In this time of crisis, we face two particularly important choices. The first is between totalitarian surveillance and citizen empowerment. The second is between nationalist isolation and global solidarity*" (Yuval Noah Harari, *The world after coronavirus*, disponível no site do *Financial Times*: www.ft.com).

reequilíbrio e readequação dos pactos imposta pela notável alteração das circunstâncias. Mais que o voluntarismo de outrora, os pilares desta reconstrução – se digna deste nome – parecem assentar sobre a boa-fé objetiva e o equilíbrio contratual. O dever de renegociar surge, nesse contexto, não como uma polêmica novidade, mas como um produto do seu tempo, apto a funcionar como chave de releitura para toda a disciplina das relações contratuais.

Referências

ABOUD, Alexandre. Princípio da Supremacia do Interesse Público Sobre o Privado: Destruição, Reconstrução ou Assimilação? In *Revista Jurídica Consulex*, v. 12, n. 267. Brasília: Consulex, 2008, p. 63-65.

AGUIAR JÚNIOR, Ruy Rosado de. A Boa-fé na Relação de Consumo. In *Revista de Direito do Consumidor*, v. 14. São Paulo: Revista dos Tribunais, 1995, p. 20-27.

_________. *Comentários ao Novo Código Civil: Da Extinção dos Contratos*, v. VI, t. II. In TEIXEIRA, Sálvio de Figueiredo (coord.). *Comentários ao Novo Código Civil*. Rio de Janeiro: Forense, 2011.

_________. Contratos Relacionais, Existenciais e de Lucro. In *Revista Trimestral de Direito Civil*, v. 45. Rio de Janeiro: Padma, 2011, p. 91-110.

_________. *Extinção dos Contratos por Incumprimento do Devedor (Resolução)*. Rio de Janeiro: Aide, 1991.

_________. *Extinção dos Contratos por Incumprimento do Devedor (Resolução)*. 2. ed. Rio de Janeiro: Aide, 2004.

ALEXY, Robert. *Teoría de los Derechos Fundamentales*. Madri: Centro de Estudios Políticos y Constitucionales, 2002.

ALVES JÚNIOR, Milton. A Revisão Judicial dos Contratos. In *Revista Magister de Direito Empresarial, Concorrencial e do Consumidor*, v. 2, n. 12. Porto Alegre: Magister, 2007, p. 48-66.

AMARAL, Ana Cláudia Corrêa Zuin Mattos do. O Contrato de Adesão na Perspectiva do Negócio Jurídico. In *Revista do Direito Privado da UEL*, v. II, n. 2, 2009, pp. 1-16.

AMARAL, Francisco. *Direito Civil: Introdução*. 8. ed. Rio de Janeiro: Renovar, 2014.

ANDRADE, Darcy Bessone de Oliveira. *Do contrato*. Rio de Janeiro: Forense, 1960.

_________. *Do Contrato: Teoria Geral*. Rio de Janeiro: Forense, 1987.

ANDRADE, Fábio Siebeneichler de. A Teoria da Onerosidade Excessiva no Direito Civil Brasileiro: Limites e Possibilidades de Sua Aplicação. In *Revista da AJURIS*, v. 41, n. 134, jun. 2014, p. 235-260.

ANTUNES VARELA, João de Matos. *Das Obrigações em Geral*. 10. ed. Coimbra: Almedina, 2000. v. I.

_________. *Ineficácia do Testamento e Vontade Conjectural do Testador*. Coimbra: Coimbra Editora, 1950.

ARAGÃO, Alexandre Santos de. *Curso de Direito Administrativo*. 2. ed. Rio de Janeiro: Forense, 2013.

ARAÚJO, Antônio Rosa de. O Princípio da Reserva do Possível e Ponderação com Regras a Ele Pertinentes, Viagem na Irrealidade do Cotidiano Financeiro. In PEIXINHO, Manoel Messias; GUERRA; Isabella Franco; NASCIMENTO FILHO, Firly (org.). *Os Princípios da Constituição de 1988*. 2. ed. Rio de Janeiro: Lumen Juris, 2006, p. 557-569.

ARISTÓTELES, *Ética a Nicômaco*, São Paulo: Nova Cultural, 1996.

ARRUDA ALVIM NETTO, José Manuel de. A Função Social da Propriedade, os Diversos Tipos de Direito de Propriedade e a Função Social da Posse. In GAGLIARDI, Rafael Villar; NASSER, Paulo Magalhães; VENOSA, Sílvio de Salvo (coord.). *10 Anos do Código Civil: Desafios e Perspectivas*. São Paulo: Atlas, 2012, p. 568-598.

ASCARELLI, Tullio. Aleatorietà e contratti di borsa. In *Banca Borsa Titoli di Credito*. Milão: Giuffrè, 1958, pp. 435-455.

ASCENSÃO, José de Oliveira. Alteração das Circunstâncias e Justiça Contratual no Novo Código Civil. In *Revista Trimestral de Direito Civil*, v. 25. Rio de Janeiro: Padma, 2006, p. 93-118.

ASSIS, Araken de. Da Resolução por Onerosidade Excessiva. In ALVIM, Arruda; ALVIM, Thereza (coord.). *Comentários ao Código Civil Brasileiro*, v. V. Rio de Janeiro: Forense, 2007, p. 702-734.

ATIYAH, Patrick. *The Rise and Fall of the Freedom of Contracts*. Oxford: Clarendon Press, 1979.

AULETTA, Giuseppe. Risoluzione e rescissione dei contratti. In *Rivista trimmestrale di diritto e procedura civile*. Milão: Giuffrè, 1949, p. 641-653.

ÁVILLA, Humberto. *Teoria dos Princípios*. 15. ed. São Paulo: Malheiros, 2014.

AZEVEDO, Álvaro Villaça. *Comentários ao Novo Código Civil*. Rio de Janeiro: Forense, 2008. v. VII.

________. O Novo Código Civil Brasileiro: Tramitação; Função Social do Contrato; Boa-fé Objetiva; Teoria da Imprevisão e, em Especial, Onerosidade Excessiva (laesio enormis). In ARRUDA ALVIM, José Manoel; CÉSAR, Joaquim Portes de Cerqueira; ROSAS, Roberto (org.). *Aspectos Controvertidos do novo Código Civil: Escritos em Homenagem ao Ministro José Carlos Moreira Alves*, São Paulo: Revista dos Tribunais, 2003, p. 31-45.

AZEVEDO, Antonio Junqueira de. Contrato de Opção de Venda de Participações Societárias. Variação Imprevisível do Valor da Coisa Prometida em Relação ao Preço de Mercado. Possibilidade de Revisão por Onerosidade Excessiva com base nos arts. 478 a 480 do Código Civil em Contrato Unilateral. In AZEVEDO,

Antonio Junqueira de. *Novos Estudos e Pareceres de Direito Privado*. São Paulo: Saraiva, 2009, p. 199-218.

________. Insuficiências, Deficiências e Desatualização do Projeto de Código Civil na Questão da Boa-fé Objetiva nos Contratos. In *Revista Trimestral de Direito Civil*, v. 1. Rio de Janeiro: Padma, 2000, p. 3-12.

________. Natureza Jurídica do Contrato de Consórcio (Sinalagma Indireto). Onerosidade Excessiva em Contrato de Consórcio. Resolução Parcial do Contrato. In AZEVEDO, Antonio Junqueira de. *Novos Estudos e Pareceres de Direito Privado*. São Paulo: Saraiva, 2009, p. 345-374.

________. *Negócio Jurídico: Existência, Validade e Eficácia*. 4. ed. São Paulo: Saraiva, 2002.

________. Relatório Brasileiro sobre Revisão Contratual Apresentado para as Jornadas Brasileiras da Associação Henri Capitant. In AZEVEDO, Antonio Junqueira de. *Novos Estudos e Pareceres de Direito Privado*. São Paulo: Saraiva, 2009, p. 182-198.

BALESTRA, Luigi. *Il contratto aleatorio e l'alea normale*. Pádua: Cedam, 2000.

BANDEIRA, Paula Greco. *Contratos Aleatórios no Direito Brasileiro*. Rio de Janeiro: Renovar, 2010.

________. O Contrato Incompleto e a Análise Econômica do Direito. In *Quaestio Iuris*, v. 8, n. 04, número especial. Rio de Janeiro: UERJ, 2015, p. 2696-2718.

BARBOSA, Rui. *Obras Completas de Rui Barbosa: Código Civil Parecer Jurídico*. Rio de Janeiro: Ministério da Educação e Cultura, 1968. v. XXII, t. III.

________. *Oração aos Moços*. São Paulo: Hedra, 2009.

BARBOZA, Heloisa Helena; MORAES, Maria Celina Bodin de; TEPEDINO, Gustavo. *Código Civil Interpretado: Conforme a Constituição da República*. Rio de Janeiro: Renovar, 2004. v. 1.

BARCELLONA, Mario. *Della causa – Il contratto e la circolazione della ricchezza*. Pádua: Cedam, 2015.

BARCELLOS, Ana Paula de. *A Eficácia Jurídica dos Princípios Constitucionais*. 2. ed. Rio de Janeiro: Renovar, 2008.

BARROSO, Luís Roberto. *Curso de Direito Constitucional Contemporâneo: Os Conceitos Fundamentais e a Construção do Novo Modelo*. 2. ed. São Paulo: Saraiva, 2010.

BASILIO, João Augusto; SALGADO, Marcos de Campos. A Ação Revisional e as Locações Atípicas. In AZEVEDO, Fábio de Oliveira; MELO, Marco Aurélio Bezerra de (coord.). *Direito Imobiliário: Escritos em Homenagem ao Professor Ricardo Pereira Lira*, São Paulo: Atlas, 2015, p. 229-238.

BAUMAN, Zygmunt. *A Riqueza de Poucos Beneficia Todos Nós?* Trad. Renato Aguiar. Rio de Janeiro: Zahar, 2015.

BAYSAL, Basak. The Adaptation of the Contract in Turkish Law. In BAŞOĞLU, Başak (ed.). *The Effects of Financial Crises on the Binding Force of Contracts: Renegotiation, Rescission or Revision*. Nova Iorque: Springer, 2016, p. 313-330.

BECKER, Anelise. *Teoria Geral da Lesão nos Contratos*. São Paulo: Saraiva, 2000.

BERGH, Rena van den. The Long Life of Laesio Enormis. In *Studia Universitatis Babes-Bolyai Jurisprudentia*, n. 4 Cluj-Napoca: Cluj University Press, 2012, p. 35-52.

BERGSTEIN, Gilberto. *Os Limites do Dever de Informação na Relação Médico-Paciente e sua Prova*. Tese de Doutorado. Prof. Orientadora Teresa Ancona Lopez. Universidade de São Paulo, 2012.

BESSONE, Mario. Ratio legis dell'art. 1.467, risoluzione per eccessiva onerosità, normale alea del contratto. In *Rivista del diritto commerciale*, II. Pádua: Piccin, 1979, pp. 1-8.

BETTI, Emilio. Causa del negozio giuridico. In *Novissimo digesto italiano*. Turim: Utet, 1961, pp. 32-39. v. III.

BEVILÁQUA, Clóvis. *Código Civil dos Estados Unidos do Brasil Commentado por Clóvis Beviláqua*. Rio de Janeiro: Livraria Francisco Alves, 1917. v. IV.

________. *Teoria Geral de Direito Civil*. 7. ed. Rio de Janeiro: Paulo de Azevedo, 1955.

BIANCA, Cesare Massimo. *Diritto civile*. 2. ed. Milão: Giuffrè, 2012. v. V.

BITTAR FILHO, Carlos Alberto. *Da Lesão no Direito Brasileiro Atual*. Rio de Janeiro: Renovar, 2002.

BLINDER, Alain. *After the Music Stopped: The Financial Crisis, the Response and the Work Ahead*. Nova Iorque: Penguin, 2013.

BOLTUCK, Richard D. An Economic Analysis of Dumping. In *Journal of World Trade Law*, v. 21, issue 5, 1987, p. 45-54.

BONAVIDES, Paulo. *Curso de Direito Constitucional*. 11. ed. São Paulo: Malheiros, 2001.

BORGES, Nelson. *A Teoria da Imprevisão no Direito Civil e no Processo Civil*. São Paulo: Malheiros, 2002.

BORGES, Roxana Cardoso Brasileiro. Reconstrução do Conceito de Contrato: Do Clássico ao Atual. In HIRONAKA, Giselda Maria Fernandes Novaes; TARTUCE, Flávio (coord.). *Direito Contratual*: Temas Atuais. São Paulo: Método, 2007, p. 19-40.

BOSELLI, Aldo. *La risoluzione del contratto per eccessiva onerosità*. Turim: Torinese, 1952.

BRACCIANTI, Carlo. *Degli efetti della eccessiva onerosità sopravveniente nei contratti*. Milão: Giuffrè, 1946.

BRANCO, Gerson Luiz Carlos. Elementos para Interpretação da Liberdade Contratual e Função Social: O Problema do Equilíbrio Econômico e da Solidariedade Social como Princípios da Teoria Geral dos Contratos. In MARTINS-COSTA, Judith. *Modelos de Direito Privado*. São Paulo: Marcial Pons, 2014, p. 257-290.

BRANDÃO, Wilson de Andrade. *Lesão e Contrato no Direito Brasileiro*. Rio de Janeiro: Freitas Bastos, 1964.

_________. *Lesão e Contrato no Direito Brasileiro*. 3. ed. Rio de Janeiro: Aide, 1991.

BRITO, Rodrigo Toscano. *Equivalência Material dos Contratos Civis, Empresariais e de Consumo*. São Paulo: Saraiva, 2007.

BRUNNER, Christoph. *Force Majeure and Hardship under General Contract Principles – Exemption for Non-Performance in International Arbitration*. Austin: Wolters Kluwer, 2009.

BUENO, Márcio. *Faíscas Verbais: A Genialidade na Ponta da Língua*. Belo Horizonte: Gutenberg, 2016.

BUSSATA, Eduardo Luiz. *Resolução dos Contratos e Teoria do Adimplemento Substancial*. São Paulo: Saraiva, 2007.

CABRILLAC, Rémy. Crises finacières et contrats: le droit positif français refuse la révision d'un contrat devenu déséquilibré mais le projet de réforme entr'ouvre la porte à l'imprévision. In BAŞOĞLU, Başak (ed.). *The Effects of Financial Crises on the Binding Force of Contracts: Renegotiation, Rescission or Revision*. Nova Iorque: Springer, 2016, p. 137-144.

CÂMARA, Alexandre Freitas. *O Novo Processo Civil Brasileiro*. 2. ed. São Paulo: Atlas, 2016.

CÂMARA DOS DEPUTADOS, BRASIL. *Código Civil*: Relatório Final, do Relator Deputado Ricardo Fiuza Apresentado à Comissão Especial de Reforma do Código Civil. Brasília: Câmara dos Deputados, 2000.

CAMPOS FILHO, Paulo Barbosa de. *O Problema da Causa no Código Civil Brasileiro*. São Paulo: Max Limonad, s.d.

CANOTILHO, José Joaquim Gomes. *Direito Constitucional*. Coimbra: Almedina, 1996.

CANZIAN, Fabiano. *Desastre Global: Um Ano na Pior Crise desde 1929*. São Paulo: Publifolha, 2009.

CARBONNIER, Jean *et al*. *L'évolution contemporaine du droit des contrats – Journées René Savatier (Poitiers, 24-25 octobre 1985)*. Paris: Presses Universitaires de France, 1986.

CARDOSO, Vladimir Mucury. *Revisão Contratual e Lesão à Luz do Código Civil de 2002 e da Constituição da República*. Rio de Janeiro: Renovar, 2008.

CARPENA, Heloísa; CAVALLAZZI, Rosangela Lunardelli. Superendividamento: Propostas para um Estudo Empírico e Perspectivas de Regulação. In MARQUES,

Cláudia Lima et al. *Direitos do Consumidor Endividado: Superendividamento e Crédito*. São Paulo: RT, 2006, p. 310-344.

CARVALHO FILHO, José dos Santos. *Manual de Direito Administrativo*. 30. ed. São Paulo: Atlas, 2016.

CARVALHO SANTOS, João Manoel. *Código Civil Interpretado*, v. XV. 3. ed. Rio de Janeiro: Freitas Bastos, 1945.

CARVALHO DE MENDONÇA, Manoel Ignácio. *Contratos no Direito Civil Brasileiro*. Rio de Janeiro: Forense, 3. ed., 1955. t. II.

________. *Doutrina e Prática das Obrigações ou Tratado Geral dos Direitos de Crédito*. Curitiba: Typ. E Lith, 1908.

________. *Doutrina e Prática das Obrigações*. 4. ed. Rio de Janeiro: Forense, 1959. t. II.

CARVALHO, Everaldo Viriato de Miranda. *Contrato de Empreitada*. Rio de Janeiro: Freitas Bastos, 1953.

CASELLA, Giovanna. *La risoluzione del contratto per eccessiva onerosità sopravvenuta*. Turim: UTET, 2001.

CASSIDY, John. *How Markets Fail: The Logic of Economic Calamities*. Nova Iorque: Farrar, Straus and Giroux, 2009.

CASTRO, Torquato. *Da Causa do Contrato*. Recife: Jornal do Comércio, 1947.

CHAMOUN, Ebert. *Instituições de Direito Romano*. Rio de Janeiro: Forense, 1968.

CHARPENTIER, Élise; VÉZINA, Nathalie. Les effets exercés par les crises finacières sur la force obligatoire des contrats: certitudes et incertitudes du droit québécois en matière d'imprévision. In BAŞOĞLU, Başak (ed.). *The Effects of Financial Crises on the Binding Force of Contracts: Renegotiation, Rescission or Revision*. Nova Iorque: Springer, 2016, p. 59-82.

CHIODI, Giovanni. *La giustizia contrattuale – Itinerari della giurisprudenza italiana tra Otto e Novecento*. Milão: Giuffrè, 2009.

CICCO, Maria Cristina de. A Pessoa e o Mercado. In TEPEDINO, Gustavo (org.). *Congresso Internacional de Direito Civil-Constitucional*. São Paulo: Atlas, 2008, p. 103-114.

COASE, Ronald Harry. *La natura dell'impresa*, in *Impresa, mercato e diritto* (trad. it. da obra *The Firm, the Market and the Law*). Bolonha: Il Mulino, 1995.

CODELLA, Maddalena. *Le sopravvenienze contrattuali: profili di diritto interno e comparato*. Università degli studi del Salerno, tesi. Disponível no Arquivo Aberto da Universidade de Salerno: elea.unisa.it.

COGGIOLA, Osvaldo. *Alemanha 1918-1924 – Hiperinflação e Revolução*. São Paulo: LCTE, 2000.

CONSTANTINESCO, Leotin Jean. *Il Metodo Comparativo*. 2. ed. Turim: Giappichelli, 2000.

COOLEY, John W. A *Advocacia na Mediação*, trad. René Loncan. Brasília: Universidade de Brasília, 2001.

COSTA, Pedro Oliveira da. Apontamentos para uma Visão Abrangente da Função Social dos Contratos. In TEPEDINO, Gustavo (coord.). *Obrigações: Estudos na Perspectiva Civil-Constitucional*. Rio de Janeiro: Renovar, 2005, p. 45-68.

COUTO E SILVA, Clóvis do. A *Obrigação como Processo*. São Paulo: José Bushatsky, 1976.

________. A *Obrigação como Processo*, Rio de Janeiro: FGV, 2006.

________. O Princípio da Boa-fé no Direito Brasileiro e Português. In *Estudos de Direito Civil Brasileiro e Português*. São Paulo: Revista dos Tribunais, 1980, p. 43-61.

CRUZ, Gisela Sampaio da. O *Problema do Nexo Causal na Responsabilidade Civil*. Rio de Janeiro: Renovar, 2005.

CUNHA, Sérgio Sérvulo da. *Princípios Constitucionais*. 2. ed. São Paulo: Saraiva, 2013.

D'ARRIGO, Cosimo. Il controllo delle sopravvenienze nei contratti a lungo termine. In TOMMASINI, Raffaele (coord.). *Sopravvenienze e dinamiche di riequilibrio tra controllo e gestione del rapporto contrattuale*. Turim: G. Giappichelli, 2003, p. 491-569.

DAGAN, Tsilly. The Currency of Taxation. In *Fordham Law Review*, 84.6, 2016, p. 2.537-2.564

DAVRADOS, Nikolaos A. Financial Turmoil as a Change of Circumstances under Greek Contract Law. In BAŞOĞLU, Başak (ed.). *The Effects of Financial Crises on the Binding Force of Contracts: Renegotiation, Rescission or Revision*. Nova Iorque: Springer, 2016, p. 145-162.

DAWAS, Ammin. *Alteration of the Contractual Equilibrium under the Unidroit Principles*. **In** *Pace University International Law Review*, v. 2, n. 5, 2010. Disponível em: digitalcommons.pace.edu.

DE VITORIA, Francisco. *Contratos y Usura*. Pamplona: Eunsa, 2006.

DENSA, Roberta. A Função Social do Contrato. In GAGLIARDI, Rafael Villar; NASSER, Paula Magalhães; VENOSA, Sílvio de Salvo (coord.). *10 Anos de Código Civil: Desafios e Perspectivas*. São Paulo: Atlas, 2012, p. 266-282.

DEPARTAMENTO DE PESQUISAS JUDICIÁRIAS, *Justiça em Números 2016: Ano-Base 2015*, Brasília: Conselho Nacional de Justiça, 2016.

DEWEZ, Julie et al. The Duty to Renegotiate an International Sales Contract under CISG in Case of Hardship and the Use of the Unidroit Principles. In *European Review of Private Law*, 1, 2011, p. 101-154.

DIAS, Antônio Pedro Medeiros. *Revisão e Resolução do Contrato por Excessiva Onerosidade*. Dissertação de Mestrado, Universidade do Estado do Rio de Janeiro, Prof. Orientador Anderson Schreiber, 2013 (no prelo).

DÍAZ, Julio Alberto. A *Teoria da Imprevisão no Novo Código Civil Brasileiro*. In *Revista de Direito Privado*, n. 20, São Paulo: Revista dos Tribunais, out./dez. 2004, p. 197-216.

________. O Instituto da Lesão no Projeto de Código Civil Brasileiro. In *Revista da Faculdade de Direito da Universidade Federal de Minas Gerais*, n. 36. Belo Horizonte: UFMG, 1999, p. 269-279.

DÍAZ-FLORES, Maria Mercedes Alberruche. *La Rescisión por Lesión en el Derecho Civil Español*. Madri: La Ley Actualidad, 2010.

DIDIER JR, Fredie. *Curso de Direito Processual Civil: Teoria da Prova, Direito Probatório, Decisão, Precedente, Coisa Julgada e Tutela Provisória*. 11. ed. Salvador: JusPodivm, 2016. v. 2.

________. *Curso de Direito Processual Civil: Introdução ao Direito Processual Civil, Parte Geral e Processo de Conhecimento*. 17. ed. Salvador: JusPodivm, 2015. v. 1.

DIMATTEO, Larry A. Contractual Excuse Under the CISG: Impediment, Hardship, and the Excuse Doctrines. In *Pace International Law Review* 27.1, 2015, p. 258-305.

DINIZ, Maria Helena. *Curso de Direito Civil Brasileiro*. 32. ed. São Paulo: Saraiva, 2015. v. 1.

________. *Curso de Direito Civil Brasileiro: Teoria das Obrigações Contratuais e Extracontratuais*. 19. ed. São Paulo: Saraiva, 2003.

DOUDKO, Alexei G. Hardship in Contract: The Approach of the Unidroit Principles and Legal Developments in Russia. In *Uniform Law Review*, v. 5.3, 2000, p. 483-509.

DROBNIG, Ulrich. *Protection of the Weaker Party*. In BONELL, Michael Joachim; BONELLI Franco (org.). *Contratti commerciali internazionali e principi UNIDROIT*. Milão: Giuffré, 1997, p. 215-224.

DWORKIN, Ronald. *Taking Rights Seriously*. 17. ed. Cambridge: Harvard University Press, 1999.

EIZIRIK, Nelson; HENRIQUES, Marcus de Freitas. Notas sobre a Revisão dos Contratos. In ESTEVEZ, André Fernandes; JOBIM, Marcio Felix (org.). *Estudos de Direito Empresarial: Homenagem aos 50 Anos de Docência do Professor Peter Walter Ashton*. São Paulo: Saraiva, 2012, p. 221-235.

ENGISCH, Karl. *Introdução ao Pensamento Jurídico*. Lisboa: Calouste Gulbenkain, 2001.

ESTORNINHO, Maria João. A *Fuga para o Direito Privado*. 2. reimpr. Coimbra: Almedina, 2009.

FACHIN, Luiz Edson. *Estabelecimento da Filiação e Paternidade Presumida*. Porto Alegre: Sergio Fabris, 1992.

________. Contratos na Ordem Pública do Direito Contemporâneo. In FACHIN, Luiz Edson; TEPEDINO, Gustavo (coord.). *O Direito e o Tempo: Embates Jurídicos e Utopias Contemporâneas. Estudos em Homenagem ao Professor Ricardo Pereira Lira*, Rio de Janeiro: Renovar, 2008, p. 457-462.

________. *Teoria Crítica do Direito Civil*. Rio de Janeiro: Renovar, 2000.

________. Entrevista: Contrato e Ordem Pública. *Carta Forense*, 2-12-2009. Disponível em: www.cartaforense.com.br.

FARIAS, Cristiano Chaves de; ROSENVALD, Nelson. *Curso de Direito Civil: Parte Geral e LINDB*. 13. ed. São Paulo: Atlas, 2015.

________. *Direito Civil: Contratos*. 5. ed. São Paulo: Atlas, 2015. v. 4.

FARIAS, José Fernando de Castro Farias. *A Origem do Direito de Solidariedade*. Rio de Janeiro: Renovar, 1998.

FARNSWORTH, E. Allan; YOUNG, William F.; SANGER, Carol. *Contracts – Cases and Materials*. New York: Foundation Press, 2001.

FEITOSA, Maria Luiza Pereira de Alencar Mayer. O Contrato como Regulador e como Produtor de Riscos. In *Prima Facie – Direito, História e Política*, v. 6, 2005, p. 62-85.

FERNANDES, Luís A. Carvalho. *A Teoria da Imprevisão no Direito Civil Português*. Lisboa: QuidJuris, 2001.

FERNANDES, Millôr. *100+100: Desenhos e Frases*. AUGUSTO, Sergio (org.). Rio de Janeiro: IMS, 2014.

FERREIRA, Sergio de Andrea. O reajustamento dos Preços Contratuais em Face do Decreto-lei 2.300, de 21 de Novembro de 1986 e Legislação Ulterior. In *Revista de Direito Administrativo*, v. 167. Rio de Janeiro: FGV, jan./mar. 1987, p. 22-35.

FERRI, Luigi. Nozione giuridica di autonomia privata. In *Studi in onore di Francesco Messineo per il suo XXXV anno d'insegnamento*. Milão: Dott. A. Giuffrè, 1959. v. 4.

FIALA, Josef; SELUCKÁ, Marketa. The Effects of Financial Crises on the Binding Force of Contracts in the Czech Republic. In *The Lawyer Quarterly* 2/2014, I, p. 108-110. Disponível em: www.ilaw.cas.cz/tiq.

FINKIELKRAUT, Alain. *A Humanidade Perdida – Ensaio sobre o século XX*. São Paulo: Ática, 1998.

FIUZA, César. *Direito Civil*. 11. ed. Belo Horizonte: Del Rey, 2008.

FONSECA, Arnoldo Medeiros. *Caso Fortuito e Teoria da Imprevisão*. 3. ed. Rio de Janeiro: Forense, 1958.

FORGIONI, Paula Andrea. *Contratos de Distribuição*. 2. ed. São Paulo: Revista dos Tribunais, 2008.

FRADA, Manuel Carneiro da. *Contratos e Deveres de Proteção*. Coimbra: Almedina, 1994.

FRADERA, Vera. Pode o Credor ser Instado a Diminuir o Próprio Prejuízo? In *Revista Trimestral de Direito Civil*, v. 19. Rio de Janeiro: Padma, 2004, p. 109-119.

FRANTZ, Laura Coradini. *Revisão dos Contratos: Elementos para sua Construção Dogmática*. São Paulo: Saraiva, 2007.

FREITAS, Augusto Teixeira de. *Consolidação das Leis Civis*. 3. ed. Rio de Janeiro: H. Garnier, 1896.

FRUHSTOCKL, Fernanda Carvalho. *Aspectos da Revisão Judicial dos Contratos no Direito Civil Brasileiro e Alemão*. Porto Alegre: Pontifícia Universidade Católica do Rio Grande do Sul. Orientador Prof. Eugênio Facchini Gloeckner. 2012.

FUX, Luiz. A Lesão Contratual Superveniente e a Revisão Judicial do Aluguel. In BUSTAMENTE, Ricardo; TUBENCHLAK, James (coord.). *Livro de Estudos Jurídicos*, v. 7. Rio de Janeiro: Instituto de Estudos Jurídicos, 1993. Disponível em: http://bdjur.stj.jus.br//dspace/handle/2011/750.

GABRIELLI, Enrico. *L'eccessiva onerosità sopravvenuta*. Turim: G. Giappichelli, 2012.

GALGANO, Francesco. *Il contratto*. 2. ed. Pádua: Cedam, 2011.

__________. La categoria del contratto alle soglie del terzo millennio. In *Contratto e impresa*. Pádua: Cedam, 2000.

GALLO, Paolo. *Sopravvenienza contrattuale e problemi di gestione del contratto*, Milão: Giuffrè, 1992.

GAMBINO, Agostino. Eccessiva onerosità della prestazione e superamento dell'alea normale del contratto. In *Rivista del diritto commerciale*, 1960, I, p. 424-463.

GARCEZ, José Maria Rossani. *Contratos Internacionais Comerciais*. São Paulo: Saraiva, 1994.

GATTI, Serafino. L'adeguatezza fra le prestazioni nei contratti con prestazioni corrispettive. In *Rivista del diritto commerciale*, v. I, 1963, p. 416-449.

GENTILI, Aurelio. La replica della stipula: riproduzione, rinnovazione, rinegoziazione del contratto. In *Contratto e impresa*, 2003.

GIANDOMENICO, Giovanni di. L'alea normale del contratto. In *Altalex*, 2015. Disponível em: www.altalex.com/documents/news/2005/ 11/18/l-alea-normale-del-contratto.

GILISSEN, John. *Introdução Histórica ao Direito*. 3. ed. Lisboa: Calouste Gulbenkian, 2001.

GILMORE, Grant. *The Death of Contract*. Columbus: Ohio State University Press, 1974.

GIORGIANNI, Michele. *La Causa del Negozio Giuridico*. Milão: Giuffrè, 1974.

__________. O Direito Privado e as Suas Atuais Fronteiras. In *Revista dos Tribunais*, v. 747, p. 35-55.

GIROLAMI, Matilde. *L'Artificio della Causa Contractus*. Pádua: Cedam, 2012.

GLITZ, Frederico Eduardo Zenedin; RUZYK, Carlos Eduardo Pianovski. A Lesão nos Contratos e a Nova Codificação Civil Brasileira: Uma Análise Crítica a Partir do Princípio da Justiça Contratual. In *Revista Trimestral de Direito Civil*, v. 15, Rio de Janeiro: Padma, 2003, p. 21-40.

GOMES, Orlando. *Contratos*. 17. ed. Rio de Janeiro: Forense, 1996.

_________. *Contratos*. 26. ed. Rio de Janeiro: Forense, 2008.

_________. *Direitos Reais*. 18. ed. Rio de Janeiro: Forense, 2001.

_________. *Transformações Gerais do Direito das Obrigações*. São Paulo: Revista dos Tribunais, 1980.

GONÇALVES, Carlos Roberto. *Direito Civil Brasileiro: Contrato e Atos Unilaterais*. 7. ed. São Paulo: Saraiva, 2010.

GORDLEY, James. Contract Law in the Aristotelian Tradition. In BENSON, Peter (ed.). *The Theory of Contract Law: New Essays*. Cambridge: Cambridge University Press, 2000.

GORDLEY, James. Equality in Exchange. In *California Law Review*, v. 69, 1981, p. 1587-1656.

GORNI, Alfredo. Le clausole di rinegoziazione. In VACCÀ,Cesare. *Il conflitto del Golfo e i contratti di impresa: esecuzione, adattamento e risoluzione in uno scenario di crisi – Quaderni per l'arbitrato e per I contratti internazionali*. Milão: EGEA, 1992. v. 5.

GOUVEIA, Alfredo José Rodrigues Rocha de. Da Teoria da Imprevisão nos Contratos Civis. In *Revista da Faculdade de Direito da Universidade de Lisboa*, suplemento, 1, 1958.

GREBIENIOW, Aleksander. La laesio enormis e la stabilità contrattuale. In *Revue Internationale des Droit de l'Antiquité*, Liège: Presses Universitaires de Liège, v. 61, 2014.

GRECO, Leonardo. A Busca da Verdade e a Paridade de Armas na Jurisdição Administrativa. In *Revista CEJ*, v. 35. Brasília: Centro de Estudos Judiciários do Conselho de Justiça Federal, 2006, p. 20-27.

GRIGOLEIT, Hans Christoph; HONDIUS, Ewoud et al. *Unexpected Circumstances in European Contract Law*. Cambridge: Cambridge University Press, 2011.

GUERRA, Alexandre. *Princípio da Conservação dos Negócios Jurídicos – A Eficácia Jurídico-Social como Critério de Superação das Invalidades Negociais*. Coimbra: Almedina, 2016.

HARGER, Marcelo. *Princípios Constitucionais do Processo Administrativo*. Rio de Janeiro: Forense, 2001.

HART, Oliver; HOLMSTRÖM, Bengt. *Contract Theory*, In *Kungl. Vetenskaps-Acadmien – The Royal Swedish Academy of Sciences*. Disponível em: nobelprize.org.

HARTKAMP, Arthur. Judicial Discretion Under the New Civil Code of the Netherlands. In *American Journal of Comparative Law*, 40, 1992.

________. Law of Obligations. In CHORUS, J. et al. *Introduction to Dutch Law*. Alphen aan den Rijn, 2006.

HATTENHAUER, Hans. *Conceptos Fundamentales del Derecho Civil – Introducción Histórico-Dogmática*. Barcelona: Ariel, 1987.

HAUPT, Günther. *Sui rapporti contrattuali di fatto*. Ed. it. de Giovanni Varanese. Turim: G. Giappichelli, 2012.

HERMIDA, Julian. Convergence of Civil Law and Common Law Contracts in the Space Field. In *Hong Kong Law Journal*, v. 34, 2004, p. 339-376.

HESPANHA, António Manuel. *Cultura Jurídica Europeia – Síntese de um Milénio*. Coimbra: Almedina, 2012.

HOBBES, Thomas. *Leviathan*. Harmondsworth: Penguin, 1968.

HORA NETO, João. A Resolução por Onerosidade Excessiva no Novo Código Civil: uma quimera jurídica?, *Revista da ESMESE*, n. 04, 2003, p. 148-160.

HUGH, Hugh Beale; LANDO, Ole. *Principles of European Contract Law*, Parts I and II, Prepared by the Commission on European Contract Law, 2000.

HUJO, Philipp. *Force majeure et imprévision – Une analyse comparatiste entre le droit français, le droit anglais et le droit allemande*. Munique: Grin, 2007.

HUNGRIA, Nelson. *Dos Crimes Contra a Economia Popular: Das Vendas a Prestações com Reserva de Dominio*. Rio de Janeiro: Jacintho, 1939.

IRTI, Natalino. *L'età della decodificazione*. Milão: Dott. A. Giuffrè, 1999.

JANSEN, Letácio. O Quebra-Cabeça dos Juros no Brasil. In *Revista de Direito da Procuradoria Geral*. Rio de Janeiro: PGE, v. 57, 2003, p. 261-277.

JOSSERAND, Louis. *Del Abuso de los Derechos y Otros Ensayos*, Santa Fe de Bogotá: Temis, 1999.

JUDT, Tony. *Postwar: A History of Europe since 1945*. Londres: Penguin, 2006.

JUSTEN FILHO, Marçal. *Comentários à Lei de Licitações e Contratos Administrativos*. 15. ed. São Paulo: Dialética, 2012.

KARAMPATZOS, Antonis. Supervening Hardship as Subdivision of the General Frustration Rule: A Comparative Analysis with Reference to Anglo-American, German, French and Greek Law. In *European Review of Private Law*, issue 2. Alphen aan den Rijn: Kluwer Law International, 2005, p. 105-147.

KAUFMANN, Erich. *Das Wesen des Völkerrechts und die clausula rebus sic stantibus*. Tübingen: Mohr, 1911.

KEMP, M. G. *The Meaning of Market in Fair Market Value*. In *University of British Columbia Legal Notes*, 2.6, 1958, p. 593-602.

KHOURI, Paulo Roberto Roque Antônio. A *Revisão Judicial dos Contratos no Novo Código Civil, Código de Consumidor e Lei 8.666/93: a Onerosidade Excessiva Superveniente*. São Paulo: Atlas, 2006.

KONDER, Carlos Nelson. Distinções Hermenêuticas da Constitucionalização do Direito Civil: O Intérprete na Doutrina de Pietro Perlingieri. In *Revista da Faculdade de Direito – UFPR*, v. 60. Curitiba, jan./abr. 2015, p. 193-213.

________. Enriquecimento Sem Causa e Pagamento Indevido. In TEPEDINO, Gustavo (coord.). *Obrigações: Estudos na Perspectiva Civil-Constitucional*. Rio de Janeiro: Renovar, 2005, p. 369-398.

KÖTZ, Hein; PATTI, Salvatore. *Diritto europeo dei contratti*. Milão: Giuffrè, 2006.

________; ZWEIGERT, Konrad. *Introduzione al diritto comparato*. Milão: Giuffrè, 1998. v. I.

KRAMER, Ernst. Die Gültigkeit der Verträge nach den UNIDROIT Principles of International Commercial Contracts. In *ZEUP – Zeitschrift für Europäisches Privatrecht*, 7. Munique: Beck, 1999.

KRASSEK, Ralf. Karl Larenz (1903-1993), Especialista en Derecho Privado Durante el Nacionalsocialismo y en la Alemania de Posguerra. In *Academia – Revista sobre enseñanza del Derecho*, ano 5, n. 9, Buenos Aires, 2007, p. 55-75.

KRONMAN, Anthony. Contract Law and Distributive Justice. In *Yale Law Journal*, n. 89, 1979-1980, p. 472-511.

KRÜCKMANN, Paul. Clausula Rebus Sic Stantibus, Kriegsklausel, Streikklausel. In *Archiv für die civilistische Praxis*, 116, Tübingen: Mohr, 1918.

KRUGMAN, Paul. *A Crise de 2008 e a Economia da Depressão*. Rio de Janeiro: Campus Elsevier, 2009.

________; PIKETTY, Thomas; STIGLITZ, Joseph. *Debate sobre a Desigualdade e o Futuro da Economia*, Lisboa: Relógio D'Água, 2015.

LABROT, Émile. *L'Imprévision – Étude comparée droit public-droit privé des contrats*. Paris: L'Harmattan, 2016.

LACERDA DE ALMEIDA, Francisco de Paula. *O Codigo Civil Visto por Alto ou Reparos Criticos de Doutrina a Varias de Suas Disposições Mostrando o Modo Como Foram Tratadas no Código as Differentes Materias de que se Occupa o Direito Civil*. Rio de Janeiro: J. Ribeiro dos Santos, 1921.

LANZILLIO, Raffaella. Regole del mercato e congruità dello scambio contrattuale. In *Contratto e impresa*. Pádua: Cedam, 1985.

LARENZ, Karl. *Base del Negocio Juridico y Cumplimento de los Contratos*. Trad. Carlos Fernandez Rodriguez. Madri: Editorial Revista de Derecho Privado, 1956.

________. *Geschäftsgrundlage und Vertragserfüllung*. Munique: Beck, 1951.

________. *Metodologia da Ciência do Direito*. 4. ed. Lisboa: Calouste Gulbenkian, 2005.

________. *Metodologia da Ciência do Direito*. 7. ed. Lisboa: Calouste Gulbenkian, 2014.

LARROZA, Ricardo Osvaldo. *Imprevisión Contractual*. In STIGLITZ, Rubén, *Contratos – Teoría General*, II. Buenos Aires: Depalma, 1993, p. 343-393.

LAUTENSCHLÄGER, Milton Flávio de A. C. Uma Análise Contemporânea dos Princípios Contratuais no Âmbito do Direito Brasileiro. In GAGLIARDI, Rafael Villar; NASSER, Paula Magalhães; VENOSA, Sílvio de Salvo (coord.). *10 Anos de Código Civil: Desafios e Perspectivas*, São Paulo: Atlas, 2012, p. 235-265.

LEÃES, Luiz Gastão Paes de Barros. A Onerosidade Excessiva no Código Civil. In *Revista de Direito Bancário e do Mercado de Capitais*, v. 31. São Paulo: Revista dos Tribunais, jan.-mar. 2006, p. 12-24.

________. Resolução por Onerosidade Excessiva. In *Revista de Direito Mercantil, Industrial, Econômico e Financeiro*, v. 140, out./dez. 2005, p. 155-163.

LEAL, Luciana de Oliveira. A Onerosidade Excessiva no Ordenamento Jurídico Brasileiro. In *Revista da EMERJ*, v. 21, Rio de Janeiro: EMERJ, 2003, p. 155-165.

LENEL, Otto. *Die Lehre von der Voraussetzung (im Hinblick auf den Entwurf eines bürgerlichen Gesetzbuches)*, AcP 74, 1889, p. 213-239.

LENZA, Pedro. Princípio Constitucional da Felicidade. In *Carta Forense*. Disponível em: http://www.cartaforense.com.br/conteudo/artigos/principio-constitucional--dafelicidade/4502.

LIPARI, Marco. La risoluzione del contratto per eccessiva onerosità: la struttura del giudizio di prevedibilità e la rilevanza dell'inflazione. In *Giustizia civile*, 1985, I, p. 2795 e ss.

LIRA, Ricardo César Pereira. A Aplicação do Direito e a Lei Injusta. In *Revista da Faculdade de Direito de Campos*, ano I, n. 1, 2000, p. 13-28.

________. A Onerosidade Excessiva nos Contratos. *In Revista de Direito Administrativo*, v. 159. Rio de Janeiro: FGV, 1985, p. 10-19.

LIRA, José-Ricardo Pereira. A Onerosidade Excessiva no Código Civil e a Impossibilidade de Modificação Judicial dos Contratos Comutativos sem Anuência do Credor. In Gustavo Tepedino e Luiz Edson Fachin (coord.). *O Direito e o Tempo: Embates Jurídicos e Utopias Contemporâneas. Estudos em Homenagem ao Professor Ricardo Pereira Lira*, Rio de Janeiro: Renovar, 2008, p. 425-456.

LISBOA, Roberto Senise. *Obrigação de Informar*. São Paulo: Almedina, 2012.

LÔBO, Paulo Luiz Netto. Constitucionalização do Direito Civil. In *Revista de Informação Legislativa*, n. 141. Brasília: Coordenação de Edições Técnicas, 1999, p. 99-109.

________. Contratante Vulnerável e Autonomia Privada. In NEVES, Thiago Ferreira Cardoso (coord.). *Direito & Justiça Social*. São Paulo: Atlas, 2013, p. 159-171.

________. *Direito Civil: Parte Geral*. 2. ed. São Paulo: Saraiva, 2010.

________. *Direito Civil: Contratos*. São Paulo: Saraiva, 2011.

________. Entidades Familiares Constitucionalizadas: para Além do Numerus Clausus. In *Jus Navigandi*, Teresina, ano 7, n. 53, jan. 2002.

________. *O Contrato – Exigências e Concepções Atuais*. São Paulo: Saraiva, 1986.

________. Princípios Sociais dos Contratos no Código de Defesa do Consumidor e no Novo Código Civil. In *Revista de Direito do Consumidor*, v. 42. São Paulo: Revista dos Tribunais, abr./jun. 2002, p. 187-195.

LOCHER, Eugen. Geschäftsgrundlage und Geschäftszweck. In *Archiv für die civilistische Praxis*, 121, Tübingen: Mohr, 1923.

LUCON, Paulo Henrique dos Santos. Garantia do Tratamento Paritário das Partes. In TUCCI, José Rogério Cruz e (coord.). *Garantias Constitucionais do Processo Civil*. São Paulo: Revista dos Tribunais, 1999, p. 91-131.

LUMINOSO, Angelo. La lesione dell'interesse contrattuale negativo (e dell'interesse positivo) nella responsabilità civile. In *Contratto e impresa*, 1988, p. 792 e ss.

LYNCH, Maria Antonieta. Da Cláusula Rebus Sic Stantibus à Onerosidade Excessiva. In *Revista de Informação Legislativa*, v. 184. Brasília: Subsecretaria de Edições Técnicas do Senado Federal, 2009, p. 7-19.

MACARIO, Francesco. *Adeguamento e rinegoziazione nei contratti a lungo termine*. Nápoles: Jovene, 1996.

MACDONALD, Lawrence G.; ROBINSON, Patrick. *A Colossal Failure of Common Sense: The Inside Story of the Collapse of Lehman Brothers*. Nova Iorque: Crown, 2009.

MACEDO, Ronaldo Porto. *Contratos Relacionais e a Defesa do Consumidor*. São Paulo: Max Limonad, 1998.

MAGALHÃES, Lúcia Ancona Lopez de. Onerosidade Excessiva e Revisão Contratual no Direito Privado Brasileiro. In FERNANDES, Wanderley (coord.). *Contratos Empresariais: Fundamentos e Princípios dos Contratos Empresariais*. São Paulo: Saraiva, 2009, p. 348-350.

MAIA, Roberta Mauro Medina. *Teoria Geral dos Direitos Reais*. São Paulo: Revista dos Tribunais, 2013.

MANSUR DE OLIVEIRA, Rafael. Um Panorama Jurisprudencial da Onerosidade Excessiva. In. *Revista Fórum de Direito Civil – RFDC*, n. 17, jan./abr. 2018, p. 11-44.

MARASCO, Gerardo. La rinegoziazione. In VISINTINI, Giovanna. *Trattato della responsabilità contrattuale*, v. I. Pádua: Cedam, 2009, p. 583-624.

MARINO, Paulo de Crescenzo. Classificação dos Contratos. In JABUR, Gilberto Hadad; PEREIRA JÚNIOR, Antonio Jorge (coord.). *Direito dos Contratos*. São Paulo: Quartier Latin, 2006, p. 22-51.

MARKESINIS, Basil. The Comparatist: or a Plea for a Broader Legal Education. In *Yearbook of European Law*, v. 15, 1, 1996, p. 261-281.

MARQUES, Claudia Lima. *Contratos no Código de Defesa do Consumidor: o Novo Regime das Relações Contratuais*. 5. ed. São Paulo: Revista dos Tribunais, 2006.

MARQUES, José Frederico. *Instituições de Direito Processual Civil*. Campinas: Millennium, 1999. v. II.

MARTÍN-CASALS, Miquel. From Laesio Enormis to Unfair Advantage: a Shift in the Contractual Paradigm. In KOLLER, Thomas; WALTER, Hans Peter; WIEGAND Wolfgang (coord.). *Tradition mit Weitsicht. Festschrift für Eugen Bucher zum 80*, Bern: Schultess, 2009, p. 499-527.

MARTINI, Angelo De. *Eccessiva onerosità della prestazione, diminuita utilità della controprestazione e principio di corrispettività nella dinamica del contratto*. in *Giurisprudenza completa della Corte suprema di Cassazione – Sezioni Civili*, 1951, v. 3, I, p. 681 e ss.

MARTINS, Fernando Rodrigues. *Princípio da Justiça Contratual*. 2. ed. São Paulo: Saraiva, 2011.

MARTINS-COSTA, Judith. *A Boa-fé no Direito Privado – Sistema e Tópica no Processo Obrigacional*. São Paulo: Revista dos Tribunais, 2000.

________. A Revisão dos Contratos no Código Civil Brasileiro, Roma e América. In *Diritto Romano Comune*, n. 16. Roma: Università di Roma, 2003, p. 135-172.

________. Comentários ao Novo Código Civil, v. V, tomo I. In TEIXEIRA, Sálvio de Figueiredo (coord.). 2. ed. Rio de Janeiro: Forense, 2006.

MATTIETTO, Leonardo. Invalidade dos Atos e Negócios Jurídicos. In TEPEDINO, Gustavo (coord.). *A Parte Geral do Novo Código Civil: Estudos na Perspectiva Civil-Constitucional*. 2. ed. Rio de Janeiro: Renovar, 2003, p. 183-191.

________. O Princípio do Equilíbrio Contratual. In *Revista da Procuradoria Geral do Rio de Janeiro*, v. 64. Rio de Janeiro: CEJUR, 2009, p. 183-191.

MAURO, Antonio De. *Il principio di adeguamento nei rapporti giuridici tra privati*. Milão: Giuffré, 2000.

MAZZON, Ricardo. *Risarcimento del danno per inadempimento contrattuale*. Santarcangelo di Romagna: Maggioli, 2014.

MCELROY, R. G.; WILLIAMS, Glanville. The Coronation Cases – I. In *Modern Law Review* 4.4, 1941, p. 241-260.

MCILROY, David. Mediaeval Commercial Canon Law & (and) Morality: Its Application to Today's World, 132 Law & Justice – *The Christian Law Review*, 1997, p. 9-21.

MEDAUAR, Odete. *Direito Administrativo Moderno*. 8. ed. São Paulo: Revista dos Tribunais, 2004.

MELLO, Celso Antônio Bandeira de. Contrato Administrativo – Direito do Equilíbrio Econômico-financeiro – Reajustes Contratuais e os Planos Cruzado e Bresser. In *Revista de Direito Público*, v. 90. São Paulo: RT, abr./jun. 1989, p. 98-110.

_________. *Curso de Direito Administrativo*. 20. ed. São Paulo: Malheiros, 2006.

_________. *Curso de Direito Administrativo*. 30. ed. São Paulo: Malheiros, 2013.

MELO, Marco Aurélio Bezerra de. *Curso de Direito Civil: Teoria Geral dos Contratos*, São Paulo: Atlas, 2015. v. III, t. I.

MENEZES CORDEIRO, António Manuel da Rocha e. Contratos Públicos: Subsídios para a Dogmática Administrativa, com Exemplo no Princípio do Equilíbrio Financeiro. In *Cadernos O Direito*, n. 2, Coimbra: Almedina, 2007, p. 9-134.

MENEZES CORDEIRO, António Manuel da Rocha e. *Da Boa-fé no Direito Civil*. Coimbra: Almedina, 1997.

MESTRE, Jacques. L'évolution du contrat en droit privé français. In Jean Carbonnier *et al.*, *L'évolution contemporaine du Droit des Contrats – Journées René Savatier (Poitiers, 24-25 octobre 1985)*. Paris: Presses Universitaires de France, 1986, p. 41-60.

MIRABELLI, Giuseppe. *Dei contratti in generale*, Turim: UTET, 1980.

MONTEIRO, António Pinto. *Cláusula Penal e Indemnização*. Coimbra: Almedina, 1999.

MONTEIRO, Washington de Barros; PINTO, Ana Cristina de Barros Monteiro França. *Curso de Direito Civil: Parte Geral*.45. ed. São Paulo: Saraiva, 2016. v. 1.

MORAES, Bruno Terra de. *A Aplicação do Dever da Vítima de Mitigar o Próprio Dano no Brasil: Fundamentos e Parâmetros*. Dissertação de Mestrado, Universidade do Estado do Rio de Janeiro, Prof. Orientador Anderson Schreiber, 2016.

MORAES, Maria Celina Bodin de. O Princípio da Solidariedade. In *Na Medida da Pessoa Humana: Estudos de Direito Civil-Constitucional*. Rio de Janeiro: Renovar, 2010, p. 237-266.

_________. A Caminho de um Direito Civil-Constitucional. In *Revista de Direito Civil, Imobiliário, Agrário e Empresarial*, v. 17, n. 65. São Paulo: Revista dos Tribunais, 1993, p. 21-32.

_________. A Causa dos Contratos. In *Revista Trimestral de Direito Civil*, v. 21. Rio de Janeiro: Padma, 2005, p. 95-119.

_________. O Conceito da Dignidade Humana: Substrato Axiológico e Conteúdo Normativo. In SARLET, Ingo Wolfgang (org.). *Constituição, Direitos Fundamentais e Direito Privado*. 2. ed. rev. e ampl. Porto Alegre: Livraria do Advogado, 2006, p. 107-149.

________. O Direito Civil-Constitucional. In BODIN DE MORAES, Maria Celina. *Na Medida da Pessoa Humana: Estudos de Direito Civil-Constitucional*. Rio de Janeiro: Renovar, 2010, p. 21-32.

MORAES, Renato José de. *Cláusula Rebus Sic Stantibus*. São Paulo: Saraiva, 2001.

MOREIRA ALVES, José Carlos. *A Parte Geral do Projeto de Código Civil Brasileiro*. São Paulo: Saraiva, 1986.

________. *Direito Romano*. Rio de Janeiro: Forense, 1999. v. II.

MOREIRA, Guilherme Alves. *Instituições de Direito Civil Português*. Coimbra: Imprensa da Universidade, 1907. v. I.

MORGENSTERN, Flavio. *Por Trás da Máscara: do Passe Livre aos Black Blocs, as Manifestações que Tomaram as Ruas do Brasil*. São Paulo: Record, 2015.

MOTA PINTO, Paulo. A Influência dos Direitos Fundamentais sobre o Direito Privado Português. In PINTO MONTEIRO, António et al. (org.). *Direitos Fundamentais e Direito Privado – Uma Perspectiva de Direito Comparado*. Coimbra: Almedina, 2007, p. 145-164.

________. *Interesse Contratual Positivo e Interesse Contratual Negativo*. Coimbra: Coimbra Editora, 2009. v. I e II.

MURPHY, James Bernard Murphy. Equality in Exchange. In *American Journal of Jurisprudence*, v. 47, 2002, p. 85-122.

NALIN, Paulo. *Do Contrato: Conceito Pós-Moderno*. 2. ed. Curitiba: Juruá, 2006.

NANNI, Giovanni Ettore. A Obrigação de Renegociar no Direito Contratual Brasileiro. In *Revista do Advogado*, v. 116. São Paulo: AASP, 2012, p. 88-97.

NASCIMENTO, Luiz Alberto do. *O Déficit democrático do controle judicial de políticas públicas*. Dissertação de Mestrado – Faculdade de Direito. Universidade de São Paulo: São Paulo, 2014.

NASSER, Paulo Magalhães. *Onerosidade Excessiva no Contrato Civil*. São Paulo: Saraiva, 2011.

NEGREIROS, Teresa. *Teoria do Contrato: Novos Paradigmas*. Rio de Janeiro: Renovar, 2002.

NERY, Rosa Maria de Andrade; NERY JUNIOR, Nelson. *Instituições de Direito Civil*. São Paulo: Revista dos Tribunais, 2015. v. I, t. II.

NEVARES, Ana Luiza Maia. O Erro, o Dolo, a Lesão e o Estado de Perigo no Código Civil. In TEPEDINO, Gustavo (org.). *A Parte Geral do Novo Código Civil: Estudos na Perspectiva Civil-Constitucional*. 2. ed. Rio de Janeiro: Renovar, 2003, p. 255-298.

NIVARRA, Luca. *I nuovi orizzonti della responsabilità contrattuale*. Turim: G. Giappichelli, 2015.

NORONHA, Fernando. *O Direito dos Contratos e seus Princípios Fundamentais*. São Paulo: Saraiva, 1994.

NOVA, Giorgio De; SACCO, Rodolfo. *Il contratto*. 2. ed. Milão: Giuffrè, 2012. t. II.

OERTMANN, Paul. *Die Geschäftsgrundlage – Ein neuer Rechtsbegriff*. Leipzig: Scholl, 1921.

OLIVEIRA NETTO, Sérgio de. O Princípio da Reserva do Possível e a Eficácia das Decisões Judiciais. In *Revista da AGU*, v. 7. Brasília: Advocacia-Geral da União, 2002, p. 145-151.

OLIVEIRA, Eduardo Ribeiro de. Comentários ao Novo Código Civil: Dos bens. Dos Fatos Jurídicos. Do Negócio Jurídico. Disposições Gerais. Da Representação. Da Condição. Do Termo e do Encargo: Arts. 79 a 137, v. II. In TEIXEIRA, Sálvio de Figueiredo (org.). *Comentários ao Novo Código Civil*. Rio de Janeiro: Forense, 2008.

OLIVEIRA, Elias de. *Crimes Contra a Economia Popular e o Júri Tradicional: (Doutrina, Jurisprudência e Legislação) Lei n. 1.521, de 26 de Dezembro de 1951*. Rio de Janeiro: Freitas Bastos, 1952.

OPPO, Giorgio. I contratti di durata. In *Rivista del diritto commerciale e del diritto generale delle obbligazioni*, 1943, 1. Milão: Vallardi, p.143-180.

_________. I contratti di durata. In *Scritti giuridici*, v. III. *Obbligazioni e negozio giuridico*, Pádua, 1992.

OSTI, Giuseppe. Clausola rebus sic stantibus. In *Novissimo digesto italiano*. Turim: UTET, 1959. t. III.

PAIVA, Alfredo de Almeida. *Aspectos do Contrato de Empreitada*. Rio de Janeiro: Forense, 1955.

PARRINELLO, Concetta. Obbligatorietà del vincolo e squilibrio delle prestazioni nei contratti tra imprenditori: riflessioni sui Principi Unidroit. In TOMMASINI, Raffaele (cur.). *Sopravvenienze e dinamiche di riequilibrio tra controllo e gestione del rapporto contrattuale*. Turim: G. Giappichelli, 2003, p. 435-491.

PASSARELLI, Francesco Santoro. *Dottrine generali del diritto civile*. Nápoles: Jovene, 1985.

PENNASILICO, Mauro. *Contrato e interpretazione – Lineamento di ermeneutica contrattuale*. 2. ed. Turim: G. Giappichelli, 2015.

PEREIRA JUNIOR, Jessé Torres. *Comentários à Lei das Licitações e Contratações da Administração Pública*. 7. ed. Rio de Janeiro: Renovar, 2007.

PEREIRA, José Matias. Gestão da Política Econômica no Brasil: uma Avaliação das Distorções e Inconsistências das Políticas Fiscal e Monetária. In *Revista Espaço Acadêmico*, n. 48, maio de 2005. Disponível em: www.espacoacademico.com.br.

PEREIRA, Regis Fichtner. *A Responsabilidade Civil Pré-Contratual: Teoria Geral e Responsabilidade pela Ruptura das Relações Negociais Contratuais*. Rio de Janeiro: Renovar, 2001.

________. Contrato. In BARRETO, Vicente de Paulo (org.). *Dicionário de Filosofia do Direito*. Rio de Janeiro: Renovar, 2009, p. 159-163.

PEREIRA, Vinicius. *Cláusula de Não Indenizar entre Riscos e Equilíbrio*. Rio de Janeiro: Lumen Juris, 2015.

PERILLO, Joseph M. Hardship and its Impact on Contractual Obligations: A Comparative Analysis. In *Saggi, Conferenze e Seminari* 20. Disponível em: www.cisg.law.pace.edu.

PERLINGIERI, Pietro. *Autonomia negoziale e autonomia contrattuale*. Nápoles: Edizione Scientifiche Italiane, 2000.

________. *Il diritto civile nella legalità costituzionale*. Nápoles: E.S.I., 1984.

________. *Il diritto dei contratti fra persona e mercato – Problemi del diritto civile*. Nápoles: ESI, 2003.

________. La dottrina del diritto civile nella legalità costituzionale. In *Revista Trimestral de Direito Civil*, v. 31. Rio de Janeiro: Padma, 2007, p. 75-86.

________. *Manuale di diritto civile*, Nápoles: ESI, 2003.

________. *O Direito Civil na Legalidade Constitucional*. Ed. bras. org. Maria Cristina De Cicco. Rio de Janeiro: Renovar, 2008.

________. *Perfis do Direito Civil – Introdução ao Direito Civil Constitucional*. Trad. Maria Cristina De Cicco. Rio de Janeiro: Renovar, 1999.

________. *Profili del diritto civile*. Nápoles: E.S.I., 1994.

________. Riflessioni finali sul danno risarcibile. In GIANDOMENICO, Giovanni di (coord.). *Il danno risarcibile per lesione di interessi legittimi*. Nápoles: E.S.I., 2004.

PIETRO, Maria Sylvia Zanella Di. *Direito Administrativo*. 27. ed. São Paulo: Atlas, 2014.

PIKETTY, Thomas. *A Economia da Desigualdade*. Rio de Janeiro: Intrínseca, 2014.

________. *Le capital au XXIe siècle*. Paris: Le Seuil, 2013.

PINO, Augusto. *L'eccessiva onerosità delle prestazione*. Pádua: Cedam, 1952.

PINTO MONTEIRO, António. *Erro e Vinculação Negocial (A propósito da Aplicação do Bem a Fim Diferente do Declarado)*. 2ª reimpr. Coimbra: Almedina, 2002.

PIRES, Catarina Monteiro. Efeitos da alteração das circunstâncias. In *O Direito*, ano 145, v. I e v. II, 2013, p. 181-206.

PISU, Luciana Cabella. I rimedi contro l'eccessiva onerosità sopravvenuta. In VISINTINI, Giovanna. *Trattato della responsabilità contrattuale*. Pádua: Cedam, 2009, p. 537-570. v. I.

PONTES DE MIRANDA, Francisco Cavalcanti. *Tratado de Direito Privado*. 2. ed. Rio de Janeiro: Borsoi, 1959. t. XXV.

________. *Tratado de Direito Privado*. 2. ed. Rio de Janeiro: Borsoi, 1962. t. XXXVIII.

POSNER, Richard A.; ROSENFIELD, Andrew M. Impossibility and Related Doctrines in Contract Law: An Economic Analysis. In *The Journal of Legal Studies*, v. 6, n. 1, 1977, p. 83-118.

POSTOLACHE, Rada. Unforeseeability according to the Regulations of the Romanian Civil Code – Legal Nature. In *CKS – Challenges of the Knowledge Society – Private Law*, v. 3, Universidade de Bucareste, 2013, p. 374-380.

PUGLIATTI, Salvatore. *Diritto civile: Metodo – Teoria – Pratica*. Milão: Giuffrè, 1951, p. 75-120.

_________. *La Proprietà nel nuovo diritto*. Milão: Dott. A. Giuffrè, 1964.

PUGLIESI, Antonio Celso Fonseca. Teoria da Imprevisão e o Novo Código Civil. In *Revista dos Tribunais*, v. 93, n. 830. São Paulo: Revista dos Tribunais, 2004, p. 11-26.

RAWLS, John. *O Liberalismo Político*. São Paulo: Ática, 2000.

REALE, Miguel. *O Projeto de Código Civil – Situação Atual e Seus Problemas Fundamentais*. São Paulo: Saraiva, 1986.

_________. Opinião do Prof. Miguel Reale sobre as Emendas dos Senadores Relativas à Partes Especial. In *O Projeto de Código Civil no Senado Federal*, v. 2, Brasília: Senado Federal, 1998.

RENNER, Rafael. *Novo Direito Contratual: A Tutela do Equilíbrio Contratual no Código Civil*. Rio de Janeiro: Freitas Bastos, 2007.

RIBEIRO FILHO, Basileu. *A Lesão nos Atos Jurídicos: Tese de Concurso para Livre Docente de Cadeira de Instituições de Direito Civil e Comercial da Faculdade Nacional de Ciências Econômicas*. Rio de Janeiro: Aurora, 1948.

RICCIO, Angelo. Eccessiva onerosità – Arts. 1467-1469. In *Commentario del codice civile*, livro IV. GALGANO, Francesco (cur.). Bolonha: Zanichelli, 2010.

RIPERT, Georges. *A Regra Moral nas Obrigações Civis*. Trad. Osório de Oliveira. São Paulo: Saraiva, 1937.

RITO, Fernanda Paes Leme Peyneau. *Princípio do Equilíbrio Funcional dos Contratos*. Tese de Doutorado, Universidade do Estado do Rio de Janeiro, Prof. Orientador Carlos Edison do Rego Monteiro Filho, 2016.

RIZARDO, Arnaldo. *Contratos*. 6. ed. Rio de Janeiro: Forense, 2006.

_________. *Da Ineficácia dos Atos Jurídicos e da Lesão no Direito*. Rio de Janeiro: Forense, 1983.

_________. *Introdução ao Direito e Parte Geral do Código Civil*. 8. ed. Rio de Janeiro: Forense, 2015.

ROBERTS, Thomas. Commercial Impossibility and Frustration of Purpose: A Critical Analysis. In *Canadian Journal of Law & Jurisprudence* v. 16, 2003, p. 129-146.

ROBILANT, Anna Di; MATTEI, Ugo Mattei. Les longs adieux: la codification italienne et le Code Napoléon dans le déclin du positivisme étatique. In *Revue Internationale de Droit Comparé*, v. 56, n. 4, 2004, p. 847-864.

ROCHA, Manuel Antônio Coelho da. *Instituições de Direito Civil*. São Paulo: Saraiva, 1984. t. II.

________. *Instituições de Direito Civil Português*. Rio de Janeiro: Garnier, 1907. v. II.

RÖDL, Florian. Contractual Freedom, Contractual Justice and Contract Law (Theory). In *Law and Contemporary Problems*, v. 76, n. 2 (2013), p. 57-70.

RODOTÀ, Stefano. *Solidarietà: un'utopia necessaria*, Roma-Bari: Laterza, 2014.

RODRIGUES JUNIOR, Otavio Luiz. A Revisão Judicial dos Contratos de Consumo. In GOUVEIA, Jorge Bacelar; SILVA, Heraldo Oliveira (org.). *I Congresso Luso Brasileiro de Direito*. Coimbra: Almedina, 2014, p. 41-77.

________. *Revisão Judicial dos Contratos – Autonomia da Vontade e Teoria da Imprevisão*. 2. ed. São Paulo: Atlas, 2006.

RODRIGUES, Silvio. *Direito Civil*. 25. ed. São Paulo: Saraiva, 1997. v. 3.

________. *Direito Civil*. 28. ed. São Paulo: Saraiva, 2002. v. 3.

________. *Direito Civil: Parte Geral*. 25. ed. São Paulo: Saraiva, 1995. v. 1.

RÖESLER, Hans. Hardship in German Codified Private Law – In Comparative Perspective to English, French and International Contract Law. In *European Review of Private Law*, 3, 2007, p. 483-513.

ROLLI, Rita. Il rilancio della causa del contratto: la causa concreta. In *Contratto e impresa*, Pádua: Cedam, 2007, p. 416-454.

ROPPO, Enzo (Vicenzo). *O Contrato*. Coimbra: Almedina, 1988.

________. *Trattato del contratto*. Milão: Giuffrè, 2006. v. 5.

RUZYK, Carlos Eduardo Pianovski. Um Projeto de Código Civil na Contramão da Constituição. In *Revista Trimestral de Direito Civil*, v. 4. Rio de Janeiro: Padma, 2000, p. 243-263.

SALLES, Raquel Bellini de Oliveira. O Desequilíbrio da Relação Obrigacional e a Revisão dos Contratos no Código de Defesa do Consumidor: Para Um Cotejo com o Código Civil. In TEPEDINO, Gustavo (coord.). *Obrigações: Estudos na Perspectiva Civil-Constitucional*. Rio de Janeiro: Renovar, 2005, p. 303-332.

SAMPAIO, Rogério Marrone de Castro. *A Atuação do Juiz no Direito Processual Civil Moderno*. São Paulo: Atlas, 2008.

SANTOS, João Manoel de Carvalho. *Código Civil Interpretado*. 3. ed. Rio de Janeiro: Freitas Bastos, 1945. v. XV.

SARLET, Ingo Wolfgang. A Influência dos Direitos Fundamentais no Direito Privado: o Caso Brasileiro. In MONTEIR, António Pinto et al. (org.). *Direitos*

Fundamentais e Direito Privado – Uma Perspectiva de Direito Comparado. Coimbra: Almedina, 2007, p. 111-144.

_________. *Dignidade da Pessoa Humana e Direitos Fundamentais na Constituição Federal de 1988*. Porto Alegre: Livraria do Advogado, 2001.

SARMENTO, Daniel. *Dignidade da Pessoa Humana: Conteúdo, Trajetórias e Metodologia*, Belo Horizonte: Forum, 2016.

SCALFI, Gianguido. *Voce alea*. In *Digesto discipline privatistiche (sezione civile)*, v. I, Turim: UTET, 1987.

SCAVONE JÚNIOR, Luiz Antônio. *Juros no Direito Brasileiro*. 5. ed. Rio de Janeiro: Forense, 2014.

SCHEFFER, Samuel. Distributive Justice, the Basic Structure and the Place of Private Law. In *Oxford Journal of Legal Studies*, v. 35, 2015, p. 213-235.

SCHREIBER, Anderson. A Função Social da Propriedade na Prática Jurisprudencial. In SCHREIBER, Anderson. *Direito Civil e Constituição*. São Paulo: Atlas, 2013, p. 243-266.

_________. A *Proibição de Comportamento Contraditório – Tutela da confiança e venire contra factum proprium*. 4. ed. São Paulo: Atlas, 2016.

_________. A Tríplice Transformação do Adimplemento. In SCHREIBER, Anderson. Direito Civil e Constituição. São Paulo: Atlas, 2013, p. 97-118.

_________. Boa-fé Objetiva no Novo Código de Processo Civil. In MENDES, Aluisio Gonçalves de Castro; BEDAQUE, José Roberto dos Santos; CARNEIRO, Paulo Cezar Pinheiro; WAMBIER, Teresa Arruda Alvim (coord.). *Estudos em Homenagem ao Ministro Luiz Fux* (no prelo).

_________. *Direito Civil e Constituição*. In SCHREIBER, Anderson. *Direito Civil e Constituição*. São Paulo: Atlas, 2013, p. 5-24.

_________. *Novos Paradigmas da Responsabilidade Civil*. 6. ed. São Paulo: Atlas, 2015.

_________. O Princípio do Equilíbrio das Prestações e o Instituto da Lesão. In GAGLIARDI, Rafael Villar; NASSER, Paulo Magalhães; VENOSA, Sílvio de Salvo (coord.). *10 Anos do Código Civil: Desafios e Perspectivas*. São Paulo: Atlas, 2012, p. 138-160.

SCHUNCK, Giuliana Bonanno. A *Onerosidade Excessiva Superveniente no Código Civil: Críticas e Questões controvertidas*. São Paulo: LTr, 2010.

SCHWARTZ, Andrew. A Standard Clause Analysis of the Frustration Doctrine and the Material Adverse Change Clause. In *UCLA Law Review* 57.3, 2010, p. 789-840.

SCHWENZER, Ingeborg. Force Majeure and Hardship in International Sales Contracts. In *Victoria University of Wellington Law Review*, 39.4. 2009, p. 709-726.

SELUCKÁ, Marketa. Elimination of the Impacts of Financial Crisis on Legal Relationships according to Czech Private Law. In BAŞOĞLU, Başak (ed.). *The Effects of Financial Crises on the Binding Force of Contracts: Renegotiation, Rescission or Revision*. Nova Iorque: Springer, 2016, p. 101-120.

SENADO FEDERAL, BRASIL. *O Projeto de Código Civil no Senado Federal*. Brasília: Senado Federal, 1998. v. 1.

SEROZAN, Rona. General Report on the Effects of Financial Crises on the Binding Force of Contracts: Renegotiation, Rescission or Revision. In BAŞOĞLU, Başak (ed.). *The Effects of Financial Crises on the Binding Force of Contracts: Renegotiation, Rescission or Revision*. Nova Iorque: Springer, 2016, p. 3-32.

SERPA LOPES, José Maria de. *Curso de Direito Civil: dos Contratos em Geral*. Rio de Janeiro: Freitas Bastos, 1954. v. III.

________. *Curso de Direito Civil: Obrigações em Geral*. 6. ed. Rio de Janeiro: Freitas Bastos, 1995. v. II.

SERRA, Adriano Paes da Silva Vaz. *Resolução ou Modificação dos Contratos por Alteração das Circunstâncias*. Lisboa: s. n., 1957.

SIDOU, J. M. Othon. Lesão Contratual e Estado de Perigo (arts. 156 e 157 do Código Civil). In *Revista da Academia Brasileira de Letras Jurídicas*, v. 23. Rio de Janeiro: Academia, 1985.

________. *Resolução Judicial dos Contratos (Cláusula Rebus Sic Stantibus) e Contratos de Adesão: no Direito Vigente e no Projeto de Código Civil*. 3. ed. Rio de Janeiro: Forense, 2000.

SILVA PEREIRA, Caio Mário da. *Instituições de Direito Civil: Contratos*. 15. ed. Rio de Janeiro: Forense, 2011. v. III.

________. *Introdução ao Direito Civil: Teoria Geral de Direito Civil*. 24. ed. Rio de Janeiro: Forense, 2011.

________. *Lesão nos Contratos*. 6. ed. Rio de Janeiro: Forense, 2001.

SILVA, Jorge Cesa Ferreira. Princípios de Direito das Obrigações no Novo Código Civil. In SARLET, Ingo Wolfgang (org.). *O Novo Código Civil e a Constituição*. 2. ed. Porto Alegre: Livraria do Advogado, 2006, p. 99-126.

SILVA, José Afonso da. *Curso de Direito Constitucional Positivo*. 38. ed. São Paulo: Malheiros, 2015.

SILVA, Juliana Pedreira. *Contratos sem Negócio Jurídico*. São Paulo: Atlas, 2011.

SILVA, Luís Renato Ferreira. Revisão de Contratos no Código Civil: Reflexões para uma Sistematização das suas Causas à Luz da Intenção Comum dos Contratantes. In *Revista Eletrônica AD JUDICIA*, ano 1, n. 1, out./dez. 2013. Disponível em: www.reaj.org.br.

SOARES, Felipe Ramos Ribas. *O Abuso da Dependência Econômica nos Contratos de Distribuição: aplicação do remédio do art. 51, § 2º, do CDC e a manutenção do equilíbrio econômico do contrato*. Dissertação de Mestrado, Universidade do Estado do Rio de Janeiro, Prof. Orientador Carlos Nelson Konder, 2016.

SOUZA, Adalberto Pimentel Diniz de. *Risco Contratual, Onerosidade Excessiva & Contratos Aleatórios*. Curitiba: Juruá, 2015.

SOUZA, Sylvio Capanema de. *A Lei do Inquilinato Comentada*. 8. ed. Rio de Janeiro: Forense, 2012.

SQUILLANTE, Aphonse. The Doctrine of Just Price – Its Origin and Development. In *Commercial Law Journal*, v. 74, 1969, p. 333-335.

STIGLITZ, Joseph. *Freefall: America, Free Markets and the Sinking of the World Economy*. Nova Iorque: W.W. Norton, 2010.

_________. *O Preço da Desigualdade*. Lisboa: Bertrand, 2013.

STIGLITZ, Rubén S. El Desequilibrio Contractual – Una Visión Comparatista. In *RIS*, Bogotá (Colombia), 37(21): 13-27, jul.-dez. 2012, p. 13-27.

_________. *Contratos – Teoría General*. Buenos Aires: Depalma, 1993. v. II.

STOLFI, Giuseppe. *Teoría del Negocio Jurídico*. Trad. Jaime Santos Briz. Madri: Revista de Derecho Privado, 1959.

STORY, Joseph. *Commentaries on Equity Jurisprudence as Administred in England and Amercia*. Boston: Little, Brown & Co., 1873. v. I.

SUNDFELD, Carlos Ari. *Fundamentos de Direito Público*. 5. ed. São Paulo: Malheiros, 2014.

TABET, Gabriela. Obrigações Pecuniárias e Revisão Obrigacional. In TEPEDINO, Gustavo (coord.). *Obrigações: Estudos na Perspectiva Civil-Constitucional*. Rio de Janeiro: Renovar, 2005, p. 333-367.

TARTAGLIA, Paolo. *Onerosità eccessiva*. Milão: Giuffrè, 1980.

TARTUCE, Flavio. A Revisão do Contrato pelo Novo Código Civil. In ALVES, Jones Figueiredo; DELGADO, Mario Luiz (coord.). *Questões Controvertidas no Novo Código Civil*. São Paulo: Método, 2003, p. 125-148. v. 1.

_________. *Função Social dos Contratos – Do Código de Defesa do Consumidor ao Código Civil de 2002*. São Paulo: Método, 2007.

TEIXEIRA, Ana Carolina Brochado. *Saúde, Corpo e Autonomia Privada*. Rio de Janeiro: Renovar, 2011.

TEPEDINO, Gustavo. A Disciplina Civil-Constitucional das Relações Familiares. In TEPEDINO, Gustavo. *Temas de Direito Civil*. Rio de Janeiro: Renovar, 2004, p. 395-416.

_________. A Função Social da Propriedade e o Meio Ambiente. In *Revista Trimestral de Direito Civil*, v. 37. Rio de Janeiro: Padma, 2009, p.127-148.

_________. A Razoabilidade e a sua Adoção à Moda do Jeitão. In *Revista Brasileira de Direito Civil*, v. 8. 2016, p. 5-7. (editorial). Disponível em: https://www.ibdcivil.org.br/image/data/revista/volume8/rbdcivil_vol_8_01_editorial.pdf.

________. A Responsabilidade Médica na Experiência Brasileira Contemporânea. In *Temas de Direito Civil*. Rio de Janeiro: Renovar, 2006. t. II.

________. A Teoria da Imprevisão e os Contratos de Financiamento Firmados à Época do Chamado Plano Cruzado. In *Revista Forense*, v. 301, jan./mar. 1988, p. 73-83.

________. A *Tutela da Personalidade no Ordenamento Civil-Constitucional Brasileiro*. In TEPEDINO, Gustavo. *Temas de Direito Civil*. Rio de Janeiro: Renovar, 2004, p. 23-54.

________. Efeitos da Crise Econômica na Execução dos Contratos. In TEPEDINO, Gustavo. *Temas de Direito Civil*. 3. ed. Rio de Janeiro: Renovar: 2008, p. 79-126.

________. Notas sobre a Função Social dos Contratos. In FACHIN, Luiz Edson; TEPEDINO, Gustavo (org.). *O Direito e o Tempo: Embates Jurídicos e Utopias Contemporâneas. Estudos em Homenagem ao Professor Ricardo Pereira Lira*. Rio de Janeiro: Renovar, 2008, p. 395-405.

________. Novos Princípios Contratuais e Teoria da Confiança. In TEPEDINO, Gustavo. *Soluções Práticas de Direitos: Pareceres*. São Paulo: Revista dos Tribunais, 2012, p. 425-450. v. II.

________. O Direito Civil-constitucional e suas Perspectivas Atuais. In TEPEDINO, Gustavo. *Temas de Direito Civil*. Rio de Janeiro: Renovar, 2009, p. 21-40. t. III.

________. O Novo Código Civil: Duro Golpe na Recente Experiência Constitucional Brasileira. In *Revista Trimestral de Direito Civil*, v. 7. Rio de Janeiro: Padma, 2001, p. iii-v (editorial).

________. Pelo Princípio da Isonomia Substancial na Nova Constituição – Notas sobre a "Função Promocional do Direito". In *Revista Trimestral de Direito Civil*, v. 52. Rio de Janeiro: Padma, 2012, p. 61-71.

________. Premissas Metodológicas para a Constitucionalização do Direito Civil. In TEPEDINO, Gustavo. *Temas de Direito Civil*. 3. ed. Rio de Janeiro: Renovar, 2004, p. 1-22.

________. Requisitos para a Aplicação da Teoria da Imprevisão no Direito Brasileiro. In TEPEDINO, Gustavo. *Soluções Práticas de Direitos: Pareceres*. São Paulo: Revista dos Tribunais, 2012, p. 547-570. v. II.

________; SCHREIBER, Anderson. Código Civil Comentado: Direito das Obrigações (artigos 233 a 420), v. IV. In AZEVEDO, Álvaro Villaça (coord.). *Código Civil Comentado*. São Paulo: Atlas, 2008.

________; SCHREIBER, Anderson. A Boa-fé Objetiva no Código de Defesa do Consumidor e no Código Civil. In *Obrigações: Estudos na Perspectiva Civil-Constitucional*. Rio de Janeiro: Renovar, 2005, p. 29-44.

TERRA, Aline de Miranda Valverde. *Inadimplemento Anterior ao Termo*. Rio de Janeiro: Renovar, 2009.

________; BANDEIRA, Paula Greco. A Cláusula Resolutiva Expressa e o Contrato Incompleto como Instrumentos de Gestão de Risco nos Contratos. In *Revista Brasileira de Direito Civil*, v. 6, 2015, p. 9-25.

TERRANOVA, Carlo G. L'eccessiva onerosità nei contratti. In *Il Codice Civile. Commentario*. SCHLESINGER, Piero (org.). Milão: Giuffré, 1995.

TOMMASINI, Raffaelle. *Dalle logiche di revisione del rapporto alle più articolate forme di gestione*. In *Sopravvenienze e dinamiche di riequilibrio tra controllo e gestione del rapporto contrattuale*. Turim: G. Giappichelli, 2003, p. 1-22.

TORRACA, Lia Beatriz Teixeira. *Democracia Encurralada: Reflexos das Manifestações de Junho de 2013*. Rio de Janeiro: Lumen Juris, 2016.

TORSELLO, Marco. All Roads Lead to Rome: The Multiple Grounds Under Italian Law to Challenge a Contract Due to Supervening Changes of Circumstances. In BAŞOĞLU, Başak (ed.). *The Effects of Financial Crises on the Binding Force of Contracts: Renegotiation, Rescission or Revision*. Nova Iorque: Springer, 2016, p. 163-190.

TURNATURI, Egidio. Sacrificio economico del debitore e risoluzione per eccessiva onerosità. In *Rivista trimestrale di diritto e procedura civile*, 1973, 1, anno 27.

ULIESCU, Marlena; DOBREV, Dumitru. L'imprévision dans le Nouveau Code Civil roumain enfanté par la crise écnomique mondiale. In Başak Başoğlu (ed.). *The Effects of Financial Crises on the Binding Force of Contracts: Renegotiation, Rescission or Revision*. Nova Iorque: Springer, 2016, p. 243-254.

URIBE, Rodrigo Momberg. Change of Circumstances in International Instruments of Contract Law: The Approach of CISG, PICC, PECL and DCFR. In *European Review of Private Law*, 15(2), 2011, p. 233-266.

VAINER, Carlos et al. *Cidades Rebeldes: Passe Livre e as Manifestações que Tomaram as Ruas do Brasil*. São Paulo: Boitempo, 2013.

VAZ SERRA, Adriano Paes da Silva. *Resolução ou Modificação dos Contratos por Alteração das Circunstâncias*. Lisboa: s. n., 1957.

VELENCOSO, Luz M. Martinez. *La Alteración de Las Circunstancias Contractuales*. Madri: Civitas, 2003.

VENEZIANO, Anna. Unidroit Principles and CISG: Change of Circumstances and Duty to Renegotiate According to the Belgian Supreme Court. In *Uniform Law Review* 15.1, 2010, p. 137-151.

VENOSA, Sílvio de Salvo. *Direito Civil*. 3. ed. São Paulo: Atlas, 2003. v. III.

________. *Direito Civil: Parte geral*. 12. ed. São Paulo: Atlas, 2012 v. I.

_________. *Direito Civil: Teoria Geral das Obrigações e Teoria Geral dos Contratos*. 13. ed. São Paulo: Atlas, 2013.

VITE, Cecilia *Usura. La Lésion en los Contratos*. Cidade do México: Porrúa, 2008.

VOLPE, Fabrizio. *La giustizia contrattuale tra autonomia e mercato*. Nápoles: E.S.I., 2004.

VON BAR, Christian. The Launch of the Draft Common Frame of Reference. In *Juridica International*, 14, 2008, p. 4-9.

WALD, Arnoldo. *Curso de Direito Civil Brasileiro: Obrigações e Contratos*. 12. ed. São Paulo: Revista dos Tribunais, 1995. v. 2.

_________. O Equilíbrio Econômico-Financeiro e a Revisão dos Contratos. In NEVES, Thiago Ferreira Cardoso (coord.). *Direito & Justiça Social: Por Uma Sociedade Mais Justa, Livre e Solidária*. São Paulo: Atlas, 2013, p. 292-308.

WEINGARTEN, Celia. La Equidad Como Principio de Seguridad Económica de Los Contratantes. In *Revista de Direito do Consumidor*, v. 39. São Paulo: Revista dos Tribunais, jul./set. 2001, p. 32-40.

WEISKOP, Nicholas. *Frustration of Contractual Purpose: Doctrine or Myth*. In *St. John's Law Review* 70.2, 1996, p. 239-271.

WELTON, Nelly Maria Potter. *Revisão e Resolução dos Contratos no Código Civil Conforme Perspectiva Civil-Constitucional*. Rio de Janeiro: Lumen Juris, 2009.

WIEACKER, Franz. *História do Direito Privado Moderno*. 3. ed. Lisboa: Calouste Gulbenkian, 2004.

_________. *El Principio General de la Buena Fe*. Madri: Civitas, 1986.

WILLIAMS, Gerald R. Negotiation as Healing Process. In *Journal of Disput Resolution*, 1996, p. 1-66.

WINDSCHEID, Bernhard. *Die Lehre des Römischen Rechts von der Voraussetzung*. Düsseldorf: Buddeus, 1850.

YORK, Stephen G. The Impracticability Doctrine of the U.C.C. In *Duquesne Law Review* 29.2, 1991, p. 221-252.

ZANETTI, Andrea Cristina. *Princípio do Equilíbrio Contratual*. São Paulo: Saraiva, 2012.

ZIMMERMANN, Reinhard. *The Law of Obligations – Roman Foundations of the Civilian Tradition*. Cidade do Cabo: Juta & Co., 1992.

_________. *The New German Law of Obligations: Historical and Comparative Perspectives*. Oxford: Oxford University Press, 2005.